顧頡剛全集

顧頡剛日記

卷 七

中 華 書 局

目　　録

一九五一年

一九五一年一月，修改地圖説明訖。爲誠明課，研究《尚書》。改分省精圖説明稿。

二月十日，地圖聯合出版社開幕。十二日，到蘇州，参加老人春節聯歡會。十四日，返滬。點《尚書新證》。

三月三日起，到明德坊賃屋讀書。看《曲海總目提要》訖。十四日，参加歡迎抗美人民志願軍代表大會，予獻旗。醫師查出予慢性氣管炎症。譯《大誥》。

四月，點《經義述聞》、《群經平議》、《尚書駢枝》、《觀堂集林》等書。作《大誥集注》。爲文管會作《我們對于管理古代文物之意見》。大捕反動分子。譯《康誥》。廿七日，與静秋、潮兒游杭州，五月二日，返滬。

五月，買陸鳳石書箱百六十個。譯《酒誥》、《梓材》。上海槍斃特務、漢奸、惡霸二〇五名。華東教育部不許誠明文學院續招學生。黄金榮（上海流氓頭子）發表坦白書後令其自殺。

爲誠明鄭家舜君書扇銘　一九五一，一，九。

爲學之道與修身同，必兼備智仁勇三德。何謂智？明其系統，判其輕重，使出其所得必可有利于人群，一也。隨時注意，廣集材料，激發問題，二也。獨具隻眼，言人所未言，使學術界之水平綫繼長增高，三也。何謂仁？平心靜氣，不立異以鳴高，一也。明于時代之限制，嘉人之善而矜其不能，二也。對于時流，有競爭心而無嫉妒心，三也。何謂勇？視理之所在而奮力趨之，縱受排擊，終不自餒，一也。境有美惡，體有強弱，即一時不克如志，亦必鍥而弗捨，銖積寸累以成其學，二也。學業日進，則自見瘢垢益多，知今是昨非，則抉其非而已矣，毋自護短，三也。

邇來予易喘，稍勞即作，俯首取物于地亦作，此爲以前所未有，此衰態也。昔人云："人生五十始衰。"予今五十八矣，安得不衰乎！以前予入冬常病喉頭炎，今則進而爲氣管支炎，夜中常咳矣。許多事尚未作，而老境已臻，滋可嘆也。爲衣食壓迫，欲爲之業皆不能爲，而長日勞之，皆所不願作者，坐耗時間，更可悲也。惟有一事差強人意，則一年以來每日常泄二三次，今乃愈也。

　　　　　　　　　　　　　　　　　　一九五一，一，十九記。

一九五一年一月

一月一號星期一（十一月廿四）

看君匋小人書稿。金子敦來。起潛叔來。唐啓宇來。三姐、玉華自蘇來。

李光信來。看于思泊《尚書新證》。丁逢辛來。改地圖說明一篇（西藏）。

聽元旦廣播。與靜秋同床。

聞傅孟真于半月前在臺灣逝世。此人一代梟雄，極能縱橫馳驟，竟未能有所成就，可惜也。孟真久病血壓高，到美國療之，稍愈。然醫已言不能過十稔，安知竟不及五年乎！壽五十有五。

文實言，青海來人談，凡前曾任公職者悉遭逮捕。蘭州又槍決人甚多。兩年中寬嚴頓異。

一月二號星期二（十一月廿五）

改地圖説明三篇（全國重要都市），全書改訖。王文新來。

誠安來，長談。

失眠，服藥。

張家駒君作地圖説明二十五萬言。予自歸後即改，直至今日始畢，亦一巨工也。

一月三號星期三（十一月廿六）

準備下午功課。點《尚書孔傳參證・皋陶謨》篇畢。記筆記三則。

到誠明，上課兩小時（《皋陶謨》篇畢）。與辛品蓮談。方詩銘來，留飯，爲湲兒祝兩周歲，吃麵。

點蔡傳《禹貢》篇，未畢。

病後初次出門，脚頗軟，連上兩次，兩腿酸矣。

一月四號星期四（十一月廿七）

到大中國。旋到亞光編輯所訪擎宇，并晤洪懋熙。到擎宇家飯。

與擎宇同到大中國。出至屠思聰處，并晤鄒新垓、時仲華。歸，與静秋、潮、洪到杜美，看《武訓傳》電影。

看《曲海總目》一卷。

大中國撤銷門市部，將批發部移至門市部。蓋批發部人少事忙，又賺錢多，門市部則適相反也。二層爲經理室及會客室。三層全爲編輯所。

擎宇云：現在大中國之營業額在中型書店已達第一家。數書店者，新華、三聯、商務、中華、開明以下，即及本局。現在淡月亦可作廿餘億（連亞光在内）。事在人爲，洵不誣也。然因此亦使人嫉忌，四馬路諸肆均側目而視，聲言欲與陳宣人鬥争矣。

一月五號星期五（十一月廿八）

到大中國，寫樹幟、天則、夢九、研因、顧雨萍、王祖綏信。莊鳴山、胡家俊來，與予及君匋、方洞商談編生理衛生挂圖事。邵鶴鳴來。寫批發部同人工作單。

爲君匋修改蘇聯兒童讀物五篇。到誠安處。到八仙橋買紙。

爲君匋寫字，以筆墨劣，未成。與文實談。看其新得之文學雜志。

義安爲予磨墨，而時下所製，膠質太重，竟搨不開。

一月六號星期六（十一月廿九）

陳媽返蘇。看《宣和博物圖》，鈔出目録，作統計。

鄭家舜來，爲講古器物及金文。與鴻鈞到華汝成處送稿。看《曲海總目》一卷。

静秋病，蓋予及潮、湲病，太累彼也。下午熱至百度。

一月七號星期日（十一月三十）

到大中國，因適油漆，到仁智里開會，自十時半至下午二時半。晤啓宇、王榮德、葉芝山等。

到河南路買筆墨。歸，點《孔傳參正·禹貢》篇八頁。

今日同會：宣人　振宇　君匋　緯宇　擎宇

静秋今日熱較低，下午爲九十九度四。喉有爛處，疑是扁桃腺發炎。服盤尼西林藥片。

買一錠好墨，八萬元，嚇死人。此後用毛筆寫字者日少，或竟停止製造矣。

一月八號星期一（十二月初一）

到大中國，草致張錫君長函。遇蔣孔陽。

到清華同學會赴宴。出，參觀亞洲文會之圖書館、博物館。晤曹慶森。詩銘來。

歸，黃永年來，與文寶、永年談。爲諸兒講書。

今午同席：傅角今與予（以上客）　李唐晏（主）

虎丘路二十號亞洲文會（Royal Asiatic Society North China Branch），久聞其名，迄未一往。今日由唐晏導往，內藏書冊一萬七千餘冊，有十七世紀之版，游記尤多，雜志數量極富。博物院則多動物標本，亦有些古物，此百年來西方文化人士所留之遺迹也。

一月九號星期二（十二月初二）

華汝成來。爲諸兒講書。寫錢大成、沈勤廬、甘蘭經、佘雪曼夫婦、史筱蘇、沈文倬、譚季龍、王以中信。

爲鄭家舜作扇銘。爲人寫字五件。

點《僞孔傳》及蔡傳《禹貢》篇。

静秋今日起床。

汝成以中華書局腐化，擬入大中國。

自本局出挂圖後，向以挂圖爲專業之新亞書店即大受打擊，許多處把他們的圖退了回來，并予以批評曰："粗製濫造，偷工減料。"知本局之矜慎自易得人欣賞也。

一月十號星期三（十二月初三）

到大中國。朱人瑞、江蕙夫婦來。宋兆蓀來。改分省精圖説明兩篇，童話一篇，新手工一冊。寫華汝成信。

到誠明，上課兩小時（《禹貢》）。在河南路理髮。到華汝成處送信。

看《曲海總目》半卷。與文實談。與靜秋鬥口。以湲兒哭，服藥眠。

上午下雪。

一月十一號星期四（十二月初四）

與鴻鈞共同整理書室，將破書雜紙打包置床下。看李亞農《殷契摭佚續編》。

宴客，談至三時散。與靜秋到霞飛路買物，到思南路吃點。歸，遇丁逢新，渠明日行。

點蔡傳《禹貢》篇八頁。

今午同席：傅角今　李唐晏　李文實　雁秋（以上客）　予夫婦（主）

一月十二號星期五（十二月初五）

華汝成來。出，遇徐森玉、齊兆武、馬式玉。到大中國，改童話七篇。寫辛品蓮、高二適信。與張幼丞談。

與君匋、宣人談。乘五十二路車到復旦，訪季龍，未遇，留條。與其夫人李永藩談。

看《曲海總目》。

今日西風大寒。夜中至零下七度。聞三十年來無此寒。

一月十三號星期六（十二月初六）

到海光，看甲骨諸書。記筆記一則。

家舜來，爲講甲骨文。到教育工作者協會，訪許義生。赴新史學研究會，已散，晤予同。點蔡傳《禹貢》四頁。

黃永年來，爲題其所得鈔本《東萊文集》。看《曲海總目》廿五卷畢。

洪、溇兩兒受潮兒傳染，至今日亦出水痘，熱度不高，照常起身，惟夜間以奇癢不能安眠，時時哭吵，使静秋疲于奔命。静秋病痔，視上廁爲畏途。

一月十四號星期日（十二月初七）

點蔡傳《禹貢》畢。寫筱蘇、厚宣信。記《禹貢》篇托古諸證。到大中國，宴客。

三時，與華汝成同回。寫季龍函，記其所論"土人"于筆記。張文英來，留飯。黄永年來。

寫鄧恭三信。看《曲海總目》。十二時爲洪兒哭醒，服藥眠。

今午同席：蘇元復　王丞明　璩定一　李戀觀　劉馥英　華汝成（以上客）　予與君匋（主）　商編輯工業圖書事。

一月十五號星期一（十二月初八）

寫李子魁信。到郵局寄信。到大中國，寫聖陶、季龍、戈湘嵐、楊拱辰、張禮千、楊衛玉、莊鳴山信。改分省圖説明三篇。

與振宇、宣人、君匋談。與擎宇談。到大世界買石膏像。

姜又安自蘇來。點鄭德坤《禹貢川澤變遷考》。

以《通史演義》，聖陶、蠖生均勸勿印，予欲爲"中國史話"作補充讀物，與局中同人言之，皆贊成。予欲集中書籍、時間、精力，請另覓編輯所，渠等亦同意，并謂可向溧陽路設法。獨予欲與静秋同居所内則不許，以人太多也。静秋一心要請局中爲我頂屋，此事談何容易，我固知其必無成也。

一月十六號星期二（十二月初九）

與静秋口角。到陳式湘處談屋事。到海光，鈔集《禹貢》僞、誤諸證。

陳式湘夫人來。看《曲海總目》廿六卷畢。静秋又與口角，血上升，服藥眠。

予爲私（治學），爲公（書局工作），勢不能每天費三小時于道路，故欲住虹口，而静秋不肯，必欲去則同去，留則同留。然一家十二人，遷移談何容易，不如自我個人前往，隔數天回家一次爲善。既不能諧，遂致反目。

一月十七號星期三（十二月初十）

又與静秋口角。張奎生、陸源餘來。孫緯雲來。爲雁秋開油店事商訂合同。寫振宇信，請開支票。寫筆記二頁。準備下午課。爲家舜寫扇。

到誠明，上課兩小時（《禹貢》畢）。點《書蔡傳》。

看天津新出之《歷史教學》月刊。

雁秋久無職，前連雲市商會會長孫守佩自遷滬後亦復大困，近找得廣西北路六十一號屋，擬開油店，兼營炒果，以適在格致中學對面，原設之永生祥炒果店每日可做三十萬元生意，供學生零食也。議定頂價爲壹千五百五十萬元。永生祥于二月十一日遷讓清楚，連籌備、過户等費用約共三千萬元。

一月十八號星期四（十二月十一）

華汝成來。三姐以龍書病回蘇州。到大中國，改地圖説明五篇。

寫莊鳴山信。與振宇、擎宇、君匋談。到城隍廟買玩具。到誠明。到修文堂。孫守佩、陶席儒來，留飯。

看《曲海總目》廿七卷畢。

静秋月實不流，覺有孕象。静秋以痔瘡發，出血太多，易頭暈。

一月十九號星期五（十二月十二）

王士瑞來。到大中國，改地圖說明四篇。鈔清致張錫君信。寫趙孟頫信。

到三聯書店購書。看羅爾綱《太平天國史稿》。

看《曲海總目》。

一月二十號星期六（十二月十三）

到海光，改地圖說明六篇。草編輯"古史校"計畫。

晤林同濟。到興國路理髮。

看文實新著《石達開僞詩考》。中夜，湲兒哭，爲失眠。

文實夫人今晚到滬，文實移家南京路和平商行。

一月廿一號星期日（十二月十四）

到四川路吃點。到大中國，開局務會議。十二時，會未畢，即歸，吃静秋壽麵。

到新雅，爲王明德訂婚，作訂婚人。與錫光談。到海光，參加新史學研究會，與季龍、子毅等談。

李文實夫婦及子女來。常佑臣（啓台）來，留飯。王士瑞來，與談工作。

今日上午同會：宣人　振宇　君匋　緯宇　擎宇

今日下午同會：周谷城　金兆梓　王國秀　呂思勉　譚其驤　胡厚宣　蔣天樞　姚紹華　伍蠡甫　黃穎先　林舉岱　陳旭麓　姚舜欽　政府命新史學會，將"美帝侵華史"的重點轉移爲"中國文化與愛國主義"。

今日下午同席：振宇　擎宇　大夏　鏡湖　家駒　石聲　李守白（女方家長）　約六七十人。

今日在大市區裏整日奔跑，合計當有八十里。

一月廿二號星期一（十二月十五）

到大中國，爲人世間社修改方詩銘所作《太平天國畫史》四章。

到文實處，并晤方叔禮。到建猷處，值其臥病。到亞光編輯所，寫張禮千、金立輝兩信。

朱向榮夫人來。祝瑞開來，留飯。黃永年來。看《曲海總目》廿八卷畢。

近日政府大捕敵黨分子。馬元放被捕後，或問于陳毅，陳曰："無此事也。"則知報紙所不登者蓋不鮮矣。戰事形勢日漸緊張，報載麥克阿瑟所委華東區總司令楊仲華，足證伺機而動者不少，亦不得不然也。

一月廿三號星期二（十二月十六）

孫守佩來，爲寫振宇片。送潮兒到幼稚園。到海光，寫史筱蘇信。修改地圖説明四篇。

三姐自蘇回。到文管會開會，自二時至五時許，看新得書畫古物。

看《曲海總目》。

今日同會：李亞農　吳仲超　徐森玉　劉汝醴　沈羮梅　沈邁士　汪旭初　柳翼謀　尹石公　謝植柳

吳興龐元濟（萊臣）所藏書畫，數十年來極有名，頃文管會選得其三十餘件（約四之一），有宋（馬遠、李嵩）、元（倪瓚）、明（徐渭、董其昌、沈周）、清（四王、石濤、石谿、漸江、惲壽平、載熙）名作甚多，一飽眼福。

一月廿四號星期三（十二月十七）

到大中國，改分省精圖説明稿三篇，寫樹幟、戈湘嵐、浦熙修、容八爱、李拔可、高二適信。爲子喬題畫卷。

到城隍廟買玩具。到誠明取試卷。與君匋談季龍稿費。

看《曲海總目》廿九卷畢。

　　題劉子喬所藏戈湘嵐畫虎

　　月白深葦裏，雄心若個同。可堪今日世，已絕大王風。

子喬謂予書佳絕，予自知書字有天分，有魄力，所苦者未嘗學問，把握不穩也。

聞廿餘日前，林彪回漢口，剛下飛機，即遇刺，股折，死。此事爲港報所載，宜其捉特務之甚也。

一月廿五號星期四（十二月十八）

到大中國，改精圖説明稿一篇，分省圖説明稿一篇。

到亞光，與擎宇談。季龍來，同參觀。與季龍同到北四川路底吃點。談至四時三刻別。到武康路口買玩具。

守佩來，留飯。看黃永年《義和團》。

今日歡送赴朝醫療工作隊出發，且多參幹青工之報喜隊，中區交通斷絕，予尚能由外灘行，而雁秋、守佩等至車站，遂不得自由行動，歸來已八時許矣。

湲兒周歲後與三姨睡，此次三姨到蘇與母睡，及三姨回竟不肯與睡矣。莫謂嬰兒無記憶力，世間惟母愛爲最肫摯也。潮兒本與母睡，今改與三姨矣。

一月廿六號星期五（十二月十九）

到大中國，將分省圖説明稿四篇粗改一過。

立《虹江市隱雜記》簿，鈔丕繩文千餘字。鄒新垓、陳稼軒之女來。到跑馬廳，看太平天國起義百年紀念展覽，晤楊寬、洪廷彥、張子祁、蔣大沂、周谷城、胡厚宣、方詩銘、承名世等，與酈家駒一同閲覽，六時出。

到廣西路蜀腴酒家赴宴。九時許歸。

今晚同席：李葆元　鄒新垓　屠思聰父子　王震（守真）時仲華　徐聚良及其子端文　王宜甫　凌大夏、大韶　宣人　振宇　啓宇　緯宇　擎宇　莊良芹　子喬　文發等（凡三桌）（以上客）　張維新（主）

聞援朝志願軍死傷達五十萬人。美軍無日不大量轟炸，幾無幸免。退至長春等地之中國傷兵以人數之多，至睡在商店之櫃格中，故上海有醫療隊之發動。亦惟以此故，中央政府之態度已軟化，英、印、埃等國可作調人。朝鮮之死傷當然更在中國軍隊上，國將不國矣，慘哉！

一月廿七號星期六（十二月二十）

與雁秋、靜秋到錦江茶室，討論開油店事，草契約。飯後歸。

改地圖説明兩篇。孫守佩來。文實父子、方叔禮來。與同出，到六合路九如赴宴。

九時半歸。服藥眠。

今晚同席：汪孟鄒　陳稼軒　屠思聰　李長傅　時仲華　魏書年　徐聚良　王昌源父子　陳啓鈞　沈雲峰　黃孝先　程仲鴻　顧秀　陳宗舜　梅致中　丁小富　李葆元　鄒新垓　王守真　王宜甫　朱公垂　誠安　振宇　啓宇　緯宇　擎宇　宣人　君匋　子喬　文發　大夏　大韶　家駒　石聲　竹安　良芹　秦敏之　潘妙興夫婦　呂叔達　張幼丞　王榮德　黃振緄　陳里平　華耀明　黃鏡湖　葉芝山　王玉成　王明德　丁家相　閻啓松等（凡八桌）　大中國、亞光（主）

一月廿八號星期日（十二月廿一）

王煦華來，贈物。與靜秋携湲兒到襄陽公園，十一時三刻歸。

改地圖説明一篇（人口）。程潔如來。與静秋到文實處送物，并晤方叔禮、張承年、馬發元。看《曲海總目》。孫守佩來，留飯。范希衡來，長談。

看《古史辨》、《竹書紀年》，準備明日課。

一月廿九號星期一（十二月廿二）

到誠明，補課兩小時（《甘誓》、《湯誓》、《盤庚》上首段）。到大中國，寫田鵬、拱辰信。

李伯嘉逝世，寫挽幛二軸。寫姜步瀛信。改地圖説明一篇（政區）。與方洞談。理信札。爲毛光義寫册頁。

點《蔡傳》。看《曲海總目》。

一月三十號星期二（十二月廿三）

到海光，準備明日功課。修改地圖説明半篇。

到楓林橋，尋上海醫學院不得，到科學院訪育伊，由其送至校門，訪莊鳴山、朱壬葆，并晤蘇德隆、許世瑾、王永索、陳世驥等，參觀各部門。

點《群經平議》、《經義述聞·盤庚》篇。

一月卅一號星期三（十二月廿四）

到誠明，上課兩小時（《盤庚》上、中篇）。與俞劍華談。到大中國，吳諫齋來。

劉逸楓來，爲介紹上醫蘇德隆處作畫。寫莊鳴山信。孟軺、人麟父子來，長談。寫湖帆信。修改地圖説明半篇，分省新圖訖。

與振宇、緯宇、子喬同到徐勝記赴宴。九時歸。看《曲海總目》第三十卷畢。

今晚同席：魏炳榮及其子書年　傅明印　張維新　鄒新垓

屠思聰　宣人　振宇　緯宇　擎宇　君匋　子喬等（凡三桌）
（以上客）　徐聚良夫婦及其子夫婦（以上主）

　　誠明文學院學生"尚書研究"課分數表：
毛光義　九十二分
應承年　八十九分
朱志賢　八十七分
顧乃雍　八十二分
周志清　八十分
邱文瑞　八十分
辛品蓮　七十九分
顧宗漢　七十六分
劉曉濂　七十三分
馬婉如　七十二分
羅有芝　六十二分
沈欣如　　　〇分

一九五一年二月

二月一號星期四（十二月廿五）

　　到海光，準備明日功課，鈔録各家《書》説，記筆記二則。
　　歸，文實來。作《商書》第一身代名詞表。
　　宴客。九時餘散。
　　今晚同席：孟輶　人麟　起潛叔　雁秋（以上客）　予夫婦(主)
　　聞我國赴朝志願軍被俘達十五萬人，此中必多因美軍火力壓
迫之酷烈而投降者。傷亡人數則五十萬，戰事之劇烈可想也。帝
國主義固必滅亡，但困獸猶鬥，在滅亡前固足予人民陣綫以極大

的打擊，不可因紙老虎之頭銜而蔑視之也。

二月二號星期五（十二月廿六）

五時半起，填履歷表。華汝成來。到誠明，補課二小時（《盤庚》下、《高宗肜日》、《西伯戡黎》、《微子》）。與俞劍華談。

與君匋、擎宇、新垓談。寫張禮千、譚季龍信。校《太平天國畫史》。鈔丕繩《大誥》等篇考，未畢。到靜安寺買畫書。遇柳翼謀。歸，穉常來。

黃永年來，留飯。記筆記四則。

潮兒昨日因熱少穿一件絨綫衫，今日即發燒，熱一度許。此兒體弱如此。

托兒所送來成績表，其評潮兒曰："嫻靜，整齊，不說話，不合群。"評洪兒曰："誠實，不爽氣，吃飯太慢。"

二月三號星期六（十二月廿七）

到修文堂，付賬款。到震旦，訪孫雨廷。歸，復出，到興國路理髮。

看《七緯》。到誠明，赴教務會議。到城隍廟，買玩具。歸，看羅爾綱《李秀成自傳箋證》。

寫《七緯》封面。以湲兒哭一小時，忽云看不見，疑其失明，失眠，服藥無效。

今日同會：俞劍華　鍾芷修　李光信　汪育春　蕭純錦　張承浚　唐啓宇

光信家汕頭，土地改革，其家不但田地房產盡歸烏有，即衣服碗盞亦經封存。純錦籍江西永新，其家亦掃地出門。日前以亨夫人來談，金華土改，被殺地主達三千人。可見其對江蘇省是特別客氣的。

二月四號星期日 （十二月廿八）

爲兒輩講書，以昨夜無眠，疲甚，就眠。看《曲海》卅一卷畢，記筆記三則。

樓桐茂來。到海光，取物，即到亞光編輯部，開局務會議。會畢，到宣人家赴宴，十時歸。

眠安。

潑兒極少哭，昨晚以潮兒與之爭書，已哭矣，見朱家兒來取其紅椅，更哭，繼而母强其就眠，又大哭。母以懷妊疲乏，不抱之，哭久久不止，力竭而嘶，若瘋狂。歷一小時許，母卒抱之，乃止。忽曰"我看不見了"，連說數聲，母試用手按其目，不動，大疑爲瞳人翻轉，大悲。予亦因其悲而悲，服藥兩次無效，一宵小便多至五次，母亦不眠，兩人互相怨，欲于今日抱赴醫院矣。今晨渠醒，兩目無恙，心爲一開。父母愛子，有如是哉！

二月五號星期一 （十二月廿九）

以潮、潑二女俱病，伴之，爲講故事。誦芬弟來。黃英來。看《曲海總目》卅二卷畢。

看《太平天國官書十種》。狄醫生來。文實夫婦子女來。

祀先。賀年。看《曲海總目》卅三卷畢。

昨日同會： 宣人　振宇　君匋　緯宇　擎宇

昨晚同席： 葛汝評　鄒新垓　劉子喬　陳宗舜　凌大夏、大韶　餘如同會（以上客）　宣人（主）

昨下午潮兒熱度加高，精神不振，呼吸甚促。静秋疑爲肺炎，延狄醫視之，果然。惟謂比去年則輕，除打針服藥外，并請玉華輸血十 C.C.。今日渠病減輕，醫謂三日內可愈。爲渠病，又費卅餘萬元。潑兒亦感冒發燒，熱高百〇二度。

二月六號星期二（正月初一　辛卯元旦）

呂叔達來，留早餐。爲兒輩講故事。看《曲海總目》。

與雁秋進城訪唐啓宇，并晤其女錦文。啓宇伴至文廟游覽。出，乘廿四路車到陝西南路，看反特展覽會。到曹繩緒處。到楊迂東處。到孫守佩處，晤王時耀。

守佩來。看《曲海總目》。

二月七號星期三（正月初二）

到李拔可處，晤陳權。王煦華來。陳式湘夫婦來。華汝成來。起潛叔來。孫實君來。王玉成、許志濤、陳鶴生、葉芝山、高啓明來。振宇、緯宇、擎宇、宣人、子喬、新垓來。

李光信、鄭家舜來。趙泉澄夫婦來，留飯。與雁秋到柳翼謀處，未晤。到起潛叔處，晤嬸。到瞿兌之處，并晤其侄仲捷。君匋來。李得賢夫婦子女來，留飯。

看《曲海總目》卅四卷畢。

二月八號星期四（正月初三）

到擎宇處。到緯宇處。到宣人處。到振宇處。到新垓處。開局務會議于振宇家。晤尹之章。

到擎宇家飯。與君匋同行，至其家。冒雨歸。看《曲海總目》卅五卷畢。

下半夜失眠。

今日同會：宣人　振宇　君匋　緯宇　擎宇

今日同席：新垓　宣人　振宇　緯宇　君匋　子喬　大夏　竹安（以上客）　擎宇（主）

潮兒大愈。湲兒仍多哭吵，使予夜中失眠。渠有熱已五日，不知何病，倘出疹子乎？

二月九號星期五（正月初四）

到毛以亨夫人處，并晤程仰之夫人及其子女。乘二十二路車到外灘，轉車到誠安家，與弟婦談。到君匋處飯。

到糜文煥家。歸，又出，到陳式湘處，長談。歸，爲潮兒講故事。

看《曲海總目》卅六卷畢。

今午同席：鄒新垓　糜文煥　宣人　振宇　緯宇　擎宇　子喬（以上客）　君匋（主）

二月十號星期六 （正月初五）

木蘭來滬。到華汝成處。到四馬路鴻運樓，參加地圖聯合出版社開幕典禮，會畢，午餐。

到兒童書局購書。歸，與靜秋同到高君珊處，長談。爲潮兒講書。

看《曲海總目》。上午三時，爲湲兒哭醒，天明又睡。

今日同會同席：童世亨（68歲）　葛綏成　孫毓華　苗廸青　盧村禾　萬方祥　尹之章　洪懋熙　張務聰　許逸超　褚紹唐　∘陳稼軒　魏書年　∘鄒新垓　∘陳宣人　∘金擎宇　∘時仲華　∘屠思聰　丁君匋　黄振緄　張家駒　凌大夏　劉思源　楊柏如　章啓宇　張維新　徐聚良　周文炳　王宜甫　∘李葆元　∘楊景雄　萬國鈞　儲禕　陳寶蕙（凡八桌，有∘者爲主人）

二月十一號星期日（正月初六）

起潛孀來。王大珩表弟來，留飯。劉詩孫來。高楣來。陶席儒、朱秀峰來。

戴宗苑來。與大珩、鴻鈞、義安同到中山公園，遇大雪。品茗，晤林舉岱、顔焕申。乘廿路車轉廿四路車，到復興公園。出，到襄陽公園。大珩回科學院，予等歸。

方詩銘來，留飯。曹寅甫來，爲寫趙泉澄介紹片，看屋。

今日静秋携潮、湲兩兒到狄醫生處，潮兒仍打葡萄糖針，湲兒經驗血結果，白血球較少，病爲氣管炎，説不定出疹子。

昨今連得蘇州人民會議信，又得回鄉一行。

二月十二號星期一（正月初七）

理物。九時，乘十五路車到北站，種牛痘，登十一點十三分車行。車中看《曲海總目》卅七卷畢。十二時五十四分到蘇，在站午餐。

到榮社，赴蘇州老人春節聯歡會，與西生、伯剛、瘦鵑、柏寒、尹甫、烟橋、沈君匋等談。會中予致詞、照相。夜宴。遇沈壯聲。

爲瘦鵑寫詩。客散，到謝孝思、張紹南處。看《曲海總目》。服藥眠。

今日同會同席：朱孔文　潘酉生　費璞盦　謝蓉初　余彤甫　彭恭甫　王个簃　蔣吟秋　汪旭初　汪星伯　屈伯剛　沈柏寒　黄慰萱　沈君匋　范烟橋　王聞喜　陸尹甫　周瘦鵑　張紹南　周策魯　一緙絲者（以上客）　王東年　李凌　徐步　陶叔南　謝孝思（以上主）　凡五桌。

二月十三號星期二（正月初八）

孝思、紹南同進點。到家，與二姐、又安、誦唐等略談。即出，到王士瑞處，與同到嵇敏遜處。出，到陸尹甫先生處。歸，到德輝處。陸欽墀來。回家，看誠明試卷。龍書來談。德輝夫婦來。

在二姐處飯。到崔冷秋處，并晤姜逸鷗夫婦。出，到屈伯剛處，長談。回榮社，汪安之來。欽墀來。赴孝思宴。

爲人寫字十餘件。看《曲海總目》卅八卷畢。服藥眠。

今午同席：龍書與予（客）　　二姐、又安、淑華（主）

今晚同席：彭恭甫　余彤甫　陸欽墀　周策魯　張紹南（以上客）　謝孝思夫婦（主）

二月十四號星期三（正月初九）

孝思、紹南同吃點。看誠明試卷畢。到徐瀚澄處。到圖書館訪沈勤廬，并晤館長楊木軒。到觀前買物。在元妙觀吃飯。

途遇德輝。回榮社理物。到謝孝思家辭行。到站，乘一時五十分車。車中看《曲海總目》。到滬後乘十五路汽車歸。守佩來。

爲兒輩講書。看《曲海總目》。

觀前街上，生意甚清。予購數物，則乞丐待于門，及出則群圍而索錢，真是一幅流民圖也。孝思亦謂蘇州最嚴重之問題爲解決失業問題，蓋肩不能挑、手不能提者最多也。

二月十五號星期四（正月初十）

看《曲海總目》卅九卷訖。鈔丕繩論中國社會發展史函入筆記，畢。

到大中國，與君匋談，遇余白墅。寫譚季龍、齊致中、莊鳴山、張禮千、戈湘嵐信。到七浦路魏家，赴宴。

八時，辭歸。李文寶來。

潮兒肺弱，狄醫謂如不治愈，易成肺病。湲兒精神恢復，而熱度仍不去，今晨爲百度，不知其故。

日前所種痘，今日居然發出，甚癢。然則予尚能感染天花耶？

今晚同席：鄒新垓　屠思聰　金擎宇　曹冰巖　徐聚良及其子　應仲元（以上客，凡二桌）　魏炳榮及其子書年、書元（主）

二月十六號星期五（正月十一）

到大中國，改地圖説明五篇。

與方洞到明德坊看屋。到亞光，晤大夏。到地圖聯合社，晤洪懋熙、楊景雄等。回亞光，晤擎宇。回大中國，購書數種，與緯宇談。又安自蘇來。

歸，以體不舒，早眠。服 Aspro。

今日下午陡覺不舒，頭暈，蓋又傷風矣。夜中多咳。今冬磨難太多，亦見年齡日長，抵抗力亦日弱矣。

二月十七號星期六（正月十二）

改地圖説明四篇，畢。

與静秋、三姐、頤萱嫂同到杜美，客滿。到黃金，又滿，買下場票。到廣西路看油店屋，偕雁秋到雲南路吃飯。到四馬路買物。四時，到黃金，看《紅樓二尤》。七時歸。

黃永年來。祝瑞開來。

家駒所作兩種地圖説明，自十一月十八日改起，至今三個月，始得改訖，綜計約四十萬言，誠一大工程。然予因此，對地理智識得豐富些，亦是在工作中求進步也。

二月十八號星期日（正月十三）

到四川路剃頭。到大中國，草致上海新聞出版處信。開局務會議。新垓來，同飯。

歸，路爲游行隊所塞，在大馬路停半小時許。到麥琪路爲小兒買燈。玉華返蘇。王育伊來，長談。華汝成偕許仁生來。與静秋到亞爾培路，到遠東吃點，買果物。

看《曲海總目》。

今日同會：宣人　振宇　君匋　緯宇　擎宇

今日開上海市工商業代表會議，途爲各業游行隊所塞。此會最大任務，當是如何貢獻所得于國家也。

二月十九號星期一（正月十四）

看《曲海總目》第四十卷畢。題《虢季子盤册》。鈔起潛叔《吳都文粹》跋入先父所鈔該書後。

宴客。與祝瑞開談墨子。鈔黃蕘圃《文粹》三跋入册。

文實來。師哲萍來，談至十時去。

今午同席：起潛叔夫婦　祝瑞開　王煦華（以上客）　予夫婦（主）

所種痘大發，右臂紅腫作痛，精神甚不振。静秋懷孕，極痛苦，已歷一月許。她此次喜病比前數次均厲害。

二月二十號星期二（正月十五）

將《曲海總目》前半部翻一過，看四十一卷畢。

作《吳都文粹》跋，即鈔清。鄭家舜來，贈物。

今日臂痛稍好，而精神甚疲倦，静秋迫予在家休息，明日梅志忠結婚證婚亦辭謝。

洪兒連日傷風咳嗽，今日量之，得百〇一度。家中竟無人不病矣。氣候之壞可知。

家舜來，謂汕頭一日之間，逮地主至三千人。

二月廿一號星期三（正月十六）

點于思泊《尚書新證》兩卷。又安來，留飯。

校《太平天國畫史》，未畢。

失眠，服藥。

二月廿二號星期四（正月十七）

校《太平天國畫史》訖。點《尚書新證》一卷半。

寫王士瑞信。邱文瑞來。

與靜秋到程潔如處取款。以潮兒傷指，半夜哭，服藥眠。

潮兒每日由靜秋伴往狄醫處打鈣針，已歷旬餘，據醫言，右氣管尚有些不清楚，近日飯量頗壞，惟精神則好。

洪兒尚未愈。

二月廿三號星期五（正月十八）

王煦華偕其未婚妻朱女士來，贈物。到大中國。到誠安處。看《學習》雜志。

與振宇、君匋談。爲局寫上海新聞出版處、蘭州供給合作社信。歸，點《尚書新證》訖。

看《曲海總目》，四十二卷畢。以潮兒跌傷，屢哭，服藥眠。

出版總署囑上海新聞出版處命本局停印製國旗，謂對友邦不尊重，且敵友不分。此可謂因噎廢食，又是給我們一個打擊，爲此我們損失一億餘。經商于今日真不易也。

二月廿四號星期六（正月十九）

點《尚書蔡傳》、《經義述聞》、《尚書駢枝》、《群經平議》中《牧誓》、《洪範》、《大誥》三篇。

終日雨，無客至，點讀書竟日，一快。

二月廿五號星期日（正月二十）

到起潛叔處。到大中國，與華汝成、雷雲生談，寫蘇元復信。

飯後與君匋、振宇談。雨中待誠安不至，二時許歸。記昨日讀書意見入筆記册。

看《曲海總目》四十三卷畢。

二月廿六號星期一（正月廿一）

王文新來，爲寫李化方信。理信札，寫鄧恭三、王大琬、王伯祥、吳練青夫婦、關偉生、劉詩孫、陳桐生、祝乙秋、顧志堅信。

與靜秋冒雨到國泰電影院，看《珠江淚》。七時，冒雨歸。

看《曲海總目》。

二月廿七號星期二（正月廿二）

看《曲海總目》四十四卷畢。寫吳樹德、張令琦、辛品蓮、沈鳳笙、王毓瑚、童丕繩、丙生及自珍信。又安來，留飯。

程仰之夫人來。李文實來。理北京寄來稿一箱。與鴻鈞到海光圖書館取物，晤述亮、世鯤。歸，寫馮潤琴信。

程潔如來。寫楊拱辰信。

二月廿八號星期三（正月廿三）

携書至明德坊新寓。到亞光，晤家駒、大夏、竹安等。出，遇王宜甫，同上電車，到大中國，與方泂、張幼丞、梅志忠談。

寫莊鳴山信。與君匋談。冒雨到誠明，與柴忠寶、余楠秋談，上課一小時，講研究《尚書》之原因與方法。歸，理雜紙。朱右民來。鍾素吾偕梅公毅來。

看《曲海總目》。三姨爲玉華事哭吵。

一九五一年三月

三月一號星期四（正月廿四）

看《曲海總目》卷四十五訖。寫于鶴年、尚愛松、劉佩韋、傅角今、蔡尚思、束天民、張又曾、顧德武、錢南揚信。

十八號王太太來。寫王文新、趙孟頫、辛樹幟、譚季龍、吳諫齋信。記筆記二則。

看《曲海總目》四十六卷訖，全書畢。

《曲海總目》，全書近一千頁，自上年十二月二十日病中看起，至今日看完，歷七十二天。這是第一次看，以後尚須多看，因此書不但有豐富之民俗學材料，且對我研究古史亦有極適當之比例也。

本意今日遷至多倫路明德坊十二號屋，以昨夜起西北風，今日風大，氣候降至零度，靜秋遂不任我行，只得遲一天。

三月二號星期五（正月廿五）

理書，打開北京寄來之書箱。鄭家舜來。與靜秋同乘車，運行李到明德坊。

與靜秋到凱福吃飯。到大中國取款。到北四川路購日用品。回多倫路，遇孔宇清。鴻鈞、義安送書來，同携入室。與靜秋到餘慶坊，訪孔宇清夫婦，并晤陳璞如。

與靜秋到錦江川菜館赴宴，九時半歸。十一時眠，服藥。

今晚同席：章高煒　鄒新垓　靜秋（以上客）　振宇　緯宇　擎宇　君匋（以上主）

三月三號星期六（正月廿六）

携書到明德坊，方家婢朱雅琴爲鋪床。到亞光，與擎宇、家駒談。到擎宇家飯。與章高煒談。

回明德坊，看書。王宜甫來，同到虹江路買書桌、書架。到誠安處，晤弟婦及綏平夫婦。歸，葉貫經來。詩銘來。

與詩銘到亞光，飯。出，同到魏建猷處談。歸，方泂來。服藥，得眠。

今午同席：章高煒　金竹安　尹老太太（以上客）擎宇夫婦（主）

浙江崇德，一三等縣耳，而槍斃地主至百餘人，則全國二千縣，所殺者當逾二十萬。共產主義本要打倒資本家，無如帝國主義的國家保衛之，打不倒，乃移其禍于我國地主。地主中固有惡霸，亦有好人，今乃一網打盡，詎非冤耶？

三月四號星期日（正月廿七）

到亞光飯。到君匋處，與同到虹江支路茂興號選購木器。出，看工人反美扶日大游行。到君匋處談。到振宇家飯。

歸，看近年筆記。看《五十年來北平戲劇史料》。到緯宇處飯。抱其子竹南。

談至八時半歸。失眠，服藥。

今午同席：陳苗林　鄒新垓　劉子喬　丁小富　尹文發　緯宇　擎宇（以上客）　振宇（主）

今晚同席：薛金相　陳苗林　鄒新垓　尹文發　丁小富　振宇　擎宇（以上客）　緯宇（主）

三月五號星期一（正月廿八）

到亞光飯。看《新建設》雜志。將各家之《牧誓》——《大誥》新説入《尚書讀本》，訖。點《經傳釋詞》，標出書名，未畢。王宜甫來。

飯後續看《新建設》中潘光旦論舅權一文。王文新來，爲寫辛樹幟信。鈔孫詒讓《札迻》目錄，未畢。

茂興號送木器來。以雨，方宅備飯。與方洞夫婦及其父繹如談。

三月六號星期二（正月廿九）

董石聲、陳芝芳、黃鏡湖來。鈔《札迻》目訖。理書。侯仁之來，同到亞光參觀。與仁之同乘一路車，別歸。

到天平路，開文管會常會。看新購之龐萊臣家所藏畫。與李亞農等談。五時半歸。

爲兒輩講書。趙人龍、人麟來。

今日下午同會：李亞農　徐森玉　沈尹默　柳翼謀　尹石公　沈邁士　劉汝醴　沈羹梅　李芳馥

亞農向予表示，會中在跑馬廳辦博物館後，天平路古物室騰出，辦一研究室，要我主持其事，囑予定計畫。予方遷明德坊，乃即有此議，我又不得不跑了，心中苦極。然已拿薪半年，又説不出辭謝，真急煞人！予命何苦，生活乃如此不安！

三月七號星期三（正月三十）

寫謝孝思、戈湘嵐、陳穉常信。爲兒輩講書。到興國路剃頭。

到誠明，上課兩小時（《牧誓》、《洪範》）。遇陸步青等。到北海油店，與雁秋、孫守佩討論店務。到范希衡處談。

休息。

今日上兩課，即覺甚累，甚矣吾衰也！

潮兒打針多時，身體已好。洪兒咳嗽甚劇，尤以夜中爲甚，疑是百日咳。湲兒亦咳，幸不劇。静秋既爲小孩忙，自身又患喜病，頭常暈。

我問諸兒：“我們吃魚吃肉，羊、牛、猪、魚都要流血劇痛，怎樣好呢？”湲兒即説：“我不吃肉，吃蛋。”潮兒則説：“我吃老虎肉，獅子肉，狼肉，狐狸肉，它們都是要吃別的動物的。”洪兒則説：“我還是要吃魚肉。”洪兒爲常人，湲兒富同情心，潮兒富正義感，仁義之端也。

三月八號星期四（二月初一）

雇車載書到明德坊。趙人龍來，同到亞光，晤大夏。同回，予理書，人龍助之。十二時許出，到鴻復林午餐，遇詩銘。

與人龍到亞光，與擎宇談。人龍返蘇。予歸復理書，記日記，寫唐啓宇信。到博物館訪詩銘，并晤瞿潤緡。觀婦女游行隊。遇誠安。

到大中國飯。待華汝成不至。到誠安處，并與綏平、嚴文墳談。誠安送歸。服藥眠。

三姨稱贊湲兒，説："湲湲乖。"湲兒即問道："誰説湲湲不乖的呀？"二歲零二月的孩子能説這般深刻的話，將來必以口才聞也。

湲兒看《小主人文庫》，其上有韻語，母爲誦之，渠即記憶，整册能背誦，其瞭解力之深與記憶力之强可驚也。亦有背錯者，如"喜歡"改爲"快樂"，亦見其能瞭解書義。他日上學，當不作第二人想。

三月九號星期五（二月初二）

到亞光早餐。歸，遇高啓明。方洞來，推銷有獎儲蓄。改《五用小辭典》稿十頁。到亞光，與擎宇談。

到大中國，與振宇、君匋談。寫張禮千、齊致中、戈湘嵐信。爲范洗人作挽聯，即寫上。買文具。到亞光，晤雁秋，改程枕霞蠟像説明書。蔣子奇來。寫派出所信。

與雁秋到鴻復林吃麵。再改説明書，訖。到董石聲、陳芝芳、黃鏡湖處坐。

挽范洗人

滬瀆早馳名，鉛槧廣傳，瞻仰嘉猷將廿載。

燕京新創業，規模弘啓，昭垂遺範到千秋。

程枕霞搜集歷代服佩材料而不能作文，送來之稿，多誤，多

複，多亂，簡直無辦法，因爲之大删改。以此知寫文章實非易
事也。

三月十號星期六（二月初三）

將《洪範》中《皇極》一章譯成白話。改《五用小辭典》五
頁。遇吳道坤、唐啓宇。

讀《墨子·尚同》篇。鄭家舜來，爲講上古史（史前時代）。
全泰木器號送書架來，即安置。

到九如公宴新垓餞別。十時，歸武康路。

今晚同席：鄒新垓　許寶芝　李長傅（以上客）　地圖聯合編纂
社全體　亞光全體　中國史地學社全體　大中國一部分（以上主）

洪、湲兩兒，已由狄醫生證實爲百日咳。正打鏈黴素，且服
麻醉劑。洪兒已病三星期，湲兒則于本月六日起。養大一個小孩
真不易，故"有子方知報母恩"也。靜秋夜不得眠，精神甚壞，
時時想哭。

三月十一號星期日（二月初四）

王煦華來。劉詩孫來，爲寫凌敬言信。看辛品蓮畢業論文。到
煦華家赴宴，冒大雨。

三時出，回明德坊。又安來，爲寫蘇協商會信。理書。

在方宅飯。鄰娃葉漱芬來。

前數日天氣突暖，今日一雨又凉，予已無抵抗力，又感冒
矣。一天不舒服，恐係發燒。

今日五時，有一穿黃卡嘰人聲言"看顧先生"，告以在家則
托詞打電話而遁。上海壞人太多，必須慎防。

今午同席：楊大膺　褚謹初　起潛叔　張承浚　盧元　金永
高　梁措成（以上客）　王鴻儒及其子煦華（主）

三月十二號星期一（二月初五）

終日理書。李長傅來，談《禹貢》篇問題。在方家飯。

與方泂談。雁秋來，爲程枕霞所作展覽説明書作最後改定。點胡樸安《古書讀校法》一章。

高啓明送傢具來。在方家飯，與中台談。

今日比昨天好些，但仍無力。

三月十三號星期二（二月初六）

到振宇處。回，寫筆記三則，千餘字。到大中國，取爲油店借款，即歸家。

出席文管會，看新得瓷器。遇丁蓬卿。四時半歸。五時，與静秋同到霞飛路購物，七時歸。

理出帶至明德坊書籍。

今日下午同會：吳仲超　徐森玉　沈尹默　沈邁士　沈羹梅李芳馥　柳翼謀　尹石公

洪、湲兩兒熱尚未退盡，咳已甚稀，仍每日赴狄醫生處打針。今晚潮兒又發熱，此兒太無抵抗力。

三月十四號星期三（二月初七）

爲兒輩講書。寫樹幟、湘嵐、束天民、文實信。豫備功課。

到誠明，則停課。與盧元同到逸園，參加歡迎抗美人民志願軍代表大會，與俞劍華、李光信同獻旗，晤蘇乾英等。七時歸。

翻《浪口村隨筆》。

今日三小孩均有熱六分。

志願軍代表柴川若言，我軍夜襲美軍，攀巉巖而上，偶一不慎，上面人跌交，下面人就跟着跌，及爬到山頂，内衣已全爲汗濕透，然外衣則凍冰也。拂曉抵美營，彼方猝不及防，遂得大勝。此可見其苦戰之狀。至云百戰百勝，則是虛辭，否則何至爲拉鋸戰耶？

三月十五號星期四（二月初八）

携書至明德坊，即理訖。花匠陸林根來，種花十株。到亞光，遇夏安世夫人。看《新建設》中丁山《姓氏》一文。

開會，討論史地社事。與楊培蘊談。歸，寫王士瑞信，即出，付寄，并匯款與之。到張幼丞處。歸，點《尚書古注便讀·洪範》篇，未畢。

到大中國飯，與華汝成、雷雲生等談。九時歸。

今日同會：擎宇　凌大夏　張家駒　劉思源　董石聲

三月十六號星期五（二月初九）

到亞光早餐。遇沈麓元。返寓，點《古注便讀·洪範》訖。張幼丞來，同到中美醫院，以候診人多，到附近老正興飯。

受楊超前醫師診。歸，亞光送書來，即清理。葉季安來談。沈鳳笙自蘆墟來。同出，飯于鴻復林。

到誠安處談，并晤德輝。失眠，服藥。

楊醫謂予氣管炎尚不到施用組織治療之程度。至氣喘則由心臟來，而心臟之不健由血壓高來。渠謂予血壓應自百四十至百五十，今爲百七十，故有此徵象也。予謂倘將腦充血乎？彼云不會，如其惡劣下去，恐將得狹心症，因囑予明日再往照相。受此刺戟，晚眠遂不安。

三月十七號星期六（二月初十）

到亞光打電話。出吃點。歸，復出，乘電車到中美醫院，由楊超前介紹蔡寶義，用 X 光透視。到福州路及河南路買物。到大中國，取款。與振宇等談，飯。

取文實携來書回。理書。鄭家舜來，爲講《史通·六家》篇。陳稺常來。算賬。在四川路底飯。

到復旦，訪季龍，并遇陳守實、胡繩武。七時半歸。吳鐵聲來。

本屆工商界所得税，上海預定一萬億。財政局長顧準明白説："我們明知商界虛贏實税，但現在是抗美援朝第一，要請大家原諒。"大中國計納二億餘，亞光則五億餘，合占全滬千分之點七餘。致本局亦借錢度日矣。

今日透視結果，心肺尚可。醫言固有些變化，但年齡這般大是勢所必有的。聞此心爲寧定。

三月十八號星期日（二月十一）

出吃鷄粥。到大中國，開局務會議。汪孟鄒來。在局飯。

歸家。到海光，參加新史學研究會討論會。

看《廣東叢書》第一集。

今日上午同會：宣人　振宇　君匋　緯宇　擎宇

今日下午同會：吕誠之　周予同　胡厚宣　金子敦　姚紹華　姚舜欽　陳旭麓　束天民　黄穎先　伍蠡甫　周谷城　徐平羽　王叔磐　李家驥　李哲明　李旭　邱漢生　史守謨　蘇乾英　林舉岱（討論如何達到愛國主義的歷史教育）

三月十九號星期一（二月十二）

與静秋到狄醫生處檢查，遇王懋功之次女。看《社會進化史》第一章訖。回，剃頭。

爲煦華寫立軸。到文管會，開圖書館籌委會第一次會。到徐家匯洗浴。

看《翁山文外》。爲三孩講書。

今日同會：徐森玉　顧起潛　李馨吾　王育伊　劉汝醴

文管會中，亞農不能信任人，劉汝醴則狐假虎威，將事權抓于一手，弄得別人無法做事。徐先生極牢騷。現在既一事不做，六月中如何開館。

今日至狄醫處檢查，知血壓爲一百六十四，下一字爲九十。固較高，但尚不甚。狄醫謂予所以致此之故，爲體胖，多用心，少動。

三月二十號星期二（二月十三）

王煦華來。到中美醫院，再就楊超前醫師診。看《社會進化史》第三章訖。

陸榮芳來。盧元來，予夫婦及三孩同乘汽車到青年會，與楊鑑、王培煒、周志清等談。四時半，煦華與朱一冰行婚禮，予爲證婚人，致詞。禮成。予夫婦挈三孩到大世界看哈哈鏡，楊鑑夫婦從。

到三和樓赴喜宴，與褚謹初談。七時半歸。祝瑞開來。雁秋歸。

今日楊醫師以 X 光檢查結果見告，謂予有慢性氣管炎，但不重，無須行組織療法。至氣喘則并不因于氣管炎而由于高血壓。血管略變硬，但尚不劇，囑予少食鹽。

今晚同席：褚謹初　楊大膺　楊鑑　王善業　張承浚　盧元
起潛叔　梁措成　王培煒　周志清　鄭文英　馬婉如　金永高
兩家親戚（共約十桌）（以上客）　王鴻儒　朱馨甫　王煦華
朱一冰（以上主）

三月廿一號星期三（二月十四）

到上海醫學院，晤莊鳴山、胡家俊、林雅如、董泉聲、殷文治。準備下午課。

到誠明，上課兩小時（《洪範》畢，《金縢》首段）。與王善業、李光信談。與邱文瑞、鄭文英談。開教學小組會議。

　　爲諸小兒講書。

　　　今日下午同會：俞劍華　　李光信　　楊大膺　　王善業

三月廿二號星期四（二月十五）

　　到多倫路，失鑰匙。到大中國，寫志堅、人龍、懋恒、立三、佩韋、起潛叔、章高煒、蔣子奇信。

　　與君匋、振宇談。承名世來。到復旦，訪季龍，不晤。到厚宣處，并晤李旭。與厚宣同到陳子展、言心哲、朱錦江、伍蠡甫、林同濟、紹虞、谷城處。訪蔣天樞，未晤。

　　途遇蔣天格。看張爾田《遯堪文集》。到大中國，則華汝成已去。到飯店飯。到亞光，訪叔達不遇。與啓宇、丁洪昌談。歸，鏡湖、志方來。失眠，服藥。

　　　近日服楊醫降低血壓之藥，睡眠極好。惟今日則因失去鑰匙（當係就醫時脫衣而失），各種不便，錶又壞，弄得不知時候，心中懊惱，又致失眠。予心上真不能有事。

三月廿三號星期五（二月十六）

　　出吃麵。遇陳里平。到大中國，寫譚季龍信。回，看《遯堪文集》。配鑰匙。作新史學研究會三問題答案，寫周谷城信。出寄信。到北四川路飯。

　　到虹江支路買茶几及卡片箱。陳懋恒來，同到大中國，與君匋訂售稿約。李文實來。予贈張文清還押田金五十萬。呂叔達來。

　　到誠明，與俞劍華等談。看《中國歷史圖譜》四套。歸，點吳大澂《字説》四篇。葉季安來。寫邱文瑞信。

　　　誠明學生告至教育部，謂系主任上課畢即走，不能有所問，因規定系主任須在校辦公。予定星期三上課後一時及星期五晚一次。教育部真管得緊，令我輩疲于奔命。

張文清，齊魯歷史系畢業，甚肯讀書，以其爲地主，故畢業後鄉居。現在四川雖尚未土改，而要地主還清佃户押款，且加利息。渠無法得現款，李文實撙節日用寄與之。現在尚缺二百萬，渠目睹地主被槍殺者已多，更惴惴，來書乞哀，予遂畀以五十萬，深望其繳清後能出外工作也。

錢寄去後即無信來，其已被鬥争而致不幸耶？

三月廿四號星期六（二月十七）

爲教育部寫"尚書研究"學程教學計劃表三份，并鈔入筆記。點讀吳清卿《字説》三篇。以雨，在方家飯。

鄭家舜來，爲講古史的層累，以孟姜女爲例。鄭國讓來，同乘車到大中國。與擎宇同乘車到大發赴宴。

八時，與振宇等同乘電車歸。失眠，服藥。

今晚同席：戈湘嵐夫婦　袁兆熊夫婦（以上客）　宣人　振宇　君匋　緯宇　擎宇　子喬　文發（以上主）

三月廿五號星期日（二月十八）

寫莊鳴山、朱壬葆、李長傅信。到誠安處，并晤逸如。到新都飯店，爲鄭國謇訂婚作證明人。自十一時至下午三時。

到城隍廟豫園茗叙。遇高二適。黄昏歸家。

高吟谷自南京來，留宿。

今午同席：錢達人　周雲峰　袁樹棠　李光信等（凡兩桌）（以上客）　鄭惠之及其子國讓、國議　季樹型（塵梵）　訂婚人鄭國謇、季甄（以上主）

今日下午同叙：鄭逸梅　徐碧波　沈禹鍾及其子

歸家，見洪、湲兩兒均病，洪兒熱高一〇二度，湲一〇〇度八分。我家小孩如此多病，奈何！

三月廿六號星期一（二月十九）

與靜秋、吟谷、潮兒到大馬路泰昌公司三樓，看程枕霞蠟像展覽會，晤枕霞、雁秋、曹繩緒等，爲題字。爲枕霞寫周谷城信。出，到北海油店，晤孫守佩、又安、義安等。歸飯。

王景球來。與靜秋到稺常家看屋。到文管會，開圖書館第二次籌委會。與李亞農談。到良友公寓訪吳諫齋談。

準備後日課。點《字說》。

今日下午同會：徐森玉　李馨吾　劉汝醴　王育伊　起潛叔

蘇州各銀行存款共一百四十億，此次所派所得稅，蘇州即得一百四十億。此真竭澤而漁矣，尚望經濟建設耶！

高吟谷爲沛縣有誤會之者，先至濟南，再至南京，再至蘇州，今則上海，挨一天是一天，神態呆木，全無力量。予雖憐之，苦不能爲助。大時代下，犧牲的人太多了。

三月廿七號星期二（二月二十）

戈湘嵐來，與同到上海醫學院，晤鳴山、朱壬葆、胡家俊等。冒雨歸。翻譯《大誥》篇。

有警報。與靜秋冒大雨，到跑馬廳看太平天國百年紀念展覽會，晤寬正、大沂、天格、子旂等。

續譯《大誥》。看《冷廬雜識》。

服楊醫師藥，常致睡不醒。今晨醒來，已是八時了。

油店營業執照，久久不發下，且一月矣。孫守佩到工商局催了好多次，今日發下矣，然局中人說話，暗示要錢。誰謂人民政府下無貪污哉！惟薪水太少亦是一因，猶之重慶時代也。

三月廿八號星期三（二月廿一）

與靜秋、頤萱、洪、湲到狄醫生處診治。譯《大誥》篇，初稿訖。即鈔出半篇。

到誠明，上課兩小時（《金縢》畢，《大誥》）。爲周志清寫字。開文史教學小組會議。到城隍廟，爲三孩買玩具。

休息。

今日下午同會：俞劍華　楊大膺　劉文興

今日狄醫檢查予之血壓，爲八十至一百四十八，恰好正常。然此係服藥之結果，故暫行停藥。狄醫檢得洪、湲兩兒俱係出疹子，熱度要高，方可暢快發出。渠等百日咳尚未愈，而疹子又來，够苦的。

聞趙述庭言，朱經農病沒美國，其夫人在上海某托兒所服務，月僅得三十單位，可憐也。朱氏今年六十五。

三月廿九號星期四（二月廿二）

雇車到靜安寺，乘一路車到多倫路。記日記四天。到大中國，寫顧欣伯、許毓峰、辛樹幟、田鵬、周慶基信。

看翁文灝《中國山脉考》，未畢。重譯《大誥》篇下半。

華汝成、戈湘嵐、方洞來，同談。至八時半散。歸，將《大誥》篇譯文鈔訖。

三月三十號星期五（二月廿三）

出吃點。到復旦，訪季龍、厚宣，談近代史圖約事。到曹誠英、汪靜之處談。到厚宣家飯。遇朱澂、李炳焕。

歸，寫王士瑞信，出寄款。歸，理信札。趙人龍來，與同出，到大中國，與振宇、宣人、君匋談。

到誠明，看《豐鎬考信錄》。選工會職員。入合作社，填表。

歸，點叔氏鐘銘。

爲戈湘嵐題紀念冊

大鵬圖南，老聃西行，爲理想而奮鬥，終以有成。

近日上海槍決人，一日至數十，報紙登出者無幾。北京亦然。重慶至三千餘人之多，大抵皆中美合作所中人也。聞劉次簫亦以軍統罪名被殺于青島，此山東一老教育家也。

本月廿四日，麥克阿瑟在東京廣播，謂中國志願軍已失維持戰鬥力，此後戰事應擴至中國。報章上固詈其狂妄，但亦承認爲嚴重的事實。

三月卅一號星期六（二月廿四）

寫士瑞信。與中台談。到華夏，開會商討世界知識社繪圖事。到大中國，與宣人談。寫謝德耀、辛品蓮、張禮千信。

返寓。鄭家舜來，爲講《三皇考》。劉開申來。到大中國，取薪，與君匋談。

飯後到誠安處談。歸，方太太來繳賬。點《吉金文選》十頁。

張禮千與北大東方語文系同人畫越、泰、緬、馬來亞諸地圖，一月中來信接洽要我們出版，當即接受，并寄約去，乃三月中即來信取銷此議。近日世界知識社委托華夏社繪畫東南亞各國地圖，實即此稿。因此宣人等大爲不滿，要我與華夏商，而社中同人不肯，謂寧打官司。此張禮千一女兩嫁之結果也。而煩惱却鍾于予，以予同時在大中國及華夏兩團體也。

今日上午同會：擎宇　大夏　石聲　思源　家駒

昨日自誠明歸，乘一路電車，人多，未得座，忽覺內衣一緊，撫之無物，不復經意。今晨覓鋼筆不得，則爲剪綹盜去矣。上海真難走路！

此誤疑也。實忘于誠明辦公室。越七日由盧拯黎送還。

一九五一年四月

四月一號星期日（二月廿五）

中台來談。出吃點。到吳鐵生處，看其所藏版刻畫及書軸。并遇陸丹林。歸，理物。到大中國，開局務會議。在局飯。

與君匋冒雨到華汝成處，又同到交大化工實驗室訪蘇元復，并晤王承明，商工業圖事。冒大雨歸。遇狄畫三。

聽靜秋爲潮兒講《西游記》。

洪兒疹子已回，無熱。湲兒未回盡，尚有熱數分。湲要媽抱着，中夜不捨，以是靜秋疲甚，亦欲病矣。其白帶作紅色，只得至醫院檢驗。

予前爲三兒買《新兒女英雄傳》，圖游擊隊事，今靜秋又爲講《西游記》，遂使彼輩滿腦子是"打"、"殺"，一不稱心，就說"我要殺你"，兒童教育如此其難爲也！湲兒竟向三姨説："媽媽要狄醫生替我打針，我把她殺了罷！"

四月二號星期一（二月廿六）

點《群經平議》、《經義述聞》、《觀堂集林》、《尚書駢枝》等中之《康誥》以下部分，未畢。

翻《漁磯漫鈔》。

予前對于音韻、文字、訓詁之學未切實用功，今日欲譯《尚書》，深知不能跳出這段功夫，酷欲走清代王、俞、孫、王諸家之路。然年已長矣，如何如何！

四月三號星期二（二月廿七）

續點昨點書，《觀堂集林》竟一卷，餘仍未畢。

到興國路剃頭。與靜秋、潮兒到遠東吃點，到襄陽公園散步。以潮兒胡鬧，打之，遂不易入眠。服藥。

認真工作兩日，心臟又呈異象，只得稍息。甚矣我之力不從心也！

四月四號星期三（二月廿八）

到中山醫院，爲靜秋挂號。看《漢武內傳》及《西王母傳》。靜秋診後同歸。點《尚書駢枝》訖。

與鴻鈞、潮兒同到襄陽路口看馬戲，三時半歸。到大衆美術出版社，訪王景球，并晤吳穆。歸後又出，到陳式湘夫婦處，并晤郁建中。

看松交公自叙。

靜秋今日檢查結果，知其子宮口有一瘤（數年前曾有，在徐州時爲一日籍醫生摘去，今復生），已潰爛，白帶作紅色，即以此故。今日復摘去，醫囑歸家靜臥，然湲兒總不放鬆也。

湲兒已無熱，但飯量不及洪（洪每日要吃七八次），故恢復亦不能如洪兒之速。

四月五號星期四（二月廿九）

到靜安寺轉車到多倫路。即到大中國，與湘嵐、君匋等談。寫譚季龍、金子敦信。趙建西來取款。

吳秋白來。回寓，遇大雨，衣濕，方太太爲烘之。鈔朱彬《釋大》。鈔《尚書·大誥》，加標點。電燈壞，工人來修理。

在方家飯。與方太太談。看《籀高述林》。服藥眠。

趙光濤年來在滬教一夜中學，不知何故，日前徐州派人來把他拘去。其夫人陳璞如急甚，亦要到徐州，向靜秋借錢五十萬作盤費。趙在徐州作過民衆教育館館長，又作過參議員，并任議長兩月，但無血債。

四月六號星期五（三月初一）

記日記五天。作《大誥》集注三分之一。

得通知，文管會開會，中午在方家飯後即歸。稍息，即至文管會，開圖書館籌委會。三時半即散。歸，寫練青、戀恒信。慰靜秋。先進晚餐。六時出。

到誠明，爲寫誠安信，看豫園屋。歸，看徐蔚南《顧綉考》。服藥眠。

晨起，右鼻孔忽出血，不知何故。

洪兒已痊愈。湲兒仍有幾分熱。潮兒亦咳嗽。靜秋懷孕已不好過，偏此三孩時有病痛，湲兒又半夜索抱，不得安眠，以此愁悶，無生人趣，時時呼"欲死"。

靜秋每日恒腹瀉數次，下便如癅。如不瀉則便乾結，痔瘡發作，亦極苦。渠額上多皺紋，兩手皆糙，形容憔悴，若有大病。此皆作了主婦害了她也。豈我命太硬，爲我配偶者皆不克保其健康耶！

四月七號星期六（三月初二）

出外吃火腿粽。回，方中台來，爲寫蘇德隆、莊鳴山介紹片。作《大誥》集注訖，并將譯文重改，再鈔一過，共得八千字。到亞光飯。

鄭家舜來，爲講《東壁遺書》。到亞光飯。

方中台來談。

此爲我到多倫路後的第一個工作，計費時兩天，連前準備工作，共約五天。照此算來，廿八篇全譯出來，倘能有整段時間，則五個月也可成初稿了。可惜整段時間不易得耳。

四月八號星期日 （三月初三）

到山陰路吃牛肉麵。歸，理物。寫李長傅、鄭逸梅信。得亞光轉靜秋電話，即歸。與靜秋到北海油店，與孫、姜諸人談。到西藏路飯。

與靜秋到華東大眾劇院 （即前黃金戲院），看周信芳等《信陵君》劇，五時半散。在場遇鍾道贊夫婦、王善業、柴忠寶、陸步青等。出，到蠟像展覽會，晤雁秋、程雲程、曹繩緒等，并遇周谷城夫婦。在會中吃點。

與靜秋同歸，途遇鍾素吾。點《古書疑義舉例》中關于《尚書》各條。

今日所觀劇，係就抗秦援趙發揮抗美援朝之義。以天氣之晴佳，演員之賣力，而上座不過一半，于以知上海居民之窮，且對于宣傳劇不感興味也。因看者之少，故推票及于學校，予乃得一觀。

四月九號星期一 （三月初四）

鮑文熙來。記筆記數則，立《法華讀書記》第二冊。鈔《經義述聞》、《群經平議》、《觀堂集林》論《康誥》、《酒誥》、《梓材》語入《尚書》。

狄醫來。

爲孩子講書。睡後爲湲兒鬧醒，服藥。

狄醫量予血壓，爲八十至一百六十，彼云正常，而靜秋則嫌其高。

湲兒之病，狄醫謂其肺甚清楚，惟氣管則不好，故氣甚急促。

四月十號星期二 （三月初五）

爲文管會作《我們對于管理古代文物的意見》，約成三千言，未畢。

與靜秋到杜美，看《義犬救主》電影。四時半散，送之歸。即到大中國，與君匋談。寫陳稺常、圖書發行公司信。飯後歸。

看《冷廬雜識》。爲孩子講書。

今日所觀電影爲蘇聯製，情節固平常，但背景係就帕米爾及蘇聯邊境攝製，得見滿山積雪，山徑峭險之狀，省識西行之困苦。

近來以防匪特之嚴，稽查戶口極密。高吟谷本不肯離吾家，常早出晚歸以避人之注意。七日早，渠尚未出，而派出所人已至，面囑靜秋注意里弄，而詢高吟谷是何人。吟谷懼甚，即日他遷。今日對門王太太又來，謂派出所言，常有一對年輕夫婦出入九號之門，問是何人。我家不知，繼而知乃張魯青之友，準備遷至三樓者也。邏者如此，可見外人潛迹之不易矣。

四月十一號星期三（三月初六）

準備下午課。將昨文作畢，共約四千五百言，交陸榮芳鈔清。點孫星衍《書疏·大誥》篇訖。

到誠明，連續上課三小時，將《大誥》篇講畢。與金永高談。途遇徐森玉。到城隍廟爲三兒購玩具。

點吳大澂《字說》。爲孩子講書。

昨湲兒較好，予拉之入我室，乃又受涼，熱高出一度。此兒如此無抵抗力，固由先天不足，亦靜秋太加葆愛所致。前日狄醫來，見湲正睡，額上正出汗，揭其被曰：“蓋得太暖了！”蓋穿得既多，蓋得又多，自然一受涼即病矣。洪兒之所以壯，正以前住蘇州，靜秋照顧不到也。

麥克阿瑟免職，聞是因渠上月廿四日廣播，要打到中國來，美議院及英法等國恐引起世界大戰，群責杜魯門，杜氏不得已罷之，易李奇微爲統帥。照此看來，我輩又得苟安些時候。

四月十二號星期四（三月初七）

上午三時爲湲兒哭醒，遂不成眠。到多倫路寓。即出，到大中國，晤皮松年，談製史地教育模型事。爲亞光寫贈地圖信。寫徐森玉信。寫自明、自珍、人龍、孟輶、季龍、筱蘇、藍夢九、徐樹基、周堯信。

與振宇、君匋談。誠安來。到郵局寄信。華汝成來，同飯，談工業圖事。

與中台同車歸。看《在野遺言》。失眠，服藥兩次。

汝成見告，昨日程柏廬在大夏上課時被捕，蓋以其前爲江西教廳長，有秘密殺害青年事。又辦特種教育，與算血債也，恐有生命危險。念柏廬爲誠明同事，去年同加入工會，恐將來株連瓜蔓，并將及予，以此失眠。

柏廬于五月十八日在南昌槍決。補記。

報載我方在廣西剿匪，法侵越軍來襲，開戰，法軍傷亡若干人。按法方與越軍相持，自顧不遑，豈有在中國另闢戰場之理。是非受美方指使，藉以牽制我援朝，必桂系殘餘軍隊欲奪回其老巢也。東北未平，西南又起，如何應付，大是難題。

四月十三號星期五（三月初八）

記日記五天。木器鋪來修理書櫃。將《尚書駢枝》及《尚書新證》論《康誥》鈔入《尚書》。到亞光飯，與擎宇、楊培薀談。

校人世間社之《人體病理圖解》。靜秋來，同到虹口公園散步。到百樂商場購物，并晚餐。

歸，與雁秋商談油肆事。爲諸兒講書。得眠。

聞徐州來人言，本月初一夜捕人千餘，以是徐州人之寓滬者頗恐慌，守佩遂辭職。

潮、湲兩兒仍有熱一度，咳亦劇，幸精神尚好。洪兒得百日咳最先，今已脱然無事。

闖上海獄中已有兩萬餘人，其準備捕捉而尚未捕者有一萬餘人。

四月十四號星期六（三月初九）

返多倫路，續校《病理圖解》。到亞光，遇梅志忠。

遇詩銘及謝文西，文西邀至其家小坐，見其弟祥。歸，鄭家舜來，爲講予所作《戰國秦漢間人的造僞與辨僞》。記筆記一則。續校《人體病理圖解》。看徐慕雲《中國戲劇史》。

冒雨，到誠安處飯，談至八時半歸。遇嚴文壎。失眠，服藥。

今晚同席：吳簡香與予（客）　誠安夫婦與其八、九、十、十一子（主）

四月十五號星期日（三月初十）

記筆記一則。校《人體病理圖解》訖。到大中國，開局務會議，自上午十時至下午三時。戈湘嵐列席報告。

携物雇車歸。吳受之夫婦來，留點。德輝來，留點及飯。

爲三孩講書。

潮兒受診，知是支氣管炎。

四月十六號星期一（三月十一）

理書。王煦華來送物。鈔《經義述聞》、《群經平議》論《康誥》語入《尚書》。

誠明學生來，同冒雨到天平路古物陳列室參觀，由沈羹梅及一李君導引并説明。與劉曉瀲談。四時半，冒雨歸。

爲三孩講書。中夜爲溕兒哭醒，服藥。

福建省境連被轟炸，聞因我軍準備解放臺灣之故。

今日同游：劉曉濂　徐大綱　邱文瑞　周志清　顧宗漢　羅有芝

四月十七號星期二（三月十二）

終日讀《康誥》，試作翻譯。

寫拱辰、楊潤華、金子敦、張木蘭、莊鳴山、許義生信。

到式湘處，與素吾談，并晤林知淵、郁建中。爲三孩講書。

湲兒夜裏睡不着，早晨則甚能睡，至九點乃起。二歲餘的孩子如此，可怪。靜秋爲了她不得眠，一方面，又因自己貧血，即使孩子能眠，自己亦復輾轉不能入夢，以致困累日甚，洵苦事也。

自珍來書云：“家庭的包袱沈重，已不是丙生個人所能擔負。我的收入雖有限，然于家庭亦不無小補。然已至月入月罄，衣服鞋襪都無力添置，思之可嘆。這個日子，不知要過到何年何日？只有以志願軍在朝作戰之苦況來解慰自己。經過了兩個多月的反動黨團登記，參與了多少次的控訴門爭大會，在認識思想上確有了不少進展；然而總不能克服一切困難。爲什麽呢？自己也無法解答。”按，此真今日負家庭責任者共有之苦痛也，一言以蔽之，收入太少，無法過最低之生活而已。

四月十八號星期三（三月十三）

與雁秋談。準備下午課。王子揚夫人來。與靜秋、潮兒到狄醫生處診，冒雨歸。

到誠明，上課兩小時（《大誥》批評與《康誥》講解）。與邱文瑞談。爲顧乃雍寫字一頁。到圖書室翻看浦起龍《釀蜜集》。到金陵東路寄信。冒雨歸。

與三小孩捉迷藏。

予血壓爲九十至百五十，上一字固低而下一字却高。靜秋貧

血，須注射肝針。潮兒氣管炎未愈，早晚多咳。湲兒服藥後頗
愈，但此劑中有麻醉藥，非真愈耳。

四月十九號星期四（三月十四）

記筆記一則。到靜安寺，乘電車到多倫路，看信。出，遇陳芝
方。到大中國，與振宇、君匋談。到呂叔達處。

剃頭。到大中國，寫拱辰、人民日報社信。作書目引言。李唐
晏來。寫王士瑞信，到郵局匯款。回多倫路，理物，記日記五天。
金竹安來。亞光送書來，即携入室。

到大中國飯。華汝成來，談工業圖事。到虹江支路購書架。
歸，中台來。看徐海《中國新民主主義革命史的研究》。

覽報悉健常在京爲中蘇友好協會理事，此次被派赴蘇，爲五
一節觀禮團員，長風萬里，殊可羨。念五卅慘案時，渠爲國家主
義派，反共最烈，劉尊一爲共產黨，常與齮齕。其後劉被潘宜之
逼爲妾媵，墮落爲富家婦，而渠一意奮鬥，乃有今日之長征。世
事變幻，宛然一夢也！

《人民日報》轉來徐鑫武一信，謂我與君匋所編《中國歷史
故事小叢書》序文內階級觀點不正確，足以貽誤青年。然此係一
九四六、四七年所出，至去年底清查存書時已停止發賣，今年書
目中已不載矣，因去函告之，謂將來再版時當作徹底之修訂也。

今日亞光送書五車來，連前共七個三輪車。

四月二十號星期五（三月十五）

終日理亞光送來書，先分類。

虹江路木器鋪送書櫃三個來，與寫取款信。

返家，爲王立吾事。本要到誠明辦公，爲潮、湲兩兒所留，爲
講《美麗與熊》英文本故事，并捉迷藏。

今日得王立吾電，悉其夫余松筠爲退佃户押租事，欠二百萬元，有生命危險，因歸與靜秋商之。靜秋復轉與君匋電話。知予爲大中國股東，此款可由局代付。孰意五年前之十萬元竟救其一命乎！成都如此地主當甚多，如無外援，只得就死也。

予每一歸家，潮兒即拉講故事，而湲兒又禁其外出，固然天倫之樂盎然，但許多事却賠誤了。

四月廿一號星期六（三月十六）

返多倫路，理書兩架。看錶，已過十二時，到四川路底飯館進食。

鄭家舜來，爲續講《戰國秦漢造僞與辨僞》。理書一架。到大中國，寫文實、陳濟川信。

到三江浴室洗澡。買物。歸，中台來談。

湲兒一見我戴帽，知將出門，即哭。今日之出，乘伊就厠時由廊下行也。意良不忍。

在浴室看《大報》，悉盧冀野在南京病逝，年四十七。此君甚有天分，原可在文學上有成就，惜其縈心利禄，喜與官場往還，解放後遂困死。

四月廿二號星期日（三月十七）

理書訖。看《三藏取經詩話》。與中台談。君匋來，與同到章丹楓處，談。歸，靜秋來，與同到鍾素吾處看屋。出，飯于北四川路。

到大中國，與振宇談。二時半，開董事會，至五時半畢。議分紅等事。在局飯。

歸，看《墨餘書異》二卷許。覺倦，安眠。

今日同會同席：馬克文（代張錫君）　陸步青　誠安　宣人

振宇　君匋　緯宇　擎宇　此一年中，從賬本上看，大中國盈餘七億餘，然付所得稅兩億餘，已無現金矣。而職工會中希望發獎金七個月，今日開會，擬發與三個半月。爲商于今日之世，上受政府之徵，下受職工之索，不得不借債以應，亦苦矣。

静秋近日精神極惡，今日來此，知予寄王士瑞卅萬元，大怒，進食甚少，上電車又獨下，流了許多眼泪。予無術譬慰，并以開董事會不得與同行，會畢復以交大事須作覆書，不克歸家，想渠必更恨我矣。這家庭可以安樂，乃必吵吵鬧鬧，何也？

四月廿三號星期一（三月十八）

天晴，出外吃點。散步寶山路。歸，寫徐嵩齡、自明、嚴霜、齊致中、拱辰、金立輝、交大王承明等信。到大中國，將交大信鈔出。歸家。

將《康誥》譯文重寫一過，未畢。

祝瑞開來。爲孩子講書。

近日牙痛，上腭一牙搖搖欲墜，蓋將落者已三年矣。予無閑到醫院拔牙兼補牙，故荏苒至此。

湲兒自稱曰"海裏頭的老黿"，蓋以湲與黿同音，聞母講《西游記》有此，遂擷以自名也。此可見其慧。又自稱曰老湲，而稱其姊則曰小潮潮、小洪洪，此又可見其黠。此兒最會用古典及諺語，將來讀書，不知怎樣能言能文。

四月廿四號星期二（三月十九）

記筆記一則（刑德）。將《康誥》譯文再稿寫畢，約二千五百言，即修改。文實來。

到文管會取薪，道遇潘健卿。茅丹來。與静秋到霞飛路取錶，到北海油店與又安等談。出買鞋，歸。改《康誥》譯文。

爲孩子講書，捉迷藏。

予近日睡眠極好，夜中覺倦，入床即睡着，直至曉醒。夜中即小孩哭鬧，亦能復睡，此理想生活也。

湲兒近日咳較好，一日僅數次。飯量甚大。其體力恢復不難也。

文實去年曾送某太太至港，今聞送某太太至滬之人已被捕，故彼情緒甚不安，又離家度流浪生涯矣。生于此世，真成側足而立，奈何！

孫守佩不知因何事隨人赴港。

四月廿五號星期三（三月二十）

陸榮芳來。將《康誥》譯文再寫，寫成三稿。

到誠明上課二小時（《康誥》，未畢）。與盧元、張承浚談。看新華活葉文選中之高等教育諸文。出，到城隍廟買玩具，歸。

與静秋到式湘夫婦處，談房租。歸，雁秋來，談。

今日風狂甚，有拔木之概。昨夜至今晨又大雨。江南天氣，僅陰曆二、五兩月下雨耳，今三月中乃以晴爲特殊，雨爲正常。以《洪範》觀之，“曰狂，恒雨若”，天道信有徵耶？

潮兒近來頗喜畫，畫人畫鼠頗有些像。頑皮亦日甚，常在桌子上走來走去。

北海油店營業不佳，每日只做生意十餘萬元，一個月恐須賠百萬元。補救之術惟有增資，得兩千萬元可運貨五千萬元，使小油店向我來批，則可得利三四百萬元。

四月廿六號星期四（三月廿一）

與雁秋同出，上静安寺車。到多倫路，記日記四天。看《采薇僧集》。在方家飯。

到大中國，寫程銅士、史筱蘇、許義生信。擬致上海新聞出版處呈（萬國旗）一通。草誠明中文系總結，未成。作《康誥》篇批評一篇，千餘字。祝瑞開來。蔡文華來。校聯銷處新印書目。華汝成來，同飯，談，看農業圖印本。

看《竹書紀年》。黃鏡湖、陳志方來，爲亞光改中華新地圖序。失眠，服藥。

予一歸家即爲三孩所纏，不易工作，及予將出，湲兒以監視態度不許其行，令予無法逃遁。只得取決然之處置，任其哭矣。

多日安睡，今日竟以夜中改文又失眠，可見孩子是催眠劑，社會工作則是醒睡藥。

聞董漢槎已在本鄉公審槍決，此人真土豪惡霸，毫不冤枉，不若楊蔚如之使人悼惜也。

四月廿七號星期五（三月廿二）

作中文系總結畢。寫盧拯黎、鄭家舜信。到章丹楓處，談。歸，鈔《隸釋》中記《尚書》文字。寫沈鳳笙信。到亞光飯，與楊培蘊談。

買物，易裝。到車站，候靜秋、潮兒來，同待車，二點五十分車開。在車看小報三種。袁錫學與談。在車進晚餐。

七時到杭州，與袁錫學夫婦同到湖濱找旅館，宿杭州飯店。服藥眠。

明日爲予生日，故靜秋約予今日赴杭，藉看浙江省土特產展覽會。

西湖各旅館皆擠甚，找不到一好房間。杭州飯店名爲飯店，實甚破爛。予睡地鋪。

四月廿八號星期六（三月廿三）

　　以潮兒臉腫，予出外買藥。袁氏夫婦來，到門口吃豆漿。與袁氏夫婦同包船，游三潭印月、蔣莊、花港觀魚、劉莊等處。到平湖秋月，袁等上岸，予與靜、潮歸。靜秋以潮病，與予吵，抓破予手。出，到小兒科唐叔培醫生處診。

　　到知味觀吃飯。到湖濱各旅館找房間，仍不得。歸，三時，雇三輪車，與靜、潮游岳墳，看土產（竹木）館。出，吃茶。雇三輪歸。出爲潮買藥。

　　六時半，到王萬興飯。夜得眠。

　　昨夜潮兒滿身腫癢，終宵未能眠。靜秋隨之，亦未眠，精神惡甚。至醫生處，謂臉腫無大關係，幾天後即好。惟左肺門不清，須注射鈣針，否則恐成肺病。

　　靜秋以潮病，焦急至極，尋予生事，致被抓傷。今日爲予生日，原欲游覽取樂，乃至于斯。

四月廿九號星期日（三月廿四）

　　早起，看祝瑞開論墨子文。到王萬興早餐。與靜、潮同到唐叔培處。出，爲潮兒買童話書，携往講之。十時半歸。雇三輪到玉泉觀魚，旋到靈隱，飯于天外天。

　　逢大雨，到靈隱寺，雇山轎到韜光，無可觀者。下，在飛來峰前吃茶。乘汽車到西泠橋，看鐵道館，遇張儒秀及其夫孫宗彭，同到手工業館。出，到商場買物，吃茶。乘船回旅館，袁氏夫婦來。

　　到五芳齋飯。歸，算賬。服藥眠。

　　今日潮兒腫雖未消，精神已好，竟日游覽不疲，坐船弄水更有興，知其將愈矣。然以腫臉故，變得極醜。

　　韜光竹木，爲日本人所砍伐，已無幽深之致。今其地爲坦白之所，除呂祖殿外均不可去。靈隱已爲革大，一綫天爲汽油庫，游人只有在路上徘徊耳。

四月三十號星期一（三月廿五）

到袁錫學處。予先到唐叔培處挂號。到老正興吃點。潮兒往醫，予獨至三元坊散步。到唐醫處，與静、潮同出，乘汽車到西泠橋，入風雨亭小坐。到大衆食堂飯。

到中山公園憩息。游省際、水産、工業、絲綢、農業諸館，在水産館看電影。乘船歸。袁錫學夫婦來。到孫家赴宴。

八時，以潮兒倦甚，即歸。茶房來取錢。

今日上午本欲參觀各館，乃適逢星期一，上午停展，遂只得在湖濱閑坐。

今晚同席：張達侯（儒秀之父）　　錢琢如　顧學民女士　予夫婦及潮兒（以上客）　孫宗彭及其夫人張儒秀（主）

［剪報］　　一九五一，五，三《光明日報》
悼念許駿齋先生　　　　　　　　李長之
（下略）

一九五一年五月

五月一號星期二（三月廿六）

到知味觀吃點。乘四路公共汽車到錢江大橋，欲上，爲守兵呵止。下，車已過，今日更無車。乃雇人抱潮兒，行至六和園吃茶。遇大雨。爲潮兒講楊家將連環圖畫。携潮上山至六和塔下。回，看江干游行隊。

飯後由六和園伙計開封人艾君抱潮兒行，自六和塔直至湖濱，凡十八里。遇盤查二次，以戒嚴也。回，看游行隊。與静、潮出，買物，到復興園清真館進飯。

歸，早眠。未即睡着，起服藥。

此次游杭，天天遇雨，走路困難，一不幸也。潮兒病，致静秋心中焦急異常，與予多忤，時有口角，二不幸也。星一展覽會停開半天，今日又爲工人節大游行而不開，茶葉、國藥、食品、油脂四館遂未能到，三不幸也。使所携錢稍多，尚可于明日補看，乃作一計算，僅够住至今日，無可如何，只得束裝歸去矣。

五月二號星期三（三月廿七）

四時半，理物。六時到城站，買包子食之。七時四十分車開。小眠。看誠明課卷。十二時到上海西站，雇車歸。

派出所户籍員劉某來，盤問一切及鄰家事。洗浴。偃息在床，看《西游記》。又安來。

雁秋來。

湲兒咳已絶稀，惟身上甚瘦，夜眠不安，可見其虚弱之甚。

得振宇電話，知立吾又有電報來，再須百萬元方可救命，已匯與之。

現在每百家有一户籍員管着，隔一二日即到各家訪問，并及他家事。予家已來若干次，予均以不在家未見，今日乃初遇之。問及李拔可，問及陳禮江，予就所知者告之。

五月三號星期四（三月廿八）

爲鴻鈞事與静秋口角。到多倫路，理物，算賬。與方太太談。葉季英來。到大中國，看各處來信。校目録册。

與君匋談。擎宇來。到叔達處，未晤。到文實處，亦不見。回大中國，寫沈鳳笙、姚紹華信。叔達來。看《文匯報》論武訓文。

與華汝成談。携書歸。到誠安處，與弟婦談。服藥眠。

文實爲在蘇州買段氏《説文》一部，《音學五書》一部，木刻本，二十八册，二萬九千元。蘇州的舊書太便宜了。

往訪文實，門房竟一口咬定不住此，遂未得晤，連方君也未見，可見其避人之甚。

聞廿七日之夜，上海捕去反革命分子極多，所識者如王昌源、嚴長衍、尹文馴、史松年皆是。監獄中今已有二萬六千人。

又聞水產學校之政治教官，共黨所介紹者也，忽發見其爲特務，亦在捕中。因此，他們說："落後分子與反革命不同，落後者可以放心，惟反革命分子則會假前進。"

五月四號星期五（三月廿九）

補記日記四天。到廟弄訪振鐸，不得入。到起潛叔處，并晤鳴高叔。經電話通知後又往，并晤曾昭燏。出，回多倫路，點《尚書便讀·酒誥》篇。到亞光飯。與擎宇談，遇洪懋啓。

返寓，點《尚書古注便讀·康誥、梓材》篇，點《國語正義》十二頁。補記日記三天。返家，路遇張子豐。

與靜秋談雁秋事。翻看《南潯鎮志》。

雁秋昨日下午與又安同赴老閘區公安局，詢問其高級人員，要否登記，遂被留。今日上午，靜秋到該局，知尚在內，既不可見，悵然而歸，故約予歸家商量。至今晚，予已眠矣，忽電話來，知二人已返店。

湲兒飯量頗好，惟一多吃即肚瀉，要吃得恰好頗難。

今晚吃餛飩，三孩先食，湲兒說："爸爸舐缸盆。"蓋取于"阿五阿六吃得屁騰騰，阿七阿八舐缸盆"之歌也。渠善用詞藻，即此可見，將來殆爲文學家乎？

五月五號星期六（三月三十）

六時半出門，返多倫路。章丹楓來，談《通史演義》修改事。修改《五用小辭典》四十頁。

剃頭。鄭家舜來，爲講《戰國秦漢間人的辨僞》。

路遇高啓明，與同到蜀腴赴宴。八時半出，到誠安處談。服藥眠。

今晚同席：大中國、亞光、華夏全體同人，凡六桌（以上客）　尹文發及其子正壽（主）

昨驟熱，今日雨後又驟寒，真傷風天氣。

聞蘇州捕至一千人，徐偉士、張壽鵬、徐瀚澄、朱家積皆在內。以蘇州人之無政治性，且若此，難乎免于今之世矣。

家舜來，知陳逸民亦于廿七日捕去。又聞魏孝亭亦受捕，校長洵不好做哉！

五月六號星期日（四月初一）

到大中國，開局務會議，自九時至十二時。

飯後歸家。寫余松筠夫婦信。爲遣靜秋之悶，與之同到霞飛路購物，到常熟路夜來香吃點。

爲諸兒講書。

陸鳳石遺產，有書箱一百六十隻，其孫女爲仲健叔夫人，日來其家亟欲出清屋子，囑誠安商之于予，以賤值售于予，每箱以一萬元計，并可分期付款。若然，則予所藏有安置處矣。

靜秋打肝精針，三兒均打鈣針，湲兒感覺特敏銳，到醫生處一路哭，嚷"痛得很"。

今日同會：宣人　振宇　君匋　緯宇　擎宇

五月七號星期一（四月初二）

打各處電話，請客。理書室。雁秋來，商炎生股事，并談其登記經過。宴客，談至三時散。

草靜秋致書局信及書局呈工商局信稿，與雁秋同冒雨到大中國，晤緯宇。晚飯後，與雁秋到宣人處，與振宇、宣人同談此事。

八時，冒大雨出，雇車歸。

今日同席：徐森玉　鄭振鐸　王育伊　起潛叔（以上客）予夫婦（主）　約費十萬元。

張炎生在抗戰中，居重慶經商，于南岸辦華南印刷所，本局成立時，渠加入二百萬元。昨日會中，討論其是否爲官僚資本，如是則須沒收。渠離滬兩年，股東董事兩會由雁秋、靜秋代表，因爲作信稿，交局方覽之。今晚討論未得結果，明日再商。

五月八號星期二（四月初三）

劉文興來。與諸兒散步園中。到文管會取薪，與馨吾、森玉談。到狄醫生處。與靜秋同出，到大中國。午，到廣茂食堂進餐。

與靜秋到君匋家，商張炎生股款之處置。四時，與雁秋、靜秋同出。與靜秋同到百樂商場，購物，吃點。歸。到趙泉澄夫婦處，商重寫《通史演義》事。到鍾素吾處，交《五用小辭典》稿，請公毅校。

爲諸兒講書。

今日同會：宣人　振宇　君匋　雁秋　靜秋　討論結果，本局並不愛惜此二十分之一的股本，極願獻出。惟獻出之後，麻煩即多，如世界，如大東，前車可鑑。好在彼入股時並非官僚，應不與官僚資本等視。

日來天氣一晴即熱，一雨即寒，傷風人極多。湲兒以是又咳嗽。洪兒腸胃有病，屢呼肚子痛。惟潮兒則差強人意耳。

湲兒神經過敏，每打針時輒發抖。

五月九號星期三（四月初四）

準備功課。重寫《康誥》批評。記筆記一則。寫劉佩韋、劉厚澤、高瑞蘭、陳璞如信。

到誠明，上課二小時（《康誥》篇畢）。與步青、善業談。車中遇吳季鑫。歸，與朱向榮談。與諸兒玩。

疲甚，臥床看《西游記》。眠極酣。

瑞蘭已與廬江許子美君戀愛，將訂婚。許亦係復旦畢業，今任《光明日報》記者。此一可喜消息也。

今日靜秋携三兒照 X 光，查肺部有病否。

靜秋本爲武康路二八〇弄之小代表，近因總代表歸平升爲常熟區婦聯委員，靜秋遂被推爲二八〇弄之總代表。渠已懷胎四個月，家事又多，再加以里弄肅特工作及開會，更無法擺布矣。

五月十號星期四（四月初五）

爲潮兒講書。到多倫路，理帶去舊稿。與方太太談。到大中國，校《病理圖解》，訖。

到誠安處。訪叔達，未晤。寫銅士、夢家、恭三、致中、筱蘇、鶴年、夢九信。叔達來談。

與華汝成談。歸，點《酒誥》孫疏，未畢。

五月十一號星期五（四月初六）

補記日記五天。點讀蔡傳及孫疏之《酒誥》、《梓材》訖。記筆記二則。寫梅志忠、毓蘊信。到亞光飯。與擎宇、家駒等談。

歸，寫齊致中、田鵬、周慶基、孫宗彭夫婦、劉起釪信。譚季龍來，談。同出，到大馬路別。到誠明文學院，開教務會議。點《國語正義》六頁。

到誠安處，旋歸，易衣再往，飯。談至九時歸。服藥眠。

今日同會：俞劍華　陸步青　蕭純錦　汪育春　鍾道贊　李光信　唐啓宇　張承浚　學生代表徐大綱等八人

華東教育部要第二、三流之私立大學聯合爲一個大學，誠明與焉。如果不肯應，恐下學年之招生教部亦不會允許。如是，則誠明生命絕矣。私立大學固遲早必關門，然不意其如此速也。

五月十二號星期六 （四月初七）

章丹楓來。沈文倬來，爲寫起潛叔信。

修改《五用小字典》二十五頁。寫王士瑞信。以工作誤時，不及到亞光，飯于北四川路。

看《新建設》中范文瀾文。鄭家駪來，講畢《辨僞與造僞》篇。作《虬江市隱日記》序一千言。點《國語正義》十頁。在方宅飯。

服藥眠。

聞鳳笙言，蘆墟一區四五萬人，而被殺者已四五百人，適得百分之一。

五月十三號星期日 （四月初八）

出外吃點，遇李旭。到大中國，覆余松筠夫人電。修改《五用小字典》二十五頁。梅志忠來。

看屠格涅夫《初戀》數章。歸，德輝來。范希衡來。譯《酒誥》篇，未畢。段逸珊來。

得毓蘊信，知陸氏書箱已送家一百二十口，分三十幢，有座子三十個。

三孩已大愈，頑皮加甚，永在打架中。潮打了湲，湲歌曰："打得好，打得好，回頭一定把仇報！"蓋取自兔老大老二搬家書也。

五月十四號星期一 （四月初九）

將《酒誥》全篇譯畢，即鈔出，加修改。到北海油店，與家中人同出，到大世界門口老正興飯。

到狄醫生處，靜秋及三孩打針，予量血壓。起潛叔來，長談。爲改其所作《涵芬樓燼餘書目》跋。

今午同飯：雁秋夫婦　鴻鈞　三姐　予夫婦　三孩　七個人，九碗麪，連捐至七萬餘元，可怕也！

予血壓爲八十五至一百四十二，好極。上顎一牙搖搖欲墜已歷三年，近日作痛尤甚。然就牙科醫須去多少次，一時無此暇閑也。

五月十五號星期二（四月初十）

鈔《酒誥》，加標點，選鈔解釋，未訖。到文管會，開圖書館籌備會。

到天平路，開文管會，看新購書畫、古物。到振鐸家小坐。到樂義飯店宴。

與亞農同車歸。

今日上午同會：李馨吾　徐森玉　顧起潛　王育伊　劉汝醴

今日下午同會：李亞農　鄭振鐸　徐森玉　沈尹默　汪旭初沈羹梅　沈邁士　尹石公　李馨吾　劉汝醴

今晚同席：鄭振鐸　唐弢　徐平羽　于伶　沈邁士　尹石公劉汝醴（以上客）　李亞農　徐森玉（主）

五月十六號星期三（四月十一）

鈔《酒誥》篇解釋訖。與三兒到草地玩。將《酒誥》譯文修改一過。

到誠明，上課兩小時（《酒誥》，未畢）。到民國路，剃頭。到交通路，購書。到北海油店，與又安等談，并晤張華森。

到蜀腴赴宴。與盧芷芬夫婦長談。十時歸。

今晚同席：盧芷芬夫婦　陳苗林　金竹如（以上客）　振宇　宣人　君匋　緯宇　擎宇　子喬　文發（以上主）

北京今春只下過一次雨，近日溫度已高至九十四度。與上海絕異。

文管會欲訂東北報紙而不得，謂東北報紙不許入關，豈東北新聞有不能爲關內人所知者耶？

五月十七號星期四（四月十二）

記筆記一則。到多倫路，理物。寫靜秋信，付寄。到大中國，寫莊鳴山信。看《兩周金文辭大系》。

與振宇談。寫袁有體、陳幹祥、盧拯黎、王錫光、章高煒、陳炎、張禮千、劉佩韋、辛樹幟、謝孝思、毓蘊信。爲人寫字六件。

華汝成來，談。歸，方太太來談。點《古文尚書撰異》兩卷。

聞崇德來人言，有嘉興地主三十餘人，奉命到崇德勞動，既至則以機關槍掃射而殲之。此必罪不當死，不便在本地執行死刑者也。

五月十八號星期五（四月十三）

補記日記五天。記賬。看《兩周金文辭大系》及《殷周青銅器研究》，記筆記五頁。出寄信。到亞光飯。

重寫《酒誥》譯文，并作批評七條。共寫三千五百字。爲華夏史地學社寫招牌，即送大夏處。

詩銘、洪駕時夫婦來。失眠，服藥。

今日因趕欲將《酒誥》一文作畢，故于夜中客去後續成，至十時訖。自謂近來血壓低，且昨點書未失眠，可無患。乃上床後愈睡愈醒，服藥兩次，至十二時後始得睡去。以此知夜中還是不該工作。

五月十九號星期六（四月十四）

改昨作。看楊潤華《貌侵解》。到四川路吃點。遇魏鐵錚。訪徐家震及振宇，俱不遇。歸，竹安來，爲寫結婚册首頁。吕叔達來。寫王士瑞、楊潤華信，付寄。到亞光，與擎宇談。

修改《五用小字典》三十頁。鄭家舜來，爲講《史記》、古史、《路史》、《驛史》異同。到亞光，翻《地學雜志》。

點《國語正義》十頁。

今晨起床，有些頭痛，覺血又上升。此以身試法之結果也。戒之哉，戒之哉！點書是被動的，不用心，故夜中工作無妨。若作文則爲主動，決不可作。

聞誠明貼布告，要同學去公審陳禮江。陳罪不至死，何以亦要公審，可怪。

後見學校所貼布告，知其離社教學院時私携美金萬元去，此確是其罪。

五月二十號星期日（四月十五）

到清真館吃點。歸，修改《五用字典》廿頁。到大中國交稿，未遇振宇。飯後與君匋長談。

以婦女游行，無車，步回多倫路。修改《酒誥》譯文。與中台同出，到蜀腴，賀金竹安與莊敬結婚。八時半，與静秋同歸。以静秋哭，失眠。

黄金榮發表坦白書，自道其罪惡，且勸徒弟們服從人民政府，這是一件痛快的事情。幫會流氓的勢力，到此作一結束了。黄今年已八十四歲，在法巡捕房自作包打聽以至升到督察長，有四十年的歷史。六十歲後退休。

今晚同席：大中國、亞光、華夏全體　沈文德　張維新　薛金桐　陳苗林　丁小富　梅志忠　莊、金兩家戚屬　共十二桌

振宇（主）

五月廿一號星期一（四月十六）

寫徐森玉信。參考諸家釋《梓材》語。與靜秋携三兒到中山公園，欲觀動物，值其閉門。十二時半歸。陸榮芳來。

眠一小時。草《梓材》譯文。范希衡來。點章太炎《古文尚書拾遺》。

祝瑞開來，留飯，長談。

洪兒膽最小，今日到公園，潮、溇皆上秋千，獨彼不敢，翹板亦然。溇兒嘲之曰："等一刻到動物園，你就看小白兔吧！"謂彼不敢看豹、熊也。

昨沈文德告我，彩印廠生意不佳。所以然者，彩印廠賴印香烟盒，本來上海烟廠每月發至外埠爲十二萬箱，今日則僅有三萬箱，生意減少四分之三，遂使彩印廠之生意亦隨以減少也。

今晚瑞開告我，渠家開皮鞋店，每日須作生意六百萬元方够本，今只作二百萬元，就是每天賠了四百萬，岌岌不保，故須外出覓食。

五月廿二號星期二（四月十七）

將《梓材》譯出。與靜秋携三兒至狄醫處，值其出，即到復興公園看動物。十一時出，再到狄醫處，爲三兒打針。十二時半歸。

祝瑞開來。眠半小時。與瑞開同到多倫路，取出其稿。予到育英中學，訪顧欣伯，長談。

六時歸，雁秋來，談。

洪兒吃葵花子，狼藉滿地，母令其勿撒于地，彼則大言必撒于地。予斥之，即倒地哭。時溇兒方在沙發上倚母吃蘿蔔，即以所食者投母，而自起扶洪兒，説："我攙你到妗妗那邊去！"即此可見湲兒之友愛，機警，有辦法，其兩姊遠不如也。

潮兒以蠟筆塗黑白畫，對于顏色之分配，人物之關係，頗能瞭解，渠當可向文藝方面進展。

潮、洪常爭奪玩具圖書，湲兒手中之物被奪後，每曰："你玩够了再給我吧！"其友愛與有耐心如此。

五月廿三號星期三（四月十八）

將《梓材》譯文重寫一過。又將本文標點。與靜秋及三兒到天平路王花照相。到文管會，取薪，晤森玉、旭初。

遇紹虞。到修文堂，晤孫實君。遇楊善寶。到誠明，上課兩小時（《酒誥》畢）。與余楠秋談。帥潤身來。開國文系師生會，六時歸。遇陳宣人。

戶籍員劉君來。訪鍾素吾，未晤。雁秋歸，與戶籍員談。

今日下午同會：俞劍華　王善業　李光信　盧元　張承浚　楊大膺　鄭家舜　楊忠　楊善寶　顧宗漢　徐大綱等　商課程，向教部貢獻意見。

實君告予，《古史辨》全部價至五十萬元，《禹貢》全部至八十萬元。

予傍晚未歸，靜秋率諸兒待于門，湲兒説："恐怕要待電鈴響了，爸爸才會來吧！"吾家無電鈴，靜秋問以從何知之，她説："從小猪書上看來的。"她真能利用間接材料到實際生活上，所謂舉一反三、聞一知十也。

五月廿四號星期四（四月十九）

到多倫路，補記日記四天。到大中國，與君匋及謝文西談。與振宇談，開雁秋貸款支票。

寫章高燁、齊思和、藍夢九、田鵬、陳穉常信。靜秋來，同到雁秋處。遇雨，歸多倫路易鞋。再到大中國，譚季龍來談離婚事。誠安來。

華汝成來，同飯。又安來。還寓，點《國語正義》十二頁。石聲、鏡湖、芝芳來。

得立吾信，知余松筠已因地主而被槍決。立吾亦爲當地政府押來押去，設法弄錢，繳付押款，凄苦之甚。

得自明信，渠亦患慢性氣管炎。我和她都不進烟酒而皆有此疾，足證是遺傳。

湲兒見予將出門，禁不令行。予說："爸爸出去做事，賺了錢，就好同你逛公園，買糖。"她就決然地說："那麽，爸爸，你去吧！我來送你！"就送我出門，連道"再會"而別。潮、洪兩兒性固執，說不通，不若彼之能以理屈也。其爽朗之狀，可愛之至。

五月廿五號星期五（四月二十）

到振宇處。出，遇擎宇、顧士行。還，章丹楓來。鈔選《梓材》解釋，訖。在方家飯。

到大中國，出席局務會議。四時半，到誠明，出席緊急會議，七時三刻始散。與光信、道贊、袁昂等談。

歸，鈔改《梓材》譯文訖。九時，到鴻復林飯。買筆。

今日同會：宣人　振宇　君匋　緯宇　商戈湘嵐等繪圖事。

《古史辨》全部現價五十萬元，《禹貢》全部現價八十萬元，孫實君說，可見此種純學術性書，雖不熱銷，却永遠有人要。

今日又同會：俞劍華　楊大膺　袁昂　蕭純錦　唐啓宇　汪育春　李光信　夏高波　吳道存　王善業　盧元　張承浚　鄭文英　陸步青等三十餘人　爲華東教育部不令本校招生，發生危險，商量辦法。

五月廿六號星期六（四月廿一）

出外吃點。温知書店王君來。修文堂王文忠來，送新購書。到大中國，草戈湘嵐動植物圖約，致湘嵐書，説定帶人前往西北繪圖事。

修改《五用小辭典》二十四頁。寫李丙生、地理學會信。與君匋談。與湘嵐談。飯後到張家駒處。

徐家震、王丹岑來。承名世、方詩銘來。誠安來。文實來。素吾來。

得静秋電，知洪、湲兩兒又患腹瀉，真多事！

後知湲兒不願打針，在狄醫家哭得不能舉步。歸後即有一度熱，幸翌日即愈。我主張不爲湲兒打針，以所得不償所失也。但静秋不聽。

五月廿七號星期日（四月廿二）

出外吃點。將《梓材》篇批評作訖，約一千字。到大中國，開局務會議。草致新聞處函。

李得賢來。開第五屆股東會議，自二時半至六時半。會後同飯，飯後談至八時許散。與陸步青談。

翻新購書。

今日同會：宣人　振宇　君匋　緯宇　擎宇

今日下午同會：馬克文（代表張錫君）　陸步青　誠安　糜文焕（代其兄文溶）　宣人　振宇　君匋　緯宇　擎宇　陳宗舜
爲政府頒布企業條例，修改章程。

本局去年盈餘爲七億七千萬。所以然者，學習圖大量銷，新華書店大量批發，一也。以前存貨，價格低廉，二也。聞去年賺錢之書鋪，只我局與立信、龍門三家，而我局爲魁。馬克文云："近年賺錢的商店，萬不得一。"然我局繳税分紅之後，現金無存，借債日巨，造貨已感困難。新華期票輙一二月，何能周轉乎！

五月廿八號星期一（四月廿三）

修改《小辭典》二十六頁。草致新聞處信稿。到大中國，與戈湘嵐談契約事，定局。寫樹幟信，托帶。

飯後歸，眠半小時。陳穉常來。范希衡來。與靜秋挈三兒到襄陽公園散步。

疲乏，早眠。

此五日中，精神太緊張，故一歸家即疲倦，不想工作。家庭真是一個最好的休息場所。

今年之防疫針甚猛烈，體弱者每得劇病，即如丁洪昌，打後半天即病盲腸炎，蓋平素已有病潛伏，及打針而抵抗力更不足，故易引起潛伏之病也。我家三兒體均不強，狄醫生亦勸靜秋勿爲打。我要出門，勢必打，不知能減輕分量否。

五月廿九號星期二（四月廿四）

與靜秋及三兒到中山公園，看動物園，遇陳稼軒及康健書局編輯二人。到梅公毅處送款。

起潛叔來。看《涵芬樓燼餘録》。眠半小時。與靜秋到杜美看《詩禮傳家》電影。

洗浴。天太熱，不易入睡，服藥眠。

近日天陡熱，已甚疲倦，一回家則群兒咸集，牽肘踏股而上，或令解書，或令作畫寫字，或挽令外出，纏繞不清，而予又愛之，不忍拒絕，遂不克成一事矣。泅乎工作之不便在家也。

五月三十號星期三（四月廿五）

與諸兒玩。出，剃頭。觀希衡所草翻譯計畫。爲希衡寫亞農信。準備功課。

到誠明，上課二小時（《梓材》，訖）。到老北門買物。到科學院訪亞農，未晤。歸，雁秋來。

飯後與雁秋同出。予到多倫路，即至王造時家開會。十時歸。

今晚同會：王造時董事長　俞劍華　鍾芷修　李光信　唐啓宇　金永高　擬請王造時出來，維持誠明局面。

大家猜測，誠明所以受教部不許招生的禁令，只因去冬學生參軍運動時，只送去兩名，而又不及格，覺得政治水準太低，在現時代中不生作用，故有此懲罰也。今日之學生，學術水平不够無關係，政治水平則不容不够。

三姐又病，靜秋謂丹毒入了扁桃腺所致。

五月卅一號星期四（四月廿六）

點朱注孫疏之《召誥》。補記日記四天。記賬。記筆記兩則。到大中國，飯。

改《五用字典》稿二十七頁。看屠格涅夫《初戀》。譚季龍來。華汝成來。承名世來。與名世同出。

返寓後即到車站送戈湘嵐、袁兆熊、袁捷、劉逸楓行。歸，點《國語正義》八頁。

中台有一友，舊在延安工作，今在南京。問其忙冗之狀，則云比延安忙得多。聞南京工作者均面黃肌瘦，憔悴不堪，蓋勞而不得休息，且無營養也。

今日北四川路上，汽笛聲淒厲之警備車特多。閱晚報，知槍斃特務、漢奸、惡霸二百〇五名，昨日爲控訴，今日則執行也。

我近來的生活，以每星期爲標準，以半天爲單位，大約該分配如下：

1. 翻譯《尚書》　　　　　4 或 5
2. 誠明上課　　　　　　　1
3. 爲鄭家舜補課　　　　　1
4. 文管會開會　　　　　　1 或 2
5. 大中國辦事、開會　　　2 或 4
6. 改《五用辭典》　　　　3
7. 伴静秋及三孩玩　　　　1 或 2

少則 13，不足一單位。

多則 18，多出四單位。

8. 點《國語正義》

9. 交際或寫信　　　　　　皆無定，隨空補足。

生活之固定如此，宜無輕鬆之感矣。

[**圖畫**]（下略）

潮潮第一張

潮潮圖色第二張

一九五一年六月

六月一號星期五（四月廿七）

五時起，算上月賬。出吃點。到董石聲家送禮。點蔡傳《召誥》篇。寫李淩、景培元、樹幟函。理信札。改《五用字典》。出寄信。到亞光，與擎宇談。

購舊書四種。改《五用字典》二十三頁。裝紗窗。到方家送禮。到亞光飯。

點《國語正義》第一册畢。洪駕時來。詩銘來長談。服藥眠。

門上鎖壞，買一新的，四萬五千元，可見五金價之貴。在美帝禁運之下，將來必更貴也。

在擎宇處見井成泉信，知人民日報社鄧拓欲在報上闢通俗文學一闌，屢從彼處問起我。我十餘年前之工作居然尚有人記得，但今則已無能爲役矣。

六月二號星期六（四月廿八）

畫周東西都圖。出吃點。歸，點段玉裁《撰異・召誥》篇。到大中國，取錢。寫趙肖甫、馮世五、田鵬、周慶基、鄧恭三、陳則光、史筱蘇信。

飯後歸。鄭家舜來，爲講《周易》與古史。携被窩歸。

點《孔傳參正・召誥》篇，未畢。

六月三號星期日（四月廿九）

到大中國，出席局務會議，商局中組織。會畢飯。看屠格涅夫《初戀》訖。

到海光，出席新史學研究會，自二時半至五時半。與子敦、厚宣談。到進楷處，并晤谷城夫婦。

歸，德輝來，同飯。失眠，服藥兩次。

今日上午同會：宣人　振宇　君匋　緯宇　擎宇

今日下午同會：周谷城　蘇乾英　金子敦　胡厚宣　林舉岱　姚紹華　陳旭麓　楊寬正

厚宣告我，華東教育部擬聘呂誠之先生與我兩人入復旦，以復旦爲一綜合大學，必須充實，且學生亦甚想讀書也。予意，如復旦能辦研究院，則予與呂老可同在院指導。至本科則學生程度實差，且予久想不教書，亦怕入一新環境矣。

六月四號星期一（四月三十）

將《召誥》篇翻譯，成初稿。爲静秋上街買藥。王子揚夫人來。陸榮芳來。静秋病，送之至中山醫院，挂號、診察、入院，手續甚繁，至下午二時半始在楓林橋進食。

歸，爲静秋取物，送醫院。到上海醫學院，晤莊鳴山，到病理科晤谷鏡汧。到文管會，出席購收委員會，看新得諸古物。到稽常處送稿費，到素吾處送字典稿，并晤式湘。

爲孩子講書。湲兒哭吵，予服藥眠。

静秋性躁急，其在家，爲三個小孩所纏，已忙得不了，夜間又管兩個小孩，常不得眠。不幸又加上里弄工作，幾于每日開會，加出許多事情，更不堪支持。今晨大便不下，痔瘡劇發，又以用力過甚，似胎位下降，下部又流水，恐胞破，只得進醫院治療。孕婦不便擔任社會工作，而今政府爲加强組織，必徵用之，真痛苦也。

六月五號星期二　（五月初一）

將《召誥》譯文鈔出，修改。到上海醫學院，莊鳴山伴至寄生蟲科吳光處談。到静秋處。雁秋來。

到顧振軍處，晤其父子静，送款。到天平路，出席文管會委員會，看新購書畫。

與潮、洪兩兒到湖南路散步。

静秋入醫院後，下部未流水。渠以思念小孩，欲早歸家。

六月六號星期三　（五月初二）

將《召誥》本文鈔出，加標點。并將譯文修改。注解亦稍收輯，備講書。鴻鈞來。寫静秋信。

到誠明，上課兩小時（《召誥》半篇）。與步青談。填登記表。到范希衡處，談譯書。到修文堂付款，歸。

爲諸孩講故事。

六月七號星期四（五月初三）

將《召誥》譯文鈔訖，再改。到多倫路，補記日記五天。記賬。到大中國，與君匋談。

寫藍夢九、齊致中、劉詩孫、陳夢家、吳留清、周慶基、自明、起潛叔函。譚季龍來。陳稺常來，邀至附近晚餐。

華汝成來。歸，誠安來長談。方詩銘來。失眠，服藥兩次。

六月八號星期五（五月初四）

鈔集《召誥》篇解釋約五千言。章丹楓來。修文堂送書來。盧拯黎來。

在北四川路飯，即返家，看靜秋病，晤孫瑜太太。王福全來。洪駕時來。到清真館飯。翻看《覺迷要錄》。

靜秋于昨日歸家，仍臥床休息。據醫生云：只要不流水，可無小產危險。渠休息四五天，腰已不痛。

六月九號星期六（五月初五　端午）

爲人寫字四件。算賬。寫丙生、誠安、厚宣信。到大中國，與振宇等談。即歸，方家留飯。

點改《穆天子傳著作時代考》，未畢。鄭家舜來，爲講《周易》與古史。與之同出，到誠明，參加教職員會，六時許散。即歸家。

爲孩子們講書。

今日同會：袁昂（主席）　陸步青　俞劍華　李光信　楊大膺　汪育春　唐啓宇　盧元　張承浚　馮公焙　梁措成　鄭文英　張益予

六月十號星期日（五月初六）

雁秋來。改《召誥》譯文。與頤萱嫂挈三孩到狄醫處打針，予亦注射霍亂預防針。出，同到襄陽公園散步，遇沈鳳笙。

以反應故，眠。寫趙孟軺、莊鳴山、段益珊信。

夜間熱高至一百度。下半夜出汗，即退熱。

六月十一號星期一（五月初七）

看丁山《吴回考》。將《召誥》譯文再修改，鈔清。

小眠。與三姐挈三孩到蠟像展覽會，與程枕霞談。枕霞留飯。

出，到大馬路看燈彩。到北海油店小坐即歸。

程枕霞性慳吝，蠟像展覽，連籌備期已三月餘，而分與職工者至少，雁秋只得二十餘萬。雁秋令予往言，而彼仍置若罔聞，但謂今年生意不好，未即賺錢，其實彼已贏餘二千餘萬矣。如此待人，那能有朋友！

六月十二號星期二（五月初八）

將《召誥》評論作訖。本篇共一萬餘字。洗浴。

點《穆傳著作時代考》訖。改《五用小字典》。出，剃頭。買物。

看馬其昶《抱潤軒文集》。

六月十三號星期三（五月初九）

改《五用小字典》。以孩子們不肯吃飯，責之，静秋遂與口角。

到誠明，上課兩小時（《召誥》訖，評論未畢）。與陸步青、鄭文英談。歸，改《五用字典》。

爲潮兒講書。

三孩每飯必鬧，結果吃了些菜就不吃飯了。此皆大人太愛她們，太遷就她們，以致弄得這般驕縱。飯既不吃，于是專好吃零食，腸胃安得不壞。腸胃既壞，身體又安得好。這真是一根本問題，而靜秋徒以姑息行之，直是害了小孩。今午，潮兒不肯吃飯，予打之，靜秋乃憤而打予。予因立獎懲之法，凡上勁吃飯者，飯畢吃香蕉，并以言鼓勵之。晚間潮、洪兩兒果然吃得快。予又寫一紙條曰："不哭不鬧，能吃能睡，是好孩子。"粘諸門上，令三孩誦之，渠等亦上口矣。

六月十四號星期四（五月初十）

改《五用小字典》至三百頁。點皮錫瑞《今文尚書考證》序例及《洛誥》篇。

小眠。點孫星衍《書疏・洛誥》篇，未訖。雨較小，即到大中國，寫周立三、齊致中信。改擴影機説明書。華汝成來，談。與振宇同到亞光，飯。

八時席散。回多倫路，點《國語正義》十頁。

今晚同席：大中國一部分人　亞光編輯所全部　張維新（以上客）　華夏史地學社全體（主）　凡三桌。

六月十五號星期五（五月十一）

章丹楓來。改《五用小字典》。到亞光，開華夏史地學社社務會議。與楊培薀談。與梅志忠談。

回，記日記七天。再校《穆天子傳考》一次。寫楊拱辰、王姨丈函。出寄信。到大中國，路遇孫雨廷。修改《五用字典》十頁。在局飯後出。

訪呂叔達，未遇。到誠安夫婦處談。歸，點《國語正義》五頁。

今日同會：凌大夏　金擎宇　張家駒　董石聲　劉思源

六月十六號星期六（五月十二）

八時，到四馬路，吃點。以書肆門尚未開，徘徊各街。遇殷綏來。九時，購書物。乘電車歸。遇呂叔達，同到多倫路談。旋與之同到章丹楓處談。到亞光飯。

王宜甫來。貼器物條。三時，到大中國，取顧振軍款。修改《五用字典》二十頁。緯宇來，改其所作廣告。到亞光，與擎宇談。

赴董石聲湯餅宴。八時歸，方詩銘來長談。服藥眠。

今晚同席：擎宇　大夏　家駒　思源　包貴榮　楊培蘊　黃鏡湖　陳志方　王明德　諸岳兆　劉寅年　聶東明　章志雲　紀文超　徐寶榮等（凡三桌）（以上客）　董石聲（主）

六月十七號星期日（五月十三）

看沈文倬編圖計畫。續寫《召誥》批評。到大中國，將字典改至三百五十頁。開局務會議至十二時半。

携物歸家。到合衆圖書館，參加新史學研究會，討論武訓問題。晤景鄭、煦華夫婦。

歸，德峻、德輝來，同飯。

今日上午同會：宣人　振宇　君匋　緯宇

今日下午同會：周谷城　周予同　蔡尚思　林舉岱　金子敦　顧起潛　潘硌基　譚季龍　李旭　徐德璘　朱錦江　蔣天樞　蘇乾英　史守謨　楊寬　王蘧常　王國秀　黃穎先

德峻到北京人民大學讀俄文一年半，又爲該校開除而歸。據德輝言，彼神經病又發，醫謂其有周期性。如此青年，如何了局。真家門之不幸矣。

六月十八號星期一（五月十四）

點段氏《尚書撰異·洛誥》篇。將《洛誥》各家解釋摘爲一目。

將《洛誥》大義記筆記三頁。張小石夫婦偕其子復利來，留飯。

眠一小時。與靜秋及潮、湲兩兒到霞飛路買物。

爲諸兒講書。爲潮兒把筆寫字。

《周誥》中以《洛誥》爲最難理董，須費大氣力。

六月十九號星期二（五月十五）

標點《洛誥》全文，鈔出，并鈔《洛誥》首五章解釋。記筆記一頁。

眠一小時許。與三孩到泰安路散步。

洗浴。

六月二十號星期三（五月十六）

記出《洛誥》異義，未畢。寫莊鳴山信。爲潮、湲把筆寫字。講故事。靜秋又病。

到誠明，上課二小時（《召誥》畢，《洛誥》未畢）。帥潤身來。與盧拯黎談。到陳穉常處。歸，寫高龍書信，即付寄。

洗浴。以催靜秋就寢生氣失眠，服藥。

氣候突熱，竟近百度。

雁秋與又安昨日下午均爲公安局捕去。渠等本皆普通公務員，可不登記，而木蘭必强之登記，以不須登記之人而往登記，反致政府疑慮，乃有此事。靜秋爲之日夜哭泣愁悶，然孽由自作，奈之何哉！因致函龍書，囑其來滬暫幫油店事務。玉華亦到滬，幫三姐操作家事。

六月廿一號星期四（五月十七）

到多倫路，補記日記四天，登賬。到大中國，與振宇、君匋談。寫樹幟信。

寫齊致中、章高煒、周慶、李文實、鄧恭三信。王煦華來，爲寫教育部研究生招收委員會推薦信。宋兆蓀來。陳穉常來。華汝成來，同飯。誠安來。

洪駕時來。王煦華來，又爲寫推薦信。點王先謙《參正·洛誥》篇，未畢。

六月廿二號星期五（五月十八）

出外吃點。到亞光，晤擎宇、大夏。回，點《孔傳參正·洛誥》篇訖。到魏建猷處。到亞光飯。

修改小字典。小眠。到大中國，與振宇等談。到四馬路，爲靜秋等買書。到誠明，參加歡迎王代院長會，至七時，會尚未散，先出。

到誠安處飯，談。歸，易衣。又出，到美琪戲院看崔承喜等舞蹈會，十時一刻散。雇車歸。

今日同會：誠明教職員及學生代表，約四十人。發言者：王造時　俞劍華　袁昂　鍾道贊　陸步青　李崇厚　蕭純錦　王善業　盧元　討論是否合併抑仍存在，仍未得結論。

看崔承喜舞蹈，音樂用鼓及鎖吶甚多，疑係古代之鼓吹曲流至朝鮮者也。

買崔承喜觀券極難，上周誠明欲買而未得。今日大中國買到，乃係昨夜雇傭二人，不睡覺，到那邊排隊，而後得之，然樓下券已買不到矣。上海人真有此閑情逸興。

六月廿三號星期六（五月十九）

看穉常所寫《通史演義》第二回。章丹楓來。寫盧村禾信。到亞光送盧稿。出，遇戴克光。改《五用小字典》至四百頁。

眠一小時。鄭家舜來，爲講《易經》與《易傳》故事之不同。

到亞光，赴明德婚宴。與錫光、君匋、大夏等談。八時半歸。點《國語正義》五頁。記筆記二則。失眠，服藥。

今晚同席：大中國同人　亞光同人　華夏同人　陳苗林　丁小富　王、李兩宅戚族（以上客）　共六桌　王錫光及其子明德夫婦（主）

右上腭一牙，搖動作痛已兩年餘矣，無暇就醫，延至今日。昨在魯弟處飯，忽然脫下，未流一滴血，大以爲快。

六月廿四號星期日（五月二十）

記筆記二則。到大中國，開局務會議，至十二時。

歸，與靜秋同到城隍廟，爲雁秋、又安算命測字，歷三處。冒雨歸。洗浴。

爲諸兒講書，看潮兒寫字。

靜秋與三姐自雁秋被捕後，日夜哭，意良不忍，因與到城隍廟算命以釋其愁。據張樂三云：雁秋今年秋天甚不好，比現在還要壞，但過生日後可轉好，尚有五年好運。又安今年亦不好，但比雁秋好，不久可無事。雁秋運雖劣，亦不至死也。測字的亦説雁秋厄運，始自今年三月，至秋更壞。記此待驗。

今日上午同會：宣人　振宇　君匋　緯宇

六月廿五號星期一（五月廿一）

爲諸兒講書。重鈔《洛誥》本文，鈔集《洛誥》解釋約二千字。眠一小時。

與兒輩講故事。

《尚書》文字以《周誥》八篇爲難讀，而《周誥》中又以《洛誥》爲最難解，蓋以其議論中包有制度，且不易析出其條理層次也。今日將此篇分爲四大段，十五節，又作一目，較清楚矣。

六月廿六號星期二（五月廿二）

鈔集《洛誥》解釋約四千五百字。

眠一小時。鴻鈞來。寫吳湖帆信。出剃頭。遇蘇鴻恩。何叙父來。

八時，二姐、魴魴、龍書、玉華自蘇來，談。留宿。

二姐前接又安信，邀其來滬，故此次龍書父女來，欣然偕至。静秋尚不敢以又安消息告之也。然能終瞞過乎？

二姐來，謂崔新在蘇爲静秋占卦，謂此次必得子，且必是一個很好的子。按爲我作此預言者，有黃子箴及同濟黃君，倘果能得子耶？然静秋謂此次胎位及感覺無異于前數度，恐仍是女也。

六月廿七號星期三（五月廿三）

到上海醫學院，以婦幼衛生圖交莊鳴山。到徐家匯買紅紙。歸，準備功課。鈔《洛誥》漢宋異説。

送龍書到油店，晤義安。到誠明，上課二小時（《洛誥》，未畢）。與鍾芷修、張承浚談。買水果，到瞿直甫醫院，視擎宇疾。并晤楊培蘊。

與諸兒玩，講故事。爲静秋寫愛國公約。

接振華來信，知高吟谷上月在濟南旅舍中自縊身死，走投無路，其死正其苦痛之解脱也。聞孫守佩亦于前日被捕，解至連雲。

六月廿八號星期四（五月廿四）

到多倫路，補記日記四天，記賬。中台來。到大中國，與君匋等談。周性初來。修改《五用字典》。

寫毓藴、文實、欒植新、樹幟、湘嵐、許義生、劉詩孫、顧欣伯、沈文倬、汪安之信。陳穉常來。誠安來。華汝成來，同飯。

携文稿紙歸。洪駕時來。看穉常所作《通史演義》第三回。失眠。服藥。

捐獻飛機大炮，予有六處：一、大中國，二、文管會，三、誠明，四、蘇州家，五、武康路寓，六、多倫路寓。今日大中國決定，經理室五人，每人捐一個月薪。

六月廿九號星期五（五月廿五）

出吃點。到緯宇處。到亞光，晤家駒、大夏。沈鳳笙來。還，點魏源《書古微》及宋翔鳳《過庭録》。記筆記二頁。在方家吃壽麵。

眠一小時。點雷學淇《竹書紀年義證》。到大中國，寫君匋條。與振宇談，取款。買物送中台，祝其四十壽。歸，寫王造時信。

在方宅飯。鄒珍璞來。改《五用字典》。

六月三十號星期六（五月廿六）

修改《五用字典》至四百五十頁。章丹楓來。吕叔達來。在方宅飯。

小眠。到大中國，寫莊鳴山、章丹楓、陳穉常信。看誠明試卷。到國際飯店茶，到錦江飯店飯。開大中國局務會議。

九時許出。歸家。

今晚同席同會：宣人　振宇　君匋　緯宇

上次會議，君匋以兼營人世間社業務，請減少薪給之半。宣人繼之，將所得圖聯薪交與大中國。予遂不得不請減。今日商談，減三分之一，即每月除十天。加上飛機大炮之捐獻，每月五天，大中國半個月之薪水去矣。歸後與静秋言之，渠即深感不快。然生于此世，又何可以常理論。

一九五一年七月

七月一號星期日（五月廿七）

將《多士》篇本文鈔出標點。并將各家注釋翻看一遍，記于其上。

眠二小時。程潔如來，爲其子王百忍寫拱辰信。與二姐、玉華領潮、洪、湲、魴四兒到復興公園，看兒童青年歌舞。八時歸。

又安之女魴與洪兒同年而早生二月，人雖小，很懂事，她知道到上海要見父親，及既來而不能見，遂時哭泣。小孩猶然，何況大人，滬寓中乃陷入愁慘氛圍了。

七月二號星期一（五月廿八）

七時，到瞿直甫醫院訪擎宇。到起潛叔處談。出，到董慕節處挂號。回靜安寺吃點。十時歸。將《多士》篇本文重鈔一過。又鈔集本篇解釋，未畢。本日約寫三千餘字。

眠一小時。與靜秋率四孩到武康路買物，遇周軾賢。

七月三號星期二（五月廿九）

鈔《多士》篇解釋訖。爲譯文，亦訖。修改後鈔一過。今日凡寫五千字。范希衡來。寫劉汝醴信。劉詩孫來。

眠一小時。

與玉華挈四孩到武康路散步。

七月四號星期三（六月初一）

作《洛誥》篇批評二千餘言，訖。義安來。爲人寫扇二，直幅一。

　　到誠明上課二小時（《洛誥》訖）。與芷修、承浚、措成等談。歸，爲人寫扇一。晤張魯青兄妹（葉太太）。

　　與玉華挈四孩出外散步。點《便讀·多方》篇。得紹虞電話。失眠。服藥。

　　得恭三信，肖甫不肯將學會書物交出。又得紹虞電話，知肖甫欲將學會捐獻國家。肖甫如此把持學會，藉以討好政府，爲自己登進之階。但予引狼入室，致有今日之局，是當自檢討耳。

　　今日静秋、二姐到董慕節處爲雁秋、又安算命，謂雁秋六十歲有關，如逃得過則尚有十年好運。并謂有兩次牢獄之災，謂其人待人太好，有名無利，皆對。又安將來比雁秋好。

七月五號星期四（六月初二）

　　到多倫路，記日記五天。記賬。到亞光，與家駒談。李永春來。訪建猷，未晤。到大中國，改稿。與振宇談。

　　寫湘嵐、西北農院、文實、士瑞、恭三、拱辰、自珍、孟軺、雪曼夫婦、郝驚濤、王立吾、馮世五信。穉常來。建猷來，爲寫伯祥、筱蘇信。

　　華汝成來，同飯。歸，與方中台夫婦談話。詩銘來，長談。

　　得文實信，似楊質夫君已不在人世，此真西北人才一大損失也。此與張鴻汀之死同。

七月六號星期五（六月初三）

　　寫王士瑞信。到亞光，交稿與家駒。到章丹楓處送稿取稿。到郵局匯款。歸，静秋來，談雁秋事。張芝聯來，同到亞光參觀。

　　在亞光看《新建設》。回多倫路，修改《五用字典》至四百八十頁。在方宅飯。

　　翻讀《詩·大雅、頌》。

昨静秋得雁秋條，知即日起解至臨沂，再至徐州，與又安同行。這大概和馬元放一樣，看有人控訴與否以定其有罪無罪。又安尚好，雁秋則老矣，能吃得這辛苦否殊不可料。孩子玩火，演變至此！

七月七號星期六 （六月初四）

記筆記一則。到復旦，至紹虞處談。朱錦江來。周谷城來。與錦江到谷城處。到紹虞處飯。譚季龍來。與季龍同出，到厚宣處，并與錦江談。出，遇伍蠡甫，同入市。

到誠安處，并晤孫儆仁。到大中國，晤振宇。回多倫路。記筆記三則。歸，看毛主席《湖南農運報告》，未畢。洗浴。

與兒輩到門前院中散步。

七月八號星期日 （六月初五）

看《農運報告》畢。到興國路剃頭。腹大痛，遺矢于褲。歸大瀉，臥。周軾賢來，長談，留飯。孫文豪來，報告雁秋、又安事。

到大中國，開局務會議，商改訂西農契約等事。寫樹幟、仲澐、外廬、湘嵐、曾昭燏、自珍、魏瑞甫信。到多倫路取物。

歸家。

今日同會：振宇　宣人　君匋　緯宇

孫文豪君與雁秋、又安同羈老閘公安局中，頃釋出，乃來報告，謂渠二人自登記後，此間即將其登記表鈔出寄連雲市，得覆，謂雁秋代市長，曾刻扣賑米一百六十餘石。又捕共黨。又安勾結中統，搶劫商船。天乎冤哉，曾二人而有此乎？如到連雲，由群眾公審，則性命休矣！木蘭之罪，上通于天！

七月九號星期一 （六月初六）

　　到華汝成、鍾素吾處送稿。歸，黃永年來。劉漢卓來。孫瑜夫人來。寫誠明、洪駕時信。到上海醫學院訪莊鳴山。歸飯。

　　眠一小時許，寫哲萍信。寫詩稿寄誠安。與靜秋同到何叙父處長談。到稺常處送稿。到百樂商場購物，定制服。歸。

　　爲孩子們講故事。

　　與叙父商雁秋、又安事，渠謂最好請爲彼所救之共産黨作證明。因定予與鴻鈞赴蚌視周揚季，赴寧視師哲萍夫婦之計。予以通行證急遽未能請得，定先返家一行。

七月十號星期二（六月初七）

　　到北站，上八時十五分車。看報。十一時到蘇州，在站飯。雇車歸。到吳海峰家，與吳大姐、九嬸母談。到毓蘊處。到靜一處。

　　到崔冷秋處，與公安局派來監視之李永芳談。到趙人龍處，送鈔件。到王士瑞處，與之同到官厍巷訪映婁，不遇。到雷祖殿舊貨肆訪之亦不遇。吃茶，出閱肆。別士瑞歸。到毓蘊處。到二嬸母處，并晤九妹。

　　回毓蘊處飯。歸，與靜一、冷秋、吳大姐談。洗浴。失眠，服藥。

　　今日一歸家，則吳大姐即搖手，不令入室，詢之則李文實于六日上午赴觀前時爲公安局捕去，且派有警士二人在家監視李太太及崔冷秋也。予本欲不進，而出門時警士適當門，恐不進反爲所疑，故即進與之談。渠謂政府注意文實已年餘，今證據確實，故捕之也。文實籍青海，不能與馬家無關係，然齊大畢業後馬步芳令其任教廳長而不爲，寧爲徐女師及蘭大教員，其無心仕宦可見。去年渠到滬後，曾兩次到港，注意之端或即在此。今年渠到蘇，極欲閉門讀書，而政府竟不許之，未免可惜。予蘇滬兩宅均有被捕之人，自分必爲人所注意矣！

七月十一號星期三（六月初八）

到書室，與冷秋到讀報組參觀。到毓蘊處吃點。回宅，爲讀報組寫扁額。上車站，吃茶。上九時二十五分車，看報。十二時到上海，雇車歸。

飯後眠一小時。休息。洗浴。鴻鈞來，渠今晚赴蚌埠訪周揚季。劉漢卓來，送通行證。

與兒輩玩。

本擬到蘇理書，不意覩文實之變，就一早走了。監視之二警士，昨夜已撤離。

七月十二號星期四（六月初九）

寫唐昭燏信。到夢家處，與其夫婦談。歸，爲靜秋改信。看叙圃詞。看今年予所作筆記。

飯後眠一小時。得鴻鈞電，知揚季不在蚌，因定赴寧。與靜秋到武康路口買物。早進晚餐。六時，到北海油店，與義安同上站，退蚌埠票，購南京票。

在站外吃茶，改《多士》篇譯文。進點。待至十時許進站，十一時上車。一夜在朦朧中。

予此次到南京有數方面事：

一，爲大中國稿件事與周立三、章高煒接洽。

二，爲大中國作幻燈事與金大及博物院接洽。

三，看自珍夫婦及兩外孫。

四，爲雁秋事與師氏夫婦接洽。

五，望望那邊的老友。

七月十三號星期五（六月初十）

看陳伯達論毛澤東思想文。七時四十分到南京，受苛刻之檢查。乘汽車到太平路，落宿安樂酒店二一二號。失鋼筆，出購一枝。吃點。到圖書館訪以中不晤，晤錢新亞。出，到以中家，與綏貞談。以中來，同飯。

到自珍家，晤其姑及兩子。出，到南大宿舍，訪羅雨亭、韓鴻庵，長談。到圖書館，與昌群及以中談，并晤劉□甫。回旅館，飯。

自珍來，長談。十二時查店，服藥後得眠。

自珍瘦弱，雖當盛年，而感頹喪，恐終非壽相。渠每日早即須到校，入暮方歸，一歸則又忙孩子事。薪入四十餘萬，欲買一雨衣而不得。臉部起疹，或是貧血及缺乏維他命所致。因贈與廿萬元，囑其買衣買藥。

自珍兩子均活潑可愛，他們并不認識我，可是我一去即甚親熱，不讓我走。

今日張亮丞先生（星烺）在北京逝世，年六十五。予前年一見，不期其爲永別也。　九月四日記。

七月十四號星期六（六月十一）

看陳伯達文訖。冒雨到夫子廟新奇芳閣進茶點。歸，打電話與哲萍，不通。寫靜秋、鴻鈞信。到岳海庚處。到明故宮空軍工程部訪師哲萍，晤之，以辦公處不可談話，至其家待，與其女海賓、海春、海群玩。中午，師氏夫婦歸，談雁秋、又安事，同飯。

到九華山地理研究所訪周立三，地極爛，幾不可行。到章高燁家，見其夫人。到新華地圖社訪王錫光，并晤曾世英。到山西路南京圖書館訪繆鎮藩，并晤王紀玉。歸，買書。待自珍不至，看《人民公敵蔣介石》。

七時，到小上海晚餐。到金大訪靳自重，由王爵淵導至其家，與其夫婦及孫祖蔭談。九時許出，靳太太送至鼓樓站。歸，以中、自珍、李炳均、炳埮來談。洗身眠。

今午同席：予（客）　　師哲萍及其夫人韓墨林（主）

見曾世英，渠大有官氣，訑訑然拒人千里。如此爲人，事業何能發展。渠夗詆我輩爲地圖商，亦知商人實有推進文化之大力乎！

晤哲萍夫婦，彼輩謂雁秋、又安之事，一到連雲自然明白，以周子宏君彼時爲地下工作，今爲新浦生産局長，可證明也。又謂要我輩寫證明書，不生力量，如彼地來問，而後證明，自能發生積極的作用。

七月十五號星期日（六月十二）

自珍率子育蘇、育宜來，同到夫子廟奎光閣茶點。歸，寫靜秋信。繆鎮藩偕其陳氏外孫來。到近代史料處，晤劉起釪、劉濟生。出席新史學研究會成立會，講話。與徐益棠等談。與以中同出，至其家飯。

二時半歸，章高燵來。待師哲萍至五時許不至。出，到自珍處飯。丙生自蕪湖歸。

談至九時，丙生送歸。鴻鈞自合肥來。劉起釪夫婦來。

今日上午同會：韓儒林　羅根澤　王栻　徐益棠　王繩祖王可風　黃淬伯　賀昌群　羅爾綱　蔣百幻　王以中　劉繼宣錢亞新等約三十人

今午同席：予及淬伯、殷震（客）　以中夫婦及其女（主）

今晚同席：予　炳均夫婦　丙生之二姊　炳埝　以中（以上客）　丙生夫婦及其母（主）

鴻鈞到合肥訪揚季，揚季本已寫好證明書，及其携至組織上，則所得結論亦如哲萍夫婦之言，遂將證明書扯去。聞周子宏今任連雲、新浦之市長。

七月十六號星期一（六月十三）

丙生、自珍挈其兩子來，自珍赴校，丙生邀至新街口大三元吃點。寫哲萍信，交鴻鈞。到金大，訪孫明經、李小緣，并晤劉繼宣，參觀圖書館。到科學院訪羅爾綱，未晤。遇周贊衡，談。歸，取雨衣。到金女大，遇吳貽芳。到王抱冲處。到王錫光處，飯。

到南京博物院，遇張正祥、尹煥章、王文林，正祥導觀各陳列室及南唐二陵圖片實物。出，晤曾昭燏，談。回寓，到岳海庚處飯。

回寓，木蘭來。哲萍來。丙生夫婦來。木蘭、丙生健談。至十二時方去。

今早同席：予與鴻鈞（客）　　丙生與二子（主）

今午同席：予與章高燇（客）　錫光與其新夫人馮氏及幼子（主）

今晚同席：予與劉懷矞夫婦（客）　　海庚夫婦（主）

南京博物院中，藏物約十萬件，可謂豐富。如此規模之博物院，而在蕭索之南京，能見及者無幾，真可惜。曾昭燏女士以爲副院長及南京文管會副主任委員，頗染官氣，與之言若不聞者。居移氣養移體，不可不畏。

七月十七號星期二（六月十四）

五時起，整理行裝。六時，與鴻鈞同到站，進食，上車。丙生夫婦來送行。八時卅四分車開。車上看華西、金陵文化研究所彙刊諸文。

二時到滬，與鴻鈞同乘電車歸。洗浴。休息。

與諸兒到門口玩。看張□□《達觀堂詩話》。爲孩子講書。

歸家，見靜秋正臥床，蓋近日天氣轉變太劇，致胃氣痛復發也。二姐仍以又安事常哭。

予不到南京已三四年，此次往，友人皆説我胖，可見我確是胖了。但如此年齡，實以不胖爲善，否則易于中風。當到醫生處一驗血壓也。

昨木蘭來，稱其父曰"這個傢伙"，又説："誰教他做反革命，活該！"蓋彼已以其父爲敵人，自喜逼其登記得一立功之機會也。予告之曰："自我與汝父相識，到今已七八年，我從未聽其説過擁護蔣政權之議論，且彼在連雲係幕而非官，假使彼真反革命，汝在彼時爲何不一阻止乎！"哲萍在旁，勸予曰："此事你不用多管了，假使張揚出去，説你庇護反革命，那麼你的幾十年的社會地位和學問成就即刻完了。"在這時候，竟不許人説良心話如此。哲萍允以私人資格寫信至連雲公安局一問。

七月十八號星期三（六月十五）

七時，到誠明上課。爲邱文瑞寫字。與盧元談。九時半，到大中國，與振宇談。十一時歸。

眠一刻，胡厚宣來，喚起。看唐仲冕《陶山文集》。與玉華挈四孩到衡山公園散步。冒雨歸。

早眠。半夜爲湲兒哭醒。

潮兒頗會搜集材料，予一歸，便將《新聞日報》上連日登載之連環畫給予看，并注意其次序。予置在書架上之書，凡有畫者，渠皆檢出。此等事，能自動便好。

七月十九號星期四（六月十六　初伏）

澡身。到多倫路。途中遇擎宇，談。到大中國，與張幼丞等談。

寫谷城、夢家、張芝聯、拱辰、朱壬葆、雷海宗、鄭家舜、劉詩孫、趙紀彬、王士瑞信。陳懋恒來。束天民來。詩銘、永年來。汪孟鄒來。華汝成來。

步歸，補日記十一天。失眠，服藥兩次。

今日予忽腹瀉，静秋令服甘乃定，下午遂止。

七月二十號星期五（六月十七）

章丹楓來。出訪宣人，未晤。到家駒處。到啓宇處送禮。到叔達處。到上海銀行取款。出買衣褲。歸，改穉常《通史演義》。在方宅飯。默寫舊文兩篇。

眠一小時。算賬。補記日記。改《通史演義》第一回訖。鈔《多士》譯文，未畢。在方宅飯。

誠安來。洗浴。看《茶香室叢鈔》。

七月廿一號星期六（六月十八）

到四川中路進點。到大中國，取士瑞鈔件。到宣人處談。出，剃頭。鈔《多士》譯文訖。草評論綱領。

眠一小時許。看《骨董瑣記》。趙人麟、人驥來。到宣人家，開局務會議。會畢同飯。到竹安處。

到擎宇處。到京滬服裝店取衣。買物。歸，洗浴。人驥來，留宿。

今日同會同席：宣人　振宇　君匋　緯宇

買一皮褲帶，歸而試之，竟短二寸許，洵乎予腰之粗也！然如此胖，真不是事。近日天大熱，流汗如瀋矣。

擎宇得井成泉信，悉其夫人已逝世，其子已送至保定姊家，從此成泉得解放矣。

今日瑞蘭與許子美君結婚。

七月廿二號星期日（六月十九）

理物。記筆記二則。到亞光，與家駒等談。看新出之《學習》、《新建設》等雜志。

宴客，談至四時半始散。即回多倫路取物，歸武康路。德輝來，留飯。

玉舜來，留飯。洗浴。

今午同席：陳夢家夫婦　張芝聯　周谷城　胡厚宣　譚其驤（以上客）　予與張家駒　凌大夏　金竹安(以上主)　廿八萬五千元。

七月廿三號星期一（六月二十）

作《多士》篇批評一千餘言，即鈔清。

眠一小時。看張壽鏞《約園雜著三編》。

與兒輩在草地玩。洗浴。

七月廿四號星期二（六月廿一　大暑）

到竹莊先生處，辭職。到許義生處，催稿。到金子敦處，問疾。到起潛叔處，并晤景鄭、煦華。歸，將《多士》篇注文譯文修改一過。

眠一小時許。看各家《無逸》篇解釋。與靜秋到霞飛路購物。七時歸。遇沈鳳笙。頤萱嫂來，洪兒與同去。

希衡來。洗浴。

七月廿五號星期三（六月廿二）

徐大綱來，爲講《尚書》學主要參考書。點段玉裁《撰異·無逸》篇，訖。鈔《無逸》篇本文，將各家釋語應采取者注出。

與靜秋到城隍廟買物，吃油豆腐。

義安、鴻鈞送洪兒來，同飯。方詩銘來。鍾素吾來。洗浴。

靜秋到了城隍廟，走不動了，她必須在家靜養待産了。

七月廿六號星期四（六月廿三）

理物。到多倫路，爲董振緄、張家振寫扇訖。到大中國，與陳宣人等談。到誠安處，同上金融業公會五樓吃飯。

返大中國，改擎宇分省圖第四版序。朱伯尼來。朱錦江來。魏建猷來。束天民來。寫章高燨、顧欣伯、盧村禾、辛品蓮、鍾芷修、魏瑞甫信。華汝成來，同飯。

回寓，與中台父子談。洗浴。點皮錫瑞《尚書考證・無逸》篇二頁。

七月廿七號星期五（六月廿四）

章丹楓來。點《今文尚書考證・無逸》篇訖。補記日記五天。煦華來，與同到三馬路綢業大樓看屋。到擎宇處。在方宅飯。

眠一小時半。修改《五用字典》二十頁。點《尚書後案・無逸》篇五頁。在方宅飯。

在門口納涼，與中台父子談。洗浴。

近日熱極矣。一動就流汗，一工作就頭暈，然能不工作乎！

七月廿八號星期六（六月廿五）

將《五用字典》稿改至五三〇頁。至誠安處。到詩銘處，并晤承名世、瞿子陵。到張家駒處。到大中國。在方宅飯。

得靜秋病訊，即歸視。到知味觀，開局務會議，會畢即歸。玉舜來，留宿。

伴靜秋。洗浴。

靜秋日來又發胃痛，大便不正常。靜秋病原有四：爲三小孩忙，夜中以湲兒故不得安眠，一也。懷孕近産，身體重滯局累，二也。雁秋、又安被捕，日夕焦心，時時飲泣，三也。被派任里弄工作極瑣屑忙碌，妨害休養，四也。

今日同會：宣人　振宇　緯宇　君匋

七月廿九號星期日（六月廿六　中伏）

李光信來。休息，看詩銘著《從猿到人》半冊。狄書三來。

徐大綱、劉曉濂來。誠安來，長談。徐德榮來，俱留飯。玉舜飯後去。

洗浴。

覽報，王昌源以漢奸特務罪昨被槍決。

狄醫量予血壓，得百四十度，極正常。惟夜中易被小兒吵醒，仍須服藥耳。

七月三十號星期一（六月廿七）

休息，看《從猿到人》訖。

眠一小時。寫誠明信。寫魏建猷信。改《五用辭典》五頁。洗浴。

乘凉。

前日跑了一天，覺喉頭異樣，作咳，知喉頭炎復又作矣。服狄醫師藥後，咳雖未止，而痰吐較多，且稠，此中醫所謂熱傷風也。

七月卅一號星期二（六月廿八）

義安來。改《五用辭典》五頁。公安局陳、劉二警士來訪問。重標點《無逸》篇文，鈔注解，約寫四千字。

眠未着。孫瑜夫人來。洗浴。

乘凉。早眠。中夜起就廁，服藥。

靜秋瀉已止，惟仍思吐。

一九五一、八、十，致伯祥書云：（下略，見《顧頡剛書信集》）

一九五一年八月

八月一號星期三（六月廿九）

鈔《無逸》注解約三千字，訖。爲潮兒講書。

眠未着。作《無逸》譯文初稿訖。作《無逸》評論未畢。洗浴。

與潮兒到式湘處，未晤，留條。十時半，朱宅有客來，敲門，驚醒，服藥。

静秋瀉雖止，小便雖較多，但胃納仍不佳，進食太少，一起床即頭暈作噁。渠又因雁秋之事，弄得草木皆兵。今日上午，以建軍節，街頭常有警備軍過，汽笛慘鳴，静秋即以爲來捉人，爲之心驚肉跳。夜中已睡矣，忽打門聲甚厲，静秋驚起，予亦醒，繼乃知是朱家客也，又是一場虛驚。生當此世，人人自危，而静秋以神經質，加上躁急之性情，遂若儳焉不可終日矣。

三孩到狄醫處打鈣質及維他命 C 針，已近三個月，身體較前爲佳。自今日後，告一段落。

八月二號星期四（六月三十）

五時起，六時半出。到建猷處。到亞光與家駒談。到多倫路，與方太太談，取物。到大中國，看各處來信及山大《文史哲》二期。爲緯宇改致重慶新聞出版處信。

與方泂等談。將張芝聯所作世界史圖説明書點改一過。看婦幼衛生圖貼字。陳穉常來。方詩銘來。華汝成來，同看農業挂圖貼字，同車歸。

八時到家。洗浴。

八月三號星期五（七月初一）

修改《五用辭典》四十頁，至五八○頁。爲諸兒講書。

眠半小時。到陳式湘處。

洗浴。乘凉。

八月四號星期六（七月初二）

記筆記二則。到興國路剃頭。看百廿回本《水滸》後段。

眠未着。二時，出，到新雅，同人未到。出，到四馬路國際書店、新華書店、廣益書局、大衆書店購書。四時到新雅，開局務會議。

宴客。九時半散。到靜安寺，購食物。歸，洗浴。失眠，服藥兩次。

今晚同席：鈕師愈　周家鳳　薛金相　張維新（以上客）

宣人　振宇　君匋　緯宇　擎宇（以上主）　九十二萬。

八月五號星期日（七月初三）

看斯大林《辯證唯物主義與歷史唯物主義》半册。汪和春、俞重展來。

小眠。徐大綱、劉曉濂來，爲講《孟姜女故事》。鄭家舜來。與玉舜談。

洗浴。乘凉。上午二時半，爲湲兒鬧醒，遂不成眠。

以昨夜失眠，今日精神甚劣，偏偏晚上又給湲兒吵醒。

八月六號星期一（七月初四）

看馬恩《共產黨宣言》。將《無逸》篇重譯一過，又將評論作訖，共寫三千字。又將注釋修改。

眠一小時。鄭家舜來。

洗浴。乘凉。

　　我本擬到了復旦就不再到誠明（今改上海學院），而誠明學生大家簽名來留。

八月七號星期二（七月初五）

　　到中山醫院，欲爲靜秋挂號，以時間改而止。到上海醫學院，晤朱壬葆。路遇夢家。修改昨作《無逸》評論。鈔王國維《周開國年表》、《尚書覈詁序》，及《逸周書・度邑、作雒》兩篇，約五千餘字。

　　寫謝稚柳條。洗浴。張文英來，留飯。

　　鍾素吾來，爲梅公毅送食物。程雲程來，送鏡框。

　　今夜十二時半，予爲警備車汽笛驚醒。警備車所以有慘厲之叫聲，原欲市民讓路，以達其快速完成任務之要求。武康路本少行人，至十二時半殆絕迹矣，而如此張揚，迫使一班市民在夢中驚覺，何也？

八月八號星期三（七月初六　立秋）

　　點孫星衍《書疏・洛誥》篇訖。記筆記十餘則，約三千餘字。

　　眠一小時許。鴻鈞來。

　　洗浴。乘涼，聽孩子們唱歌。

　　今日熱比前數日更甚，汗如泉涌矣。

八月九號星期四（七月初七）

　　到多倫路，張幼丞來。與方中台同到大中國，晤王福全、劉子喬。改《五用辭典》十頁。看丕繩論西周爲封建社會文。與君匋談。

　　寫莊鳴山、胡家俊等、趙紀彬、束天民、陳文鑑、楊拱辰、王士瑞、許義生、史筱蘇、王伯祥信。擎宇來。改挂圖廣告。誠安來。大雨，陡凉，靜秋來電話催歸易衣。

返多倫路，取雨衣，返家，洗浴。

今日雨後雖涼，但予衣尚够，而静秋不放心，必欲予歸，歸則冒大雨。憤甚，責之。静秋作事太衝動，以此存心雖好而結果未必好。

西北大學寄予"講學教授"聘書，今日寫筱蘇函，告以滬方明年倘能請假數月，當可前往。

八月十號星期五（七月初八）

到多倫路，記筆記一則。爲方太太改連環圖畫説明。章丹楓來。檢書寄士瑞。鈔寄伯祥信。寫蔣崇年、劉佩韋、祝瑞開、盧元信。在方宅飯。

到郵局寄信匯款。到誠安處，與弟婦及德峻談。到博物館，與詩銘及名世談。歸，改《五用字典》十頁。記筆記一則。準備明日開會討論事。算本月賬。在方宅飯。

洪駕時偕其女榴丹來。誠安、簡香來。建猷來。洗浴。

今日上午天雖陰而極悶熱，汗流不止。下午則赤日當頭，又與前數日無異矣。

八月十一號星期六（七月初九）

算上月賬。校駕時所鈔《灤州影戲》。到大中國，寫周慶基、章高煒、張家駒、帥潤身、佘雪曼、井成泉、北京新史學會、王文新、趙人驥、鍾道贊、程枕霞、蔣竹莊先生信。

到郵局寄信。携物歸，記筆記一則。到國際飯店八仙廳茶叙，并晤陳稼軒。出，到錦江飯店開會，吃飯。

談至九時半散。歸，洗浴。十一時眠。失眠，服藥兩次。

今日同會同席：宣人　振宇　君匋　緯宇　擎宇　北四川路本局隔壁大豐成衣肆，近以生意清淡，將二、三層樓租與本局，從此多出四間屋子，經理部與編輯部得少舒展。

亞光所出地圖，因凡有電報局之縣市皆作標記，故上海圖書處職員謂其觸犯保密條例，新華書店遂不來批發，擱置者十餘萬册，即資金十餘億爲之不能周轉。按保密條例所以不許畫出電報局者，謂都市圖，防炸也。至于二三百萬分一之全國地圖，有何關係而禁止之？摧殘商業，妨礙文化，皆此輩有權而無識之工作幹部爲之也。

八月十二號星期日（七月初十）

到華汝成處。歸，寫俞重展信。鞠清遠來。薛明劍、俞重展來。何曉村來，留飯。爲玉舜餞行。

小眠。玉舜行。劉曉濂來，徐大綱來，爲講兩小時。鄭家舜來。洗浴。

與四孩上街買糖。乘凉。早眠。

誠明事，予決不再作主任，但誠明學生仍要我任兩小時功課。

師哲萍到上海，今日來電話，靜秋因即前往，談雁秋事，請其出力，無結果，蓋黨中紀律嚴，彼殊畏怯也。

八月十三號星期一（七月十一）

校洪君所鈔《大誥》、《康誥》、《酒誥》、《梓材》四篇，略加修改。

眠一小時。頤萱嫂來，携洪兒去。記筆記二則。

訪薛明劍，并晤陳組耕及一樊君。歸，洗浴。

近日晚間頗涼。

予夏天出汗，本以兩手、兩足、兩腋爲多，今手腋已少，足更少，而獨集中于背，每出門一次，背上未有不如淋雨者，此亦身體之變化也。

八月十四號星期二（七月十二）

到狄醫生處爲静秋開方，即到藥房配藥。鈔王國維《書作册詩尹氏説》、章際治《洛邑成周王城分合考》。記筆記二則。

洗浴。頤萱嫂送洪兒歸。

到陳式湘處。歸，乘凉。

静秋一受寒，胃氣痛即作，且拉稀。日來白天熱而晚間凉，渠又受寒，一日輒泄四五次，無小便。

八月十五號星期三（七月十三）

義安來。記筆記四則。鈔王國維《以五介彰施于五色説》及《愙齋集古録》吳大澂、葉昌熾兩序。

到天平路開會，并看克鼎、大盂鼎及書畫。到河南路購書物，車中遇邁士。

洗浴。乘凉。

今日同會：徐森玉　沈尹默　柳翼謀　尹石公　沈邁士　沈羹梅　劉汝醴　李馨吾　土産展覽會閉幕，八月底交還跑馬廳房屋，圖書、博物兩館即須籌備，予甚喜得多見聞而又甚慮時間之不足用也。

静秋養疴，已看畢《西游》、《水滸》、《儒林外史》，今日再爲購《鏡花緣》、《孽海花》、《聊齋》三書。静秋服藥後，今日頗愈。

八月十六號星期四（七月十四）

到多倫路。到大中國。寫莊鳴山、戈湘嵐、歸紹升、帥潤身、王士瑞、蔣崇年、于鶴年、王以中信。爲亞光寫新華書店信。

懋恒來。朱伯尼來。誠安來。華汝成來，同飯。承名世來。

到吕叔達處視疾。回，鄒珍璞來。洗浴。看去年筆記。服藥眠。

八月十七號星期五（七月十五）

作新印筆記小序一篇，七百字。鈔改《息壤》、《司馬談作史》、《瓜州》三篇，未畢。在方宅飯。

到亞光，晤凌大夏。到仁智里，晤啓宇。到大中國，晤振宇。到美楣里，晤弟婦、德峻。買物贈方家兒。譚季龍來，同在方宅飯。

簡香來。誠安來。詩銘來。斯繼唐來。洗浴。

八月十八號星期六（七月十六　末伏）

鈔撰《瓜州》一則，畢。歸家，改《息壤》一則，未畢。寫《土人》一則。

小眠。到許義生處，未晤，到錦江飯店，與緯宇、擎宇談。

飯後開會，九時歸。洗浴。周佑之自錫來，留宿。

八月十九號星期日（七月十七）

與周佑之談。鈔《白蘭》一則，千餘字。鈔《司馬談作史》訖。

小眠。鈔《天山南路之羌》，未畢。誠明學生陳超然、今富正己、林筠、陳衡方及徐大綱、劉曉濂來。周佑之行。詩銘來，永年來，德輝來，均留飯。爲永年寫字。王煦華夫婦來。

洗浴。乘涼。

佑之行，魴魴又大哭一場。母與子離，總違人性。

誠明學生來，必拉予任課二小時。日前季龍來，復旦聘予兼任，亦二小時。予益忙矣。

八月二十號星期一（七月十八）

鈔《天山南路之羌》畢。寫簡香信。寫戈湘嵐信稿。上街寄信。

小眠。范希衡來。鈔《氐》，未畢。看《聊齋》。

洗浴。中夜醒，服藥。

颱風侵襲，上午陰暗，下午大風雨。

八月廿一號星期二（七月十九）

鈔《氏》畢，凡三千字。修改《息壤》畢，凡千七百字。

鈔《吐蕃》畢，凡一千八百字。記筆記二則。洗浴。

看《聊齋》、《孽海花》。失眠，服藥。

終日風雨。

靜秋胎位漸下，不久即產，故一動便累。

八月廿二號星期三（七月二十）

寫《秦與西戎》畢，約四千字。寫《太原》未畢。

記筆記二則。

洗浴。看《聊齋》。

今日下午雨止，陰。聞電綫吹斷，不少死傷。

靜秋看出予兩脚于下午腫，而以右足爲甚。不知是心臟之病歟？腎臟之病歟？抑勞累所致歟？

予左股忽生一大粒，捫之微痛。今年予身上屢起贅粒，無血，久之或脱。股間所生，或即是此，但較大耳。不知是否血中不清所致。

八月廿三號星期四（七月廿一）

寫《太原》畢，共二千字。到王善業處。到許義生處。歸，與靜秋同到大華醫院，由金燮章院長診。歸，修改筆記。

飯後出，到多倫路。到大中國，褚紹唐來。魏建猷來。寫王善業、樹幟、西北農院、王光瑋、蔣仲川、李長傅、孟軺、束天民信。與華汝成談。

參加大中國第三小組訂愛國公約大會，致詞。歸，洗浴。看予舊作巴蜀文。失眠，服藥。

今日診，静秋仍是第二胎位，必女也。静秋頗厭生女，予慰
之曰："從前所以重男者，以男子在家庭中有傳衍宗祧之能力，
在政治上有參政之權利，在經濟上有得先人遺產之權利也。今家
庭制度行且毁滅，女子權利在法律上已與男子平等，何所歉而必
須男子哉！"

八月廿四號星期五（七月廿二　處暑）

寫劉詩孫、魏建猷信。章丹楓來。出寄信。到亞光訪家駒，不
遇。到誠明，晤大膺，留條與鄭文英。與大膺同出，回多倫路。劉
詩孫來。大膺來，同到青年會飯。遇張伯懷。

到大中國，寫莊鳴山、齊思和、王士瑞信。歸，劉詩孫來。爲
劉佩韋等寫陳啓蕭信。寫朱士嘉、史念海、楊大膺、和平商行信。
周谷城、胡厚宣來，談，到鴻復林餐。訪斯繼唐，未晤。

看王國維《東山雜記》。誠安來。洗浴。

八月廿五號星期六（七月廿三）

到振宇處，未晤。到亞光，與家駒談。到郵局寄信匯款。剃
頭。回寓理物，歸武康路。寫《牧誓八國》數百字。洗身。

小眠。看《聊齋》。到文管會，開會。五時歸，即到錦江飯店，
準備討論事項。六時半，開會。

在錦江晚餐。九時半歸，洗浴。

今日同會：徐森玉　沈羹梅　劉汝醴　柳翼謀　汪旭初　沈
邁士　李芳馥　尹石公

今日又同會：振宇　宣人　君匋　緯宇　擎宇

跑馬廳屋，文管會向英國人所租也。今夏開土產展覽會，由
該會向文管會借用，閉幕時言定八月底交還。乃近日竟云已交與

文化局接管，將辦捷克斯拉夫展覽會，私相授受矣。前聞文化局不令楊寬將歷史博物館併入文管會之博物館，故楊從不出席文管會之博物館籌備會。今又有此事，足知文化局與文管會之摩擦已白熱化。同是市政府之機關，乃相煎如此！

八月廿六號星期日（七月廿四）

接緯宇電話，知張家駒與工會衝突，要予調停，因即往。到大中國。到亞光晤振宇，視呂叔達疾。到溧陽路，開會討論，自九時半至十二時半。一時許，回仁智里，飯。二時半歸。

趙人驥來，渠考取山東大學，爲寫介紹片。徐大綱來，長談。宴客，談運出誠明書籍事。洗浴。乘凉。

今日上午同會：黃振緄　劉子喬　擎宇　大夏　家駒　董石聲　葉芝山　丁家相　尹正壽　楊柏如　黃鏡湖　陳芝芳　尹文發

今晚同席：王煦華夫婦　鄭文英小姐（以上客）　予夫婦（主）

八月廿七號星期一（七月廿五）

爲鄭文英寫紀念册。鈔改《牧誓八國》三千字，訖。寫《朔方》九百字，未畢。

眠半小時。師哲萍來。頤萱嫂來，留飯。看予前編《尚書講義》。到式湘處談。

八月廿八號星期二（七月廿六）

看《尚書講義》。續鈔改《朔方》一千五百字。王煦華來，爲黃仲明集照片。郭紹虞夫人偕王媽來，留飯。

出席文管會委員會，自二時至四時。出，買糖。家中草地上開婦女會。鴻鈞來。

洗浴。乘凉。

　　今日下午同會：徐森玉　　沈尹默　　汪旭初　　尹石公　　柳翼謀
劉汝醴　　吳仲超　　沈羹梅　　李芳馥　　沈邁士

八月廿九號星期三（七月廿七）

　　續鈔改《朔方》三千七百字。

　　眠一小時。出席上海圖書館籌備委員會，自二時至五時。

　　到式湘處取辭典稿。洗浴。乘凉。

　　今日下午雨，稍凉，上午則熱不可耐。

　　今日下午同會：李芳馥　　劉汝醴　　顧起潛　　王育伊

八月三十號星期四（七月廿八）

　　補記日記四天。到多倫路。到大中國，與君匋、劉子喬談。寫
束天民、周谷城、陳旭麓、陳夢家、戈湘嵐、傅築夫、王鳳笙、蔣
仲川、蔣崇年信。

　　與振宇、擎宇談。張家駒來。陳穉常來。束天民來。

　　步歸，洗浴。洪駕時父女來。鈔《四嶽與五嶽》千餘字。

　　華東師範學院要我專任沿革地理或史料學課，四面托人來
請。予體力就衰，現已有四事，如何又添此一事！決意辭之。

八月卅一號星期五（七月廿九）

　　擎宇、大夏、家駒來。丹楓來。鈔《四嶽與五嶽》四千餘字。
在方宅飯。

　　眠未着。看梁啓超《清代學術概論》。鈔《瓜州》二千字。在
方宅飯。

　　誠安來。洗浴。

　　今日工作較多，臨睡胸膈間作痛，眼亦多眵。

近日飯量減少，不知何故。倘得瘦些，亦是好事。

一九五一年九月

九月一號星期六（八月初一）

算上月賬。到溧陽路訪王東英。出，進點。回多倫路，整理物件。歸家。

小眠。到錦江飯店，開局務會議，自三時半至六時。客來，談話，就餐，九時出。

歸，洗浴。

今日同會：宣人　振宇　君匋　緯宇　擎宇

今晚同席：俞于庭　薛金相　王東英　盧蒔白　張海珊（以上客）　宣人　君匋　緯宇　擎宇（主）

今日又有風，天頗涼，穿短衣晚歸，已不勝寒矣。

九月二號星期日（八月初二）

到誠明，與煦華、大綱同搬書籍六架到西藏南路煦華家，即在煦華家飯。晤其父鴻儒，母俞氏，舅俞玉泉。

到合眾圖書館，出席新史學研究會，自二時至六時。晤潘景鄭。與陳旭麓、束天民、周谷城、予同、胡厚宣、季龍、起潛叔談。

與厚宣、季龍同到四馬路會賓樓赴宴。九時出，與泉澄夫婦同車。歸洗浴。

今日同會：周谷城　周予同　王蘧常　蘇乾英　顧起潛　譚季龍　胡厚宣　陳旭麓　束天民　伍蠡甫　朱錦江　姚紹華　姚舜欽　陳守實　朱諰　黃穎先

今晚同席：予（客）　孫雨廷　王育伊　魏建猷　趙泉澄　陳戀恒　楊寬正　方詩銘　洪廷彥　酈家駒　張家駒　胡厚宣　譚季

龍（以上主）　不知何人謬傳予今年六十，以上諸人乃爲予祝壽。

九月三號星期一（八月初三）

華汝成來。與二姐、潮、洪、湲三兒及魴魴到中山公園游玩，自九時至十二時。

眠一小時。寫紹虞夫人信。與靜秋同到靜安寺。予獨至大中國，晤鄔翰芳，與振宇談。出訪吳澤及章丹楓，均未遇。到華夏社新址。與尹文馴夫婦談。

到亞光，赴亞光、華夏兩社聯歡宴。九時歸，洗浴。

今晚同席：亞光社全體　華夏社全體　大中國之職工會負責人部分　張維新

華夏四人——家駒、大夏、石聲、思源——加入亞光半天，故爲此聯歡宴。

九月四號星期二（八月初四）

記日記三天。寫《瓜州》訖，共四千餘字。寫《朔方》仍未畢。

眠一小時。看《聊齋》。錢今芳來。頤萱嫂來，留飯。

洗浴。乘涼。寫毓蘊信。

今日又極熱，坐着也流汗。

九月五號星期三（八月初五）

到大中國。遇李清悚。徐菫侯、劉小粟來，方詩銘來，同商小叢書繪圖事。寫周立三、周慶基、趙人龍、人驥、葛綏成、杜光簡、伯祥、許自琛、周志清、毛光義信。玉華返蘇。

與振宇談。三時出，到修文堂，還書賬。與孫實君談。歸，立《拾貝編稿目》册。頤萱嫂來，留飯。

與潮兒同到式湘家送稿。九時歸。以蚊咬失眠，服藥。

九月六號星期四（八月初六）

爲湲兒病，守之。改《五用辭典》。到多倫路，即到大中國飯。

改《五用字典》二十六頁。寫馮世五、戈湘嵐、靳自重、韓鴻庵信。誠安來。華汝成來。

與君匋宴汝成于凱福。九時歸。失眠，服藥三次。

湲兒今晨忽病，神思不振，昏昏思睡。抱之起亦不能坐。静秋按之，一分鐘心跳至百二十。下午得静秋電話，知狄醫生診之，謂是腸胃不好，影響心臟，不致大病。此兒敏慧而體弱，不勝擔心。

九月七號星期五（八月初七）

章丹楓來。修文堂送書來，翻之。到吳瑤青（澤）處，談華東師大事。在方宅飯。

眠二小時。翻新得書。改《五用辭典》二十四頁。抱方家兒到多倫路玩。在方宅飯。

與中台談。看傅斯年《性命古訓辨證》。

九月八號星期六（八月初八　白露）

到郵局寄信。改《五用辭典》至六百五十五頁。寫葛綏成、鄔翰芳信。到亞光，晤家駒。到博物館，晤詩銘、名世、寬正。歸，理物，到大中國，飯。與振宇談。

三時半，到青年會開局務會議，至六時訖。冒雨，雇車歸。

看各處來信。玉華自蘇州來，與談蘇事。

今日同會：宣人　振宇　君匋　緯宇　擎宇（討論加薪事）

頤萱嫂于今日離滬，前赴蚌埠、徐州、臨沂、連雲等處，與姜淑忍同行。二姐挈魴魴到油店做飯。

九月九號星期日 （八月初九）

看《中國疆域沿革史》三章。寫趙肖甫、孫助廉、金立輝信。又寫趙紀彬二函，均爲禹貢學會遷書物事。

寫童丕繩、毓蘊、汪安之、劉詩孫、蔣仲川信。記筆記兩則。顧宗漢、徐大綱來，爲寫孫雨廷信。鄭家舜來，爲寫扇。毛光義來，爲寫紀念册。

潮兒病，爲講故事。

禹貢學會西院，由趙肖甫與解放軍畫報社訂約，借與五年，書物急須遷出，故借與平原師範學院，出版物則交修緶堂代售。如肖甫不再阻梗，則圖書得其所矣。

潮兒夜間作嘔，當是受涼。近數日中天氣變化太驟，使人受不了。

九月十號星期一 （八月初十）

送静秋到大華醫院。歸，寫張文清信、陳穉常信。到大中國，取款。與宣人談。出寄信。乘車歸飯。

范希衡夫人來。剃頭。到大華，伴静秋，看希衡所譯葛蘭言《中國封建社會的姊妹共夫制與妻死娶姨制》，未畢。到合衆圖書館，與起潛叔嬸談。

爲兒輩講故事。

昨夜二時，静秋腹作痛，遂不能眠。今晨送往醫院，腹痛竟不作。夜間又作。

一進院即須付二百萬元。如無大中國，叫我向何處籌！

谷城送來復旦聘書，乃係專任，予何能爲，只得退去。

九月十一號星期二 （八月十一）

寫周谷城、王振華信。將法净寺塔經送起潛叔處。到大華，伴静秋，續看范譯文，仍未畢。歸，改《牧誓八國》篇訖。

　　寫徐森玉信。到大華，伴靜秋，續看范譯文訖。改《四嶽與五嶽》篇未畢。起潛叔夫婦來。

　　歸，爲潮兒講故事。已眠，玉華回，告靜秋已產。失眠，服藥兩次。

　　今日靜秋隔數分鐘即作陣痛，下午尤甚，一陣才罷，又接一陣，至九時卅五分產下一男。計我祖母望曾孫者十二年，不及而死，今又二十九年矣。我父望孫者二十九年，不及而死，今又十三年矣。履安望子者廿五年，不及而死，今又八年矣。睹此襁褓，不勝傷痛。

　　前靜秋檢查時，醫言是第二胎位，與前數胎同，又言脉搏百四十，亦與前數胎同，故決爲女性。孰知生出竟爲男性。與前數胎不同者，則胞漿水破當產時，而前數胎則破決頗早耳。

　　湲兒生之前夕，我與靜秋到同濟，遇一助教黃君，決言是女，驗矣。又言予五十九當生子，又驗矣。彼以手紋相者，其靈至此，奇哉！崔冷秋之侄崔新，兩月前爲靜秋起課，亦云必得子，并謂如不得子以後即不再卜矣，今亦驗。然則成都黃子澄謂予得子雖遲，終能見其成立者，倘亦可驗耶？

　　潮之生歷三晝夜，洪之生歷一晝夜，湲之生則半夜又半日耳。此次歷兩晝夜。

九月十二號星期三（八月十二）

　　到大華，視靜秋及初生孩。歸，打各處電話告已生。義安來。寫高耀玥、瑞蘭、毓蘊、雪曼夫婦信。

　　寫自明、自珍信。携洪、湲兩兒到醫院看小弟弟。歸，眠一小時。寫王振華信。德輝來，留飯。

　　爲潮兒講故事。

静秋謂所生子額闊，眉心寬，眼大，耳大，人中深，鼻高，是有福相。又言似予之部分多。

此兒擬名之曰澄，字曰清宇，以其近中秋也。以行名則曰德澄。

九月十三號星期四（八月十三）

寫紹虞夫人信。到大華，視静秋。返家，送徐阿妹到郭太太處。買月餅，送方家。到大中國，飯。

與君匋談，寫顧咨博信。與振宇談，匯張文清二百萬元。寫張文清、曾克義二函。改《五用辭典》十六頁。詩銘來。誠安來，與同到其家，飯。

飯後與誠安夫婦及四小姐談。以大雨，待至九時不息，乃冒雨歸。雨終夜不息。

澄兒重量六磅八，嫌輕，故方太太囑注意。

九月十四號星期五（八月十四）

補記賬十二天。寫士瑞信，寄鈔費。章丹楓來。與女工吳阿芳同到家，即遣玉華送之至静秋處一看。校改洪駕時所鈔舊作兩篇。

到大華視静秋。在病房改《五用辭典》十五頁。在病房眠半小時。

與兒輩玩積木及畫上塗色。疲甚，得佳眠。

静秋體弱，今日雖涼而仍流汗，因知予之多汗亦爲弱徵，此當與心臟有關係也。

澄兒頗能食。静秋毫無奶水，仍以牛奶粉爲食料。澄兒飲之良速，較前三兒之喂一次奶須二十分鐘者異矣。只要能食，體弱可期也。

今日槍決反革命人犯，其到龍華者經寶慶路。静秋聞淒厲之嘯聲，起坐望之，見紅悶子車三輛，裝兵士大車三輛，吉普車（裝載軍官）七八輛過，神經爲之緊張。念雁秋、又安更不安，爲之淚下。

九月十五號星期六（八月十五）

攜三孩到大華，伴靜秋。出爲孩子買食物。改《五用辭典》至七百頁。十二時歸。

小眠未着。記筆記一則。寫梅公毅信。

翻看《四明叢書》第一集。

靜秋近日失眠甚，一夜不過三小時，服安眠藥亦無效，不知是出血過多之故與？抑心臟衰弱之故與？

吳阿芳來兩天，又不肯留，蓋小孩多則事多，又嫌做飯污衣也。上海工人真難用！

九月十六號星期日（八月十六）

寫崔冷秋、劉鏡秋、毓蘊信。王善業、凌敬言來。到大華，看辭典稿十頁。方泂太太偕其子來。歸飯。

眠一小時。到大華，看辭典稿十頁。郭紹虞夫人、張家駒夫人來。歸，吳大姐自蘇州來，談。

到鍾素吾處。到大華，歸途發暈。

九月十七號星期一（八月十七）

送潮、洪、湲三兒到培新托兒所，晤王、顧兩師。到大華。到狄醫處診病。再到大華，與靜秋及金孌章醫師談。歸飯。

吳阿芳辭去。寫振宇、鳴山信，交玉華送去。臥床，看《聊齋志異》。

德輝來。趙阿芬來服務。

昨夜步歸，過迪化公園後忽然覺得天搖地轉，站立不穩，無車，扶牆而歸。今日仍然，至狄醫處檢查，知血壓驟高至百六十八度。蓋突然高起，故至發暈也。予年已高，而工作又極緊張，遂至于此。

九月十八號星期二（八月十八）

臥床，看《聊齋志異》。

詩銘來。狄醫生來。

昨服藥後，今日血壓已低至百五十八度。今日仍暈。狄醫謂非由血壓，乃係腸胃不好，刺激神經所致。因服瀉藥。

爲澄兒割包皮，哭甚久，食量亦減。

囑詩銘返蘇往看李文實夫人，今日問之，乃竟未往，此人之無肩膀如此。聞渠尚借文實款也。

九月十九號星期三（八月十九）

臥床，看《聊齋志異》、《孽海花》。寫靜秋信，交玉華帶去。

俞重展來。

下便兩次，頭不暈矣。

九月二十號星期四（八月二十）

臥床，終日看《孽海花》，略盡。寫靜秋信，交玉華帶去。

振宇夫人、緯宇夫人、擎宇夫人來。狄醫生來診。

王煦華夫婦來。

今日檢查，血壓又低至百四十八度，下字爲九十五。惟因食量少，臥床數日，故仍疲憊。

澄兒已復原，食量又大。

九月廿一號星期五（八月廿一）

看《孽海花》，畢。修文堂人來，爲寫介紹片。寫静秋信，交玉華帶去。

看《中國革命讀本》十二章。補記日記四天。寫方太太（王小俊）、王善業、周谷城信。

服狄醫之藥，今日又瀉四次，雖腹部舒服些，而人益倦矣。

《革命讀本》係王惠德、于光遠編，頗有條理。予苟不病，決無時間可看。

九月廿二號星期六（八月廿二）

看《中國革命讀本》十一章。

鄭家舜來。德輝來，留飯。

華汝成來。

今晚袁家老張媽晚飯後突然中風，年七十四矣。延醫診療，汹汹半夜。

九月廿三號星期日（八月廿三）

静秋挈澄兒自醫院歸。李光信來。續看《中國革命讀本》三章。煦華來，寫劉汝醴信。擎宇來。誠安來，長談。

鍾素吾來。服藥眠。

大華醫院大敲竹杠，巧立名目，需付四百五十餘萬元。前生三孩，每回僅三四十萬元耳。上海私家醫院不道德如此，是當揭示社會，予以批評者也。

日前穉常到醫院，謂已爲澄兒算命，一歲起運，即帶禄來，早年成名，極有前途。所生子亦好。按崔新前爲静秋起課，亦云必得貴子。

九月廿四號星期一（八月廿四）

到狄醫處診治。歸，寫毓薀信。擎宇遣人送款來。寫士瑞信。續看《中國革命讀本》三章，訖。起潛叔來。鄭家舜來。

看《聊齋志異》。

今日血壓爲95—152，囑仍服絡碘泰，腸胃呆頓，服開胃藥。

九月廿五號星期二（八月廿五）

到李拔可先生處。以梅公毅稿改《五用辭典》訖。

二姐偕魴魴來。算半月來賬目。莊鳴山來。趙泉澄夫婦來。起潛嬸來。高君珊來。

看《聊齋志異》。

拔可先生亦係頭暈症，醫亦囑其勉自致瘦，須減至一百二十磅方可。渠血壓一百五十，實不高。

此半月中實用五百餘萬元，用錢太易，賺錢太難了！

九月廿六號星期三（八月廿六）

到狄醫處診。草《拾貝編》凡例。出，買藥。剃頭。歸，范希衡夫人來。

眠一小時。改《五用辭典》三十頁。看《聊齋志異》。

今日血壓又至百六十，醫驗予小便甚清，謂決不至大病，蓋神經性之高血壓也。

予近日非藥不眠，今晚居然不藥而眠，然至十二時半即醒矣，得真睡三小時。

潮、洪、湲三孩之鬧日甚，致靜秋不得休養，氣得打戰。此三孩年相若，故互不相讓如此，一吵即忘命的哭。

九月廿七號星期四（八月廿七）

到多倫路，與方太太談。到章丹楓處，送春明審查費。到大中國，與振宇、君匋、子喬等談。

與方泂、王福全等談。寫戈湘嵐、周堯、傅築夫信。歸，眠未着。李文實夫人自蘇來，玉華送之至和平商行。

李夫人來，留宿。王敬伯來。二姐返油店。

文實夫人獨自居蘇，不是辦法，予去信後渠自蘇來，到和平商行晤方叔禮後，知文實尚有款存王敬伯處，爲之一慰。

九月廿八號星期五（八月廿八）

開大中國、亞光、華夏三機關送紅蛋名單。寫莊良芹信。到慈厚北里王泰亨醫師處診，以金針治。到靜安寺買藥及茶。歸，又出，爲李文實夫人到八仙橋買車票。王敬伯來。

爲潮兒講童話。眠一小時。鴻鈞來。洗浴。改辭典二頁。看《聊齋志異》。晚飯後，鴻鈞送李太太到車站。

服中藥。

王醫係章丹楓君所介紹，今日針予後頸四，兩臂八，并囑予買紅茶末三斤作枕睡，謂予脉洪大而無力，針三次可愈。觀其門庭，就醫者絡繹，當確有本領也。

三機關所發紅蛋，計七十份，每份六個，共四百二十個。此亦一巨大之支出矣。

義安打電話來，謂接頤萱信，知其到新浦後，雁秋、又安果在彼，雖不得見而已將衣服送進。聞兩人均平安，尚未宣判也。

九月廿九號星期六（八月廿九）

送湲兒到托兒所，以渠哭，又同歸。與靜秋吵架。改辭典二十四頁。

眠半小時。得振宇電，即至大中國，與宣人、擎宇談。開局務會議。

歸飯。看《聊齋》。爲湲兒講書。

昨晚未服安眠藥而得睡，自九時半至今晨四時半，七小時矣。中醫自有可信之道。

今日同會：宣人　振宇　君匋　緯宇　擎宇

九月三十號星期日（八月三十）

洪駕時來。到合衆圖書館，晤起潛叔、景鄭叔、煦華、楊鑑，送紅蛋。到徐重道買藥。到張姑丈處，與姑母、子豐夫婦談，送紅蛋。出，買舊書。二姐偕劉承璐、盧化吾、魴魴來，留上下午飯。

看新買書《東潛文稿》等。李光信來。改《五用辭典》二十頁，全書畢。

《五用小字典》，經予全部修改，兼録梅公毅所改，凡歷五個月，今竣事矣，肩負一輕，然予對文字學未嘗致力，今從頭至尾看一遍，亦得益不少。

[剪報]　一九五一，十，五《上海亦報》：

老畫家黃賓虹　　　　　叔範

"人民政府對于高年而又歷史純潔的藝術家，一定要給予適當照顧的。"這是李濟深先生寫給黃賓虹先生信裏所提到的一句話，因此我來談談黃先生的近況。他今年八十六歲了，耳聰目明，寫作很勤，其日常生活費，是由華東美術分院供給的，等于研究費。雖是受了院方聘請，不必去授課，只要學員們上門質疑時，加以分析講解就好了。住的是栖霞山麓一座洋樓，四周籬墻，滿栽花草，有工友一人爲司潔除，也都由院方供給的。他同我談到這些，對人民政府由衷之感，幾乎要掉下淚來！

每天上午，他還畫點山水，而集中精力研究的，則是出土的玉器和陶器。已有新的發明，從圖文上證明有不少玉器是出于夏禹時代，例如指出璧上所鎸丹朱的像：兩臂飾翅，下體披葉，手中捉着魚，當是元始末期人類生活狀況之一斑。繼釋字義："夏"通"大"通"天"，在夏以前，早已有丹朱這樣的人，可知近人疑禹是蟲之說爲不可靠的了。他老人家又言：在餘杭、臨安一帶，新出土的古物很多，倘能陸續搜集加以研究，對于古代——奴隸制時代的史實是有幫助的，他寫成不少稿子在整理中，我不懂得這些，只祝其能早點完成。

在一九四八年，我去訪候他時，也住在栖霞嶺脚，一間狹隘的平房裏，亂堆着書籍，眠食作畫，都在其中，名義是"藝專"教授，而實際生活，却有饔飱不繼的一種隱痛，所以那時我有"料無鑿井箪瓢夢，來慰栖霞老病身"兩句詩來紀實。

[原件]

中國教育工會上海市上海學院臨時工作委員會會員小組名單

第一組	李　良	胡永齡	汪家焯	王克强		
	胡　超	葉伯玉	錢保和	張　勛		
第二組	顧維熊	楊劍濤	徐石樵	宋恩溥	盧　元	張　桐
	張文淵	劉古香	梁措成			
第三組	俞劍華	王善業	楊大膺	李光信	江竹虛	袁　昂
	顧頡剛	張承浚	吳道存			
第四組	王效文	湯克之	孫鴻霖	孟庭柯	高其邁	陳鍾浩
	黃光鈺	孔大充	費秋陵			
第五組	勾適生	唐啓宇	黃錦齋	楊郁文	張更生	陳　文

　　　　　　蔣翰生　　錢曉雲　　朱志泰

第六組　劉平江　張宗謙　黃發俊　楊蘊純　張慕聃　郭寬源
　　　　楊半農　周莘農　席祖德

第七組　蔣雙喜　蔣恒廣　沈兆山　陳　達　沈鴻慶　何家林

第八組　顧保楚　吳榮彰　蔣阿四　劉鴻烈　金福慶

第九組　祁龍威　李崇厚　李榮廷　張　森　崔宗塤　傅統先

　　　　（在蘇州革大學習）

第十組　楊國鈞　任雨林　王煜明　袁業匯　楊一齊　崔　旭
　　　　余芳良

第十一組（甲組）馮公焙　鄭文英　虞紀林　姚永美
　　　　　（乙組）孫誕先　王裕愨　陳守義　劉文耀

第十二組　徐薦昌　蔣士程　周雲珍　俞振楣　羅保吾　王錦陞
　　　　　沈昆南　嚴濟憲

　　　非本會會員的本院教授學習小組名單

第十三組　洪文瀾　陳文彬　郭雲觀　程瑞錕　馮志棟　瞿曾澤
　　　　　呂道元

第十四組　鄭允恭　李丁隴　劉絜敖　方秋葦　丁　雪　徐昌權
　　　　　胡世傑　蕭純錦　程紹德

第十五組　洪文達　李永恒　徐　昭　蔣泰岩　鄭國讓　羅玉君
　　　　　汪錫鵬　孫爲霆

第十六組　顧福佑　刁民仁　劉福安　王槐聲　沈夢盫　汪育春
　　　　　蔡　澤　朱嘯谷　沈景行

　　　附註：（代通知）

①有姓名記號者爲小組臨時召集人，請即定期召集全體組員開
　會，正式選舉正副小組長及各種幹事，展開小組活動，并將正
　副小組長幹事名單送交我會。

②小組召集人請于本月十二日（星期五）下午四時整在本會舉行

會議，由本會文教委員會作"如何布置學習及開展檢查與修訂愛國公約運動"的動員報告，務請準時出席！

③我院合併伊始，會籍整理，尚未十分就緒，第十、十一、十二各組會員中，可能有人轉出。第十三、十四、十五、十六各組中，可能有人轉入及申請入會。該時當再作適當的補充調整。

④小組學習時間，由各小組自定，但每周必須有一次或一次以上的學習，時間決定後并請通知我會。

⑤會費及捐獻飛機大炮款項，請各小組長于下周開始徵收。彙交本月財務委員。

⑥小組係按業務區分，如有特殊原因，需要調動者，請通知本會組織委員會。

⑦本委員會係過渡性質，由市委會組織部指定人選組成。委員九人分工如下：

主席：楊半農　副主席：袁昂　秘書：盧元　組織：顧維熊
文教：楊蘊純　業務：王效文　勞保：陳鍾浩　財務：胡永齡　統計：劉平江

中國教育工會上海市上海學院臨時工作委員會啓。

公元 1951 年 10 月 8 日。

一九五一年十月

十月一號星期一（九月初一）

與潮、洪、湲三兒到武康路口看游行隊，又到迪化公園及靖江公園玩滑板、秋千等。十二時歸。

眠未着。看《聊齋志異》。到吳秋白處及俞重展處送紅蛋。

看《聊齋志異》。

十月二號星期二（九月初二）

華汝成來。到跑馬廳，參加文管會國慶慶祝會，致詞。到狄醫生處，診病。

眠未着。看《聊齋志異》。譚季龍來。與潮兒到泉澄家及式湘家送紅蛋。

鴻鈞來。看《聊齋》。

今日血壓爲九十五至百五十四。

十月三號星期三（九月初三）

到王泰亨處打針。到重慶堂買藥。到亞光，晤擎宇、包桂榮。到誠安家，送紅蛋。到多倫路取物。到大中國，寫蘇州人代會、周谷城信。

寫王善業信。與振宇談。到郵局寄信。到大陸銀行取款。到范心安處。回大中國，寫傅築夫信，校婦幼衛生説明書。五時歸。

看《聊齋》。失眠，服藥。

昨夜睡得極好，自九時半到今晨四時半，中間未醒，酣暢甚。

湲兒一旬來進食極少，又傷風，至昨日而有熱，今日則高至百〇二度，脉搏與呼吸并速，幾超出一倍。夜中醒來，自要試熱與服藥。予屢爲驚醒，一夜睡得支離破碎，與昨日大異矣。静秋尚未滿月，終夜不眠，較我更苦。

十月四號星期四（九月初四）

到多倫路小憩，看《説郛》。到大中國，寫蘇德隆信，與方洞談。看婦幼衛生圖全分。與振宇、宣人談龐新民事。

寫戈湘嵐、辛樹幟、西北農學院、張文清、章丹楓、擎宇、洪駕時、李亞農、秦敏之信。惠而乎、范懋達來。帥潤身來。匯張文清旅費。

歸，二姐、玉蘭、魴魴來。半夜，爲潮兒鬧醒，服藥。

十月五號星期五（九月初五）

義安來。寫李光信函。寫程枕霞、擎宇夫人信。寫洪駕時信。鴻鈞來。早吃飯，赴十二時四十分車，至站則售票處已挂客滿牌矣。

到新華書店看書。食麵。剃頭。擦皮鞋。乘三時半車，看出版總署《標點符號用法》。六時許到蘇，在站飯。

七時歸家，以住室爲李太太所閉，渠在前進已睡，乃至又曾家宿。

十月六號星期六（九月初六）

未明起，寫靜秋信。七時，到協商會議訪謝孝思，取證條。到觀正興吃點。到文化宮，參加落成典禮，予致詞。第四屆人代會開幕。與旭初、由笙、烟橋、王市長等談。

飯後冒雨到公園吃茶，遇王效良。出席人代會，聽黨政報告。與屈伯剛等談。

夜飯後歸。

十月七號星期日（九月初七）

到丹鳳茶點。寫靜秋信。到大會，續聽黨政報告。與鄧邦逖、沙霆談。

到欣伯處談，并晤其子紹武。回，遇蔣孝亞。開小組會議。予在第十六組，討論文藝事項。

晚飯後，與章太炎夫人湯國梨談。同乘汽車，先送之歸。服中藥。

十月八號星期一（九月初八）

出遇汪安之。到松鶴樓進點。出席小組會議。

飯後到仲川處送款。返會，出席小組會議。沈勤廬來。會散後與徐治本、劉文濤談，同食麵。

歸，服中藥。寫靜秋信。寫鍾素吾信。

十月九號星期二 （九月初九）

到吳苑茶點。到公園管理處，出席市政建設小組。

飯後到孟韜家，晤其夫人及人龍、人鵬。又到崇年處，并晤皞唐。返公園，繼續討論。會散，到文學山房看書，與江靜瀾談。

返會飯，乘汽車歸。祝嘉偕其子謙來。看《西漢演義》。失眠，服藥。

十月十號星期三 （九月初十）

起稍遲。出，遇馮淑琴。到醋坊橋吃點。到會，出席大會，聽各界人民重點報告。與伯剛談。照相。

飯後到伊耕叔處，并晤芙先。又到景春伯母處，并晤有斐弟婦。返會，續聽各界報告。會散，醞釀民主人士代表，與黃肇謨談。又與謝孝思、陸欽墀、沈景似談。

飯後乘汽車歸。孟韜夫人偕人龍、人鵬來送禮。汪崧齡、壽齡兩表妹挈宋杏芬來。看《西漢演義》。失眠，服藥。

十月十一號星期四 （九月十一）

出，遇徐德榮。到玄妙觀吃豆漿燒餅。到吳苑飲茶，寫靜秋信。出席大會，聽各局長重點答復提案。與凌敬言談。記日記及賬目。休息，到公園，遇陸佩萱，至其家。再出席，選舉協商會議代表。

飯後到牛角浜凌雲士處算命，到玄妙觀看書。回會，與伯剛及章師母談。二時開會，通過決議。休息，看潘家所獻北齊石刻等。

與烟橋談。遇馬遵弘。再開會，行閉幕式，李凌致詞，散會。

聚餐。與蔣吟秋談。參加娛樂會。十一時出，與欽墀、旭初、汪星伯同乘汽車歸。十二時服藥眠。

今晚娛樂節目：汪景伯——古琴　姚梅鳳——蘇錫文戲　王聞喜等——昆曲　李□□——獨唱　道士十一人——霓裳曲　徐雪月——説書（愛國佳人）　某君——三弦拉戲　某君——戲法　范烟橋爲戲提調

十月十二號星期五（九月十二）

汪安之來。到王士瑞處。出，至白塔子巷口新興園吃麵。到碧澂處，晤其夫人。到仲川處。到章太炎夫人處，謁太炎先生墓。出，到太監弄鴻興園進午飯。

到凌雲士處，取所批命書。回家，到吳大姨處，九嬸母處。入己室，整理書櫃及古物，大蘭、李太太相助。與鹿世澀夫人吳瑞芝談。寫靜秋、殷品逸、季達信。吳大姨設餐。到尹韻生處。

到觀前樂安寄用直信。回又曾家。到二嬸母處，并晤餘妹。回，與毓蘊等談。詩銘自滬歸。

堪兒八字爲：辛卯　丁酉　甲寅　乙亥　五行藏土。凌雲士謂福澤有餘，學養湛深，惟六歲有小關節，此後讀書過目成誦，十七歲即有喜星臨照，二十歲即結婚。并謂渠婚後我體即衰。這般説來，我猶及見其成立也。

此兒本名爲德澄，茲爲算命，五行缺土，故改名德堪。

十月十三號星期六（九月十三）

在又曾家吃點後，到家取墨五十八錠到協商會，開一目録。與謝孝思、張紹南、周瘦鵑、余彤甫談。參觀文化宮各室。十時，與孝思、彤甫、瘦鵑乘汽車到旭初處，同出。到拙政園、景德路頤

園、遂園。遇沙霆。到南門大橋訪相王墓。到府學，明倫堂。到朱
鴻興吃麵。

到玄妙觀方丈看晋石刻，由道士導至三官殿、東嶽廟、祖師殿
等處。返協商會，二時，出席文化座談會。六時，進點，散會。與
祝嘉同行，到觀前街買物，冒雨乘車歸。

又曾、伯庸自無錫回。軍部三參謀來談蘇州掌故一小時。與又
曾談至十時眠。

十月十四號星期日（九月十四）

與又曾同出，到玄妙觀龍園進茶點，遇吳拜虎。歸，到家整理
書物。高靜一夫人來，送禮。户籍員翟繼劍來。回又曾家，理行
裝。到九嬸母處談移屋事。回，與詩銘談。在張宅飯。吳賡虁來。

到靜一夫人處。二時，辭家人出。三時四十分上車，車中擠
甚。坐服務生位。六時許到滬，與戴際之談。

雇人力車，七時許抵家。與家人談，理物。

十月十五號星期一（九月十五）

鴻鈞來。玉蘭、魴魴來。整日休息，隨手翻覽房主袁氏藏書。
眠半小時。周姬昌來。寫谷城信。

莊泯、韓静、任守信來。看梁漱溟文。

回蘇十日，緊張時不覺其累，今日一息，周身無力矣。本擬
到上海學院上課，得徐大綱電話而止。

十月十六號星期二（九月十六）

王子揚夫人來。與静秋及湲兒到狄醫生處，予驗血壓，静秋聽
肺部。出，到長樂路東頭買木器及床墊。歸。

眠半小時。到大中國，與振宇談。取款。即歸。鴻鈞來，留飯。

狄醫生之戚徐太太送奶媽來。

今日予血壓爲八十至百四十五，極正常。

静秋産後常咳，恐其成疾，故至醫處驗之。狄醫謂肺部無病，惟其血壓僅有百度，未免太低。

十月十七號星期三（九月十七）

到復旦，與谷城商課事。遇季龍夫人及陳守寔。到大中國，寫楊遇夫、傅築夫、藍夢九、楊拱辰、自珍、謝孝思信。

誠安來。平心來。與子喬及良芹談宴客事。到孫寶君處。

還家，木器鋪送床來。爲潮兒講洪秀全。

十月十八號星期四（九月十八）

理書。到上海學院，晤俞劍華。到多倫路，理賬。到大中國，與方泂談。

寫莊鳴山、司徒亮信。寫樹幟、伯祥、筱蘇、士瑞信。又重寫楊遇夫信。與宣人談。改世界地圖序。華汝成來。

出席本局第二小組簽訂愛國公約大會。與培蘊同出。到誠安處，并晤潔如。歸，看《説郛》三册。

與伯祥書曰：“兄子女皆已成立，肩負不重，所任僅一職，作事有常軌，正可借此疾病，卸去一半責任。至于弟，則嬰孩四口，姻婭十餘，無法可以休息。今日身兼五職，拚着老命奔跑，猶虞不足，仰望吾兄，如在天上矣。内子上月生一男孩，此爲先父先妻望眼欲穿，飲恨而歿者，今則社會已變，家産無所可傳，祖宗無所可享，而偏來此一人，有何意義，徒增我負擔耳！”

十月十九號星期五（九月十九）

翻《説郛》七册。章丹楓來。鈔與遇夫先生往還書札入筆記。

到郵局寄信，匯士瑞款。到大中國。

寫湘嵐、周堯、紀伯庸、靳自重、黄永年信。到市博物館，與詩銘、名世、寬正、天格談。回多倫路，理物，歸家。與溪兒到武康路口買茶葉。

看《續古逸叢書》本《演繁露》。與静秋移卧書室。

天氣悶熱甚，一動即流汗，蚊子大出，藏書發霉臭。

十月二十號星期六（九月二十）

八時始起。到武康路口紫羅蘭剃頭。訪平心，未遇，留條。歸，洗浴。補記日記十天。

眠未着。到海光，出席史學會幹事會，五時許歸。高二嫂、王傳熠夫人及子建寧來，二嫂、建寧留宿。爲乳媽郭大琴寫家信。

鴻鈞來。看袁氏所藏《湖中詩文集》等。

十月廿一號星期日（九月廿一）

補記日記四天。與高二嫂、王建寧、玉華、潮、洪、溪三兒同到復興中路上海電影院看《白毛女》電影，十二時半歸。

眠未着。看任公論史料。鄭家舜來。張文清來，爲寫中台信。同到合衆訪景鄭，未遇。與起潛叔、孔拾和談。與文清到静安寺飯，送之上電車。配眼鏡脚于百宋商場。

翻看王士禛《池北偶談》。

十月廿二號星期一（九月廿二）

寫托兒所潮、洪調查表。到大中國，看文學山房寄來書。整理特約編輯聘書。準備下午課。與方洞談。與君匋談。

到上海學院，與俞劍華、光信、盧元、徐大綱、鄭家舜等談。上課二小時（古籍整理所需要之知識及其應負之任務）。歸，與静秋同到山東路老正興宴客，答彌月禮。

九時歸。失眠，服藥兩次。至十二時後方眠。

今晚同席：大中國、亞光、華夏、人世間四機關同人　詩銘
承名世　楊景雄　陳苗林　丁小富　梅志忠　張維新（凡七桌）
予與靜秋（主）　　凡七桌，每桌菜價卅萬元，連茶、酒、飯、
捐、小賬共三百五十八萬元。

十月廿三號星期二（九月廿三）

到大中國，開星期六宴客名單，寫帖子。寫新購書封面。

到多倫路，與方中台夫婦談。到擎宇夫人處、緯宇夫人處、振
宇夫人處、章丹楓處、誠安夫人處、家駒夫人處、簡香夫婦處、啓
宇處送請帖。到呂叔達處問疾。回大中國。六時歸。

整理寄出帖子。與靜秋口角。

十月廿四號星期三（九月廿四）

到上海學院，參加國文系系務會議，自八時至十時半。與大
綱、光信同出。到大中國。

校改太平天國幻燈說明書。與君匋談。到多倫路，與張文清、
方太太談。靜秋來取被褥。予到宣人處送帖，并向竹安家送禮。
回，與靜秋同雇三輪車歸。與靜秋同到霞飛路購物。

為兒輩講故事書。

今晨同會：王善業　楊大膺　鄭國讓　李光信　徐大綱　顧
宗漢　吳照林　陳天偉　周照亨

十月廿五號星期四（九月廿五）

與靜秋到李拔可先生處送帖，見其夫婦。到大中國，為虹口區
書業公會寫朝鮮中國志願軍慰勞信。改亞光致《大公報》函。寫程

瑤田《通藝録》封面目録。

與君匋、振宇談。陳穉常來。寫莊鳴山、徐菫侯、江静瀾信。算兩個月來賬目。

到起潛叔處。歸，爲兒輩講故事書。看袁氏藏詩集。

十月廿六號星期五（九月廿六）

寫仲川、孟韜、德輝信。到天平路文管會，無人。到跑馬廳文管會訪劉汝醴，并晤楊寬。訪李芳馥。寫沈羮梅條。出，到科學院，訪李亞農，并晤王育伊。歸。

小眠。到餘慶路看木器，無適用者。到大衆美術出版社訪王景球，并晤黃仲明。出，到老城隍廟看木器，仍未得。到公平拍賣行，亦未得。到新城隍廟，買得一書櫥。歸。

煦華來。

十月廿七號星期六（九月廿七）

理書，未畢。出，到興國路剃頭。到武康路口刷鞋。携兒輩赴錦江飯店，宴客。

三時，客散。開大中國局務會議。至五時一刻，出，到吕班路"潔而精"飯，又續開會，至九點歸。

失眠，服藥兩次。

今午同席：午姑母　子豐夫人　秋白夫人　簡香夫婦　誠安夫婦　逸如　德輝　德平　綏平夫人及其兩子　修卿夫人　龍書夫人　玉蘭　鴻鈞　起潛叔夫婦　潘景鄭　煦華　楊鑑　重展夫人及其女　紹虞夫婦　王子揚夫婦　孫瑜夫人　范希衡夫人　張魯青　盧雪岩夫婦　朱向榮　方泂夫人及其子　陳式湘　李光信　鄭家舜　高君珊　張家駒夫婦　振宇夫婦　緯宇夫婦　擎宇夫婦　宣人夫婦　丁君匋　泉澄夫婦　趙人麟　嚴家顯夫婦　王傳熠夫

婦　章丹楓　魴魴（以上客）　　予夫婦（主）　　凡五桌，每桌菜價四十萬元，連茶、酒、飯、捐、小賬共三百〇三萬元。連前共六百六十一萬元。（收禮 450 萬元，賠 211 萬元。）

十月廿八號星期日（九月廿八）

理書，略訖。金振宇、陳宣人、朱公垂來，張魯青、朱向榮來，與之同到天平路看盂、克二鼎等，靜秋、玉華及三兒亦同往。十時半歸。遇馮翰飛。與靜秋、玉華挈三兒到跑馬廳，參觀捷克斯洛伐克展覽會。

出，到品芳吃飯，到福利公司及新新公司購物。雇車歸。疲甚，眠一小時半。華汝成來。

看徐乃昌刻《宋元科舉三錄》。

今日誠明業餘學校來聘函，請靜秋爲文化補習班本國史地科教員，每周六小時。渠家事已忙，功課又久荒，添此一事，不更苦耶！

十月廿九號星期一（九月廿九）

寫毓蘊信。登報後奶媽群集。到多倫路取物。到大中國，理物記賬。準備下午課。

到上海學院，途遇光信。上課兩小時，講整理古籍之任務及今日之環境。爲學生寫紀念冊四件。王效文來。歸，記筆記一則。

范懋達來。葛綏成來。

自狄太太介紹乳娘郭大琴來，未及一旬，乳水乾涸，小兒食乳粉，非我所可擔負。昨日擬一廣告，付《新聞日報》登之，今日遂來二十餘人。然靜秋條件高，尚未有當選者。使今日來者以前經人介紹，則廿八九成矣。此心理正與少女求婿同也。

十月三十號星期二（十月初一）

孫瑜太太來。爲靜秋寫鄭國讓信。到多倫路，與方太太談。寫張文清信。到大中國，翻看《蛾術編》。

寫《經學文鈔》書耑及書根。填送工會履歷書。爲奶媽事再登廣告。寫陳桐生、劉鏡秋、蘇州太平天國紀念展出會、上海學院信。五時歸。

到五原路訪平心，未遇，留條。

靜秋爲奶媽事不解決，焦急甚，逢人就吵。業餘校事雖成，如何能準備功課，因聽孫瑜夫人之勸，讓與文清。

十月卅一號星期三（十月初二）

到大中國，理稿件。寫毓蘊、谷城、穉常信。到人世間社，訪丹楓。

寫《禮書通故》、《蛾術編》書耑及書根。到文匯報館訪平心，未晤，留條。鈔《通故》中論簡策一條入講義。平心來。

爲三兒講《新兒女英雄傳》。

今日湲兒又病矣，脉跳每分鐘百餘，不知何病。據昨晨她自己指胸前說痛，當是胃疾。靜秋謂其一歲時吃奶糕，時作吐所致，或然歟？

潮兒傷風多日，喉啞。此兒兩犯肺炎，自係肺弱。

[剪報]　　一九五一，十，廿八《人民日報》

爲出版工作的高度思想性而鬥爭

——蘇聯《真理報》一九五一年八月十八日社論

編者按：蘇聯真理報的這篇社論，指出“出版事業是思想戰綫上的一個最重要的部門”，書籍是勞動人民的財富，是向群眾宣傳馬克思列寧主義的有力武器。它所指出的蘇聯出版物中的錯誤傾向，在我國不但同樣存在着，而且在程度上更爲嚴重。社論最後指出："在整個編輯和出版過程中，負首要責任的是編輯，書籍的質量主要決定於他們的政治修養和業務的熟練程度，決定於他們處理原稿的能力。"并提出"地方黨組織應該時刻領導各個出版局的活動，指導它們的工作"。這對我們説來更是迫切需要的。（下略）

一九五一年十一月

十一月一號星期四（十月初三）

到大中國，寫春明出版社賀軸，算上月賬。校簡明世界、中國兩圖説明書，訖。鈔楊遇夫《盤庚罔知天之斷命説》。

與君匋到圖聯訪鄒新垓，并晤陳稼軒及擎宇、宣人。誠安來。華汝成來，同飯，同歸。

爲洪、溰二兒講《新兒女英雄傳》。

潮兒今日就醫，謂是慢性氣管炎症，極無氣力，因睡。此兒體太弱，經不起風寒，蓋上幼稚園時正當西北風也。

十一月二號星期五（十月初四）

爲潮、溰兩兒講《兒女英雄傳》。寫自珍信。到大中國寫奮生、李子魁、黃遠溥、譚季龍信。

平心來。到上海銀行取款，晤鈕師愈，談。到郵局寄自珍款。寫毓蘊、蘇德隆、仲川、江静瀾、雪曼、馮世五信。

爲兒輩講故事。

自珍來信，謂患貧血，服藥打針後仍不愈，欲轉業而不得。甚憐之，因寄與廿萬元。

日前有部隊强要占蘇州家屋，將門上鎖摔斷。此直是舊作風矣！幸經戶籍員翟君調停，住入尚堂弄。今日函毓蘊，囑其與九嬸母、吳大姨、詩銘夫婦接洽，遷些人進去。不知能擋住否也。

十一月三號星期六（十月初五）

静秋、玉華出外覓乳媽，予在家伴潮、湲兩兒，爲講故事。看《當代中國史學》。

到大中國，寫文清函。開局務會議，至五時半。到山東路老正興吃飯。

乳媽張鳳珍來。失眠。服藥。

今日同會：振宇　宣人　君匋　緯宇　擎宇

今日同席：鄒新垓（客）　同會諸人（主）

十一月四號星期日（十月初六）

范希衡來。乳媽郭大琴去。洪駕時來。與静秋挈三兒到狄醫生處診治。十一時出，到襄陽公園看菊花，遇孫瑜夫婦，孫先生爲照相。德輝來，留飯。

與静秋到霞飛路"華僑"購皮鞋。到杜美電影院看周璇主演之《花外流鶯》。

詩銘來，留飯。

十一月五號星期一（十月初七）

到大中國，檢文學山房寄來書，凡四包。準備下午課。重寫蘇德隆信。

到上海學院，上課二小時（清代學術）。到四馬路及河南路書局買書。初到中國圖書發行公司。

爲潮兒講《新兒女英雄傳》。失眠，起看張政烺論中國古代氏族制文。服藥。

十一月六號星期二（十月初八）

講《新兒女英雄傳》第一册畢。到多倫路，與文清談。寫王敬伯信。到大中國，看文學山房寄來書及書目。點《周禮・天官》訖。

謝賢孫來。出，剃頭。

歸，翻曹元忠《箋經室遺集》。爲兒輩講《新兒女英雄傳》第二册。

予久欲精讀十三經而環境不許。三月晤仲川，渠薦謝賢孫君爲我鈔書，因定寫十三經，予先點一過，俟彼鈔後再校一過，總算讀得矣。先從三禮鈔起。

十一月七號星期三（十月初九）

講《兒女英雄傳》第二册訖。到大中國，謝賢孫來。得静秋電話，寫徵乳媽廣告。寫戈湘嵐信。看《儆居雜著》。點《周禮・地官》半卷許。子喬來談。張士敏來。

誠安來。寫王士瑞信，到郵局寄。寫江静瀾信。

爲兒輩講《英雄傳》第三册，未畢。看楊椿《孟鄰堂集》。

孩子本來一星期可長一磅重，但服張鳳珍奶後竟未長。故静秋必易之。登廣告，今爲第三次矣。

静秋以不放心小孩，兩星期來不與予同室。然以夜中屢起，不得安眠，致頭痛甚劇。今日起，又至書室睡。

十一月八號星期四（十月初十）

爲兒輩講《英雄傳》第三册畢。到多倫路，與方太太、文清談。到大中國，點《周禮・地官》訖。

到文管會，開圖書館籌備委員會，并看書店送來樣本，參觀圖書館各室。自二時至五時。遇岳良木、瞿鳳起、沈文倬等。頤萱嫂自蘇州回，留宿。

回大中國，與汝成談。寫葛綏成信。與汝成同歸。講第四冊，未畢。看《孟鄰堂集》。

自四日偕潮兒到狄醫處，以潮兒患氣管支炎，打葡萄糖及鈣針，翌日一次，至今日則三次，而打後作痛甚劇。以打于股上，竟至不能舉步，日夕啼哭，可憐也。

今日下午同會：徐森玉　李芳馥　劉汝醴　顧起潛

十一月九號星期五（十月十一）

到大中國，將《周禮·地官》一卷標點覆核一過。寫家駒、齊思和、永年、聖陶、江靜瀾信。

葛綏成來。擎宇來。到郵局寄信。到金子敦處談。歸。

十一月十號星期六（十月十二）

在家，寫《舊日民間文藝必須搶救》，爲上海學院學生刊物作，得千餘字，未畢。

到大中國。出，到范懋達處談。回局，開局務會議，自三時至五時半。歸家飯。

看潘鍾瑞《庚申噩夢記》。

今日下午同會：宣人　振宇　君匋　緯宇　擎宇

十一月十一號星期日（十月十三）

續寫昨文約一千字，訖。與家人同到王花照相，爲堪兒雙滿月作紀念。到振宇家，赴宴。

歸，與靜秋到國泰，欲看電影而客滿，買物定衣而歸。將所作文修改，鈔清，成千餘言。

鴻鈞來，同飯。

今午同席：鄒新垓　大中國、亞光部分同人　金氏戚族（凡四桌）　今日爲振宇四十九歲生日，故有此宴。

十一月十二號星期一（十月十四）

到大中國，將昨文鈔改訖，凡三千餘字。王序寧來。爲大中國填表。

到上海學院，送稿。歸，與靜秋同到霞飛路買物。到國泰電影院看蘇聯片《陰謀》。道遇孫福熙。

爲兒輩講書。看王式通《志盦文集》。失眠。半夜，起寫毓蘊信。

毓蘊屢來信，謂家中房屋必須想辦法，知子敦欲遷蘇，因請其住吾家。本約同行，但我上海事忙，走不開。今晚得渠電話，知將于明晨赴蘇。予遂不能睡，中夜起而寫信。予心中真不能留些事。

十一月十三號星期二（十月十五）

初曉即起。六時半到金子敦處送信。到四川中路吃點。到北路底剃頭。到多倫路與文清談。到大中國，將昨日寄到書籍翻一過。鄭家舜來。

與君匋談。將《周禮·春官》粗點訖。選買本局所存外版書。記日記四天及賬。帥潤身來。寫紀彬、世五、蘇德隆、許世瑾、鳴山、毓蘊、仲川信。

爲兒輩講書。

十一月十四號星期三（十月十六）

送一不用之乳媽回四川北路。寄信。到大中國，將《周禮·春官》複看一遍，校改之。

葛綏成來，擎宇來，同談。芙先弟來。寫于鶴年、黃永年、伯祥、希衡、拱辰信。

爲兒輩講書。

十一月十五號星期四（十月十七）

到金子敦處，談房屋事。到大中國，將《周禮・春官》標點再看一遍。

與子喬、董侯談。寫毓蘊信。看上海學院期中考試卷，定分。校鄭家舜所鈔《漢書・藝文志》。華汝成來，同飯。

爲兒輩講書。

十一月十六號星期五（十月十八）

到天平路訪謝稚柳，未晤，留條。草《太平天國與蘇州》，約寫三千字。起潛叔來。與三姐、頤嫂、靜秋、潮、湲到國泰看《中國雜技團》電影。

與靜秋到霞飛路買書物。遇黃穎先。

爲兒輩講書。

十一月十七號星期六（十月十九）

到大中國，記筆記兩則。寫樹幟信。看郭廷以《太平天國史事日志》及羅爾綱《李秀成供詞箋證》。

寫靳自重、詩銘信，又寫樹幟信。開局務會議，自四時至七時。

到石路知味觀飯，九時許歸。

覽報，悉張伯達神父已于十一日病歿于公安醫院。

今日同會同席：　宣人　　振宇　　君匋　　擎宇　　緯宇

十一月十八號星期日 （十月二十）

看《忠王自傳箋證》，續寫《太平天國與蘇州》初稿三千字。

準備明日功課。詩銘、永年來談，留飯。

爲兒輩講故事。

十一月十九號星期一 （十月廿一）

到靜安寺寄信件。到懋恒處送稿。到大中國，準備下午課。誠安來。

到上海學院，上課三小時（清代學風之養成，近五十年文物之發見）。與盧元、劍華談。歸，鈔龔自珍《説中古文》。

爲兒輩講書。

近日天尚未寒，而予之痰已作，早晨起來，總是吐不盡的痰，可厭哉！

十一月二十號星期二 （十月廿二）

起潛叔來，爲改合衆圖書館報告文字。到大中國，芙先弟來，宣人來，發《愛國主義歷史小叢書》稿五册。與方中台談。

到多倫路，剃頭，寫致張文清信，取物。到誠安處。到世界殯儀館，吊贊廷叔祖母之喪，與孟剛、仲健談。

歸，鈔龔自珍《六經正名》。祝瑞開來，長談。爲兒輩講書。

十一月廿一號星期三 （十月廿三）

鈔《六經正名答問》，未畢。到金子敦處。到劉汝醴處，并晤王佩諍、尹石公。到大中國，草與上醫公共衛生科契約。寫張文清信。

寫士瑞、江静瀾、范希衡、謝延孫信。葛綏成來。擎宇來。張文清來。與中台同到上海醫學院，與蘇德隆商談契約，并晤鳴山。

到范希衡夫人處。歸，即出，到徐家匯虹橋浴室洗澡。

歸，將《六經正名答問》鈔訖。

十一月廿二號星期四（十月廿四）

鈔龔自珍《與江子屏牋》。出，車上遇龔君。到金陵東路寄信匯款。將《周禮‧夏官》點訖，并整理一過。

平心來。華汝成來。

與汝成同出。歸。鈔龔自珍《非五行傳》。

堪兒日來患腹瀉，今日忽似驚風抽筋狀，家人大懼，急延狄醫診視，知（下缺）

十一月廿三號星期五（十月廿五）

鈔龔自珍《家塾策問一道》。重草《太平天國與蘇州》，成三千餘言。洪兒四周歲，全家吃麵。

狄醫來視堪兒病。送靜秋上八時車赴徐州。

鈔汪中《周官徵文》訖。

十一月廿四號星期六（十月廿六）

寫靜秋信。鈔汪中《左氏釋疑》，未畢。到大中國，點《秋官》一過。戀恒來，長談。看黃奮生《西藏概況》稿。

寄信。到張文清處。到上海學院，填履歷表，與善業談。五時，開國文系系務會議。

在八仙橋飯。歸，鈔鄭樵《爾雅注序》，未畢。

予以忙亂不克著書，乃思日鈔一文，爲"考證文鈔"一書，數日來節晨夕餘閑爲之。今晚因龔自珍盛道鄭樵評《爾雅》之是，遂鈔鄭序。惟以性急故，鈔未終篇，便覺心宕，不得已輟筆。噫，予貪多務得之性情乃托于朽敗衰老之身體，如之何其不悲傷也！

十一月廿五號星期日（十月廿七）

鈔《爾雅注序》訖。寫靜秋信。與頤萱嫂、玉華挈潮、洪、湲到城隍廟看動物、玩具，游內園。十二時半出。

到中國圖書發行公司廉價部選書。二時，進食。到儀器文具同業公會參加"上海書業公會傳達出版行政會議大會"，自二時半至五時半。與屠思聰等談。

歸，姜淑華來，留飯。為兒輩講書。看新買書。

今日同會為上海書業界四百餘人。政府之意，要整肅出版界，設編輯所，分層負責，使思想澄清，無錯字錯點，裝幀則樸素美觀，不辱沒人民中國。

潮兒在城隍廟看見書攤，走不過了。五歲如此，將來之好學可知。

十一月廿六號星期一（十月廿八）

頤萱嫂偕洪兒赴油店。潮兒復上學。寫靜秋、鄭家舜信。到大中國，補記日記。與振宇、君匋、宣人談。草下午發言稿。

與擎宇同到圖聯，參加書業公會小組討論，自二時半至五時。

平心來。鈔《左氏春秋釋疑》，仍未畢。服藥眠。

今日堪兒又瀉七次，三姐、玉華急甚，延狄醫視之，謂仍是腸胃不好，服助消化藥。惟今日所下糞，已無綠色，亦不酸。渠病後已消瘦多多。

今日及明後日同會：屠思聰　鄒新垓　金擎宇　陳鐸　金振宇　陳宣人　楊柏如　劉寅年　楊景雄　董石聲　秦樹仁　時仲華　陳寶蕙　劉子章　洪懋熙　葛石卿　尹正壽　邵越崇　蕭大治　時德涵

十一月廿七號星期二（十月廿九）

寫靜秋信、毓蘊信。草金子敦租屋契。到子敦處商談。到大中國，寫上海學院信，爲王雲甫寫字二幅。校《秋官》標點。草下午小組發言。

到子敦處，簽約。到靜安寺寄信。到圖聯，參加小組討論，自二時至六時。

鈔《左氏春秋釋疑》，畢。

十一月廿八號星期三（十月三十）

送潮兒到校。到大中國，將《秋官》再看一過，未畢。理書。緯宇來。戀恒來。誠安來。

寫蘇德隆、趙人龍、靜秋信。到圖聯參加小組會議，自二時半至六時半。出，在大馬路吃麵。乘九路車歸。

爲兒輩講書。

堪兒今日仍拉八九次。延錢恩澤（小兒科醫師）來，渠謂係腸胃疾，須十小時不進食，一面服調理藥。渠謂堪兒體質甚好，故雖病一星期餘，猶甚壯也。

得靜秋徐州來函，知已到邳睢縣看守所晤雁秋，此後將到宿縣訪張鵬彩，到蚌埠訪周揚季，到南京訪師哲萍，故一時不克歸家。

十一月廿九號星期四（十一月初一）

鈔楊椿《周官考序》，未畢。爲兒輩講書。送潮兒到校。到大中國，爲張文清寫證明書。將《秋官》點本作最後之勘定。寫傅築夫信。

到中國特價部購書。到中華書局取魏郁稿費。到文具業公會，參加書業公會大會總結，聽上海新聞出版處長陳虞孫講話。與汪原放、李小峰等談。自二時至六時半。

到杏花樓晚餐。出遇警報，步至金陵東路被阻。解除後雇車歸。爲潮、湲講書。

堪兒自昨晚起未進食，至今晨十餘小時矣，而仍不哭，三姨謂是"好漢"。

今日陳處長講話，各書局編輯加重責任，使我有覆餗懼矣。目前書店趨勢，非併不可。書店與文化思想關係太大，一九五二年爲改造思想之年，故政府以大力壓之，猶金融業之受經濟政策而一一合營也。

十一月三十號星期五（十一月初二）

到大中國，爲星期日大公報社"胡適思想討論座談會"作書面報告，約三千五百字。

葛綏成來。到多倫路取書，歸。

爲兒輩講書。平心來。十二時，靜秋歸，談話多，服藥三次，至上午二時後始得眠。

堪兒昨夜未下便，大概快好了。

靜秋到土山，與雁秋談話一小時。雁秋瘦甚，顏色蒼白。靜秋勞累受寒，病重傷風，喉嚨沙啞。

予嘗統計予每天平均跋涉六十里，一月得一千八百里，一年得二萬一千六百里。加出外旅行，約共二萬五千里。所化交通費約二百五十萬元，即平均一里爲一百元。其中惟電車、火車可觀書，三輪車及汽車皆以顛簸故不能觀，時間損失，不亦甚乎！

予前在後方，苦于無書，生活又不安定，以是抗戰期中無何成績。及歸蘇州，親友既多往來，自身又旅行京滬不停，故成績更少。到蘭州半年，生活有一定軌道，每日必教書，使自己思想得一整理。及返滬，雖時局緊張，而以湲兒初生，洪兒居蘇，膝下僅潮兒一人，故得于三四個月中編出《浪口村隨筆》一册。及靜秋喪資于通惠銀行，急欲賣稿補助，日到海光圖書館，遂得成《崑侖傳説》半篇及短篇論文數篇。今春移寓多倫路，又得成《尚書今譯》八篇。自今秋靜秋臨近生産起，至于今日，多倫路寓所既以靜秋之不願予前往及張文清君之住入而遂不往，及歸家則三兒繞膝，爭請講書，到書局時又時有電話及客人來，北四川路爲交通要道，時有呼嘯之車，秧歌之隊經歷樓前，妨人思慮，論文既不能做，譯經亦不可爲，無可奈何，只得在局點十三經，歸家鈔前修文字矣。而靜秋不諒予環境之痛苦，反責予爲開頭主義，一事未畢又開一頭。試思如不另開新路，則即將一事亦不能做矣。責人固易，亦當爲人設身處地一想也。　　　　　　　　　　十二月八日記。

　黃萍孫編的《北京史話》上編有胡先驌寫的《北京的科學運動與科學家》一文，其中提及我，説：

　　胡適另一得意弟子（上段爲“胡適的大弟子當首推傅斯年”）爲顧頡剛。……頡剛以編輯《古史辨》著名，曾著關于文史的論文二十餘篇，篤于疑古，頗受人所非難。但其治學精神甚誠懇，并非故以立異鳴高者。然晚年亦漸趨中正，不更作驚世駭俗之論。

一九五一年十二月

十二月一號星期六（十一月初三）

　爲湲兒講書。到大中國，重作昨文，約寫四千言。

　開局務會議，至六時半出。頤萱嫂送洪兒歸。

　到四川中路吉普飯店晚餐。歸，爲三兒講書。以靜秋就寢遲，又使予失眠，服藥兩次。

　　今日同會同席：宣人　君匋　振、緯、擎宇　大中國地圖部分，無疑是加入圖聯，但挂圖部分則政治性淡而前途甚大，是否聯營尚不能即解決。

十二月二號星期日（十一月初四）

金子敦來。到章丹楓處，商今日下午討論事。到多倫路取物。到大中國。算賬。

到五芳齋飯。到中國公司特價部購書。到吳宮旅社訪王敬之，未得。到大公報館，參與"胡適批判座談會"，自二時半至六時，進點。

與谷城同出，乘車至常熟路。予到華汝成處，歸飯。

前昨兩日所寫，昨晚給同桌人看，說分量不夠。今日給丹楓看，說我講胡適以前有進步作用，固是事實，但不能講。因勸予不必用書面方式，爲代擬一綱要。蓋至于今日而真話說不得矣。

今日同會：王芸生（主席）　沈尹默　劉咸（重熙）　林同濟　周谷城　吳澤　張孟聞　今日會上，和胡適有直接關係者只我一人。此會當是北京方面命開者，而我則爲其提名，不容不到，故連日有電話來催迫。

十二月三號星期一（十一月初五）

到合衆圖書館，與起潛叔談。到大中國，準備下午功課。與君匋、振宇談。

到上海學院，上課兩小時（外來文化的影響）。與俞劍華、楊大膺談。歸，爲三兒講《木偶奇遇記》。

王、孫兩太太來。

今日《文匯報》載北大裏批判胡適，說他有"四大金剛"，是傅斯年、羅家倫、楊振聲和我，此話不知如何說起。羅與胡的關係極淺，我則早已疏遠了。

起潛叔告我，上海學院所印之特刊，因載我論民間文學一文，院長笪移今謂其有濃厚之小資產階級氣息，禁止發行。打擊一連串的來！

堪兒一日拉兩次，似頗好，惟大便中尚有黏質耳。身上已甚瘦，故靜秋發急甚，一來就生氣。

接蘇州信，悉徐瀚澄于昨日以腦溢血逝世。此四十年之老友也。

十二月四號星期二（十一月初六）

到大中國，鈔出新購書目，未畢。將《考工記》粗點一過。寫王芸生信。

鄭家舜來，爲講《漢書・藝文志》。楊廷福來。寫徐瀚澄夫人、王士瑞、謝延孫信。到郵局寄。到武康路剃頭。

爲三孩講書。鈔楊椿《周禮考後序》，仍未畢。

十二月五號星期三（十一月初七）

爲兒輩講書。到多倫路取書，與方太太談。出，到郵局發匯款。到大中國，續鈔新購書目，仍未畢。理抽屜。

寫樹幟、湘嵐、屈伯剛信。曹樹旺來。葛綏成來上工，導至各部門介紹。得大公報館送來筆記講稿，略加修改，即送丹楓處看。

俞重展來。義安、鴻鈞來。鈔《周禮考後序》，畢。

靜秋咳嗽仍劇，夜中尤甚。叫她看，她總是懶。若小孩一病，則立刻請醫矣。近日里弄工作甚忙，她苦于無法休息。若得休，則病固易好也。

十二月六號星期四（十一月初八）

途中看《敦煌》畢。到丹楓處，取講稿。到多倫路，取書。到大中國，將大公報館筆記稿重寫，凡三千餘字。到丹楓處，作最後之審定。到大公報館送稿。

寫華汝成信。到柴忠寶家，赴其三十壽宴。八時歸。

鈔汪中《釋三九》畢。

今晚同席：徐千之父及其少子先　徐千夫婦　王善業　鄭國讓等（凡三桌）　柴忠寶夫婦及其父（主）

爲了批判胡適，足足費了我半天功夫，恐怕此後再要作更深澈的討論。

善業告我，自上海學院成立，當權者爲上海法政學院舊院長，即今上海學院院長笪移今，他仇視誠明文學院去的一班人，對于國文系處處挑剔，他做主任一件事不能做，連印一張印刷品也不可能，副院長俞劍華則形同傀儡，誠明之優良傳統既受摧殘，惟有低頭受笪氏之統治。此亦政府主張合併者所不能想像者也。

十二月七號星期五（十一月初九）

鈔汪中《明堂通釋》兩頁。到大中國，將《考工記》標點覆看一過。

擎宇來。帥潤身來。張文清來。與王福全等談。與綏成談。續鈔新購書目。車中遇程國任，到其家，與其夫婦談。

鈔《明堂通釋》一頁半。爲兒輩講書。

堪兒病愈，惟大便仍發綠。

十二月八號星期六（十一月初十）

續鈔《明堂通釋》二頁半。到大中國，整理新購書目訖，理書。君匋來談。

開局務會議。

與擎宇同到山東路老正興晚餐。歸，鈔《明堂通釋》兩頁。服藥眠。

今日上午十一時許，忽然眼前發花，頭亦微暈，心想九月中之疾復作矣。飯後竟好，未知何疾也。予工作太緊張，此亦得病之故。然習性如此，奈之何哉！

今日同會同席：宣人　振宇　君匋　緯宇　擎宇　晚餐加一人：鄒新垓

靜秋咳嗆仍劇。

十二月九號星期日（十一月十一）

洪駕時來。到勤業謄寫函授學校，開董事會。參觀謄寫工作。會畢午餐。

與汝成同車到大中國。開董事會，自二時半至六時。袁家驥來。

飯後歸，到家已九時餘矣。

今日上午同會：薛民見　陳葆笙（勤學文具公司總經理）華汝成　唐漢文（校長）　俞重展（教務主任）

今午同席：除上列諸人外，加陳葆馥　樊明五　胡廷梅

今日下午同會同席：陸步青　馬克文　鄒新垓　顧誠安　振宇　宣人　君匋　緯宇　擎宇　列席：會計師陳宗舜

洪兒病扁桃腺發炎，發高燒。

十二月十號星期一（十一月十二）

到靜安寺寄信。到大中國，準備下午課。許公武來。晤岳有五、海庚。

到上海學院，上課二小時（近百年前期史學）。與光信、劍華、家舜談。歸，鈔《明堂通釋》。師哲萍來。

爲兒輩講《大人國》。疲倦，早眠。

十二月十一號星期二（十一月十三）

鈔《明堂通釋》訖。爲三姐、静秋調停。到大中國，準備下午課。寫大陸銀行信。

爲局中同人講《古文觀止》一小時。寫鄧恭三、王之屏、江静瀾、張次溪、自珍、毓蕴、井成泉、謝延孫信。到郵局寄信。到誠安處談。

歸，程潔如來。玉舜、鴻鈞來，同飯。鈔李榮陞《共和以前年曆真偽考》，未畢。

静秋與三姐昨夜爲小孩事又争吵起來，三姐哭着求去。幸下午玉舜來。聞玉舜將偕其父龍書同返徐州。

大中國同人要我每天爲他們講《古文觀止》一小時，自今日起，來聽者爲以下諸人：許志濤　陳鶴聲　張家振　劉小粟　王福全　王榮德　徐董侯　施惠然　我教書卅年，教國文尚是第一次。

十二月十二號星期三（十一月十四）

鈔昨李文畢。到郵局寄信，匯款。到多倫路取書，與文清談。出，訪丹楓，未晤。到大中國，填股款單。準備下午課。與中台談。

講古文二篇（《周鄭交質》、《石碏諫寵州吁》）。點《士冠禮》、《士昏禮》二篇。與綏成談。寫毓蕴信。到金子敦處，并晤高祖恒。

歸，頤萱嫂、玉舜來，同飯。爲書局事，與静秋口角。

局方要將張振漢股由静秋頂下，静秋已允，今晚囑簽字，乃又反悔。此事甚使我爲難。

湲兒繼洪兒後發燒，亦扁桃腺發炎也。

十二月十三號星期四（十一月十五）

與静秋同到大中國，商股款事。戀恒來。晤曹慶森、金竹如。

重填股款單。點《士相見禮》。

詩銘來，長談。步青來。講二篇（《臧僖伯諫觀魚》、《鄭莊公伐許》）。填大陸銀行股單。開股東會議，自三時半至七時半。

飯後歸，到家已十時矣。途中看《回回民族底新生》。

今日同會同席：馬克文　陸步青　誠安　鄒新垓　宣人　振宇　君匋　緯宇　擎宇　陳宗舜

十二月十四號星期五（十一月十六）

到人世間社，與丹楓談。到大中國，準備功課。與方泂、君匋談。

朱公垂來。講一篇（《納郜鼎》）。張伯懷來。鄭家舜來。點《鄉飲禮》。到多倫路取書，購藥。

玉舜來，同飯。爲兒輩講書。

予近日天未明，即有痰塞喉頭，起身則咳出更多，蓋氣管支炎入冬必發也。

靜秋到狄醫處打針，醫謂本是急性氣管炎，今轉成慢性氣管炎。蓋她到徐州適值冷汛，故患急性之病；及返滬，日日勞于婦聯之奔跑及開會，無休息之可能，故轉化爲慢性病。此皆今日政治所構成者也。

洪兒傷風，喉嚨變啞。

一家中爲醫療，所用之錢超過吃飯。以是靜秋性情日趨躁急，屢屢與三姐口角。

十二月十五號星期六（十一月十七）

到陳式湘處，談詩銘賃屋事。到大中國，與中台談寄生蟲圖訂約事。校顧有光《岳飛抗金故事》訖。寫詩銘信。

講一篇（《季梁諫隨君》）。寫史念海、謝延孫信。開局務會議。

歸，德輝來，同飯。爲兒輩講書。

十二月十六號星期日（十一月十八）

金子敦來。看《大公報》"胡適思想批判座談會"各文。

爲静秋起致劉漢川、秦林舒、黄素封信稿，皆爲營救雁秋也。準備明日課。

爲兒輩講書。鈔李榮陛《昆侖山考》。

十二月十七號星期一（十一月十九）

鈔李榮陛《昆侖山考》。到大中國，途遇徐英。寫戈湘嵐信。洪駕時來。與張幼丞談礦物圖事。與子喬談。

遇楊柏華。到上海學院，上課兩小時（後期的史學）。取薪。到中國特價部購書。乘廿路車到静安寺買糖。

歸，看新購書。爲兒輩講書。玉舜來，留宿。

"明明是强奸，却須被强奸的人説是戀愛"，此子喬之妙語也。

玉舜來，與予夫婦談，主張將北海油店收歇，鴻鈞、義安另謀生路，以現在生意絕不易做也。

十二月十八號星期二（十一月二十）

途中始看蒙文通《經學抉原》。到大中國，與中台談版税事，草合約。準備下午課。將《士冠》、《士昏》、《相見》三篇標點勘正，包寄。

講《曹劌論戰》、《召陵之師》兩篇。寫平心信。校《林則徐與平英團》。寫詩銘信。

爲兒輩講書。半夜，静秋久咳，予驚醒，遂不成眠。

張鳳珍來作奶媽，但堪兒日長而彼乳日稀，貼補奶粉後又致腹瀉，因此靜秋今日又登報招雇。

十二月十九號星期三（十一月廿一）

鈔《崑侖山考》兩頁。到大中國，預備功課。與君匋、方泂談。寫李永藩信。到郵局發信。

講《宮之奇諫》、《齊桓受胙》、《陰飴甥對秦穆》三段。誠安來。到多倫路，與方太太、張文清談詩銘事。取書回大中國。

爲兒輩講書。服藥得佳眠。

今晨一時許即爲靜秋咳醒，耿耿到曉，今日便升肝陽矣。服藥後直至翌晨方醒。

湲兒又病腸胃，服蓖麻油後下便似癒。

十二月二十號星期四（十一月廿二）

爲靜秋寫二八〇弄捐獻單兩份。與靜秋同到李拔可先生門口問疾。到懋恒處送稿。到大中國，看竹添《左氏會箋》。汪孟鄒先生來，同飯。

講《子魚諫襄公》、《寺人披見文公》、《介之推不言祿》。子喬來聽。寫江靜瀾信，到郵局寄書款。重作《息壤考》，二千餘字。寫周昭亨信，寄去。華汝成來。

祝瑞開來。方詩銘來。龍書、玉舜將于明日返徐，來辭別。

昨夜詩銘到多倫路，爲中台所責，渠亦謝過，然其憾予與文清必深矣。

晚間，詩銘來，送予雞血圖章，送兒輩蘋果，申借屋之議，并謂承名世不同住，俟別處得屋將接毓芬同居，如予需用多倫路屋時彼即睡行軍床，不得已允之。

十二月廿一號星期五（十一月廿三）

　　王善業來。到大公報館取稿費。到大中國，看《會箋》。記筆記二則。與中台談。

　　講《展喜犒師》、《燭之武退秦師》、《蹇叔哭師》。草大中國出版挂圖計畫。唐漢文來。點《孝經》訖。與綏成談。與子喬談。

　　看《左傳》。鴻鈞、義安來。王瑞芬來。

　　近日暖熱甚，服棉衣可流汗，以是病者接踵。托兒所中小孩或傷風，或出水痘，少去一半。潮、洪、湲三兒亦俱有小疾。

十二月廿二號星期六（十一月廿四）

　　到大中國，續寫挂圖目，改亞光致《大公報》信。看《左氏會箋》。江靜瀾偕其子來。與君匋談。

　　寫華汝成信。講《鄭子家告趙宣子》、《齊國佐不辱命》、《王孫滿對楚子問鼎》。江靜瀾又來，爲寫李馨吾信。校黃寧《印刷術的發明故事》。寫毓蘊、王之屛信。點曹叔彥文。

　　與葛綏成談。出席本局"出版工作講習會"，聽綏成、丹楓講，予亦略講。

　　婦幼衛生圖，初版印八千套，出版未兩月，銷盡矣。農業圖亦印八千，今日新華即來批六百，所剩亦不多，俱須再版矣。因此，挂圖部分暫不擬與他家合併。此固有大希望也。

　　今晚同會：葛綏成（講編輯部組織）　　章丹楓（講標點方法）　　大中國、亞光同人約三十人

十二月廿三號星期日（十一月廿五）

　　爲兒輩講書，在草地玩。屈均壽來。看蒙文通《經學抉原》。

　　到大中國，開董事會，自二時半至四時。會散，同到海寧路國際電影院看《遼遠的鄉村》，六時半散。

　　回局吃飯，八時歸。看《經學抉原》畢。

今日同會同席：馬克文　陸步青　鄒新垓　振宇　緯宇　君匋　陳宗舜

十二月廿四號星期一（十一月廿六）

到大中國，程國任來。洪駕時來。準備下午課。

到打浦橋，剃頭。到上海學院，上課二小時（近五十年中的新史學，《古史辨》）。到中國購書。到金子敦處，并晤高祖恒、許仁生。到百樂商場配眼鏡脚。

到華汝成處。爲兒輩講書。看新購書。

十二月廿五號星期二（十一月廿七）

到大中國，整理新購中國特價書，録入書目，并蓋章。與徐董侯等談。

講《楚歸晋知罃》、《吕相絶秦》。寫戈湘嵐、張子豐、江静瀾、徐森玉、周樹柏、李長傅、李映婁、于鶴年、謝延孫信。到郵局寄信。到誠安處。

黄永年來。爲兒輩講書。

十二月廿六號星期三（十一月廿八）

爲湲兒講故事。理行裝。寫振宇信。記家中本年新購書。

十二時半到金子敦處，并晤其婿高、馬兩君。談至一時半出，到站，乘二時卅五分寧杭通車行，四時許到蘇州，雇車歸。與二姐、吴大姐、李太太等談。

到金家晚飯。住後房。服藥後仍不得眠，僅睡三四小時。

十二月廿七號星期四（十一月廿九）

在二姐處早餐。雇工人搬書箱，玉蘭、李太太等幫理書，自上午八時至下午四時半。到九孀母處，吳大姐處。電燈匠來。

到毓蘊處飯。到孀母處。尹韻孫來。與子敦同到讀報組。木匠施姓來。到瑞華藥房買藥，與侯漢聲談，并晤其父。

在二姐處飯。服藥得眠。

十二月廿八號星期五（十二月初一）

到金家早餐。整理書籍，子敦、玉蘭、李太太、毓蘊等相助。尹韻孫偕張□魯來。楊慶平來。到高靜一太太處談。到吳大姐處談。在二姐處飯。

雇車赴站。乘二點廿八分錫滬慢車，擠甚，坐門口，甚冷。車過昆山，大雨。五時到滬則無雨。下車即赴大中國，飯。記日記三天。

參加業務學習，聽朱公垂講校對，余白墅、方洞講裝幀，予作補充。九時，與余白墅同車歸。

十二月廿九號星期六（十二月初二）

遲起。到大中國已十一時，即準備下午課，看《左氏會箋》。

講《駒支不屈于晉》、《祁奚請免叔向》、《子產告范宣子輕幣》。理書。草一九五一年本局工作情況一篇，送上海市新聞出版處。

爲兒輩講書。

十二月三十號星期日（十二月初三）

爲兒輩講書。終日雨，無客至，看楊寬《上古史導論》，預備明日功課。

爲兒輩講書。

平心來。看王念孫《淮南內篇雜志後序》。

十二月卅一號星期一（十二月初四）

到多倫路取書，與張文清談。到大中國，陳懋恒來。準備下午課。

到上海學院，校《息壤考》鈔本。上課兩小時（近三十年古史研究——民族史、傳說方面）。遇劉平江，談。到文管會，與李亞農、李芳馥、徐森玉談。

準備後日課。看曹元忠《箋經室遺集》。

[原件]　　　　　大中國圖書局股份有限公司章程

（一九五一年十二月十三日股東會議修訂）

第一章　總則

第　一　條　本公司依照私營企業暫行條例及其施行辦法股份有限公司之規定組織之定名爲大中國圖書局股份有限公司

第　二　條　本公司以出版地圖挂圖及製造教育用品爲業務

第　三　條　本公司設于上海視業務上之需要得經董事會議決隨時于重要地點設立辦事處另行呈請分支機構登記

第　四　條　本公司營業年限自呈准登記之日起暫定爲念年期滿後得由股東會議依法決議延長之

第　五　條　本公司之公告方法以刊登本公司所在地之解放日報并通函行之

第二章　股份

第　六　條　本公司股本總額定爲人民幣壹拾貳億元分爲壹仟貳百萬股每股人民幣壹百元一次繳足

第　七　條　本公司股息定爲年息八厘

第　八　條　本公司股東以中華人民共和國之人民爲限

第　九　條　本公司股票均用記名式并須將其真實姓名詳細住址報

明本公司其由聯合出資或以團體爲出資人者應推定代
表人報明本公司記入股東名簿

第　十　條　股東應將其印鑑式樣送至本公司存查凡向本公司領取
股息盈利或轉讓股份以及行使其他一切權利時均以本
公司所存印鑑爲憑

第 十 一 條　股票如有毁失應即報明本公司并在本公司所在地及失
滅地之著名日報公告三日聲明失滅原因經兩個月以上
無人提起異議時原股東得將登載公告之日報全份送本
公司查核填具補領申請書加蓋原存印鑑覓具妥保方可
補給新股票

第 十 二 條　股東如欲轉讓股份時儘先轉讓與舊股東并填具轉讓
申請書由轉讓人受讓人雙方簽署加蓋印鑑送由公司
審核後方可過户惟在未經過户之前一切權利義務仍
屬原股東

第 十 三 條　股東因股票毁失或轉讓請求補發或換發新股票者每張
酌收手續費及應貼之印花稅

第 十 四 條　股東所存印鑑如有改換或遺失應覓取妥保向公司聲明
改換或遺失緣由經審核無誤時方可改換新印鑑

第 十 五 條　每届股東會前一個月臨時股東會前十五日停止股票
過户

　　第三章　股東會

第 十 六 條　本公司股東會每年一次于每年決算後三個月内由董事
會召集之公司遇有重要事件經董事會或監察人認爲必
要時或集有股份總額二十分之一以上之股東請求時得
召集臨時股東會

第 十 七 條　股東會之召集應于開會一個月前臨時股東會之召集應
于開會十五日前將開會日期地點及提議事件通知并公

告各股東

第 十 八 條　股東會之決議事項除私營企業暫行條例及其施行辦法
　　　　　　另有規定者外以有代表股份總數過半數之股東出席并
　　　　　　以出席股東表決權過半數之同意行之

第 十 九 條　本公司股東每股有一表決權

第 二 十 條　股東得出具委託書加蓋印鑑委託代表出席股東會

第二十一條　股東會開會時以董事長爲主席董事長不能出席時由股
　　　　　　東于董事中另推一人爲主席

第二十二條　股東會應置決議録載明日期地點到會股東人數代表股
　　　　　　數表決權主席姓名決議事項及其決議方法由股東簽署
　　　　　　連同股東出席簽到簿及代表出席委托書一并保存于本
　　　　　　公司備查

　　　第四章　董事監察人及職員

第二十三條　本公司設董事九人監察人二人由股東會就股東中選任
　　　　　　之董事之選任以出席股東表決權過半數之同意行之監
　　　　　　察人之選任以出席股東過半數之同意行之

第二十四條　董事監察人任期一年連選得連任

第二十五條　董事應組織董事會行使董事職權互選常務董事五人并
　　　　　　由常務董事中互推董事長一人爲公司之代表

第二十六條　董事會每三個月應開會一次臨時董事會于必要時由董
　　　　　　事長召集之

第二十七條　監察人除依法執行監察職務外并得列席董事會陳述意
　　　　　　見但無表決權

第二十八條　本公司設總經理一人副總經理一人經理二人協理一人
　　　　　　均由董事會選任之總經理秉承董事會決議綜理本公司
　　　　　　對內對外一切事務副總經理經理協理協助之至其他職
　　　　　　員由總經理任免之

第二十九條　本公司辦事細則由董事會訂定之

　　　第五章　決算

第三十條　本公司以公曆年底爲決算期由總經理造具下列各項書
　　　　　表送董事會審定于股東會開會前三十日交監察人委託
　　　　　會計師查核出具報告書提交股東會請求通過

　　　（一）營業報告書

　　　（二）資產負債表

　　　（三）財產目錄

　　　（四）損益計算書

　　　（五）公積金及股息紅利分派或損失補償之議案

　　　（六）下年度營業計劃

　　　　　前項書表于股東會通過後除第三款外仍應印送各股東
　　　　　查閱

第三十一條　本公司每屆決算如有盈餘除繳納所得稅彌補虧損外先
　　　　　提公積金百分之十及股息年息八厘外其餘按後列各款
　　　　　以百分率分配之

　　　（一）股東紅利及董事監察人經理人等酬勞金——百
　　　　　　　分之六十五（股東紅利——百分之五十　董監
　　　　　　　酬勞金——百分之八　經理人——百分之七）

　　　（二）改善安全衛生設備基金——百分之十

　　　（三）職工福利基金及職工獎勵金等——百分之十八

　　　（四）其他（各項準備金）——百分之七

　　　第六章　附則

第三十二條　本章程經股東會通過後施行幷報請當地主管機關轉呈
　　　　　中央私營企業局核准修改時亦同

第三十三條　本章程如有未盡事宜悉照私營企業暫行條例及其施行
　　　　　辦法之規定辦理之

第三十四條　本公司發起人姓名住所如下

　　　　　　顧頡剛　　上海武康路二八〇弄九號

　　　　　　陳　鐸　　上海淮海中路四三六號

　　　　　　金振宇　　上海溧陽路一〇八四弄六號

　　　　　　丁君匋　　上海中州路六八弄一四號

　　　　　　金緯宇　　上海溧陽路一一一四弄二〇號

　　　　　　金擎宇　　上海溧陽路一一一四弄二一號

[剪報]　　　一九五一，九，廿八《大公報·史學周刊》第三八期
　　　　　　中國史學會成立大會上的講話

七月二十八日，中國史學會成立大會舉行于北京。郭沫若先生、吳玉章先生、范文瀾先生、陳翰笙先生在大會上的講話，對于歷史科學研究工作和教學工作的方法、作風、目的和對象都是重要的指示。特商得史學會同意，在本刊發表。標題係本刊所加，如有不妥之處，由本刊負責。

　　　　　　　　　　　　　　　　編者

　　　　　　　　開會詞　　　　　　　范文瀾

各位同仁：

　　　今天的會是我們史學會很盛大的一個集會，照原來的估計，現在正值各學校暑期休假，好多同仁不在北京；又值各機關正在熱烈展開政治自覺的學習運動，好多同仁工作特別忙。因此，我們預計今天到會的人數是不會很多的。但是，事實告訴我們：我們的估計錯了。這可以看出大家對于史學會是很關心的，對于史學會的成立是很注意的。現在就請郭老和吳老講話，指示我們今後工作的方向。

　　　　　　中國歷史學上的新紀元　　　　郭沫若

主席，各位先生：

我們史學會籌備會是一九四九年七月一日召開第一次籌備大會時成立的。到今天已經籌備了兩年零一個月了。在這兩年零一個月的過程中，承范老和全國史學工作者的共同努力，史學會籌備會是做了許多工作，有了一些成就。在組織方面來講，總會會員已有二百八十九人；各地分會和分會籌備會已有十五個，全國各地會員已有六百零六人，加上總會會員，全國總共已有會員九百餘人。在工作上講，經過兩年多來的努力，中國史學界在歷史研究的方法、作風、目的和對象各方面都有了很大的轉變。首先我們應當說，這是我們中國人民革命成功，在毛主席和共產黨領導之下在中國的歷史學上所創造的新的紀元，是在全國大規模的學習運動成爲可能并澎湃展開以後的一個收穫。現在我就把這個收穫分析一下。

第一，就歷史研究的範圍來講。大多數的歷史研究者已經逐漸從舊的史觀轉向了新的史觀；這就是說，從唯心史觀轉向用馬列主義的方法來處理實際問題，由唯心史觀轉向唯物史觀，這就是頭一個值得我們欣慰的一件事。

第二，歷史研究者的作風改變了。從前，歷史學者研究歷史完全是從個人的興趣出發的。現在，這個從個人興趣出發的歷史研究轉向到從事集體研究了。從前的作風是每人都關門研究，閉戶造車；今天則已轉向到集體研究，相互切磋；這是值得我們欣慰的第二件事。

第三，從前研究歷史的人把歷史著作認爲是名山事業。司馬遷講到他寫《史記》，不是說過"藏之名山，傳諸其人"的話嗎？今天我們的國家是人民民主的國家了。因此，任何事業都要以人民爲對象，爲人民服務。今天我們來研究歷史，就絕不能再有名山事業的思想。這一個轉向也是很明顯的：因爲自從史學會籌備會成立以來，全國的歷史專家差不多都從名山事業的研究態度轉向到爲人民服務的態度來了。這證明了自從史學會籌備會成立以來在中國史學界另一個大的進步。

第四，一般的歷史學者從來有一種貴古賤今的態度。因此，在歷史研究上大都重點擺在古代史的研究上面。當然，古代史也值得我們研究；不過，在爲人民服務的觀點上，注重近代史的研究，就成爲當今的歷史工作者迫不容緩的任務。關于近代史的研究，毛主席很久以前就有指示給我們，希望史學家把近百年史很好的研究一下。現在，我們可以清楚的看到：中國的歷史學者已經逐漸從貴古賤今的偏向轉向到注重近代史的研究了。這也是史學界的一大進步。

第五，從前研究歷史的人無可諱言是有意或無意地抱着大漢族主義的，認爲中國的歷史就是漢民族的歷史。就今天史學界的情況來講，可以說也有一個很好的轉變：從大民族主義轉換到注重研究各少數民族的歷史上來了。這也是一個很大的轉變。

第六，中國在舊社會的時代是在帝國主義、官僚資本主義和封建主義的控制之下，使中國長期地陷于半殖民地半封建社會的境地。在這種情況之下，我們中國人就不自覺的有了一種歐美中心主義的思想。這種思想無可諱言地多少是感染到史學界的。今天這種思想可以說也在轉變了，已經開始注重研究亞洲歷史。當然這種轉向還要把它擴大一下。

這是我粗枝大葉地考慮到的二年來中國歷史工作者在

工作方面的一些轉變。這是很好的轉變，也可以説是劃時代的轉變。這種轉變當然要靠大家的努力才能完成，同時也要感謝我們英明領袖毛主席和共產黨的正確領導，因爲只有在毛主席和中國共產黨的領導之下我們這一些很好的轉變才能實現。

今天根據大家的共同要求舉行中國史學會的成立大會，這樣一來，中國史學界的組織是更加緊密了，同時也將更進一步地擴大起來了。從此以後，集體研究的風氣將更加盛行，集體研究的效果也將要更加擴大。因爲大家都已轉向到新的方向，所以在史學的研究上面已經沒有什麼新舊的區別，已經無須在史學會的上面挂上一個"新"字，這就是我們爲什麼把原來的名稱"新史學研究會"的"新"字去掉的原因。

不過，這六種轉向應該説是初步的轉向。工作是做得不够的；成就是沒有止境的。史學會成立以後，所有優點希望能鞏固起來并擴大下去。而這個鞏固和擴大優點的工作，就要靠我們大家的集體力量和共同努力。

史學的研究是國家的一椿很重要的工作，是思想教育的一種很好的工具。要把毛澤東思想廣播出去，只憑空洞地説些道理是比較不容易使人接受的。如果通過歷史教訓來了解的話，那末由於馬列主義——毛澤東思想的具體化和形象化的原故，大家的接受程度是會提高的。希望大家把歷史研究任務的重大性經常地提到念頭上，繼續不斷地付出最大的努力來推進歷史研究工作和國家建設事業。

歷史研究工作的方向　　　　　吴玉章

主席，各位先生：

　　今天我們史學會舉行成立大會，郭老的意見具有歷史意義，應作爲我們研究的方針。現在把我個人關于歷史研究工作的幾點意見隨便談談。

　　我覺得我們研究歷史，第一，要認識到勞動人民是歷史的主人，研究歷史就是研究勞動人民自己發展的過程。人類社會所以和其他動物不同，就在于他們能勞動生產。因此，人類社會的歷史，就是勞動生產者自己發展的歷史，不是什麼帝王將相豪杰英雄活動的歷史。其次，人類社會的發展過程除了原始共產主義社會沒有階級以外其餘都是階級鬥爭的歷史。以前那種抹殺階級鬥爭否認中國有階級存在的説法，是完全不符合事實的。所以我們研究歷史要用馬克思的唯物史觀來研究。這樣才能真正認識到人類社會發展的規律。

　　第二，要注重現實。認爲研究歷史就是研究以前的東西，這是完全脱離現實的一種想法。郭老剛才講，我們應當抛去貴古賤今的態度，注重近代史的研究，這是很對的。我想，近百年史當然是應該研究的，但我認爲近三十年史更應當首先很好的研究。對于我們親身看到、聽到和親身參加的現實的歷史，記憶猶新，研究起來一定能更加强我們鬥爭的勇氣和力量。而且我們有特別好的條件，就是毛澤東同志的許多著作。他對每一個時代對每一個事件所發表的言論和所作的決定，都非常的寶貴，值得我們深深研究。如果我們很好地研究它，就等于我們實際去學習了唯物史觀，實際去學習了馬列主義。所以我們認爲應該把這些現實的歷史資料很好地整理出來，系統地叙述出來，作爲教育人民大衆的材料是很好的。現在中國人民站起來了，我們應該把這三十年來人民大衆站起來的鬥爭經過告訴我們年青的一代，使他們接受這些寶貴的經驗來繼續發揚革命的光榮事業。歷史是啓發愛國心的一門科學。這三十年激烈的階級鬥爭與偉大的民族解放鬥爭相結合的歷史，將會使我國人民的愛國精神更加高度地發揚起來。

第三，要把愛國主義與國際主義結合起來。以前講愛國主義往往只是知道自己愛自己的國家而不去管旁的國家，常常會陷于狹隘的民族主義。現在你要愛自己的祖國，如果不講國際主義而只關起門來專搞自己國內的事，就不能保衛自己的祖國。因爲資本主義最後階段帝國主義時代的階級鬥爭已衝破了國界，現在全世界已經很明顯地形成了兩個營壘：一個是以社會主義蘇聯爲首的人民民主革命營壘，一個是以美帝國主義爲首的反人民的反革命營壘，這兩個營壘正在作生死的鬥爭。美帝國主義天天在進攻我們，想把我們人民民主的新國家打倒，這是什麼原因呢？這就是革命與反革命的鬥爭，歸根到底是被壓迫者與壓迫者的鬥爭，也就是整個的階級鬥爭。所以到了今天中國人民雖然已經勝利了，但要把我們的勝利鞏固起來，要保護我們的國家安全發展，就不能不講國際主義，和以蘇聯爲首的人民民主國家緊密地聯合起來，并與全世界愛好和平的人民聯合起來，爲保衛人民民主、維護世界和平而鬥爭。因此，我們研究歷史的人一方面要把我們的愛國主義發揚光大，同時更要很好地和國際主義結合起來，現在我們抗美援朝爲爭取世界持久和平而鬥爭，就是愛國主義與國際主義相結合的具體表現。

第四，我們的工作作風應當是反對黨八股的革命的工作作風。所謂反對黨八股就是反對空洞的寫出一些東西，或抄襲一些東西，或者牽强附會地寫出一些東西。這種黨八股的作風，是承襲以前帝王時代獵取功名的下流作風，是最惡劣的、非科學的、不能在新社會存在。而尤其是我們研究歷史的人，對于這種黨八股的作風，是特別應當加以反對。我們研究歷史的人應當根據實事求是的精神對歷史材料作科學的研究，要把今天的歷史老老實實清清楚楚地寫出來，然後以所學得的正確方法，應用到古代史的研究上去。我們今後的工作就是認真學習認真研究，一點不能僞虛輕浮。

史學會已有的成績與今後的努力　　　范文瀾

剛才郭老和吳老一方面鼓勵我們，一方面給了我們很好的指示，以我自己所得來談，是得益不淺的。

我們的會本來叫做"新史學研究會"，林老出國前，指示我們說，"新"和"研究"都可以去掉了。我得到指示以後，并沒有深入研究爲什麽要去掉這幾個字的原故，就照辦了。現在聽到郭老的講話以後，可以說我思想犯了一點懶惰病。郭老指出：中國史學界自新史學研究會籌備會成立以來，主要的有了以下六種轉向：一，從唯心史觀轉變到唯物史觀；二，從個人研究轉變到集體研究；三，從名山事業轉變到群衆事業；四，從貴古賤今轉變到注重現代史的研究；五，從大漢族主義轉變到注重少數民族歷史的研究；六，從歐美中心主義轉變到注重亞洲史以及其他各洲歷史的研究。有了這六點，我們改變學會的名稱就有理由有内容了。

郭老所指出的六點轉向，個人覺得，主要是要我們大家向那些個方向去轉。所以重點在"轉向"兩字。到底我們轉向了多少呢？是大部分轉過去了呢？還是才轉了一部分呢？這一點是值得注意的。我想，不管轉了多少，我們一定要徹底向那邊轉是毫無問題的。我們可以保證一定能够全部轉過去。原因是：我們同仁工作忙了一個星期，但仍然犧牲了應該休息的星期日跑來開會。單拿這一點來說，也可以作爲一定能全部轉向的有力保證。

我們開過不少的會，獲得了如下的成績：㈠在政治理論方面，我們每個同仁的確有了很大的提高。㈡我們的研究和教學聯繫起來了。現在我們努力想訂出比較一致的教學提綱，雖然還沒有完成初步的定稿，但這樣做下去，初步的定稿是可以產生的。㈢我們史學會在搜集史料方面做的很不差。這個工作對研究近史是很有貢獻的。㈣亞洲史小組的同仁們要編輯亞洲史目錄，這個工作規模頗大而且是草創，參加這個工作的同仁都很熱心。郭老看到這個計畫很贊成，已經批准。等到批下來以後，就可以很快的做起來。我們從事歷史研究的人，首先是要把自己所有史料公布出來。因此，個別少數人不肯公布史料的作風是應該批評的。希望有好材料的同仁們要把它公布出來，讓大家共同研究。㈤我們會裏有一個小組，專門組織那些親身經歷過辛亥革命以來各個歷史事件的先生們，給我們講述親身參加和親眼看到的事實。從這些講述裏，可以得到許多不見于書本上的可貴史料。㈥專題報告會，我們也舉行了若干次，對某一問題研究的心得，在這種會上提出來很有好處。此外，史學會同仁們正在計劃編輯國內少數民族史史料，亞洲各國史小叢書。我想，這些計劃都能成爲事實。

我們新史學研究會從今天起變爲史學會了。在新史學會期間有它的一定成績已如上述，這是由于郭老吳老的正確領導和全體同仁們共同努力的結果。但我們的工作還是很不够的。還得繼續作更大的努力。例如，郭老曾經指示我們，要我們主辦一個史學刊物，但我們估計力量實在還很不够，所以一直到今天没有把郭老的期望付諸實行。

總起來説，今天郭老吳老交給我們的十條指示，希望我們大家來共同努力，把郭老指示的六條中每條的前半段在史學會成立以後完全去掉，另外把吳老指示的四條全部實現。今天就是我們大家轉向告一段落的一天。如果還没完全轉過去的，希望以更大的努力來完成這個轉向。同時，史學會成立以後，更希望郭老、吳老給與我們更多的領導；這樣，我們史學會的成就是不可限量的。

史學史上的新階段　　　　陳翰笙

主席，各位會員同志：

剛才聽到諸位所講關于史學會的話，我都十分贊成。我没有什麼新的意見，只願簡單地從"史學史"方面來説幾句。

史學會今天成立使我非常感動。這個成立會，表現着中國真正史學工作已在開始進行。過去在孔子和受孔子學説影響的時代，談不上真正的歷史科學。因爲孔子學説把天意作爲人意，所謂"天道即是人道"，認爲人類是不可能創造新社會的。西洋也曾有同樣情形，過去一般的西洋學者也把神明的意旨作爲人類的意旨，把宇宙的規律作爲社會規律。直到十八世紀上半期，意大利學者維戈方才説基督教以外的國家一定是人類自己創造的。維戈的意思是人類掌握着他們自己的命運，這個觀念便是研究歷史學的基礎。

維戈把人爲的歷史和自然的世界分開來了，但沒有懂得兩者中間的相互關係。維戈把人類歷史劃成林居、茅屋、農村、都市四個時期，但只是説了政治組織一方面而沒有懂得爲何能如此發展。直到馬克思方才吸收維戈的意思而進一步地完成真正的史學觀。馬克思首先要人們注意生産技術。只有從生産技術的演變才能明白人類社會和自然世界間的相互關係。也只有從生産技術的演變才能明白各種社會組織的發展。

馬克思指示了社會發展的基本規律，也便是爲真正的史學鋪平了一條大道。但馬克思的著作集中于對資本主義社會的分析。我們還要根據他的學説來集中力量研究封建社會的歷史，特別要明白封建社會如何崩潰而轉變到新民主主義。因此，剛才聽到諸位説要把研究工作的重點放在近代史，尤其是最近三十年史，并且要注意亞洲各民族的歷史，我完全贊成。我們將要擔負這研究封建社會史的責任，而有所貢獻于全世界。本會的工作不僅在中國學術史上有劃時代的意義，在整個史學史上也要展開一個新的階段。

在我們史學工作中當然要得到中國共産黨和毛主席的領導。因爲他們是推翻封建社會的原動力，又是完成新民主主義的導師。可是，史學工作的進步還要靠史學工作者本身的作風。假使不去掉過去那樣的個人主義觀念，不趕快養成集體合作的習慣，就不容易有良好的成績。我聽到主席所講的關於作風問題的話，更爲感動。我這幾句簡單的話沒有別的用意，只是恭賀我們史學會的成立，預祝史學會光明的前途。

大中國圖書局

陳宣人　金振宇　丁君匋　莊良芹　陳友璋（經理室）

劉子喬　陳宗舜　凌大韶（會計室）

張幼丞　方　洞　王福全　徐菫侯　劉小粟　張家振　秦敏之　章
啓宇　章志雲　華汝成　章　巽　吕叔達（編輯部）

金緯宇　尹文發　華耀明　黃振緄　許志濤　陳里平　丁洪昌　陳
鶴生　黃可保　施惠然（發行所）

王榮德　吳國林　陳福興（貨棧）

王玉成　葉芝山　丁家相　閻啓松　高芝山　陳友璋（工友、練習生）

　　　亞光輿地學社

金擎宇　凌大夏　張家駒　董石聲　劉思源　黃鏡湖　金竹安　楊
培蘊　章志雲（大中國）　楊柏如　潘仁英　尹正壽　陳志方　王明
德　徐□榮　褚岳兆（華夏）　劉宣年　聶東明　潘妙興（編輯部）

包桂榮　包興華　吕奉生　楊柏華　趙柏盛　劉德生　劉詢農（製
版部）

金啓宇　杜敬叔　董錦明（業務部）

　　　人世間出版社

陳金榮　顧文楠

　　　其他

王宜甫　張維新　丁小富　陳苗林　梅志忠

　　　華夏史地學社

凌大夏　張家駒　董石聲　劉思源　尹文馴

　　予此數年中之工作目標：

　　1. 十三經校點　2.《尚書》今譯　3. 皮錫瑞《經學通論》校
釋（附參考資料）　4. 古史勘　5.《尚書》校文　6. 考證文選

一九五二年

一九五二年一月

一月一號星期二（十二月初五）

華汝成來。鈔曹元忠《爾雅有叙篇説》畢，《論司馬法書》未畢。與静秋、玉華率三兒到武康路口買玩具。

王育伊來，長談。范希衡夫人來。詩銘來，留飯。

豫備明日課。

一月二號星期三（十二月初六）

到江蘇路訪平心，送稿。到大中國，與君匋、丹楓同商改作一九五〇年總結。誠安來，同到銀河進飯。

承名世來，商詩銘稿費。講《晏子哭莊公》、《季札觀周樂》。與綏成談。寫江静瀾信。到郵局。到亞光，留致家駒信。到多倫路，取鋪蓋歸。

程潔如、陳璞如來，留飯。看郭沫若《金文叢考》。

一月三號星期四（十二月初七）

到大中國，準備下午課。寫江静瀾信。理信札。

　　講《子産告子皮勿用尹何》、《子産壞晋館垣》、《子産拒王子圍以衆入》。與王福全、陳鶴聲等談。朱梅邨來。寫家駒信。校友光《黃巢起義》。華汝成來，同飯。

　　歸，翻雍正《浙江通志》。看《左氏會箋》。待靜秋至十一時始歸，予遂失眠，服藥兩次。

　　靜秋爲婦聯事極忙，非開會即聯繫，今日在震旦開大會，散會已晚十時半，回至家則十一時矣。予因而失眠，渠亦因爲咳嗽。

一月四號星期五（十二月初八）

　　到大中國，讀丹楓重草之總結，并加修改。鄭家舜來。準備功課。

　　講《子革諫靈王》、《子太叔爲政》。算上月賬。到呂叔達處。到多倫路取書，到長春路買《漢魏叢書》。回大中國，即歸。

　　頤萱嫂來，留飯。爲潮兒講《格林童話》。

　　堪兒咳嗽，靜秋延狄醫視之。此小傷風耳，而母如此重視。至靜秋自身，則到徐後患咳已一月餘矣，予勸進藥，猶遲遲不肯爲也。

一月五號星期六（十二月初九）

　　到大中國，準備下午課。看《夏史三論》。金子敦來。高祖恒來。

　　講《吳許越成》、《祭公諫穆王》。開局務會議，自二時至三時。寫丹楓、傅樂煥信。

　　爲兒輩講故事。看《高青邱集》一册。

　　今日下午同會：宣人　振宇　君匋　擎宇　緯宇

一月六號星期日（十二月初十）

看《高青邱集》一册。記筆記五則。蕭叔絅（純錦）來，同到衡山路訪傅子束（振烈），談至十二時歸。

鈔《顧命》篇，尋其解釋。

爲兒輩講故事。

蕭、傅并北大民七畢業經濟系者，傅著有《傅氏文典》一書，對古文法作精密研究，自行出版。渠近任川北文教廳長，因事來滬而病，聞予譽其書，因要一見。

一月七號星期一（十二月十一）

寫李亞農信。記筆記一則（喪禮發展）。到大中國，與王福全談。洪駕時來。出上海學院本期試題。江澄波來送書。準備功課。

到上海學院，還鄭家舜處欠款。上課二小時（古史因時、因人而異）。與光信談。到中國特價部購書。到靜安寺買糖。

爲兒輩講故事，唱吳歌。翻看新購書。

一月八號星期二（十二月十二）

到大中國，準備下午課。記筆記七則。整理新購諸書。

講《召公諫厲王止謗》、《襄王不許請隧》、《單子知陳必亡》。將挂圖目錄審查修訂，訖。歸，途遇孫毓華。

爲兒輩講故事。看《青邱集》一册。爲洪、湲打架，洪鬧不止，生氣打之。失眠服藥。

新奶媽周姚英今日正式雇定，老奶媽張鳳珍去。

堪兒重二十磅，而静秋猶嫌不足，爲奶媽事日夜憂慮。鳳珍乳乾，累覓人均不中意。姚英人頗好，而乳清，又有月經，勉强用之而已。

一月九號星期三（十二月十三）

爲兒輩講《劉胡蘭》。到大中國，準備下午課。與君匋談。整理新購諸書。

講《展禽論祀爰居》、《里革斷罟匡君》。記筆記七則。計碩民、王承撰來。沈家同夫婦來。與綏成談。寫周贊衡、齊致中信。途遇高宛真。

爲潮兒講《紅蘿蔔鬚》。看凌濛初刻本《西廂記》。

堪兒吃多吃少，總無表示，總能睡，故三姐謂其似予。

一月十號星期四（十二月十四）

到多倫路取物，與文清、方太太談。到大中國，與王福全談。準備功課。記筆記六條。

講《敬姜論勞逸》、《叔向賀貧》、《王孫圉論楚寶》。寫謝延孫信，即付寄，并匯款。寫王伯祥、趙肖甫、金立輝、陸步青、李映婁、徐嵩齡、沈柏寒信。點《公羊傳》六頁。

華汝成來，談。爲兒輩講《紅蘿蔔鬚》畢。

自反貪污、反浪費、反官僚主義運動以來，被檢舉者多爲共黨，蓋惟黨中人乃能把握經濟也。此與去年懲治反革命異，去年人嫌其嚴，今則惟恐其不嚴耳。使其嚴，則人心服，統治日固矣。

今日自外灘返家，車中擠甚，凡已擠進裏面者均不得購票，賣票人亦擠不進。直至瑞金路，乘客方鬆動，而裏面人買票仍出一千二百元（自瑞金路至武康路只六百元），不假充初上車。此在解放以前所不能有，倘使有之，群皆目笑存之矣。此可見道德提高必須政治有力量。因念周公所以成爲道德的偶像，一方面固緣其人十分有才，能對於當時社會對症下藥，一方面亦以周新得天下，挾其威力，足以懾伏全部人民，納入於新秩序也。

一月十一號星期五（十二月十五）

在家，點俞樾等考辨《顧命》篇之材料，準備翻譯。到興國路剃頭。

到天平路文管會，出席委員會議，自二時至五時。看唐宋畫。點王先謙《孔傳參證・顧命》。

爲兒輩講書。鴻鈞、義安來。

今日同會：柳翼謀　沈尹默　汪旭初　沈邁士　尹石公　徐森玉　李亞農（主席）

一月十二號星期六（十二月十六）

寫趙肖甫信，到靜安寺寄信。到大中國，點《國語正義》，記筆記四則。點孔廣森《公羊通義序》。

擎宇來。寫齊致中、章丹楓信。講《諸稽郢行成於吳》、《申胥諫許越成》、《元年春王正月》、《宋人及楚人平》。與振宇、子喬談。點《公羊傳》十六頁。

德輝來，留飯，談。

上海新華書店進貨科長程君，前以薪金微薄，將其妻秦敏之介紹與緯宇，爲大中國職員。當時以進貨科與本局營業甚有關係，不敢不應。及既來，其人做事亦頗勤，故程君雖已調至雜志科，與本局無何關係，而仍留用之。近日公營機構嚴格檢討貪污案件，知其事，謂其假借權力薦人，亦謂我局有意聯絡，發展營業。今日新華招我局人前往坦白，由君匋、緯宇二人同往。從此點看來，反貪污運動做得真徹底。

一月十三號星期日（十二月十七）

終日點各家《尚書》義，搜集《顧命》材料，譯李亞農君交付之《顧命》中間一段，并繪圖，計寫二千五百字。

范希衡來。

希衡蘇州學習已畢，華東教育部派赴安徽教中學，月薪卅萬元。如其無家累，則一身就道，自無不可，無如一家八口，上海用度至少一百萬元，而到皖後只可寄家十餘萬元，直欲迫其一家無以生存，真偏差也。

一月十四號星期一（十二月十八）

爲洪兒哭吵，夜二時三刻即起，鈔改昨作訖，寫李亞農信。寫文管會收購委員會信。記筆記一則。到大中國，準備下午功課。作本學期教學總結。曹樹旺來。遇張士敏。

到上海學院，上課二小時（古史傳説因人而異，本學期功課總結）。與羅玉君、俞劍華、唐啓宇、鄭家舜、徐大綱等談。到中國特價部購書。

看新購書。早眠。

自今日至十六日，蘇州人代會開，汪旭初言之。乃至今日尚未接得開會函，豈會中將我除名乎？抑秘書處漏掉也？予不與會，兩無損失，但慮有人爲我造謡，在此時代中有不利耳。

後知蘇南人代會，凡寓上海者皆未邀出席，爲節約也。蘇州當亦如此。

後知蘇州人代會以三反運動忙，將延遲至春節後開。以此知揣測易誤。

一月十五號星期二（十二月十九）

到平心處，談一小時。到大中國，懋恒來。準備下午課。記筆記五則。

講《公羊・吳子使札來聘》、《穀梁・鄭伯克段於鄢、虞師晉師滅夏陽》、《檀弓・晉獻公殺申生、曾子易簀》。點《公羊傳》二十頁。與葛綏成談。車中遇蘇淵雷。

看《古文觀止》。華汝成來。早眠。

予傷風已多日，喉頭發腫，自昨日半夜起工作，疾更甚，時時咳嗽，痰吐甚多。

一月十六號星期三（十二月二十）

到大中國。戀恒來。汪孟鄒來。看《檀弓》，記筆記五則。與君匋談。

講《檀弓·有子之言似夫子、重耳對秦客、杜蕢揚觶、晋獻文子成室》。整理新購書。點《公羊傳》九頁。静秋來，同到北四川路底買物，送振宇、緯宇、擎宇三家，適其夫人皆外出。又到宣人夫人處談。

回大中國，赴君匋宴。九時許歸。

今晚同席：章丹楓　王宜甫　人世間社全體　張家駒　大中國全體（以上客）　丁君匋夫婦（以上主）　凡四桌。

一月十七號星期四（十二月廿一）

寫黃永年信。到平心處談。到大中國，唐漢文來。戈湘嵐、袁捷、袁兆熊、劉逸楓自西北農學院來，談，并看其所作畫。

講《蘇秦以連橫説秦》。張文清來。鈔《隸釋·石經尚書》。華汝成來。

爲潮兒講《愛麗斯夢游奇境記》。與静秋口角。

近日静秋爲乳媽奶不好，堪兒一星期只長二兩，心境不佳，一觸即發火。

一月十八號星期五（十二月廿二）

看《古文觀止》及《史記》。與静秋、潮兒到狄醫處診治。到大中國，王士瑞自蘇州來，談。

講《司馬錯論伐蜀》、《范雎説秦王》。看戈湘嵐所畫植物圖。褚紹唐來。鈔《隸釋·尚書》訖。歸，洗浴，静秋爲擦背。

爲潮兒講《天方夜談》。

予今日量血壓，爲自八十至百五十三。

予近日咳轉劇，此每年冬必作之氣管支炎也。

潮、洪兩兒近日皆患腹痛。堪兒重量（十五斤），狄醫謂正合標準，此足以安静秋之心矣。

一月十九號星期六（十二月廿三）

到多倫路取書。到大中國，讀《公羊》、《國策》、《史記》，記筆記十四條。點《公羊傳》二十頁。

與湘嵐談。講《鄒忌諷齊王納諫》、《顔斶説齊王》、《馮煖客孟嘗君》。趙人麟來。朱公垂來。德輝來。與葛綏成談。

公宴西北歸者。九時半歸。

今晚同席：戈湘嵐　袁兆熊　袁捷　劉逸楓（以上客）　宣人　振宇　緯宇　擎宇　君匋　子喬　文發　予（以上主）

近日天氣乾燥，予常便秘，今日竟未解。鼻子中鼻涕凝結於鼻腔，頗作痛。

一月二十號星期日（十二月廿四）

傅子東來。唐錦文來。與静秋挈潮、洪、湲三兒到中山公園看動物，玩秋千、滑板。一時歸。

鈔凌刻《西廂》凡例，未畢。與静秋到復興路、淮海路一帶購物。四時半，到上海電影院看《抗美援朝》電影。

黄永年、方詩銘來談，留飯。

永年來，謂大學思想改造，一過陰曆年即辦，須延至八個月，而以暑假期爲高潮。按，復旦土改參加者行將歸來，暑假中不放假，予正以冒暑前往爲苦，何堪再加上高潮之學習。**此實將逼死予矣。**

詩銘言徐蔚南君任上海社會文化事業管理處副處長，某日開會連續八小時之久，渠一歸即病，一病即死，蓋不堪其勞也。聞此自懼！

一月廿一號星期一（十二月廿五）

寫謝稚柳信。到大中國，與張幼丞談。江澄波來。寫井成泉、張文清信。

與君匋、振宇談。到上海學院取薪，與廬元談。乘廿三路車歸。鈔淩濛初《西廂記》凡例訖。看《高青邱集》一册。

程枕霞來。鴻鈞來，爲寫油店廉價字。

本局上月向金城銀行申請，陰曆年底須借款四億，得其總管理處之批准，且已於二星期前支過一億餘。乃至陰曆十六，人民銀行通知各行，年底不得借款，此兩億餘遂無法得到，而本局許可他處付款者亦失信矣。今日張維新（虹光彩印廠經理）來，謂如不付欠款，伊無法對付職工，只有自殺。不得已，宣人拿出四千萬，君匋拿出二千萬，聊以應急。

一月廿二號星期二（十二月廿六）

寫鄭家舜信。到金陵東路寄信。到大中國，與振宇談。準備下午課。寫趙人龍信。

誠安來。陳惕安來。到郵局匯人龍款。到四馬路買書。歸，與靜秋同到淮海路買物。到國泰影院看《列寧在一九一八》。

看新購諸書。

上海工商界四反運動，聞自殺者頗多。蓋凡在工廠商號任經理者，必爲精明強幹而能耍手腕之人，苟不如此，則在上海商場便無法立足也。今日要他們坦白，并鼓勵職工告發，非逼死他們不可。其實何種社會生出何種人，在此新社會中渠等亦正可改造也。聞中國銀行副經理蔣某，前日自四層樓上跳下，血肉模糊而死，然報紙不登也。

一月廿三號星期三 （十二月廿七）

到大中國，草上海學院功課總結，未畢。看俞樾《群經平議》。

到方中台夫人處送禮，并晤中台父澤如。到計碩民處，并晤其女聖南。路遇孫雨廷。回大中國，看新購經學書。寫金立輝信。王宜甫偕趙君來。

看《周叔弢六十紀念論文集》。得師哲萍電話。失眠，服藥。

張廣仲姑丈於今日逝世，渠舒服一生，無憂無慮，晚景雖不裕，而幸有好兒女養之，一病數年，猶可支持，可謂幸福人矣。

一月廿四號星期四 （十二月廿八）

車中看毛主席《論人民民主專政》畢。到大中國，寫江靜瀾信，即到郵局匯款。作上海學院功課總結訖。與王福全等談。

誠安來，同到其家，與德武談。與誠安夫婦同出，到昌平路大眾殯儀館，吊張姑丈之喪，晤簡香等。回局，華汝成來，談。

爲潮兒講《八勇士》。看《周叔弢紀念集》。

堪兒懂得要人陪伴，室中無人則哭，然無淚也。此是男孩與女孩不同處。

昨日書業公會爲四反運動開會，自下午二時至十時半，商務經理謝仁冰年六十餘，不堪其勞，突患中風，入醫院。不識能愈否。渠即今外交部副部長章漢夫之父也。子爲革命改姓。

余鑑斯前車，擬不到學校學習，而參加書業公會之編輯人學習矣。

一月廿五號星期五（十二月廿九）

到大中國，鈔古籍整理總結畢。寫李光信函。章丹楓來，談世界史圖事。與君匋、振宇談。寫張芝聯信。

理髮。翻《儀禮經傳通解》，鈔出其目録。寫詩銘、容媛信。點《公羊傳》十五頁。

看《新蘇州報》。爲潮兒講《大人國》。

堪兒今晨發燒，達一〇二度，延狄醫視之，乃扁桃腺發炎。

得振華信，雁秋在獄吐血，已移醫院。静秋既愁堪兒，又愁其兄，焦急之甚，寄去廿萬元及魚肝油丸。噫，去年逼其登記者木蘭也，勸其登記者静秋也，繫獄半年餘，卒不得其罪狀，可悲也！

一月廿六號星期六（十二月三十）

乘電車，遇朱向榮談。到大中國，貼鄧廣銘《王莽代漢》文。理抽屉。看上海學院試卷，批分。與宣人、振宇、君匋談。

與君匋、丹楓共商討坦白書，并鈔寫。點《公羊傳》二十頁。記筆記二則。到静安寺買年畫。

過年，祀先。

堪兒今晨尚有熱一度許。予視之，尚作笑臉相對。

今日北區書業坦白會，君匋爲領頭人，必將大中國之不合乎"四反"運動者説出，然實無大病，只是請吃飯，送人情耳。

四反運動：

一，行賄。

二，欺詐：

  1. 以次貨充好貨，

  2. 以國貨充洋貨，

  3. 以舊貨充新貨，

4. 以贋品充抵，

5. 偷工減料。

三，暴利：

1. 走私，

2. 以低價購進，高價賣出，

3. 囤積居奇，

4. 取得巨款佣金。

四，偷漏：

1. 私套外匯，

2. 買賣黃金美鈔，

3. 逃避資金，

4. 隱匿物資和賬外財產，

5. 白發票、飛過海、座商冒充行商。

一月廿七號星期日（正月初一　壬辰元旦）

唐錦文來。與頤萱嫂、唐錦文挈潮、洪、湲三兒到復興公園看動物，至游戲場及閱覽室。

義安、鴻鈞來。起潛叔、誦芬弟來。與靜秋挈潮、湲兩兒到起潛叔處。到襄陽公園。歸，張文英來，留飯。

與文英談。看艾思奇《社會發展史廣播詞》。

堪兒昨延錢恩澤醫生診治，今日退涼。錢醫謂服藥後如不退涼，便有轉爲肺炎之可能。

謝仁冰竟於今晨去世。

一月廿八號星期一（正月初二）

華汝成來。范希衡來。王煦華夫婦來。鄭家舜來。誠安、逸如、德平來。李光信來。趙泉澄夫婦來。與靜秋到李家，晤李拔可夫人。

李拔可夫人來。到海光，參加中國史學會上海分會成立會，與呂振羽、陳乃乾、蘇乾英、伍蠡甫等談。五時會散。

鴻鈞、義安來。看《古文觀止》。失眠，服藥。

堪兒退涼，湲兒又發燒，熱高至百○二度。孩子一多，真麻煩。

今午同席：趙泉澄夫婦　李光信　鄭家舜　誠安　逸如　德平（以上客）　予及潮兒（主）

今日下午同會：金兆梓　平心　周予同（主席）　周谷城　胡厚宣　潘硌基　朱澂　陳守寔　譚其驤　伍蠡甫　蔣天樞　張遵驑　蔡尚思　徐德嶙　吳澤　呂思勉　姚舜欽　林舉岱　束世澂　徐森玉　柳翼謀　楊寬　黃穎先　王國秀　陳乃乾　顧起潛　蘇乾英　俞巴林　呂振羽（來賓）

被選爲理事者十七人：金兆梓　平心　周予同　周谷城　胡厚宣　蔡尚思　吳澤　姚舜欽　林舉岱　楊寬　王國秀　顧頡剛　陳樂素　李亞農　徐平羽　邱漢生　陳旭麓

一月廿九號星期二（正月初三）

爲湲兒講書。挈洪兒到誠安家拜年。到振宇家、擎宇家、緯宇家，到擎宇家飯，并晤梅志忠及君匋。

到宣人家，晤葉子聖。到竹安家。返誠安家，與德武談。挈洪兒歸，買燈。祝瑞開來。鴻鈞、義安來。

到陳式湘夫婦處。看《古文觀止》。

延錢恩澤醫師視湲兒疾，斷爲氣管炎。

今日同席：陳稼軒　顧士深　時仲華　陳苗林　丁小富　劉子喬　宣人　子喬（以上客）　振宇　緯宇　擎宇（主）

一月三十號星期三（正月初四）

大雪。坐湲兒床邊講書。呂叔達來。寫毓蘊、劉重熙信。

小眠。鈔毛嶽生《秦三十六郡考》，訖。看《休復居文集》，記筆記五則。

看《箋經室遺集》。失眠，服藥。

湲兒今日熱度仍如昨，高百度六。

予赴功太勇，今日下午鈔《秦郡考》畢，分當休息，然而還要看這看那，結果心宕了，睡不着覺了。以後晚上時間還是和小孩玩，使得精神鬆懈的好。

一月卅一號星期四（正月初五）

到亞光，晤金啓宇及杜敬叔。到大中國，理北京寄來之《尚書通檢》及各論文單行本。記賬。蘇乾英來。

劉重熙來。開一二四次局務會議。到汝成家，晤其夫人。到范希衡處。

翻看陳壽祺《左海經辨》。

湲兒昨宵出汗，夜半退熱。

今日下午同會：宣人　振宇　君匋　緯宇

一九五二，一，三十，與劉咸書云：（下略，見《顧頡剛書信集》）

復旦參加土改學生上課期：
二月十二——五月九日（一九五二年第一學期）
五月十五——八月卅日（一九五二年第二學期）

一九五二年二月

二月一號星期五（正月初六）

汝成來。寫唐錦文信。到人世間社，晤君匋夫人、鳳儀、鳳玉、鳳岡及丹楓。到叔達處，未晤。到大中國，寫周堯、靳自重、傅樂煥信。

呂叔達來。算三個月來賬目。寫金立輝信。校駕時所鈔翁文灝《中國山脉考》。張士敏來。

歸，爲孩子講《我的兒子》。鈔陳壽祺《八遷五遷辨》，未畢。與湲兒同眠。

近日予十分疲倦，不知爲氣管炎故耶？抑衰老所致耶？抑節氣病耶？

二月二號星期六（正月初七）

爲潮兒講《朝鮮兒女》。到平心處送稿。到大中國，與君匋談。擬下星期開編輯所會議的項目。與陳稼軒談。

校《中國山脉考》十六頁，尚未畢。

寫上海學院教務處信。翻《韓昌黎集》。

潮兒兩日未午眠，昨夜發燒至百〇二度。孩子輪流生病，奈何！此予家用度所以醫藥高於飯食也。洪兒亦發燒，湲兒雖無熱而多咳。今日錢恩澤醫生爲潮兒打配尼西林針。

二月三號星期日（正月初八）

伴潮兒，爲講書。到劉重熙處談。訪蘇淵雷，未晤。爲蘇乾英寫單條。鈔陳壽祺《五遷八遷辨》畢。記筆記一則。

狄醫生來。張家駒夫婦來。徐大綱來。黃英來，留飯。

爲浚兒講書。

潮兒今日熱高至百〇二度以上，狄醫謂有肺炎可能，再打配尼西林針。洪兒今日熱高至百〇四度，醫謂是毛氣管炎兼扁桃腺炎，但易好。兩天來醫藥費，已三十五萬餘矣。

徐大綱爲予介紹一三輪車，乃蔣竹莊先生所用者，每月六十萬，予以無力却之。今日復來，謂予可與蔣先生合用，六十萬亦合付。予現在每月車費約廿萬元，今多化十萬，省却趕車時之緊張與冬夏待車之辛苦。

二月四號星期一（正月初九）

到大中國，洪駕時來。蘇乾英來。校《中國山脉考》訖。寫李映婁信。

鈔《錐指集》目錄。點《公羊傳》十五頁。與汝成談。寫張芝聯信。

爲潮兒講《木偶奇遇記》卅二頁。

昨夜潮兒熱退，洪兒亦減低。至晚，洪兒熱退，而潮兒又有六分。

昨狄醫爲予聽血壓，爲九十至百四十五，此太正常矣。

李映婁，予四十餘年前之同學也。窮老無以自存，來信告急，只得令鈔《三國志》與《演義》作比較表。爲予鈔書者遂有五人矣：一、洪駕時，二、王士瑞，三、趙人龍，四、謝延孫，五、李映婁。

二月五號星期二（正月初十）

到大中國，開編輯第一次會議，自九時半至十一時三刻。到吉普飯店赴宴。

爲新華書店查賬。到文管會訪寬正。出，到修文堂。歸，看許國霖《敦煌雜録》。

爲兒輩講書。

今日上午同會：金擎宇　丁君匋　華汝成　葛綏成　張幼丞
張維新　方泂　章丹楓　章志雲　劉逸楓　袁兆熊　袁捷　王福
全　張家振　徐堇侯　劉小粟　予（主席）

今午同席：葛綏成　華汝成　章丹楓　張維新　章志雲　予
（以上客）　金擎宇（主）

今日新華書店來查賬，發現本局送楊寬《魯迅日記》一部，
提出質問，并鈔了去。因此經理室大驚，囑予告楊君。按本局請
楊君校訂《從猿到人》挂圖，贈以校訂費而不受，故送以一書。
此書價值，廿萬元耳，若送校訂費固不止此也。且新華書店雖國
營，與本局站在同業地位，何有查賬之權。此真"五反"聲中之
偏差也。

二月六號星期三（正月十一）

到大中國，與汝成談編輯所組織，與君匋、宣人、丹楓等談昨
日事。

講《趙威后問齊使》、《莊辛論幸臣》、《觸聾説趙太后》。記
筆記三則。理文件交汝成。擬復旦"民俗史料"課程大綱。寫
紹虞信。

點《吳歈百絶》，訖。義安、鴻鈞來。車夫徐才清來。

昨日堪兒仍有六分熱（已兩天），以前日吃得較多，拉了三
次。静秋大愁，又登報徵乳媽。姚英有孕，乳汁已乾，數日來飲
鮮牛乳矣。

又安於四日以無罪開釋，静秋喜極而泣。

二月七號星期四（正月十二）

車中看劉少奇《論共產黨員的修養》訖。到北四川路，剃頭。
到大中國，與汝成談。寫程榮《漢魏叢書》書端。

講《魯仲連義不帝秦》、《魯共公擇言》。謝延孫來。記筆記五
條。發《歷史小叢書》稿五部。與張家振同到虬江路買書櫃。

看報，記筆記一則。

上月由平心處出，乘公共汽車到靜安寺，即刻轉一路電車，
匆遽中右腿頓了一下，當時覺得有些痛，過數日就好了。但到本
星期一又作痛，至今日而痛甚，幾不能舉步，決明日到王泰亨處
刺金針。

編輯所需要木器，所開單全爲君匋畫去。然所中實有需要，
念余前在多倫路設置書室，曾借用大中國及亞光書櫃八隻，故自
購一隻，置於所內，作爲公用。

二月八號星期五 （正月十三）

徐才清車來，乘之。到王惠民處打針。到徐重道買活絡丸。到
合衆圖書館訪起潛叔，并晤徐森玉。到蔣竹莊先生處。到大中國。
豫備下午課。

蘇淵雷來。講《唐雎説信陵君》、《唐雎不辱使命》、《樂毅報
燕王書》。劉子喬來談。記筆記五則。改農村副業圖契約。與君匋、
汝成談。

爲兒輩講《白蛇傳》。看《池北偶談》。

蔣竹莊先生之車今日起始爲予用，恰值予艱於步履之際，得
一方便。蔣先生意，欲予獨用，惟予經濟力不足，允以一個月爲
試驗期，只要復旦、上海兩校薪能供車資，予自可獨用也。

二月九號星期六 （正月十四）

到沈家同處，送還書籍古畫。到大中國，寫李映婁信，到郵局

匯款。謝延孫來。看《史記》，記筆記二則。

講李斯《諫逐客書》、屈原《卜居》。到經理室，與振宇、君匋談。寫蔣竹莊信。與汝成談。點《公羊傳》十頁。

爲兒輩講故事。

二月十號星期日（正月十五）

休息。爲潮兒講《木偶奇遇記》，未畢。

王育伊來。以體憊，就眠。唐錦文來，爲寫鄭國讓信。

靜秋爲暖腿敷藥。

近日予以傷風，體極疲憊，不勝工作。右腿仍痛，舉步維艱，老態大增矣。

二月十一號星期一（正月十六）

臥床。翻看《清嘉錄》二冊。爲潮兒講《木偶奇遇記》畢。

狄醫來診治。寫王煦華信，由玉華前往取書。

翻看煦華交還之《尚書》各書。

狄醫謂予氣管支炎甚劇。

洪兒患德國疹，幸勢輕。

二月十二號星期二（正月十七）

理《尚書》各書。得復旦寄來功課表，寫復旦教務處及谷城信。

到大中國，參加第一次常務董事會議，與戈湘嵐談西農畫圖事。

翻《尚書》各書。靜秋爲暖腿敷藥。

今日同會：馬克文　宣人　振宇　君匋　緯宇

復旦教務處寄來課程表，始知本年所開課爲"中國民族史料"，課三小時，分排於星期二、四、六三天中。予何能隔天到北郊一次，因寄兩信請改。

二月十三號星期三（正月十八）

到集英小學，訪胡山源，爲胡允恭稿事。到狄書三處診治，與狄太太談。到大東藥房買藥。歸，爲潮兒講《豹子頭林冲》。

翻二十四史，鈔各史《四裔傳》目，未畢。記筆記一則。

翻《尚書》各書。

得復旦函，知予課已改爲二小時，排星期六上午九至十一時。

二月十四號星期四（正月十九）

記筆記二則。到風箏社與薛明劍談印刷表格事，與之同到北京西路勤業文具製造廠。到大中國，與張幼丞談。

與戈湘嵐談。誠安來談。補記日記四天。寫劉蕙孫、黃永年、黃奮生、江靜瀾信。與汝成、綏成談話，簽農村副業圖契約。寫自明信。與振宇談。

鴻鈞、義安來。

師哲萍貪污發覺，因渠供有錢存北海油店，故空軍工程部派員來滬查詢，靜秋又爲此事大忙。聞師氏夫婦俱犯貪污，且有八千萬元之巨。經不起考驗之共產黨員固不少也。

二月十五號星期五（正月二十）

到思南路郵局取《傅氏文典》，送至修文堂，與孫實君夫婦談。到多倫路取書，與文清談。到大中國，看呂思勉《中國民族史》。

與振宇、君匋談。到呂叔達處。到多倫路取書，與方太太談。到章丹楓處，未晤，見其夫人。回局，準備明日課。

點《漢書補注·匈奴傳》十頁。

得紹虞信，知復旦中謠傳我任專任，因有人（陳守寔）公開攻擊我，多拿錢，少作事，渠提出加薪要求，而代理校長陳望道居然信爲真實，可謂顢頇矣。

二月十六號星期六（正月廿一）

乘公共汽車到復旦，到教務處，晤趙安東。到歷史系，晤胡繩武、陶松雲。到社會系。訪陳望道，并晤張聞天。與紹虞同出，到其家，與其夫婦談，留飯。

到谷城家談。訪予同，未晤。到厚宣家，亦未晤。到季龍家，晤其夫人。上"民族史"課二小時（隨意談談）。到車站，晤季龍。六時許到家，冒大雪。

爲孩子們講書。

二月十七號星期日（正月廿二）

爲孩子們講書。大雪。點《漢書補注·匈奴傳》廿三頁，上卷畢。

汝成來。到海光，參加史學會理事會，自二時至五時。

黃永年來，留飯。

今日同會：周谷城　周予同　胡厚宣　林舉岱　陳旭麓　姚舜欽　楊寬　平心　王國秀　來客鄭竺同　推李亞農、周谷城爲正副理事長，林舉岱、胡厚宣爲正副秘書。

中國圖書公司，每日營業本達千億，自三反五反以來，日僅一億耳。聞予同言，開明薪水已發不出矣。以是知我局今得十分之一者尚爲幸也。

二月十八號星期一（正月廿三）

到人世間社，與章丹楓談世界史圖事。到大中國，謝延孫來。點《公羊傳》四十頁。

與君匋、振宇談。陸行中學教員焦德堯來，商談製銷立體幾何模型事。寫詩銘信。

點《匈奴傳》八頁。

乳媽周姚英去，趙素珍來。

二月十九號星期二（正月廿四）

爲史學會起信稿兩通。到平心處談。到大中國，準備下午課。

講宋玉《對楚王問》、《五帝本紀贊》、《項羽本紀贊》、《秦楚之際月表序》。點《公羊傳》廿頁。夏廷幹來。與汝成、綏成談。寫趙安東、梅志忠信。

看蘇州報。爲孩子們講書。姜又安、義安、鴻鈞來，留飯。又安講獄中生活，至十時。服藥眠。

日來足不痛矣，倘以下雪故轉燥耶？

二月二十號星期三（正月廿五）

點《匈奴傳》十二頁。到合衆，借《燕京學報》。到大中國，程季揚來，訂畫圖約。準備功課。寫江靜瀾信。

講《高祖功臣侯年表》、《孔子世家贊》、《外戚世家序》。草匈奴世系表，未畢。章丹楓來。寫傅樂焕、齊思和、金擎宇信。

姜又安來，留飯。點《漢書補注・匈奴傳》畢。

二月廿一號星期四（正月廿六）

到勤業社取印件。到吕叔達處。到大中國，懋恒來。準備下午課。加《漢書・匈奴傳》人名標號。

講《伯夷列傳》。擎宇、丹楓、志雲來，同商談重製世界史圖。褚紹唐來。

又安來，留飯。點王國維《鬼方昆夷玁狁考》。

趙素珍乳汁多，堪兒夜不哭矣，體當轉肥。然素珍兼三人之飯量，所費亦不貲也。

二月廿二號星期五（正月廿七）

爲兒輩講書。到大中國，準備下午課。與張幼丞談。看程樹德《論語集釋》。

講《管晏列傳》。到青年會剃頭。寫承名世信。點《史記·匈奴傳》，記筆記一則。與董振緄及君匋談。

德輝來，留飯。

予每逢冬春，氣管炎必作，且隨年以甚。幼丞勸予至化驗醫生處作"治療傷風的自己疫苗"，天天注射，可以痊愈。此即所謂 vaccine 也。

二月廿三號星期六（正月廿八）

得劉咸電話，即到復旦上課（《匈奴列傳》）。與劉重熙、孫桂梧、王仙舟談。到教務處，晤趙安東。到紹虞處飯。

谷城來談。遇趙景深。到凌大夏處，并晤其友謝兆蘭。乘車返城，到王榮德處，留條。到呂叔達處，談租屋事。到大中國，寫盧村禾信、擎宇信。

寫李平心信，送油印品去。

復旦自今日起，作思想改造學習，每星期占二、四、五、六四天下午，予課因改在上午。

二月廿四號星期日（正月廿九）

唐錦文來，爲寫李光信函。加《漢書·匈奴傳》標號，訖。范希衡來。

與靜秋冒雨到東湖電影院，看《生產戰綫》及《蔗田》。點《漢書·匈奴傳》上卷，以墨筆。

靜秋爲兒輩講《木蘭辭》，潮問曰："木蘭自己有馬，何以她還要借了明駝回家？"此問殊有理致。潮最能翻書，能在我的無畫書中找出一些畫來，可見她有尋材料之天才也。

二月廿五號星期一（二月初一）

點《漢書・匈奴傳》下卷訖。準備下午課。

到上海學院，與俞劍華、笪移今等談，晤李良。上課二小時（《古史辨》自序，第四册）。到施畸、胡世杰處談，并晤唐啓宇。與諸同學到附近照相。

點《前漢・匈奴表》一卷。擎宇來，同飯。

二月廿六號星期二（二月初二）

到多倫路取書，與方太太及文清談。到大中國，看所填上報表格及計畫書。呂叔達來。記日記二天。

誠安來。帥潤身來。講《屈原列傳》。重點《匈奴傳》，未畢。寫召集開會信。到誠安夫人處。

王世耀來。點《前漢・匈奴表》。

誠安在銀行公會，曾開除一工人，其人死，其妻欲補其女婿入會工作，誠安又拒之，以是結怨。此次遂在工會中誣控，逼誠安坦白貪污，空氣極緊張。誠安爲之食不飽，寢不眠，憔悴之甚。此等事上海及各地當甚多也。

二月廿七號星期三（二月初三）

點《前漢・匈奴表》訖。爲静秋寫鄭國讓信。到大中國，與振宇談。準備下午課。準備下午開會。勤業社送印件來。

講《酷吏傳序》、《游俠傳序》。與君匋談。開會（編輯所計劃委員會），自二時半至五時半。

在局飯。點丁謙《匈奴傳考證》。

今日同會：振宇　擎宇　君匋　子喬　汝成　綏成　湘嵐

方洞　幼丞

二月廿八號星期四（二月初四）

到大中國，寫謝延孫信。將《匈奴傳考證》中地名解釋鈔出，未畢。

講《滑稽列傳》、《貨殖列傳序》。記筆記一則。到緯宇家，討論君匋坦白問題。到郵局寄書。回，與綏成談。寫丹楓信。

看《古文觀止》。

今春甚寒，十七日大雪時潮兒所堆之雪狗，久久不化。日前大風，以爲可晴矣，而昨日又雨，今日又下雪珠，天色陰暗愁慘，與近日三反五反一若相呼應者。使我爲漢代人，亦將言災異矣。

今日同會：君匋　振宇　宣人　丹楓

二月廿九號星期五（二月初五）

到大中國，準備明日復旦課。

講《太史公自序》及予作《司馬談作史考》。

校復旦寄來講義。失眠，服藥。

聞蘇聯之三反五反，本施教育，而延長至十八年之久迄無效果，及其嚴厲執行，而效果即見。故中國不走曲綫，一下子即不教而誅也。

谷城謂予，晤李亞農，談及予，亞農謂當爭取，庶可在思想改造後解決幾個歷史問題。谷城云：彼治考據，似不必然。亞農不謂然也。季龍謂予云，去年歷史系本議決聘予爲兼任教授，而一經人事室，便發專任聘書，蓋華東教育部意，欲爭取予，教課不必多而薪水可支全分，所以然者，一作專任便控制得住，每一運動不得不參加，庶乎可以改造一舊智識分子也。予因憶上月晤笪移今，渠雖爲院長，半年來予竟未一晤，而此次上課則屈尊見訪，深致拳拳，正不解其何以前倨而後恭，以此二事觀之，殆政府欲爭取余，爲彼言之，乃與予相委蛇乎？　　　　　　三月一日記。

一九五二年三月

三月一號星期六（二月初六）

寫致復旦教務處信。到紹虞處，谷城處。到社會系與孫桂梧談。到教務處詢教室。上課兩小時（《史記・匈奴傳》）。

到青華食堂飯。訪予同，未晤。到陳守寔處。到蔣孔陽夫婦處。到譚季龍處，并晤厚宣、葉粟如。出，遇趙廷炳。到會計處領薪。到出版組詢講義。到大中國，記筆記一則。算上月賬。到勤業社。

看《池北偶談》。

三月二號星期日（二月初七）

記筆記四則。爲梁任公論匈奴、月氏、東羈特史作一表解。又安來，留飯。

與三姐、又安、靜秋到霞飛路散步，到上海電影院看《内蒙人民的勝利》。

再將梁任公文細看一遍。

三月三號星期一（二月初八）

寫金子敦信。準備下午課。又安來，爲全家照相，留飯。

到上海學院，上課兩小時（《古史辨》第四冊序，未畢）。與鄭家舜等談。到中國、新華購書。到修文堂，與孫實君夫婦談，買書。

看新購書。爲兒輩講書。

三月四號星期二（二月初九）

到大中國，準備下午課。記日記兩天。與君匋談。

講《司馬談作史考》及《報任少卿書》。與湘嵐談。到上海學院參加學習會議，自二時半至五時半。到紅十字會醫院視平心疾。

看羅振玉父子所著書。

平心以在抗戰中，受日人電刑，腦子永不自然，近麻痹日甚，終夜無眠，任何工作均不能作，因之影響經濟，生活受大打擊，無以支持其書室生活，遂於上月廿九日以斧擊頭自殺。當時血流滿面，經其夫人送至紅十字會醫院救治，輸血後已無危險，然醫療費又是一筆債款矣。來日正長，何以弭其自殺之心也？

三月五號星期三（二月初十）

寫周谷城、予同信。到勤業，與薛民見談。到大中國，寫周一良信。草復旦、上海學院兩校課程計畫，未畢。與汝成、君匋談。

講《報任少卿書》訖。寫李映婁信，承名世信。出，寄信，匯款。到多倫路取書。到長春路訪書攤主人，未晤。與君匋長談。

到起潛叔處，談。看《古文觀止》。

三月六號星期四（二月十一）

到大中國，寫江靜瀾信。草致志堅信。寫黃奮生信。準備下午課。

講高帝、文帝、景帝、武帝《詔》、賈誼《過秦論》。到郵局寄信，匯款。準備明日課。張文清來。與綏成、君匋、汝成談。到誠安處，與弟婦談。

看《漢書·賈誼傳》、蘇州報。

上月正值春季開學，而我局與亞光只做一億生意。較之去年只十餘分之一。然而上年之營業稅所得稅應付五億餘元，今須繳出，銀行又不能借款，因此經理室大感困難。

三月七號星期五（二月十二）

到大中國，寫毓蘊信。點讀《漢書補注·賈誼傳》。

講賈誼《治安策一》。記筆記三則。看《論語注疏》一卷。剃頭。與君匋、汝成談。

點劉寶楠《論語正義》。阿芬與素珍吵架，素珍出走，静秋等覓之回。至十一時方眠。

上年利得稅四分之一，打一八折，應爲二億六千餘萬元，稅局未打折，則爲三億三千萬元，可見其馬虎！凌大韶昨往請減，不許。

三月八號星期六（二月十三）

王煦華送書來。到大中國，擎宇偕張務聰來。點《東塾讀書記》及《論語通釋》。草致張錫君電。

到長春路周姓書攤購書。到多倫路取書。回局，龔文偉來。開常務董事會，自三時半至五時半。

點吳昌宗《四書經注集證》。

今日同會：馬克文（代張錫君）　振宇　宣人　君匋　緯宇

局中只有現款二千餘萬元，而應付所得稅需三億元，銀行既不貸款，局内并無黄金美鈔可脱售，政府又不允分期繳款，簡直逼死人！今日發電與錫君，請借數千萬，一方面以存紙低價售出，不知能過此難關否也？去年十二月，本局營業九億，而今年一月只兩億餘，二月只一億餘，遂致發薪且困難，遑論繳稅。

三月九號星期日（二月十四）

唐錦文來，長談。與静秋、玉華挈三孩游城隍廟看動物，爲洪、湲兩兒算命。下午一時半冒雨歸。誠安來，留飯，長談。

準備明日課。

續點《四書經注集證》。

洪兒八字：（一歲起運）

丁亥　辛亥　庚申　丙戌

湲兒八字：（九歲起運）

戊子　甲子　癸巳　丁巳

據術者楊大千云：此二命均極好，人均聰穎，有才，長均有財。湲兒之富超過洪，惟福不及，蓋稍勞碌耳。又云：凡庚申日生，必無壞者。惟洪兒脾氣不好耳。又云：洪十五歲，湲十四歲，家庭中有波折。過此以往，無不順利。又云：湲兒明年不佳，恐患病。

金融業公會既不得誠安貪污確據，乃稱之曰“封建把頭”。在一機關中太長久，自犯衆人之忌。

三月十號星期一（二月十五）

準備下午課。點劉寶楠《論語正義》第一卷畢。

到上海學院，上課二小時（《古史辨》第四册自序畢，《論語·學而》未畢）。歸，點李仲昭《四書億》、章炳麟《廣論語駢枝》。與靜秋挈三孩到武康路口散步。

所得稅不克付，一天便須加上滯納金三百萬，我局不將爲稅金壓倒乎？有人云：“國民黨萬稅，共產黨萬萬稅”，殆然。

三月十一號星期二（二月十六）

到大中國，與振宇、君匋、汝成談。看文學山房新寄來《尚書》各種。準備下午課。

講鼂錯《論貴粟疏》。點趙貞信編《論語辨》及武億《經讀考異》。記筆記五則。劉開申來。鈔《歷史小叢書》目。

　　爲兒輩講書。點《論語辨》。

　　昨文管會派人來局調查方詩銘、承名世兩人在本局工作事。按"從猿到人"展覽會乃政府所開，期于將社會發展史常識普及人民，故本局請承繪圖，請方撰說。二人在市立博物館服務，以餘力爲之，故將二年猶未脫稿。所用材料固有取自博物館者，然圖書博物諸館本期將知識公開者，無秘密可言，用之亦不爲盜竊。渠等工作，在館本屬公開，以學術機關人員爲書店撰稿，乃極普通之事也。今來員調查，意者欲檢舉乎？是真偏差矣。

三月十二號星期三（二月十七）

　　到大中國，梅志忠送稿紙來。準備下午課。得拱辰信，看《文史哲》第六期。點《論語通釋》。

　　講鄒陽《獄中上梁王書》。寫謝延孫信。到郵局匯款。與綏成談。點《公羊傳》十四頁。記筆記四則。到志成印刷所，晤志忠夫婦，付款。

　　點讀《四書經傳集證》及《論語辨》，至十時半。失眠，服藥兩次。

　　山東大學《文史哲》六期上，童書業作《古史辨派的階級本質》，楊向奎作《古史辨派的學術思想批判》，均給予無情之打擊，蓋思想改造，有大力迫之，使不得不然也。予浪得浮名卅餘年，今當社會根本改變之際，分當打倒，正與誠安之得"封建把頭"名義者同。然十餘年來，予未嘗正式發表文字，一班人殆已忘之，而至今日猶勞打倒，可見《古史辨》一書影響思想界者偉矣。

三月十三號星期四（二月十八）

到大中國，點《漢書·匈奴傳》入講義。與劉子喬、張維新談。

講司馬相如《上書諫獵》、李陵《答蘇武書》。編匈奴單于年表。記筆記五則。

翻《高青邱集》。服藥眠。

昨子喬到稅局，告以多算六千萬，局員首肯。請其扣除，則不肯。請其不算此六千萬之滯納金，亦不肯，云："此數字已報上去，此捐作抗美援朝用，望原諒。"此真是不成理由之理由。

本局已付去一億六，其一億則借自亞光者。然亞光自己頭寸固不足也。

三月十四號星期五（二月十九）

寫薛明見信，往訪之，未晤。與樊君談。到大中國，準備下午課。點《匈奴傳》訖。

講路溫舒《尚德緩刑書》。張文清來。與汝成談。記筆記五則。續點《論語通釋》。到紅十字會醫院視平心疾。

德輝來，祝瑞開來，俱留飯。

今日到明見處，欲向借錢，既去，晤樊君，乃知其正爲勤業文具社張羅，蓋該社利得稅須六億餘元，銀行不借，親友無可貸，日爲此事奔走也。聞之，廢然而退。全國工商界在此種壓迫之下，都塌臺矣。此種竭澤而漁，敲骨求金之方法，不知與國家有何好處，乃決然出之也。自國民黨金元券以來，此爲第二度大恐怖。然金圓券時代尚有地下錢莊可借，今則無矣。尚有關店之自由，今亦無矣。尚可取得夥友之原諒，今則鬥爭隨之矣。工商界人犯何罪，而置之于爐火上耶！

三月十五號星期六（二月二十）

點《論語正義·爲政》篇一卷，《論語注疏·爲政》篇一卷，

《論語經注集證·爲政》篇一卷。

阿芬離職。與靜秋到徐家匯散步買物。

阿芬來我家半年，身體好，能做工，燒飯洗衣，一手爲之，本來甚好，無如乳媽趙素珍來後，渠屢加輕侮，迫致破口。此乳媽爲數十人中所選出，乳汁甚豐，決不能因阿芬不滿而遣去，阿芬遂只得自行矣。"女無美醜，入宮見妒"，信然。

三月十六號星期日（二月廿一）

爲兒輩講《魯濱孫飄流記》連環圖畫。點《論語辨》一卷。

到大中國，參加股東大會，自二時半至五時。又安來，留飯，長談。

點《論語辨》。

今日同會：馬克文　陸步青　誠安　振宇　緯宇　擎宇　君匄　宣人　此次應繳稅款，借貸無門，貨拋不出，欠款追不到，開股東大會，群作苦笑，若泣新亭矣。

三月十七號星期一（二月廿二）

準備下午課，鈔出《學而》篇各章異義。

到上海學院，上課二小時（《學而》篇，未畢）。與善業談。歸，看《新燕京》報。與靜秋到武康路口買物。

爲兒輩講《鷄、蛋、鷄》。點《論語辨》一卷。

張東蓀二十年前研究馬列主義而頗反對，在抗日戰爭期間，與僞政府有勾結，領取汪精衛津貼，日寇既敗，又組織第三條路綫，與馬歇爾、司徒雷登等相呼應。近日燕京大學作思想改造，渠坦白三次，均不老實，《新燕京》報揭載其反動證據，謂其若賭錢然，各門皆押，故永不倒，然在此際，則一切算舊賬，雖爲人民政府委員，民盟重要人物，亦無濟矣。苟不低頭認罪，惟有自殺。即此可見政府握有充分材料，不待坦白而已準備發動群衆矣。

三月十八號星期二（二月廿三）

寫復旦教務處信。到大中國，校前後坦白書七篇。準備下午課。

講楊惲《報孫會宗書》、光武帝《臨淄勞耿弇》、馬援《誡兄子嚴敦書》。到上海學院，學習，自二時半至五時。討論薄一波"五反"文。

王子揚夫人與其女王迪來。點《論語辨》。

今日同會：俞劍華　王善業　李光信　楊大膺　盧元　王進珊　黃秋陵

連日爲書局事精神緊張，夜不安眠，必服藥乃得睡。我尚如此，則一般資方可知矣。

三月十九號星期三（二月廿四）

準備下午課。作"六出祁山"表。與君匋談。

講《前出師表》。看《三國志》。

王迪來。點《論語辨》訖，點《孟子字義疏證》。

今日居然將所得稅湊足繳付，大爲幸事，然各人之存款竭矣，親友中可借者皆借出矣！

政府所以不貸款而要商家付巨額之所得稅者，爲逼出商人所藏之黃金美鈔耳。聞此策極有效果，果然擠出許多，黃金以噸計矣。然如我局經營不久，絕無金鈔者，則大苦矣。

三月二十號星期四（二月廿五）

到勤業，送印件。到大中國，準備下午課。記筆記八則。

講《後出師表》。與綏成談。點《公羊傳》四十頁，訖。

點《孟子字義疏證》。爲兒輩講書。

三月廿一號星期五 （二月廿六）

包扎寄李長傅、謝延孫書付寄。爲君匋改坦白書。準備下午課。

講李密《陳情表》及《蘭亭序》。鈔《爲政》篇各章異義，未畢。與方泂談。出席勞資協商會議，報告編輯所現況。

點《孟子字義疏證》中卷訖。

今日同會：黃振緄　劉崇儒　莊良芹　黃鏡湖　尹正壽　金振宇　陳宣人　丁君匋　金擎宇

三月廿二號星期六 （二月廿七）

到大中國，與戈湘嵐、袁捷、袁兆熊、劉逸楓談。記筆記二則。與宣人等談。

剃頭。路遇言心哲。到傳薪書店買書。回局，與綏成談。點《論語通釋》訖。接靜秋電話，知文實夫人來，即寫詩銘信。

歸，與李文實夫人談，爲寫尹韻孫信。點《孟子字義疏證》。寫黃永年信。

殷紀常，履安之堂兄也，任上海金城銀行職三十餘年。此次三反運動，群詆爲造暗賬之大老虎，逼其坦白，監視之于三樓，聞已於二十日跳樓死。當時監者拉住之，渠乃咬其手，監者痛而釋手，彼乃得死。

久欲到中國特價部購書而苦無暇，今日乃得前往，則收歇矣。予虧得于去冬買了一批書。

本局派莊良芹到西安、重慶、漢口等處索債，公安局乃拒發通行證，雖有工會證明而無用，蓋五反運動時防人逃避也。

三月廿三號星期日 （二月廿八）

点《孟子字义疏证》讫。写毓蕴信。与三姨谈。李文实夫人还苏。与朱向荣、张鲁青谈。与静秋及潮、洪、湲到长乐路买堪儿车。

到大中国，与君匋、擎宇、振宇、纬宇、宣人商谈五反事。看董说《七国考》。又安来，留饭。

记笔记两则。钞《为政》篇异义。

诗铭来我家，谓借文实款，已因其为反革命分子，缴与公家。不知文实夫人回乡有困难否？政府惩治反革命，尚留家属生活费，今文实夫人将返青生产，乃竟靳不与路费乎！

[原件]

颉师尊鉴：

赐书谨悉，今日生趋谒不晤，容再请安。《从猿到人》说明书即可写毕呈正。李得贤为反革命分子，生前向渠所借之五十万元，已在三反运动中坦白，并且缴还公家（因贪污中有"隐匿敌产"一项规定）。专肃，谨候

尊安。

生诗铭谨留。三、廿三。

三月廿四号星期一（二月廿九）

准备下午课，钞《为政》篇异义讫。作《学而》篇大纲表。

到上海学院，上课三小时（《学而》毕，《为政》未毕）。与剑华谈。与善业谈。到大中国，与君匋谈。汪孟邹来。写辛品莲信。

为儿辈讲书。

三月廿五号星期二（二月三十）

写瑞兰、金子敦、毓蕴、姜淑华信。与玉华同车出。到大中国，准备功课，看《唐书》。与湘岚、汝成谈。

與君匋談。與綏成談。到上海學院，聽陳毅市長對于五反運動
之演講，自二時至五時。到思南路買舊書。頤萱嫂赴徐州。

爲兒輩講書。看阿英《小說閑談》及《夜航集》。

一二月來，街頭救急車特多，或曰：近來跳樓者太多，已不
止千人矣。至躍黃浦者則更多矣。靜秋拊掌曰，從此上海無壞
人矣。

三月廿六號星期三（三月初一）

到勤業。到大中國，點劉寶楠《正義・八佾》篇上卷訖。與湘
嵐談。張文清來。

講魏徵《諫太宗十思疏》、駱賓王《討武曌檄》。到環龍浴室
洗浴。

爲兒輩講書。看《小說閑談》。

三月廿七號星期四（三月初二）

寫上海學院學習會、毓蘊信。到大中國。與汝成、湘嵐談。爲
湘嵐及袁、劉四君寫證明書致公安分局，請通行證。

講《滕王閣序》。張士敏來。到丹楓家，與綏成談。與擎宇到
緯宇處，與君匋、宣人、振宇共談局事。予書坦白書。汪孟鄒來。

到擎宇家飯。與尹文劻談。九時歸，點劉氏《正義》十頁。失
眠，服藥兩次。

三月廿八號星期五（三月初三）

點劉《正義》。到狄醫處驗血壓。到大中國，臨時召集一會，
討論戈湘嵐等問題。

講李白《與韓荊州書》、李華《吊古戰場文》。寫樹幟、孫雲
蔚、周天則、石聲漢、龐新民信。點《四書經注集證》。到緯宇處，

與諸人會談，修改坦白稿。買書。

看新購之《閱微草堂筆記》。

今日同會：振宇　子喬　黃振緄　湘嵐　袁捷　袁兆熊　劉逸楓

予血壓竟漲至一百七十，近數月所未有也。

三月廿九號星期六（三月初四）

點《論語正義·八佾》篇下卷訖。寫上海牧場信。寫范希衡、毓蘊、呂叔達信。

點《四書經注集證·八佾》篇訖。與靜秋攜三兒出外散步，買物。

看《閱微草堂筆記》。

三月三十號星期日（三月初五）

點《論語注疏·八佾》篇訖。

鈔《八佾》篇異義，未畢。

看《閱微草堂筆記》。

三月卅一號星期一（三月初六）

鈔《八佾》篇異義，未畢。

到上海學院，上課三小時（《八佾》，未畢）。到唐啓宇處，并晤勾適生。到淮海路買玩具。與玉華挈三兒出外散步。

搜集"東向與南向"材料。

一九五二年四月

四月一號星期二（三月初七）

點王國維《明堂廟寢通考》。到大中國，預備功課。與汪孟鄒談。

講《阿房宮賦》、《原道》。到上海學院參加學習，討論陳市長講詞。到紅十字會醫院訪平心，未晤。

看《禮書通故》。

今日湲兒入培新托兒所。堪兒飲趙素珍乳甚好，每星期可長一磅重。

誠明同事，江西人四，去年逮捕程柏廬，死刑；陳禮江，不知下文。兩星期前，捕蕭叔絅，聞解贛；今日，楊大膺又在上海學院授課時捕去矣。大膺有子女八人，幼者在抱，其夫人去年逝世，被捕後不知此呱呱者將如何存活也。

四月二號星期三（三月初八）

寫毓蘊信。到大中國，作《東向與南向》二千餘言，修改畢。爲方洞寫姜淑華、金子敦信。

與君匋談。誠安來談。與王福全等談。與汝成談。到平心處視疾送薪。

鈔今日所作文。

久不作文矣，今乃得抽閑作得一篇，大非易事！

方洞將挈其全家游蘇州三天，頗羨之，自嘆久無游覽之事矣。

得文管會信，囑予即日到天平路辦公，指導研究工作。

四月三號星期四（三月初九）

到天平路文管會，晤徐森玉、柳翼謀兩先生。到大中國，懋恒來。寫李映婁信。

與君匋談。劉逸楓、袁捷來辭別。寫王士瑞、余永誠信。到郵局匯款。理抽屜。寫于鶴年信。點徐松《西域傳補注》。到合衆，與起潛叔夫婦及鳴高叔談。

點劉《正義》之《里仁》篇。

近日猪肉鷄蛋等皆賤，或曰：此去掉中間剝削而然。或曰：鄉間已食鷄豕之食，不能再養六畜，競出賣于城市，故賤也。聞閘北人民已食豆渣，恐將來必有連豆渣而不得食之一日。静秋云：近日市上有賣小猪肉者，則小猪亦宰矣。

静秋今日連開三會，一高級職員之家屬，一普通職員之家屬，又一則教職員之家屬也。如此，則無産階級各階層之婦女俱有組織，以參加五反運動。近來居民、肅反兩委員會工作均停，專由婦聯活動，故静秋更忙。

四月四號星期五（三月初十）

鈔《八佾》篇異義，未畢。

到人民廣場文管會，參加委員會，聽李亞農報告三反事。看新收書畫。自二時至五時半。

又安來，留飯。静秋與三姨、玉華爭吵，勸之。

四月五號星期六（三月十一）

續鈔《八佾》篇異義，仍未畢。剃頭。

與静秋到午姑母處，并晤子豐夫婦。到秋白處，晤其夫人及其丈母。到辛品蓮處，未晤。到百樂商場購物。歸，德輝夫婦及又曾夫人、開孫來，長談，留飯。

看毛主席《矛盾論》。

開孫甚聰明而甚瘦，雖較堪兒大一歲多，反不及堪兒重。

四月六號星期日（三月十二）

點《論語注疏》及《四書經注集證》之《里仁》篇，訖。

辛品蓮來。與静秋到蘭心戲院看《美麗的華希麗沙》（即三頭凶龍）電影。

續點李仲昭《四書億》。十一時爲湲兒哭醒，遂不成眠，服藥三次。

自三五反運動起，銀行不貸款，當鋪不收當，市面凋零，陷于乾涸狀態，因之小販無生意，三輪車夫無生意。今日自茂名南路還家，僅一千五百元耳（車夫所討價），前之所未有也。

四月七號星期一（三月十三）

到天平路，與徐森玉先生及工友老傅談。續鈔《八佾》異義，未畢。沈羹梅、葉笑雪來談。畫《東向與南向》文二圖。

到上海學院，上課三小時（《八佾》篇畢）。與善業、劍華談。到文懷沙處談，并晤其新夫人徐天鳳。與靜秋挈三兒到武康路口買物。

爲兒輩講書。點《四書億》。

近日潮兒常瀉，湲兒不思進飯。今日靜秋帶她們到錢恩澤醫生處診治，據錢醫云：潮兒患腸胃不消化症，應但吃粥，湲兒腹内有蟲，應予打下。

文懷沙任中央文化部古典文學編輯會副主任委員（正主任爲郭沫若），正校訂并翻譯古典文學，組織"人民文學出版社"印行。如此看來，中央對于整理古籍已在初步推動。

懷沙云：盧作孚之死是自殺。倘與三反有關耶？

四月八號星期二（三月十四）

寫蔣竹莊先生信。到大中國，補記日記四天。點李光廷《漢西域圖考》。與君匋談。

與方泂、王福生、劉小粟等談。看俞平伯《"久要不忘平生之言"解》。到上海學院，參加學習，討論五反問題及子女檢舉不法父親問題。與三兒到武康路口散步、購物。

爲三兒講書。鴻鈞來。

劍華云：現在一萬元只合戰前三角。如此，則予在上海學院及復旦兩處教書，共得四十萬元，只合戰前十二元耳。戰前，予用洋車夫老馮每月十二元，今用徐才清每月三十萬元，加上飯食，仍與老馮價無殊。

四月九號星期三（三月十五）

打潮兒。到天平路，點劉氏《論語正義·公冶長》篇訖，整理復旦功課。

翻看《支那墨蹟大成》。

點邢疏《公冶長》篇未訖。爲潮兒講《天方夜談》。看《閱微草堂筆記》。

潮、洪、湲三兒脾氣日劣，半由恃寵而驕，半由身體不好。今晨潮兒與洪兒打架，哭鬧不已，只得重打以警之。

文管會實權在江勇、姜明二女黨員手，皆山東老幹部，而文化程度甚低者。凡在會實際辦事者皆須仰其鼻息，此亦客氏也。

四月十號星期四（三月十六）

寫辛品蓮信。到大中國，寫王士瑞、謝延孫信，即付寄，并匯款。帥潤身來。

誠安來。與君匋談。與振宇談。寫任福亭、張文清、張士敏、謝延孫信。審查周新邑《歷史圖說》，寫周新邑信。靜秋來，同到德輝新寓。五時歸。

點《四書經注集證·公冶長》篇，未畢。

四月十一號星期五（三月十七）

到天平路，點《四書經注集證·公冶長》篇訖。下午，將寓中書運去裝入書櫃。葉笑雪來，到其辦公室，借《嶺南學報》覽之。

蔣大沂、承名世、丁琪、葛治功來。填寫復旦功課表，未畢。

理寓中書櫃及書桌。

四月十二號星期六（三月十八）

到愚園路寄信。到大中國，鈔《里仁》篇異義，未畢。金子敦來，同到銀河午餐。遇王叔華。

到多倫路，取書，與方洞夫人談。與王福全談。與綏成、汝成談。與振宇、君匋談。鳴高叔來。寫自珍信。到局務會議。

七時歸。張鳳珍來。點《湖璉考》、《大夏的位置》。

子敦在蘇州，上午讀馬列主義書，作思想改造，下午出聽說書，恢復疲勞。此真理想生活也，羨甚。我這一世裏不知何日能如此，抑永無此一日乎？

今日同會：宣人　振宇　君匋　緯宇

四月十三號星期日（三月十九）

鈔《里仁》篇異義，畢。

寫謝延孫信。與靜秋挈三孩到衡山公園散步，買物。

以傷風不舒服，八時即眠。

四月十四號星期一（三月二十）

到天平路，與柳先生談。鈔《公冶長》篇異義，未畢。

到上海學院，上課三小時，《里仁》篇畢。《公冶長》篇未畢。與大綱談。到煦華家，取《十三經注疏》等。

三校《印刷術的發明故事》。

多日傷風多痰，今日左眼又紅，不勝其憊。

四月十五號星期二（三月廿一）

三校《林則徐與平英團》。到大中國，續校《紙的發明故事》、《岳飛抗金的故事》。寫吳耕民信。

寫王士瑞信。到四馬路買書。到上海學院，與光信談。參加學習（《解放日報》兩篇駁資產階級的謬論）。

爲兒輩講書。看《新燕京》中對於趙紫宸的批判。

趙紫宸任燕大宗教學院院長已廿餘年，解放後在院宣傳唯愛主義，冲淡了教徒們仇美親共的心理，又與美帝國主義的分子有些往來，故此次燕大思想改造，全校師生給予無情的打擊，與張東蓀一樣。

四月十六號星期三（三月廿二）

送書到天平路。到大中國，校《黃巢起義》，又將五册統整一過。

剃頭，買物。校《捻黨起義》。寫于鶴年、齊致中、黃永年、傅子東、李丙生、楊向奎信。點《穀梁傳》十頁。歸，起潛叔孀來。

爲兒輩講書。點《四書經注集證》。

四月十七號星期四（三月廿三　予六十生辰）

理書。王煦華夫婦來。到天平路，與森老談。點《論語注疏·雍也》篇，畢。午姑母、秋白夫人、子豐夫人來，同飯，長談。看照片。

楊鑑來。劉訓來調查師哲萍事。德輝夫婦、又曾夫人來。照相。誠安來。起潛叔夫婦來。同飯。

點《四書經注集證·雍也》篇，未畢。

今日本不擬設宴，而午姑母、起潛叔、誠安弟均記得予生辰，先期說要來，不得不備飯，總計花費四十餘萬元。又因起潛叔故而煦華、楊鑑皆來送禮。習慣難移，有如是者。

四月十八號星期五（三月廿四）

與靜秋同到北海油店，遇竇澤寰。到大中國，點劉氏《正義·雍也》篇半卷。

與方洞談。記筆記五則。點《穀梁傳》廿三頁。校謝鈔筆記三則。

為靜秋改為師哲萍事所作坦白書。與靜秋到王花照相館。

四月十九號星期六（三月廿五）

為靜秋校昨文。到天平路，與徐先生談。點劉《正義·雍也》篇，畢。鈔《公冶長》篇異義，未畢。

又安來，留飯。

四月二十號星期日（三月廿六）

鈔《公冶長》篇異義，畢。范希衡來。

與玉華攜三孩到徐家匯散步，乘電車歸。詩銘來，留飯，長談。

失眠，服藥。

四月廿一號星期一（三月廿七）

到天平路，與柳先生談。準備下午課。

到上海學院，上課三小時（《公冶長》篇，未畢）。與善業、大綱談。校《東向與南向》。到煦華處取書。

看《江都汪氏遺書》。

潮兒今晚由幼稚園歸，發高燒，至一百〇三度許。服消炎片後夜中即發汗，隔宿而退净。此兒已久不病矣。

四月廿二號星期二（三月廿八）

看《癸巳類稿》，記筆記二則。到大中國，校謝君所鈔筆記三則。寫謝延生、于鶴年信。爲大中國作補充坦白報告。誠安來。

到上海學院，學習馮定所作《中國資產階級的性質》一文。

爲潮兒講太平天國史。看《癸巳類稿》。失眠，服藥四次，至十二時後方得眠。

節約檢查會虹口區分會必欲大中國列入重點户，即必欲其在五反中占有四反，無可奈何，自認印毛主席像係得謝家崧通知，是盜竊國家經濟情報；地球儀定價高，是暴利，即是偷工減料。蓋虹口區中我局爲大店，必須負起"大老虎"之責任也。

四月廿三號星期三（三月廿九）

晤黎冰鴻。到天平路，鈔《公冶長》篇異義，未畢。點《穀梁傳》十頁。到思南路郵局寄信，匯傅子東書款。

森玉先生來談。歸，看《江都汪氏叢書》。

爲潮兒講太平天國史。

湲兒經常不想吃飯，夜中肚子又腫脹，疑其有蟲疾，以其大便送程慕頤處檢驗，謂無蟲疾而有隱血，在隱血項下打了四個×，表示其嚴重。今日静秋伴之赴錢恩澤處診治，錢醫謂如患腸胃出血，必不會有這樣精神，當是不消化，歸服開胃藥，而再送大便至别一檢驗所查之。

潮兒雖退燒，而不思進食，面上出疹，不知是何病。

四月廿四號星期四（四月初一）

記筆記一則。到大中國，寫楊拱辰信，校謝鈔筆記二則。與方泂、綏成談。

校《抗清英雄李定國》一册。寫戈湘嵐、江静瀾函。

看《小説月報·中國文學專號》。

予筆記稿《牧誓八國》、《白蘭》、《吐蕃》三篇置書局抽屜中，今日遍檢不得，查文格紙亦頗少，豈局中有人取出鈔寫耶？在此極緊張之五反運動中，如竟有人有此雅興，真可把臂入林矣。

四月廿五號星期五 （四月初二）

到天平路，續鈔《公冶長》篇異義，仍未畢。

到跑馬廳，出席文管會委員會議，審謝稚柳繳出書畫。五時，乘九路車歸。煦華夫婦來。

講《阿麗思夢游奇境記》。

今日同會：徐平羽　吳仲超　徐森玉　楊寬　沈尹默　柳翼謀　汪旭初　沈邁士　尹石公　列席者婁明、葛治功、方詩銘、承名世等。

四月廿六號星期六 （四月初三）

到大中國，點《穀梁傳》莊、閔二公畢。寫辛品蓮、郭紹虞信。與檢查隊王秀鳳、顧受玉談。

校《社會發展史挂圖説明書》。洪駕時來。與子喬談。

爲潮兒講《團的兒子》未畢。

四月廿七號星期日 （四月初四）

鈔《公冶長》篇異義畢，《雍也》篇，未畢。德輝夫婦及開孫來，留飯。

與静秋到淮海路買物，約又安同到國泰，看《帶槍的人》電影。黄永年來，留飯，長談。

四月廿八號星期一 （四月初五）

到天平路。洪瑞藻來。預備下午課。

到上海學院，上課三小時（《公冶長》畢，《雍也》篇未畢）。到秋白處送照片及仙人球，晤其夫人及岳母。

點《論語疏·述而》篇，畢。

四月廿九號星期二（四月初六）

到大中國，校《運河》一篇。陳懋恒來。檢查隊任某來。

誠安來。寫張文清信。與王福全談。與君匋、擎宇談。到上海學院，學習懲治貪污條例。

點《論語正義·述而》篇，未畢。

四月三十號星期三（四月初七）

到天平路，應五反檢查隊囑，草自傳八千言。

到大中國，晤劉小粟，談。

一九五二年五月

五月一號星期四（四月初八）

自傳續作四千字，共一萬二千字，修改訖。點劉寶楠《論語正義·述而》篇，畢。

到丹楓處送稿，并晤君匋。

五月二號星期五（四月初九）

五時起，點《論語正義·泰伯》篇，未畢。七時出門，到山陰路吃點。到丹楓處，將改稿鈔寫，計七千字，自上午八時半到下午四時。在丹楓家飯。

到大中國，交自傳。記日記三天。寫今晚開會悔過辭。到亞光飯。

出席勞資總結大會，自七時至十二時。一時到家。服藥兩次，二時半方眠。

總結大會凡分三段：經理悔過，一也。職工責問，二也。勞資團結，三也。今日悔過階段已占三小時。職工責問至中夜十二時而未畢，主席黃振緄憐我年老家遠，許我先退，故得于十二時離席。此會直開至上午三時，散會時雞鳴矣。

予以不負經濟及事務責任，故悔過時只能説自己犯了嚴重的官僚主義，其後答復職工責問，保證將大中國總經理一席在五反完成後辭去，亞光編輯亦然，職工皆鼓掌，予自亦喜肩負之驟輕也。宣人受責問最劇，以其管人事，多結怨也。

此次總結，大中國須退款九億多，亞光須退二十億餘，兩計三十億。不許在賬內提，須經理挖腰包。予之財産，僅蘇州一屋耳。當此時日，人皆以有産爲累，賣得出乎！

五月三號星期六 （四月初十）

七時始起，終日疲勞。點《論語正義・泰伯》篇，畢。
到興國路剃頭。三姨赴油店住。

五月四號星期日 （四月十一）

寫筆記二千餘言，論《古史辨》之地位。詩銘來，長談，留飯。
改《瓜州》一文。携洪、湲兩兒到興國路訪静秋，同到武康路口買鹽。

講《天方夜談》。

大中國、亞光所以退款卅億者，蓋以君匋向謝家崧行賄，東北銷貨頗多。檢查隊來，謂凡新華書店及國貨公司（皆公營）所批之貨，除直接成本及合法利潤（爲直接成本之二成）外，皆爲盜竊國家財產，俱須退款。例如定價一萬元之貨，批與兩店爲六折，即六千元，其中直接成本爲四千元，合法利潤爲八百元，尚餘一千二百元即須退繳。實則所謂直接成本者并未包括編輯費及發行費在内也。

五月五號星期一 （四月十二）

到天平路，將毛主席《矛盾論》讀一過。與柳先生談。

到大中國，與方泂、振宇、宣人、緯宇、子喬、家振談。寫于鶴年、李映婁、謝延孫信。到多倫路口郵局寄信，匯款。到寓所取書。到紅十字會醫院訪平心，并晤其夫人。

點程瑤田《通藝錄》溝洫卷。失眠，服藥兩次。

五月六號星期二 （四月十三）

到天平路，理稿件。點《四書經注集證》之《述而》篇訖。點《穀梁傳》二十頁。又安來，留飯。

講《公主的兔子》。

五月七號星期三 （四月十四）

到大中國，作《合理調整書價建議書》約六百言，即鈔清。與振宇談。與方泂談。

張文清來。寫謝延孫、李映婁、江靜瀾信，匯款。開局務會議。校《十六世紀中朝抗倭故事》，未畢。到孫醫生處取三兒 X 光照片。

校《中朝抗倭故事》畢。

今日同會：宣人　振宇　君匋　緯宇

決定明日回蘇州一行。其故：一，上海學院思想學習行將展開，爲作自傳計，有些材料必得取來。二，大中國退款計畫，將予之蘇州房產列入，故須將房契取出，準備登報出售。前聞子敦言，金華城内已行土改，房産盡爲國有，蘇州雖未辦，亦旦暮間事，自以售出作賠償爲宜。

五月八號星期四（四月十五）

到天平路，點《穀梁傳》僖公篇畢。與徐、柳二公談。歸，理物，乘車到站，進食。乘十二時四十分車赴蘇州。

二時到蘇，乘三輪車回家。途遇汪旭初。與二姐、子敦談。到方廳理書。大蘭來。晤宋茸夫夫婦。

看《文史哲》上童、楊兩君評《古史辨》派文字。

蘇州五反亦殊劇烈，丁香巷某家爲開明大戲院經理，夫婦二人，子女五人，先以綾襪作繩，勒死子女而後自縊，留書于案，謂不願子女存在人間，繼續受苦。其子，大儒巷小學之高才生也，其師聞訊，爲之痛哭。

五月九號星期五（四月十六）

在方廳理書終日。送魴魴到從雲小學，晤徐德榮夫婦。到又曾夫人處，二嬸母處。到尹組長處。到九嬸母處。子敦留飯。

又曾夫人來。續鈔《雍也》篇異義。子敦留飯。

五月十號星期六（四月十七）

開古物室，取出房契等。理方廳書畢。到又曾家飯。

鈔《雍也》篇異義，畢。吳大姐來談。將移滬文籍裝網籃。與子敦談，看其新作品。在二姐處飯。

到觀前街買物。

下午七時半到觀前，欲爲小孩買糖，爲自己買筆，然觀前街上店門已關得齊整，買不到了。僅東來義門半掩，買得了一瓶紅墨水；又醋坊橋一糖食鋪未閉，買得了藥梅卝而已。

五月十一號星期日 （四月十八）

畫出《雍也》篇異義該注意處。與二姐、子敦談。十時半，毓芬來，同到其家吃餛飩當飯。到吳大姐、九孀母處道別。十一時半，與魴魴乘車赴車站。

乘十二時四十分車，二時正到滬，即將魴送北海油店。予歸，與家人談。王小姐來爲潮兒打針。到虹橋浴室洗澡。吃點。

鴻鈞來。預備功課。

潮、洪、湲三兒經 X 光照相後，又經錢恩澤醫師診斷，謂心肺俱無病。洪、湲以犯百日咳故，肺有一疤。潮兒之熱度不知由何處來，醫言不必管它。觀其精神奮發，亦似無病也。

五月十二號星期一 （四月十九）

到上海學院，上課二小時（《雍也》，仍未畢）。到天平路，點《穀梁傳》八頁。歸，與合作總社劉質愚談。

到大中國，與君匋談。寫詩銘信。補記日記四天。記旅行賬。到上海學院，上課兩小時（《雍也》畢）。遇劉虛舟。又安、鴻鈞來。魴魴來，留住。

又安留飯。翻陳澧《東塾集》。

上海學院功課聞將于六月十五日停止，此後即展開思想改造矣。

北京合作總社幹部學校要禹貢學會西院房屋，或捐或賣均可，當向張石公先生商之。

五月十三號星期二 （四月二十）

到大中國，算蘇州房產，到誠安處商，與宣人談。福全來談。爲借款事，與君匋談，與子喬談。

誠安來談。與方泂談。與綏成談。到上海學院，參加大會學習，討論丁旭功課及五一游行掉隊事，作檢討。

又安來，留飯。與三孩及魴魴到門口散步。

聞申新紗廠榮毅仁須退款六千餘億。上海之退款總數爲一百五十萬億。又聞劉鴻生已自殺。冠生園主人冼桂生，以創陳皮梅致富者，今亦自殺。

上海學院開檢討會，批評甚嚴厲。有一人在五一游行中以小便急而暫離，以致掉隊，亦受指摘，此真難言矣。

五月十四號星期三 （四月廿一）

到天平路，整理蘇州帶來稿件，點《穀梁傳》文、宣二公訖。到常熟路口郵亭付寄。點劉氏《論語正義·子罕》篇，未畢。與徐森老談。

到張石公先生處，談禹貢學會房屋事。到合衆圖書館，晤起潛叔、景鄭叔、煦華、楊鑑。

看胡樸安所編《國學彙編》。祝瑞開來，留飯。鍾素吾來。

與石公先生商，學會西院屋決賣去，除付馮、張二家遷移費外，餘存作學會基金，以備文化建設時恢復本會工作之用。即委托馮世五爲代表，與合作總社商量價格。

石公先生年七十八矣，素有喘疾，而善于養生，每日仍寫作不輟，可羨也。

森老讀予《浪口村隨筆》，譽謂前無古人。稱予此書者，鶴年、思泊而外又得一人矣。

五月十五號星期四 （四月廿二）

到起潛叔處。到大中國，王士瑞來。與汝成談。寫劉質愚、馮世五信及委托代表函。

剃頭。到上海銀行取薪。士瑞來。寫王子澄信。算賬。寫湘嵐信。與方泂、福全等談。到光明書店送稿。到揚子飯店訪劉質愚。到修文堂，取書。二姐自蘇州來，留宿。

看《樸學齋叢書》。又安、鴻鈞來，留飯。爲潮兒續講《團的兒子》，未畢。

張菊生先生看予《西北考察日記》，極傾倒。適民族委員會主者李維漢來，渠要把此書介紹與覽，予甚慮多事也。

上級指示工會，須團結資方，搞好生產，較以前劃分階級，不得講話者異矣。

五月十六號星期五（四月廿三）

到天平路，整理書稿，鈔《述而》篇異義，未畢。點《集證·泰伯》篇畢。

葉榮娟來。與靜秋携潮、洪兩兒到百樂商場購物。

又安來，留飯。爲潮兒講《團的兒子》畢。看《國學叢編》。

五月十七號星期六（四月廿四）

記筆記一則。到大中國，寫谷城等信。與汝成談。鈔《述而》篇異義。

出寄信。到虹江小學訪簡香，并晤李粹華（丹楓夫人）。與汝成、綏成、緯宇談。

看胡樸安《樸學齋叢書》。

接劉重熙來電話，知復旦已上課，惟得訊已遲，絶未準備，故今日只得請假矣。復旦自三月初開始思想改造停課，至今始復，已歷兩個半月矣。念上海學院思想改造自六月十六日起，適在復旦補課之第二學期中，"中國民族史料"一課決不能授完，故去函請將此課取銷，并謂如蒙允可，當于下學年向上海學院請假一年，把復旦這門功課教好。

五月十八號星期日（四月廿五）

鈔《述而》篇異義。德輝夫婦來，又安來，留飯。

與又安等同到中山公園，飲茶，遇擎宇夫人及其子女、楊培蘊、束天民。游動物園。出，照相。重到茶室。六時小雨，出。

又安、德輝夫婦飯後歸。

今日同游：姜二姐　又安　魴魴　高三姐　玉華　德輝　毓蘊　開孫　予　靜秋　潮　洪　湲　堪　趙素珍

五月十九號星期一（四月廿六）

五時起，續鈔《述而》篇異義。到上海學院，上課兩小時（《述而》）。與鄭家舜談。歸，準備下午課。徐影芝來。

到上海學院，上課兩小時（《述而》畢，《泰伯》未畢）。與王善業談。到煦華處取書。

歸，爲三姐、靜秋爭吵調停。點黃式三《論語後案・泰伯》篇。鴻鈞來。

五月二十號星期二（四月廿七）

點《後案・泰伯》篇訖。與三姐談。與靜秋同乘車，送之往新華銀行。予到北海油店，將三姐行李交與。到大中國，懋恒來，長談。爲售屋事，與宣人談。與子喬談。

誠安來。到中圖公司，爲孩子們購書。到上海學院學習，討論《懲治貪污條例》。徐影芝來。又安來，留飯。

三姐赴徐州。二姐、魴魴到油店。爲孩子講書。

今日《新聞日報》上登出予賣屋廣告矣，居然有人打電話來問詢，惟以顧家花園內無空地，未要。

五月廿一號星期三（四月廿八）

點劉氏《正義·子罕》篇。到九江路人民大舞臺,聽人民法院對文化界貪污分子四十八名宣判。到大中國,取款。

算賬。與君匋談。到新華書店看書。到上海銀行,晤鈕經理。寫上海醫學院生理科信。與方洞同乘九路車,歸。續點《子罕正義》,仍未畢。

今日看宣判,在大時代中又見識一個大場面。予所識人中,瞿子陵、謝稚柳均判機關管制一年,劉汝醴判徒刑二年,緩刑一年,在緩刑期間由原機關管制。貪污分子除繳還贓款外,判刑不重,三之一由原機關給予行政處分,三之一由原機關管制,又三之一則爲勞力改造,其當庭扣押者僅一人耳。其中有一人貪污二百餘萬元,本可無罪,惟以拒抗故,判刑特重,予以勞力改造。

五月廿二號星期四(四月廿九)

點《正義·子罕》篇畢。到天平路,整理書籍稿件。遇高醒翠。點《穀梁》成公卷。

寫謝延孫信,到郵局寄抄件。到大中國,出席經理室座談會。寫藍夢九信。看上海學院試卷。與汝成談。

到銀河飯。參加勞資協商會議,十時歸。服藥眠,已十二時矣。

今日同會:宣人 振宇 君匋 緯宇

今晚同會:許志濤 黃振緄 劉子喬 葉芝山 王榮德 宣人(主席) 振宇 君匋 緯宇

五月廿三號星期五(四月三十)

到天平路,理稿。預備復旦課,讀《史記·匈奴傳》。記筆記四則。

與靜秋挈三兒到北海油店,與又安等談。

早眠。

五月廿四號星期六（五月初一）

到復旦，訪谷城，未晤。訪紹虞夫婦，晤之。到大中國，寫谷城信二通。與汝成談。寫汝成信。記筆記二則。

與緯宇談。與綏成談。與君匋、汝成談。鈔《泰伯》篇異義未畢。

臨睡時與靜秋略有齟齬，失眠，服藥四次，得眠已上午二時矣。

五月廿五號星期日（五月初二）

準備明日課。李曉舫及其夫人羅玉君來。點《論語後案·泰伯》篇畢。

與二姐、又安、靜秋挈潮、洪、湲、魴四兒到復興公園游覽，看動物。

祝瑞開來辭行，留飯。爲潮兒講《養豬法》。點《後案·子罕》篇。

聞曉舫言，杜叢林（奉符）已自縊死，此治訓詁甚有成就者，可惜也。劉藜仙則已墮入卑田院。張凌高、姜蘊剛并以異黨分子送學習。方叔軒、羅忠恕并送北京革大學習。解放後四川死者在二百萬人以上，除地主外，凡幫會中有力者皆死，鄉鎮長無一免者。

五月廿六號星期一（五月初三）

到上海學院，上課兩小時（《泰伯》畢）。歸，準備下午課。

帥潤身來。到上海學院，上課兩小時（《子罕》，未畢）。與家舜談。到狄畫三處，打鼠疫預防針。到平心處談。

半夜二時醒，反應，發燒。

五月廿七號星期二（五月初四）

反應，發燒，高一百〇四，臥床，看《水滸傳》。

熱稍退，到文管會開會，并參觀史前、商、周文物。歸，點《四書經注集證》四頁。

又安來，留飯。看《水滸傳》。

今日同會：徐森玉　楊寬正　沈尹默　柳翼謀　尹石公　沈邁士　聞吳湖帆窮極，將珂瓓版印書畫出售，每册只一千元。今願以家藏銅器售與文管會，希望得一億元。

五月廿八號星期三（五月初五　端午）

看《水滸》。到大中國，補記日記三天。程季揚來。志濤來。記筆記一則。

與君匋談。到河南路買書、買禮物。到多倫路，贈物與方家。與方太太談。到大中國，子喬來談。校予前年所作筆記二則付鈔。

到仁智里赴宴。與君匋、振宇、志濤、子喬談赴西北事。與王宜夫談。寫湘嵐信。九時許歸。

今晚同席：振宇　君匋　方洞　張幼丞　董錦明　章啓宇王福全　劉小粟等（凡四桌，爲大中國全體、亞光發行所勞資雙方慶節）

本局工會方面因此後工作確定掛圖爲重點，而戈湘嵐等四人到西北農學院一年半，迄未完成一套，故要我親到西農，與院長及諸教授商，有計劃的限期完成。此事既爲予發動，自當由予負責，允之。預計六月一日動身，十五日前回滬，俾趕得上上海學院之思想改造。

五月廿九號星期四（五月初六）

到天平路，校孫志祖《讀書脞錄》論《尚書》語。與柳先生談。詩銘來談。記筆記二則。

到天平路，校予前年所作筆記二則付鈔。寫謝延孫信。到思南路郵局寄信。到上海學院，晤徐大綱等，囑其代爲乞假。

與兒輩到門口散步。與張魯青談。看《水滸》。

昨夜堪兒有熱兩度餘，然見予歸猶笑。靜秋急甚，打電話至錢、狄兩醫師處，皆以端午節不在家。今晨熱退矣。此兒有抵抗力，當不至如其三姊之多耗醫藥費也。

五月三十號星期五 （五月初七）

看《水滸》。到大中國。出，到閔行路公安局，又到南潯路派出所，取證明文件，未得。到金陵東路鐵路營運所購車票。與子喬談。

與君匋談。寫證明書、委托代理書兩通（汝成、君匋）。與張士敏談。寫王善業、周谷城、伯祥、楊昭璇、光信、辛品蓮、童丕繩信。到國任處贈書，晤其夫人。歸，鴻鈞來。

看《水滸》。失眠，服藥。

近日出門，凡短期者皆不須向公安局領通行證，此一德政也。

聞華問渠貴州工商廳副廳長已免職，爲所辦煤礦關係，已被捕入獄。文通書局，已改公營。所謂“華半城”者，銷散矣。

五月卅一號星期六 （五月初八）

到天平路，與詩銘談。寫羅玉君、徐森玉信。到合衆，還書。到大中國，填履歷表。

寫謝延孫、李映婁、傅子東信，匯款。剃頭。到多倫路取物。到大中國，與子喬、志濤談。訪誠安，未遇。到醫院訪平心，談。

又安來，留飯。

一九五二年六月

六月一號星期日（五月初九）

記筆記一則。與魴魴送潮、洪、湲到培新托兒所，參加兒童節表演。歸，何天行來。建猷、詩銘來，長談，留飯。

與靜秋挈四兒，并二姐、又安、魴、玉華、素珍同游襄陽公園。與靜秋先出，到淮海路買物。予先歸，理行裝。寫侯芸圻信。鴻鈞來，送車票。

飯後與又安同車出。到站，入茶館憩一小時，十一時上站，誠安待已兩小時矣。一夜眠未安。

六月二號星期一（五月初十）

晨過江，十二時到蚌埠。看《水滸傳》八、九兩冊。

四時到徐州，卸裝大馬路中國旅行社，稍息。五時進城，到中樞街小學訪振華，導至其家，晤龍書、三姐。由龍書通知頤萱嫂及高大姐來談。吃油餅。

六時許出，回旅社，寫靜秋信。小眠。十時上站，遇邱君。十時五十分車開，得酣眠。

六月三號星期二（五月十一）

晨到鄭州，午到洛陽。看《水滸》十、十一、十二冊。在車常得眠。

鈔西北農學院上次所見人名單。

夜十二時到長安，登記車票訖，落宿站旁大新旅社。一時，服藥眠。

六月四號星期三（五月十二）

五時起，寫靜秋信。進早點。七時上站，八時開車，看《水滸》第十三册。十時半到武功，適西北衛生部張查理副部長同車來，樹幟在迎接。袁、劉諸君亦在迎王翊金，遂乘騾車到農學院。與湘嵐等談。龐新民來。

到飯堂，晤叔毅、夢九、王東英、禹海涵等。到石聲漢處、戈湘嵐處。劉蔭武來。寫大中國、靜秋信。出寄信。歸作自我批評數百言。湘嵐來，同到周堯、藍夢九處。在飯堂進膳，與郗女士等談。

到叔毅處。樹幟來，同到徐樹基、朱庭祜、路葆清、黎琴南、康迪、粟顯倬、方乘處談。與張查理同散步，到廣場，聽其報告，自八時至十時。方乘來。與樹幟談。

　　西農兩年來進步絕大，前年學生只一千人，今年三千人矣。房屋添蓋不少。即此見政府辦事之積極與徹底。

六月五號星期四（五月十三）

與樹幟談。秦川來。在樹幟處飯。湘嵐來，同到王翊金、王東英、鄭子久、酆裕洹、季士儼處。回樹幟處，續寫檢討文字，旋覺其不合格而作廢。

粟顯倬來。王翊金來。四時，與樹幟到姚鋈、顧子廉、黃震中、黃毓甲、王振華處談。

到叔毅處乘凉，與楊權中、姚鋈、夏緯瑛、藍夢九等談。歸，到黎琴南、路葆清處。

六月六號星期五（五月十四）

與樹幟、仲軒到劉蔭武處，參觀畜牧場。回，早飯。與樹幟、叔毅、湘嵐夫婦同到農場看機器割麥及拖拉機、水工站、果園、畜牧部所設種畜場，與朱庭祜、路葆清談。

飯時晤賈文林夫婦。移住招待所。王振華來。整理什物。寫挂圖單子備填。擬檢討書目錄。寫靜秋信，付寄。訪馬秉剛，不遇。到樹幟處，同出，到叔毅、夢九處談，晤蔣咏秋、葉志剛。

與樹幟到廣場，聽秦川講忠誠老實運動。十時半歸。康迪來。湘嵐來。失眠，服藥二次。

秦川，西北出版局局長也，來西農主持思想改造，言此次運動與去年之鎮壓反革命大異，去年之事，是要銷滅反革命分子；今年之事，則要爭取知識分子，縱使知識分子有些過失，只要肯改造，政府還是要爭取的。忠誠老實運動，即是過去行爲一切交代，交代了即無事。

六月七號星期六（五月十五）

與樹幟、湘嵐到侯從遠處、邱懷處、劉宗鶴處。知辛毓南已與宗鶴結婚，且有子。與樹幟、顧子廉同到王志鴻處。歸，與樹幟談。歸，重寫檢討大綱。宗鶴夫婦來。

飯後小眠。起，看《西農快報》。巨仁來。馬秉剛來。王志鴻來。樹幟來，同到叔毅處談。

與樹幟、叔毅同到匡厚生先生處。到蠶桑室，晤姚鋆。到樹幟門口乘涼。與叔毅及聲漢談。

六月八號星期日（五月十六）

叔毅、夢九、黃震中、王東英、路葆清、顧子廉、徐樹基來。湘嵐來，得滬電，與湘嵐談。與樹幟、叔毅、夢九、東英、葆清同到配種站，看馬、驢交配及人工授精。歸，與湘嵐到周堯處。到宗鶴家飯。

小眠，看《西農快報》。聲漢來，樹幟來，長談。寫靜秋信。

與樹幟、叔毅、夢九、聲漢等談。到聲漢家，見其幼子定栩，飲普洱茶。失眠，服藥。

今午同席：樹幟　邱懷　湘嵐　仲毅（以上客）　宗鶴夫婦（主）

六月九號星期一　（五月十七）

早飯後與叔毅談。到湘嵐處，新民來，談繪圖事。樹幟、叔毅來，同到幼兒園參觀。回招待所，談。到叔毅處，又長談。

逸楓偕至毛振家醫師處打防疫針。眠一小時。寫黃奮生信，交袁捷寄。夏緯瑛（修五）來。聲漢來。樹幟來。

到樹幟家赴宴。歸，看夏修五《穀類古名考釋》等文。略有反應，早眠。

今晚同席：虞叔毅　粟顯倬　戈湘嵐　劉逸楓　劉宗鶴夫婦（以上客）　辛樹幟夫婦（主）

六月十號星期二　（五月十八）

樹幟來。早飯後與緯瑛談。回室，鈔緯瑛所作《釋穆》、《釋眉》兩文。樹幟來，同到聲漢處談。又到緯瑛處談。

飯後到夢九處道別。回室，小眠。理行裝。王東英來。樹幟來，同到其家。逸楓等來。同到車站，入茶館。五時上車。七時許到西安。落宿西京招待所。

到南大街飯，至香玉劇院看常香玉、趙義廷等之《梁山伯與祝英臺》，十一時半戲散。

送行者：樹幟及其子仲軒　龐新民　戈氏夫婦　袁氏兄弟

此來結果，園藝圖即繪訖。畜牧已編就，即繪。害蟲亦趕全。農藝即着手編。思想改造本月底可完，從下月起必能上軌道進行。至于此一年中，爲了土改、三反、思想改造，學校上課尚且不能，何况編纂乎！滬局疑戈君爲不盡力，歸後當爲洗刷其冤。

六月十一號星期三（五月十九）

四時起。五時許出，上六時四十五分隴海車東行。過陝縣後，看火車上山及山上諸橋梁。

一夜倚座打瞌睡。

隴海車，來時有臥車，歸時却無，知臥車太少，不敷供應也。

六月十二號星期四（五月二十）

七時到徐州，入中國旅行社盥漱。到頤和園吃點。與逸楓同游雲龍山，在大士厓照相，到放鶴亭吃茶。下山，游公園。到車站午餐。

剃頭。回旅社小憩。二時半出，三時上津浦車，看周末報。六時半過蚌埠。飯。

一夜倚座打瞌睡。

津浦車太擠，中途上車，得一座位已難，臥車絶不可能矣。

六月十三號星期五（五月廿一）

六時四十五分到上海，雇車歸。與家人談。理物。何天行來。戶警來。静秋爲洗浴。草此行報告。

途遇徐澄宇。到大中國，開局務會議。到新亞進食。

開勞資協商座談會，予報告西北之行結果。九時許歸。

三夜不得安眠，頗勞碌矣。

六月十四號星期六（五月廿二）

點筆記《黄帝》篇。作予簡單年譜，自一歲至四十歲。

與静秋到衡山影院，看高爾基《我的童年》。

看佘雪曼《百體書集》。

六月十五號星期日（五月廿三）

高君珊來。爲兒輩講故事書。點筆記《顓頊》篇，未畢。

與靜秋到淮海路買物。到東湖看高爾基《在人間》。辛品蓮來。

六月十六號星期一（五月廿四）

到上海學院，上課兩小時，講西北情況。靜秋、湲兒來，同到狄醫生處，打防疫針。

臥床。詩銘來。看《閱微草堂筆記》。

西北甚熱，歸後一寒，氣管炎大作。又打防疫針有些反應，體甚軟，故臥床半天。

六月十七號星期二（五月廿五）

點筆記《帝嚳》畢。到大中國，與君匋等談。懋恒來，長談。王念忱、孫雪泥來，商識字挂圖事。

誠安來。到上海學院，參加大組學習，聽劉虛舟等檢討。旋開小組會，討論渠等檢討。又開大組會，報告討論結果。

又安送魴魴回。洗浴。黃永年來。

六月十八號星期三（五月廿六）

到天平路，與森玉、翼謀兩先生談。寫紹虞、自珍、施志頤、傅樂煥、王之屏、任福亭、馬鶴天、程鴻、劉文典、李旭、金啓華、白壽彝、范仲澐、樹幟信。

洗浴。看《古史辨》第七冊。

天驟熱，汗流不止。

六月十九號星期四（五月廿七）

洗頭。到合衆圖書館，晤起潛叔等。到大中國，與王念忱、孫雪泥、丹楓、君匋同談速成識字法挂圖事。

與君匋談。寫謝延孫信。補記日記五天。與孫雪泥、王念忱同到文化局訪方穎，未晤。回，與君匋、念忱談。理抽屜。與綏成、汝成談。

到德輝處，飯。點《論語後案・鄉黨》篇。

今日咳出之痰有一些血，諒係氣管有破裂處故。

六月二十號星期五（五月廿八）

與靜秋同到狄醫生處診病。到天平路，點《論語後案・子罕、鄉黨》篇，未畢。

鴻鈞、又安來，留飯。程枕霞來，爲寫趙景深、熊佛西介紹片。

今日痰中又有血，且較昨爲多，靜秋迫予赴狄醫處診之，謂肺部無疫，只是咳劇所致。

靜秋太愛孩子，使孩子日益驕縱，以致常打架，每吃一頓飯即有一二人哭一場，不但孩子身體不好，連靜秋亦總吃“氣飯”。夜間渠伴孩子睡，聞一孩哭即起，即無孩哭亦總起視一二次，以此無夜得酣眠。里弄工作又忙，一日常開幾個會。有的在本弄，有的在本區，有的在本市，又須教識字班，婦聯、居民委員會、肅反委員會常有人來，以致生活脫去軌道。在此雙重負擔之下，至十九日而病，腰酸背痛，時欲小便，而每次小便則甚短，且尿道作痛。蓋去年膀胱炎復發矣。狄醫勸其多眠，然家務瑣細，有時欲眠而不得也。生於此時，人盡其力，固當其分，無如力竭而病何！

六月廿一號星期六（五月廿九）

到大中國。江澄波來。與君匋談。與方泂談。與汝成談。

開局務會議。寫伯祥、佘永誠、胡山源、汪安之、金子敦信。

德輝夫婦來，留飯。

　　昨服藥後，今晨所吐痰已無血。

六月廿二號星期日（閏五月初一）

　　鎮日大雨，疲乏，無力工作。俞重展夫婦來。

　　到王開照相館，與上海學院本屆畢業同學照相。到中圖公司購書。買物。

　　早眠。

　　　今日同照：俞劍華　王善業　任鈞　王進珊（以上教員）
徐大綱　雷志遠　李蕊芳　陳衡方　周昭亨（以上學生）

六月廿三號星期一（閏五月初二）

　　到上海學院，上課兩小時（《子罕》畢，通論《論語》）。王進珊來聽。到狄醫處，與靜秋、湲兒歸。

　　小眠。到新華銀行取款。到上海學院，上課兩小時（通論《論語》之史料價值，出示西北照片）。到煦華處，取書。

　　疲勞，早眠。

六月廿四號星期二（閏五月初三）

　　記筆記一則。寫余雪曼夫婦信。到大中國，寫戈湘嵐、承名世信。與君匋、張佑丞、汝成等談。

　　誠安來。寫辛品蓮信、平心信。到上海學院，參加聯組學習，聽劉平江批評。笪移今作總結。後又開小組會。笪移今來。到醫院訪平心，并晤其夫人。

　　爲兒輩講故事書。洗浴。

　　　君匋爲礦物圖事，要予與張佑丞同到南京，覓校訂人。

六月廿五號星期三（閏五月初四）

寄信。與徐森老談。到天平路，校《三代世表》等筆記四篇寄鶴年。校《黃帝》等三篇寄延孫。

取雜志運天平路。與葉笑雪談。理書，理稿。寫于鶴年信。歸，頤萱嫂自南京來。補寫西農日記四天，畢。

又安來，留飯。記筆記一則。

予專任文管會事，森老與亞農言之，得其同意，并謂兼課亦不妨，可援科學院例兼四小時，不必盡義務也。特不知復旦見許否？華東教育部又見許否？

近日予飯量較減，夜飯一饃一粥已飽，將無以天氣寒暖不定所致乎？抑心緒不佳所致乎？腳心亦甚痛。

六月廿六號星期四（閏五月初五）

到科學院，訪李亞農，談下年工作。到薛明劍處，談俞重展事，并晤其夫人孫毓銓。到大中國，與汝成等談。

寫延孫信。剃頭，寄信。到復旦，與谷城談。訪陳望道、紹虞、季龍、厚宣、出版組，均不遇。歸，寫紹虞、八爰、泉澄夫婦、羅玉君、何天行、王善業信。

鴻鈞來。看《閱微草堂筆記》。

近日堪兒長知識能力甚多，兩手不停地取物玩弄，又不喜吃奶而好吃稀飯饅頭，乳媽按之就乳輒哭，足見他日斷乳甚易。

堪兒索抱之對象，第一為予，第二為母，第三為玉華，至乳媽、二姨，索之則避矣。但強抱之亦不哭。

谷城謂將來綜合大學注重研究，教授不須多教書。又謂上海各大學院系調整是本年暑假內事。

復旦自本年三月起思想改造，至今已四閱月而未完畢，大約尚須兩星期，較之上海學院之四十天者嚴重多矣。

六月廿七號星期五（閏五月初六）

寫樹幟、湘嵐、俞重展、張文清、劉宗鶴信。算上次西北旅費。理物。

到火車站晤張幼丞，告以遲行之故。到文管會，開會，參觀南潯龐氏虛齋所藏名畫。五時歸。洗浴。鴻鈞來。

七時上站，即上車。八時四十分車開。天氣奇熱，終夜流汗，不眠。

六月廿八號星期六（閏五月初七）

四時半到南京，乘江南汽車進城，至朱雀路中國旅行社，尋到張幼丞，開房間，與幼丞同到夫子廟永和園吃點。雇車到科學院，待其學習散會，與周贊衡、羅爾綱談。到南京大學，晤地質系教授陳旭（旦初）。出，到玄武湖，至白苑餐室進食。

疲甚，飯畢小眠。二時半出，到珠江路地質陳列館，訪館長高振西，參觀全館。談至五時許出，回旅行社，洗浴。與幼丞到夫子廟晚餐。

到太平路書店閱書。雇車到自珍處，以其開會未晤，見其姑及小叔炳均、小姑炳烟及其子育蘇。歸，與幼丞談。

南京商業蕭條之甚，太平路店鋪每三四家即關一家。玄武湖游人稀少，曩沿湖之茶肆飯肆皆無有矣。

南京學習甚緊張，訪人不易。今日予等九時到科學院，值其學習，不得進，在門房待至九時半而始入。蓋業務方面已縮至九時半到十二時，下午則整個半天皆學習時間矣。到南大欲見李學清，亦以學習故不得見；陳旭則正在上課，從課堂上請下來，亦不得多談。

聞周贊衡言，章演群先生（鴻釗）去年七月逝世于南京，年七十四。如此一生從事於科學工作的人，死了報紙上絕不見。

六月廿九號星期日（閏五月初八）

幼丞來別。七時，自珍偕碚、寧兩外孫來，同到夫子廟奇芳閣吃茶。乘公共汽車，一路轉三路，到玄武門，游後湖，坐船到瀛洲，看動物園，在玄武廳品茗。

到白苑餐室吃茶，進飯。飯後小眠。起，獨步全洲。遇歐陽翥。五時起，乘舟回城，乘汽車到浮橋，至一枝園訪王以中夫婦。自珍、外孫別去。

以中邀至碑亭巷曲園飯。九時半，還旅行社，洗身。失眠，服藥（以熱故）。

自珍又有孕兩月。渠一孕即不舒服，直至生產。然爲了職業，整日無閑，今夏又值思想改造，更奔忙也。如何如何！

六月三十號星期一（閏五月初九）

四時許起，五時許出，乘江南汽車到火車站，購票上車。七時四十三分開車。看河南大學所編《中國通史資料選輯》。

一時半到滬，乘十五路車到常熟路，雇車歸。頤萱嫂偕鴻鈞及洪兒赴南京。休息，臥床，看《閱微草堂筆記》。洗浴。

一九五二年七月

七月一號星期二（閏五月初十）

補記日記四天。到大中國，理兩書桌中物件。與君匋、汝成談。

誠安來。劉重熙來。鈔兩次旅行賬目作報銷。到平心處送稿取稿。

洗浴。吳諫齋夫人來。

堪兒近日益厭乳，而好粥，早晚均食粥一碗，乳媽强之乳則哭，或彼之體質中已不須乳乎？渠近日頗好表示自己意見，要到那裏就把身子一扭，又好弄電燈開關。

七月二號星期三 （閏五月十一）

六時出門。七時到北四川路，至大發吃點。到局開勞資協商會議。與子喬談。整理周慶基《新世界歷史》稿。與汝成談。

作簡單年譜三年。與君匋談。寫開會柬。與汝成談。寫陳子彝、延孫、映婁信。定上海學院學生分數。到郵局寄信、匯款。到多倫路取物，與方太太談。

洗浴。翻舊日記。

今晨同會：宣人　振宇　緯宇　君匋（以上資方）　子喬　王榮德　黃振緄　許志濤　葉芝山（以上勞方）　爲加薪等事件。

數日來熱極，夜睡汗中。予與堪兒皆病熱傷風。

七月三號星期四 （閏五月十二）

到天平路，看日程四册，記簡單年譜三年。

詩銘來。

洗浴。

七月四號星期五 （閏五月十三）

到天平路，與柳先生談。詩銘來。看日記一册，摘録一年餘事。

到大中國，開編輯與生產部聯席會議，自四時至六時。到瑞金二路吃飯。

到上海學院，參加師生員工團結大會，與移今、進珊、光信等談。

今日同會：華汝成　葛綏成　方泂　劉小粟　王福全　劉逸楓　張幼丞　章志雲　金振宇　金緯宇　丁君匋　張家振　許志濤　丁洪昌　予（主席）

上海爲全國出版重心，去年書業有三百五六十家。今年受三反五反之影響，無法維持者居五分之四，再過幾時恐只剩十分之一矣。出版總署爲是派員前來，欲扶助書業界。

百貨公司向我局批發《從猿到人》掛圖兩萬套，然上海西道林紙不多，急切得不到大量材料，欲以國産道林印，則百貨公司又將謂與原樣不一致，犯了偷工減料之嫌疑，故不敢應也。此等處，政府如不想辦法，則商人簡直没法。

七月五號星期六（閏五月十四）

看日記兩册，摘録兩年餘事。

與靜秋、二姐、淑華、魴魴到衡山電影院，看《走向新中國》。吴諫齋來。

諫齋欲謀事，然渠年已五十一矣，居今之世，老年人在排斥之列，予又有何法。

七月六號星期日（閏五月十五）

看日記兩册，摘録兩年餘事。

又安來，接二姐、淑華、魴魴去，淑華不久返蘇。

洗浴。

靜秋月經應來而不來，恐又有孕，渠以經濟力量及個人身體擔負不了，擬墮去。

七月七號星期一（閏五月十六）

看日記兩册，摘録兩年餘事。

眠一小時。

到上海學院參加傳達大會，因去遲，一坐即散。與善業、光信談。

予不知何故，兩日來腹瀉，因此覺得疲倦。

明日黨幹部即到上海學院，決定思想改造日程。

善業告予，聖約翰中有一教師蔡姓，今年五十八歲，爲了思想改造太緊張，中風死了，而旁人誤傳，謂其自殺。因囑予作思想準備，屆時毋太緊張。

七月八號星期二（閏五月十七）

記日記四天。看日記三冊，摘録三年餘事。又安來，爲寫劉蔭武信。

德輝夫婦挈開孫來，談思想改造，留飯。

洗浴。失眠，服藥三次。

德輝來，多談話，即使予精神緊張，夜眠不佳。予晚上真當絶對休息，而無如爲事勢所不許何！德輝亦要參加中學教師之思想改造，自慮在女中亦爲重點，來商應付之術。

宣人來電話，悉大中國已定案，列入半違法半守法户，退款四億五千萬元，從明年付起。亞光則尚未定，恐以擎宇之搜集情報，較大中國爲嚴重也。

七月九號星期三（閏五月十八）

思想改造自今日正式開始。六時半到上海學院，取入場券。到施太侔處，同乘十七路車到市政府。七時半到。八時半開會，由華東教育文化委員會舒同作大報告。教部副部長某君繼之。十二時三刻散。與進珊、光信、徐澄宇談。

與李榮廷（獻可）同到其家飯，見其夫人及二子萬程、萬鈞。到大中國，與君匋、汝成談。寫宣人、振宇、寬正、映婁、延孫信。五時歸，吃包穀。點《黄帝》、《顓頊》兩篇鈔本。

洗浴。早眠。

　　舒同報告四小時，既無説話技術，又滿口江西音，許多人聽不懂，而竭力拉長，使人困怠。共黨開會，無不如是，上次在京聽胡喬木講，與此一轍，洵虐政也。

　　舒同寫字絶似何子貞，想見其出身地主。

　　此次學習，可怕者三：天正熱，不堪炎蒸，一也。刺戟太甚，使予接連不得安眠，二也。開會太多，無寫作自我批判之時間，三也。

　　今日市府之會，集二三千人，而大禮堂乃無窗，鬱悶之甚。

七月十號星期四（閏五月十九）

　　到天平路，與徐、柳兩先生談。點《黃帝》、《顓頊》兩文訖。寫鶴年、延孫信，打郵包。看日記一册。寫華汝成信。

　　到思南路郵局寄信。到上海學院，參加小組會，聽盧元傳達今日上午李文所作大報告。出，剃頭。

　　覺得有些不舒服，早眠。

　　上海第三批大專校思想改造學習運動：

　第一聯合學委會：

　　　上海學院

　　　中華工商專科學校

　　　同德醫學院

　　　上海美術專科學校

　第二聯合學委會：

　　　上海戲劇專科學校

　　　東吳法學院

　　　之江大學建築系

　　　上海商業專科學校

　第三聯合學委會：

立信會計專科學校

同德醫學院 *

七月十一號星期五（閏五月二十）

到上海學院，到大禮堂聽大報告（李琦、俞劍華）。出，静秋、湲兒來接，同歸。

小眠。到上海學院，開小組會。至三時，以身體不克支持，請假歸卧，即延狄醫來診治，打針。

出汗太多，易衣四次，一夜不得安眠。

昨日歸來已覺疲倦。今日中午乃大不舒服，忍耐着到校，坐了一小時，再也忍不住了，只得退歸。歸時熱度已高至一百〇一度六，及延醫生來，則更高至一百〇三度六，如此高燒，前所未有。狄醫謂是急性流行性感冒，謂起得快，落得快。果然經他打針并服藥之後，大量流汗，衣服衾枕盡濕，至翌晨而熱退。今日小便太多，自午十二時至晚七時，撒了十次。狄醫以我溺驗，無病，知是心臟衰弱所致。此皆近日跑來跑去，上大課，聽報告，過于疲勞、緊張所致。

我所參加之小組，組内人員：湯克之（組長）　吳道存（副組長）　俞劍華　王善業　李光信　王進珊　孫鴻霖　李良　孟庭柯　丁雪　孔大充　席祖德　黃光鈺　高其邁　予（以上組員）

思想改造中，丁雪入第二小組，以汪家焯補。

七月十二號星期六（閏五月廿一）

静秋代寫請假信。在床，看思想改造文選第一册畢。

方詩銘來。

---

　*　似應爲同濟醫學院。

熱雖退，而疲倦，多汗，心臟衰弱，以是臥床看書。

七月十三號星期日（閏五月廿二　初伏）

在床，看思想改造文選第二冊畢。起潛叔來，長談。

王煦華夫婦來，送書。

思想改造，一定要寫文章，說過去是如何如何的不好，此于我真是一難題，以向日予自覺是一不做壞事的人也。

七月十四號星期一（閏五月廿三）

在床，看思想改造文選第三冊畢。看毛澤東文選。

與靜秋同到狄醫處診病，打針。

洗浴。

爲明日假滿，今日起床小坐，而竟疲乏不堪，依然上床。到狄醫處診治，渠謂以高年發高熱，肌肉疲勞自不易恢復。爲了多汗，心臟亦易弱。爲打維他命、葡萄糖等補劑針。

今天稱堪兒，得二十斤又五兩，超過標準矣。上次開孫來，抱之輕甚，真不相侔。堪兒現在欲望愈多，不應則哭。兩手好弄，見物必取。

七月十五號星期二（閏五月廿四）

寫學習委員會續假函。補記日記五天。與靜秋到狄醫處打針。

大中國送薪來。寫振宇信。作《六十年來我的生活的總檢討》二千六百言。二姐偕魴魴來。看《中國歷史概要》。

洗浴，乘凉。堪兒從床跌下。

今日較昨稍硬。而出汗甚多，狄醫謂是發汗神經收束不住，亦以年老故也。多汗，即中醫所謂虛。予多年盜汗，或息或作，今又作矣。每夜半或早晨醒來，肩背及胸前俱濕。

　　朱家小妹妹弄壞了潮兒排列的竹籤，湲兒來告，潮兒云：
"你不要説，給她媽媽知道了要打她的。" 即此一言，可知潮兒存
心忠厚，即今所謂 "階級友愛" 也。

七月十六號星期三 （閏五月廿五）

　　李福亭來。續寫檢討二千言。德輝來，留飯。

　　與靜秋到狄醫處打針。歸，寫吳宗燾、李亞農、紹虞、羅玉
君、蘇州協商會、金子敦、華汝成信。俞劍華、李琦、王克邦來。
杭媽來。寫方泂信。

　　洗浴。失眠，服藥。

　　蘇州家中魚池，三百餘年古迹也。今年平江路河道挖泥，挖
出之土無處放，將此池填平矣。這雖破壞了一個古迹，然亦消滅
每年幾萬個蚊子。相傳這池填平後顧家要出瞎子，看此預言會實
現否。

　　潘景鄭家全部租給稅務局，限七月遷出，他有四百個書箱，
擬存入我家，因書函告子敦。

　　今日劍華偕共黨兩幹部來問疾，適逢我抱着堪兒在玩，使我
很有些不好意思。想他們必以我爲躲避學習矣。

七月十七號星期四 （閏五月廿六）

　　寫康成懿（樹幟夫人）、映婁、延孫信。立三反、思想改造兩
簿，想到即寫。寫帥潤身、趙孟輖信。

　　眠一小時。寫文管會信。與靜秋到狄醫處打針，到天平路取
物。點《求真》雜志所載李季評《古史辨》派之文。洗浴。又安
來，留飯。

　　打了四天針，明天可到上海學院參加學習了。

　　李季與劉平（楊寬）、吳流（童書業）一九四六年在《求

真》雜志及《東南日報·文史》周刊爲《古史辨》派之方法問題所打的筆墨官司，予前囑毓芬鈔寫，迄未點校。今因思想改造亟須批評《古史辨》之毒素，因取出點讀之。才六年耳，人事變幻竟如此，亦可驚矣。

七月十八號星期五（閏五月廿七）

八時，到上海學院，參加三反運動，聽小組同人對于孔大充提出意見及其答辯。開互助小組會，聽俞劍華所擬三反報告，并述予所擬報告。

與王進珊同到其金谷村，晤其母、妻，同飯。飯後眠一小時，看趙孟頫書《膽巴碑》。三時，又到海院，聽俞劍華三反報告及同人所提意見。六時歸。

洗浴。點李季、吳流等文。

自今日起，開會工作上午仍八時至十二時，下午改爲三時至六時，則飯後可以安心睡眠，將精神休息過來。

劍華爲予安排，到進珊家午飯并午睡。渠家有一亭子間，甚安靜。其夫人爲吳江籍，所作菜爲蘇州味，甚適口。

凡報告三反者，先須在互助小組中商討，然後在小組會上報告，得到衆人的提出意見，逐條答覆，擇其爲重點者再在大會報告。

七月十九號星期六（閏五月廿八）

到海院，途遇顧樹森。聽小組同人對于俞劍華提出意見及其答辯。又聽孫鴻霖之三反報告。

到王家飯，看明萬曆蒙城本《莊子》。眠一小時。到海院，聽小組同人對于孫鴻霖提出意見及其答覆。又開互助小組，聽席祖德所擬三反報告，并述予所擬報告。六時歸。

洗浴。點李季、劉平等文。失眠，服藥。

予在三反中是一個不重要的脚色，本想不出什麼來。自聽了兩天的報告與提意見，居然想出十一條，然皆鷄毛蒜皮也。蓋貪污、浪費，在舊社會中本亦視爲惡德，故予兢兢不敢犯，兹所提者皆平常不視爲貪污者也。

七月二十號星期日 （閏五月廿九）

點繆鳳林論古史書、裘可桴評《古史辨》、岑仲勉論禹與夏之關係。

華汝成來。

爲兒輩講《跳出火坑》（連環圖畫）。失眠，服藥。

終日颱風，傍晚大雨。

七月廿一號星期一 （閏五月三十）

到海院，漫談一小時。到第五教室，聽王克强檢討（聲淚俱下），并劉俊民報告。回小組，討論王克强檢討。與劍華同到進珊處飯。

看徐志摩《愛眉小札》、郎静山《集錦》。眠一小時。聽吳道存檢討并答覆。聽席祖德檢討。到修文堂，晤實君，寫華汝成信，爲購書贈聲漢。玉華到衛生學校，訓練爲保育員。宋媽來。

洗浴。草檢討書約三千言，至十二時眠，服藥兩次。

自玉華去，静秋家事更忙，夜眠須管溲、堪兩兒，更不安矣，睡眠愈少矣。

學習固甚緊張，但較之第一期之復旦、交大，第二批之滬江、聖約翰，則輕鬆多矣。倘真能於八月廿五日完畢，則日期亦縮短多矣。聞爲調整院系計，時間不可能延長。惟迄今尚有一月餘，正在伏中，不知予身體吃得消否也。

七月廿二號星期二 （六月初一）

聽席祖德答覆，高其邁檢討并答覆。予作檢討并答覆約一小時半。寫振宇信。到進珊處飯。杭媽去。

看關山月《南洋畫集》。眠未着。聽湯克之檢討并答覆。丁雪重新檢討。

洗浴。疲倦。早眠。

颱風止，天即熱，予素畏熱，而終日開會，不知能安然度過否也。

堪兒見予出門，哭了。晚上回來，一抱他時，長笑如馬嘶。此兒不知何故最親予。

玉華學習保育員，前日盧雪岩亦去學習爲人民教師，聞朱太太失業登記後亦將出去學習。我們這所屋子裏人太少了。

七月廿三號星期三 （六月初二　中伏）

聽李良重新檢討。十時，分組，聽王善業、李光信、俞劍華重新檢討。在進珊家作檢討書。

看吳敬梓《文木山房集》。聽王進珊重新檢討，予亦作補充。五時半散，以車未至，剃頭。

洗浴。失眠，服藥。

近日每夜必藥，可見血壓又高。在此緊張場合中，何法使血壓正常耶！

靜秋言，湲兒夜中汗出如潘，想見其盜汗，此兒體弱，奈何！

靜秋爲雁秋在土山看守所中吐血，心中不安，寫信與鴻鈞，爲木蘭所見，大罵四姑背着沈重的思想包袱，如何能改造。雁秋并非反革命，徒以在蔣政府任職之故，爲木蘭所痛恨，直欲致之死地，不許人憐惜。左傾幼稚病一至于此！

七月廿四號星期四 （六月初三）

寫華汝成信。作三反總結，討論收穫及缺點，并各報告貪污總數。眠兩小時。

草三反個人報告，未畢。與孔大充等談西北情況。到王進珊處談予與魯迅事件。歸，汝成來。

孫實君來。洗浴。失眠，服藥兩次。

予所開貪污單，解放前一千二百餘萬，解放後四十八萬。予戲語劍華云：“可套金剛經語曰：所謂貪污，即非貪污。”劍華大笑。

七月廿五號星期五 （六月初四）

討論昨晚小組同人所看《華沙一條街》電影。與孔大充等談。至十一時半到進珊家飯。

眠一小時。與進珊同乘車到交大，聽李文同志作三反總結，自二時至五時。步歸，晤周莘農。

洗浴。看《古史辨》第一冊自序。與靜秋同眠。

七月廿六號星期六 （六月初五）

在互助小組內討論昨聽李文報告，及應提出之意見。看《東方雜志·美術專號》中記甪直塑像一文。

眠二小時。與劍華談。小組討論“聽了總結報告後，在思想上明確了那些問題”。玉華自校歸。

洗浴。看《古史辨》第一冊自序。與靜秋同眠。

七月廿七號星期日 （六月初六）

草三反運動交代報告訖，約三千餘字，即鈔清。德輝來，誠安來，留飯。談至二時半去。

盧雪岩夫婦來。與潮、湲、魴送玉華至五路汽車站。

洗浴。爲潮、湲兩兒吵鬧失眠，服藥三次。

　前昨兩夜，静秋來睡，使予睡得非常好。今日玉華返校，潮、湲兩兒即苦纏其母，哭吵兩小時，鬧得全家人都不能眠。我雖有倦意，也終醒了，至上午二時後始朦朧。唉，小冤孽，小冤孽！

七月廿八號星期一（六月初七）

　何天行來。洪駕時來。竟日討論"總結報告所提出的現存的問題，你本身有哪些？具體表現是什麼？"

眠一小時。看貫華堂原本《水滸傳》序。

洗浴。看《古史辨》自序。

七月廿九號星期二（六月初八）

　到大光明，聽教部第一副部長陳其五報告思想改造的意義與方法。自八時半至十二時半。與鍾道贊、徐澄宇、席祖德、王善業談。

歸飯。眠未着。到海院，參加互助小組，談個人立場。

洗浴。爲天熱多蚊，睡不安，服藥兩次。

　今日談立場問題，予說到對美、蘇態度，因謂蘇聯自爲先進國家，我國應追隨之，然胸中有積疑二：烏蘇里江東之東海濱省，黑龍江北之阿穆爾省，帝俄時代所奪地也，既對我友好何以不還？一也。帕米爾高原，唐努烏梁海，皆中國地也，蘇聯何以不聲不響地拿了去？二也。此事，我政府或有難言之隱，然對我輩高級知識分子必當有一交代。歸爲静秋述之，静秋大詈余，謂爲惹禍招災。然既要說對蘇態度，自當忠誠老實，雖得禍不悔也。

七月三十號星期三（六月初九）

竟日開互助小組，論個人思想。

眠一小時，看貫華堂本《水滸傳》。李琦來，大聲斥責，至六時半散。

又安來，留飯。洗浴。

李琦同志因本組同人認識不夠，批評不真切，幫別人提意見亦不足，破口大罵，真有"到此方知獄吏尊"之感。

七月卅一號星期四（六月初十）

予與吳道存各自述在工商業中工作之事實。到第五教室，聽劉俊民談思想改造方案。晤趙清閣。

眠未着。看童書業、楊向奎評《古史辨》文字。互道資產階級思想，作競賽，予獨謂自己無資產階級思想，眾大嘩。

洗浴。失眠，思予階級成分，至一時後服藥眠。

組織上要我們每人自認資產思想，列舉唯利是圖、損人利己、投機取巧諸項。眾皆爭認，予獨以爲無有。大家以爲"在資產階級工作多年而謂無資產階級思想爲不可能之事"，囑予再檢討。予夜中自思，殆爲封建階級思想，所以入資產階級者偶然事耳。封建階級則有模糊剝削實質而行其仁心仁政者。

人家自我批評，必要我加以批評，這在我是極困難的事。我從小養成的習性，要我六十歲改了，真是天大的難事。

一九五二年八月

八月一號星期五（六月十一）

到交大，聽學委會副主委余仁講思想改造應注意事。歸飯。

眠半小時。開分組會議，予自述階級成分，聽人分析，討論批評及自我批評之進展方法。

洗浴。乘凉。失一小刀，静秋與二姐吵。

余仁，登州人，滿口土音，聽不了了，所講亦常談，坐四小時殊無所得。始知對知識分子講話，須用知識分子，如前日報告之陳其五，出身地主階級，又係清華學生，故其言自我輩聽來便可得實益也。

上海學院，去年爲六校所合。今年院系調整，又化而爲三，中文系入復旦。此校自始至終只一年，可謂短命矣。

八月二號星期六（六月十二）

與湯克之、丁雪，工作幹部吳瑞芳談予階級成分事。梁子範來。寫自身爲害人民之事實，約三千言。與孫鴻霖談。

眠一小時許。看《水滸傳》。吳瑞芳來談。助校中掃除。孫雨廷來。

洗浴。盧雪岩來。服藥眠。

天氣愈熱，至百度外矣。予左眼發炎，多眵，覺模糊不清。

各人所認貪污數字，本説不退，今又説要退，共産黨之言不可信如此。

八月三號星期日（六月十三）

玉華來。盧雪岩來，長談。

重作昨文，訖。以左眼發炎，下腭齒痛，精神疲憊，卧。請静秋爲予改文。

洗浴。

八月四號星期一（六月十四）

到天平路，取文件。吳瑞芳作主席，商討自述書之寫作。李琦招至學委會，商討自述書之寫作，予因與商記述魯迅事。鈔出第二批送去書目。

在王宅晤趙清閣。眠一小時許。看《申報・文史》。因雨，坐車赴校。看《文史哲》童、楊兩文，草予學術思想之批判。與李光信等談。歸，華汝成來。

洗浴。俞重展偕張耕畲君、王女士來，談勤業校結束事。

湲兒又以感冒致疾，出汗甚多。

清閣示陸小曼書畫扇，甚清雅。小曼今年四十七，聞憔悴甚，自志摩歿，歸翁瑞五。想廿餘年前宴會，真似一夢矣。

我要和魯迅打官司事，大家看了《魯迅全集》都知道，但均不知其所以然之故。今日予將武漢《中央日報副刊》照片及《入世的痛苦》（當時我的信稿）送與李琦，請其指導我發言。

八月五號星期二（六月十五）

聽吳道存交代思想問題，即開互助小組，大家批評，又開小組會，請吳君列席聽取。

眠一小時許。看康有爲墨迹（程涒所編）。鈔丕繩所寄予思想提綱入冊。又安來，留飯。

洗浴。與靜秋携湲兒到狄醫處診治，到新濟藥房配藥。九時半歸。失眠，服藥三次，至十二時後眠。

湲兒今日熱至百〇三度六，到狄醫處，亦不能斷爲何病。

雁秋在獄又病，靜秋聞之心神不安。

八月六號星期三（六月十六）

互助組談昨日批評方法。自行準備，予寫學術思想的總批判。大雨，向孫鴻霖借傘，施畤借褲。

眠一小時許。家送衣來。續看康有爲墨迹。小組續批評吳道存。自行準備，予續寫學術批判。與光信、善業談。

伴湲兒病。爲潮兒作圖。疲極，早眠，極酣。

今日静秋携湲兒到錢醫恩澤處，據謂是傷寒之一種，但不算嚴重。静秋爲湲兒疾，日夜無休息，聲音沙啞，疲甚矣。

八月七號星期四（六月十七　立秋）

續準備。九時半，到第五教室參加聯組會，由吳道存交代思想，十一時訖，回小組討論。

眠一小時。看康有爲墨迹訖。續開小組會討論。四時，續準備。五時，又到第五教室，聽劉俊民對吳道存交代之批判。洗浴。

李福亭來。伴湲兒。爲潮兒作圖。服藥眠。

今日左眼發炎增劇，半夜竟至封住，睜不開來。又服消炎片。

湲兒熱未全退，已急于起床，故晚間熱仍升。

八月八號星期五（六月十八）

寫華汝成信。聽席祖德交代思想問題畢。即開互助組討論，又開小組討論。

眠半小時許。看《申報·文史》。聽王善業交代思想問題，即開互助組討論，又開小組討論。洗浴。

因眼炎，早眠。

湲兒今日熱度又升至卅九度，牙床舌頭均爛。錢醫謂是腸炎上衝所致。予左眼發炎仍不愈，看書困難。

學委會派來幹部，每盛氣凌人，一副晚爺面目，自居于征服者而迫人爲被征服者。此與思想改造有何好處，至多完成任務而已。安得毛主席化身千萬億，解除此偏差乎！

八月九號星期六（六月十九）

聽李光信交代思想，未及半，即爲李琦喝住。聽黃光鈺交代，畢，開互相組討論，又開小組討論。

眠未着。出，剃頭。看《上海掌故叢書》。與杜伯玉談。小組討論黃光鈺交代，畢，聽席祖德補充交代，即由小組討論。

洗浴。玉華來，留宿。失眠，服藥二次。

　　光信爲人，拘謹之甚。生平唯做教員，亦無爲害人民之事實。思想交代，在彼實無可交代者。然而不能不交代，則唯有硬帶帽子，把唯利是圖、投機取巧、損人利己等往頭上套。李琦知其非也，不俟其說畢，即令停止改寫。此實難事，蓋彼如不套，便不得作交代矣。三反之時，不貪污不如貪污。思想改造時，則不反動不如反動，以貪污反動者有言可講，有事可舉，而不貪污、不反動者人且以爲不真誠也。好人難做，不意新民主主義時代亦然，可嘆矣！光信已兩夜不眠，逼之過甚將成精神病，更可憐！

八月十號星期日（六月二十）

重草檢討書四千字，將家世及所受教育説畢。與吳道存談。

眠兩小時。看《上海掌故叢書》。聽吳道存補充交代及衆人提意見。與李光信談。德輝夫婦及毓芳來。

洗浴。公安人員整風運動在寓中草地上開會。續作檢討書二千言。服藥眠。

　　德輝同事蔣君聞宣傳部中人言，舒同主任命學委會，"對顧頡剛教授保護過關"，聞上海得如此待遇者僅予一人，與工商界之榮毅仁等。果爾，予可不受打擊矣。其所以如此者，據德輝言，當係國際觀瞻所繫，不當以此引起反響也。噫，果如所言，斯亦卅餘年勞動成績之所致也。予受此優待，益不敢自懈矣。

湲兒熱退。予左眼亦較愈。

八月十一號星期一（六月廿一）

　　劉俊民來講思想改造應注意事。即分互助小組討論。王善業重新交代，即分互助組討論。

　　看《半農雜文》二集。眠二小時。對王善業交代提意見。五時，整理昨作檢討書。

　　洗浴。夜飯後覺倦，即眠，至十一時半起，寫數百字，爲静秋所禁止，服藥眠。

　　本來十五、十六兩日上海學院供應大學入學生考試，思想改造可停兩天，今又改變，試場易地，改造不停，則予之檢討書勢不得不在夜中作矣。真正逼死人！爲吳瑞芳言之，她説客觀困難要用主觀努力克服。

八月十二號星期二（六月廿二　末伏）

　　王善業第三次交代，畢，開互助小組討論，逼得他大哭。

　　眠二小時。看《半農雜文》。李光信重新交代，開互助小組討論，又開小組討論。看《新蘇州報》。

　　洗浴。覺倦，早眠。

　　近日予當趕作交代書，而睡眠極好，餘時又無暇，竟不能作，奈何！

　　以光信之簡單，且多悔過之言，而提意見者仍極多。渠已四五日不能睡，不能食矣。

　　湲兒熱雖退，但仍不思食，眠中出汗如瀋，脾氣極壞，拉住其母，母一離開即哭。可見其虛弱之甚。堪兒近數日亦不思食，故略瘦。

八月十三號星期三（六月廿三）

　　黃光鈺作二次報告，即開互助小組討論，又開小組討論。與孔大充談。與王善業談。

眠未着。起寫教學檢討八百字。高其邁交代，歷三小時。

寫某君紀念册。失眠，服藥三次。

溪兒至今日見好，思食矣。

八月十四號星期四（六月廿四）

對高其邁提意見，訖。聽孟庭柯交代。遇梁子範。

眠一小時。起寫我和商業一千字。對孟庭柯提意見。五時，開三人小組，予與胡永齡、潘慎、高其邁談。

洗浴。華汝成來，寫經理部二函。

十一日，劉俊民來本組，說："提意見時，每人一條，平均分配，是任務觀點。此後如無話說，即不必說。"予本不會提意見，聽此話後不提意見者三日矣。昨李琦找劍華去，謂顧某不說話不對，因由劍華供給材料，予又對每人提出一點意見。共黨之話，不識何以忽彼忽此，令人不知所從如此。

大中國生産小組意主節省，《工農字彙》以爲只要交王善業修改即可，不必經平心手，以此平心出院費遂不可得。不知善業政治水平遠不及平心，而今日出版專注意政治水平，尤其工農方面。職工管局務，犯幼稚病，今日事所以難爲。

八月十五號星期五（六月廿五）

湯克之交代歷三時半，即開互助小組討論。

眠二小時。到第五教室，開聯組會，重聽湯克之報告。予作自己交代報告。洗浴。

伴靜秋病。接宣人、君匋電話，爲平心稿費事。

靜秋左臂忽然大痛，就狄醫視之，謂是風濕。大約溪兒病一星期，她太累了。已去函頤萱嫂，請其即來。

予雙目發炎，晨起均封，有同盲瞽。

湯克之外表甚進步，而今日交代，實係投機一流，又玩弄女生，致激起學生公憤，要他在聯組重新交代。

八月十六號星期六（六月廿六）

開互助小組，討論對湯克之提意見事。開聯組（全體教職員及法律系全體同學），對湯克之提意見，自上午九時至十二時，下午三時至六時。

眠兩小時。晤楊雲生。

華汝成來。玉華來，留宿。洗浴。静秋同榻。

湯克之任本組小組長，向以前進姿態出現。乃昨日交代兩次，激起許多人的不滿意，今日大量提意見，始知其人不學無術，教書無能力，于是專用手段聯絡同學，期造成小宗派，又夤緣主法律系務，罪一也。玩弄女同學，態度輕浮，激起全體同學之反感，罪二也。本爲反動派 CC 系之小嘍囉，出身中政校，而履歷上寫中央大學，復以到北京新法學研究院，以前進教授自居，打擊他教授，其罪三也。迹其一生，以招搖撞騙起家，而又濟以法西斯思想，雖其罪不大而其心可誅。今日聯組，實是公審，給予精神打擊自甚劇烈。有此場面，在彼在人，思想真不容不改造，而群衆力量之偉大亦可見矣。

八月十七號星期日（六月廿七）

七時半始起。修改所作交代書，又續作三千餘字。

看譚彼岸《資本論中的王茂蔭問題》。

洗浴。到静秋室談。九時即眠。

静秋臂痛，經狄醫兩次注射止痛針後已較愈。

予眼疾迄不痊，又服消炎片。此藥每片二千元，一日八片便一萬六千，在這時，窮人如何生得起病！

颱風又至，時下大雨，天氣驟涼。

八月十八號星期一（六月廿八）

四時起。修改昨作。漫談前日聯組會所生之感想。高其邁補充報告，即予批評。

眠未着，看《半農雜文》。改入第五組，到圖書館開會，選小組長。俞劍華作初步交代。與張慕聃等談。頤萱嫂挈洪兒回。

洗浴。静秋同榻。

渠第五小組，由工作隊選董玉杰爲組長，公推席祖德爲副組長。組員如下：施畸　俞劍華　王善業　王進珊　張慕聃　陳文　錢曉雲　秦嶽靈　胡永齡　予　所以有此分組，當爲趕速結束計，蓋下月即須調整院系也。

八月十九號星期二（六月廿九）

到大光明，聽匡亞明（華東宣傳部副部長）講批評與自我批評。大雨，僱車歸。與陳文、張慕聃談。

眠半小時。討論匡亞明所講。到施太侔處。二姐赴油店。宋媽去。

洗浴。看《中山大學語言歷史學研究所周刊》。以湲兒哭吵失眠，服藥兩次。

八月二十號星期三（七月初一）

終日對俞劍華交代提意見。參觀上海學院圖書館書庫。

眠二小時。晤趙清閣。與秦嶽靈談。女工張可鳳始至。

洗浴。草交代書提綱，未畢。與静秋、湲兒易榻。

湲兒又病，熱高百〇四度。才愈一星期耳，又病，身體如何支持。

静秋臂痛，打針數日較愈。予眼疾亦漸痊。

八月廿一號星期四 （七月初二）

張慕聃交代。到第五教室，聽李琦訓話，自十時至十二時半。

眠一小時許。看鄭振鐸記脉望館元明曲之發現。到第五教室，聽湯克之第三次交代。吳大姨自蘇州來。

洗浴。翻看張元奇詩集。

湲兒服錢醫藥，熱度退，惟未净。吃了一點挂麵，腹中又不舒服。她的腸胃壞到極度。潮兒下午亦發燒，高百〇二度。這兩個孩子，每年夏秋間必病，冬間亦必病。氣候變化，無抵抗力如此。静秋爲了兩孩病，亦憊極而病，今日泄六七次，臂仍痛。一家中如此，太慘凄矣。

吳海峰于陰曆廿三日逝世，吳大姨來報喪。

李琦説話，直是謾罵。閻王好見，小鬼難當，奈何！

八月廿二號星期五 （七月初三）

討論昨日湯克之交代。李琦報告，及向張慕聃提意見。與王明新談。

眠一小時。看鄭振鐸文訖。聽錢曉雲報告，歷二小時，即開互助組討論。與秦嶽靈談。

洗浴。與徐隱芝談。重草提綱畢。至十二時半服藥眠。

昨日湯克之再交代，十分卑屈，予以爲無問題矣，而今日討論，又尋出若干罅隙，本組推施畸、王善業整理，得十條。此可見追比之嚴。

湲兒熱退。潮兒尚越百度，腹痛，拉稀。静秋亦較好。此當由于天氣凉熱屢變所致。

我行將交代，而交代書無暇作成，昨向組織請求，給予半日假，今日乃又不許，謂可開夜車，然又謂不可妨害健康，何其矛盾也？

八月廿三號星期六（七月初四　處暑）

向錢曉雲提意見。俞劍華二次交代。與席祖德、董玉杰談。

眠一小時。看《世界文庫》。到副院長室，寫第六章《從反宗派主義到投入美帝燕京大學》，約兩千餘字。德輝夫婦偕毓芳來，留飯，談。

洗浴。

今日寫魯迅事，殊難措辭。

八月廿四號星期日（七月初五）

終日作交代書，上午修改第一至第四章訖。下午重作第五章《教學檢討》，修改第六、七章，作第八章《從研究邊疆到爲反動派服務》。又作十章至十二章。約寫一萬字。至十二時眠。

洗浴。服藥眠。

一天寫一萬字，殆爲予速率之最高紀錄。

八月廿五號星期一（七月初六）

張慕聃補充交代。即開互助組討論，又開小組提意見。予抽閑寫交代第九章，未畢。

寫第九章，訖。席祖德報告禁烟事。予作交代，自第一章至第四章。與錢曉雲等談。與秦嶽靈談。

洗浴。修改第五章至第八章，訖。失眠，服藥三次。

予之交代，得兩萬五千字，再經提意見而補充，當有三萬字矣。

今日予交代，不到休息時間而休息（下午本休息一次，今日兩次），衆人又爲予遞茶水。看此情形，疑德輝十日所言殆信。

八月廿六號星期二（七月初七）

續交代，從第五章至第八章。吳大姨返蘇。與進珊商修改。

改作《主導思想》一章。續交代，自第九章至十二章。五時訖。家舜來。出，剃頭。

洗浴。疲倦，八時許即眠，眠甚酣。

今日學委會議決，學習至九月十日止，延長半月。

潮、湲兩孩方愈，洪兒又發高燒，至一百〇四度。此當是天氣關係，熱涼屢變所致。

予交代歷八小時半方畢，喉嚨已啞，而體尚能任。近兩日熱甚，今日予又終日交代，不勝其憊，故晚飯後即眠。睡到床上，舒服得很。惟能勞于先，乃能樂于後。

劍華爲予統統修改一過，盛意可感。

八月廿七號星期三（七月初八）

寫振宇信。因醞釀對我提意見，予到施畸屋休息，董玉杰來談。看《新建設》。十時出席，聽各同人對予提意見。

小眠。與周昭亨談。看《世界文庫》第二冊。自三時至五時，對予提意見訖。五時至六時，王進珊交代，未畢。洗浴。

爲潮兒講《封神榜》。

今日提意見者，有爲予開脱者，亦有切中予病者。予生平直諒之友不多，今日聞此，大有蘧伯玉知非之感。

予交代書，對暴露原始思想及具體事實够詳細，但分析批判則尚嫌不足。

八月廿八號星期四（七月初九）

王進珊交代未畢，爲董玉杰所阻止。

眠一小時。看《北京風俗類徵》。令王進珊退席，小組共同對彼提意見。在瑞金二路吃飯。在泰康路散步。歸，與孔大充等談話。

到第三教室，與教部高教處科長湯德明等談話。九時歸。十時，靜秋開會歸。失眠，服藥四次，至上午一時始得眠。看《南洋學報》七卷一、二期。

今晚同會：湯德明　杜伯玉（召集人）　徐石樵　黃錦齋　席祖德　張慕聃　李榮庭　吳道存　孔大充

八月廿九號星期五（七月初十）

準備一小時。錢曉雲補充交代，畢，即開互助組，復開小組提意見。

眠二小時。胡永齡交代，未畢。盧元來。歸，德輝夫婦及毓芳來，留飯，長談。洗浴。

看《宋元明詩稿鈔》。

八月三十號星期六（七月十一）

胡永齡交代畢。

作補充交代提綱。互助組討論胡永齡交代，旋開小組會議提意見。

洗浴。寫補充交代，靜秋覽之，以爲不佳，作廢。

八月卅一號星期日（七月十二）

董玉杰招往談話。寫補充交代約三千言。

眠一小時許。看《北京風俗類徵》。錢曉雲第三次補充交代畢，即提意見。以將雨，早散。車未至，散步半小時。

洗浴。

近日眼炎又作，夜中頗欲工作，而張目如在霧中，不得不止。只得仍服消炎片。

八月廿七日思想改造小組對予所提意見

俞劍華：

（1）未學習前與學習開始時，總自以爲清高，雖在反動政權下工作，自以爲問心無愧。事實上，此種表現却正合反動派的心願，以能爲他所用而不與他爭權奪利也。你不爭，也無力爭，因此自謂保持了自己的清白，身在政治之內，心在政治之外，半推半就，若即若離，無人民立場，委曲求全，終于同流合污，爲害人民。在治學上，因缺乏馬列觀點，故用力雖大而收效甚微。（2）自學習後，知道自己的爲害性，但總自己原諒自己，痛恨反動派及資産階級不够，批評自己也不够。實驗主義的爲害究竟如何？《古史辨》的影響究竟如何？均當嚴格批評。（3）説要修改從前所作，時間既不允許，亦無此需要。寫了新的就可以否定舊的，還可寫出有用的東西來。（4）研究工作一方面受了胡適的影響，一生未能跳出這範圍。因爲一出大學，立即成名，就自以爲是，專從書本上找證據，對于考古發掘的興趣少，甚至對甲骨文也不研究。紙上談兵，是不可靠的。這種方法，是反動政府求之不得的。清代的學問，是在帝王壓迫之下，專向古書工作。蔣匪幫也如此，他們就利用這種態度，把顧先生作成偶像，因此不但自己不革命，弄得學生也不革命，做了幫凶而不知道。

施畸：

我久知道顧先生，他用功之勤，寫作之多，是最佩服的。但我綜合他的著作，我始終沒有發見他的系統，不知他有沒有哲學思想？假使有的，就是胡適的實驗主義，但也是很淺薄的。實驗主義所謂“適應環境”，是絕對的錯誤，一種植物可以適應環境，而人則不能，人是要奮鬥。顧先生在淺薄的實驗主義上，要對于中國經學混合漢學宋學而成爲漢宋折衷派。在行爲上表現出來的還是一個"適應環境"，因此，行爲顛倒，不願意做的事情也做了，不願意見的人也見了。在他的著作裏，只有豐富的材料，即是所謂"博而寡要，勞而少功"，做事也是模棱兩可。經過這次改造，應當回到原崗位才是，因爲他不會做生意，就不該做生意。

在對人方面，他是不够認識人的。第一個他認錯的人就是江亢虎，他是投機家，在天津立足不住而到上海來的。宋教仁也是舊民主主義，而顧先生却都認爲社會主義者。魯迅的思想，大家是看得很清楚的，但顧先生對他却是模模糊糊，看不清楚。説到研究系，這是民國七年，梁啓超發起憲政研究會，説要重造民國，其實是拉攏軍閥和政客，捧段祺瑞，擁徐世昌作總統；又因北洋軍閥主張復辟，所以研究系的最後目的就是復辟。研究系不要下層，只要上層。胡適在五四後有了大名，所以研究系拉他，宣統召見他，段祺瑞接近他。顧先生説梁投機，其實胡也投機，他不知道而捧胡適，等于幫了研究系。魯迅知道這樣，所以反對胡，而顧不知道，足見他認識人是模糊的。蔡先生辦北大，要把北大和巴黎大學、柏林大學齊驅，爲了人才少，所以不得不兼容併包。他找前進人物，如李大釗、陳獨秀、顧孟餘等，顧先生并不知道，而只看到胡適，這是不認識蔡先生辦北大的精神，所以他的眼光是不尖鋭的。他對于蔣介石方面的人也是模糊的，他要抗日，要做邊疆工作，不想想這些事情是不是蔣方面所做得到的。他一生在不認識人上吃虧！

他一生努力在古史上，但研究古史是應從人類學、考古學、民俗學三方面下手的。蔡先生在民七辦地質系，附屬的就是考古學。他研究古史，并没有找着古史的基礎。他只從胡適走，而没有和研究地質的人聯繫，所以努力是白費的。他不知道這三種基礎是歷史唯物論。他雖有意抗日，注意邊疆，但對于世界全局，就是歷史的發展，沒有注意到。他的貢獻沒有效果，是盲從胡適的結果。

在認識事情上也是模糊不清的，所以不能拒絕別人。他説帝系是民族的偶像，似乎不是大漢族主義者，但説到西北民族時，却又説各民族的血統已經混合，中華民族是一個，又成了大漢族主義者。他要抗日，而看不出國民黨沒有真心抗日。九一八之變，國民黨以爲不費一兵一卒而解決了東北軍。共産黨所領導的民族解放先鋒隊在北方有很大的力量，他不看見。他看事實很模糊，只是主觀地想出一些方法來對付一下。

予前爲侃嬻書聯語曰："不知嫉忌爲何事，但矚光明益向前。"蓋自知最無嫉妒心，只願人好，不願人壞。而一般人不似我，見人之略有成就者則排擠之，予誠不能解其意也。兹讀劉少奇《論共産黨員的修養》中，有一段説出了這個原因：

　　有少數同志在黨内反映着濃厚的剥削階級的意識，他在黨内常常用對付敵人的辦法來對付黨内的同志，來處理黨内的問題，完全没有共産主義無産階級的偉大而忠誠的互助精神與團結精神。

　　有這種意識的人，在黨内是想抬高自己、發展自己，但他以打擊別人、妨害別人發展的方法來抬高自己與發展自己。他要出人頭地，他嫉妒强過他的人。別人走在他前面，趕上他，超過他，他是不甘心的，而想把別人扯下來，弄到別人落後才甘心。他不甘心居于人下，他顧自己好，自己發展，不管別人的困難。他看見別的同志遭遇困難，受到失敗、倒霉，或者受到打擊之時，他幸災樂禍，暗中竊喜，完全没有同情心。他甚至對同志有害人之心，"落井下石"，利用同志的弱點和困難去打擊與破壞同志。他在黨内，也利用黨的組織上工作上的各種弱點，在黨內"鑽空子"，擴大這些弱點，以取得他個人的某些好處。他在黨內好撥弄是非，好在同志的背後說人家的壞話，進行一些陰謀詭計來挑撥同志中的關係。他好參加黨內一切無原則鬥爭，對各種"是非"感到很大的興趣。特別是黨處在困難的時候，他就在黨內引起與擴大這些糾紛。總而言之，他邪氣十足，毫不正派。以這樣的人而說他能掌握馬列主義的理論與方法，反映無產階級的思想，那不完全是笑話嗎！很明白，這完全是沒落的剝削階級的思想之反映。因爲一切剝削者要發展自己都必須妨害別人。資本家要發展自己的財產或在恐慌時不破產，他必須擠倒很多較小的資本家，他必須使無數的工人飢餓。地主要發展自己，他必須剝削農民，必須使許多人失去土地。德、意、日等法西斯國家要發展自己，它們必須妨害其他國家發展，使奧地利、捷克、阿比西尼亞等亡國，使中國受侵略。剝削者以妨害別人、使別人破產爲發展自己的必要條件，把自己的幸福建立在使別人受苦的基礎上。所以剝削者相互之間不能有真正堅固的團結，不能有真正的互助，不能有真正的人類的同情心，而必須進行陰謀詭計，暗害人家，利于別人倒臺破產。然而他們又不能不說假話，不能不裝作假聖人與"公道的主持者"在大眾面前出現。這是一切沒落的剝削者的特點。……這些東西對于剝削者來說，也許是他們的"高尚"道德的標準，但對于無產階級來說，就是大逆不道。

這段話說盡了羅常培、羅膺中等對我的破壞的心理。寫在這裏，讓後人知道我大半生中所受的苦痛。

一九五二、二、二記。

開明書店印鑑紙

戶　名	顧頡剛	
代表人		
印 鑑	顧頡剛〔印鑑〕	
		一九五二年六月廿日填
本店自填	通訊録	
	賬　號	年　月　日到
	賬簿册頁	經手人

書 30，657—30，659　　　　30，000 股
股 50，383　　　　　　　　　1，000
份 60，102　　　　　　　　　　500
　　　　　　　　　　　　　31，500

248 號　　　1 分 3 厘 1 毛　1　平屋三間（會遠堂）　　42 萬＋120 萬
247　　1 畝 4 分 9 厘 7 毛　8　平屋十六間（本宅）　479 萬 3 千＋640 萬
244　　1 畝 0 分 0 厘 7 毛　3　平屋十二間（租出屋）322 萬 4 千＋480 萬
245　　　　2 分 2 厘 3 毛　1　池　　　　　　　　　　71 萬 4 千
　　　2 畝 8 分 5 厘 9 毛　3　31 間　　　　　　　2,155 萬 1 千
243　　　　8 分 2 厘 0 毛　5　11 間（德輝等）　262 萬 6 千＋440 萬

　　　　　　　　　　　　　　　　　共 2,857 萬 7 千元

復旦功課
一、科目：中國民俗史料。
二、系級：社會、歷史兩系二、三、四年級選修。
三、教材名稱：中國民俗史料舉例。

四、教材數量：字數約十萬字，附表約十幅至二十幅。

五、教材類別：講義。

六、撰編類別：選輯。

七、教材文字：中文。

八、寫法：直寫。

九、交稿日期：每月十五、卅日。

十、教材一學期內頁數：七十頁。

十一、油印份數：

十二、蠟紙：保留。

　　　每頁蠟紙可寫一千六百字（42×40）。以十萬字計，共 63 頁。以二十四星期計，每星期須寫三頁，計四千八百字。兩星期一送則萬字。

　　大中國圖書局股份

顧頡剛　十八萬二千一百二十股（每股一百元），即一千八百廿一萬二千元。（第二號）

張靜秋　十七萬股，即一千七百萬元。（第廿三號）

　　一九五二年十二月卅一日發股票

八月三日，祝瑞開君來信云：（下略，見《顧頡剛書信集》）

十月廿二日，答之云：（下略，見《顧頡剛書信集》）

一九五二年九月

九月一號星期一（七月十三）

　　寫華汝成信。董玉杰邀予與學生四人談。予作第二次交代，歷二小時。續作第二次交代書面報告一千餘字。

看《華山廟碑》三種。到施畸室休息，續作交代書。聽本組同人對予提意見。與胡永齡同車歸。

又安來，留飯。李福亭來。洗浴。

得振華信，悉土山法院已判雁秋徒刑七年，轉淮陰法院批准後執行。靜秋聞之大急。此皆木蘭幼稚病之所致也。

今日諸人對予所提意見，毛舉細故，不中予病，蓋有此形式，大家不得不説話，而要説者都已于上次説過也。思想改造而落形式主義，亦難乎其爲改造矣。

九月二號星期二（七月十四）

王進珊報告，自八時至三時半。

眠一小時許，看《華山廟碑》。開互助會，討論進珊報告。與永齡同車歸。

將補充交代書作畢，約寫二千字。

終日雨，傍晚起西風，天晴，轉凉。

靜秋算賬，上月醫藥費整整壹百萬元。我哪能脱離書局耶！

九月三號星期三（七月十五）

向王進珊提意見。胡永齡二次交代。

眠一小時許，看《華山廟碑》。開互助組，討論胡永齡交代，即開小組提意見。歸，王煦華來。

洗浴。服藥三次始得眠。起觀《聊齋》。

今晚多人來電話，精神一緊張，又失眠矣。

九月四號星期四（七月十六）

在飯廳開上海學院區大會，由余仁報告，填表須忠誠老實事。

眠一小時許，看《華山廟碑》。研討余仁報告。胡永齡三次交代。

看《聊齋志異》，待靜秋歸，十時半眠。

九月五號星期五（七月十七）

王進珊三次交代，即分互助組討論，再開小組討論。填簡單履歷表，訖。

晤趙清閣。眠一小時。看《華山碑》。發教師表格，討論填法。予即起稿，僅填三分之一。

與靜秋同到國際飯店紅廳，赴煦華子湯餅筵。九時半出。失眠，服藥三次。

今晚同席：潘景鄭　起潛叔夫婦　楊鑑夫婦　予夫婦　王家姻戚（以上客，共兩桌）　王鴻儒及其子煦華夫婦（主）

九月六號星期六（七月十八）

開會，討論三反及思想改造之收穫。填詳細履歷表，未訖。

眠二小時。開會，討論三反退款問題。周昭亨來。歸，王煦華來。玉華來，宿。

洗浴。將履歷表草訖，共萬餘言，至十二時眠。

九月七號星期日（七月十九）

將履歷表交煦華鈔。覆看交代書，將無甚改動的加以修改，交章漢光、周昭亨鈔寫。重作《今後努力的方向》一章，約二千言。

眠一小時許。看汪采伯《黃海畫集》。

德輝夫婦及開孫來，留飯，長談。失眠，服藥三次。

項後生一瘡，服萬應錠。此爲予舊疾，在蘭州時即曾請喬樹民打盤尼西林針，此處地位適值神經中樞，如果成癰，即是落頭癰。眼炎又作，服消炎片。近日便秘，亦內熱之一徵也。

九月八號星期一（七月二十　白露）

將《我和共産黨》一章寫訖，共四千字。

眠兩小時。看王个簃畫集。重寫《我的學術檢討》三千餘字，未畢。王亞維、周昭亨來。洗浴。

與静秋同榻。夜半醒後，服藥無效，至將曉始復眠。

今日已白露矣，而猶甚熱，何也？予流汗特多，走一段路，吃一頓飯，都使上衣濕透，看他人并不如此，意者此爲予衰弱之表現耶？

九月九號星期二（七月廿一）

到合衆圖書館，待煦華鈔表，至十一時一刻訖。即到上海學院繳與李琦。續寫《我的學術檢討》約五千字。

眠兩小時。章漢光來。董玉杰來談。

洗浴。爲兒輩講故事。倦甚，早眠。

高等教師登記表，昨日發出命令，限今日上午須繳上。然予表有萬餘字，要填三份，因此昨致電静秋，派徐才清趕速送信與煦華，并由起潛叔、景鄭叔同鈔。煦華爲此一夜未眠。真"城門失火，殃及池魚"也。急于星火，茲可驗矣。

聞丁山已于今春逝世于山東大學。渠去年欲離山大，以受拱宸、丕繩壓迫故，予竟無能爲力。此人性倔强，不能與時屈伸，宜其然也！

九月十號星期三（七月廿二）

何天行來。作學術批判一章訖，共約萬字，善業代鈔。陳文、錢曉雲亦代鈔。施天倖來，長談。看其所作總結。吳道存來，談星期游覽事。

眠一小時許。看吳辟疆《畫學秘笈》。校對鈔件，未畢。周昭亨來。汪家焯來。與孫鴻霖談。途遇方詩銘。

歸後即到新雅赴宴。九時出，乘九路車歸。洗浴。與静秋談。服藥兩次。

今晚同席：葛綏成　屠思聰　鄒新垓（以上客）　振宇　緯宇　擎宇　宣人（以上主）

校對鈔件，須爲之描點畫，大是苦事。于以知從前政府取士，不許用行草寫，有以也。此後政府對事認真，亦必恢復楷體，但可寫簡筆字，以期大家認識。

九月十一號星期四（七月廿三）

校同學所鈔總結終日。與席祖德、吳道存談。晤孟庭柯。董玉杰來，談黃奮生事。

寫《我所知的黃奮生》。眠一小時半。剃頭。到施天侔處。到孫鴻霖處。宴客。

黃永年來。洗浴。服藥兩次，十二時後乃得眠。

今日爲堪兒陽曆周歲，略備肴糖：盧雪岩夫婦　高醒翠　方詩銘（以上客）　予夫婦（主）

同學們爲予所鈔總結，太潦草，亦太不負責任，脱字衍字，脱點衍點，行長短不一，字則或一字而分爲二，或二字而併成一，或二字而化成三，又寫得似草非草，不易認出。大學生如此，將來如何作事，大爲憂慮。予之總結，最好能讓予重草一過，方得安心也。

九月十二號星期五（七月廿四）

寫李光信函。與静秋、潮兒同到狄醫處診治。義安偕周道衡來。眠一小時。

眠未着。到大中國，與諸人談。訪誠安，未晤。到四馬路買藥買書。洗浴。

服狄醫藥，九時即眠，翌晨六時半始醒。

予眼疾已一個半月，服消炎片後略痊，然消炎片不可常服，一停即發，荏苒至今，到晚幾同盲瞽。今日狄醫爲點睛，囑仍服消炎片。

予失眠自作檢討書起，至今亦月餘矣。學習中終日開會，無寫作之暇，而又不得不做，只得在晚間爲之，而予夜中不能工作，一工作即失眠，愈發愈劇，至近日而非服藥兩三次不可，"腦息定"至不生作用。今日狄醫開 Soclium Annytal 一藥，服後生效，然不知何以戒之。

予血壓則并未因此增高，爲八十至一百四十八。

九月十三號星期六（七月廿五）

寫蘇州市人民代表會議函。到上海學院，向施天侔處取出書籍。又到王進珊處取書，與進珊談。到大中國，與汝成、方泂談。晤曹慶新。誠安來，同到沙利文午餐。

返大中國，又與振宇同到麥加利大樓二〇三號開局務會議，自二時至五時。到郵局寄信。與静秋爲國事吵架。

洗浴。服藥得安眠。

今日同會：宣人　振宇　緯宇　君匋

亞光五反定案，罰款十億元餘。其重要點爲盜竊國家經濟情報，然此特井成泉爲集報紙上之地理新聞耳，那能牽涉爲經濟情報。此無他，亞光營業好，應納此一道捐耳。在如此情況下，如何能使企業家發揮其積極性。又本年所得税，須照去年數繳納，此又可笑，本年營業如何與去年較耶？

九月十四號星期日（七月廿六）

玉華來。與静秋、潮兒到狄醫處診治。出買物。晤狄源漱。臥床半日。

看郭沫若《奴隸制時代》及劉獻廷《廣陽雜記》。鄭家舜來。

看《霓裳續譜》。張文英來。服藥得眠。

狄醫斷予目疾爲結膜炎，囑服消炎片六日，塗盤尼西林。

静秋血壓太低，僅三十五至八十，當因貧血之故。渠爲四個孩子操心，又慮雁秋獄事，無日不焦躁，故瘦得多矣。

今夕改服德國藥 phanodorm。

九月十五號星期一（七月廿七）

送潮兒進南洋模範幼稚園。到文管會，晤徐森玉。到大中國，理抽屜。寫盧村禾信。與汝成談。

寫自珍信。方洞夫婦及子女來。與君匋談。三時，開編輯出版會議，予任主席，至五時半散。到醫院訪平心。

朱季海來。不藥得眠。

今日同會：君匋　汝成　綏成　子喬　中台　逸楓　志濤　小粟　洪昌　家振　志雲

今夜得眠，當因活動而不太緊張之故。計失眠疾作已兩月矣。

九月十六號星期二（七月廿八）

送潮、洪到校。到天平路，與柳翼謀先生談。森玉來辭行。點《穀梁傳》襄公一卷。接潮兒同歸。

洗浴。到懋恒處，未遇，留條。到中山公園，與第一、五兩組人茗叙，到動物園游覽。乳媽趙素珍去。

到席祖德家吃飯。九時許，與李次升同回。失眠，服藥三次。

今日同游同席：俞劍華　施畸　李良　孫鴻霖　王善業　李光信　王進珊　湯克之　陳文　錢曉雲　張慕聘　孔大充　席祖

德夫婦　孟庭柯　秦嶽靈　高其邁　吳道存　黃光鈺　胡永齡

九月十七號星期三（七月廿九）

到上海學院，董玉杰邀談。出席組會，商討三反退款事。十二時出，與光信、善業、庭柯同車。到北四川路飯。

到大中國，寫于鶴年、齊思和函。戀恒來。點《穀梁傳》昭公一卷。與汝成、君匋等談。與家振同乘十七路車，冒雨歸。

洗浴。看《浮生六記》。服藥眠。

今日堪兒斷乳矣。

今日同會：俞劍華　李良　楊太峰（主席）　孔大充　孫鴻霖　湯克之　王善業　李光信　王進珊　吳道存　丁雪　孟庭柯　高其邁　黃光鈺

九月十八號星期四（七月三十）

到天平路，點《穀梁傳》定、哀二公，訖。到南洋模範幼稚園，接潮兒歸。

寫謝延孫信。到思南路郵局。到上海學院，與盧元、胡世杰、施畸、楊半農談。開會，李琦報告三反定案。開小組會討論，董玉杰主席。

與李良同車歸。倦眠。至十二時醒，服藥二次。至二時眠。

今日同會：上海學院教職員全體。又同會：吳道存　席祖德　丁雪　湯克之　孫鴻霖　王進珊　王善業　李光信　孟庭柯　孔大充　李良　高其邁　黃光鈺

今日三反宣判：“顧頡剛欠繳工會會費四十八萬元，應補繳，不算貪污。”

九月十九號星期五（八月初一）

到人世間社，與君匋、丹楓談。到大中國，寫孫鴻霖、施畸、傅築夫、傅樂煥、譚季龍、承名世信。與許志濤談。

看《法華鄉志》。開第一次編審委員會，自三至五時。

服腦息定。得佳眠。

今日同會：君匋　汝成　綏成　子喬　中台　志雲　志濤

靜秋眼亦紅痛，不知是否爲予傳染。予今愈矣。

得雁秋信，知已出土山看守所，到八義集勞改隊勞動改造，且要自買小車一輛推土。此甚滑稽，犯人如何須自備勞動工具耶？然究竟得出外活動，亦堪慰。但不知刑期多久耳。靜秋囑又安先往一看。

九月二十號星期六（八月初二）

到天平路，點《銅熨斗齋隨筆》中之《尚書》部分。點《尚書注疏序》。記筆記兩則。寫辭大中國總經理信。與靜秋、潮兒同歸。

到大中國，開董事會，又開常務董事會。與馬克文談。與汝成談。玉華來，留宿。

又安來。看《黃山谷集》。與靜秋同眠。

今日同會：馬克文　陳宣人　金振宇　緯宇　君匋。又同會：去馬克文一人。

堪兒斷乳，他無所苦，僅臨睡時作吵，在抱之者胸襟上索乳頭耳。

予以參加思改，須畫清勞資界綫，向董事會請辭總經理職，議決：此事突兀，不便于今日決定，應俟下屆董事會（四星期後）討論。

予此後在天平路，應以讀《尚書》爲專業，使《尚書今譯》一書確能作成。

九月廿一號星期日（八月初三）

與玉華及三兒到城隍，與上海學院諸同人游內園，憩亭中談。觀動物園，買洋鼠。別諸人，予獨在豫園飯館午餐。

步至人民廣場，到文管會，晤李芳馥、王育伊。參加中國史學會之理事會及會員大會，參觀博物館，承名世導。

與起潛叔及陳樂素飯于豐澤樓。與起潛叔乘車到靜安寺，步歸。失眠，服藥三次。

今日同會：周谷城　徐平羽　胡厚宣　周予同　柳翼謀　史守謨　束天民　朱東潤　蔡尚思　王蘧常　顧起潛　陳樂素　楊寬　陳旭麓　王國秀　朱潡　黃穎先　金子敦　林舉岱　譚其驤　陳守寔　伍蠡甫　蔣天樞　徐德嶙　俞巴林　李旭

華東學委會分發予至復旦，作專任教授，如此，則大中國只得全部放棄，文管會又不便領薪，只此一份薪水能顧我全家生活乎！厚宣告予，予同惟恐予去，但政府延攬人才，不宜辭，又囑予訪唐守愚一商。

九月廿二號星期一（八月初四）

洪造時來。送潮、洪上學。到天平路，點《尚書正義》第一卷。與柳先生談。

眠一小時。到衡山路教育部訪唐守愚，未晤，留條。到張石公先生處長談。到范希衡處談。

看《山谷全集》。疲甚，早眠，甚酣。

堪兒思乳，每睡輒哭。臉黃，似貧血。

昨聞厚宣在史學會報告，朱錦江、李夢瑛俱于今春死矣。

予近日口臭，大便或結或溏，知腸中有疾。

訪唐守愚竟不得見，此非官僚主義而何！

聞三反之中，某機關有絕不貪污之一人，幹部逼令供出貪污而不得，乃掌其煩，每打一下其人即云二百萬元，凡六下，得一千二百萬元而止。事後其人四面借錢退款。越若干日，節約會中查出其人實未貪污，乃退還之。退還固佳，但此六下耳光又何從退乎？幹部謂非有偏差不能成功，其然其不然乎！

九月廿三號星期二（八月初五）

孫媽來。到思南路郵局取《傅氏白話文法》，送修文堂，與孫實君談。到大中國，寫准陸步青辭董事職信。看張元濟《校史隨筆》。

誠安來。草致張錫君信。與汝成、君匋等談。到大名路人民銀行取款。到陸步青處，未晤。到上海學院，晤劍華、維熊。

看《老殘游記續集》。黄永年來。洗浴。失眠，服藥兩次。

九月廿四號星期三（八月初六）

到上海學院參加大會，聽劉俊民報告。討論分配工作，自八時至十一時半。將工會會費補繳與盧元。

到天平路，晤葉笑雪、方詩銘。點《尚書正義》第二卷半卷。與靜秋抱堪兒到高君珊處。

與潮、洪兩兒到陳式湘處。洗浴。半夜醒，服藥。

今日同會：教職員全體。又同會：董玉杰　俞劍華　李良　顧維熊　孫鴻霖　孔大充　王善業　李光信　孟庭柯　高其邁　錢曉雲　秦嶽靈　湯克之　王進珊　黄光鈺

今日劉俊民公告統一分配，予名在復旦，問其是兼任抑專任，彼云：“原來兼任的現在也是兼任。”聞此心稍定。然彼所言是否代表上級，不可知也。

王善業治音韻、語言學，復旦中無此教席，而學管會不瞭，派他到揚州蘇北師專，予在席上爲抱不平，不知能反映上去否？

九月廿五號星期四（八月初七）

到大中國。王進珊來，導參觀。擬本局組織系統圖。

理髮。到多倫路取書。寫寬正、名世信。陳懋恒來。開會，商討編輯所簡則。寫伍蠡甫信。到德輝處，未晤。可鳳行。

德輝夫婦挈開孫來。爲兒輩講故事。

此次國慶節，將作終夜狂歡。局中同人有疲弱者，聞之愁絕，蓋秋夜甚凉，慮不勝也。又政府規定，參加游行之資産階級須一律穿筆挺西裝，繫紅領結，婦女須穿花花緑緑之旗袍，以有外國人參觀，爲表示國力富裕，故打破節約教訓。邇來社會，行爲雖整，心術愈詐，蓋導之自上，實亦國家隱憂。既已切實建設，何必盡量作表面文章乎！

九月廿六號星期五（八月初八）

陸步青來，同出，送潮、洪入校。到天平路，與柳先生談。謝剛主來，長談。詩銘來。寫上海學院、周谷城信。

到天平路，寫譚季龍長信，即與致谷城信同鈔底。晤瞿子陵。與詩銘同歸。孫媽行。

鄭家舜來。抱堪兒就眠。

晚得進珊電話，知予入復旦係兼任，由劍華證實，以其在學委會工作組也。聞之心定。

家中女僕俱去，静秋事更忙。幸堪兒喜予抱，稍分其操作。堪兒今日傷風，有微熱。渠不肯飲牛乳，營養既少，即呈可憐相矣。

九月廿七號星期六（八月初九）

張媽來。到天主堂街寄信。到誠安處。到大中國。伍蠡甫來。寫程鴻、王伯祥、謝孝思信。張文清來。與張幼丞談。

王士瑞來。二時半歸，則静秋與三兒已出游，抱堪兒。整理書物，將不整齊者置入櫃内。

堪兒只要父母抱，别人抱之即哭，真纏人也。

聞蠡甫言，復旦中半年來死者有四五人，或氣死，或縊死。自劉大杰投黄浦後，陳其五到復旦演講，漸漸轉寬，但不爲外人道也。又聞張世禄已由南大轉復旦，則予前日爲善業不平之言爲多事矣。

九月廿八號星期日（八月初十）

到人民廣場，待齊上海學院同人，參觀上海博物館，自八時半至十二時，寬正、大沂、名世爲導。遇王育伊，同飯于十里香。

理書物。三時起，客來，觀古物，同照相，吃麵，至六時許去。黄永年來，留飯。看其三年來所得書目。

今日上午同參觀：俞劍華　孔大充夫婦　李光信　王善業　李次升父女　孟庭柯　席祖德夫婦及一女友　高其邁　孫鴻霖　錢曉雲父女　施畸　秦嶽靈　王進珊

永年薪俸至薄，然三年以來，得宋本四，元本四，明本六七十種，鈔本數十種，遂成一藏書家。從此可見近年書價之廉。予往年極好購書，今乃不敢問津，爲之愧甚。

九月廿九號星期一（八月十一）

剛主來，長談。吴諫齋夫婦來。理物。宴客。諫齋夫人爲諸人看相。

與静秋及潮、洪、湲三兒到襄陽公園打秋千。看《學海》雜志。

今午同席：吴諫齋夫婦　起潛叔夫婦　姜二姐　頤萱嫂（以上客）　予夫婦（主）

今日爲堪兒陰曆一周歲。

九月三十號星期二（八月十二）

　　到大中國。寫擎宇、傅樂煥信。與汝成等談。

　　寫謝延孫、李映妻信，即付寄匯款。買物送方家，與方太太談。回大中國。到湖帆處，并晤汪旭初，同談蘇州文化事。又晤張炳三。與旭初同到文管會赴宴，晤岳良木、王育伊、葉笑雪等。

　　出席國慶會，九時許，與旭初同歸。

　　今晚同席：柳翼謀　汪旭初　尹石公　沈邁士　姜明　楊寬蔣大沂　岳良木　李芳馥等三百餘人

　　得又安書，雁秋勞動改造竟判十二年，所幸身體尚佳，每日勞動四小時，餘外爲學習，生活亦有規律。

　　蘇州人民會議要旭初、湖帆及予商量文物保存及詩人畫家之就業事。

一九五二、九、廿六，與周谷城函：（下略，見《顧頡剛書信集》）

又與譚季龍函：（下略，見《顧頡剛書信集》）

十月五日，季龍復書云：（下略，見《顧頡剛書信集》）

[剪報]　　一九五二年九月十一日《大公報》

　　　　　　三反運動以來我的思想的轉變　　　馮友蘭

　　（下略）

一九五二年十月

十月一號星期三（八月十三）

　　徐隱芝來。與湲、堪兩兒出武康路，進湖南路，繞一周，看燈彩。歸，與靜秋度狂歡節。翻看袁氏所藏詩文集。

與靜秋挈潮、洪、湲三兒到起潛叔處。并晤瞿鳳起。到襄陽公園散步。出，與潮兒到外灘看競賽龍船。到國際飯店，赴宴。

八時，在豐澤樓看放烟火。九時半返家。

今晚同席：振宇　緯宇及其女　擎宇及其二子　宣人及其子景元　君匋　顧士行　凌大夏　鄒新垓　予與潮兒

今日爲狂歡節，凡在工會者除參加游行外尚須通夜在公園跳舞娛樂。大中國方面，如方泂、丁洪昌，體俱弱，當兹秋凉，夜多零露，吃得消乎？又婦女之參加游行者必衣花花綠綠之衣服，穿新皮鞋。有些人實無鮮衣，乞假又不得，遂不得參加者。

十月二號星期四（八月十四）

鄭家舜來。寫謝剛主信。王煦華來。王以中來，長談。與靜秋挈四兒到誠安處，飯。

與簡香等到永明路小學參觀。談至四時歸。看《學海》雜志。

趙阿芬來。整理書畫冊。

今午同席：予夫婦　簡香夫婦　德輝夫婦　逸如　予三女開孫　誠安夫婦（主）

靜秋爲雁秋事，又爲小孩不聽話多鬧，用人又不得力，日夕愁悶，面上充滿皺紋，憂能傷人，奈何奈何！

十月三號星期五（八月十五）

送兩兒上學。到天平路，翻《清高宗實録》。寫陳子彝信。到詩銘處。點陳奐《詩毛氏傳疏》，改李亞農所譯詩。接兩兒歸。

又安自徐歸，留飯。與以中長談。

宴客。

鬆懈兩日，今日心竟定不下來。老年如此，幼者可知矣。

又安歸言，雁秋在勞動改造中甚好，除了行動不自由外，一切生活都好，不啻得一職業。渠體較去年爲好。

今晚同席：王以中　姜二姨　姜又安　褚頤萱（以上客）予夫婦（主）

以中告我，十餘年前，孟真評我，謂是孫中山的信徒，知難行易，蓋誚我不重理論，惟務苦幹也。

十月四號星期六（八月十六）

到大中國，與君匋、宣人、振宇談聘丹楓事。與張幼丞談。點《詩毛氏傳疏》，續改李亞農譯文。

與莊良芹談。詩銘來。俞劍華來。擎宇來。張志毅來。與葛綏成、方泂談。到章丹楓處，送聘書。玉華來。

到隔鄰吳家，應張魯青婚宴。與徐梫齋談。與靜秋同榻。

今晚同席：徐梫齋　朱向榮夫婦　盧雪茗夫人　盧洪芳　鄰居吳家主人　予夫婦　張魯青之妹（以上客，凡三桌）　張魯青夫婦（主）

乳媽去已兩旬，堪兒不肯飲牛乳，使靜秋擔憂。今晚玉華來，與之同睡，半夜投以乳瓶，居然肯吃，其母爲之大慰。

十月五號星期日（八月十七）

與潮、洪、湲到衡山電影院，看《保衛勝利果實》及《一九五二年勞動節北京游行》電影。義安來，留飯。

到吳公魯處，爲傅子東《文典》事。到合衆圖書館借書。歸，與靜秋同到吳諫齋夫人處。出，予獨到石公先生處。

爲潮兒哭鬧，打之。失眠，服藥。

得季龍書，復旦副校長李正文仍爭取我作專任教授，已囑校長陳望道與教育部接洽。此又是一難題。

十月六號星期一（八月十八）

到上海學院，晤盧元、施畸、胡永齡等。到王進珊處，取復旦校徽。到文管會，晤亞農、笑雪，將所改《詩經》文作最後之改定。

爲潮兒過生日。到湖帆處，開會討論蘇州文化建設事項。與趙公紱談。進點。與汪旭初同車歸。

爲兒輩講《西游記》。洗浴。

今日同會：汪旭初　王佩諍　顧起潛　潘景鄭　陳子彝　趙公紱　孫伯淵

天氣乍寒乍暖，予喉頭炎又作。

公紱在救濟會工作，三反中指爲大老虎，停職反省，囚禁會中，歷四個月，卒以不得罪證釋出。囚時曾發狂疾，一切事均不知，後漸清醒。此等人想尚多有之。聞三五反期中，上海商人之跳樓者達八千人。

十月七號星期二（八月十九）

到大中國。鈔徐炳昶《金俗兄弟死其婦當嫁于其兄弟考》文入《浪口村隨筆》。汪孟鄒先生來慰問。許文德來。爲華夏史地學社寫招字。

誠安來。寫致季龍長函，即鈔清。與君匋、志濤談。

到進珊處宴客。九時歸，爲兒輩講故事。失眠，服藥三次。

近日商界爲繳所得稅事，正紛紛開會討論。聞抗美援朝每天我方須化一千〇五十億，安得不在商人頭上想法。此次三反，聞政府共得三萬餘億，亦只顧得一個月而已。政府收入，以國營企業爲第一，稅收次之，以有限之財力填無底之洞穴，直使盡人患肺結核，血肉涸竭而死。奈何奈何！

今晚同席：劍華（到華東藝術學院）　善業、光信（到蘇北師範學院）（以上客）　進珊夫婦、母　予（以上主，送別也）

十月八號星期三（八月二十）

到復旦，訪陳望道校長，并晤李正文副校長。出，到谷城處談。到蔡尚思處談。到紹虞處談，并晤其夫人，飯。遇余上沅。

到季龍、厚宣處談，并晤馬長壽。到伍蠡甫處談。歸，與兒輩散步。

德輝夫婦及開孫來，留飯。詩銘來。吳大姨自蘇州來，留宿。徐隱芝來。

在三反時，幹部逼紹虞説出貪污事實，渠實未有，而一再窮索不已，紹虞怒，欲登報，乃止。噫，紹虞爲民主人士，任華東監察委員，而不免于此難，可見前進分子亦殊不易爲，而今年諸運動所起之"反作用"實大也。

今日見陳校長，説明數事：一，本年請假，明秋到校。二，到校後專任研究部職。三，請校中給我容納十二人之住屋及書籍五萬册之書庫。四，經濟問題由賣古物作補助，不再兼他處職務。承其見許。倘此後真能作學術研究耶？

十月九號星期四（八月廿一）

到大中國，寫陳望道信，即鈔出，到郵局寄。

點《爾雅·釋天、釋地》等五篇。到黄浦公園。看《歷史教學講座》。静秋偕吳大姨、二姨、四孩、魴魴來，同游。

歸飯後，吳大姨與二姨、魴魴同去。詩銘來，長談。服藥兩次。

今日所以寫陳校長信者，以欲得其書面允可也。

看翦伯贊《怎樣研究中國歷史》一文，甚好，新時代之理論確使人佩服，但一想起執行工作之幹部之面目與作風，則立刻起反感矣。

十月十號星期五（八月廿二）

出，忽腹痛內急，到錦江茶室如廁，進點。看《歷史教學講座》畢。到孫寶君處。到誠明業餘學校，晤鄭文英、張承浚，寫鄭國讓信。到王善業處，到李光信處，握別。

一時半歸飯。以靜秋出開會，在家抱堪兒。堪兒眠後，鈔蔣元慶《穀梁受經子夏考》。

看《學海》月刊。失眠，服藥兩次。

靜秋家事既忙，身體又壞，故組織上已許其辭總代表職，由葉榮娟繼任。負擔一輕。（後知非去總代表職，乃加一葉榮娟分其勞耳。）

予在上海學院所照之團體相片，堪兒能指出我來。他又懂得開無綫電之方法，又知將插銷插入門框。周歲之兒能如此，可知甚慧。

潮兒略能算加法，又能畫兔，又能摺紙象物。湲兒出語尖利，將來可辦外交。均可喜。

十月十一號星期六（八月廿三）

到大中國。到長楊路訪俞劍華，觀其所編集之畫史材料及游記畫冊。回局飯。

與方洞談。點《爾雅・釋詁》至《釋樂》。訪汪旭初，未晤。遇張志毅。

義安來，留飯。章丹楓來。玉華回。與靜秋同榻。

昨竟日雨，今日驟寒，可穿棉矣。靜秋以此思兄。

華問渠已于本年三月十二日被捕，其罪名爲壓迫工人，其產業全部充公，始知前數年任爲貴州省府委員及工商廳副廳長皆手段也。民族資本家不居上海及沿海一帶，終與地主同其命運而已。聞文通歸公後，職工已盡調出，則自明未必在彼矣。

十月十二號星期日（八月廿四）

與玉華携潮、洪、湲三兒至中山公園，予獨至泉澄夫婦處。出，到動物園游覽。十二時歸。

與静秋到淮海中路購物，并爲雁秋起課于黃石公處。看《千百年眼》，記筆記數則。

看三兒歌舞。

堪兒昨夜瀉數次，今日熱高至百〇二度。當是近日天氣陡凉，渠又貪食，不消化所致。服狄醫藥後，熱稍退，然不久仍高。此渠第一次病也。

黃石公謂雁秋今年十一月可出獄。記此驗之，若果然，我當信卜。

十月十三號星期一（八月廿五）

上午二時半即醒，四時起。起潛叔來。與静秋同携堪兒到錢恩澤處醫治。看《千百年眼》畢，記筆記十則。

眠半小時。到紅十字會醫院訪平心，已出院，到五原路訪之，則已遷。到汪旭初處取件，晤其侄婦。剃頭。

鈔張燧《夷齊辨》。

堪兒服退熱藥後熱度減低，但不久仍升起至百度外。又泄瀉。静秋急甚矣。

十月十四號星期二（八月廿六）

到大中國，校張文清所作《宋代太學生的救亡運動》，未畢。填本局登記表。帥潤身來。

到文化廣場，參加上海市文化局召集之圖書館座談會，自二時至五時。參觀國畫展覽會。與起潛叔同出。

爲潮兒講《千里眼》（天文）。

今日同會：劉思慕　沈之瑜　張白山（以上主）　柳翼謀
王育伊　顧起潛　李芳馥　岳良木　毛世焜　童養年　黄永年
樓雲林　林隱　孫心磐　王維廉　阮學光　李繼先　嚴似蘇等二
十餘人

堪兒熱退，惟仍瀉。

十月十五號星期三（八月廿七）

送兩兒上學。到江蘇路李平心處長談。并晤其子前偉，留飯。

到大中國。到仁智里，晤啓宇、竹安等。回局，遇張志毅，
談。寫金立輝信。到合衆圖書館，與起潛叔等談。到文管會，與詩
銘談。陳望道來。

徐銘勛夫婦來。爲潮兒講《木偶奇遇記》。

堪兒今日見好，略有勁矣。

平心就醫半年，創傷雖好，頭脹失眠迄不能愈，以此仍不能
工作。他是懂得研究的左翼史家，偏爲身體所厄，不行其志，不
可嘆耶！

今日陳望道、李正文到教部，與孟憲承、陳其五商予事，擬
接受予之捐書，一次給予四千八百單位，維持一年生活。要予今
年即去。予仍堅持本年請假，明年秋後可照此辦法做。

十月十六號星期四（八月廿八）

到大中國，續改《宋代太學生的救亡運動》，未畢。陳懋恒來。
擬下午開會項目。與張幼丞談。寫謝延孫信。

到章丹楓處。到郵局寄信。到多倫路取書，與方太太談。回
局，開編審出版會議。自三時至五時半。

爲潮兒等講《新兒童畫報》。葉榮娟來。

今日同會：君匋　汝成　綏成　子喬　中台　志雲　志濤

家振

　潮兒忽患胃痛，作嘔。爲之請假。

　聞上海工商業凡一百七十六種，僅六十六種可賺錢，其一百十種毫無辦法。書業則在六十六種內者。

十月十七號星期五（八月廿九）

　爲潮、堪兩兒病，在家幫靜秋作事。與靜秋及潮、湲兩兒到文化廣場看國畫展覽會。鈔馬其昶《讀梓材》、蔣元慶《爾雅篇目考》、曹元忠《論司馬法書》。

　余正常來。徐隱芝來。記筆記一則。

　章丹楓來。爲三兒講《木偶奇遇記》。

　聞蘇聯人到中國來，謂到中國後只見洋畫，又是廣告畫中之下乘。中國自有藝術，何故不發展。政府聞之，乃提倡國畫，因有此國畫展覽。此次太平洋和平會議，亦以齊白石畫贈各代表。

十月十八號星期六（八月三十）

　抱堪兒。記筆記一則。丹楓來，同出。到大中國，續校改《太學生救亡》一文畢。孔大充來。

　張文清來。與君匋談。與章志雲等談。與振宇談。寫股東大會豫辭董事信。寫陳望道信，到思南路郵局寄。

　德輝夫婦偕開孫來，留飯。

　潮兒患胃痛，三日進食甚少。今日就錢醫診治，知是腸胃不消化，且受寒所致。渠近日又咳嗽。醫謂其長成過速，內臟不克與骨骼肌肉同樣速度發展，故然。

　和平聲浪愈高，即干戈動作愈捷。陳毅、饒漱石皆赴蘇聯矣，得非商華東防務耶？

　致陳望道信，仍堅持請假一年。

十月十九號星期日 （九月初一）

記筆記一則。到大中國，草一年來編輯出版工作報告。與君匋談。施天侔來。與振宇談。

與擎宇談。開股東大會，自二時至六時。

到知味觀飯。九時半歸。與靜秋談。失眠，服藥。

今日同會同餐： 馬克文　鄒新垓　陳宣人　陳宣錚　金振宇　緯宇　擎宇　顧誠安　丁君匋　陳宗舜

本年應發紅利暨董監事酬勞共五億餘，適合退款之數，蓋當局算好此數以定退款也。至職工福利則仍舊發給。

張錫君辭董事長，予辭總經理，誠安辭監察人，議決：本局已向專業分工進行，除地圖併入地圖聯合出版社外，挂圖及史地叢書亦須分頭合併，此係一年半載之事，在此期間概不改選。因此，予只得連任矣。

十月二十號星期一 （九月初二）

到天平路，計畫應辦事、應看人。與柳先生談。草《郎亭廉泉錄》跋文，未成。

眠一小時半。與靜秋同到淮海中路購衣料。記筆記兩則。

看《李長吉集》及《古今文綜》。

天忽大暖，飯後昏昏思睡矣。

十月廿一號星期二 （九月初三）

到天平路，交柳先生書。到大中國。張士敏來。與黃振緄談。看《人工授精》挂圖稿。與子喬、汝成談戈湘嵐事。

到中圖公司及交通路購書。到孔大充處，遇孫鴻霖，長談。回局，與汝成、志濤談《工農辭彙》事，寫大充信。寫拱辰、厚宣信。將傅子東書送修文堂。

看新購書。

李拔可先生于今日下午一時半逝世，年七十七。假使渠不作搪瓷廠董事長，假使今年無五反，假使渠于五反中不出席，尚不至遽死也。

十月廿二號星期三（九月初四）

到天平路，訪森玉先生。寫李馨吾、祝瑞開、沈勤廬、戈湘嵐信。點《尚書疏》八頁。

静秋外出，予在家抱堪兒。看容元胎《李卓吾評傳》。記筆記六則。

爲兒輩講《木偶奇遇記》。看《鄭東父遺書》。

十月廿三號星期四（九月初五）

到劍華處送施天侔借書，未遇，晤俞太太，留條。到大中國，陳懋恒來。寫藍夢九信、復旦財務組信。

寫自珍、于鶴年、李唐晏信。章丹楓就職。開編輯出版會議，自三時至五時。寫孫華、周堯信。

爲兒輩講《木偶奇遇記》。與静秋談大局及予進止。爲失眠，服藥。

今日同會：章丹楓　華汝成　丁君匋　張維新　章志雲　許志濤　劉子喬　丁洪昌　方泂　王福全　劉逸楓　劉小粟　張家振

十月廿四號星期五（九月初六）

到天平路，寫謝孝思信。點《尚書疏》第二卷訖。

在家抱孩子。校《鄭成功抗清故事》，未畢。静秋爲洗浴。與三孩到張石公先生處。

爲三孩續講《木偶記》。

十月廿五號星期六 （九月初七）

到大中國，校《鄭成功抗清故事》畢。孔大充來，商辭典事。陳懋恒來。唐漢文來。

誠安來。計碩民先生來。到文管會，開委員會，并看瓷器、銅器，自二時至五時。晤李芳馥、蔣大沂。

德輝夫婦及開孫來，留飯。失眠，服藥。

今日同會：李亞農　徐森玉　汪旭初　沈邁士　柳翼謀　尹石公　楊寬正　蔣鐵如　吳仲超

錫蘭和平代表某君好書，來滬參觀上海圖書館，歸寓，告人曰：“何偌大一個上海市，其藏書乃不及予家也？”文管會人聞之，告森玉，爲之大憤。蓋文管會實有書近百萬册，且多善本，徒以幹部不重視，閉置倉庫，所陳列于館中者僅政治小册子耳。森玉囑予言之，予因謂王佩諍可主其事。

十月廿六號星期日 （九月初八）

到起潛叔處，并晤王佩諍。到薛明劍處，與同到中國養鶉場，晤謝公墨，買鵪鶉蛋。回明劍處飯，與唐漢文、陳葆笙商函授校事。到起潛嬸處。

與靜秋到萬國殯儀館，吊拔可先生之喪，遇江庸、蘇淵雷、瞿兌之等。到海光圖書館，赴中國史學會，自二時至五時半。徐隱芝送傅保姆來。

爲兒輩講《木偶奇遇記》。與靜秋同床。

今日同會：李亞農　周谷城　周予同　胡厚宣　譚季龍　陳守實　蔣天樞　吳杰　陳旭麓　林舉岱　吕思勉　束世澂　顧起潛　柳翼謀　俞巴林　魏建猷　張厚載　黃穎先　馬長壽

晤復旦諸人，知予請假一年已無問題。

明劍經三反，盡辭工商界職，欲養鵪鶉，種代代花以自給，謂此後不敢剝削人，但敢剝削動植物也。勤業函授學校，以勤業蠟紙公司職工不肯給經費，擬停。職工眼光一何短，當時創此學校正爲推銷蠟紙計也。

十月廿七號星期一（九月初九）

爲潮兒寫補假條，送兩兒入校。到天平路，填文管會登記表，寫秘書處信。寫《集虛草堂叢書》書面。程演生來，長談。岳良木來。點雷浚《睡餘偶筆》。

到天平路，記筆記八則。詩銘自北京歸。

二姐、又安、魴魴來，留飯。爲又安寫薛民見信。

十月廿八號星期二（九月初十）

到大中國。寫周堯、李旭、辛樹幟信。伍蠡甫來。記辛、藍"息壤説"入筆記。

到計碩民先生處。寫穉常信。到多倫路取書，晤文清。回局，孔大充來，討論辭典。傅佐殷來，討論體育挂圖。

爲潮兒講《孔雀東南飛》故事。義安來。鈔"豫劇"入筆記。

碩民爲予四十年來忘年交，七十八歲矣。無妻無子，依其女與婿居。今年三反，女與婿皆公務員，皆被禁閉數月，碩民乃代爲管家，照顧其兒女。結果，女與婿未貪污，無罪釋放。其同事中有誣服者，政府率收其家具出賣，及知其無罪時，則以賣物之錢還之，再買家具則不足用矣。

文管會藏畫甚多，整理之人不足用，今年請蠡甫盡義務幫忙。渠教于復旦外文系，今年院系調整，分發來之外文系教授達七十人。蠡甫囑予告亞農，復旦人太多，文管會則少，願在復旦不教課，到文管會工作，請亞農向復旦主者言之。亞農不敢應，囑蠡甫自道之。復旦人事室幹部聞之，日往責斥，蠡甫遂不敢至文管會矣。噫，同爲國家之事，乃不分緩急而惟別彼此，懷慳吝之心，作管束之事，文化建設蓋難言也。

十月廿九號星期三（九月十一）

玉華來。到文管會，寫楊昭璇、王伯祥、周昭亨、李丙生、趙人驥信。點雷浚《睡餘偶筆》中之《尚書》部分，訖。

李亞農來。方詩銘來。點《尚書正義》第三卷十頁。到興國路寄信。玉華赴蘇。

爲湲兒講故事。看《荀子》。

堪兒前日眠時，張媽擦地板開窗，適有風，受寒，昨日有九十九度八之熱度，今日至百度〇六。此兒抵抗力殊不算强。

十月三十號星期四（九月十二）

三時，爲堪兒哭醒，遂不成眠。四時起，看關于《水滸》書。到華東文學藝術界聯合會，參加《水滸傳》作者問題座談會。自九時至十二時。出，飯于陝西北路。

到蔣竹莊先生處，并晤其孫九成。到大中國，寫蠡甫、華夏史地學社、柴忠寶、孔另境信。開會商辭典事。二姐偕魴魴來，宿。

爲兒輩講故事。看魯迅《唐宋傳奇集》。

上午同會：夏衍　曹未風　鄭權中　謝興堯　洪瑞釗　劉大杰　嚴獨鶴　郭紹虞　聶紺弩　陳汝衡　程俊英（女）　宋雲彬　趙景深　孔另境　嚴敦易　于衡……

下午同會：君匋　汝成　丹楓　志濤

堪兒熱一〇一度，晚降至九十九度。錢醫謂是食不消化，蓋斷乳後腸胃未能遽適合于飯食也。

十月卅一號星期五（九月十三）

中夜，玉華、玉蘭自蘇來。寫張又曾信。三時，爲猫叫驚醒。四時起，鈔《古嶽瀆經》。義安來，爲寫振宇信。到天平路。森玉先生來談。草整理綫裝書計畫，即鈔清。寫譚季龍、陳望道、史念海信。洪瑞釗來。到興國路寫信。

到平心處，未晤，留條。到合衆圖書館，與起潛叔及煦華等談。歸，到天平路。與詩銘談。寫趙肖甫、傅子東、施天侔、程演生、周谷城信。到興國路剃頭。

記筆記兩則。理物。

堪兒熱依然，惟精神頗好。渠今日下便，流了些血，蓋病痔也。此則母之遺傳。

洪兒亦發燒，當以受凉故。

予用車九月，至今財力已不勝，而車又屢壞，修理頗費錢，且旋修而旋壞。故決定自下月起不用矣。

十月七日與譚季龍書云：（下略，見《顧頡剛書信集》）

此函發出，以其恐取中、下二策，使我生活更不安，故翌日即到復旦，與陳校長等言上策之利，承其同意矣。

十月九日致陳望道校長書：（下略，見《顧頡剛書信集》）

十月十八日致陳望道校長書：（下略，見《顧頡剛書信集》）

十月十九日，大中國圖書局編輯出版工作報告：

甲，工作方面：

本局創辦之始，編輯所本專製地圖。解放後接受出版總署之指示，準備將地圖部分併入地圖聯合出版社，而以出版科學教育挂圖及史地小叢書爲專業。二年以來，先後與中國科學院、西北農學院、交通大學、上海醫學院、上海博物院等學術機關發生聯繫，由各該機關專家編輯，本局聘請畫家繪圖，使各科挂圖具有高度之學術性與藝術性，藉以提高全國人民之科學興趣與常識。史地小叢書及中國通史演義，則以最通俗之筆墨寫出歷史地理上之重要事項，使史地常識得以普及于全國人民。

乙，進用人員：

一九四八年，反動政權發行金圓券，造成全國經濟總崩潰，本局迫不得已，于翌年春將編輯人員給資遣散。近二年中，陸續以特約編輯名義聘請藝術人才，與各專家合作，繪製挂圖。自今年六月起，應特約編輯之要求，改聘爲正式職員，計有華汝成、戈湘嵐、方洞、劉小粟、袁兆熊、袁捷、劉逸楓、王福全諸君。此後尚擬添聘章丹楓、張幼丞諸君，俾得充實陣容，更有效地爲祖國、爲人民服務。

丙，出版圖書：

本局去冬出版農業、婦幼衛生兩種挂圖，均已三版；新中國地理，已再版。本年夏間，出版社會發展史第一組從猿到人，已再版。最近出版生理衛生、植物兩種挂圖，農業轉盤三種；地球儀亦經改製。歷史故事小叢書第一輯十冊，已三版。

本年內可出版之挂圖，有世界歷史第一組上古、化學工業、大衆衛生、人體寄生蟲、動物、畜牧第一組人工授精、植物蟲害等種。又歷史故事小叢書第二輯十冊，地理小叢書第一輯五冊，新編世界史一冊，中國上古史演義一冊。

其已經編繪、尚未製版者，有礦物、園藝、四大害蟲、農村副業、無痛分娩法、社會發展史第二組原始共產社會等圖；新編世界地理、工農辭彙等書。

其已作初步工作或已經計劃、但尚未正式編製者，有世界歷史第二、三組，中國歷史、中國近代史、體育、農藝、森林、畜牧第二組品種、第三組牧草、獸醫、小學自然科、細菌、組織治療法等圖，中國歷代史演義等書。

地圖方面，本局新編者有南洋地圖、歐洲地圖等，擬移交地圖聯合出版社付印。

丁，改進計劃：

編輯所現設歷史、地理、科技三組，爲求資料集中，便利參考，擬成立資料室。

又本局已有政治學習，爲求編輯、出版業務之改進，擬添辦業務學習。

顧頡剛
丁君匋

十月廿三日與于鶴年君書曰：（下略，見《顧頡剛書信集》）

十一月一日致童丕繩書云：（下略，見《顧頡剛書信集》）

新年中丕繩來，爲告丁山之死在一九五二年春間，渠本有肺病，年來兩肺皆潰爛，死前發燒，渠誤認爲瘧疾，服金雞納霜甚多，突然變劇而死。今其夫人即在山東大學工作，能自活。

一九五三年二月廿日記。

一九五二年十一月

十一月一號星期六（九月十四）

到天平路，與森玉先生談。乘電車，遇朱向榮。到大中國。到上海銀行取款。到郵局寄信。到旅行社，買行車時刻表。到誠安處。回局，寫陸步青、袁兆熊等信。

誠安來。與君匋談。寫謝公墨、傅築夫、馮世五、石聲漢、童丕繩信。修改《郎亭廉泉録》跋，即鈔入册。草《少室山房筆叢》跋。

到仁智里，參加陳里平子湯餅筵，與丹楓談。九時歸。鈔《少室》跋入册。

今晚同席：大中國全體同人（客）　　陳里平夫婦（主）

傳聞胡適已到臺灣任總統，今日與君匋談，謂彼到臺，如果確實，亦不過如宣統任滿洲國執政，做個大傀偏，一個最聰明的人如何做出這種最笨的事。又聞朱家驊已因圖反正而被蔣槍斃。與君匋言之，渠謂此事于情勢爲不可能，倘有此事，仍是 C. C. 系排擠之結果也。

十一月二號星期日（九月十五）

寫起潛叔信。到大中國，寫自明信。開局務會議，自十時至十二時。王煦華來，同飯。即上站。

乘二點二十分車，三點四十四分到蘇州。在車看《共產主義講話》。到家，與又曾、紀伯庸談。

與伯庸、煦華同到雪園老正興飯，長談。九時許歸。又與又曾談。終夜無眠。

十一月三號星期一（九月十六）

與煦華到平江路吃點。到子敦處談。與煦華同理書。到九嬸母處。陸尹甫姻丈來，得聞棣威先生噩耗。在子敦處飯。

遇祝嘉。到拙政園，晤沈勤廬、彭功甫、汪長炳、朱犀園、陳邦福等，游拙政園，參觀書庫。與勤廬同訪龔子揚，不遇。歸。

飯于又曾夫人處。鹿世瀶（郭瑞麒）來。與煦華到静園，聽楊翰芳説《信陵君》、曹嘯雲説《白蛇傳》。歸，得酣眠。

十一月四號星期二（九月十七）

與煦華到范莊前、薛娘墳，到觀正興吃點。予到文化宮訪張紹南，并晤江惟寬。謝孝思來，同參觀文化宮古物，晤黃慰萱、汪星伯、周策魯、錢鏞、顧公碩、林伯希等。出，到李映婁處談。步至丹鳳飯。寫静秋信。

歸，理書。紀伯庸來，談。到二嬸母處。趙孟輜來。

與孟輜、煦華同出，與煦華飯于三吳菜社。歸，晤又曾。謝孝思來。金子敦來。

十一月五號星期三（九月十八）

與又曾、煦華同到觀振興吃點。同游三清殿。歸，江澄波來，看其所集《明刻集錦》，談。九時半出，到拙政園，訪勤廬，同到陳毅岑處，看儲南强所捐刻竹、宜興壺等。遇徐澐秋，參觀蘇南文管會藏書，遇喬禹門。出，遇汪克祜。勤廬邀往味雅飯。

與勤廬到吳苑，看龔子揚疆域沿革諸稿。勤廬邀子揚來談。歸，到吳璞良處，到尹韻蓀處。取書，到謝延孫處。到仲川處，與其如夫人及子媳等談。

到北局吃飯。歸，寫静秋信，與又曾夫人談。補記四天日記。

十一月六號星期四（九月十九）

與煦華到鶴園茶點。又到觀裏五芳齋吃血湯。歸，同理書。與子敦談。與煦華同到味雅飯。

歸，到讀報組與諸房客開會，討論房租事。復理書。張紹南來。與九嬸母、又曾夫人談。到徐德榮處，未晤。遇薛天漢，同到市立三中談。到中蘇友好協會，接洽大中國幻燈事，未成。

到黃天源吃麵。歸，寫静秋信。又曾歸，談。看郭沫若《奴隸制社會》。

十一月七號星期五（九月二十）

與又曾、煦華同到朱鴻興吃麵。與煦華同乘汽車歸。理書。出，訪徐德榮，未晤，見馮淑琴。到觀前寄信。歸，又理書。爲煦華到通和坊仁壽天買胎産金丹。送煦華行。在又曾家吃飯。

理書訖。寫倉街派出所信及包條。到屈伯剛先生處。到蘇南師範，訪蔣吟秋、紀伯庸。與伯庸同訪凌敬言。到景春伯母處，并晤其外孫錢伯容、大春。

回又曾處飯。二孀母來。到九如茶室，聽金月庵、金鳳娟説《白蛇傳》，龐學庭、張偉君説《烏龍院》。

十一月八號星期六（九月廿一）

江澄波來，同到文學山房，又到朱鴻興吃點，又到協商會，晤張紹南、江惟寬，贈平江圖及考。到觀前買物。歸，理物。沈勤廬來。辭別子敦等人。十一時上站，遇尹甫先生等。十二時開車。

在車看《奴隸制社會》。一時半到滬，即歸家。到合衆，與起潛叔等談。到德輝夫婦處送衣，至則門鎖。歸，渠二人挈開孫至矣，留飯。

與德輝談。看王謇《宋平江城坊考》。與静秋同榻。

此次歸家，見者均謂予較前爲瘦，此則思想改造之效也。

十一月九號星期日（九月廿二）

鄭家舜來。與玉華挈潮、洪、湲、魴四孩到合衆圖書館看書，晤王佩諍、織科、起潛、景鄭三叔。到東湖電影院看《烏兹別克斯坦》。又安來，留飯。

到勤業膽寫函授學校，開董事會，自二時至五時。訪俞重展，未晤。

到諾貝爾大樓訪沈仲章，晤之。失眠，服藥三次。

今日同會：胡庭梅　陳葆笙　陳組耕　薛明劍　唐漢文　孫黻銓

十一月十號星期一（九月廿三）

到天平路，與森玉先生談，并晤詩銘、沈宗威。歸，與靜秋同到狄醫生處診。到大中國，與華汝成、方洞等談。

寫筱蘇、谷城信。出，到簡香處，談。到孔大充處，未晤，留條。回局，與丹楓、子喬、志濤等談。寫謝孝思信。到起潛叔處，借唐石經《尚書》。

俞重展來。看平伯《紅樓夢研究》。

文管會派沈宗威君爲余助手，因寫《尚書》工作計劃：1. 唐石經本，2. 校勘，3. 寫定本，4. 解釋與考證，5. 校點本，6. 譯文，7. 批判。

湲兒今晚發燒，至百〇三度。四個小孩，輪流生病，奈何！

十一月十一號星期二（九月廿四）

到天平路，與翼謀、森玉、宗威、詩銘、笑雪談。寫《尚書》樣與宗威。到大中國，寫周堯、戈湘嵐、袁兆熊兄弟、邱懷、鄭子久信。與幼丞、汝成談。與振宇談。

一時到站，二時廿分開車。在車看平伯《紅樓夢研究》。三時四十四分到蘇州，入拙政園，與何人駿、沈勤廬、沈燮元、錢海岳等談。在會飯。

寫靜秋信。勤廬來。與陳治潼、沈志安兩女孩到臨頓路四海園聽曹嘯君、織雲説《白蛇傳》，曹漢昌、楊振新説《岳傳》。九時歸。

十一月十二號星期三（九月廿五）

勤廬來，燮元來，同早餐。到協商會，訪江惟寬談。到太監弄吃羊肉麵。到吳苑，看朱琛《洞庭東山物産考》。到國貨公司買物。出，剃頭。到樂口福吃千張包子。

到又曾家，與其夫婦談。取鋪蓋到拙政園。看錢海岳著《南明史》。到海岳及陳墨谿處。到園，晤朱犀園、彭恭甫等。到功甫室小坐。紀伯庸來，徐澐秋來，長談。森老、仲章自上海來。

文管會同人邀至味雅晚餐。歸，與何人駿、沈燮元談。睡不佳。

今晚同席：森玉先生　仲章　伯庸　予（以上客）　何人駿　徐澐秋　沈燮元　朱犀園　彭功甫（以上主）

十一月十三號星期四（九月廿六）

四時起，理行裝。寫静秋信，待天明。七時，與森老、勤廬、仲章、燮元、李協和同上車，到胥門洋橋西山輪船碼頭，進茶點。八時上船。在船看《東山旅滬同鄉會卅年紀念刊》。十時許到木瀆，上岸，到石家飯店吃飯，晤石家元小姐。十一時上船。

舟出胥口，立船舷望太湖。風浪大，無他舟。到黿山、後堡，均小停。到鎮夏，上岸，步至包山寺，晤羅昌慧和尚，看《徑山藏》。

宿大雲堂，睡後，村幹部偕民兵來質問，予爲驚醒，又服藥。

十一月十四號星期五（九月廿七）

六時起，游静善堂。回，吃粥。寫静秋信。游寺内各部，看葉譽虎藏書、陳子清壁畫松及寺内所藏書畫。九時出，至靈佑觀，入林屋洞。十時許至鎮夏飯。雇舟到石公，游歸雲洞，在禪院茶。

上山至來鶴亭。下，至關帝殿、夕光洞，在石公石婆處照相。

三時，上船，返鎮夏。以無代步，森老行緩，抵包山已天黑矣。

在寺晚飯。飯後談約一小時，即眠。

十一月十五號星期六（九月廿八）

六時起，即束裝。森老、仲章乘小輪返蘇。予與勤廬、燮元、協和同飯，雇木船到東山，有風浪，壯行色。十一時許到達，入茶館飯。雇車到區政府下榻。寫靜秋信。

出，到雨花臺，晤妙詮法師，茶。上莫厘峰，入雲霧中，登四方石絕頂。下，飯于雨花臺，酬三萬元。

到亦園，聽莊雲峰説《三國志》。與沈燮元長談。九時歸眠。

森老十餘年前在昆明白龍潭跌壞一腿，數年前又在南京跌壞另一腿，昨去西山走路稍多，遂不克任。本擬游東山，今日只得分手矣。以極好游之人，竟不如願，甚哉老之可畏也！

今日予等自雨花臺上行，至中途，勤廬想退回矣，而燮元見雲霧翁翳，望不到山頭，堅欲登莫厘峰。予遂從興而上，竟至絕頂，下視則一切不見矣。久未爬山，幸得一試，知予體尚不衰也。李協和亦以予年六十而有此足力爲奇。

十一月十六號星期日（九月廿九）

在區政府看報。到蘇南行署太湖辦事處，晤錢藝榮秘書及邵曉聲。出，到西新街進點。隨一鄉人到紫金庵，看彩塑羅漢像。出，到興福寺，看明碑。回西新街飯。

到法海寺，并訪其遺址。到路振飛墓。回西新街茶點。回區政府休息。出，飯。

到一茶館，聽謝鴻天、吳蔭芳兩女士説《白蛇傳》。九時歸。

十一月十七號星期一（十月初一）

未曉起，束裝，到輪埠，進點。七時卅分船開，十一時卅分到蘇。舟中與爕元談。到人代會，知市政建設會議已於上星期六開過，即到公園散步，到味雅飯。寫靜秋信。

到拙政園，與陳毅岑談。到勤廬處，同出，到臨頓路日新池洗澡。到文學山房，晤江靜瀾父子。到百城書店，晤李光豪。到來青閣，晤楊壽祺。各取數書。遇汪國淑表妹。

與勤廬同到朱鴻興飯。又到靜園，聽魏含英説《孟姜女》，杜劍鳴、劍華説《武松》，曹嘯君、織雲説《白蛇傳》。九時半歸，服藥兩次。

十一月十八號星期二（十月初二）

勤廬來。與毅岑同早餐。海岳、爕元來。與毅岑、勤廬同到結草廬訪範成法師，看其所藏珍本佛經。到府學，到開元寺，上無梁殿，晤能清和尚。還園飯。

送行李還又曾夫人。寫靜秋、伯祥信。到觀前買物。還園，與毅岑、澐秋、爕元談。四時上站，進晚餐，看《雙城記》。六時四十分上車。

八時十五分到滬，雇車歸，與頤萱嫂談，看雁秋來信。

　靜秋于十六日赴徐，轉大湖視雁秋，以得高鳴信，雁秋甚瘦也。

十一月十九號星期三（十月初三）

到天平路，補記日記十三天入册。翻《復報》。點《尚書正義》，記筆記一則。

到合衆圖書館，晤起潛叔、煦華，導觀南洋中學所捐書。到大中國，與汝成、緯宇等談。寫馮漢鏞、靜秋、李映婁信。

冒雨歸。看李根源《吳郡西山訪古記》及《東山旅滬同鄉會卅年紀念刊》。

　　此次省區變動過大，蘇南蘇北之合併與其劃歸山東、安徽等縣之收回，平原、察哈爾兩者之撤銷與其分歸河南、山東、山西、河北，凡已印地圖皆不可用，新華、中圖已不向亞光等處批發，地圖業損失達數十億，未知政府能照顧之否。更不知當初何以改制，而今乃一仍舊貫也。

　　本月中到蘇州兩次，第一次七天，第二次八天，生活得一變化。此後當沈潛于《尚書》研究矣。惟跑了半月，一時尚不易定心耳。

十一月二十號星期四（十月初四）

　　三時醒，四時起。寫俞平伯、靜秋函。到金融業公會訪誠安，未晤，晤孫俶仁。到大中國，校《上古史演義》第一回，訖。陳懋恒來。唐漢文來。與張幼丞談息壤問題。

　　到多倫路，遇碩民。到方家，與方太太談。取書。遇吳公魯。到誠安家，與弟婦談，并晤德武侄。上海總工會龔咏文來談本局同人之政治面目。與葛綏成談。

　　與兒輩看照片冊。看吳大澂《權衡度量實驗考》。失眠，服藥兩次。

　　誠安于本月五日起，到南市學習，本月杪可畢。此後或派本市工商聯，或派外埠，尚不可知。薪水必然大減，何以維持一家生活！弟婦言：「政府不信人民，如何教人民信任政府。」蓋忠誠老實僅為人民言之，而幹部則猖狂妄行，任何手段均用得出也。

　　大中國日來正在「民主改革」，實際則是每一職工清楚交代歷史，猶之教育界之思想改造也。方洞以曾在正中書局畫圖，頗受逼迫。今日龔咏文來詢予本局職工之政治面貌，予告之曰：「本局同人如欲說有政治關係，恐怕只有我一個人，以曾任參政員及國大代表也。"我局如此,他工商業亦必然,而報紙全不載。

十一月廿一號星期五 (十月初五)

到合衆圖書館,晤起潛叔及煦華,寫謝孝思、又曾、金子敦信。到天平路,點《尚書正義・舜典》篇訖,記筆記四則。與翼謀、森玉兩先生及方詩銘談。靜秋自徐州歸。

徐嗣山來,寫金子敦、沈勤廬信。與靜秋同榻。中夜醒,服藥。

符離集的雞,抗戰前每隻二角,這次靜秋歸時買,每隻一萬元。此説明十餘年間,物價漲至五萬倍。

十一月廿二號星期六 (十月初六)

到大中國,點桂馥《札樸》中論《尚書》各條。校《上古史演義》序跋訖。許公武先生來。

與君匋談。草《歷史故事小叢書》廣告。服中藥。

又安來,留飯。

予自思改中發失眠疾,至今半年矣,每夜非藥不眠,或服一次,或服二三次,竟成痼疾。今日檢出張抱芝所開方,改服中藥,甚望數劑後可霍然病已也。

十一月廿三號星期日 (十月初七)

鄭家舜來。與靜秋、玉華帶潮、洪、湲、魴四兒到淮海路,看蘇聯史畫展覽,到野味香吃飯。到襄陽公園看諸兒游戲。到合衆圖書館,晤起潛叔及煦華。

歸,眠一小時。看《三教搜神大全》,記筆記一則。德輝夫婦偕開孫來,留飯。

十一月廿四號星期一 (十月初八)

到大中國，寫謝延孫信。到文管會，晤楊寬正，取書籍證明信。到合衆圖書館送信，與起潛叔談，并晤王育伊，聽其述上海圖書館事。歸飯。

到天平路，點《尚書正義》第四卷三十餘頁。

俞重展來。静秋以厭彼來纏繞，與予吵。失眠，服藥。

昨夜十時睡，今日六時醒，中夜未覺，一快。然夜中因勤業校事，重展來談撤銷辦法，静秋恨其浪費我的時間，罵我攬事，精神一緊張，又失眠矣。

十一月廿五號星期二（十月初九）

到天平路，點《書疏·皋陶謨》篇訖，記筆記四則。詩銘來談。

到大中國，遇計碩民先生，同到局談。開編輯出版會議，自三時至五時半。

爲兒輩講故事。

今日同會：君匋　汝成　丹楓　子喬　志濤　家振　良芹　洪昌　方洞　逸楓　小粟　福全　綏成

十一月廿六號星期三（十月初十）

到天平路，點《書疏·益稷》篇。詩銘來談。

到教育局，晤業餘技術教育科張來和，談勤業函授校事。到修文堂，還書賬。到勤業文具公司，晤陳葆笙。到薛明劍處，談鶴鶉及函授校事。

翻《古今文綜》，記筆記四則。失眠，服藥。

十一月廿七號星期四（十月十一）

到大中國，寫袁捷、袁兆熊、周堯信。記筆記一則。與君匋、丹楓等談。

剃頭。記筆記一則。到汾陽路中蘇友好協會，歡迎蘇聯歷史學家葉菲莫夫，并聽其講話，自三時至六時。與大公報館記者吳秉真談。與起潛叔及季龍同出。

歸，方詩銘來，長談。失眠，服藥三次。

今日同會：葉菲莫夫　周谷城（主席）　徐德嶙　潘硌基　周予同　李正文　柳翼謀　王蘧常　方行　陳虞孫　蔡尚思　吳澤　陳守寔　胡厚宣　譚其驤　胡繩武　顧起潛　胡曲園　陳旭麓　林舉岱　楊寬　洪廷彦　束世澂等

十一月廿八號星期五（十月十二）

葉榮娟來，邀加入中蘇友好協會。到天平路，點《書疏・益稷》篇訖。點王柏《書疑》一卷。看吳英《經句説》，題識。三姨自徐州來。

到天平路，寫筆記三千餘字。

翻看阿英《小説閑談》。得佳眠。

十一月廿九號星期六（十月十三）

遇龔君。到大中國，寫沈勤廬、帥潤身、華夏史地社信。懋恒來。改丹楓草葉菲莫夫信。填復旦工會表。

到郵局寄信。到文管會，與承名世談。開委員會，自二時至四時半。歸，又安來。

與靜秋出外散步。歸，丹楓來談。失眠，服藥。

今日同會：徐森玉　吳仲超　楊寬　蔣鐵如　汪旭初　柳翼謀　尹石公　沈邁士

大中國民主改革已三星期半矣，而劉子喬、莊良芹等猶未通過，以其爲老職員，疑其政治歷史不清白也。以莊良芹之老實，有何可疑，徒以其健忘，少壯時代事記憶不清耳。即此可見所謂民主改革與思想改造同符，發動目的惟在于了解各人歷史也。

十一月三十號星期日（十月十四）

鈔《三教搜神大全》目錄入筆記。與靜秋、玉蘭挈潮、洪、湲、魴四兒到中山公園看動物及運動。

誠安來，留飯。到海光，參加史學會，批評李亞農著《中國奴隸制與封建制》。開理事會。與子敦同步歸，留飯，談。

看《明人尺牘》、《孫淵如尺牘》。

今日同會：谷城　亞農　子敦　天民　厚宣　吳杰　曹未風　舉岱　舜欽　巴林　建猷　乃乾　長壽　國秀　蠡甫　尚思　東潤　予同　天行　乾英

[原件]

第一次市政建設委員會會議紀錄

時間：一九五二年十一月十五日下午一時半

地點：協商委員會會議廳

出席者：虞希礽　余志華　李學泌　王守則　陳用鵬　李繼先　顧子政　汪榮生（黃雲生代）　俞子明　張宇和　周瘦鵑　朱葆初　吳迪人　胡粹中　張百超　王太乙

列席者：謝孝思

主席：吳迪人　　　紀錄：張紹南

一，主席報告（簡要）：今天召開第一次市政建設委員會，這個委員會包括各方面專門人才，對于市政建設必將有很大的貢獻。今天要談的問題，可分兩方面：

（1）對本委員會的性質、要求與組織、會議制度、經常聯繫等。

（2）初步交換對本市建設方面的意見。

二，委員陳用鵬、張百超、謝孝思、周瘦鵑、胡粹中、俞子明、余志華、朱葆初、王守則、李繼先等先後發表許多意見并互相討論。

三，主席歸納大家意見，有下列五點（簡要）：

（1）建設蘇州的重要意義。

（2）建設要服從整體與本市實際情況及可能條件出發。

（3）建設要爲生産服務。

（4）建設要有長遠打算，通盤計劃。

（5）建設要有步驟的按輕重緩急，逐步進行。

四，爲便于精密研究起見，按市政性質分下列三組：

（1）工程建設組：（共十五人）　　召集人：張百超
汪榮生　陳用鵬　張百超　虞希礽　顧子政　李繼先　李學泌　王守則　俞子明　謝惟安　張寶桐
擬添聘委員：陳松庭　宋明康　李克夫　劉衷煒

（2）文化建設組：（共十一人）　　召集人：謝孝思
汪旭初　顧頡剛　王太乙　朱葆初　周瘦鵑　胡粹中　張宇和　蔣驥
擬添聘委員：謝孝思　陳涓隱　鄭子嘉

（3）衛生建設組：（共六人）　　召集人：余志華
擬添聘委員：顧唯誠　陳王善繼　凌長慶　蕭伯煊　蔣孟厚
以上擬添聘委員提請協商委員會加聘。

五，以上三組委員經常聯繫由協商委員會秘書處負責。

六，以上三組要求于十二月十日前分頭擇定時間召開小組會議，商訂今後的建設計劃，送交協商會印發各委員，先行準備意見，以後每三周開會一次。

七，第二次市政建設委員會定于十二月十五日至二十日中間召開，商訂今後市政建設的統盤計劃和經常工作。　　　　（完）

附註：以上擬添聘委員已經十一月十九日第二次協商委員會追認

通過。

〔剪報〕

吉洪諾夫參加文藝界座談會

格魯森科及葉菲莫夫分別參加生物學和歷史學座談會

〔本報訊〕蘇聯文化工作者代表團團長吉洪諾夫，團員格魯森科、葉菲莫夫，昨天分別參觀了工廠、學校，并分別出席了座談會。

……

葉菲莫夫在下午三時出席了上海歷史學家的座談會。參加這一座談會的，有：周谷城、周予同、李正文、蔡尚思、吳澤、胡曲園、顧頡剛、柳詒徵、王蘧常、陳虞孫等歷史學家以及中學歷史教師等共四十餘人。復旦大學歷史系教授周谷城代表上海歷史學家致歡迎詞後，葉菲莫夫用長達兩小時的時間講述了蘇聯列寧格勒大學歷史系的教學情況，他自己研究中國近代史的經驗，以及如何運用馬列主義觀點和方法處理歷史材料和對待歷史人物評價等問題。

葉菲莫夫以他在中國一個多月來的觀感，特別談到要研究工人運動歷史和中國共產黨的領導作用。他説："我在上海、漢口、廣州等地，遇見了一些老年革命工人，在和他們談話後，我感到我還擔負着重大的任務，這就是向蘇聯人民介紹中國共產黨領導中國工人革命鬥爭的工作具有極大的意義，這是一項急待去完成的重要的任務。"座談會上，周谷城教授把上海史學界在解放後三年來所做的工作和今後準備做的工作作了簡單介紹，他代表上海歷史學家希望以後能經常與蘇聯專家們舉行這樣的座談會。六時許，座談會在極其友好的氣氛中結束，復旦歷史系學生并向葉菲莫夫獻花致敬。

〔剪報〕　一九五二年十一月二十九日《解放日報》

以馬列主義觀點進行史學研究工作

——爲歡迎葉菲莫夫教授作　　　　　　周谷城

（下略）

〔剪報〕　　學習蘇聯先進的生物學　　　　　羅宗洛

（下略）

〔剪報〕

顧振軍　蘇元復等編著

生產知

識挂圖　　工　業　組　　業已出版

　　每套十四張進口道林　定價七萬五千元

　　本圖是化學工業一套，計十四幅，包括火柴、肥皂、造紙、食鹽和製鹹、食鹽電解、硫酸、油漆、石油、煉焦、玻璃、搪瓷、陶瓷、皮革等項，每項均將工作程序詳爲列出，一目了然，足爲普及工業知識之用。附説明書一冊。

生產 ⎰ 動物組：　　　　　　十六張　普及版七萬五千元
知識 ⎱ 植物組：（新編）　　二十張　普及版九萬元
挂圖 ⎰ 農業組：（修正三版）十二張　普及版五萬七千元
生活 ⎱ 生理衛生組：（新編）十四張　普及版六萬六千元
知識 ⎰ 婦幼衛生組：（二版）十二張　普及版六萬元
挂圖 ⎱ 大衆衛生組：　　　　十　張　下月中出版
歷史知 ⎰ 從猿到人（社會發展史第一組）十二張　57，000
識挂圖 ⎱ 世界歷史（第一組上古史共六幅）　　下月出版

注音、求解、寫話、釋詞、辨字

五用新辭典　周性初編　顧頡剛等校

再版出書　八十開道林紙精裝本　二萬九千元

寸半本道林紙精裝本　一萬七千元

上海四川北路八號　　大中國圖書局　電話　46359

一套挂圖，一個月可做一億生意。

〔剪報〕

　　記者問他，關于共黨"清算胡適思想"的事，他幽默的笑了一笑說："胡適的思想既然成了清算的對象，有被清算的資格，可見够得上是一種思想，則這個思想一定是清算不掉的。"他說："顧頡剛和朱光潛兩位老朋友所發表的清算我的文章，我非常同情他們諒解他們，因爲我曉得，在共黨統治之下沒有説話的自由，也沒有不説話的自由，他們兩人發表的文章，引證了我的很多文章，可見現在仍有讀我的文章的人，我一看顧頡剛、朱光潛的文章，就知道是言不由衷，完全是被逼迫寫出的，至于沈尹默，我已與他卅年沒有往來，他所寫的清算我的那篇文章，全篇都是謊言。"胡適說："沈尹默從沒有看過胡適的書，胡適的思想究竟什麼樣子他也弄不清楚，還說什麼清算？"

一九五二年十二月

十二月一號星期一（十月十五）

　　到大中國，寄葉菲莫夫書物。到上海銀行取款。與君匋談。回家飯。看亞農所著書。

與二姐、三姐、頤萱嫂、静秋挈潮、湲、魴到北京電影院看《蘇聯大馬戲團》，五時許歸。

鈔宋濂《游荆塗二山記》。

十二月二號星期二 （十月十六）

到天平路，點孔廣林輯《尚書鄭注》一卷，又點王先謙《尚書孔傳參正》三頁。記筆記四則。

大寒，在家未出，鈔關于《古嶽瀆經》材料三種。記筆記三則。

鈔胡天游《禹穴記》。

十二月三號星期三 （十月十七）

到天平路，記筆記一則（巫支祁）。點讀《尚書孔傳參正》十頁。與詩銘談。又安來。

又到天平路，看《文史哲》中楊向奎、童丕繩論西周社會性質兩文。又看鄭家舜文。

鈔皮錫瑞《史記引尚書考自序》等三篇。失眠，服藥。

十二月四號星期四 （十月十八）

到大中國，看童書業《中國封建制的開端及其特徵》、楊寬《戰國時代社會性質的討論》。與張幼丞、華汝成、丁君匋等談。看陳懋恒《演義》稿。記筆記二則。淑忍自蚌埠來。

寫金子敦、王進珊、謝延孫、沈燮元、史筱蘇、紀伯庸、李維皋、張又曾、本局工會、容媛、自珍信。到郵局寄。

到仁智里赴民主改革結束聯歡宴。八時半歸，聽蘇聯紅旗歌舞團唱歌廣播。

今日同席：大中國同人全體（公份）　　凡四桌。

十二月五號星期五（十月十九）

李拔可夫人及其小姑來。鈔姚鼐《辨逸周書》。到天平路，與森玉先生談。記筆記一則。爲鄭家舜改作《西周是封建主義社會》，略訖。

到天平路，點楊筠如《尚書覈詁》八頁。

鈔姚鼐、汪中論《賈誼新書》文兩篇。

鄭家舜質至魯，而偏喜作研究，盡其全力作一四千字之文，必欲予改，爲之充實資料，紬繹文氣，差得成文。

十二月六號星期六（十月二十）

到懋恒處送校稿，未晤，留條。到大中國，與君匋、志濤、汝成、幼丞等談。寫蠡甫信。王進珊來，同到銀河飯。

寫奮生、程鴻、勤廬、映婁信。碩民來。與綏成談。記筆記二則。到多倫路口郵局寄信。視德輝夫婦，未晤。歸車看《半農雜文》。

鄭家舜來。盧雪岩夫人來。湲兒同眠。失眠，服藥兩次。

報載美英集團不想結束朝鮮戰爭，高呼"用亞洲人打亞洲人"，印度代表團也跑到美英陣營去。噫，印度鬧饑荒，我國送大量食米去，上月我局出了一幅世界圖，未列印度爲獨立國，受出版局之停售處分，今乃得此結果乎！

十二月七號星期日（十月廿一）

鈔《千百年眼》中《井田不可行》、《董仲舒忠質文之説甚謬》兩篇，劉復譯《傸傸人的創世紀》，韓愈、歐陽修《進士策問》兩篇，共約五千字。與静秋同到拔可夫人處，并晤姚伯南及李直士夫婦，看書。

又安來，挈魴魴去。沈仲章來，送相片。懋恒來。

方詩銘來，長談。

十二月八號星期一（十月廿二）

到天平路，點《尚書覈詁》十一頁，《皋陶謨》訖。又點段玉裁《古文尚書撰異》十一頁。與森玉、翼謀兩先生談。

到知味觀赴宴，八時半歸。

今日同席：曹冰嚴　李小峰　孔另境　儲禈　謝維訓　陳宣人　金振宇、緯宇、擎宇　鄒新垓（以上客）　丁君匋（主）　君匋四十四生辰，并商大中國與北新、廣益、東方、人世間合併事。

十二月九號星期二（十月廿三）

到大中國，施天侔來借書，爲寫起潛叔信。德武侁來。與君匋、汝成談。看李亞農《中國的奴隸制與封建制》訖。

與良芹、佑丞談。寫石聲漢、戈湘嵐信。楊亦農來。再改鄭家舜文。

鈔李亞農所譯《東山》、《大田》二詩。

十二月十號星期三（十月廿四）

到天平路，點段氏《撰異》及山井鼎《古文考》各十頁。與翼謀、森玉兩先生及沈宗威談。

飯于國權路，遇家舜。到復旦，訪季龍，并晤其夫人。與季龍同到厚宣處，并晤來薰閣書估高震川。五時半歸。

與靜秋、湲兒同看照片。失眠，服藥兩次。

十二月十一號星期四（十月廿五）

寫五原路派出所信，即與靜秋同到五原路，辦戶籍證明。到大中國，寫又曾信。徐敬五來。校《上古史演義》。

到大名路取款。到郵局寄信。到文管會，與大沂、育伊談，并晤鳳起、素吾。獨到人民公園散步。到四馬路買書。到進珊家談。

爲兒輩講故事。看蘇州報及新購書。失眠，服藥。

十二月十二號星期五（十月廿六）

到天平路，爲李亞農校其新著九章。點《尚書撰異》兩頁。宴客。

起潛叔來，同到李拔可夫人處看書，晤育伊、鳳起、姚伯南，談。戶籍員顧錫疇來。

鈔陳寅恪《西游記玄奘弟子故事之演變》三千餘字。

今日同席：江清遠女士　江若華女士（以上客）　予夫婦（主）

昨日爲洪兒六歲生日，明日爲雁秋五十八歲，故今日併作一筵，順便請兩江君。

十二月十三號星期六（十月廿七）

到天平路，與翼謀先生談。到大中國，看《魏正始石經殘字》。與君匋、汝成談。

到四川路底剃頭。到多倫路取書，晤德輝夫婦。回局，點《吳縣志·沿革》一卷。與緯宇談。

理蘇州運來書。服中藥。

予晚上仍易失眠，以多服西藥不好，改服中藥。僅僅半月耳，向售一萬一千元一貼者，乃升至一萬六千元，物價之日高可知，而米煤諸物爲政府所統制，折實單位因之不改，遂謂物價穩定矣。

十二月十四號星期日（十月廿八）

鈔李亞農《載芟》篇譯文。與靜秋、玉華、淑忍挈潮、洪、湲、堪四兒到復興公園看動物。德輝夫婦偕開孫來，留飯，談至四時去。

鈔《曶鼎》、《大盂鼎》、《矢令簋》文。記筆記三則。詩銘來，留飯，長談。

十二月十五號星期一（十月廿九）

到天平路，看李亞農《中國的奴隸制與封建制》十一章，七十餘頁，校其誤字。看王引之《伏生尚書二十九篇說》。趙素珍來，留飯。

看島田翰《古文舊書考》。到森玉先生家。訪起潛叔未晤。

鈔八千卷樓所藏《尚書》目錄三頁。爲兒輩講《蕭阿蘭》故事。

十二月十六號星期二（十月三十）

到懋恒處，未晤，留條。到大中國，寫戈湘嵐、王進珊、德輝信。算賬。寫延孫信。

到文管會，晤蔣鐵如、楊寬、李芳馥，談購李拔可先生藏書事。到上海銀行取款。開編審會議，自三時至五時一刻。

何天行來。看《銅琶金縷》。失眠，服藥。

余睡眠時間不爲少，但入眠極難，服中藥無效，非服西藥不可，甚矣思想改造運動之妨害我健康也！擬就針科醫之。

今日同會：君匋　汝成　丹楓　志濤　子喬　方洞　幼丞　綏成　志雲　家振　商明年出版計畫。

何天行家有七口，而社會文化事業管理處月薪僅七十餘萬元，致饔飧不給，心中苦悶，遂成神經病，來予家語無倫次，所謂"文痴"者也。噫，低薪制之害人如是。而此種生活，誠安弟亦將過着矣，奈何！

十二月十七號星期三（十一月初一）

到天平路，爲李家售書事打各處電話。校李亞農書粗畢。點段氏《尚書撰異》十頁。

到天平路，以《史記》、《韓非子》校亞農書，訖。記筆記四則。到思南路寄書。到孫雨廷處，晤其夫人。到合衆圖書館，與起潛叔及煦華等談。

孫雨廷來。翻袁家所藏詩文集。失眠，服藥。

十二月十八號星期四（十一月初二）

到大中國，理書桌內雜紙。陳穉常來。寫戈湘嵐信。誠安來，留飯。帥潤身來。

與誠安同到博物館，候靜秋及局中同人來，同參觀，自二時至五時一刻。與蔣大沂、蔣天格、王个簃、吳湖帆、朱伯瓏談，晤劉百年。

黃永年來。看曹鵠雛《清代小説選》。服藥眠。

今日同參觀：振宇　宣人　緯宇　君匋　子喬　志濤　靜秋　逸楓　小粟　誠安　福全　大夏　文馴　陳子璋

十二月十九號星期五（十一月初三）

華汝成來，寫楊寬信與之。到天平路，點《撰異》二十五頁，卷一訖。記筆記二則。

到天平路，點《撰異》十七頁。王冶秋來。到森玉先生處談。歸，與緯宇、君匋、丹楓同到拔可先生家看書物。

王个簃來。看《元明小説選》。爲潮兒病，恐傳染，住予室。別設一榻供予眠。

昨晨潮兒謂兩頰作痛，下午有微熱，就狄醫診之，謂是腮腺炎。今日熱高至百〇二度。此兒何多病也！

十二月二十號星期六（十一月初四）

到大中國，帥潤身來。寫沈勤廬、史筱蘇信。理抽屜訖。與福全、小粟、逸楓、鶴生談。

校陳壽祺《左海經辨》中《尚書》説，訖。與良芹談。與君匋、丹楓、中台審查原始共産社會挂圖稿。與岳海庚、岳有五、曹慶森談。

看《柳毅傳》。

海庚云：《歷史小叢書》銷入部隊，故數量大。

十二月廿一號星期日（十一月初五）

到勤業公司，晤陳葆笙、陳組耕。寫致唐漢文條。到大中國，與振宇談。十時，開局務會議，至十二時半訖。到山東路老振興飯。

到廣益，買舊書。歸，與静秋同到徐家匯買物，游天主教堂。看新購書。

方詩銘來。

今日同會同飯：宣人　振宇　君匋　緯宇　大中國地圖部分完全併入圖聯，職工先去七人，將來再可去十人。現在本局每月可做十二億，常缺貨，所有資金但供造貨，不能發紅利。

十二月廿二號星期一（十一月初六）

到天平路，將所校亞農書過録別本，訖。點《尚書正義・禹貢》五頁。爲潮兒講《成安被屠記》。

到天平路，點《禹貢正義》十頁，記筆記四則。

翻《施注蘇詩》，檢出當鈔者。

在天平路工作較劇，胸膈作痛。得了好環境，體力不足以副之，苦痛爲何如！

十二月廿三號星期二（十一月初七）

上午二時醒，遂不成眠。到大中國，理信札，檢張文清信，得之。寫延孫信。袁兆熊自武功回，談。帥潤身來。唐漢文、張耕畬來，談勤業校事。簽名于呈文。

到誠安家，與弟婦談。到多倫路取書，與毓蘊、方太太談。回局，校丹楓所作世界史圖說明書。到上海銀行存款。爲汝成寫經理室信。歸，雪岩夫人來。

翻《蘇詩補遺》二册。

近日心搖搖如懸旌，覺舊疾將發矣。蓋失眠將半年，精神不佳，一也；在天平路頗靜謐能工作，而予所好太多，"嘸做一頭處"，心常急躁，二也。

得又曾書，知同壽里屋，財政局因我家爲地主成分，不得出售，須我歸去自行説明，以我爲工人階級，不在限制之列，只須説明此屋係我出錢所蓋耳。此之謂形式主義。擬先寄一説明書去，如必不可，只得一行。

誠安在金融業工會工作，薪三百七十單位，今到工商聯，減爲一百五十單位，逸如到公私合營銀行亦減薪廿萬，誠安家如何過日，大是難題。

十二月廿四號星期三（十一月初八）

到文管會，略校書。寫售屋説明書。歸家，與靜秋商。出，到王泰亨處打金針。到戀恒處送款，長談。歸家飯。

小眠，未着。起，寫又曾信。到文管會小坐。出寄信。歸，丹楓來談。與靜秋同到衡山影院，看《難忘的一九一九年》電影。

看洪邁《夷堅志》。

上午一時醒，服西藥又得眠，然雞鳴便醒矣。睡眠如此不自由，不得不別想方法，故就針科醫，在頭、手、足上打了七針。

丹楓以加入大中國工會後，開會時間太多，擬告退。

十二月廿五號星期四（十一月初九）

到大中國，戈湘嵐及袁捷自武功歸，談。并看其半年來所作挂

圖。爲龐新民寫證明書。鈔前年所作《大誥評論》。爲李家售書事
打電話五次。

　　與君匋談。誠安來，與同到虹口區工商聯。出，剃頭。回局，
校《康誥》今譯。

　　看《夷堅志》。爲孩子講故事。

　　　昨夜服中藥後，九時半眠。十二時醒，起溺，服西藥，眠至
四時又醒，溺。五時又眠，七時醒。時間是够了，但脚還是冷。

十二月廿六號星期五（十一月初十）

　　到天平路，續校亞農書。寫《管子》目録於書面。與詩銘談。
記筆記三則。

　　與靜秋、淑忍同出。予到大中國，起潛叔來。開臨時編審會
議，自三時至五時半。聽戈湘嵐報告西北工作。

　　看《夷堅志》。爲三孩講故事。潮兒病痙，歸室臥。

　　　今日同會：章丹楓　華汝成　戈湘嵐　章志雲　張維新　丁
君匋　方泂　許志濤　劉子喬　張家振

十二月廿七號星期六（十一月十一）

　　到天平路，校亞農書訖。鈔《散氏盤銘》，加點。記筆記三則。
與翼謀先生談。雨中接洪兒歸。

　　寫亞農信。到科學院送書。到大中國，即出，到五原路281弄
二號稅局，晤王榮才、薛于鳳。歸，記筆記一則。玉華回家。

　　章丹楓來。看《夷堅志》。失眠，服藥。

　　　睡眠較好，惟中夜必醒，仍服西藥，約越半小時得眠。天明
而醒。故近日精神恢復矣。

　　　才記此，今晚又不能入睡，人果若是其不能自滿耶！

　　所繳地價稅支票，銀行以存款不足退回稅局，稅局今日來通

知，静秋爲大怒，實則銀行以改爲公私合營，業務停頓，雖有收款，未登賬也。百事草創，一切歷亂，可謂時代病矣。

十二月廿八號星期日（十一月十二）

寫鄭國讓、張文清信，并重開文清欠款單。作蘇州市文化建設計劃書二千五百言。

到海光圖書館，開史學會，聽李亞農答辯，歷二小時半。聽金子敦批評翦伯贊《中國歷史大綱》，歷一小時許。與戴家祥、董因辰、王國秀等談。

乘汽車到錦江飯店飯。八時半歸，服藥眠。

今日同會：谷城　舜欽　演生　潁先　蠡甫　舉岱　厚宣　季龍　亞農　子敦　戴家祥　董因辰　史守謨　王國秀　何天行　蔡尚思　酈家駒　吳杰　東潤　乾英　施畸

今晚同席：程演生 66 歲　金子敦 64　施畸 63　予 60　黃潁先 58　周谷城 55　王國秀 51　李亞農 47　胡厚宣 42　林舉岱 39

十二月廿九號星期一（十一月十三）

潮兒病愈，送入校。到天平路，與翼謀、森玉談。到淮海路人民銀行繳款。到五原路薛于鳳處取退票。到大中國，與志濤、汝成、中台、福全、君匋談。

與子喬談。到上海銀行，接洽一切。與君匋、振宇、丹楓談。重草蘇州市文化建設計劃書。歸途遇龍榆生。又安來，留飯。

鈔所作計劃書訖，約三千字。服藥眠。

瞿子陵（潤緡）前日病死紅十字會醫院，年四十餘。渠在燕京，從希白治甲骨文，本屬有望，乃自甘墮落，先抽鴉片，繼服白麵，薪金不足，繼以竊物，去年在文管會，定爲管制一年。既不得毒物，肺腸俱結核而死，蓋不死亦不能用矣。禍福自召，信哉！

十二月三十號星期二（十一月十四）

到徐家匯，乘十五路車到站，即上車，九時四十分開。車上看郭沫若《奴隸制時代》。十二時到蘇州，雇車到太監弄味雅進飯。將計劃書再改一過。

到協商會，與江維寬、張紹南談。孝思來談。二時，開市政建設會議文化小組會，至五時半散。與朱葆初談。汪星伯來談。孝思偕至府前街飯。

孝思送至西美巷裕社招待所。道遇蔣宗魯、沈震孟。予留宿，看《吳越春秋》。眠佳。

今日同會：陳涓隱　周瘦鵑　張宇和　胡粹中　王太乙　朱葆初　鄭子嘉　謝孝思（主席）　予計劃書中力主不拆城，一致通過無異議，此爲予對于蘇州古迹一大功也。

十二月卅一號星期三（十一月十五）

在寓看《吳縣志》及《吳越春秋》。鈔改計劃書，未畢。寫靜秋信。在寓飯。

出，步至江蘇師院，訪又曾未晤，晤劉桂東。同出，遇徐嗣山，至其室談。出，到歷史專修科，晤張曉江、柳樹人、何保羅、朱瑞申、紀伯庸，談。再訪又曾，晤之，并晤蔣吟秋。出，到蘇南文管會，晤何人駿、沈燮元、彭恭甫、徐澐秋、錢海岳、汪克祐，談。到蘇南圖書館訪沈勤廬，同出，到北園，游北禪寺。出齊門，看夕陽中渡船。返城，到臨頓路羊肉館飯。

與勤廬同到九如聽説書。九時半歸，敲門不應，久之乃得入。看《吳越春秋》上册盡。十一時眠，失眠，服藥三次。

今晚所聽彈詞：潘慧寅、汝美玲《白蛇傳》，顧宏良、顧鳳娟《金陵刺馬》，吳菊人《西廂記》。

　　顧頡剛，年六十歲，江蘇蘇州市人，歷任北京大學、燕京大學、復旦大學等校教授，工齡三十三年，一九五〇年加入中華全國總工會，取得教字〇一一第〇〇三二六號會員證。現住上海武康路二八〇弄九號。因本鄉一部分房屋出賣，而户籍在滬，需要你府證明身份，特將會員證帶上，請求給予證明書，俾得回籍辦理此事，不勝感盼之至。此上
五原路派出所

　　　　　　　　　　　　　復旦大學教授
　　　　　　　　　　　　　　顧頡剛　印鑑
　　　　　　　　　　　　一九五二，十二，十一。

一九五三年

一九五三年一月

一月一號星期四（十一月十六）

在寓將計劃書鈔改訖。十一時出，到宮巷及觀裏飯。到又曾家，與其夫人及毓芬談。又曾歸，與同到胡濟川處，并晤吳賡虁。回又曾處談。

訪謝孝思及張紹南，俱不遇，晤其夫人及尹女士。出，到牛角浜蔣通天處算命。出，遇王士瑞。到文學山房，晤江氏父子。歸，點《吳縣志‧城池》一卷。飯後散步園中。

記日記及賬。點《吳越春秋》一卷。入眠難。

一月二號星期五（十一月十七）

寫靜秋信。到府前街吃麵。出，遇孟輅。到協商會，晤江秘書。到玄妙觀，吃血湯。到蕭家巷區人民政府，晤財政股尤仁豪，談。到協商會，晤張紹南，取介紹信。出，遇徐震洲。到市政府財政局，晤王局長新。出，到房地產交易所，晤孔所長明。歸飯。

李兆民來。寫靜秋信。出，到觀前寄信。到家，晤金太太及其弟宋君夫婦。取《史記》《前、後漢書》送李映婁處，談。回家，到又曾處，晤二孀母。到子敦處談。

　　與又曾到胡家飯。七時半出，到觀前買物回寓。眠安。

　　　今晚同席：吳賡虁　　吳拜虎　　蘇惠伯　　陸念柏　　郭紀蘭　　張又曾（以上客）　胡濟川夫婦（主）

　　　胡濟川君原住衛前街，以與人民醫院貼鄰，强售其屋，吳賡虁先生爲介紹予同壽里屋，議定價九百八十萬元。已立預約契矣，而區政府乃謂我家係地主成份，禁不許售。濟川詫甚，要我自歸辦理。到區政府，尤仁豪態度甚悍，謂我家有田是事實，勝利後予歸賣田亦是事實，不能脫却地主名義。到財政局，王局長不置可否。到交易所，孔所長甚明白，謂吾父收受押田已在一九三〇年後，其時田已變質，且我父子皆在外工作，亦未靠田吃飯，不當以地主論。及予再訪王局長，渠謂當待市長南京回來後批復，大概五天後可解決也。今時作事太難，以説話人太多，處處受牽制也。

一月三號星期六（十一月十八）

　　作本人房産及身份説明書一千餘言，即鈔清。到財政局，晤王局長，談。到旅行社買票。到九孀母處。到吳璞良處。到又曾夫人處。

　　在觀前吃飯，買物。取所批命書。回家，取物。二時上站，乘二點五十五分車，五點十四分到滬。車中看《奴隷制時代》。

　　又安來。爲潮兒講《鐵流》。與静秋談。至十二時眠。

　　潮兒愈多日，而洪兒腮腺炎又作，蓋潛伏至今日始發出也。

　　此次還蘇，食宿由招待所供給，仍用十一萬元。

一月四號星期日（十一月十九）

　　鈔王謇《平江城坊圖考自序》二千餘言。與張魯青談。

與静秋、潮、湲到文化廣場，看匈牙利展覽會。出，到復興公園，入閱覽室看書。歸，又與魯青談。

徐大綱來。看《新蘇州報》。

張文清欠予五百餘萬元，不但避不見面，連去信亦不復。日前静秋自往誠明業餘校交涉，請鄭國讓校長每月扣薪，今日乃托大綱送來廿萬元，并謂自下月起，因遷住校内，省却車錢，可還四十萬元。如此則一兩年内可以還清。此人如此疲懶，真所謂可憐不足惜也。予濫用同情，可以此爲龜鑑。

一月五號星期一（十一月二十）

到毓藴處送物，并取書。到大中國，與汝成、君匐談。承名世來。與章志雲談製蘇州地圖事。

批各處來信。寫孫華、筱蘇、延孫、潤孫信。到長治路取款。到工商聯訪誠安。到郵局寄延孫款。到文管會，晤鐵如、寬正、瑞釗、鳳起。到修文堂，晤孫實君。

點張霞房《紅蘭逸乘》一卷。爲潮、湲講《怪屋子》童話。

一月六號星期二（十一月廿一）

到天平路，與森玉、翼謀兩先生談。點《尚書撰異·甘誓》。孫實君來送書。錢壽荃來點木器。

詩銘來談。看新購書。整理半年來所購各書入目。點《孔傳參正·甘誓》。又安、義安來，留飯。理書桌。

點《古注便讀·甘誓》、《紅蘭逸乘》一卷。鈔吳大澂《斨字説》。爲潮、湲講《魯智深》。

《堯典》問題太多，一時不易整理，因先就《甘誓》着手。

亞農因史學會中答辯太累，心臟病又發，入醫院。身體不好而治學，猶無資本而經商也！

一月七號星期三（十一月廿二）

到大中國，田他盦來。算上月賬。補記到蘇時日記。與汝成、湘嵐、良芹談。

寫徐特立、范仲澐、翦伯贊、白壽彝、周谷城、王進珊信。開編輯出版聯席會議，自三時至五時半。詩銘來，長談。

點《紅蘭逸乘》一卷、《字說》四篇。理抽屜。

静秋爲里弄就業工作，日夜開會，今晚至十一時方歸。身體甚感不支。然既被舉爲委員，又不克謝絶。此事須兩星期方畢。

一月八號星期四（十一月廿三）

到文管會，與寬正、森老談。九時，開委員會討論整理綫裝書事，又論委員會組織。午，在會進餐。飯後到夾層辦公室談。

到懋恒處送《演義》清樣，談一小時。到平心處送清樣，亦談一小時。到王佩静處，晤其夫人，留條。到合衆圖書館，晤起潛、景鄭、煦華、楊鑑。爲潮、湲講《魯智深》故事，畢。

點《紅蘭逸乘》訖。點《字說》四篇。眠不佳。

今日同會同席：沈尹默　柳翼謀　汪旭初　尹石公　沈邁士
蔣鐵如　徐森玉（主席）　楊寬正　洪瑞釗　葉笑雪

今日爲整理綫裝書開會，而後半幾爲訴苦會。森老説前幾年許多人捐獻書物，劉汝醴輩拒助不要。尹默説李亞農示意他不要在會上説話。石公説委員辦公桌逐漸爲劉汝醴抽去，後來索性强迫停止辦公。又姜明説，不信任共產黨員即是不信任共產黨，即是對毛主席不尊敬。可見如不整黨及三反，其官僚化之嚴重可知也。

一月九號星期五（十一月廿四）

寫又曾信，寄財局批答。到郵局寄。到大中國，辦理各務。補記日記。與家振談。寫拱辰、鶴年信。

與君匋、汝成談。出，剃頭。回，寫寬正、名世、懋恒、季龍、丹楓信。訪王个簃，未晤，晤劉伯年。到廣益書局購書，遇魏炳榮。歸，玉蘭自常州來。徐才清來。

爲潮、湲講《百年長睡》等。翻今日所購書。

昨得蘇州市財政局長王新來函，同壽里屋已許稅契。

一月十號星期六（十一月廿五）

到天平路，整理所刻《尚書》古本，畢。詩銘來談。點《日知錄·尚書》卷。

到跑馬廳，開會，討論整理書籍事。自二時至四時許。與瞿鳳起談。

點《字説》六篇、《越絶書》數頁。

今日同會：徐森玉　沈羹梅　洪瑞釗　汪旭初　沈邁士　柳翼謀　尹石公　後蔣鐵如、楊寬亦到。

從下星期一起，予每星期一、三、五下午均到文管會理書，并早些去，在彼午餐。

一月十一號星期日（十一月廿六）

到大中國，寫伯祥信。與君匋、志濤談。爲修改原始共產社會圖，宴客。

談至三時散。即歸。劉承璐自蚌埠來。到虹橋浴室洗澡。盧雪岩夫婦來。

爲潮、湲講《大拇指》。點《字説》畢。看《吳中舊事》、《平江紀事》、《吳都文粹》。十二時一刻，静秋始回。

今日同席：楊寬正　譚季龍　方詩銘　章丹楓　方洞　華汝成　章志毅　丁君匋

湲兒昨到玉華校，隨看傀儡戲。夜中發心臟病，幸今日即愈。

静秋爲就業運動，任委員，且任主席，上午、下午、晚上均開會。以太累，僅半月而月經又來，疲乏不堪。然今夜之會直到半夜，其憊可知。予入眠後不能醒，一醒即不能睡，故只得待其歸。蔣媽爲等門，亦不得睡。如此生活，一個家庭弄得歷亂矣。

一月十二號星期一 （十一月廿七）

到天平路，點《尚書撰異·湯誓》篇畢，點《孔傳參正·湯誓》篇，未畢。孫實君來，同乘電車。到文管會，寫王姨丈信。飯。

整理姚石子捐獻書三箱，核所鈔卡片。岳良木來。與尹石公談。瞿鳳起來。又安自常州歸，同飯。

李拔可夫人來。爲潮、湲講《格林童話集》。

今日同飯：柳翼謀　尹石公　沈邁士　蔣鐵如　洪瑞釗

潮兒近來頗喜寫字，在石臺寫數目至八十餘。未教之字，亦能識得。湲兒則漸以聰敏而致頑劣。

一月十三號星期二 （十一月廿八）

洪兒病愈，送入校。途遇龔君。到大中國，處理各種公務。與湘嵐、福全、逸楓、汝成、良芹等談。

誠安來。與君匋談。寫映婁、延孫、孝思、平伯信。出寄信。到多倫路，晤毓蘊，取書，冒雪歸。承璐夫婦、義安來，留飯。

點章太炎《三體石經考》。與潮兒易床。失眠，服藥兩次。

堪兒昨夜發燒，今晨量之得一百〇二度，四個孩子，蟬聯生病。而静秋又日日開會，不得管理。晚上幾高至一〇四度，且似驚風狀，静秋大驚，然以時在深夜，未延醫。今日先到錢醫處，再延狄醫，又化十萬元。

中央設貫徹婚姻法委員會，惕吾爲委員之一。

一月十四號星期三（十一月廿九）

爲堪兒病，上午二時後未得眠。到天平路，看《隸釋》、《隸續》、《清史稿》等書。與宗威、笑雪談。到文管會，飯。與洪瑞釗、蔣鐵如等談。

理書一箱。育伊、鳳起、丁淇（柏岩）來談。瑞釗招陸梵因、居淡秋、張百雷來，討論編目方法。與育伊同到青年會宿舍，即在會內飯。

訪施天侔，未晤。八時許歸，靜秋爲我遲歸，發怒，服藥眠。

今日堪兒幸退熱，否則靜秋要急瘋矣。潮兒又以弄雪破指，出血甚多。

予在青年會飯時，打一電話到家，未打通。歸時靜秋已急得要到派出所，請其尋覓。渠真愛我及四孩，然而苦矣。

去年年底，書局中生意太好（爲各機關餘款須報銷故），存貨售賣一空，我局本錢小，須待錢收回後方得造貨，故此半月中竟無生意可做矣。大約須二十號後方得出貨。

一月十五號星期四（十二月初一）

到地圖聯合出版社，晤振宇、擎宇、新垓等，由擎宇導觀各部。到大中國，補記日記及賬。寫周堯信。與君匋、振繩、良芹談。

魏建猷來。葛綏成來結束工作，談。寫王進珊信。文匯報館資料組杜紹文、孫望權來。草明日演講計劃。到李拔可夫人處。

承璐夫婦及義安來，留飯。爲潮、湲講《養鵝公主》等。點《吳越春秋》。

圖聯在麥加利大樓，地方寬大，每月房租一千六百萬。工作人員一百五六十人，每月開銷三億元。規模不在商務、中華下矣。然此半年中則必賠錢也。

亞光職工，年來懶于作圖而勇于爭利，一人分得福利金至兩千萬元，而排擠編輯人員，以爲次要生產。所謂"大公無私"之工人階級竟墮落而爲"大私無公"。現在併入圖聯，看他們尚能如此撒野否？

一月十六號星期五（十二月初二）

到天平路，點《孔傳參正·湯誓》篇，訖。續翻看《清史稿》。到文管會，飯。

整理姚石子藏書一箱。準備演講。胡吉宣來。潘伯鷹來。瞿鳳起來。與尹石公談。爲本處工作同人講五十年來之新發見及參考書目。

與育伊到王家沙，吃點當飯。歸，點《吳越春秋》二篇。與静秋口角。

堪兒雖無熱，猶腹痛，大便中有血。

沈邁士問予："現在幾點鐘了？"予曰："没有錶。"蓋予與彼皆舊錶已壞，修理不好，新錶則買不起也。生于此極重效率之社會，而身上無錶，把握不得時間，大是矛盾。生活之苦，即此可見。

一月十七號星期六（十二月初三）

到大中國，即到銀行取款。到丹楓處，未晤。見其夫人。到毓蘊處，取書。回大中國，懋恒來，商改訂《演義》事。與志濤談吳越史事。

與君匋談。綏成來。湘嵐來。重寫周堯信。煦華來，同理亞光退還書籍，送合衆圖書館，晤景鄭等。

丹楓來。爲兒輩講書。寫又曾、毓芬、自珍信。

堪兒仍有熱一度餘。洪兒已全愈。

以大中國股份十七萬股（即一千七百萬元）轉與静秋。

予近日有時覺胸前悶甚，若透不出氣然者，有時覺胸中空甚，若餒。此得非心臟病之徵兆耶？然予若不如此忙，只做一件事，當不至如此。經濟逼人，不得不兼職。兼職而忙，宜其病也。

一月十八號星期日（十二月初四）

十時，到新雅，參加史學會理事會，又進點。商改選事。十二時，聚餐，談至一時半散。

到大中國，開局務會議，自二時半至六時。商振宇離職後之秘書問題，決聘誠安。與君匋同出赴宴。

參加大夏喜宴。玉華送潮、湲兩兒來。九時歸。寫誠安信。

上午同會：谷城　予同　尚思　厚宣　吳澤　旭麓　舉岱　平心　寬正

中午同席：谷城夫婦及其子駿羽　厚宣　平心　旭麓　舉岱　寬正

下午同會：振宇　緯宇　君匋　宣人

晚間同席：屠思聰　陳稼軒　擎宇夫婦　尹文馴夫婦　朱錦江夫人　子喬　君匋　振宇　緯宇　金綺芬　金啓宇　諸岳兆　張家駒夫婦及其子行健　宣人　洪懋熙　凌大韶　金竹安夫婦　劉寅年　張維新　梅志忠　鄒新垓　葛綏成　章啓宇等（共十桌）（以上客）　凌大夏及其新夫人謝兆蘭（主）

一月十九號星期一（十二月初五）

到天平路，翻《滇鐸》及《隴右金石錄》，記筆記三則。到文管會，飯。

與尹石公、胡吉宣、潘百鷹、楊寬正等談。理姚家書一箱（清代文集）。顧宗漢、瞿鳳起來。與育伊、瑞釗談。

將卅餘年來日記作一整理，未畢。

　　昨晨堪兒熱百〇二度，下午高至百〇四度，延狄醫視之，亦不能斷爲何疾。晚降至百〇二度，時哭。狄醫爲打退燒針二，故半夜退盡。然今日下午又高至百〇二度。

　　靜秋被選爲武康路居民委員會籌備委員會副委員長，急得要哭。家有病孩，外邊天天開會，今晚又至十一時外方歸，如之何其可！

　　報載柳亞子爲華東行政委員會副主席，文管會急將其所捐書二百餘箱運會整理。官之有力如此！

一月二十號星期二（十二月初六）

　　到大中國。孔大充來。帥潤身來。誠安來。寫沈燮元、傅子東信。

　　寫楊寬正信。開編審會議，自三時至五時。張家駒來。記筆記三則。

　　疲倦，未作事。

　　堪兒晨即高至百〇二度六。

　　今日同會：君匋　汝成　湘嵐　中台　志雲　家振　維新
子喬

　　予近日胸間作痛，喘氣有時甚難，蓋工作太多，"嘸做一頭處"，予性又急，遂致累及心臟也。使我再過如此生活一年，恐將蹄于道路。

一月廿一號星期三（十二月初七）

　　到天平路，開出交煦華蘇州取書注意事項。到合衆圖書館，晤起潛叔。到大中國，取支票。到文管會，晤李馨吾。吳龍濤來。與洪瑞釗談。

　　理書一箱。與尹石公談。葉笑雪來。到國際飯店，與君匋、平心談《通史演義》事。到王開照相館，拍照。

到知味觀聚餐。歸，晤承璐夫婦及又安。

今日同照相及同席：大中國全體同人（計四十六人）。爲一部分人入圖聯，餞。

堪兒昨到錢恩澤醫師處診，并驗血，斷爲非出痧子，服氯黴素，今日退凉矣。

洪兒仍有幾分熱，到錢醫處診，疑是黄膽病。渠大便不下已四日矣。

潮兒近日極喜繪畫，能畫軍人、電車、汽車、房屋。

一月廿二號星期四（十二月初八）

電車中遇盧雪岩。到郵局寄信。到大中國，懋恒來，商《通史演義》事。公安局何傳穎來，詢褚宏滋事。草通史修訂計劃。

與君匋談。與章志雲同到圖聯。與鄒新垓討論本局出歷史地圖事。與尹文馴夫婦及綏成談。還，又出，到上海銀行。又到誠安處談。到王進珊處送稿費。

爲潮、湲兩兒講《蛙公主》。失眠，服藥。

平心主張《通史演義》由彼徹底修改，并與丹楓及我同改。出版後彼取百分之二，我與丹楓均取百分之一的版税。作者荔子，將來能抽版税時亦抽。如此，則此書于史觀、史料、文學、藝術各方面皆可有甚高之成就，或遂成一不朽之書也。

一月廿三號星期五（十二月初九）

到天平路，寫又曾、子敦信。點《經典釋文·尚書》卷四頁。與尹石公談李健事。詩銘來。到合衆圖書館，晤起潛叔及煦華。到文管會，森老偕賀昌群來。

理姚氏書一箱（明人文集）。到合衆，送證明信，與起潛叔長談。歸，記日記。

翻方濬益《綴遺齋彝器考釋》。

洪兒昨日得大便（已六日不下），今日痊可矣。堪兒又發熱，高一百〇一度許。静秋云，或是出痧子，以到錢醫處就診時，四圍皆出痧小孩也。

得又曾、毓芬來函，知予家純熙堂及方廳均已住解放軍。慮所存書籍不免破壞（如松江姚氏書爲軍士截去天頭作筆記本，或大部書失去一二册），因請煦華前往携取。起潛叔亦擬同往選擇。

一月廿四號星期六（十二月初十）

到大中國。戀恒來。褚紹唐來。唐漢文來。擬修改《通史演義》契約。寫照片眉題。

誠安來。出，剃頭。龔霽光來。褚紹唐來。丹楓來，平心來，與君匋同商《通史演義》事。遇金竹安。到德輝處。

鈔《平江城坊考》目，以心宕而止。

得沙應若信，悉自珍于昨日得一男。家中錢不足用，勞動力尤不足，已有兩兒且無辦法，再來一個，其苦可知。噫，丙生在大學、自珍在中學工作，而不能庇其家，低薪之低可想也。

一月廿五號星期日（十二月十一）

買玩具，到德輝處，贈物。到誠安夫婦處談。與誠安同到南華燕雲樓，應宣人宴。

在燕雲樓開大中國董事會。三時半散。即到海光圖書館赴史學會年會，五時半散。與田汝康、陳乃乾等談。歸，又安來，同飯。

與三兒講《一個好學生》。

今日同席：馬克文　鄒新垓　誠安　君匋　金振宇　啓宇　緯宇　擎宇　竹林　陳景中（以上客）　宣人（主）　其孫彌月也。

今日同會：克文　新垓　誠安　君匋　振宇　緯宇　擎宇　宣人

今日又同會：谷城　予同　尚思　國秀　天樞　其驤　厚宣　乃乾　舉岱　吳澤　平心　演生　巴林　穎先　乾英　吳杰　長壽　建猷　田汝康　予又被選爲理事。

一月廿六號星期一（十二月十二）

到天平路，鈔《平江城坊考》目一卷。擬《蘇州小史》目錄。到文管會飯，晤陳柱麟。

與梁根康談。理姚氏書一架。與尹石公談。與鳳起談。到市教育局，與張來和談。索批。到起潛叔處借書。

與三兒講《跳出火坑》。孔大充來。沈燮元、徐澐秋自松江來，談發墓事。

起潛叔與煦華到蘇，取得予書十六箱，除將碑帖及合衆所無之書贈與合衆圖書館外，予亦自取若干，存至天平路。此後予家書籍，如軍士不撤退，殆將不可問矣。聞住在我家爲文工人員而非戰士，難免被携取耳。

堪兒有時熱不足，有時又高，不知何病。朱家孩子出痧子，彼終不免耳。

靜秋正式任武康路及二八〇弄之居民委員會副主任委員，正主任由三個副主任輪流擔任，從此將益忙。不知渠身體吃得消否？

一月廿七號星期二（十二月十三）

寫黃永年信，連校稿送至交通大學。到大中國，龐震文來，商製蘇州圖事。補記日記。與君匋談。

張家駒夫婦來。江靜瀾之子學詩來。寫施畸、史筱蘇信。開編審會議，自三時至四時半。劉承璐夫婦來，同飯。

翻王觀國《學林》。

日來爲華東交通部長黃逸峰壓制批評案，正清除官僚主義。又《人民日報》發表論文，謂應予教員以休息時間，故市教育局通令中學，今年寒假，不給教員以他種任務。

今日同會：君匋　汝成　家振　湘嵐　中台　維新　洪昌

一月廿八號星期三（十二月十四）

到天平路，記筆記四則。沈勤廬自蘇來。詩銘來。草"春秋時吳國的發展"大綱。回家，寫常熟區文教科、孫爲霆信。

静秋生日，承璐夫婦來，同餐。到文管會，理書一箱。到廣益買廉價書。

承璐夫婦同飯。渠等明日北行。翻看新購之《潛研堂集》等書。

一月廿九號星期四（十二月十五）

到大中國，記筆記五則。懋恒來，爲寫吳澤介紹函。

誠安來。寫延孫信，錄出鈔書題。與君匋同到博物館，看書畫，遇湘嵐、小粟、逸楓。出，到合衆圖書館，晤起潛叔等，爲重作捐獻意見書。

與兒輩講《阿利巴巴四十大盜》。翻洪良品《古文尚書》四種。

合衆圖書館成立十四年，今捐獻矣。不知此後能開展否。爲作意見書，主于不拆散。

一月三十號星期五（十二月十六）

玉華回。到天平路，鈔集吳國水利材料。詩銘來。到文管會飯。

理姚氏書兩箱。與邁士、旭初、伯鷹、梁根康等談。到薛明劍處。到起潛叔處。

翻看《安徽叢書》。與兒輩講《遇仙堂》故事。

玉華學習完畢，被派至江灣軍醫大學托兒所工作。

一月卅一號星期六（十二月十七）

記筆記四則。到大中國。龐震文來。草《工農兵字彙》約。孔大充來。寫張家駒信。鈔《吳縣志》入講稿。寫延孫信。

到張家駒處。到誠安家，晤弟婦及德武。到郵局寄書。到多倫路，無人，退回。到局，記賬。

與靜秋到孫光、黃公渡夫婦處。爲兒輩講《天方夜談》。

予比來之病有三。其一，氣管支炎，此爲多年糾纏之疾苦，逢冬必發，近更加甚，一動即氣喘。其二，失眠，此有更久之歷史，而近則劇發于思想改造之時，因做總結，我經歷多，必五六萬字始盡，而白天皆在開會，無閑可寫，欲請假又不准，只得開夜車，遂至一發不可收拾。“誰生厲階，至今爲梗”，此不得不致恨于組織之不諒人也。其三，不能任劇烈之工作，以前予終日工作而不休息，今則多動之後，疲倦實甚。理書，快事也，此次愛國衛生運動，靜秋主張將袁氏藏書整理一過，予不得不抽出時間爲之，而書籍多，地方小，無迴旋餘地，雖有靜秋及玉華、玉蘭等幫忙，而予猶疲不可當，大喘不已。自念平生志業，百不一遂，今乃如此，我生其已。復旦固許予作研究，然此身尚能任研究之劇烈工作乎？予近日一累即覺喘不出氣，胸前悶痛，不知是否狹心症？要使我當“老太爺”，隨便看書，作些札記，此身尚有可爲，若規定課程，只許超額完成，不許成績短少，前有領導，後有鞭策，則終亦必暈倒于研究室中矣。噫，不能早生數十年，走清代樸學家的道路，又不能遲生數十年，享科學家的生活，“不自我先，不自我後”，偏生于一切不上軌道之時，命定的犧牲者，復何言哉！

一九五三年二月十一日記。

一九五三年二月

二月一號星期日（十二月十八）

到大三元，與金氏弟兄談。自九時至十一時。到大中國飯。搜集蘇州史料。

與君匋、丹楓談。劉逸楓來談。歸，續鈔材料。起潛叔來，黃永年來，方詩銘來，均留飯。盧雪岩夫婦來。

今晨茶叙：振宇　緯宇　擎宇

二月二號星期一（十二月十九）

到天平路，鈔蘇州史材料。森玉先生來談。歸家飯。

到文管會，開六十三次委員會，自二時至五時一刻。晤蔣大沂。到孫雨廷處。

爲兒輩講故事。續集蘇州史料。

今日同會：徐森玉　柳翼謀　尹石公　沈尹默　沈邁士　汪旭初　楊寬　蔣鐵如

二月三號星期二（十二月二十）

寫自珍信。到大中國，誠安來辦公。唐漢文來。集蘇州史料。寫厚宣、季龍、蘇州人代會、伯庸、嗣山、静瀾、筱蘇、詩孫信。

與福全、袁捷談。孔大充來。家駒偕盧蜀良、葛士表、盛占春來。譚季龍來。淵若叔祖來。開編審會議。

爲兒輩講故事。看《吳縣志》。

今日同會：君匋　汝成　湘嵐　維新　中台　子喬　志濤　家振

二月四號星期三（十二月廿一）

到天平路，搜集蘇州材料。記筆記四則。理書。到思南路郵局寄信，飯。

到文管會，理姚氏所藏叢書五部。與伯鷹、翼謀、森玉等談。到威海衛路，開勤業學校停辦會議。

爲孩子們講《木蘭從軍》。

今日同會：張來和　唐漢文　俞重展　張耕畬　王薇芬

二月五號星期四（十二月廿二）

到大中國，龐震文來。陳懋恒來。記筆記五則。與戈湘嵐談。寫馬克文、李平心、章丹楓、張又曾、金竹如、廖竹虛信。

與方洞、許志濤、誠安談。以局中大掃除，早歸。與静秋到淮海路買物，到遠東吃點，到國泰電影院看《鄉村女教師》。張綺先、馬開良來。又安來，留飯。

爲孩子講書。計錦章、葉容娟來。失眠，服藥兩次。

今日看電影，夜又覺倦，希望不服藥，而就眠後愈睡愈醒，服藥猶不得眠矣。真氣死人！

二月六號星期五（十二月廿三）

到天平路，搜集蘇州材料。記筆記四則。

到文管會，理姚氏所藏叢書。五時出，到馬克文處。到南華燕雲樓吃年夜飯。九時歸。

今晚同席：大中國同人（如上月廿一日照相時）　凡四桌。

二月七號星期六（十二月廿四）

到大中國，到銀行取款。遇梅公毅。帥潤身來。寫李映婁信付寄。與君匋同到馬克文處。予到戈湘嵐處，未晤，見其夫人。

大掃除。予理書。三時，與靜秋同到金國戲院聽大鼓、相聲。六時散，遇湘嵐。

理書。

今日所觀劇：筱蘭英梅花大鼓（昭君出塞）　馬小榮墜子（斷橋會）　趙佩如、劉寶瑞相聲　張伯揚單弦牌子曲（戒浪費）　侯寶林、郭啓儒相聲

二月八號星期日 （十二月廿五）

理書，未竟。章丹楓來，商編製歷史圖事。到合衆圖書館，晤起潛叔等。贈書數種。

到知味觀宴客，三時客散。開董事會及局部會議，五時散。歸，徐大綱來。

續理書，仍未畢。

今日同席：馬克文　鄒新垓　陳宣人　陳景元夫婦　金振宇　緯宇　擎宇　誠安（以上客）　予與君匋（主）　卅三萬餘元。

今日同會：新垓　宣人　振宇　緯宇　擎宇　君匋　誠安

張文清又還廿萬，不肯自來，托徐大綱送，此人真無出息。

二月九號星期一 （十二月廿六）

到天平路，記筆記五則。森玉先生來。補記日記三天。鈔陳壽祺《三亳考》，未畢。

到文管會，理姚氏善本書。唐漢文來。到修文堂，與孫實君談。

爲兒輩講《八路小英雄》。

昨晚倦甚，以爲可不藥而眠矣。乃就眠一小時許，仍不得眠，不得已又服藥。此病猶毒蛇之纏身，擺脫不了，奈何！

二月十號星期二 （十二月廿七）

到大中國，寫佘雪曼夫婦信。與逸楓、袁捷、福全談加薪事。補記賬。校孔大充契約。張文清來道罪。蔡女士來。與誠安同出，飯于武昌路彰記。

到孔大充處，晤其夫人。到張家駒處，并晤盧蜀良、葛士表、盛占春，談植物教育挂圖事。買物，送方宅禮，與方太太談。并晤朱慧英。歸，整理書。

將書室理清。疲甚，仍不成眠，服藥兩次。

今日潮兒住入己室，静秋來同榻，心以爲可得睡矣。乃竟不能闔眼，兩次服藥，至一時許始睡去。悲觀之甚。

二月十一號星期三（十二月廿八）

到天平路，交詩銘錢。鈔《三亳考》，仍未畢。孫實君來。歸，葛澄來。

到興國路剃頭。在家洗浴。與静秋、玉華挈潮、洪、湲三兒到百樂商場購物，并吃點。

看《青鶴雜志》。服藥後眠，得酣睡。

今晨遲起，潮兒入室，予曰："潮潮早。"彼曰："爸爸晚。"予曰："你能對對子了！"即問以："天對什麼？"彼曰："地。""天晴？""地雨。"予曰："上海"，彼曰："中國"。予曰："大姊姊"，彼曰："小哥哥"。爲之破顏。

二月十二號星期四（十二月廿九）

理雜紙。到大中國。孔大充來。馬長壽來。童丕繩來。陳懋恒來。與誠安到曹滿記飯。

爲地球儀送蘇聯展覽，作説明書五百字。歸，寫孫雨廷信。義安來。與潮、洪、湲三兒到起潛叔處贈物，進點。

詩銘來，丕繩來，留飯，談。

天極暖，氣壓甚低，予與靜秋足上濕氣大發。旁晚起風，夜雨。所謂"甚熱必大寒"也。

二月十三號星期五（十二月三十）

到天平路，將《三亳考》鈔畢。點《尚書駢枝》。

看兩漢地圖，檢商代都邑。鄭家舜來。看金梁《四朝佚聞》，記筆記二則。又安、義安來，留飯。

過年，祀先，家人辭歲。

二月十四號星期六（正月初一　癸巳元旦）

戈湘嵐來。孫雨廷來。張魯青夫婦來。與靜秋挈潮、洪、湲到高醒萃處，未晤，買物，冒雨歸。

丁君匋夫婦來。疲甚，眠。看劉孚京文集。

童丕繩來，談至十一時。木蘭自無錫來。

堪兒能在各室亂跑矣。靜秋致雁秋書云："如明珠在玉盤，光采四射"，其歡喜可知也。

晨日蝕，以天陰不見。

丕繩評予：待人處物爲封建主義的，思想學術爲資本主義的。靜秋亦以爲然。

二月十五號星期日（正月初二）

腹痛，連瀉五次。體不支，臥床，看陶湘編印之《昭代名人尺牘續集》。高醒萃來。盧雪岩夫婦來。誠安、四侄女、九侄、平侄來，留飯。

胡厚宣來。祝瑞開來。泉澄、懋恒來。王煦華來。鄭家舜來。

予腸胃已多日不好，早晨常便秘，而近中午則小瀉，今日則大瀉矣。服甘乃定丸。

二月十六號星期一（正月初三）

王福全、袁捷、袁兆熊來。振宇、宣人、緯宇來。臥床，仍看《尺牘續集》。

李光信夫婦來。李福亭來。曹繩緒來。又安弟兄來。德輝來，留飯。

靜秋與木蘭等談至上午一時，予遂失眠，服藥兩次。

昨服甘乃定三次，已不瀉，惟胃呆不思食耳。下部泄氣亦時作。

二月十七號星期二（正月初四）

木蘭赴無錫。臥床，續看《尺牘續集》。擎宇、張家駒、凌大夏、金竹安來。王進珊來。

孔大充來。范希衡來。婁光遠來。

丕繩、永年來，留飯。談至九時去。

今日進挂麵。

連日大雪。冬天不下春天下，害麥根矣。

與丕繩談，渠勸我治馬列主義及世界史，此意固然，然予今日已爲經濟重擔作奴隸，安有時間從容治學乎！倘下年確能入復旦而又能專心爲學，則除此外尚當研究音韻學、文字學，乃能真讀得古書也。

二月十八號星期三（正月初五）

玉華赴江灣。起床。補記日記三天、筆記二則。

鈔洞庭山山歌，未訖。張綺先來。

看吳自牧《夢粱錄》。

臥三日，今日起身，疲不堪言。幸大便已作黃色，蓋一月來均作褐色，早知有病耳。

二月十九號星期四（正月初六）

鈔洞庭山歌訖，校一過。記筆記四則。鈔《夢粱録》中民俗各條。

到來喜飯店聚餐。談至八時散，與李良同車歸。失眠，服藥。

湲兒發熱，晨高至百〇二度。静秋携之至狄醫處診，謂是重感冒。服藥後出汗，熱即低。

今晚同席：俞劍華　孫鴻霖　李良　秦嶽靈　錢曉雲　席祖德　張慕聃　高其邁　吳道存　王進珊　孟庭柯　孔大充　李光信　胡永齡　汪家焯　黃光鈺　顧維熊　席祖德夫人

二月二十號星期五（正月初七）

到大中國，與君匋、汝成談。到海行，與朱景源談，取款。回局，鄔翰芳來。盧蜀良來，商挂圖事。與翰芳到廣茂香飯。

寫謝延孫信，寄鈔件。到振宇、緯宇、擎宇家，晤緯宇女綺芬及二、四太太。到宣人家，晤其子景中。到誠安家，晤弟婦及德武。到君匋家，晤顧文楠。五時歸。

玉華回。張家駒、盧蜀良、葛士表、盛占春來。

湲兒已無熱。予飯量已復而大便復秘。

二月廿一號星期六（正月初八）

與頤萱嫂挈潮、洪兩兒到農産展覽會參觀。僅看一半，已十二時，買糕餅充飢。一時，予先出場，到四川路進點。

在大中國開談話會，自二時半至五時。與誠安談。歸車遇蘇淵雷、鍾素吾。

爲潮兒講《紅蘿蔔鬚》。

今日同會：戈湘嵐　方洞　華汝成　王榮德　黃振緄　陳鶴生

湲兒又發熱，延狄醫診治。

二月廿二號星期日（正月初九）

范希衡夫婦來。孫光夫婦來。爲潮兒講《紅蘿蔔鬚》畢。爲湲兒講《幼童文庫》四種。記筆記一則。

到汝成處，晤其夫婦，并晤湘嵐、兆熊、中台、逸楓、小粟等。與湘嵐同到其家。兆熊來，同到兆熊家，并晤其夫人。到兆陞家，晤其夫人。歸，寫毓藴信。與静秋到淮海路買物。

詩銘來，留飯。上午二時醒，待旦而興。

二月廿三號星期一（正月初十）

起潛嬸來。與静秋挈潮、洪兩孩到午姑母處拜年，并晤吳麟詩叔。到江清遠處，未晤，見其姨母盛老太太。

爲全家游大世界，予與静秋在家看湲、堪兩孩。鈔《夢粱録》民間藝術材料畢，爲列一表。

永年來，送所作《唐代長安》稿。

二月廿四號星期二（正月十一）

到大中國，準備下午開會事件。鈔《青鶴雜志》中材料入筆記。作《法華讀書記》第六册序。丹楓來談。

與志濤談。唐漢文來。開第八次編輯出版聯席會議，自二時半至五時半。雇車歸。

盧雪岩來。爲兒輩講《格林童話集》。失眠，服藥。

今日同會：君匋 丹楓 湘嵐 方泂 逸楓 幼丞 汝成 家振 兆熊 兆陞 小粟 榮德 維新 福全

今日大霧成雨，潮濕至牆上淌水，予體疲憊之甚。

潮、洪兩兒均入世界小學幼兒園。該校本私立，市教育局已定改公立矣，乃臨時收回成命，仍爲私立。兩兒學雜費繳至七十八萬元。收入不多的家庭，小孩如何得享受幼稚教育！

二月廿五號星期三（正月十二）

與靜秋、淑華挈潮、洪兩兒到華東農業展覽會參觀竟日。中午食麵包。一時看電影《快樂的生活》。下午遇德武侄，同參觀。

理髮。

爲兒輩講《月宮寶盒》。看《青鶴雜志》。

農業展覽會陳列品太多，今日雖看一天，仍是走馬看花。然巡行一過，亦增長常識不少。

二月廿六號星期四（正月十三）

到平心處談，并晤陳旭麓。到大中國，與汝成同與葛士表、盛占春、盧蜀良談。

記吳國世系一則。王薇芬來。寫本局工會（爲湘嵐版稅事）、周慶基、周堯、丹楓、黃奮生信。到孫雨廷處。盧蜀良來。

爲兒輩講《小飛馬》。翻《王靜安先生遺書》。

二姨入醫院，割治目疾。

二月廿七號星期五（正月十四）

寫厚宣、詩銘信。與靜秋到狄醫處診，打針。出，到范希衡處，見其夫人。出，到合衆，晤起潛嬸。到迪化路買兔燈歸。

續寫吳國世系，訖。鈔蘇州史料。看《吳地記》、《吳郡圖經續記》、《吳郡志》。鈔蘇州禹的傳說。

又安來，留飯。翻《武林舊事》。

予近日極疲勞，頗疑衰老。今日到狄醫處量血壓，自 80 至 148，極正常，聽心肺亦無病。狄醫謂是積勞，當打荷爾蒙二十針，一星期打兩次，可以恢復精神。

合眾圖書館之捐獻，本出於市文化局之爭取，當送呈文之日，局方謂是一大喜事，將定一接收典禮。乃呈文去而批文不來，蓋與世界小學之改公立而收回成命者如一轍也。戰事不停，一切文化事業皆無從説起。

二月廿八號星期六（正月十五　元宵）

到大中國，黃永年來。盧蜀良、葛士表、盛占春來。寫紀伯庸、謝延孫、趙孟頫信。

蘇淵雷來。丹楓來。寫喬笙亞、趙肖甫、毓藴、龔子揚信。歸，李福亭來。吃元宵。

翻袁氏藏書。

聞孫鴻霖言，去年在上海學院思想改造中極表前進之丁雪，曾于立信會計專校三反運動中對潘序倫領頭攻擊者，今乃查出其假冒黨員，已逮捕矣。又聞鄔翰芳言，劉佩韋到福州師範學院後極表前進，被選爲工會主席，而去年思想改造中拆穿馬脚，知在天津做投機生意，虧空數十億，假報投海，而潛迹浙閩者，于是爲福州法院解至天津法院矣。此等冒充前進分子以爲自己得有穩固地位，孰知禍不旋踵而至。人民政府真不易欺哉！

此次清潔運動，静秋先囑玉華、玉蘭兩甥女爲之，各處擦洗，以爲甚乾净矣。及定期覆查，静秋自行動手，則窗縫門樞之中又發見若干蜣螂卵，始嘆共産黨之教育真有效也。倘不如此雷厲風行，必仍然落入表面文章。

所不幸者，仍有若干冤獄在。如雁秋爲人，凡知之者皆識其實心任事，肯爲人民服務。乃前年登記反動分子（渠只是公務員，并非反動黨團，本可不登記，爲其女木蘭所迫而前往）後竟被捕矣，被捕而竟判勞動改造十二年矣。其判詞中竟謂解放後被俘，被俘後到連雲任職，幹反人民的工作，天下竟有此糊塗官！舉此一例，足見偏差之多。又自去年三反後，機關職員不敢負責，率將日常事務向上邀推，而上級公忙，精力有限，管不到，釀成"小題大做，大事不做"的局面，馴成但有運動而無日常公務之趨向。舉近事言，如地圖出版社請領營業執照而不得，勤業函授學校之請停辦而久不批下，北海油店之請歇業而亦久不批下，弄得當事者進退維谷。此皆因反官僚主義而反深陷于官僚主義之故也。

二月廿日燈下記。

陳橋驛，未詳其爲何人，解放後常以批評地圖文字載于報紙，知其治地理學者。以前亞光出版之圖，備受其攻擊。自蘇聯某地理家作文揄揚亞光所出《中華人民共和國分省地圖》，且云將譯爲俄文，《地理知識》譯出之，陳橋驛乃轉變論調，甚推崇此圖之善，載于《文匯報》。噫，今日何有是非，惟跟着蘇聯走耳。一抑一揚之間，小人之情態彌彰矣。　　　　　　　　　三月四日記。

〔原件〕

明日舉行之常熟區各界人民追悼偉大革命導師斯大林逝世大會，爲使能滿足群衆的熱忱希望，使更多群衆能得到教育，故決定增加參加大會人數，你地區決定增加叁拾名，希能積極動員群衆，爭取百分之一百完成任務，并由田秀卿同志前來協助，希予接洽爲荷。致

張靜秋同志

上海市常熟區人民政府第一辦事處

三月八日晚

近年予每過冬春兩季，直如渡過難關一般，蓋冬間天冷，容易

引起氣管炎，春間天氣寒暖不定，又時時引起傷風，咳嗽多痰，張口作喘，殊困苦也。此後當未雨綢繆，在冬初先行服藥豫防。

《史記·汲鄭列傳》贊云：

夫以汲、鄭之賢，有勢則賓客十倍，無勢則否，況衆人乎！下邽翟公有言：始翟公爲廷尉，賓客闐門；及廢，門外可設雀羅。翟公復爲廷尉，賓客欲往，翟公乃大署其門曰："一死一生，乃知交情。一貧一富，乃知交態。一貴一賤，交情乃見。"汲、鄭亦云。悲夫！

編書計劃

（此生工作究竟能獲得一結果，如下所臚列者乎？抑僅以叢殘之稿留貽後人乎？此在我須作有計劃之進行，在人須容許我有閑暇。）

甲、通俗類：

　　1. 歷史地圖　2. 蘇州史話　3. 吳歌集

乙、半通俗半學術性類：

　　1. 尚書今譯　2. 左傳圖注　3. 史記圖注　4. 戰國秦漢文選

　　5. 考證文選　6. 古籍解題

丙、學術性類：

　　1. 三皇五帝考　2. 鯀禹考　3. 昆侖傳説考　4. 孟姜女故事考

　　5. 尚書集解　6. 尚書學史　7. 春秋三傳與國語的研究

　　8. 山海經整理　9. 中國古代疆域史　10. 拾貝編　11. 古史勘

　　12. 清代樸學家著述考

丁、其他：

　　1. 文集　2. 年譜　3. 日記　4. 書札

　　以上共廿五種，在勢只可減少，不該再增加了！

顧頡剛擬編著書

甲、古史研究：

1. 鯀禹考　2. 三皇五帝考　3. 堯典著作時代考　4. 禹貢著作時代考　5. 王制著作時代考　6. 月令著作時代考　7. 春秋三傳與國語的研究　8. 古禮與禮説　9. 道統考　10. 昆侖傳説考　11. 尚書學史　12. 經學史

乙、編輯書籍：

1. 標點本十三經　2. 標點本周秦諸子　3. 尚書集解　4. 古史勘　5. 山海經整理　6. 古行記彙編　7. 中國民族史材料集　8. 汲冢書録　9. 戰國秦漢文選　10. 考證文選　11. 辨僞集語　12. 清代樸學家著述考　13. 經學書録　14. 輯佚書録　15. 歷代地理志彙編　16. 歷代四裔傳彙編

丙、初學讀物：

1. 目録學與校勘學　2. 古籍的分析與批判　3. 中國古代思想史略　4. 中國疆域沿革史　5. 中國疆域沿革圖　6. 尚書今譯　7. 左傳圖注　8. 史記圖注　9. 水經注圖釋

丁、民俗學類：

1. 吳歌集　2. 蘇州史　3. 元曲叙録　4. 孟姜女故事考

蘇州古今地圖及説明書六種：

一，宋平江城坊圖（拓本，石印）

二，宋平江城坊圖今釋（以今圖作紅底，宋圖墨印，套版）

。三，蘇州市古迹名勝圖（全圖墨印，古迹名勝紅字，水道綠色）

四，吳縣古迹名勝圖（同上）

五，蘇州市及吳縣古迹名勝表解

。六，蘇州小史（約六萬字）

（有 。 者先作）

一九五三年三月

三月一號星期日（正月十六）

到中山公園，與平心、丹楓、懋恒茶敘，商討《通史演義》事。午刻，進飯。

到大中國，開局務會議，自二時至五時。訪孔大充，未晤，見其夫人。

王士瑞來。翻《王靜安先生全集》。

今日同會：宣人　君匋　振宇　緯宇

予今年氣管支炎發得似比前數年爲劇，咳嗽，多痰，早晚尤甚。今冬當先注意，服藥預防也。將來生計如能優裕，當如候鳥然，冬春二季住廣東，此疾必可大減。

三月二號星期一（正月十七）

起潛叔來。與靜秋到南京西路韓文信醫生處治牙。出，到王家沙進點。歸，爲湲兒講《武松打虎》。

寫金子敦信。與靜秋到衡山電影院，看《葡萄熟了的時候》。出，到太原路眼耳鼻醫院訪二姨，與張愛知女士及袁醫生談。出，誤道。遇胡永齡。

爲潮、湲兩兒講《安徒生童話集》。

今日自眼耳鼻醫院出，右旋，以爲向北行也，而至徐家匯路。見有車來，以爲西行也，而至林蔭路。可謂"無事卅里"矣。然予素欲經行各電汽車路綫，今日乃得走全廿三路，亦自喜也。

午間接統一作戰部電話，要與我會談一次，不知何事。

三月三號星期二（正月十八）

寫詩銘信。與靜秋、湲兒同到狄醫處診治。予打第二針。到大中國。龐震文來。爲懋恒事，到丹楓處談。

記筆記一則。準備會議事。開編審會議，自二時半至五時。到河南路買紅格紙簿。寫毓藴信。

到知味觀赴宴。九時歸。

今日同會：君匋　汝成　湘嵐　中台　維新　家振　洪昌　丹楓

今晚同席：予（客）　振宇　緯宇　擎宇（主）

靜秋血壓，僅 50—100，太低了。醫言須吃得好，多睡。這哪能！渠近常頭暈，此次經來又腹痛，憊甚。湲兒舌苔極厚，不思進食，手常冰冷。此兒之體在群兒爲最弱矣。

三月四號星期三（正月十九）

到天平路，鈔凌廷堪論曲詩入筆記。翻秦嘉謨本《世本》，寫筆記，未畢。高潘芳自今日起來打毛綫。

鈔舊稿入筆記。高二嬸來。到懋恒處談《演義》事，并晤泉澄。到勤業公司，晤陳葆笙。歸，遇葉容娟。二姐自醫院歸。

到錦江飯店，預喜宴。八時半，冒雨歸。

今晚同席：大中國全體同人　大中國派至圖聯之八人　人世間社同人（以上客，共六桌）　吳國林夫婦（主）

過年後予第一次到天平路，極思工作，而精神振作不起，只得仍以翻書雜鈔遣日，悲哉！

汝成勸予服維生素 B_{12} 或渾合維生素，謂予之病由神經疲勞過度所致。

三月五號星期四（正月二十）

到大中國，寫譚其驤、屠烈煊、周慶基信。記筆記四則。

與君匋談。盛占春、盧蜀良來。許君遠、章丹楓來。寫朱庭祜、傅樂煥、龐新民、王薇芬信。與君匋、汝成商全局同人工作分配事。車中遇張伯懷。

爲兒輩講《月宮寶盒》。記筆記一則。

報載斯大林于三月一日晚腦溢血，失去知覺，右臂右腿麻痹，失去說話能力，心臟的活動和呼吸發生嚴重障礙。蘇聯共產黨中委及部長會議已認識到他勢不能參加領導活動。

今日香港寄小牛肝精丸來，予與靜秋當同服，每日各三丸。此丸有維生素 B_{12}，甚適合，惜購買不易，無法寄錢耳。

二姐因白內障不甚成熟，恐割治後反壞，故已于昨晚歸家。

三月六號星期五（正月廿一）

與靜秋同到狄醫處打第三針。歸，鈔王國維《說亳》。

又安、義安牽羊來。記筆記二則。整理《蘇州小史》綱目，未畢。與靜秋挈潮、洪、湲三兒散步。

整理一九五一年筆記本兩冊。爲兒輩講《祝英臺》。

下午得訊，斯大林已于昨日下午九時逝世。街頭店肆下半旗矣。今日時局太緊張，老年人作領袖，自當不易支持。

三月七號星期六（正月廿二）

到大中國。與汝成談。盛占春、盧蜀良來。魏建猷將赴大連，來道別。寫李兆民、沈勤盧、自明、自珍、伯祥、立輝、開明書店信。

與福全談。與君匋談。喬笙亞來。譚季龍來，屠烈煊來，同商《太平天國歷史地圖》事。車中遇厚宣。到王國秀家，開史學會第二屆第一次理事會，會畢同飯。詩銘來。

今日同會：周谷城　周予同　呂誠之　王國秀　吳澤　胡厚

　　宣　　林舉岱　　陳旭麓　　姚舜欽

　　今晚同席：以上諸人（客）　王國秀（主）　（國秀之夫爲孫瑞璜）

　　才近靜秋，又流盜汗，予其將不能爲人乎？

　　王福全等三人加薪問題，昨勞資協商會議開會，又爲宣人推翻。此影響編輯部工作情緒不少。宣人在小事上太精明，殊不能使人與之合作。

三月八號星期日（正月廿三）

　　王育伊來。與靜秋、玉華挈潮、洪、湲、堪四孩到中山公園，參觀動物園，十二時半歸。又、義安弟兄來，留飯。

　　殷綏平、潔如及其子之豪、之傑，德武，毓蘊、開孫來，長談，留點。沈廣生來。德輝來，張文英來，并毓蘊、開孫留飯。

　　爲發見三年前炸彈，公安局人來發掘。爲兒輩講《安徒生童話集》。

　　昨谷城謂予，到京晤徐特立先生，特立問起予著作，謂毛主席屢次提到，希望國家出版。谷城曰：“是皆純學術性者。”徐先生曰：“無妨也。”予同告予，日前開人代會，晤陳毅市長，亦詢予近狀。予自慚學之不進，而各方多注意予，殷殷望之，更不安矣。

三月九號星期一（正月廿四）

　　到天平路，補記洞庭山游記于筆記中，得一千八百字。葉笑雪來。詩銘來。

　　到武康路口剃頭。到廣元路虹橋浴室洗澡。歸，爲斯大林葬禮靜默五分鐘。

　　看朱彬《游道堂集》。記筆記一則。

　　靜秋無日無會，或一日數會，疲憊之甚，舌苔膩厚，食物皆無味。渠實有領導才，故區政府必要其出來，而里弄居民亦實望其主持一切，以此更不得少休矣。

三月十號星期二（正月廿五）

記筆記二則。到狄醫處打第四針。到大中國，許公武先生來。寫陳宗祥、謝延孫信。準備下午開會報告。二姨赴錫，與其子婦居。

記筆記一則。王薇芬來，爲寫陳葆笙信。到郵局寄信。寫肖甫、玉年、伯庸信。開第九次編輯出版聯席會議，自三時至五時半。

鈔朱彬論音律文二篇。義安來，宿。

今日同會：君匋　湘嵐　中台　榮德　大韶　汝成　逸楓福全　兆陞　兆熊　小粟　洪昌

三日來陡暖，今日下午乃下雨，夜雨更大。

予一勞動即喘，狄醫謂是心臟衰弱所致。凡老年人皆易得此病。而予日日奔跑，或趕車，或上樓，更易發。今日上午，泄瀉兩次，倘以昨洗浴受寒乎？

三月十一號星期三（正月廿六）

到天平路。看《吳越春秋》、《越絕書》、《吳郡志》等書，記筆記十五則，約四千五百字。

統一戰綫工作部朱其寅來。李福庭來。張綺先來。到王進珊處送稿，并與其母談，進點。

今日仍瀉兩次。

三月十二號星期四（正月廿七）

到大中國。汪孟鄒先生來。寫陳旭麓、呂叔達、汪静瀾信。鈔歷史小叢書目。與君匋談。

記筆記一則。到地圖出版社，晤綏成、宣人、振宇，談天文圖事。到延安西路二百號，參加統一作戰部老人會，自三時至五時半。會散進餐。八時車送歸。

為湲兒講書。與靜秋談出處。

今日同會同席：虛雲法師　蔣竹莊　袁俶畬　劉天囚　沈尹默　江翊雲　葛蔭梧　曹未風　秉農山　凌昌炎　顧巨六　褚德順　周予同　費敬仲（沃丘仲子）　趙璞齋　呂慧依（共六十餘人）　陳毅　周而復　夏衍（以上主）

費行簡，號敬仲，筆名沃丘仲子，四川人，王湘綺之弟子，年八十餘。四十年前，予讀其所著《當代名人小傳》、《近代名人小傳》二書，甚欽佩其熟悉故事。今日乃得一見。

三月十三號星期五（正月廿八）

到狄醫處打第五針。到天平路，看《世本》及《越絕書》，記筆記約三千字。

詩銘來。

為兒輩講故事。沈燮元來。

今日瀉三次。

昨日宴會，陳市長告予，北京方面望予去者甚多。北京為予舊游地，豈不願去。但一去之後，必然比上海忙，以上海為工商業社會，我輩虱處其間，人不注意，北京社會則以知識分子為中心，集會演講及人事酬酢將費予大部分時間耳。

三月十四號星期六（正月廿九）

到大中國，與誠安、汝成談。讀《越絕》及《吳越春秋》，記筆記三則。

文學山房寄來《江蘇志稿》、《吳中文獻小叢書》、《江蘇文獻》雜志，匆遽一翻。

翻《吳中文獻小叢書》。

芸圃太叔祖于本月六日逝世，憶庚叔于去年逝世，一族中予年最長矣，殊自危也。

今日瀉兩次。

三月十五號星期日 （二月初一）

因雨未出門。看《江蘇文獻》雜志。抱孩子。

孫爲霆來。爲湲兒等講《小飛馬》。

記筆記數則。

今日雖只便一次，而體力之憊更甚于前，無聊之甚。

潮兒下午看電影歸，發燒，高一百〇二度。堪兒見什麽拿什麽，且隨手破壞。男孩性情，確實難管。

捷克斯洛伐克共和國總統哥特瓦爾德，當斯大林逝世，尚往弔唁，及一歸國即患急性肺炎，于十四日上午逝世。

三月十六號星期一 （二月初二）

到天平路，與森玉先生談。續記《越絕書》、《吳越春秋》筆記數則。

記筆記。到平心處視疾，長談。爲兒輩講《太陽醫生》。

續記筆記，將《法華讀書記》第七冊寫畢。

潮兒能積貯，所食糖猶保存其花紙，喜工作，摺紙、剪紙、縫紉等無不樂爲。今當臥床，爲之不輟，可愛也。

三月十七號星期二 （二月初三）

李福庭來，爲代寫證明信。到狄醫處打第六針。到丹楓處談。到大中國，寫江靜瀾信。帥潤身來。與君匋、汝成談。誠安邀至其家飯。與潔如談。

到郵局取款寄信。盧蜀良來。開第七次編審會議，自二時半至五時半。携圖聯送回書歸。

義安來，同飯。理書。爲湲兒講書。翻《蘇州文獻小叢書》。

今日同會：君匋　汝成　丹楓　湘嵐　中台　維新　洪昌

下午三時，德堪忽吐，蓋受寒及積食所致。靜秋大急，即赴狄醫處診治。

三月十八號星期三（二月初四）

到天平路，爲頤萱嫂草致毛主席請釋雁秋函，計一千餘字。詩銘來。翻《清史稿》。

打瞌睡。看吳中各種文獻。靜秋招里弄工作人員在家開會。爲洪、湲講書。

記筆記二則。靜秋至潮兒處睡。失眠，服藥。

潮兒病臥三天，今日又有熱二度。靜秋伴赴錢醫處，醫言是氣管炎，爲打盤尼西林針，又謂慮其變傷寒。下午沈睡，夜中氣促，精神甚壞。堪兒今日已好，小作吐。

靜秋以兩兒病，里弄工作又忙，又雁秋厚被已送徐城，今氣候轉冷，慮其增病，以此心亂如麻，又向三姨大發脾氣。

昨晴一日，今日又雨矣，予體甚憊，不思工作。

三月十九號星期四（二月初五）

到大中國，寫李映婁、陳叔諒、謝孝思信。盧蜀良來。看《吳地記》，記筆記三則。

到郵局寄信。與君匋談。記筆記四條。爲靜秋開會，早歸管孩子。蔣媽辭去。

記筆記二條。爲兒輩講書。

三月二十號星期五（二月初六）

到天平路，記筆記二則。詩銘來。到狄醫處，打第七針。

與靜秋到國泰，看《一定把淮河修好》電影。出，理髮。到王進珊處送稿費。

翻覽《昭代名人尺牘續集》。爲兒輩講書。

三月廿一號星期六（二月初七）

到大中國。記筆記二則。懋恒來。翻《白氏長慶集》，搜集材料。

與誠安、君匋談。淵若叔祖來。江澄波來。

到王國秀家，爲呂誠之先生祝六十九壽，八時半散，與平心同車回。

今晚同席：呂誠之（客）　束天民　李季谷　李悅　陳旭麓　林舉岱　徐德嶙　吳澤夫人　姚舜欽　王國秀　戴家祥　曹漢奇　陳發源　袁英光　史月芳　史守謨（以上主）

三月廿二號星期日（二月初八）

伴潮兒病榻，爲講蘇聯童話《石頭王子》等三種。翻《清代名人尺牘續集》一冊。

將靜秋所作上毛主席文整理，爲重鈔一份，即交義安再鈔。與靜秋同到武康路口買物，吃牛肉湯。遇黃仲明。

寫雁秋信。點義安所鈔件。此文計二千八百字。

近日天氣大惡，今日湲兒又發燒，高一百〇二度二分。夜中咳嗆甚，夢中又盜汗。此兒體質太劣，奈何！

予傷風甚，痰涕俱多，大有衰老之感。

三月廿三號星期一（二月初九）

頤萱嫂赴徐州，旋因買不到票，歸，改明日行。到天平路。草自述書（致夏衍、周而復）三千言。方詩銘來。

遇王子揚太太。點《孔傳參正·高宗肜日》篇，未訖。爲湲兒講故事。

翻三年來筆記。

潮兒起床。錢醫謂其氣管炎未愈，須打針。湲兒熱如昨，臥床。予亦甚不舒服。

入春以後，今日爲第一好天。

湲兒病中，語三姨曰："我若病而死，你看潮潮吃東西多了，是不是要想着我而哭呢？"此語若用舊觀點看，可謂不祥之讖。若用新觀點看，此兒想象力太强，竟會想得這樣遠。我前講童話，她說："我們看見的動物都不會說話，爲什麽書上的動物都會說話呢？"今日爲講《嫦娥奔月》連環畫，渠云："后羿一箭能射下一個太陽，爲什麽他向月亮射了三箭却不掉下來呢？"此兒四歲竟能如此懷疑，他日其能傳我之古史學乎？

三月廿四號星期二 （二月初十）

到狄醫處打第八針。遇謝循初。到多倫路。途遇丹楓，同取書備作沿革圖。晤毓蘊及方太太。出乘車，遇朱伯玉。到大中國，看信。

與君匋、汝成談。寫寬正信。續鈔《蘇州小史》綱要。開第十次編輯出版會議，自三時至五時半。買畫書，爲兒輩講書。

又安自無錫來。頤萱嫂行。

今日同會：君匋　丹楓　汝成　湘嵐　榮德　中台　洪昌　小粟　逸楓　袁捷　兆熊　維新　幼丞

三月廿五號星期三 （二月十一）

新女工劉月芳來。到文管會，預備下午講稿。九時半歸，即乘車到復旦，訪厚宣。出，到谷城處談。訪紹虞、尚思皆未遇。回厚宣處飯。

與厚宣到季龍處，未晤。到馬長壽（松舲）處談。田汝康來。到歷史系，蔡尚思來。到二三二教室，講蘇州歷史一小時半。到休息室，與谷城、陶松雲、蘇乾英等談話。四時半乘車歸。

又安來，留飯。爲兒輩講故事。整理舊筆記。

昨日好了一天。今日好了半天，午後起狂風矣。

復旦歷史系一年級讀考古學通論，故到蘇州旅行，當作實習。今日予演講後，二、三年級亦堅欲同去，到校長處爭論，結果予歸時尚未知也。

三月廿六號星期四（二月十二）

到起潛叔處。到大中國，校詩銘所作《屈原》、戀恒所作《陳勝》各一册。

與誠安談。寫呂叔達信。又安來，同飯。

爲兒輩講書。看翁洲老民《海東逸史》。

洪兒昨日起病，今日就錢醫視之，斷爲扁桃腺發炎，熱高百○一度。潮、湲兩兒則瘥，潮兒仍每日打葡萄糖鈣針。天氣太壞，今日下雹。在此種氣候中，幾無人不病矣。

三月廿七號星期五（二月十三）

到狄醫處打第九針。到天平路，看湯運泰《金源紀事詩》。寫金子敦、沈勤盧、謝孝思、胡厚宣信。

以大雨未出，看錢思元《吳門補乘》，鈔材料入講稿。又安來，同飯。

整理舊筆記。

三月廿八號星期六（二月十四）

到大中國，辦公務。看《白氏長慶集》。記筆記五則。王薇芬來。

到孔大充處，晤其夫人，談辭典事。開業務學習委員會，自三時至五時。胡厚宣來。

爲孩子講故事。整理舊筆記。

今日下午天晴，乍見陽光，心爲歡悅。予病氣管炎甚矣，祝其在暖日下得痊可也。

三月廿九號星期日（二月十五）

到大中國，開局務會議，自九時半至十二時半，未畢，到知味觀飯，繼續討論。遇屠思聰、擎宇、張家駒、金竹安。

到海光圖書館，開史學會常會，自二時半至五時。訪李次升，談。詩銘來，又安來，留飯。

爲孩子講《愛麗思夢游奇境記》。理舊筆記。失眠，服藥。

上午同會同席： 宣人　振宇　君匋　緯宇　誠安

下午同會： 谷城　予同　厚宣　礄基　丹楓　平心　子敦　起潛　巴林　天民　德嶙　穎先　金諾　洪廷彥　遽常　酈家駒　沈起煒　吳杰

三月三十號星期一（二月十六）

寫又曾信。到天平路，與森玉先生談。點《孔傳參正》中《高宗肜日》、《西伯戡黎》兩篇訖。記筆記一則。

與靜秋同到東湖電影院，看《小二黑結婚》片，遇張綺先、高潘芳。歸，看《吳郡志》及《吳郡圖經續記》，記筆記八則，約三千八百字。

李福庭來。整理舊筆記。

三月卅一號星期二（二月十七）

與静秋同到狄醫處打針，予打第十針。到大中國，再校《陳勝與吳廣》訖。龐震文來。寫地圖出版社信。與誠安、丹楓談。

寫謝孝思、沈勤廬、朱葆初、朱建霞信。開編審會議，自三時至五時半。遇唐啓宇。

爲孩子講《武松打虎》。整理舊筆記。

今日同會：君匋　丹楓　汝成　幼丞　維新　湘嵐　黃振緄　方洞　榮德　洪昌

静秋近日爲徹底貫徹婚姻法，無日無會，會必以夜，十分疲乏，夜半作冷發抖，致和衣而眠。她身體實在還不及我好，故自今日起亦到狄醫處打補血針。

日來天氣較暖，兒輩得在陽光下活動，故潮、洪、湲三兒病皆痊可，惟堪兒仍傷風，眼泪與鼻涕俱下耳。

蘇州考古實習同學名單（復旦大學歷史系 1953 春假）

吳浩坤男一年級	黃懋堂男一年級
黃瑞章男一年級	陸慰利男一年級
施勇雲男一年級	任寶荷男一年級
林光祝男一年級	沈明光男一年級
裘錫圭男一年級	王季喬女一年級
王治安男一年級	宋迪飛女一年級
蘇偉泰男一年級	蔡秋萍女一年級
郭慶昌男一年級	俞爾綉女一年級
李寶生男一年級	潘　悠女一年級
丁明樞男一年級	賀卓君女一年級
王文楚男一年級	朱新素女一年級
董洪儒男一年級	徐佩貞女一年級

洪永斌男一年級	陳世英女一年級
劉業農男一年級	張雅琴女二年級
莊錫昌男一年級	郁申芳女二年級
史書友男一年級	高　茵女三年級
崔恒昇男一年級	姚渭玉女三年級
柏　明男一年級	楊麗華女三年級
王龍耿男一年級	

一九五三年四月

四月一號星期三（二月十八）

爲潮兒講《生理圖》。到天平路，理書。記筆記三則。翻《吳縣全圖》。

再到天平路，鈔徐球《黃帝之囿與昆侖懸圃》文入筆記，約三千字。記筆記二則。

鄭家舜來道別。爲潮兒講《鐵流》。

三姨淋巴腺發炎，熱高百○二度，服消炎片。静秋伴堪兒睡，潮兒伴予睡。

四月二號星期四（二月十九）

理物。與静秋到狄醫處，予打第十一針。買藥。剃頭。歸，將《皋蘭讀書記》一册編目。

得季龍電話，知今日無票赴蘇。與又安同車到局，托其購票，亦不得。寫沈尹默、章丹楓、戴家祥信。章志雲來。鈔白居易詩入筆記。

到誠安處飯。與誠安、德膺、德平同到紅星書場聽説書。九時半，回誠安處睡，服藥後仍不得眠。

復旦歷史系同人春假到蘇州考古，約予爲導。然學生六十人，教師六人，而校中所發經費只一百五十萬元，則一切受束縛矣。

四月三號星期五（二月二十）

德膺伜呼起。四時半起，五時到站，與復旦同人會。六時上車，因係加班車，行三小時方到蘇州。即至北寺下榻。陳清泉夫婦來。與厚宣等同到蘇南文管會晤陳穀岑等。出，到臨頓路吃飯。

到拙政園，在枇杷園茶。晤沈勤廬、徐澐秋等。復旦同學來，參觀文物室及拙政園。出，步至文化宮，參觀蘇州市文管會古物，晤汪星伯、黃慰萱等。到蘇州公園。王林由無錫來。

到工農速成中學周明綺處。同出，游墨園。回明綺處飯。到北寺，開會。予到拙政園宿。

今晚同席：厚宣　季龍　鄧廷爵　陶秋雲　桂瓊英（以上客）　陳清泉　周明綺（以上主，其子新建周歲）

今晚同會：沈勤廬　徐澐秋　王林（陳汝琳）　厚宣　季龍　馬長壽　助教三人　學生六十人（予任主席，討論考古事項。）

四月四號星期六（二月廿一）

到北寺進午餐。領隊到平門，待馬車不至，予與鄧廷爵到閶門。知無望，遂分隊至虎丘，予等行至半塘，得船。至虎丘後導觀各處，又至虎丘中學（即前李公祠）及五人之墓。回，飯于山門。寫靜秋信。澐秋、勤廬來。

上船，到西園，參觀祈願和平大會，瞻仰虛雲法師。遇潘聖一、吳拜虎、胡濟川、郭紀蘭等。回閶門，由皋橋登岸，已五時矣。游泰伯廟、柳毅墓、桃花塢、準提寺等。回北寺飯。

開工作組會，討論明日游覽事。與勤廬等到人民路雇船。歸，服藥兩次得眠。

今晚同會：厚宣夫婦　馬長壽　陶松雲　鄧廷爵　繆開華
吳應壽　賀卓君　王季喬　宋迪飛　潘悠　李寶生　莊錫昌　陸
慰利　沈明光

所與談之復旦大學同學：施勇雲　裘錫圭　王龍耿　洪用斌
劉業農　徐佩珍　朱新素　林光祝　史書友　王文楚　蘇偉業

四月五號星期日（二月廿二）

到北寺，與馬長壽等到張香橋吃點。回寺，旋上船，出閶門，
經胥門，至五福橋，步至石湖，游石佛寺。到新郭里吃茶，進午
餐，皆城中買來之冷食也。

到越城，檢古代瓦塊，約歷兩小時。登上方山，憩塔下，入寺
飲茶。五時許出，上船，直至八時始抵城。由閶門上岸，步至北寺。

厚宣等邀宴于人民路。歸已十時許矣。服藥兩次。

今晚同席：勤廬與予（客）　厚宣夫婦　季龍　陶松雲　鄧
廷爵　繆開華　吳應壽　馬長壽（以上主）

此行予頗健步，爲復旦同人所驚訝，予亦自喜不似兩月來之
衰老襲人矣。

蘇州已轉向繁盛，拙政園門票，近日天天賣出萬餘張。今日
走過閶門中市，有新開的兩家戲院，街上飯館亦較多。此好現
象也。

四月六號星期一（二月廿三）

到北寺吃粥，遇朱葆初。與厚宣夫婦等同到拙政園，向穀岑致
謝。到遠香堂茶，勤廬請吃點。陳墨迻出示鐘鼎拓本。出，到獅子
林，與賀卓君等遇，吃茶。出，到七姬廟。回北寺飯。

與厚宣等到觀前。予到吳苑訪季龍等，未晤。出購糖食水果送
復旦同人。二時，與陳清泉夫婦等送復旦同人上車。回拙政園，臥

兩小時。

　　錢海岳等邀至松鶴樓吃飯。服藥兩次。

　　　今晚同席：陳毅岑　何人駿（以上客）　　錢海岳　沈燮元
（以上主）

四月七號星期二（二月廿四）

　　與毅岑同食粥。出，步到江蘇師範學院，晤徐嗣山、紀伯庸、
金子敦、柳樹人、張曉江等。又到秘書處，晤蔣吟秋、張又曾。
出，到十梓街郵局，買郵簡寫靜秋信。返拙政園，範成、洪德、仁
然三法師來談。劉莘田、周季水自北京文學研究所來，談。午，毅
岑邀宴。

　　到文學山房晤靜瀾父子。到師院，講蘇州歷史二小時，聽者約
二百人。晤蘇致達、張夢白等。到歷史系，與伯庸等談。晤汪克
祐、何保羅。

　　嗣山、伯庸邀宴于太監弄味雅餐室。歸，到勤廬、海岳、燮元
處談，看《洞書》及《吳門表隱》、《句吳逸典》等書。

　　　今午同席：海岳　燮元　人駿（以上客）　　毅岑（主）
　　　今晚同席：予（客）　　嗣山　伯庸（主）

四月八號星期三（二月廿五）

　　與勤廬到金門橫馬路乘公共汽車到木瀆，觀韓蘄王神道碑。上
山，晤明信法師，導觀靈巖寺中所藏經典、圖畫。出，游花園，觀
吳王井。仍乘汽車到金門，飯。

　　與海岳、燮元、勤廬、徐星甫同出婁門，至匠門塘，檢陶片。
星甫照相而去，予與海岳等步至葑門，在城門口茶館休息劇談。步
進城。

　　晤吳賡虁。與海岳等同到宮巷元大昌飲酒吃麵。出，到觀前久

安書場，聽朱一鳴説《楊乃武》。九時半歸。

今晚同席：予（客）　勤廬　海岳　爕元（以上主）

今日本擬到橫塘看新發掘之古墓，嗣以靈巖更有可觀，遂先至木瀆。然下山時已近中午，下午已約游匠門塘，不得不回城矣。匠門塘一帶，有古城古墓，而道極難行，絶無游人，遂鮮有知其實者，予等拾得古甓及含有鐵質之石若干。

今日自婁門出，至葑門歸，走盡蘇州東城濠，今生第一次也。他日再來，當雇船行。婁門外向無游客，予竟爲狗咬，着于左腿。可見其地荒僻，甚于僻壤也。將來下鄉，須帶着棒。

四月九號星期四（二月廿六）

在拙政園之枇杷園内喝茶，摘鈔顧震濤《吳門表隱》。海岳、犀園、爕元等來。勤廬伴至柳蔭餐室飯。晤沈綬章。

到玄妙觀買孩子玩具、食物。四時到站，乘四時廿二分京滬通車返滬，六時許到家。

與静秋等談。易衣眠，眠甚酣。

今日本擬到越城照相，以大雨，遂返滬。

静秋月經不來，疑又有孕，渠以身體不堪忍受，甚憤悱。

四月十號星期五（二月廿七）

在家補記日記三天。與静秋同到狄醫處，予打第十二針。遇程枕霞之女。到藥房購藥。看犀園讀畫圖卷。又補記日記五天。

記筆記一則。章太炎師母來，留點，送至淮海路。與潮、洪、湲三兒游衡山公園。

又安來，留飯。爲兒輩講新購故事書。

静秋愁甚，今日打通經針，并服奎寧丸。

四月十一號星期六（二月廿八）

到大中國。邵鴻勛來。陳懋恒來。徐嗣曾來。看文學山房新寄來蘇州各小志。與丹楓談。與汝成、君匋談。

寫延孫信，到郵局寄。歸，與靜秋、玉華、淑華同到衡山電影院，看《方珍珠》影片。與盧雪岩夫婦同回。

王子揚夫人來。看宋敏求《長安志》。

王子揚以營造廠犯五反之四毒，被判徒刑五年，家產悉充退款。渠任營造業公會主席，又任聯營廠總經理，故負責獨重。

四月十二號星期日（二月廿九）

到大中國，記筆記三則，又記賬。開董事會及局務會議，自九時半至十二時一刻。到知味觀吃飯。

到徐家匯，乘五十三路汽車，到漕河涇，至冠生園，遇張雅琴。出，遇又安，再到園，遇靜秋等。乘船到康健園飲茶。出，雇舟到原處。待汽車一小時許，方上車。

七時抵家。整理舊筆記。

今日同會同席：宣人　振宇　君匋　緯宇　通過宣人專任地圖出版社副社長，君匋升任副總經理，緯宇升任經理，聘陳宣錚為協理。

今日同游：靜秋　潮、洪、湲三兒　盧雪岩夫婦　又安　玉華　淑華　冠生、康健兩園，建築簡陋，康健園之假山石聞買自木瀆嚴園，而堆得不成樣子，甚至將染坊石元寶亦堆進。上海資本家無藝術修養如此，上海詎能有文化。

四月十三號星期一（二月三十）

寫森玉先生信。到天平路，點讀繆荃孫《遼、金、元、明故城考》、《遼、金故宮考》。記筆記五則。寫厚宣、勤廬等、周明綺、龔子揚、玉林、朱葆初信。邀盧太太同飯。

到詩銘處。

爲兒輩講丁玲《太陽照在桑乾河上》。

邇來毛筆易壞,一則筆的品質日低,二則墨的膠質太重,一來即粘着不脱。而推其所以如此,則筆墨商賺錢不易,不得不作此偷工減料之行耳。

四月十四號星期二 （三月初一）

到狄醫處,打第十三針。到大中國。龐震文來,交繪唐西安、洛陽圖。看楊向奎所著《周禮批判》。與誠安談。寫朱葆初信。

到多倫路取書,晤方太太、毓藴等。到丹楓處送書,遇馬伯煌。再到多倫路取書回局。寫奮生信。開第十一次編輯出版聯席會議,自三時至五時半。

爲兒輩講《小主人文庫》。整理舊筆記。

今日同會:君匋　丹楓　汝成　家振　中台　洪昌　維新
兆陞　兆熊　福全　逸楓　榮德　小粟

上今兩月,大中國向人民銀行申請貸款,皆不見許。政府一方面鼓勵生産,一方面又不予貸款,真不可解!（現在只有人民銀行與公私合營銀行兩家,貸款只有人民銀行一家。）

海寧路區政府約靜秋與又安、義安前往,談北海油店事,要靜秋擔任又安、義安一年之生活,以維持工人階級之利益。即此可見近日老闆之苦,關店之難。又安弟兄解放以來本由我家養着,開油店亦爲彼輩生活計耳。倘亦如他肆關勞資糾紛者,不得使我破家耶!申請歇業已歷三月,今尚未完,可見手續之繁,官僚主義之甚。生于今日,工商界苦痛不堪言矣。

四月十五號星期三 （三月初二）

到天平路，方詩銘來。竟日鈔《越絕書》及《吳門表隱》入筆記，并加批判，共得六千字。《法華讀書記》第八册畢。

盧太太來。

整理舊筆記。

四月十六號星期四（三月初三）

到大中國。盧蜀良、盛占春來。看蘇州各志。寫傅樂煥信。與張幼丞談，與誠安談。

剃頭。到張伯懷處。到地圖出版社，晤振宇、擎宇、綏成、楊景周、章志雲等。回局，徐嗣曾來。張子豐表弟來。德武侄來。寫沈尹默信。歸後到修文堂，與實君談。

看侯仁之《北京建都八百年》一文。整理舊筆記。與又安談。

堪兒頸間起了十七八個疙疸，當是淋巴腺發炎。

四月十七號星期五（三月初四）

與静秋、堪兒到狄醫處，予打第十四針。鈔侯仁之《北京建都八百年》文三千餘言，未畢。

到天平路，記筆記三則。理《尚書》鈔件。遇葉笑雪。德輝夫婦偕開孫來，留飯。

又安來。

德輝思想改造時，旁人問親戚中有反革命分子否，渠將雁秋、又安被捕事說出，今日遂有人前到該校詳細了解，而無如德輝與雁秋等不熟悉，一切說不出來，遂來此打聽。夫又安已釋放，雁秋已勞改，案已結矣。且公安局與法院俱有案存，而必須問一不相干之德輝，此可見政府幹部對于人民之不信任與自己檔案之歷亂難查也。

狄醫謂堪兒之病係扁桃腺發炎所引起之淋巴腺發炎，當打鈣針三十針。

四月十八號星期六（三月初五）

卧床，看《吳越春秋》，未畢。看吳昌綏《松鄰遺稿》。看《清代文集篇目分類索引》。

玉華自江灣歸。

昨夜十二時，予夢中作噁嘔酸水而醒，即覺體不舒服。今日量之得一百度〇四分，因卧床。下部泄氣甚頻，當是天氣不佳，腸胃又積食所致。

四月十九號星期日（三月初六）

卧床，看陳夔龍《夢蕉亭雜記》，訖。崔裕權來。馬開良來。陳懋恒來，長談。

盧雪岩夫婦來。徐隱芝來。李福庭來。丹楓來，簽《歷史地圖》約。

爲湲兒講兒童書。

予今日中午尚有一度熱，晚則無之。今日潮兒亦病，熱高一〇二度。

地圖出版社邀予與丹楓編輯《歷史地圖》，照定價抽百分之三・五版稅，第一册于今年八月完稿，大約可趕明年春銷。倘銷路旺，予生計可得一補助矣。擬自本星期起，于星期三、四、五三天到天平路作此工作，兼改《通史演義》。

四月二十號星期一（三月初七）

起床。起潛叔來，長談。看《湛園未定稿》，記筆記二則。爲程枕霞寫范烟橋信，交又安帶蘇。

看《吳越春秋》，訖。記筆記四則。作戰國越王世系比較表。

與静秋在園內牧羊。記日記四天。

看《古本竹書紀年》，記筆記三則。理書桌。

潮兒仍未愈。堪兒熱高百度〇二，但興致甚好，頑皮胡鬧有勝數姊。男孩自與女孩不同，但苦煞父母矣。潮、湲、堪三兒夜眠後均有汗，足徵其虛弱，惟洪兒不然。

聞上海市文管會主任委員已易徐平羽，渠不知視李亞農何如？許我在天平路寫作否？

又聞，文管會職員因我久不去整理舊書，則曰："顧某不去是李亞農叫他不去的。"在此反官僚主義運動時代，想不到因我的病，爲李亞農平添罪狀。可見生于此時，不但被統治者不易做，即統治階級亦難做也。

四月廿一號星期二（三月初八）

與静秋挈堪兒到狄醫處，予打第十五針。整理《蘭課日記》册，編目。

鈔《秦郡的分析》付丹楓，未畢。鈔王國維《説商》，畢。朱向榮夫人來。與静秋到武康路口散步，吃牛肉湯。

看黎庶昌《續古文辭類纂》。

狄醫謂堪兒之疾，可能爲生牙齒時所引起。

湲兒極會説話，今日要求母買椰子，買歸，渠曰："活像蔣匪幫的頭。"他兒皆不能有此想象也。傍晚運動過甚，耳鳴，則曰："我的耳朵裏好像有蝴蝶飛。"她隨處好用比喻。

四月廿二號星期三（三月初九）

到天平路，鈔《秦郡的分析》訖。記筆記三則。看《地學雜志》。詩銘來。看《點石齋畫報》。

在家鈔王國維《説耿》、《説殷》、《秦都邑考》。記筆記三則。

整理舊筆記。王子揚夫人來，與同到其家看書，并晤其子王達、王進。

　　静秋又到北站區工會。工會幹部挑撥又安、義安與資方鬥，但事實上鬥不起來，則又謂又安不能站穩立場。可見許多工商業，勞資不能團結，妨礙生産，皆由後邊有牽綫者在也。今日作資方，其苦痛殆不下于地主矣。

　　静秋一到晚即作冷，以溫度表量之，不及平度六分。她實在爲了孩子及里弄工作太忙，又爲了雁秋太焦急了。堪兒今晚熱至一百度〇六分。潮兒已無熱。

四月廿三號星期四 （三月初十）

　　到丹楓處，送作圖資料。到大中國，李兆民來。孔大充來。寫黄奮生信。與大充同到其家飯，看編輯字典工作。

　　回局，與君匋、誠安談。與汝成、中台談。杜紹文來。看黄埭志。記筆記四則。到合衆圖書館，爲起潛叔改館中過去歷史報告。看劉文琪等《左傳舊注疏》稿。

　　看《靈巖志》、《梅里志》。

四月廿四號星期五 （三月十一）

　　到狄醫處，打第十六針。改吴良祚作《反對大男子主義的歷史觀點》。寫杜紹文信。

　　整理舊筆記。鈔洪頤煊《禹都陽城考》。看《韓昌黎集》，筆記三則。與静秋到東湖電影院，看石揮等所演《美國之窗》。

　　看丁祖蔭所編《虞山叢刻》。

　　洪兒熱百度，堪兒熱百度〇二分。

四月廿五號星期六 （三月十二）

到孫實君處。到平心處，長談。到大中國，看《杜甫》排樣，與汝成談。

與君匋談。到多倫路取書，與方太太及毓蘊談。上車，遇緯宇。回局，寫雪曼夫婦信。爲龐新民出證明信。寫丹楓信。丹楓來談。寫贈《通史演義》樣本信。晤曹慶森。到天平路，記筆記二則。

看《世說新語》。孫實君來。

得龐君信，悉藍夢九君自津回陝，突歿于長安旅舍。大概思想改造中，受檢討之刺戟太甚，身體驟衰所致。此次之病，殆心臟病乎？

堪兒早起無熱，晚仍至百〇一度。

四月廿六號星期日（三月十三）

到王子揚夫人處。記筆記二則。到中山公園，與誠安同吃茶。吳圭如來。與誠安同到動物園。出，遇朱向榮夫婦。十二時，與誠安同歸飯。

與誠安談，至二時，渠別去。寫朱葆初信。作《文學山房明刻集錦》序約一千言。洗浴。

祝瑞開來，留飯。疲甚，早眠。

近來上海市上小偷甚多，我家對門一家易主之際，脫空一天，窗上銅鏈全被竊去。靜秋入市買菜，親見一人菜籃被搶。聞胡子嬰到大光明看電影，其手提包被搶，搶者當場被捕，公安局中詢其何以作此勾當，答云：原撿廢紙爲業，撿得之紙均賣與小商人，由彼再賣給廠家，今則收廢紙者已有聯營機構，收價低，又須大量，小商人已縮手，使個人生活無出路也。此事看來雖小，其實關係甚大，蓋吃飯不易即人心不安，人心不安，國遂多故矣。

四月廿七號星期一（三月十四）

修改昨作文，并重鈔。到天平路，搜集長安、洛陽材料。與詩銘談昨文。記筆記一則。

與靜秋挈潮、洪、湲三兒到淮海路買鞋。到遠東進點。

到起潛叔處商昨文。歸，李福庭來。看合眾圖書館書目。

聞文管會副主任秘書蔣鐵如，在反官僚主義運動下，已停職反省。此君實心工作，但措置多不當，如廁所不供給草紙，爲機關省錢，其一端也。

四月廿八號星期二（三月十五）

到大中國，搜集《歷史地圖》材料，看丹楓所集材。震文來。張士敏來。寫妙真法師、黃奮生信。

到銀行取款。回局，章志雲、陳景元來。開編審會議，自二時三刻至四時。

歸家後，出，到修文堂，與王文忠談。爲兒輩講故事。

今日同會：君匋　汝成　丹楓　幼丞　湘嵐　家振　維新

堪兒下午又有熱，至百〇一度，豈打針所致耶？今日靜秋與之到虹橋療養院照 X 光相，如肺部無疾，則大慰矣。

四月廿九號星期三（三月十六）

到天平路，續鈔侯仁之《北京建都八百年》一文三千餘言，仍未畢。記筆記得八則。

李福庭來。又安自無錫來。

爲兒輩講《天方夜談》。

靜秋已有孕，精神身體均極疲憊，憊憊思臥，而家事及里弄工作又不任其休息，苦矣。

得虹橋院 X 光片，知堪兒爲支氣管影深，殆與余同病。湲兒入眠甚難，殆亦與余同病，爲先天性的神經衰弱。

四月三十號星期四（三月十七）

寫王以中、江静瀾信。到丹楓處，商討秦代圖。到大中國，寫龐新民信。記筆記三則。

到山西路剃頭。遇李小峰、金永齡。到榮寶齋購紙筆，到廣益買廉價書。回大中國，看新買書。寫丹楓、金子敦信。與誠安談。歸，記筆記二則。

鈔金鶚《禹都考》。

堪兒仍有熱，早四分，晚一度許。惟精神甚好，不似有病者，究不知是什麼。

一九五三、五、十七，致大中國圖書局股東大會函：（下略，見《顧頡剛書信集》）

又致新董事會函：（下略，見《顧頡剛書信集》）

一九五三年五月

五月一號星期五（三月十八）

偕潮、洪、湲三兒到武康路口，轉華山路、天平路，看游行隊伍。遇張綺先。到武康路270號，静秋臨時辦事處，抱堪兒。記筆記五則。

續鈔侯仁之文訖，共一萬字。抱堪兒至静秋辦事處。爲潮、洪兩兒講故事。德輝夫婦偕開孫來。詩銘來，俱留飯。長談。沈勤廬、仲章來。

寫厚宣、震文信。

今日頗寒，静秋因慶祝勞動節游行，在弄口糾察，立廊下半天，受風，加以胎氣上冲，甚不舒服，時時祈死。湲兒亦有熱六分。

五月二號星期六（三月十九）

到天平路，晤徐、柳兩先生。記筆記七則。鈔《歷史地圖》古代外族材料，未畢。寫朱葆初信。

懋恒來。鈔王國維《月氏未西徙大夏時故地考》。記筆記七則。詩銘來。

到仲章處。訪勤盧談。寫胡厚宣、朱葆初信。

堪兒熱度升降不常，今晚得百度〇二分，眠熟之後再量則不足平度。今日得驗血報告。

五月三號星期日（三月二十）

寫佘雪曼信。到合衆圖書館，與起潛叔等談。鈔秦漢民族史料及河渠史料五千餘言。爲張菊生先生寫保存天寧寺經版信稿。

玉華來。孫元徵來，長談。吳諫齋來。

爲兒輩講故事。

玉蘭已録取重工業繪圖生，不久將赴華北或東北。

五月四號星期一（三月廿一）

到天平路，續鈔民族、水利史料二千餘言。王文忠送《說文詁林》來，翻看。記筆記七則。

整理所鈔訖。搜集建築史料。

爲兒輩講故事。看《吳縣志》。

昨夜堪兒發高燒，今日憊不能興，中午轉好，下午更好，然精神雖佳，尚有熱二度也。錢醫亦不能斷定其病爲何。

五月五號星期二（三月廿二）

到丹楓處送稿。玉蘭赴錫。到大中國，寫吳景敖、黃奮生信。與汝成談。龐震文來。寫謝延孫、李映婁信。寫信致局務會議諸人，請在本屆股東會內辭總經理職。盧蜀良來。

到凱福飯，遇張慕聃。到多倫路取書，與方太太談。返局，草爲各國國旗致各公使館信稿。盧蜀良來。丹楓來。與君匋談。王文忠送《營造法式》來。寫楊拱辰信。

爲兒輩講故事。看《春在堂全書》。

今日堪兒之熱時而高，至晚則百〇一度六矣。錢醫疑其爲痧子，是也。自朱家小孩出痧子，堪兒本欲出矣，靜秋爲之輸血，加强其抵抗力，乃蘊積于中而不得發。

五月六號星期三（三月廿三）

審查唐兩京城坊圖。鎮日在天平路搜集建築材料，豫備講稿。

起潛叔來。看任二北《新曲苑》。

今日爲予六十一歲生日，靜秋治具吃麵。

堪兒痧子已發出。

五月七號星期四（三月廿四）

寫勤盧信。到天平路，葉笑雪來。鎮日作《中國古代的城市》五千言，未畢。

到大中國，取款，即歸。寫朱葆初信。

爲兒輩講故事。李福庭來。

五月八號星期五（三月廿五）

續作昨文四千言，訖，共約九千言。

與又安同到站，乘二時四十七分車赴蘇州。四時半到家，到又曾夫人處。厚宣來。道遇金子敦。出，遇吳大蘭。到宮巷吃飯。寫靜秋信。到工專訪朱葆初，并晤王劼安、蔣孟厚、倪孟長等。

在工專講《中國古代城市》，自六時起，至九時止。歸，與子敦、厚宣、勤廬談。服藥眠。

闻近日魯、皖、蘇諸省皆下雨，江南至崑山止，雹粒有大至十餘斤者，此方所希見。麥子正將收成，經此一擊，不堪設想矣。

五月九號星期六（三月廿六）

與厚宣到金門外吃點，待勤廬來，同上公共汽車到西跨塘，由一馬姓婦導至姑蘇廟及和合山，訪姑蘇臺遺迹，無所得。到法雲庵小憩，觀敵樓，到木瀆石家飯店飯。

坐山轎，上靈巖，到印光塔院，寺内西花園、鐘樓等處，西施琴臺。出，到天平山，茗于下白雲，上一綫天。又至高義園及范氏祠。回木瀆，候車歸。

到松鶴樓飯。歸，到又曾處談。

從吳縣圖中，知和合山爲姑蘇臺址。今日至其處，果有姑蘇廟，然山上山麓毫無文化遺址之迹象，何也？此臺恐在胥口之胥山，他日當更求之。

五月十號星期日（三月廿七）

與厚宣到九如進茶點，晤龔子揚及勤廬。寫静秋信。與勤廬、厚宣到謝孝思家，并晤韓步本。返九如，與厚宣、子揚、勤廬同到蘇南文管會，晤陳穀岑、徐澄秋、朱犀圃、沈燮元等。到柳蔭餐室進飯。雇船，到蛇王廟，出婁門，至官瀆里，入茶館，訪問到干將涇道路。

過洋涇，至官塘，入干將涇，到歐冶廟（俗稱歐老爺廟），各處尋覓古迹，望金鷄湖，由葑門塘回城。游雙塔。到宫巷元大昌酒店宴客。

談至九時歸，又曾來談。

今晚同席：吳賡虁　拜虎　胡濟川　龔子揚　紀伯庸　胡厚

宣　張又曾　沈勤廬　（陸念柏、楊孟龍後至，未入席）

今日居然找得歐冶廟，知在廟東北即干將涇，由此尋鍛鐵遺址當不難。近值農忙，不可物色，俟秋收後當約礦學家一勘也。

五月十一號星期一（三月廿八）

與厚宣到平江路吃點。到蘇南文管會，爲會中工作人員講蘇州在歷史上的地位。聽厚宣講越城在考古學的地位。與勤廬、厚宣、星伯到汪旭初處，又到星伯處看古琴法帖。回拙政園，予鈔改《文學山房明刻集錦》序訖。到錢海岳處視疾。

陳毅岑邀宴。作蒯祥象與北京宮殿圖題詞，即寫上圖峕。與勤廬、厚宣到中張家巷錢宅看陶器。出，到人民文化宮，晤汪星伯、黃慰萱。出，到文學山房，晤江澄波，選書。回文化宮，與厚宣等同到王廢基西北角看齊雲樓遺址。到琴同書店、集寶齋等處看書籍古物。到朱鴻興晚餐。

到觀前買糖食，厚宣先返滬。到協商會開會，討論園林整理諸問題。九時半歸，與毓芬談。失眠，服藥三次。

今午同席：厚宣　勤廬　陳墨迻（以上客）　陳毅岑（主）

今晚同會：謝孝思（主席）　段炳果　陸文夫　王國昌　汪旭初　汪星伯　朱犀圃　徐澐秋　周瘦鵑　朱葆初　鄭子嘉

五月十二號星期二（三月廿九）

朱葆初來。又曾夫人來。七時許上站吃點，進茶。八時廿分開車，遇許德祖，至昆山別去。在車看《國學論衡》。十一時到滬。

送二姨、魴魴上車（返錫）。洗澡。倦甚，眠。洗頭，翻《吳縣志》。

堪兒痧子已回，仍有熱數分，咳亦稀，食量較進。

五月十三號星期三 （四月初一）

看《吳縣志》。到大中國，與汝成談。補記日記五天。出飯。剃頭。

到丹楓處。返局，與誠安談。寫黃奮生、周昭亨、王國秀、江靜瀾、田鵬、李曉舫、辛樹幟、戈湘嵐信。都冰如來。

看《吳縣志》及李根源《虎丘金石經眼錄》、葉昌熾《寒山寺志》。

五月十四號星期四 （四月初二）

寫呂誠之、王國秀信。起潛嬬來。到天平路，看傅斯年《夷夏東西說》，未畢。記筆記五則。翻莊述祖《珍藝宧遺書》。

爲兒輩講連環圖畫《岳飛》。

記筆記三則。翻《吳王張士誠載記》。

五月十五號星期五 （四月初三）

到天平路，看《夷夏東西說》畢，看楊向奎《夏民族起于東方考》畢。記筆記六則。留盧太太飯。盧雪岩來。

編《浪口村隨筆》第一冊目錄。

爲兒輩講《岳飛》。

五月十六號星期六 （四月初四）

編《浪口村隨筆》第二冊目錄。到大中國。到銀行取款。與幼丞、汝成、君匋談。盧蜀良來。帥潤身來。龐震文來。譚季龍來，同到凱福飯。

寫股東大會、董事會信。與誠安、君匋談。呂誠之先生來。開編審會議，自三時至五時半。

起潛叔來。陶秋英來。黃永年來。失眠，服藥。

季龍告我，上海某書肆得《浪口村隨筆》油印本一冊。標價四萬元。足見我的書尚買得起也。

今日同會：華汝成　丁君匋　張維新　戈湘嵐　方洞　張家振　張幼丞　章丹楓

五月十七號星期日（四月初五）

記筆記二則。與靜秋到交大對面，訪趙介文夫婦，進點。到李曉舫夫婦處長談，至十二時，爲製三球儀事。歸飯。玉華來。

到大中國，出席第七屆股東大會，予任主席。自二時至五時。

到知味觀聚餐。陳宗舜來。九時歸。

今日同會同席：陳宣人、宣錚　金振宇、緯宇　丁君匋　顧誠安　下列諸人：丁劉杏華（君匋代）　張錫君（振宇代）　尹佩娟（緯宇代）　張靜秋（頡剛代）　擎宇因病，新垓未到滬，待補簽。

今日股東會決定不選予當董事。靜秋當選監察人。

五月十八號星期一（四月初六）

看蘇州各志書。到天平路，范放、范鼎仁來，爲蘇南文管會開忠王展覽會事，招黎冰鴻、方詩銘同談。記筆記五則。讀金鶚所撰地理考證文字。

作殷都表。理稿件。爲兒輩講《哈哈鏡王國》。

整理舊筆記。盧太太來。記筆記一則（尾聲）。爲蚊擾，失眠。

復旦收各大學書籍，迄未整理，而今日發二千萬元與歷史系，要一天內買完，此非浪費而何！買書非買布買米，詎能一天即有。

又合衆圖書館，市教育局要它辦成歷史專業圖書館，要擴大範圍及于世界史，然西文書自有海光，若買中文之世界史書，則教科書而已矣。又令停訂語文、林業、水利諸雜志，則直是反辯證法，不要聯繫而要孤立，天下有如此簡單之歷史圖書館乎！現在之患，在乎不懂文化的人來管文化事業，而又不虛心采納旁人意見，此直摧殘文化耳。詩曰："具曰予聖，誰知烏之雌雄"，此之謂也。

五月十九號星期二（四月初七）

到大中國，鈔李健《書通》入札記。懋恒來。與幼丞、汝成、君匋等談。與誠安到水上飯店飯。到黃浦公園散步。

回局，鈔白居易詩入札記，約二千餘言。與陳會計師談。歸，王煦華送書來。與張魯青談。看王君九之妹素律紀念册。

盧太太來。看《宋稗類鈔》等。失眠，服藥三次，入眠已上午一時許。

近日睡眠又不佳，固由于足上濕氣作癢及蚊蟲之擾，而予所負工作之多且重實其主要原因。地圖出版社之《歷史地圖》，一也。大中國之《通史演義》，二也。蘇州古迹及文化史之記録，三也。整理舊筆記，四也。蘇州工專之古代城市史之演講，五也。胸中有此五大題目，精神永遠緊張，不易鬆懈，遂至疾作。噫！此諺所謂"嘸做一頭處"也。

五月二十號星期三（四月初八）

遲起。李福庭送潘媽來。到天平路，寫《珍藝宧遺書》書端、書根。讀金鶚《舜崩鳴條考》，記筆記一則。

小眠，未眠着。寫盧焕强、鍾雲父信。與静秋同到淮海路買物，到國泰看老舍所編《龍鬚溝》電影。六時許出，到静安寺看廟會。

爲兒輩講《哈哈鏡王國歷險記》。看《宋稗類鈔》。

堪兒眼紅，醫謂疹後餘熱，静養易愈。堪兒之病所以延續甚久者，蓋三月中樓上朱家孩子出痧子，渠本將出，而静秋爲之輸血，增加其抵抗力，然病仍伏内，因成淋巴腺炎，至本月初而發出也。

五月廿一號星期四（四月初九）

到天平路，研究夏商地理，記筆記七則，約三千字。與柳翼謀先生談。

潘媽辭去。爲静秋寫居民會信。洗浴。

爲兒輩講《哈哈鏡王國》。看《宋稗類鈔》。以静秋遲眠，致予失眠，服藥三次。

予近日大便，早晨不暢，必九時後再便一次乃暢。又下午如在天平路，則又須下一次，以其静也。若在大中國則無之，以事忙也。此可見予腸之無力，亦體衰之一端。

五月廿二號星期五（四月初十）

到天平路，記筆記十則（亳），約三千五百字。詩銘來。爲兒輩講《哈哈鏡王國》。

到柳翼謀先生處，送高攀龍信稿手卷。

得王大玫表妹電話，知奉父母到杭游覽經滬。看《宋稗類鈔》。

近日静秋極不舒服，胸腹腫痛，非關胎氣。聞高醒萃割瘤，因疑腹内長瘤，非到醫院檢查，不易明了。

大玫表妹等奉父母游杭，經滬。今年姨丈七十七矣，有此清興，甚不易及也。

五月廿三號星期六（四月十一）

四時三刻起，步至常熟路，乘十五路汽車到北站，覓海龍旅館，則王姨丈等已行。至車站尋之，亦未得。在天目路茶點。到多倫路，晤又曾夫人及其女毓綺等。與毓綺持李兆洛歷代地圖卷到丹楓處，與談《歷史地圖》事。回多倫路，即到大中國。寫業務學習通告，交黃振緄，聽渠與君匋吵吵。施天侔來。陳懋恒來。鍾雲父來，與雲父同到凱福飯。

到大上海剃頭。回局，計碩民先生來。與君匋、誠安、汝成等談。看文學山房送來書。記日記三天。朱立民來。王士耀來。爲兒輩講《哈哈鏡王國》。

李福庭來。看劉廷璣《在園雜志》。爲蚊囓，失眠，服藥三次。至上午二時方得眠。

今日静秋到市立醫院檢查，知病係子宫發炎，而發炎之故則爲服奎寧丸打胎，胎兒不知死活如何，必先將發炎治好方可診斷。囑打盤尼西林四針。噫，非生計之難，疇肯出此下策乎！

室内貼有"不哭不鬧，能吃能睡，是好孩子"的公約，堪兒屢指字問予。今日抱至書室，則指《知不足齋叢書》之"不"字，知其已認識矣。此兒幼慧，可喜也。潮兒等未嘗教之識字，然無意中識字已不少。潮兒到武康路口書攤上見有《高老莊》一種，上寫"《西游記》之一部分"，因嬲予往買。湲兒得《美國之窗》電影說明書，指告朱寧，且爲之解說曰"美國的窗户"。

五月廿四號星期日（四月十二）

義安赴錫。王育伊來。挈潮、洪、湲三兒到介文夫婦處邀飯，買物歸。宴客。介文爲照相。

三時許客散，倦甚，就卧，未眠着。張子祺來。爲兒輩講《高老莊》連環畫。倪醫生來爲静秋打針。

看丁初我編《虞陽說苑》。服藥就眠，眠甚酣。

今午同席：趙介文　孫元徵　趙上元　張又曾夫人　張毓綺盧焕强　德泰　德輝夫婦　開孫（以上客）　予夫婦（主）共用十五萬餘元。

以昨夜睡不佳，今日疲甚。

程枕霞在無錫開展覽會，又安、義安皆往相助，解決其生活問題。我家工作，義安介紹王士耀來。

五月廿五號星期一（四月十三）

家中大掃除，理書物。到天平路，作"毫"之總結，記筆記二則，約二千字。

翻《春在堂全書》，覓《尚書》材料。出，遇錢賣荃。

爲兒輩講《哈哈鏡王國歷險記》畢。十二時，秀清姨母、碩輔姨丈、大玫、大琬、大珍三表妹自杭州來，留宿予家。

"毫"之所在問題，用三日功，了然于胸矣。一快！

堪兒臉上起紅粒，蔓延滿臉，大便又溏薄，知爲消化不良，甚懼痧子後引起腸炎也。

又曾來信，知吾家紅木嵌大理石椅八張，茶几四個，均爲解放軍取去，且不出借條。想不到解放軍會這般變質。吾父一生，惟此爲好傢具耳。

五月廿六號星期二（四月十四）

伴姨丈、母及三表妹并挈湲兒同出，到金陵東路買火車票。到水上飯店看黃浦江，進點。到土產公司、先施公司，在先施再進點。至二時，予到大中國。

三時，開編輯出版會議，至五時半訖。歸，洗浴。德輝來。

宴姨丈母及三表妹，談至十一時，服藥眠。

予到滬五年，先施公司等四大公司，今天還是第一次去。

五月廿七號星期三（四月十五）

伴姨丈母等早餐，談至九時許，他們到淮海路買物，予在家休息。膺東弟婦之姊顧大小姐來。十一時，渠等歸，出發。到站即上車，十二時廿分車開。予到站旁飯館進食。

到大中國，與君匋、誠安、汝成、陳鶴生等談。寫江靜瀾、陳叔諒、金啓華、李映婁、佘雪曼、謝延孫信。看股東會記録。

看金祖同《金山衛訪古記》。以蚊囓失眠。

日來天奇熱，汗流不停，予伴姨丈等游覽及談話，甚費力勞神，況在有病之靜秋，又況七十七歲之姨丈。夏季旅行，誠苦事也。

今日靜秋引起胃氣痛，又發痔瘡，她身體太壞了！因此，脾氣亦轉得更壞。

五月廿八號星期四 （四月十六）

到天平路，作贈王律素女士詩，即寫好。到思南路郵局寄信。到王進珊處送校稿。歸，寫黃永年信，送校稿。

到合衆圖書館，晤煦華等。取出書一車，煦華、周同和相助。到天平路，整理取來書。補記日記三天。計賬。記筆記兩則。爲兒輩講《岳飛》。

黃永年來。看朱長文《吳郡圖經續記》。

今午洪兒又發高燒，至百○三度，扁桃腺又發炎矣。

贈王律素：

鶴壽不知紀，鳳鳴必在岡。菁莪懷樂育，茶蘪志甘嘗。

名父藏山富，賢昆教澤長。中吳垂典範，彤史有餘芳。

（渠今年六十四，王君九之妹，王季玉之姊也。）

五月廿九號星期五 （四月十七）

二時半醒，四時起。看《吳郡圖經續記》，記筆記三則。到天平路，復看《夷夏東西説》。看《小學考》，草胡吉宣《玉篇初校》序。詩銘來。

眠一小時。寫陳穀岑、施天侔信。到天平路，將《玉篇初校》序改正謄清。記筆記三則，到國泰買電影票未得，即歸。點鄭珍《牂柯考》。

崔裕權來，量衣。看《吳郡圖經續記》。

静秋胃痛較好，惟夜不安眠。三姨爲其兒婦催歸，家中勞動力更不够。心中焦灼日甚，時時怨結婚。潮兒見母如此，則曰："我大了不要結婚，免得小孩子麻煩！"

五月三十號星期六（四月十八）

到大中國，看股東會議記録。盧焕强來。寫審查《上古史演義》諸人函、劉詩孫函。與君匋、誠安、汝成等談。出飯。

到宣人家，談陳稼軒欠款事，并晤其子景聖。寫書業公會、黃奮生信。舉行第一次業務學習，予任主席，由丹楓講馬列主義。

冒雨赴知味觀，賀陳子璋婚禮。九時歸。

洪兒熱已退。堪兒則仍有熱。

今日同會：大中國全體同人

今晚同席：大中國全體同人及派至地圖聯之八人（客）　　陳子璋夫婦（主）

五月卅一號星期日（四月十九）

到陳稼軒處，商償款事。到大中國，列席董事會，十一時三刻散。同到新雅飯。到合衆圖書館。晤起潛叔及煦華、景鄭、詩銘、永年。

到海光圖書館，出席史學會大會，自二時至五時；又出席理事會，自五時至七時。

與谷城、厚宣到静安寺榮康酒樓飯。歸，看《太湖備考》。服藥兩次。

　　湲兒忽發高燒，至百零四度，蓋扁桃腺發炎也。小孩輪流生病，真是父母苦事。

　　三姨決定到賈汪，爲其子婦看小孩。吾家驟缺一幫手，當然不便。然渠與靜秋脾氣均急躁，時時勃谿，渠行後，靜秋操作雖更勞，而精神上則輕快不少。同胞姊妹如此，真想不到者。

　　天氣悶熱異常。

　　今日上午同會同席：鄒新垓　金振宇　陳宣人　丁君匋　金緯宇、擎宇　陳宣錚　顧誠安　新垓被推爲常務董事兼董事長，振宇、君匋、緯宇、誠安爲常務理事。予辭總經理職，因無人可接，群囑勉爲其難，暫維此局。好在不久必將聯營，則不解決而自解決矣。

　　今日下午同會：平心（講斯大林與史學）　　　胡厚宣　姚舜欽　楊寬　吳杰（四小組長）　　呂誠之　束天民　伍蠡甫　曹漢奇　王國秀　林舉岱　戴家祥　陶松雲　鄧廷爵　酈家駒　洪廷彥　譚季龍　章丹楓　繆開華　朱東潤　俞巴林　黃穎先　林同濟　朱□□　陳其可　張世祿

［姜亮夫來信］

頡剛先生尊右：

　　前年由起潛、以中兩兄各轉一緘，不審入覽否？吳中友人處亦時聞動定而語焉不詳。近維興居勝常爲無量頌。別來無善可述，頗思潛心著述勢所不能，來年參加此間博物館工作，從勞動中學習起，凡往昔之所不屑爲者皆一一嘗試，于人生宇宙瞭解別多會心，然本性木强，至今仍未能全改也。奈何！奈何！

　　近以公餘治近百年學術，欲完成戰前未盡之業，先爲四先生年譜（餘杭章、海寧王、新會梁、井研廖）合爲一書，凡學術相關相成處特加說明，譜後又各附學案，志大學疏，不知有益學術否？又以其餘力爲近百年學術年表，苦此間公事太忙，久苦書籍不足，先生將何以教之？自去冬以來以病肺病胃入醫院，近已漸痊可，俟病愈後當以詳例請教如何？

宏著想益夥頤，若有印本願乞賜一二，海上出版界有可紹介以相識者否？內子秋英以省母病來滬，當過高齋晉謁也。匆此不一，即請道安　　　　　　　　　　　　　弟姜亮夫頓首。五月五日。

[附]

瀛涯敦煌韻輯二十四卷（約五十萬言）

把在巴黎、倫敦、柏林的敦煌寫本韻書卷子㈠照了像，㈡又細心抄録，㈢再以透明紙畫下匡格；歸國後把匡格部位來配抄㈢抄片與㈠照片，可與原來的卷子合得起來了。

大概自最早的陸法言底本到唐人的《廣韻》，這個時代的韻書共二十多種，在國內已亡了千多年，這些書是大體都發現了！爲祖國韻書的最原始的最完整的本子。

每卷都有作者的研究文章，記録原卷的情形及照片抄寫的經過及本卷的時代、撰者在韻學上的發明等等。在戰前已經僞中央研究院同意列爲院刊，但作者不願與商務定約精印，後以上海解放，商務不能印了。

瀛涯敦煌經籍校録

巴黎、倫敦所藏的敦煌卷子，我把有關儒道兩家的經典用來同今行校勘寫本校録，六卷大體是國內所未見的，有兩卷還攝成片子附在卷首，又各附説明與考訂的文字，略五萬言。

屈原賦校注

用宋元以來的版本近二十種，又把古今來引用屈原賦的文句的書五十多種來校勘屈原賦的原文，評定其是非得失，這是校的部分；又從文字學、古文字學、文法學來解釋文句，又用古史、古社會學、民俗學等來講明篇章的意義等。全書訂正文字在八百餘，訂正王逸、朱熹及歷來各家注百餘條。全書約二十四萬言，已與商務訂約，前半部現存商務。現在商務因業務變更，不能繼續印行，所以要另謀出版處。

一九五三年六月

六月一號星期一（四月二十）

到天平路。出，到文管會，晤楊寬正。到舊書整理部，晤育伊、羹梅、胡吉宣、潘伯鷹、顧宗漢、金祖同、丁琪、李芳馥等。出，到榮寶齋買筆，途遇陳邦楨。到連聯書店，以擠未買書，到武康路口買。歸。

小眠。到王煦華處，選取書籍帶回，冒雨歸。洗浴。

爲兒輩講《火焰山》。看平步青《霞外攟屑》。

湲兒熱退。堪兒臉上較平復。

近日天氣忽寒忽燠，予氣管炎復發，痰吐甚多，殊以爲苦。此病，醫生竟無治法。年日長而病日深，奈何！

六月二號星期二（四月廿一）

到大中國，寫戴家祥、朱天祐、藍夢九夫人、邱懷、樹幟信。看上次編審會議記錄。到四川中路飯。

寫夏衍信。到四馬路游書肆。開第十一次編審會議，自三時到五時。歸送三姨行，玉華來。

爲兒輩講《怪屋子》。黃永年來取稿費。

今日同會：君匋　汝成　丹楓　維新　榮德　中台　湘嵐
洪昌

六月三號星期三（四月廿二）

到天平路，點《古本竹書紀年輯校》三之一，記筆記五則。詩銘來。抱孩子二小時。

胡吉宣來。

爲孩子講《孫行者大鬧天宮》，未畢。翻《霞外攟屑》。

堪兒又發高燒至百○四度，即至錢醫處診，知亦係扁桃腺發炎。許多親戚今已走光，家中勞動力非常缺乏，而静秋下部出血，必須休息，竟無辦法。諸兒偏于此時多病，何不幸也！

六月四號星期四（四月廿三）

在家管孩子，未出門。翻平步青《樵隱昔寱》、宋應星《天工開物》。

眠一小時。爲孩子講《大鬧天宮》訖。

翻《瑒玉集》、《日本見在書目》。失眠，服藥兩次。

堪兒熱退。惟湲兒屢言脚酸，疑爲扁桃腺發炎後之關節炎，右腿尤甚，致不能蹲下。

今晚予已倦甚，思可以不藥就眠矣。乃上床後愈來愈醒，竟服兩次藥。

自三姨行後，家中勞動力太少，堪兒非有一人看好不可，而静秋爲買菜及挈兒輩看病，不能長在家，因此予非助之管家不可，然予安有此時間乎！至今日，乃知生養孩子實非易事也。

六月五號星期五（四月廿四）

在家管孩子，未出門。翻嚴從簡《殊域周咨録》。

眠一小時。看曹元忠輯盛弘之《荆州記》，記筆記二條。爲静秋寫又安信。

翻《戴段合集》。

今日静秋挈溪兒至錢醫處診，認爲兩腿神經反應不靈，爲缺乏維他命 B 所致，應打 B 十針。

潮兒知識欲極强，喜聽故事，看圖畫。予所有綫裝書中之插圖，雖甚不工，渠亦能尋出欣賞。時嬲予講連環圖畫。洪兒食欲强，喜零食；又脾氣壞，好與人打架，故彼一歸，溪兒必爲所攻擊而哭鬧矣。溪兒極能談話，好描寫，理性强而感情薄，與兩姊不同。堪兒好動，無一刻寧静，又好破壞，入手即拆，但少哭，男兒性格固自不同也。

六月六號星期六 （四月廿五）

管孩子至九時。出，到大中國，與汝成、君匋談。補記日記三天。盧焕强來。誠安邀至水上飯店午餐。

到西藏路剃頭。到文管會領薪。晤邁士。到地圖出版社訪葛綏成，并晤金竹安。返局，開業務學習會，自三時半至五時半，由丹楓繼續講。

爲孩子講《岳飛》。以静秋出血多，予睡入其室。十二時半醒，又服藥。

六月七號星期日 （四月廿六）

以静秋出血愈多，晨覓醫。發頤萱嫂電。九時，狄醫介紹之女醫盛梅卿來。盧太太介紹之黎薌斌來，即乘其車，由盧太太伴静秋到虹橋療養院動手術，午刻歸。予管理家務，疲甚，小眠。朱向榮夫人來。莊太太送女工吳菊芳來。

眠一小時。伴静秋，管堪兒。看張元和譯 M. Ilin 著《書的歷史》。

爲兒輩續講《岳飛》。看《書的歷史》畢。倪醫來爲溪兒打針。

自四月初静秋發見又懷孕，大愁悶，四月十日打通經針，孩子已死，直至近日，血大下，今日到虹橋療養院，由高爲絢醫師行手術，挖出一大血塊，囑靜養一星期，而靜秋以堪兒新愈，住院不放心，即歸家。一歸則孩子糾纏，百事縈心，雖臥床亦不得休息矣。從前此間人手太多，今則親眷已走盡，予搭于其間，爲之疲極，知管家確非易事也。

六月八號星期一 （四月廿七）

到大中國，寫謝延孫信。到銀行取款。到郵局寄款。與君匋、汝成談。取本局挂圖全套歸。車中遇徐銘勛。

取挂圖等送華東局夏衍處，與談半小時。到王佩諍處，長談，留點，至六時方出。到靜安寺買玩具。

爲兒輩講《岳飛》。

此次新聞出版局發書店營業執照，上海三百餘家僅取得三十餘照，以大中國之埋頭苦幹，猶未發得，而粗製濫造之新亞則得之。同人疑駭，因于今日送所出挂圖全份與華東文化局局長夏衍，期得其瞭解。并告以貸款不得，難于周轉之苦況。

夏衍謂予，渠前數月到北京，陳家康及范文瀾均向彼提及予，希望予到北京，家康且提及兩次。按予所可貢獻于國家者獨有整理古文獻一事，以予能定計劃，且能掌握若干工作人也。然今日建設目標并不在此，則予到北京亦僅作一冗員而已。歸爲靜秋言之，渠謂上海住家，房屋窄小，終不能上軌道，不如明年去的好。

六月九號星期二 （四月廿八）

吳菊芳去。到大中國，與君匋談。寫張俊德、傅築夫、佘雪曼、侯仁之、朱葆初信。午歸。車中遇吳諫齋。

眠一小時。管孩子及陪靜秋。靜秋以月芳作事不恭，大吵。佩諍來。

看徐燕藩《越絕考》。

女工月芳，驕蹇成性，缺乏同情心。静秋每呼之輒不應，予迫而呼之，乃不得不應。今日下午，静秋令其倒水爲堪兒洗身，彼以正在洗衣，說："等一歇。"静秋已甚怒矣。其後堪兒潑水在地，静秋又呼之，予以彼在洗衣，欲自持拖把擦之，静秋遂怒不可遏，自投于床。予以彼小産後宜静養，今怒至于此，驚怖之甚。在如此家庭中，予頭痛極矣。乃知今日有家且多子，直人生之大不幸也。

六月十號星期三 （四月廿九）

記筆記一則。盧太太來。在家管孩子，疲極，眠。

俟孩子睡後，二時半，到平心處。丹楓來，同談《通史》事。歸，沈媽來，管孩子。復出，訪陳稼軒，談欠款事。頤萱嫂自徐州歸。

洗浴。翻《戴段合刻》。

今日静秋腹痛，以子宮收縮也；又胃痛，以昨日生氣也。血仍流些。予爲憂甚。幸下午由隔壁王家介紹蘇州女工沈媽來，渠曾生十子，頗能管孩子，晚頤萱嫂回，家事有人管，不惟静秋心安，予亦得解放矣。自本月四日以來，至今七天，静秋一病，家中勞動力缺乏，予不得不管孩子，而孩子一刻不肯停，使予累極，精神上又以静秋之病而急極，真不好過也。

六月十一號星期四 （五月初一）

到大中國，處理諸務，爲宣人作《對于反動會道門的看法和感想》，約千五百言。歸家飯。

眠一小時半。整理舊筆記，鈔録約二千字。

爲兒輩講《黑旋風李逵》訖。十二時，爲蚊子咬醒，又服藥。

潮兒昨在路上跑，跌傷了腿，雖經醫療，作痛如故。

自今日起，洪兒與沈媽睡，堪兒與妗妗睡，靜秋乃得息肩，安居養病矣。勞動力之不可缺少也如是。

六月十二號星期五（五月初二）

到天平路，準備"書的歷史"的演講。與張魯青談。

眠一小時半。到合衆圖書館借書，遇景鄭等。

續準備。爲蚊子擾，服藥兩次。

不到天平路已八天矣，今日前往，頗有放心難收之感。

堪兒始打鈣針。

六月十三號星期六（五月初三）

到大中國，看《文學山房明刻集錦》。孔大充來，長談。與君匋談。到凱福飯。

買物送方洞及開孫，與方太太及毓蘊談。回局，準備。爲本局業務學習，講"書的歷史"，自三時半至五時半。校《漢學堂叢書》與《黃氏逸書考》篇目異同。

玉華來。與靜秋口角。不能睡，服藥三次，至上午一時許始得眠。

今晚靜秋呼沈媽取茶杯，我説："我去取吧！"靜秋即大怒，罵我賤骨頭，嘵嘵不已。予欲點蚊烟香，又不許，憤甚，抱被宿外室。既而她亦起，住潮兒床。不久，又入室，睡沙發上。予即獨臥。在小産後，偏喜生氣，爲芝麻小事弄得一夜不安，何苦來！

六月十四號星期日（五月初四）

到元徵處，與介文談挂圖事。到修文堂，與孫實君、李文忠談。到淮海坊，訪袁俶畲先生，長談，并晤其夫人及婿陳君夫婦。

眠二小時許。起累甚，不能工作，勉强寫筆記二則。詩銘來，長談，留飯。李福庭來。

六月十五號星期一（五月初五　端午）

整理舊筆記。到天平路，續點《古本竹書紀年》，西周部分訖。歸家，吃節飯。

到合衆圖書館，還書，晤起潛叔夫婦。到大中國，寫謝延孫、張又曾、佘雪曼、黄奮生、周谷城信。

到仁智里參加端陽公宴，九時歸。

堪兒出水痘，略有熱，最高時至一〇二度。

今晚同席：大中國全體同人及派赴地圖出版社工作者，凡四桌。

六月十六號星期二（五月初六）

上午三時爲蚊咬醒，服藥。七時起。到大中國，寫張禹琳、王碩輔姨丈、姜亮夫信。出，到銀行取款，到郵局寄信。到盧焕强處，晤其夫人，還錶價。到天紅酒家飯。

到多倫路取書。與君匋同車出，予到陳稼軒處送信。開十三次編輯出版聯席會議，自三時半至五時半。盧焕强來。

洗浴。看《劉申叔遺書》序。

昨晚靜秋不令點蚊香，謂帳子已縫好，保證無一蚊。結果，到了今晨三時，我又給蚊子咬醒了，靜秋起來打死了六個蚊子。渠自信太堅，漠視客觀環境，致有此苦。

今日同會：君匋　丹楓　汝成　維新　洪昌　逸楓　兆熊　兆陞　小粟　福全　鶴生

近日天熱，予一星期未浴，今日一盆水發黑了！

六月十七號星期三（五月初七）

寫張文清信，囑王士耀往索，得六十萬元。到天平路，記筆記三則。葉笑雪來。點《竹書紀年》春秋史部分訖。

眠一小時半。抱堪兒。洗浴。點《大唐西域記》第一卷畢。王煦華夫婦送書來。

昨夜堪兒熱至百〇三度，静秋一夜未眠。今日堪兒臉上身上癮泡更多，以作癢故時時哭，不得眠。有時稍輕鬆，予可抱之，否則必須静秋抱。静秋小産後必須休息，而竟覷此，以致今日下部又出血矣。

爲堪兒之病，静秋精神體力之犧牲不必説，弄得我也神魂顛倒，心胸歷亂，不能工作，無可奈何，且點《大唐西域記》自遣。

六月十八號星期四（五月初八）

錢恩澤來視堪兒病。到大中國，道遇徐才清。作改良地球儀新聞一則。龐震文來。寫姜又安、段克興信。與誠安、君匋、汝成談。翻 Watters《大唐西域記考釋》。

點《大唐西域記》兩卷，眠一小時半。照看堪兒。洗浴。顧希濤來。玉華來。

陶仁德來取血。錢恩澤來。至十二時後始睡。

昨夜堪兒熱高百〇四度，静秋又一夜未睡。晨請錢醫來診，謂恐微菌侵入他部，發生腦炎、腸炎等症，今日須打盤尼西林三次。

今日堪兒至下午，熱高至百〇五度，駭甚，經寶隆醫院陶君取血驗之，知係急性淋巴腺發炎，即由錢醫打退燒針，并服强心藥。今日一天所用之醫藥費即達六十萬元，教我如何應付！

六月十九號星期五（五月初九）

到天平路，與翼謀先生談。點《古本竹書紀年》戰國部分八頁。到人民銀行。毗鄰王太太來。

眠半小時。點《大唐西域記》一卷半。照看堪兒。洗浴。玉華去。崔裕權來。

疲甚，小眠。進步農場沈君來。與潮兒同眠。

今日堪兒熱減至百〇二度，晚間更降至一百度〇八分，白天精神又好，弄玩具。惟仍纏住其母，一刻不放。我一去即對我搖手，示不欲抱也。靜秋爲孩子所累，下部又流血，奈何！

進步農場沈君來，表示養鵪鶉値報紙批評，生意大不佳，前借之款未能還。我家今日極需要錢，而偏偏如此。去年又安花言巧語，靜秋信之，遽交巨款，慷慨之害也。靜秋想賺錢，無一次不失敗。一爲北碚油店，二爲通惠銀行，三爲北海油店，四即進步農場矣！

六月二十號星期六 （五月初十）

點《西域記》第五卷畢。到大中國，翻《史語所集刊》，記筆記二則。與誠安、君匋、汝成談。到青年會理髮。

在四川中路飯。到大新公司泛覽。到文管會取薪。遇瞿鳳起。遇蘇淵雷。回局，出席業務學習，聽華汝成講"編輯"，自三時半至五時半。杜紹文來。

洗浴。爲兒輩講新購兒童讀物。

六月廿一號星期日 （五月十一）

施天侔來。到蘇淵雷處。到新雅，出席史學會出版刊物會議。進點，進飯（飯由巴林所請）。

一時，與平心、巴林同出，步至南京西路。遇振宇、緯宇、擎宇。乘車至靜安寺，買玩具。歸，德輝夫婦及開孫來。予管堪兒。洗浴。

點《西域記》第六卷，未畢。爲潮兒等搭插版。

今日同會同席：周谷城　平心　胡厚宣　俞巴林　史學會擬出一刊物，推平心主編，神州國光社出版。惟平心因病，難于承受。余若年輕十歲，固將當仁不讓。

平心謂現在哪裏是馬列主義，直是形式主義，蓋集權過甚，幹部只有奉行，不敢靈活運用也。又謂現在教育，就使有列寧天才，亦將室塞，以不使其有空閑，得自己讀書也。此等話若出在別人，自被人認爲反動。平心則共產黨人，惟因有學問，不能盲從耳。

六月廿二號星期一（五月十二　夏至）

點《西域記》第六卷畢。到天平路，與徐森玉先生談，并晤沈宗威。點王國維《古本竹書紀年》訖。記筆記一則。

眠半小時。管堪兒。起潛嬸來。點《西域記》第七卷畢，第八卷未畢。

李福庭來。

六月廿三號星期二（五月十三）

記筆記二則。女工月芳去。到王進珊處送校稿。到大中國，車中遇汝成。與誠安談。寫葛綏成信。盧蜀良來。

出外飯。與君匋談。寫自珍、江靜瀾信。出寄。寫禹瀚、周堯、邱懷、黃奮生信。與丹楓談。開編審會議，自三時半至六時。洗浴。

翻看張文虎《舒藝室全集》。

今日同會：君匋　汝成　丹楓　維新　中台　家振　榮德洪昌

六月廿四號星期三（五月十四）

到天平路，看吳任臣《十國春秋》。歸，理物。十時半，雇車到北站，十一時半上車。

車中看馮承鈞譯沙畹著《中國之旅行家》，畢。與解放軍林君及丁君匋夫人談。六時，到南京。乘一路汽車進城，到大中國辦事處。

與海庚談，留飯。予訪自珍，見其新生子育康。到珠江飯店宿。

近日醒來，頸項皆濕，疑天熱之所致也。昨夜頗涼，而今晨左肩依然顯透，知盜汗症又發矣。

自珍已改派至市立第五女中任教，校在莫愁路，較八中稍近，然仍不便。

六月廿五號星期四 （五月十五）

寫靜秋、沈勤廬信。與緯宇及唐振芳到新街口大三元進點。到辦事處。雇車到雞鳴寺科學院，訪張俊德君，談三球儀事。出，上雞鳴寺，茗于景陽樓。下山，游胭脂井及新開城門。回辦事處飯。

到石城中學訪鴻鈞。回旅館，與緯宇等再至科學院。與張俊德詳談，并觀其手製儀器，自二時半至五時半。出，予獨至地理研究所訪程鴻，又至陸步青家，晤其夫人。

鴻鈞、自珍、育蘇、育宜來，同到碑亭巷曲園飯。與自珍同到以中處，談一小時，自珍送回。

張俊德君，陝西鄠縣人，初中畢業後即任小學教師，以性好深邃之思，對天文獨有興趣，自製月地運行儀三種，得毛主席之嘉獎，爲人民科學家，小學教科書即記其事，故尤得小學生之敬仰。今送科學院深造，在上課進修中。所製儀三種，其結構複雜者已由南京中國科學儀器製造廠照製，以成本高，定價六十餘萬元一具。張君願將結構簡單者交我局製造，希望定價不超過十五萬元，以期普及。

六月廿六號星期五（五月十六）

寫靜秋、華汝成信。七時，到夫子廟，上新奇芳閣，進茶點。與唐振芳、丁太太到夫子廟商場散步。岳海庚雇汽車來，同到紫金山下，步行登山，逢雨。到天文臺，訪代臺長李曉舫及副臺長孫克定，談月地運行儀訂約事。由曉舫伴同參觀各儀。仍于雨中步行下山。到明孝陵，茶。

到中山林，進飯，已二時矣。游靈谷寺及譚墓。五時，回辦事處，休息談話，洗脚。七時，應海庚宴。

九時許，與振芳同回旅館，洗身。失眠，服藥三次，得眠已十二時許矣。

六朝居茶社已關歇，此一老館子也。

今日同游：金緯宇　唐振芳　丁君匋太太　岳海庚夫婦及其子敬國

今晚同席：孫聿修(中國科學公司)　汪達(國際鋼筆公司)　王惟寶(美新書店)　緯宇　振芳　君匋夫人(以上客)　岳海庚夫婦(主)

自雇汽車不能上山，不得不步行。山高六百七十餘米，暑中跋涉，出汗不止。適逢天雨，汗自內發，雨由外鑠，內外夾攻，遂成一身痱子。

六月廿七號星期六（五月十七）

二時半，以大雨室漏起，遂未眠，坐以待旦。五時，雇車，行大水中。六時，到下關車站，買票，進食。七時十五分，車開。在車看胡以魯《國語學草創》。過常州後進食。

一時卅五分到上海，雇車歸。洗浴。以疲乏，就眠。略翻鄂盧梭《秦代平南越考》。

以昨夜幾乎未睡，今日倦甚。在車中屢作瞌睡。

昨夜十時後大雨，迄今晨未停，今日寧市中一片汪洋，車子絕少，予以萬元雇一三輪車，殊有乘風破浪之致。

車過鎮江、丹陽、奔牛皆大雨，田皆積水。過常州後漸小，至蘇州則地下乾矣。

六月廿八號星期日（五月十八）

睡至七時始醒，八時始起。爲兒輩講《岳飛》訖。又講《燕子夫妻》。補記日記四天。

睡一小時半。與靜秋挈潮、洪、湲三兒到淮海路買物，到藍村進點。六時歸。

點《西域記》三頁。

日前宴鴻鈞等于南京曲園，五人，五菜，價三萬三千九百元。今日與靜秋挈三孩到藍村西菜社，進炒麵一，餛飩一，冰淇淋三，汽水一，價三萬四千元。即此可見上海與南京生活之比較。

六月廿九號星期一（五月十九）

到天平路，將《洛陽伽藍記》中"宋雲行記"點一過。記筆記三則。

就枕，未成眠。看足立喜六《法顯傳考證》。點《大唐西域記》卷八，訖。陶秋英來。

爲兒輩搭字板。

今日甚涼，殆各地大水之反應乎？

六月三十號星期二（五月二十）

蘇淵雷來。到大中國，莊學本來。懋恒來。與君匋、汝成談。草致書業公會信。遇劉季康。

到四川中路飯。到漢文淵看書，廣益書局買書。回局，與緯宇談。看馮夢龍《麟經指月》及新購書。開臨時編審會議，自三時半至五時半。

爲兒輩講印度童話《死新郎》。點《西域記》四頁。

今日同會：丁君匋　華汝成　章丹楓　張維新　張家振　丁洪昌　方洞

日來天涼，予又痰嗽不止，老境頹唐，奈何！

[原件]

南京市人民政府稅務局統一憑證查驗章

南京市中西餐業統一結賬單

顧客：　　　　　　　　　　　　　1953 年 6 月 25 日

粉絲牛肉			4,800
蒸腊肉			8,000
東安鷄			11,600
三鮮湯			4,000
白飯	1,500	3	4,500
茶		1	1,000

曲園酒樓發票專用

總計金額（大寫）叁萬叁千玖佰元

上海市西菜咖啡商業同業公會
藍村西菜社　　　　　1953 年 6 月 28 日

統發一票

1 炒麵	9,000
1 雲吞	4,000
3 冰淇淋	18,000
1 汽水	3,000
總　　計	34,000

此南京、上海生活之比較也。南京五人吃飯，上海五人吃點，價乃相若。

[原件]

今爲修訂大中國圖書局出版之《中國通史演義》（分册出版），由局方給予百分之五之版税，講定辦法如下：

一、該項版税，平心得百分之二，顧頡剛得百分之一，章巽得百分之一，其餘爲校訂所付酬勞及爲修訂此書之其他費用得百分之一。

二、該書如有發見應修改之處，應由同人建議局方，逐版修正。

三、版税結算日期定爲每年三、六、九、十二月月底，届時應集會一次，共同分配。

顧頡剛

平　心

章　巽

一九五三年六月十日

一九五三年七月

七月一號星期三（五月廿一）

到天平路。看《商君書》，記筆記三則。到詩銘處。點洪頤煊輯《汲冢瑣語》，訖。

眠一小時半。抱堪兒。周尚白來，爲毛光義送戲票。點《大唐西域記》第九卷畢。記筆記一則。整理舊筆記。爲潮兒講《鬼友》故事。

與静秋到中國大戲院，看馬連良等《借東風》劇。十一時半劇終。十二時到家，十二時半就眠。

已兩三年不看戲矣，今晚以毛光義君之邀，得一觀。近年京戲界風氣轉變，亦演全本戲，主角殊吃力。静秋以伴堪兒眠，至八時半方出，九時到戲院，馬連良早登場矣。

七月二號星期四（五月廿二）

到天平路取書。送丁謙書到章丹楓處。到大中國，寫邱懷、黃奮生、程鴻信。草致戈湘嵐電稿。到青年會理髮。

在四川中路飯。到南京西路喝汽水。到文管會，一時半，復旦同學由厚宣率領來參觀博物館，予導之，并作簡短之講演。蔣天格同導。至五時，渠等返校。予又到大中國，寫莊學本信。

洗浴。爲潮兒講英文鄉村書。疲甚，早眠，未服藥。

今日同游：復旦歷史系一、二年級同學三十人　胡厚宣　鄧廷爵　陶松雲　繆開華

七月三號星期五（五月廿三）

張乾若先生偕楊女士來。到天平路，題《舒藝室全集》簽。記筆記三則。看《籀廎述林》及《經典集林》。

眠一小時半。點《大唐西域記》第十卷，畢。管堪兒。洗浴。點《西域記》第十一卷四頁。爲兒輩講《鬼友》，未畢。

上月廿九日，静秋在曬臺上穿過，一不小心，在鐵門角上碰傷右額，離右眼甚近。日來腫脹，眼腔發黑，知是傷及血管。今日就醫，令服鎮静劑，囑多休息。然堪兒恃其愛寵，一刻不放鬆其母，母亦不忍捨之，爲之奈何！倒霉之時，一波未平，一波又起，皆此類也。

堪兒雖愈，而面留瘢痕，竟成麻子，不知將來可漸平復否。

七月四號星期六（五月廿四）

到大中國。寫吳景敖、陳望道、李正文、施天侔、謝延孫、李映婁信。到銀行及郵局。到美潔小餐室飯。

配眼鏡脚，買錶鏈等。回局，理賬目。與君匋談。寫周新邑信。劉文泉來。參加業務學習，自三時半至五時半，由丹楓講社會發展史。洗浴。

看武田豐四郎《印度古代文化》。

七月五號星期日 （五月廿五）

黄永年來。到蘇淵雷處，晤其夫人，留條出。到平心處談一小時，并晤永年。到趙泉澄夫婦處。乘十路車到國際飯店豐澤樓宴客。

飯後歸。玉華來。點《西域記》第十一卷畢。與静秋到狄醫處，到公園，尋玉華、潮、洪、湲三兒，同到一貫害人道展覽會。

洗浴。看許地山《印度文學》。

今午同席：莊學本　馬長壽（以上客）　予與丹楓（主）

今日予量血壓，爲九十至百六十，較前稍高，當因近日家庭多故，心思不開展所致。静秋臉腫，醫謂三四日後可愈。

日來大風，夜中頗凉，而予肩項間仍多汗，褻衣如淋水者，其爲盗汗可知。

七月六號星期一 （五月廿六）

到天平路，點《春秋大事表》中之《疆域表》周、魯、齊三國。記筆記四則。

眠一小時。點《大唐西域記》第十二卷畢，全書訖。記筆記二則。盧太太來。爲兒輩講《三寶鑪》。

與潮、湲、堪三兒到武康路口買蚊香。洗浴。

七月七號星期二 （五月廿七）

到大中國，記蘇州考古事七則。得宣傳部電話，與君匋談。與誠安到德大飯店飯。

到良友實業社訪毛光義談。回局，與緯宇談。寫程枕霞、厚宣信。出席編輯出版聯席會議。四時半，華東局汽車來接，與谷城、予同同到安亭路招待所，訪徐特立先生，同晚餐。談至七時歸。

木蘭來，談。洗浴。

今日同會：君匋　丹楓　維新　汝成　中台　家振　榮德　福全　小粟　逸楓　兆陞　兆熊　洪昌

今晚同席：徐特立先生　予同　谷城　舒新城　徐先生今年七十六矣，而精神如虎，宛然一青年，殊可羨也。

七月八號星期三（五月廿八）

到天平路。記筆記三則。葉笑雪來。點《春秋疆域表》"晋"。

眠一小時。鈔孫詒讓《徹法考》三千餘言。洗浴。

翻《在園雜志》。

七月九號星期四（五月廿九）

鈔《徹法考》畢，記筆記一則。到天平路。孔大充來。看《左傳》及《癸巳類稿》。點《春秋疆域表》"楚"。到四川中路飯。

到大中國，與君匋談。與誠安談。與汝成談。寫厚宣信。三時半，局中大掃除，先歸。點金鶚《求古録語説》。

洗浴。

七月十號星期五（五月三十）

到人民廣場文管會，參加委員會議，自九時半至十二時一刻，討論圖書、博物兩館與文管會分家事。歸飯。

眠一小時。到李亞農處，談二小時，討論古代史。沈媽辭去。

管孩子。

　　洗浴。看全祖望《經史問答》。睡至上午一時醒，服藥後直至三時始得眠。

　　　上海文管會遷回天平路辦公。主任委員擬郭子華（山東省府主席），副主任仍爲森老。革命博物館取消，該館人員到文管會工作。圖書、博物二館獨立，圖書館長車載，副館長李芳馥；博物館長擬曾昭燏兼，副館長楊寬。

　　　今日同會：徐平羽　徐森玉　沈尹默　汪旭初　尹石公　柳翼謀　沈邁士　吳仲超　徐唯實　楊寬　黎冰鴻　李芳馥

七月十一號星期六（六月初一）

　　華菊芳來試工。到柳先生處，與之同到孔大充家，晤朱華、魏炳西。稍坐。即到大中國。打復旦電話。與君匋談。寫匡亞明信。到孔家午飯。

　　孫媽來試工。到局，與汝成談。寫黃奮生、石聲漢、呂叔達、沈勤廬、佘雪曼、陳毅岑信。

　　洗浴。爲孩子們講《紅寶石》。

　　　蘇聯内政部長貝利亞以叛國罪，爲馬林科夫開除黨籍。所謂叛國罪者，大約圖與帝國主義國家妥洽也。貝氏爲部長會議第一副主席。

　　　今午刻同席：柳翼謀　朱實秋　魏炳西（以上客）　孔大充夫婦（主）

七月十二號星期日（六月初二）

　　與湲兒到趙介文處還圖片，并與媛貞談。歸，記筆記三則。到狄畫三處，請出證明。到起潛叔處談。歸飯。

　　眠一小時。記筆記一則（逸書考）。陶秋英偕其女來。與潮、洪、溦三兒到衡山公園游玩。遇胡永齡、俞巴林。

黃永年來。洗浴。爲孩子們講書。

七月十三號星期一（六月初三）

車中遇周進楷。到復旦，訪陳望道、李正文兩校長，談下年進止，約一小時。道遇朱東潤、朱澂。到紹虞處，長談。訪谷城，晤其夫人，留條。訪蔡尚思，亦晤其夫人。回紹虞處，尚思來。

在紹虞處飯後，與之同到王欣夫處，又到吳劍嵐處，爲予診疾。紹虞別去。予到胡厚宣處，并邀譚季龍來，長談。六時半，歸。與朱向榮談。

洗浴。看靳德峻《史記釋例》。

今日到復旦，兩校長已得夏衍函，知予不能往，并知予已與陳市長談過，又謂學校情狀，今年與去歲異，去歲允爲予造屋，今則須中央核准。且重點在講堂，亦不在圖書館，因此，下年再許予請假。得此確定，一年中生活不致大發愁矣。

吳劍嵐爲予診脉，謂予體尚結實，惟濕重，肝旺，肺炸。

七月十四號星期二（六月初四）

記筆記一則。女工華菊芳去。到天平路，將《籀廎述林》交葉笑雪轉亞農。道遇張綺先。到大中國，與君匋、誠安、汝成談。補記日記，算賬。唐振芳來。到凱福飯。

到計碩民先生處送書。到德輝處送稿，方太太送瓜來。到周清書店看書。到擎宇處晤其夫婦，并晤竹安等。到丹楓處談。歸，與誠安、君匋談。盧煥强來。寫伯庸信。女工俞亞雲來。

洗浴。看吳藹宸《新疆紀游》。

七月十五號星期三（六月初五）

酷暑，疲倦，睡床，看張懷民《公孫龍子斠釋》、施畸《今本老子疑檢》稿。

到興國路剃頭。

洗浴。乘凉，雷雨後眠。

七月十六號星期四（六月初六）

到天平路，與詩銘談。點《春秋大事表·疆域》宋、衛、鄭、秦。記筆記二則。以雨將至，十一時半歸。

眠一小時半。點《疆域表》訖。到吳諫齋處談。到張石公先生處談。遇盧雪岩。

爲兒輩講《寶扇緣》、《七母子》。洗浴。

昨夜雷雨，今午又雷雨，熱氣稍減。

七月十七號星期五（六月初七）

酷暑，在家點《春秋大事表·列國爵姓及存滅表、列國地形犬牙相錯表上》。

眠一小時半。翻陳汝衡《説書小史》。俞亞雲去。徐隱芝來。

爲兒輩講《新月王子》、《鬼友》。洗浴。

七月十八號星期六（六月初八）

到大中國，寫朱葆初、周谷城信。與君匋談。丹楓來，復與君匋、丹楓談新通俗出版社事。歸家飯。

徐隱芝送女工來。眠未着。與静秋到反動道門展覽會，并看現身説法一幕。出吃汽水、冰淇淋。到東湖電影院看波蘭製《魔鬼的峽谷》電影。義安自無錫來。

到錦江飯店樓頂，遇雨。出，到潔而精飯。飯後開預備會，至十時歸。洗浴。

今晚同會同席：鄒新垓　金振宇　緯宇　擎宇　丁君匋

在一九五三年第廿三次新聞片中，見愓吾到吉林慰勞朝鮮內遷兒童，渠任副團長。

華東新聞出版處以不發執照，逼大中國專業，除將儀器部分另設廠外，更將字典、歷史叢書等與廣益、人世間合併爲新通俗出版社。書業公會表示（當然是華東新聞出版處指導），要予任社長。此事在十年前當仁不讓，今則自知政治水準低，怕出岔子，又年長體衰，亦不克負茲責任矣。

七月十九號星期日（六月初九）

到丹楓處，長談。看《四庫珍本》。十一時紀伯庸自蘇州來，談編近代史圖事。丹楓留飯。

二時，到大中國，參加股東會議，決定本局將所出書籍參加新通俗出版社經營。五時半散會。到山東路老正興飯。

雇車歸。洗浴。徐隱芝來。

今日下午同會同席：鄒新垓　金振宇　緯宇　擎宇　陳宣人　宣錚　誠安　丁君匋（宣人以在管制期內，未同晚飯。）

昨子敦到滬，住丹楓處，爲言予家所住解放軍，在書房內煮飯。子敦告以恐毀書，渠等笑曰："書，算得了什麼！"子敦又曰："燒書不要緊，燒屋就要緊了！"看來予家書籍必有若干爲彼輩作引火用矣。何軍人變質之易也？

七月二十號星期一（六月初十）

徐隱芝介紹之女工去。到天平路，晤翼謀、石公、邁士。吳龍濤來談。洪瑞釗來。陳柱麟來。孫實君來。點《春秋大事表・犬牙相錯表中》，未畢。

眠一小時半。點《犬牙表》中卷畢，下卷未畢。又安自無錫來。孫媽去。

　　詩銘來，長談。洗浴。

　　今日爲文管會全部遷至天平路辦公之第一天。

七月廿一號星期二（六月十一）

　　璩媽來。到大中國。薛天漢來。與君匋談。帥潤身來。寫施天
侔、鞠清遠、張又曾、費孝通、趙孟軺、自珍信。

　　開第十五次編輯出版會議，自三時至五時。與誠安談。

　　洗浴。與又安談。看劉敦楨《中國建築史參考圖》。

　　前托汪鑑泉在香港買孟達哥清痰藥片，治我氣管支炎。第一
次寄來，以無醫生證明退回。第二次寄來，請狄醫證明，雖取
出，仍以無證到埠之罪罰款一萬元。不禁嘆生于今日就管束之嚴
也。此後預行申請，當可不罰。

七月廿二號星期三（六月十二）

　　到衛樂園訪王雪勤。到天平路。尹石公來談。吳龍濤來長談。
點《春秋大事表》卷六之下畢。

　　眠一小時。管堪兒。吳諫齋來。記筆記七則。

　　起潛叔來，爲改《葉揆初先生藏書目》序。徐隱芝來。洗浴。
失眠，服藥三次。

　　今晚爲改文，精神一集中，即便興奮失眠，到十二時後方睡
去。予晚上不能作事如此。

七月廿三號星期四（六月十三　大暑）

　　記筆記一則。到合衆圖書館借書。到天平路，與柳先生談。點
《春秋大事表》卷七之一畢，七之二未畢（列國都邑）。

　　眠二小時。璩媽去。洗浴。爲兒輩講《骨原》。

黄永年來。看陳志良《奄城訪古記》。

上午湲兒爲毛蟲所咬，全身起疙瘩，通紅，肚子痛，略有熱。下午到狄醫處看，慮其中毒，打盤尼西林針。此兒不獨神經過敏，即皮膚亦如此敏感。

女工常去，静秋須自浣濯矣。予家人多，洗衣多，無力氣者吃不消夏季生活，一也。女工無專室，無法休息，二也。小孩多，太鬧，三也。以此，來數日輒薑薑然而去之，幸義安來，與王士耀合力擔當，尚可敷衍。

七月廿四號星期五（六月十四）

到天平路，尹石公、徐森玉來談。詩銘來。點《大事表》七之二訖。

眠未着。與静秋到狄醫處取證明書，并量予血壓。出，到麗都花園，無劇藝。到大光明，亦以天熱停演二場。到國際飯店吃冰淇淋。到大新公司購物。到維也納書場聽王琴珠、季娟玲説《白毛女》。到静安寺購物。

爲湲兒講《木偶奇遇記》。腹瀉。洗浴。

湲兒仍未愈。

予血壓爲80—136，極正常。

七月廿五號星期六（六月十五）

到大中國，寫申請西藥書。到銀行，到郵局。回局，重寫申請書，送海關駐郵局辦事處，得批准。與君匋談。龐震文來。與誠安到凱福飯店飯。

寫汪鑑泉、張又曾、尹韻笙信。爲人寫扇面三。華林來，與談。三時半，業務學習，聽華林講"藝術與生活"。五時出，在外灘待車久，驕陽灼體。

點《大事表》。洗浴。

　　昨張振漢委托黃祥麟來問大中國業務，因知其在長沙黃興中路十一號設有天平行絨綫號，并任湖南省代表及省優撫會常務委員、長沙市協商委員等職。渠工于投機，依然官商兼職。而雁秋則代彼受過，被判勞改十二年矣。噫！

七月廿六號星期日（六月十六）

　　點《大事表》七之三、四訖。招盧雪岩來，談溥杰所藏書畫事。

　　眠一小時。到黃河路功德林，參加史學會年會，聽胡厚宣報告最近中國考古工作情況。六時半，入席，素餐。

　　歸，看月蝕。十時，洗浴。失眠，服藥兩次，至上午一時後始得眠。

　　　　今日同會同席：程演生　張世禄　周谷城　周予同　平心　胡厚宣　譚季龍　林舉岱　王國秀　陶松雲　束世澂　施天侔　周進楷　王造時　劉季高　章丹楓　顧起潛　陳旭麓　洪廷彦　酈家駒　俞巴林　陳乃乾　黃穎先　蘇乾英　吳杰　楊寬　姚舜欽　戴家祥　史守謨　李季谷　徐德嶙　金諾　朱伯康

七月廿七號星期一（六月十七）

　　到天平路，與石公、森玉、翼謀談。點《春秋列國山川表》上、下卷畢。到興國路剃頭。

　　眠一小時。

　　洗浴。熱甚，至十二時始得眠。

　　今日熱得不能做事，人皆謂今年之熱爲許多年所未有。

七月廿八號星期二（六月十八）

　　到大中國，校對體育挂圖説明書。爲劉旦宅題湘君湘夫人圖。

寫謝延孫信，包書付寄。與君匋談。與振緄談。到四川北路底飯，飲汽水。

丹楓來。曹冰嚴、李小峰來。同到大馬路沙利文冷飲，談組織新通俗出版社事。四時半出，遇俞雨廷、薛金相。到靜安寺，入佛學書局購書。

爲兒輩講《玄奘傳》。看新購《慈恩三藏法師傳》。茅丹來。洗浴。

今日同會：曹冰嚴　魏書年　唐文光　李小峰　丁君匋　章丹楓　儲祎

廣益、北新、人世間三家及大中國部分組織新通俗出版社，推予爲社長兼編輯部長。此事在從前自屬當仁不讓，以予對通俗化事有不少計劃，而此社資本二十六億，容我發展也。今則身份限我（社長爲資方代理人），身體阻我，勢實難應。因請代理半年。

朝鮮停戰協定簽字，三年苦戰，得一結束。

七月廿九號星期三（六月十九）

到天平路，考"鳥夷"。檢群籍，記筆記三則，凡千五百字。

眠一小時半。點《春秋四裔表》及《城築表》。記筆記三則。丹楓來。

爲兒輩講《法顯傳》。洗浴。

丹楓來，轉述擎宇意，勸予勿就新通俗社社長職，以冰嚴、小峰、君匋諸人皆市儈氣太重，爲華東新聞處所不滿，擔任社長吃力不討好，而又妨礙于自己之學問工作也。予告丹楓，予年齡如許，不得不就自己崗位上做一個好的結束。今編《歷史地圖》，即是對社會之最好貢獻。而且此事作得好，生活自無問題。至于通俗讀物，與現實政治關係太密切，現在做了，將來必然騎虎難下，或致身敗名裂。予之與國民黨發生關係，即由通俗讀物編刊社來也。

七月三十號星期四（六月二十）

到天平路，點《春秋列國地形險要表》。詩銘來談。

眠一小時半。點《齊楚、宋楚爭盟表》。記筆記一則。爲靜秋修改致張炎生函。

祝瑞開來，留飯，長談。洗浴。

七月卅一號星期五（六月廿一）

到天平路。點《晉楚、吳晉、齊晉爭盟表》，畢；《秦晉交兵表》，未畢。寫王國秀信。

眠一小時半。與靜秋挈四兒到衡山公園。

洗浴。錢錦瑤來。

一九五三年八月

八月一號星期六（六月廿二）

七時半，至擎宇家，已出，到丹楓處談。到地圖社訪擎宇，談。到大中國，王善業自揚州來。黃祥麟來。與君匋談。與龐震文談。

到廣益購書。到杏花樓飯。到李志雲處談。上五路車，遇鄭國讓。回局，陳鶴生來談。三時半，業務學習，由張維新講"彩印與製版"。五時半畢。

玉華來。洗浴。看《春秋戰國異辭》。

朝鮮停戰協定才簽字，而美帝國務卿杜勒斯又到南朝鮮鼓煽，美飛機亦襲擊蘇聯客機，然則只在政治會議之三個月中作暫安耳。

到擎宇處談新通俗社事，決心不幹，回絕了君匋，使他很失望。得暇當再與冰嚴、書年、小峰等言之。

八月二號星期日 （六月廿三）

孫雨廷來。與潮、洪、湲三兒到世界小學看榜，到武康路口飲可口可樂，看花，買書。再到世界小學，領新生登記證。與徐隱芝及其女鎮瑜同出。

方入眠，即爲湲兒驚醒。點《秦晋、晋楚、吳楚交兵表》，畢。再爲静秋看致張炎生信。與玉華挈四兒到襄陽公園，静秋、頤萱携晚飯至，同食。遇范希衡及其二女玢、珊，茗談。八時歸。洗浴。

看向達《中外交通小史》。

潮兒取入世界小學一年級。湲兒亦應世界小學幼兒園中班試，終以求入者多，名額太少，四人中才取一名，未能錄取，只得入培新托兒所附設之幼兒園矣。洪兒仍留世界小學幼兒園中班。三兒分在兩校，送飯及接送均屬不便。

八月三號星期一 （六月廿四）

到天平路，與柳、尹二公談。詩銘來。點《吳越、齊魯交兵表》。理《上古史演義》批評文件。

眠一小時半。點《魯邾莒交兵表》。張翼夫人古沈來。與静秋挈潮、洪、湲三兒到中山公園乘凉，歸飯。

洗浴。沈席生來，與静秋談至十一時許。失眠，服藥。

八月四號星期二 （六月廿五）

到大中國，與君匋談。與振緄、汝成、鶴生談。寫陶秋英、江静瀾、李映婁、謝延孫信。寫石聲漢信。與誠安到又一村飯。到國畫展覽會看畫。

到郵局寄信。回局，開十三次編審會議，自三時半到四時半。寫吳景敖、辛樹幟、戈湘嵐、黃奮生信。與丹楓談。遇温知書店王紹文。

與静秋挈潮、洪、湲三兒到武康路口冷飲。洗浴。

今日同會：丁君匋　華汝成　章丹楓　張維新　張幼丞　王榮德　方泂

八月五號星期三（六月廿六）

到天平路，汪旭初來。點《宋鄭交兵表》、《齊紀鄭許宋曹吞滅表》訖。點《春秋輿圖》未畢。

眠一小時半。寫文管會取薪條。鈔宋翔鳳《楚鬻熊居丹陽武王遷郢考》，未畢。

與潮、洪、湲到湖南路散步。楊季彤來。洗浴。

八月六號星期四（六月廿七）

到天平路，詩銘來。記筆記五則，約二千五百字（越）。

眠一小時半。陳鶴生來。點《國語正義》六頁。

爲兒輩講《十字坡》。洗浴。

八月七號星期五（六月廿八）

徐隱芝來。到天平路，與森玉、石公、翼謀諸老談。記筆記四則，約一千五百字（三錢之府等）。

爲兒輩講《十字坡》。二時半，到華東新聞出版處，晤幼芝、綏成、冰彦等談。三時，開上海出版業編輯人座談會，聽方學武報告，五時一刻散。

看鄂盧梭《秦代初平南越考》。講《十字坡》畢。洗浴。

今日同會：方學武　葛綏成　孔另境　姚蓬子　張士敏　嚴幼芝　俞巴林　曹冰嚴　楊復耀　燕義權　張伯懷　錢君匋　儲禆等七十人

大中國圖書局，華東新聞出版處准予改名爲"大中國圖片出版社"，此一佳音也。

八月八號星期六（六月廿九）

到大中國，與君匋、緯宇、汝成、振緄等談。莊恭天來。記日記及賬目。寫雪曼夫婦信。到溧陽路剃頭。吃飯。

到多倫路取書，與德輝談。回局，與丹楓談。寫薛明劍信。四時，開大會，予向全局同人傳達報告，并討論新通俗出版社邀予爲社長事。五時半散。

看《史記舊注平議》。爲兒輩講《綠珠》。洗浴。

今日開會，本由予傳達昨日方學武報告耳，而黃振緄以不欲予任通俗出版社社長及總編輯，向丁君匋開炮，諸人和之，使君匋下不了臺。丹楓謂予，此會竟成予在局十年之總結，足見人心向背也。予有此支持，可和通俗社距離遠些，亦爲得計。

八月九號星期日（六月三十）

記筆記二則。與靜秋挈潮、洪、湲三兒到中蘇友好協會看國畫展覽，遇邁士、个簃等。出，到大光明看《荊江分洪》電影，十二時一刻，歸飯。

眠未着。抱堪兒。金緯宇、章丹楓來。續鈔宋翔鳳《丹陽考》，仍未畢。詩銘來，長談。

爲兒輩講《驪龍珠》。洗浴。

八月十號星期一（七月初一）

起潛叔來。出，遇張綺先。到天平路，與石公、笑雪談。記筆記十二則，約三千二百字（淮夷，越）。

眠一小時。德輝夫婦及開孫來，留飯。戀恒來。

洗浴。

閱報，朝鮮勞動黨中要員李承燁等十二人竟以通敵，判處死刑者十人。何民主國家不幸事件之多耶？

八月十一號星期二（七月初二）

寫張文清、鄭國讓信。爲起潛叔改《合衆圖書館珍貴圖書甄選標準草案》。起潛叔來。到新聞出版處，晤曾瑋、吳伯周，領取出版許可證。與君匋同到湖帆處賀其六十壽，未晤。留致徐澐秋條。出，與君匋冷飲。予獨至薛明劍處，未晤。到廣益書局，參觀房屋，與冰嚴等同到新雅飯。

二時到大中國。與振緄等談新通俗社予任職事。徐澐秋來。開十六次編審會，自三時半至五時。陶秋英偕其女來。

洗浴。看《劇學月刊》。

今午同席：徐啓棠　嚴雄波　劉季康（以上客）　曹冰嚴　李小峰　丁君匋　唐文光　魏書年（以上主）　討論結果，予對新通俗出版社，不任社長及總編輯，暫代編審委員會主任委員。

今日同會：華汝成　章丹楓　王榮德　方中台　劉逸楓　丁君匋　張家振　袁捷　袁兆熊　張幼丞

八月十二號星期三（七月初三）

到天平路，鈔宋翔鳳《丹陽考》畢。即標點一過。翻覽各書，作楚王世系表。鴻鈞自南京來。

眠一小時。記筆記兩則。到人行取款。出，遇詩銘。到温知書店看書。四時，到聚豐園出席新通俗出版社第一次編輯座談會，予任主席。

楊人梗來。在聚豐園飯。九時歸，洗浴。又安自杭州來。

今日下午同會：李小峰　丁君匋　魏炳榮　魏書年　曹冰嚴　唐文光　仇標　楊晋豪　楊蔭深　陳業恒　陸萼庭　章丹楓　方

詩銘　許君遠　李宗法　馬伯煌

今晚同席：除上列諸人外：劉季康　黃仲明　李志雲

八月十三號星期四（七月初四）

到天平路，考徐與淮夷，記筆記五條，約二千五百字。詩銘來。玉華來。

眠一小時。記筆記一則。補記日記三天。與靜秋、頤萱、玉華、鴻鈞挈四兒到復興公園，在池邊茶飯。九時許出。

洗浴。

雖立秋，仍極熱，日以百度計。予向不用爽身粉，今則處處是痱子，不得不常用之矣。

予右足腳心作痛，從外表看來毫無傷損，不知要生疔否？

八月十四號星期五（七月初五）

到天平路。詩銘來。研究楚史，記筆記四則，約三千言。

玉華赴賈汪。到華山路蕊園，赴李小峰宴，十時歸。洗浴。

今晚同席：楊人楩　吳拯寰夫婦　仇標夫婦　趙景深夫婦　張三畏夫婦　李志雲　蔣嘉森夫婦　吳葆荃　徐夫人及其子（以上客）　李小峰及其兩夫人與幼女（主）　共兩桌。

蕊園在上海醫學院內科醫院之西，爲虞洽卿第二子之產，廣二十畝，布置雅潔，上海不易得之園林也。今開一非正式之館子，須有人介紹乃可設筵。不掛牌子而須納稅，不知稅局中如何說法。

八月十五號星期六（七月初六）

到大中國。陶秋英來。與君匋、誠安、汝成談。寫張文清、周慶基、趙彥高、莊恭天、張又曾、李爲衡信。王進珊來，同到凱福飯。又到俞劍華家長談。

到知味觀，開董監事聯席會議，自五時半至九時半，邊吃邊談。洗浴。

今晚同會：鄒新垓　金振宇　丁君匋　陳宣人　陳宣錚　金緯宇　顧誠安　金擎宇　予代靜秋　陳宗舜（列席）　岳有五（同餐）

八月十六號星期日（七月初七）

到孫雨廷處，談。到范希衡處，留條。到喬家栅，進點。歸。張匯文來。陶秋英來。李光信來，留飯。

眠二小時。與又安談。爲靜秋寫周揚季信。又安赴蚌埠。看《劇學月刊》。

洗浴。

右脚心愈痛，幾不能步。

聞方中台言，大中國三樓上熱至一百十四度，蓋我局朝西本熱，而三樓爲尤甚也。

八月十七號星期一（七月初八）

到天平路，作齊、晉、秦、楚滅國及邑表。馬澤溥來。到古物整理部，晤劉百餘，還書。

眠一小時半。看《劇學月刊》。徐大綱來。寫容希白信，爲程枕霞展覽事。

到蕊園宴客。九時半歸。洗浴。

昨晚起颱風，今日轉猛，炎暑一掃爲快。四旬以來，無日不在百度上。兼久不雨，亦影響秋收。以前夏間固亦有此熱，但數日即降，未有如今年之熱得長久者也。

天氣驟變，影響予夫婦身體，覺得一些氣力没有。

今晚同席：楊人楩夫婦　范希衡　孫雨廷　張芝聯　魏書年李小峰夫婦　許君遠（以上客）　予與君匋、緯宇（主）

八月十八號星期二（七月初九）

到大中國，與君匋、誠安、汝成、鶴生等談。市東中學王丹岑來。龐震文來。寫佘雪曼、趙肖甫、劉詩孫、施天侔、金竹如、謝延孫、歷史博物館、呂叔達、于鶴年、史筱蘇信。

開十六次編審會議，自三時半至五時。寫自珍信。

趙彥高來，留飯，長談。洗浴。

今日同會：丁君匋　華汝成　方洞　張維新　王榮德　張家振　丁洪昌

今晚足上出癓，疼痛頓減。

八月十九號星期三（七月初十）

到天平路。陳夢家來，徐森玉來，同談。爲夢家開蘇州旅程，寫勤廬信、星伯片。洪瑞釗來。詩銘來。陳柱麟來。

森玉先生邀夢家與予到寶大西菜社飯。歸，眠一小時，看《劇學月刊》。與靜秋、義安挈潮、洪、湲三兒到衡山電影院，看蘇聯電影《大音樂會》。

洗浴。木蘭自錫來。

聞夢家言，羅常培自去年思想改造後血壓大高，不能出門。又聞于思泊已不在北大教書，以賣古物爲活。楊今甫已赴東北任教，鄭天挺、雷海宗到南開。

八月二十號星期四（七月十一）

到天平路。亞農來，同乘汽車到華東局，訪匡亞明（華東宣傳部副部長），談兩小時。亞農送回。

眠未着。看丁山《三代都邑及其民族文化》。蔣大沂來。看《劇學月刊》。記筆記一則。

與潮、洪、湲三兒游襄陽公園。洗浴。又安自蚌埠回。

匡亞明君，丹陽人，囑予保養身體第一，工作第二，少作社
會活動，研究了些時候在大學作一回演講。盛意可感。予告以現
在最苦痛事爲書籍不能集中，妨礙研究，并告以王謇、張國淦、
平心等人與我有同樣苦痛，渠允設法。予謂今日出版古書固非當
務之急，但今日不整理，則能做此項工作之人大半已六七十歲，
勢不能待，渠亦首肯。渠望我作巴甫洛夫，謂蘇聯十月革命時，
巴氏年已近七十，卒賴保養之力，見社會主義之成功。

八月廿一號星期五（七月十二）

到天平路。石公、森玉來。柳仲容來。張芝聯來。作周、魯、
齊都邑表。記筆記一則。斥責木蘭。

眠未着。看《劇學月刊》，記筆記一則。到永嘉路九三學社，
出席上海學院同人聚餐，自五時至九時半。

洗浴。

颱風颳了四天，早晚較凉，惟天氣太燥，田中土裂，今年收
成大有問題耳。

潘硌基君于兩旬前以嘔血卒，史學會中又弱一個。去年則有
李夢瑛、朱錦江二人。

今晚同席：笪移今　俞劍華　孫鴻霖　施畸　李良　錢曉雲
張慕聃　高其邁　王進珊　孟庭柯　孔大充　李光信　胡永齡
汪家焯　黃光鈺

八月廿二號星期六（七月十三）

到大中國，晤施邦範。孫雨廷來。楊亦農來。楊人梗夫婦來。
與君訽談。寫呂叔達、田鵬信。

視丹楓疾。吃飯，剃頭。回局，魏建猷來。莊學本來。四時半
歸，與鴻鈞帶四孩到中山公園看動物。静秋偕頤萱、木蘭續來，在

茶館飯。

九時歸，洗浴。失眠，服藥兩次，至上午二時方眠。

八月廿三號星期日（七月十四）

以昨夜失眠，精神困憊，臥床看《劇學月刊》。范希衡夫婦來。陶秋英來。

紹虞來。眠一小時許。看又安修改之爲雁秋事上毛主席書。張翼夫人來。

黃永年來。毛光義夫婦來。洗浴。

風止而熱愈熾，終日昏昏，怠于動作。

又安自蚌埠回。以上訴事問周揚季，揚季謂可無顧慮，故將前作之稿加以增改，俟張炎生來滬談後發出。

八月廿四號星期一（七月十五）

到天平路，尹石公來談。作鄭、宋、衛、曹、邾、莒、杞等國都邑表。

眠未着。看《劇學月刊》。單仲鈞、許志浩來。馬長壽、譚季龍來，留點。

乘凉。洗浴。

天熱更甚，今日雖有陣雨，轉瞬日出，悶熱如故。兩股之間，以腎囊出汗多，成爲兩塊，既癢且痛，須時時塗痱子粉。

八月廿五號星期二（七月十六）

到大中國。戈湘嵐自陝回，談。寫施天侔信。又安偕單仲鈞來。寫辛樹幟信。

到四川中路飯。游永安公司。到昆山路訪孫鴻霖，未遇，晤湯克之。到銀行取款。回局，開編輯出版會議，自二時半至五時。到懋恒處，晤泉澄。

　黃永年來，長談。洗浴。失眠，服藥兩次，至上午一時方眠。

　今日同會：君匋　汝成　湘嵐　中台　小粟　兆熊　兆陞
逸楓　福全　幼丞　振緄　鶴生　家振　洪昌　維新　榮德

八月廿六號星期三（七月十七）

　管媽來試工。到天平路，尹石公來談。吳龍濤來長談。作晉都
邑表。歸途遇林同濟，邀之同飯。

　眠一小時半。得汝成電話，到美協，與孫雪泥、錢君匋談。
出，到華林處談。歸，看《潛邱劄記》。

　洗浴。

　美協招戈湘嵐開會，而大中國誤聽電話，以爲招予，令予大
赤日中白跑一次。

八月廿七號星期四（七月十八）

　到天平路，作虞、虢、楚都邑表。蔡尚思來，長談。

　眠二小時。看《劇學月刊》畢。寫德輝信。看《潛邱劄記》。
記筆記二則。

　看《潛邱劄記》。洗浴。

　下午作雲，有微雨，起西北風，雖不大而天氣已涼，頭腦得
一清醒，快甚。

八月廿八號星期五（七月十九）

　到天平路，作陳、蔡、許、庸、麋、吳、越都邑表。記筆記一
則。陳夢家來，長談。森玉來。石公來。前堪兒乳媽張鳳珍來，
留飯。

　管媽去。眠一小時半。看《樂府詩集》，記筆記五則。抱堪兒

到門口，遇李福庭，談。

看《樂府詩集》。洗浴。

八月廿九號星期六（七月二十）

到狄醫師處，請出買藥證明。到大中國，與君匋、汝成談。寫德輝信。到郵局申請買藥。

到武昌路顏記飯館午餐。到孔大充處，晤其夫人。路遇孫鴻霖、徐哲東。到丹楓處。到方洞夫人處。到魏建猷夫婦處。回局，又安、單仲鈞來。題贖回之學部圖書館書目。到馬克文處。到泉澄夫婦處。途遇張子豐。寫李健（崔然）、張世禄、史念海信。

翻《春秋戰國異辭》。洗浴。

八月三十號星期日（七月廿一）

孫雨廷來。再改頤萱上毛主席書。到大中國，參加預備會議，自十時至十二時。與戈湘嵐談。誠安邀至江西路久大進西餐。

理書桌抽屜。黃祥麟來，談。開臨時股東會及大中國圖片出版社、大中國文教用品製造廠兩創立會，自二時至六時。與方洞談。

到知味觀餐，推定兩董事會董事長。九時半歸。遇吳鐵生、朱文叔。洗浴。十二時眠。

今日上午同會：振宇　君匋　緯宇　誠安

下午同會同席：振宇　緯宇　擎宇　君匋　新垓　宣錚　誠安　黃祥麟（代張炎生）　陳宗舜（列席）

董事長：圖片社：鄒新垓　用品廠：丁君匋

八月卅一號星期一（七月廿二）

到天平路，將顧棟高《險要表》散入各國都邑山川之下。陳夢家夫婦來，同到寶大午餐。遇徐懋齋、丁惠康。

　　繼續上午工作，仍未畢。陶秋英來。德輝夫婦、張毓芳、開孫來，留晚飯。

　　翻舊筆記。洗浴。

　　今午同席：夢家夫婦　森玉先生（以上客）　予（主）

六萬元。

　　君匋要收回多倫路房屋，歸人世間社職工居住。德輝允于一個月内遷出。予書籍則轉存丹楓處。

　　德輝云：予家寫字檯一隻，爲解放軍取去，迄未出一收條，催之亦不至。此非變質而何！

　　立契約機關　中央民族學院研究部
　　　　　　　　禹　貢　學　會　（以下簡稱甲方），兹經
乙方

雙方同意，乙方將舊存圖書、雜志、報章等完全借與甲方作研究時參考之用（共計若干，另附有詳細目録），并商定下列條款，雙方互相信守。

　　一、借期五年（由一九五二年一月起，至一九五六年十二月止），滿期時由乙方于三個月前通知甲方，到期如數歸還。甲方如欲續借，亦須于滿期前三個月與乙方協商，徵求同意，訂立續借契約。

　　二、甲方在借用期間，須將圖書、雜志、報紙等整理編目，妥善使用。其應修補裝訂者，并須及時妥加修補裝訂，切不可使有破壞、零亂、散佚等現象。如有損壞、遺失等情形，應負賠償之責。

　　三、圖書等往返搬運之費用，概由甲方負擔。

　　四、乙方以前自己所出版之期刊、地圖、叢書等，除每種贈與甲方　份外，其他一概寄存在甲方處。如乙方需要，可隨時開條向甲方支取，甲方即憑條照付。

　　五、乙方之期刊紙版、銅版、鋅版、圖架、卡片櫃、大抽匣等，統寄存于甲方處，至圖書歸還時由乙方取回。若中途乙方因需要必須提取某件時，須開條請甲方付給。

六、此約一式兩份，甲乙雙方各執一紙。

附：1. 書目一冊。2. 雜志目一冊。3. 地圖目一份。4. 乙方寄存之各種物品名單一份。

立契約機關　中央民族學院研究部
禹　貢　學　會
一九五三年九月　　日立。

一九五三年九月

九月一號星期二（七月廿三）

到大中國。張世禄來，校訂陶蔭培作《注音字母圖》。又安、單仲鈞來，取生理模型去。傅自均來。寫新通聯出版社、大中國圖片社董事會信。到凱福飯店宴客。

算賬。寫傅築夫、汪鑑泉信。開編審會議，自三時至五時半。振宇來。

黃永年來。看《東塾讀書記》，洗浴。

致新通聯出版社信，説明編審委員會主任委員只代理半年。致圖片社董事會信，謂本局變更組織，本人總經理一職已歸消滅，請勿再委新職。

今日下午同會：君匋　緯宇　汝成　振緄　維新　丹楓　中台　湘嵐　幼丞　榮德

九月二號星期三（七月廿四）

到天平路，將《山川表》併入各國，訖。詩銘來。

鴻鈞赴錫轉寧。眠一小時半。記筆記一則（《孝經》與《召誥》、《洛誥》）。與静秋到冠生園飯。到市府大禮堂看捷克影片《快樂的競賽》。八時半出，九時許歸。

洗浴。續記筆記三則。失眠，服藥。

昨日下午天晴，今日又甚熱矣。

九月三號星期四（七月廿五）

到天平路。記春秋各國疆域，訖。

眠一小時半。記筆記一則（湘夫人）。

洗浴。

潮兒始入小學，自己前往，不由人送。

爲雁秋事，静秋決與又安同到長沙訪張炎生，明晚行，票已購。静秋手足之情，此世所鮮見。非此事解決，渠精神不能安頓也。

今日自文管會出，路上踏了水果皮，滑跌一交，兩膝皆破，左肩亦曲了筋，無妄之灾也。

九月四號星期五（七月廿六）

冒雨，赴天平路，整理所鈔春秋地理考。記筆記三則。詩銘來。看《通鑑地理通釋》。

眠一小時半。整理舊筆記。記筆記二則。静秋、又安動身赴湘。

永年來。爲潮兒講蘇聯童話。看范文瀾修改本《中國通史》第一册。失眠，服藥。

今日陡凉，可穿制服。

九月五號星期六（七月廿七）

到大中國。陶秋英來。寫佘雪曼、謝延孫、童丕繩、梁釗韜、胡吉甫信。

剃頭。道遇德輝，同到多倫路，取書。出，飯于中華樓。到郵局寄信。回局，計碩民來。以局中粉飾墻壁，早歸。

翻陳逢衡《竹書紀年集證》。洗浴。

碩民先生説：“我活了七十餘歲，從未經過一個夏天如今年之一般熱者。”

九月六號星期日（七月廿八）

起潛叔來。看計甫艸所評《莊子》。記關于狄的筆記一則，約一千字。

寫永年信。與義安挈潮、洪、湲三兒到中山公園，入茶館，待又曾、誠安、簡香等至。誠安五、八、九、十、平諸子來。五時出，同到午姑母處，偕子豐出，到静安寺榮康晚餐。八時歸。

洗浴。

今晚同席：又曾　簡香　子豐　誠安　德輝夫婦　毓芳　開孫　十八萬三千四百元。

蘇州家中所住軍隊已開拔，書房加鎖，大書桌亦經索還，暫可無事矣。

九月七號星期一（七月廿九）

湲兒隨玉華到軍醫大學。到天平路，記關于狄的筆記三則，約千二百字。陳匪石來。蕭覺天來。到尹石公處。

黃永年來。續記關于狄的筆記二則，約一千字。看《俊秀的佛子》玄奘傳訖。到復興公園，又曾、毓蘊、毓芳、開孫來，同茶點。六時出。

記筆記一則。看《潛邱劄記》。

近來睡眠又不佳，一晚須服兩次藥。太用心歟？静秋行歟？天氣涼歟？身體衰歟？不可知也。

自一九五〇年以來，予處静境，常大便二次，忙則忘之，一次而已。今年乃往往至三次，且早晨常不能下，須服蜜。如此不正常，知腸亦有病矣。

静秋行時，原囑玉華每夜來家助舅母管小孩，然軍醫大學在江灣，玉華每天須費四小時在路上，不但時間不經濟，實亦疲于奔命。故今日挈湲兒去，在軍大幼兒園中做一個客人。舅母只管堪兒及兩個大的，比較省事。

九月八號星期二（八月初一　白露）

到大中國，與君匋談。算賬。謝延孫來。寫張鴻鈞、周慶基、商錫永信。又曾來，與同游黄浦公園。

與又曾、誠安同飯于水上飯店。出，與又曾同參觀博物館。開十六次編審會議，自三時半至五時半。與丹楓談。到民昌買玩具、童書。

爲兒輩講書。整理舊筆記。

近日天已涼，背腋已可不流汗，而腎囊之流汗依然，致兩股間疙瘩作癢殊甚，豈腎囊有病耶？

今日同會：湘嵐　丹楓　振緄　中台　維新　幼丞　汝成　榮德　緯宇　君匋

九月九號星期三（八月初二）

到天平路。洪瑞釗來。徐森老來。詩銘來。作《春秋四裔表》，訖。記筆記三則。

到蕭覺天處，看其所作《周易辨證》。到天平路，蕭覺天來。車中遇瑞釗。在襄陽路飯。

到起潛叔處，同到藝術劇場觀地方劇。十一時歸。

今日所觀"戲曲歌舞雜技綜合演出"：

1. 評彈：祖國的親人（蔣月泉、周雲瑞、高美玲）
2. 雜技：轉碟（華明珠、申方慶）　　地圈（張鐵山）

3. 女高音獨唱（任桂珍、張瑛）

4. 山東琴書：小大姐翻身（鄧九如、馮玉鳳、鄧立仁）

5. 山東快書：一車高粱米（孫玉澤）

6. 山東民樂樂曲吹奏：山東梆子、普天樂（張連元、宋興貴、宋昌之、于少明）

7. 福建晋江舞蹈：踢球（洪詩注、楊瓊佩、陳貞之、黃德瓊）

8. 安徽黃梅戲：打桑（丁俊美、潘霞雪） 鬧花燈（馬元齡、沈賢如）

9. 傀儡戲（閩南布袋戲）

九月十號星期四（八月初三）

到天平路。森老來。洪瑞釗來。仲健叔夫婦來。作《春秋時諸夏集團表》訖。記筆記一則。改大中國繪圖工作細則草案。

到天平路。記淮水流域諸國之滅亡年代，記筆記兩則，約千字。仲健叔夫婦來。洪瑞釗來，商計甫艸評《莊子》價。

爲潮兒講《孔雀東南飛》。毛光義來。劉大杰來。失眠，服藥兩次。

得潘仲元自濟南來書，知魏洪禎于解放後服白麵自殺，杜光簡亦被捕勞改。崇義橋故人如此零落！

德峻侄在國華銀行、俄文學校均以打人被開除，自到北京國際書店，近二年矣，頃誠安得該店來書，謂渠在彼處又與人不合作，教育之又不理，無法繼續任職，囑誠安到京領歸。此事真棘手，以共黨之本領，竟無法予以教育改造，真成絕物矣！

九月十一號星期五（八月初四）

到天平路。又安自長沙歸，談。寫筆記目錄二冊。記筆記三則，約二千五百字。洪瑞釗來。森老來。翻葉夢得《避暑錄話》。

看上月《新蘇州報》全份。寫玉華信。晤詩銘。

陶秋英偕其女來。沈燮元來，留飯。寫筆記目録一册。服藥兩次。

又安自長沙歸，知静秋已往徐州，索閲雁秋判决書核對，如上次所鈔者不錯，即發毛主席信。張炎生亦勸其如此做，以雁秋實一無罪案也。

聞燮元言，江蘇文管會擬聘委員，予爲其一人。又聞虎丘塔下層開一大窟窿，有倒墜之危，今正邀劉敦楨來看，謀搶修。但在此灾荒遍地之中，不識尚能爲此不急之事否。

九月十二號星期六（八月初五）

到丹楓處送稿。到大中國，與君匋、汝成、誠安等談。處理公務。謝延孫來。到杏花樓飯。到廣益買書。

回局，看新買書。寫張炎生、吳玉年信。平心來。寫沈尹默信。章志雲來。

與孩子們唱吳歌。看楊憲益《零墨新箋》。服藥兩次。

到局，浙江科普送血吸蟲説明書來，讀之，知湲兒實犯血吸蟲病。其特徵，晚間腹大，一也；大便中有血，二也；時起風症塊，三也；無氣力，多走即累，四也。擬囑玉華爲之在軍醫院一查。如果是也，必須根治，否則全家均有危險矣。

平心謂予，匡亞明副部長到其家，談及予事，允爲設法，將書集中，俾便研究。并謂政府領導方面甚尊重予。

九月十三號星期日（八月初六）

寫玉華信。與潮、洪到武康路口買連環圖畫。玉華偕湲兒歸。許君遠、王進珊來。静秋自徐州歸。寫德武侄信。到起潛叔處，與之同到陝西南路劉厚生處赴宴。

在劉家談至二時出。算賬，交静秋。寫潘仲元、朱葆初、陳夢家、趙孟頫信。與玉華挈潮、洪、溇、堪四兒同游襄陽公園，遇狄書三及其弟福豫、狄正。

看《方望溪集》。與靜秋口角。服藥兩次。

今午同席：沙彥楷　起潛叔及予（以上客）　　劉厚生（主）

厚生先生名垣，常州人，辦礦。張謇任農商總長時，渠爲次長，創辦地質調查所。今年八十餘矣，甚清健，善談，正讀《史記》，有所詢問。

據進珊言，近日渠亦失眠頗劇，蓋氣候轉變之所致也。

靜秋性躁急，爲雁秋上訴事須鈔十餘份分寄京、寧、徐等處，每份約五千字，人手不夠，急于覓人，而又懼人泄漏，遂與予口角。此人情感太強，殊使人無法助之成事；又化錢時不顧一切，亦使予無法張羅。

九月十四號星期一（八月初七）

寫謝延孫信。到天平路，與柳先生談。記筆記五則（嬴姓等）。詩銘來。寫玉年信訖，付寄。

到狄書三處看病，到大東藥房配藥。到天平路，點《通鑑地理通釋》三頁。鈔丕繩所作《春秋末吳都江北考》入筆記。晤洪瑞釗。歸，謝延孫來。

德武來鈔公文，留飯，談話。洗浴，服藥兩次。

予近日入眠甚難，疑爲血壓增高，今日就醫量之，則上字153，下字80，甚正常。醫言恐是所服之藥太久，不生效力之故，囑將 Phenobarlital 與 Veronal 藥片交換服用。然今夜服之，仍不能睡，必服兩次始得合眼，已近十二時矣。

張振漢夫婦在長沙爲紅人，又營絨綫行生意，雁秋爲彼舊僚屬，爲彼受罪，乃此次靜秋由長到徐，張振漢絕不送靜秋一文車費，又知雁秋之病而不送一文醫藥費，要把此責任全由我擔，可謂絕無人性。雁秋瞎眼，認彼爲知己，遂有此禍，宜矣。

九月十五號星期二（八月初八）

謝延孫來鈔公文。到大中國，與君匋、緯宇、汝成談。寫孫克定、沈勤廬、吳景敖信。與君匋同訪汪孟鄒，不遇，晤胡稚蝶、汪原放。在西藏路精精餐室飯。出，剃頭。

到海光圖書館，與毛世鋃談。開史學會座談會，由翦伯贊報告北京史學會及北京大學史學系情況。四時半散會。到東湖路招待所飯。

由王錫珍用汽車送回。記筆記一則。服藥兩次。

今日同會：翦伯贊　周谷城　程演生　林舉岱　戴家祥　吳澤　伍蠡甫　陳乃乾　曹漢奇　王國秀　束世澂　王佩諍　馬長壽　譚季龍　陳旭麓　姚舜欽　梅公毅　平心　李季谷　徐德嶙　蘇乾英　史守謨　張世祿　周進楷　俞巴林　酈家駒　鄧廷爵　繆開華　胡繩武　陳守實

今晚同席：平心　王國秀　周谷城　束世澂　馬長壽　吳澤　俞巴林(以上客)　翦伯贊夫婦　吳克堅(華東統戰部部長)(以上主)

九月十六號星期三（八月初九）

到天平路，續點王伯厚《地理通釋》。記筆記三則。與尹石公談。冒雨歸飯。

伴兒眠，乃竟自眠二小時。與靜秋同出。予到天平路。點《地理通釋》一卷許。記筆記二則。洪瑞釗來。到蕭覺天處。爲潮兒講《張羽煮海》，未畢。

朱葆初自蘇州來。謝延孫宿予家。

昨翦伯贊極勸予到北大史系，謂史系將造七層大廈，博物館、圖書館、研究室、課堂咸集一處。予如能去，可不任課而專研究。薪水不足用，可由渠向統戰部設法。家人與書籍之轉運，亦可由華東統戰部代辦。此事固甚好，但予在上海關係已多，未易即應也。伯贊問予生活單調否，予答曰否，孩子生了一大群，辦公歸來即與之玩，其趣味正與壯年時與異性接近同也。

九月十七號星期四（八月初十）

到天平路。點《地理通釋》半卷。記筆記四則。孫實君來。詩銘來。

與謝延孫同到大中國，取卡片。開第十七次編審會議，自三時半至六時。

看《方望溪集》。

今日同會：丁君匋　戈湘嵐　方泂　華汝成　張幼丞　張維新　王榮德　章丹楓　黃振緄　金緯宇

大中國繪圖部工作人員劉小栗（旦宅）、劉逸楓等，喜爲外面出版社畫圖以多得稿費，在局內怠工，甚且請假不來以幹外面工作。其不幹外面工作者亦復精神渙散。我局已以圖片爲專業，而編輯部情形如此，實爲致命之傷。今日所討論者大抵爲此事。噫，孰謂工人階級大公無私乎！

九月十八號星期五（八月十一）

到平心處，長談二小時。歸，與家人照相。堪兒兩周歲，吃麵。

眠一小時半。到天平路，開文管會改組後第二次會議，并看新購文物，自三時至五時半。歸，補記日記。

洗浴。黃永年來。失眠，服藥三次。記筆記三則。

今日同會：徐平羽　徐森玉　尹石公　柳翼謀　沈尹默　沈邁士　呂鎮中　陳柱麟　楊寬

與平心談，擬共編《王國維歷史論文選》及《清代樸學文選》，以供青年誦讀，蓋此種治學方法至縝密且民主也。

潮兒身體素弱，平日下午常睡三四小時。自本月進世界小學一年級後，下午二時須上課，不得午眠，遂致飯量減少，面身俱瘦，放學歸來，令其溫書，則憊憊然倦矣。如何如何？

九月十九號星期六（八月十二）

到大中國，沈廣生來。汪孟鄒來。處理公務。記筆記一則。到廣益，與許君遠同出，到知味觀飯。又到先施公司咖啡室談聘請特約編輯事。

到廣益，開新通聯出版社勞資聯席會，在議決書上蓋章簽字。與冰嚴、書年、小峰、君匋談通聯社事。出，到榮寶齋購紙筆。

到榮華樓，赴王造時宴。九時半歸。洗浴。

昨自平心處歸，其欲將所見《潛邱劄記》及《方望溪集》二條記入筆記，而小兒糾纏，不可得。下午擬就會畢記之，而天已晏，鈴聲作，亦不可爲。因于晚飯後略書數字，而精神又興奮，累次服藥不得眠，因索性于每次服藥前寫一則，竟得寫完，惟今日又苦疲倦耳。

今日同會：（資方）曹冰嚴　魏書年　李小峰　丁君匋　唐文光　（勞方）羅昌壽　孫韶英　陳全榮　黃振緄

今晚同席：谷城夫婦　平心　季龍　胡厚宣　馬長壽　徐中玉　陳守寔（以上客）　王造時夫婦　謝循夫　沙蕾　周晨稚（以上主）

九月二十號星期日（八月十三）

點校褚頤萱上毛主席書三分餘。蔣大沂來。

到大中國，開臨時股東會議，自二時至四時半。歸，點頤萱致張振漢書。

看馬叙倫《石屋續瀋》。伴湲兒眠，爲講《三隻小兔與老灰狼》故事。

今日同會：振宇　緯宇　擎宇　君匋　宣錚　誠安　新垓　黃祥麟（代張振漢）　陳宗舜（列席）

湲兒發燒，得百〇一度六。

大中國圖片社現因專業關係，不便再營文具儀器，將地球儀工廠獨立爲“大中國文教用品製造廠”，欲提公積金三億元爲該廠資金，而虹口區政府工商科及上海市工商管理局不允。經誠安、君匋、緯宇、宣錚等跑了十餘次，只允減資，然減資手續麻煩已甚，時間上亦須歷四個月，不克久待，故今日開會，決定將一九五二、五三兩年之股東官利、紅利撥付。今日政府幹部，自己沒有權力，上級所擬訂的辦法又未公布，只得對于人民擺架子，真使人哭笑不得！

華東新聞出版處要我們專業化，此就業務立場言也。上海市工商管理局要我們不專業化，此就管理立場言也。“兩姑之下難爲婦”，洵然。此種滋味，惜毛主席不能嘗到。

九月廿一號星期一（八月十四）

寫張文清信索債。到天平路，洪瑞釗來。義安來。吳受之來。讀《趙世家》等書，記筆記六則，凡二千餘言。

眠一小時半。到天平路，與森玉先生談。仲健夫人陸靜鈺來，招瑞釗取書款。看頤萱爲雁秋事向各處告狀信。

洗浴。記筆記一則。失眠，服藥三次，至上午一時後眠。

厚宣到北京，晤向覺明、張苑峰等，均希望我到北大。使予得安心研究，夫豈不願，經濟問題不解決則一切空言而已。統戰部果能給我多少錢乎？我所編地圖出版後能得多少版稅乎？

湲兒服瀉藥後退燒。

九月廿二號星期二（八月十五　中秋）

到大中國。帥潤身來。顧文楠、丹楓來。周曉禾來。寫承名世、王造時信。與君匋、丹楓同到廣西路聚豐園飯，飯後商新通聯編審委員會組織及人選。

三時半回大中國，即開第十八次編審會議，自四時至五時一刻。與丹楓等同到蕊園，伴同人游園，赴中秋宴，九時許歸。

看梁玉繩《史記志疑》。失眠，服藥兩次，至十二時後始眠。

今午同席、同會：李小峰　曹冰嚴　丁君匋　趙景深　仇標　楊蔭深　陳業恒　陸萼廷　章丹楓　馬伯煌　許君遠　李中法

今日下午同會：君匋　丹楓　幼丞　汝成　維新　湘嵐　中台　緯宇　榮德　振緄

今晚同席：大中國全體同人　大中國派赴地圖社者：振宇、子喬、良芹、家祥等　鄒新垓　金擎宇　丁君匋夫人　静秋及三女　凡四桌。今夕本爲賞月，故設宴于蕊園，那知天不作美，終日下雨。夜雖雨止，而仍無月，大家不免敗興。

九月廿三號星期三（八月十六　秋分）

洪駕時來。與静秋、湲兒到復興西路上海牙科醫院配牙。到天平路，點《地理通釋·七國形勢考》上卷訖。

眠一小時。到天平路。記筆記四則。毛光義來，爲講《春秋》與《左傳》大義。晤葉笑雪。

與兒輩賞月。趙人驦來，留飯，長談。看《史記志疑》。

予于一九三九年在華西大學牙科醫院拔牙配牙，迄今十四年矣。今晨，堪兒來盥洗室，弄予牙，下腭一枚竟爲折斷，予進食遂極不方便，只得到醫院重配矣。堪兒遇物破壞，大有孫行者大鬧天宮之概。

九月廿四號星期四（八月十七）

寫吳澤信，介紹張匯文。到天平路，與石公、瑞釗等談。讀《魏世家》等篇，記筆記五則，約三千言。

爲頤萱嫂鈔致人民日報社信。到天平路，汪旭初來。

記筆記一則。看《在園雜志》。失眠，服藥兩次。

一天工作太緊張，入夜不倦，心微跳，又致失眠。予之年齡體力已不堪太用心矣。後人讀予所著，應悲予之本錢不足，勉强而行也。

九月廿五號星期五（八月十八）

到天平路，點《通鑑地理通釋》第九卷畢，記筆記五則，得二千餘字。潮兒生日，吃麵。

遇饒撝伯。静秋來，同出買鞋，飲橘水。剃頭。

方詩銘來，長談。張匯文來。

九月廿六號星期六（八月十九）

到丹楓處。開洞庭山游程與緯宇。到大中國，與汝成、君匋、誠安談。寫王造時信。丹楓來，與同到博物館，訪蔣大沂，并晤馬伯忠、丁文光，商編文物圖。到參考室，晤龍榆生。出，飯于一家村。

與丹楓談至一時半，返局。立戰國年表格式。記賬。與汝成談丹楓事及君匋事。與誠安談君匋事。沈廣生來。

洗浴。看《史記志疑》。

上午三時醒，欲起工作，静秋强按復睡，至四時半，夢見吾父來予滬寓，時暑熱，赤膊，體甚肥壯。親友知之，皆來視。既而知其爲夢，大哭，静秋在旁亦哭，問予父居何處，予答在蘇州，因商移住北京，迓父同住。覺而嘆曰：吾父逝世十五年矣，予未往掃墓者亦六年矣！

徐悲鴻君于今晨逝世，渠生于一八九五年，年五十九。

九月廿七號星期日（八月二十）

挈潮、洪、湲三兒到高樂木偶戲劇團，看《牧虎關》、《收八戒》、《徐策跑城》三劇。出，到同法動物園看動物，到食店飲鮮橘水。十二時半歸飯。

眠一小時半。張文英偕其母梁静怡來。到合衆圖書館借書，與起潛、景鄭、煦華談。步歸。

徐隱芝來。沈廣生夫婦來。看程恩澤《國策地名考》。

堪兒下午洗浴後出外受涼，夜有熱百〇一度。

九月廿八號星期一（八月廿一）

到天平路，鈔程恩澤《國策地名考》目録，略訖。點《通鑑地理通釋》十餘頁。與石公、翼謀、瑞釗談。批劉晦之書目。

瑞釗來，看綢質夾帶。

爲兒輩講《三頭凶龍》故事册。看梁玉繩《清白士集》。眠不佳。

又安病赤痢，次數甚多，熱高百〇四度。

堪兒今日已愈。

天氣稍寒，予氣管炎又作，咳嗽多痰。

九月廿九號星期二（八月廿二）

到大中國，與陳鶴生、君匋談。寫陳遵嫣、王造時、海關駐郵局辦事處信。周曉禾來。到廣益書局買舊書。到新通聯，與許志遠、馬伯煌談。

到復興西路牙科中心防治所，經陳醫生治療。出，進點。到陶秋瑛處。歸，管孩子，看新購書。

謝延孫來。爲湲兒講故事書。倦甚，就眠，爲静秋吵醒，遂不成眠，服藥三次。

今晚爲孩子講書，在沙發上疲倦甚矣。急入帳中臥，義安倒洗腳水來，予不用，静秋在外室聞之，遽罵曰："你真是世界上第一懶人！"予一興奮，又失眠矣，且服藥至三次矣。静秋性情暴躁，又以雁秋故逢事發怒，予在家庭中不得温暖，可憐哉！

九月三十號星期三（八月廿三）

到天平路。摘《國策地名考》卷二（秦上）今地一卷，點《通鑑地理通釋·七國形勢考》訖。記筆記四則，約二千字。陳柱麟、洪瑞釗來。

毛光義來，爲講春秋大勢。瑞釗來。

爲湲兒等講《小兄妹》故事書。

以昨夜不安眠，今日甚感疲乏。

束天民告丹楓，謂予人太好，處處受欺騙。按予受欺之因不外三種：一，太愛才，見人寸長，恒欲其發展。如見錢賓四《諸子繫年》，即爲之介紹于燕大任講師，後又爲介紹于北大、齊魯任教授，而彼狂妄自大之結果，反大詈予是也。此外如趙肖甫、白壽彝輩亦皆如是。二，太喜事業之發展。如到西北後見畜牧業之需要，遂與臨潭黃縣長發起豐群畜牧公司，而彼竟將股款吞没是也。此外如助張天澤辦中國出版公司，助張雁秋辦北海油店，其後亦皆一蹶不振，賠蝕净盡。三，不好意思拒絕人，因以受累。如國民黨工礦黨部獻九鼎，挽予作詞，予對該黨及蔣氏極不信仰，而終不能決然拒絕，遂使騰諸報章，共產黨視爲予之罪案是也。入世卅餘年，代人受過，動輒得咎，皆緣不忍之一念爲之。然推其所以如此，半緣同情心之强，亦緣名頭較大，他人咸思利用之故。名之所在，謗亦隨之，又何言哉！　　　　　　　　一九五三年九月廿八日記。

一九五三年十月

十月一號星期四（八月廿四　國慶節）

　　與静秋、頤萱挈四兒坐車至迪化公園，步至襄陽公園，在園小坐，出觀常熟區游行隊伍，至十二時半走完。雇車歸。

　　眠未着。看夏敬觀《詞調溯源》。記筆記兩則。洗浴。

　　與頤萱、義安挈潮、洪、湲三兒到東湖電影院看《頓巴斯礦工》片。八時半出，到淮海中路看燈彩及畫廊，九時半歸。

　　今日所見游行隊，與昔年所見異。一，昔年多裝美國狼及蔣匪幫，今皆無之。二，昔年多打腰鼓，扭秧歌，今亦無之。此皆轉變滑稽爲嚴肅之徵也。

　　又安病愈。

　　予近日便秘，服蜜乃下。口中燥甚，喝水不潤。

　　自今日起，服美國納克思公司（The Knox Drug Co.）所出之孟達哥清痰藥片（Mendaco），每日六丸，連服三個月，以治予多年之慢性氣管炎症。

十月二號星期五（八月廿五）

　　到泉澄夫婦處，并晤齊博緣夫婦及陳品瓊。出，到平心處，并晤王子澄、梅公毅，長談。公毅邀至愚園路廣東菜館飯。

　　與平心同到王佩静處，并晤傅惜華及佩静夫人并其女原達，長談。佩静邀往西沙利文晚餐。

　　八時，與平心同車返。與静秋談。眠不安，屢爲蚊咬醒，服藥三次。

今午同席：予與平心（客）　公毅（主）

今晚同席：傅惜華　平心　予（以上客）　佩諍（主）

佩諍少子與傅芸子之女婚，芸子前數年逝世，故惜華與佩諍爲親家。

十月三號星期六（八月廿六）

到大中國，中途汽車與電車相碰，車壞，改乘三輪車到局。與誠安談。與汝成、君匋談。謝延孫來。寫李映婁信。陳永熙來。寫趙孟頫信。

到廣益，與小峰、書年同到上海西菜館飯。回廣益，與冰巖、小峰、君匋、君遠、伯煌同商編輯事。三時許，與君匋回局，開第十九次編審會議。平心來。五時半散。

看鄰兒十餘人到我家草地上歌舞。

今日碰見二危險事。其一，予乘一路電車經過南京西路時，爲一十輪卡所碰，車頭玻璃盡碎，車亦脫落。其二，大中國女工余竹英犯梅毒，毒入肺部，醫言須每隔二小時打盤尼西林一次，而彼患心臟病，如此打針爲其體所不任。汝成謂毒入內臟，可能于短時間內死亡。

今日又碰見二可氣事。其一，大中國改圖書局爲圖片出版社，新聞出版處獎之，而工商管理局不允，茲稅務局又言須先報圖書局歇業，然後再報圖片社開業。歇業之難，北海油店尚荏苒半年，況大中國，此一年中直不須改矣。其二，新通俗出版社名稱不爲新聞出版處所接受，改爲新通聯。工商局又不許，以其與通聯書店易纏誤也。再改爲大衆讀物出版社，今日得書業公會電話，出版處又令改，然則如何而可表示其專業方向乎！

十月四號星期日（八月廿七）

懋恒來。到合衆圖書館，與惜華、佩諍、平心、起潛談。參觀各部分。十一時半，到錦江飯店宴客。道遇孫實君。

一時，與平心同車返。眠半小時。略看《史記志疑》。與靜秋同到張文英處，并見其繼母，談。

看郝碧霞送來書畫。看《史記志疑》。服藥兩次。

今午同席：傅惜華　王佩諍　趙景深　李平心　顧起潛（以上客）　曹冰嚴　丁君匋（以上主）

十月五號星期一（八月廿八）

看郝碧霞之女送來之畫。到天平路。記日記。與洪瑞釗、尹石公談。看劉晦之藏書目。看《國策》及程恩澤《地名考》，記筆記六則，約二千言。

到徐家匯上海氣象臺，訪陳遵嬀。到徐匯郵局寄信。到天平路。詩銘來。

洗浴。

十月六號星期二（八月廿九）

到大中國，處理公事。寫夢家、潘仲元、陳乃乾、承名世、佘雪曼信。周曉禾來。嚴琬宜來。

到四川中路新豐福飯，遇馮潤琴。到廣益，與伯煌、冰嚴談。到金山飯店訪惜華，未遇。回大中國，寫德輝、周慶基、朱葆初、辛樹幟、梁釗韜、自珍、雲父、吳澤信。與誠安談。冒雨歸。到合眾圖書館送劉旦宅畫軸。

看《左傳》。失眠，服藥三次，至上午二時方得眠。

近來晚上時患失眠，且須服三四天之劑，將此疾愈深歟？

馮潤琴自患心臟病，其夫朱人瑞又患肺病，遭際至可憐也。

十月七號星期三（八月三十）

到天平路，鈔秦地名畢。記筆記四則。劉晦之家鈔本書來，與石公、翼謀、瑞釗、楊則廉同整理。

眠一小時。與旭初、瑞釗談。詩銘來。到合衆圖書館，看屈原展覽會，并晤李寅文等。

詩銘告予，北京中國科學院將添設古代史研究所與中古史研究所。中古史聘陳寅恪先生主之，古代史將招予。予謂予在上海，商、學、政諸界俱不着邊際，故得閑從事學問，若到北京則必忙，安能有如此寫作工夫乎！

十月八號星期四（九月初一　寒露）

到天平路，鈔齊地名，未畢。記筆記七則，約二千二百字。與尹石公、沈邁士談。

毛光義來，爲講《左傳》大義。

謝延孫來。傅惜華來辭行。服藥兩次。

寒露矣，而天猶甚暖，夾衣尚穿不上。

十月九號星期五（九月初二）

到天平路，鈔齊地名畢，續鈔楚地名。記筆記五則，約二千五百字。與尹石公談。

詩銘來，留飯，長談。

今日大便至四次，惟非水瀉。近來予病乾結，得此排泄，亦殊快意。

詩銘言，古代史研究所事，係李亞農到京開科學院會議之結果，歸爲葉笑雪言之，而詩銘聞之者。此本予工作崗位，勢難拒絕，然搬家實費力也。

十月十號星期六（九月初三）

　　題朱犀園《讀書圖》。到大中國，與誠安、汝成、君匋談。胡厚宣來，同到地圖出版社，與綏成、子喬、振宇談。出，到健康飯。

　　到廣益，與冰嚴、小峰、書年、君匋同到五芳齋，商四聯出版社事。二時出，剃頭。到大中國，寫尹默、伯庸、永年、文清、龍榆生、汪鑑泉信。

　　歸，張仰韓夫人及吳大姨與其孫天天來，留宿。沈廣生夫人來。記筆記三則。服藥兩次。

　　厚宣來言，暑假中蔣天樞君往粵訪寅恪先生，問其應北京聘否（北大聘之于先），渠因身體衰弱，表示不願。

　　新通俗出版社改名"四聯出版社"，得新聞出版處與工商局之同意，然專業分工之意義則不顯矣。

十月十一號星期日（九月初四）

　　到合衆圖書館，晤起潛叔。到金山飯店，晤傅惜華。到大三元，與振宇、緯宇、擎宇、誠安同進點，談君匋事。十時半歸，續鈔楚地名。張翼夫人介紹白三姑娘來傭工。

　　眠一小時半。記筆記二則。與潮、洪、湲三兒到中山公園，看動物，爬山。四時往，六時歸。

　　與吳大姨等談。看《潛邱劄記》。

　　自振宇、宣人離大中國，一切事由君匋專斷，既驕且吝，予知自雄，功則歸己，過則諉人，致全局同人群起不滿，勢不可久，因約振宇等一談。爲保全大中國計，爲保全君匋計，非由董事團結，以董事會約束君匋不可，渠等均贊同，商定由董事自動集會，不由君匋召集。予評君匋，謂似漢代之韓信，清代之年羹堯，其人確有能力與功勞，但若不得漢高祖與清世宗，則必成爲唐代之安祿山，亂幹到國身俱滅之地步，其必予以裁制者勢也。

　　潮兒上學後頗知勤學，寫字作算，屢得"優""上"之評。

今日到動物園，則物名之注音字母已能拼讀矣。

十月十二號星期一（九月初五）

八時半到牙病中心治療所，待至十時許始得醫，在候診室看周揚《爲創造更多的優秀的文學藝術作品而奮鬥》。十一時到天平路，續鈔楚地名。

到天平路，續鈔楚地名，記筆記兩則。沈燮元、錢海岳來，談到滬買書事。招瑞釗來，長談。

陶秋英來。續看周揚文，畢。

十月十三號星期二（九月初六）

記筆記一則。到起潛叔處。到大中國，鍾雲父來道別。開四聯特約編輯名單，注其通訊處。寫葛綏成信。出，飯于新豐福。到廣益購書。

到四聯，看新購書，與君遠等談。二時，與冰嚴、小峰、君匋同到新聞出版處，晤副科長諸度凝，商四聯工作範圍，談兩小時。出，到合衆圖書館，晤沈燮元、錢海岳，與同到錦江飯。

薛民見到錦江，談至九時散。十一時眠。

十月十四號星期三（九月初七）

四時即醒。吳大姨挈孫天天返蘇，頤萱嫂同去。寫張世祿信。黃永年來。到天平路，續鈔楚地名，未畢。記筆記十則，約二千餘字。瑞釗來談。

眠一小時。詩銘來談。

疲倦，八時半即眠。靜秋往伴堪兒，湲兒與予同榻。

十月十五號星期四（九月初八）

到天平路，鈔楚地名畢，鈔趙地名。記筆記二則，一千餘言。尹石公來談。沈邁士來。

寫施畸、陳遵嬀信。到天平路，鈔趙地名訖。記筆記三則，約八百字。葉笑雪來。歸，洗浴。

看《辛未訪古日記》。與潮兒眠。

十月十六號星期五（九月初九）

四時醒，寫胡厚宣信。到天平路，寫劉子喬、陳乃乾信。陳柱麟、洪瑞釗、尹石公來談。鈔魏地名，未畢。

到天平路，饒撝伯來談。將魏地名鈔畢。看黃式三《周季編略》及張琦《國策釋地》。

爲兒輩講《印度七十四故事》。詩銘來談。

十月十七號星期六（九月初十）

到大中國，魏應麒來，長談。寫筱蘇、雨廷信。與君匋、汝成、福全、湘嵐談。王進珊來。偕應麒、進珊到冠生園飯。

與進珊同到四聯，與冰嚴、君遠、伯煌等談。寫謝延生信。出，與進珊同到昭通路看舊書攤。回局，應麒又來，爲重寫筱蘇信。丹楓偕張世祿來。四時，開編審會議，五時半散。馬迹陽來。歸途遇孫毓華。

歸，德輝夫婦及開孫來，留飯。又與湲兒眠。

今日同會：君匋　汝成　丹楓　湘嵐　中台　榮德　維新　幼丞　緯宇

蘇州人代會四屆四次會昨日開，予又不克參加矣。此後普選，特邀代表當裁撤矣。

魏瑞甫君來，謂予所作《浪口村隨筆》，福建師院中人讀之佩甚，謂當代作文言文者以予爲第一。按予文只是樸實説理，具有氣勢耳。至于風華掩抑，曲以傳情，則爲予天分所不逮。只以近來作文言文者日少，予遂若後亡之碩果矣。前孟真評予文，以爲緊張。是即昔人所云之遒勁也。

十月十八號星期日（九月十一）

寫張又曾、沈燮元、蘇人代會信。與靜秋、張仰韓太太、義安挈四兒到復興公園，觀動物，到運動場。出，到實大吃西菜。十二時半歸。玉華來。

看蒙文通《古史甄微》。張仰韓夫人返文英處。三時，到王國秀家，開中國史學會第二屆第四次理事會，五時半散。頤萱嫂自蘇州歸。

與靜秋談。

今日同會：谷城　予同　尚思　厚宣　舉岱　誠之　旭麓平心　國秀　子敦（以上出席）　　造時　巴林（列席）　　決定出刊物，由自由出版社辦理。

十月十九號星期一（九月十二）

到天平路，鈔韓地名訖，記筆記四則，約一千五百言。瑞釗來。葉笑雪來。陳柱麟來。

看傅惜華著《曲藝論集》、《寶卷總目》。

十月二十號星期二（九月十三）

到冼玉清處，并晤起潛叔。到大中國，與君匋、汝成、誠安談。晤陶蔭培。寫樹幟、周堯、邱懷、李曉舫、王造時信。與陶蔭培、華汝成飯于四川路橋堍美潔食堂。

與蔭培同乘車到四馬路。到廣益買舊書。到四聯，與許君遠、馬伯煌、君匋、冰嚴談。寫嚴琬宜信。到掃葉山買《戰國策》。到修文堂，晤王文忠。歸，點《燕策》三卷。

看新購書。記筆記一則。

昨日雖雨，猶熱不可耐，僅穿單衣。半夜起大風，呼嘯達曉，天氣陡寒，可穿夾矣。

十月廿一號星期三　（九月十四）

到天平路，鈔燕、宋、衛、中山地名訖。記筆記五則，約二千五百言。徐森玉先生自北京歸，往談。唐倩影來。

到起潛叔處，赴宴，談至九時歸。

今晚同席：冼玉清　徐森玉　潘景鄭（以上客）　　起潛叔夫婦（主）

十月廿二號星期四　（九月十五）

到天平路，鈔戰國時諸小國與諸夷國地名訖。記筆記七則，約二千七百言。尹石公來。孫實君來。

寫沈勤廬、王天木、金立輝信。理書。盧太太來。

宴客。看葉恭綽《清代學者像傳二集》。

今晚同席：冼玉清　徐森玉　起潛叔夫婦（以上客）　　予夫婦（主）

十月廿三號星期五　（九月十六）

到天平路，鈔戰國時諸國隙地畢。記筆記四則，約二千字。王文忠來送書，看新購書。

毛光義來，爲講梅思平論春秋大勢文。

吃蟹。看《劉申叔遺書》。失眠，服藥兩次。

靜秋屢次囑我介紹又安職業，謂大中國不可，四聯新辦，必可安插。然現在用人，權在工會，工會又上繫于勞動局，資方名義上有用人權，而實際則毫無辦法。又安除辦事奔走之外別無長技，加以前任連雲市警察局長，雖已由法院判決無罪，然人家一聽"警察局長"四字即感頭痛，以爲有政治問題，如不説出，又爲隱匿身份。在此種情態之下，謀事千難萬難。而静秋不知，予懇切言之又不信，在我行將入眠之際煩絮不止，使予精神緊張，又致失眠。真冤孽哉！

十月廿四號星期六（九月十七 霜降）

到多倫路，送毓蘊等行。到丹楓處，未晤。到大中國，戀恒來。與君匋、汝成、緯宇談。管理公事。寫周堯信。與誠安到水上飯店飯。

回局，與丹楓同到四聯，與冰嚴、伯煌同出，到新聞出版處，聽王力政治報告及諸度凝出版報告，自二時至五時半。

爲兒輩講章鐵民譯《波斯傳説》。

今日同會：王力 方學武 諸度凝 黄仲明 陳邦楨 嚴幼芝 儲禕 曹冰嚴 馬伯煌 章丹楓 張士敏 葛綏成 鄒新垓 徐啓棠 嚴雄波 楊復耀 孔另境 俞巴林等及新聞出版處工作人員 約百餘人。

十月廿五號星期日（九月十八）

與義安同到美楣里，晤弟婦。到多倫路，則誠安已與陳金榮等在運書。晤方泂夫婦。與誠安同到丹楓處。出，訪王造時，并晤周曉禾，接洽《五用小字典》出讓事。到大中國，與振宇等商亞光結束事。

到新雅飯。與振宇弟兄及君匋到亞東圖書館視汪孟鄒先生疾，與原放談。與振宇弟兄到先施公司浴德池洗浴。出，到貴州路理髮。

理還歸物。失眠，服藥四次。

今日同會同席：振宇　緯宇　擎宇　君匋

擎宇謂予：《歷史地圖》自在地圖社目錄上登出出版豫告後，已接來信一千五百封來定，其中有一校定至一千份者，可見其需要至切。因此，地圖社酷望我與丹楓早日編出。然惟其需要切，乃愈不能粗製濫造。

今晚上床，靜秋又責我不介紹又安職業，使予又不能睡，服藥至四次，始得于上午一時闔眼。予年已長，不堪如此摧殘健康，決與靜秋分眠。今晚渠宿沙發上，明日起住入對面房間，予則與湲兒同睡矣。

十月廿六號星期一 （九月十九）

與又安談。到天平路，鈔姓氏地名未畢。記筆記四則，約二千字。洪瑞釗來，招至圖書整理部，看沒收來之玉皇山道士李理山所藏書。

蕭覺天來。承名世來。

方詩銘來，留飯。與湲兒眠。

因昨夜劇烈失眠，今日精神萬分疲倦，如在雲霧之中，勉強執筆，困苦殊甚。靜秋如此不能體貼我，大出意外。今日我批評靜秋，渠能忍住不對抗，前所未有，蓋彼亦自知其不合也。

日前聞王力報告，謂近日食油缺乏，致排隊購買，全因商人投機操縱，將上海之油運至鄉間高價出售所致，有藏油于棺材中者。昨與人道及，乃知食油之缺乃因政府將大量之豆運輸國外所致，否則鄉間即是油的出產地，何須上海運去乎！如此諉過，如何使人心服。

十月廿七號星期二 （九月二十）

到大中國。群聯出版社燕義權來，長談。謝延孫來。自由出版社沙蕾、周曉禾來。到孔大充處，晤其夫人及魏炳西。到武昌路彭記飯店飯。

到廣益選書。到四聯，晤伯煌、君遠、冰嚴、書年、季康等。寫傅惜華信。返局，與丹楓談。開廿一次編審會議，自三時半至五時半。程碧冰來。胡厚宣來。

爲兒輩講《波斯傳說》。看盧文弨《抱經堂文集》。失眠，服藥三次。與潮兒眠。

今日同會：君匋　緯宇　振緄　湘嵐　中台　幼丞　汝成　維新　丹楓

孟鄒先生于昨日中午逝世，年七十七。固緣年老，亦以去年刺戟，幹部住其家兩個月，受一大摧殘也。

今午靜秋得志秋信，悉新浦勞改隊已囑張集區政府保釋雁秋，其理由爲"有病不能生產"。夫雁秋有病久矣，何爲至今始知其不能生產？是必致毛主席信已生效，不能不釋，托詞焉耳。共產黨而有托詞，是亦小資產階級愛面子心理之殘存也。晚十時得仁傑電報，知已返徐，住其家。靜秋聞之，欣喜若狂，遽燙其髮，以示慶祝。

十月廿八號星期三（九月廿一）

到天平路，與尹石二＊公談。冼玉清來。瑞釗來。汪旭初來。搜集陶唐材料，記筆記五則，三千餘言。

詩銘來。與瑞釗談。

爲兒輩講《波斯傳說》四則。看蘇鶚《演義》。仍與靜秋眠。

自廿二、廿三兩夜吃蟹，潮兒即感腹痛，初疑係胃疾，後至錢恩澤醫師處診治，斷係蟲疾。服藥後于前日排泄出大蟲（約五寸）一條，小蟲若干。然藥服盡而痛未全除，渠在校請假二天後不肯續假，仍到校矣。此兒體弱，須續療也。

＊ "二"字衍。

曹叔彦先生（元弼）于廿二日在蘇州病故，身後萬分蕭條，其侄黻侯來信呼籲。渠專精三禮及《周易》，爲最後一個經學家，只以平生習于閉戶，聲聞不彰（日本學者則頗知之），致此次江蘇文史館成立，蘇州周瘦鵑當選而彼被擯，卒窮餓以死，長壽之苦有如是者。

十月廿九號星期四（九月廿二）

看楊守敬《水經注疏要删》。記筆記一則。到天平路，續鈔姓氏地名畢，古國名未畢。記筆記三則，約一千二百字。

爲靜秋赴徐，早歸。高潘芳來。

六時，靜秋偕溌兒行。予偕潮、洪兩兒到衡山電影院看匈牙利《地下殖民地》片，未終場而歸。

得雁秋信，知其要赴鄉間原籍，向區政府請示居住地點。靜秋恐其不得到滬，即趕往處理。她的心實在太熱，爲此世所少見，可惜脾氣不好，常使人受不住，以是日益陷于孤立耳。

靜秋挈溌兒赴徐，爲減輕頤萱嫂之負擔也。潮、洪兩兒見之，欲隨行而不得，大哭鬧，不得已由予伴往電影院，然而演者無非分清敵我之意義，與《巴斯礦工》之爲階級鬥爭意義者，同一使人感覺乏味。不但小孩不願看，即成年人亦打瞌睡矣。文娛固可帶教育，但宣傳太强亦失去效力。

十月三十號星期五（九月廿三）

五時起，續鈔古國名訖，古邑名未訖。到汪旭初處，商曹叔彦身後事。到天平路，摘鈔《國策地名考》古邑畢，全書完。程啓鈞來。詩銘來。

到天平路，記筆記四則，約二千字。毛光義來，爲講春秋地理。

爲潮、洪講《波斯故事》。看《越絕書》及《吳縣志》。

摘鈔《國策地名考》一個月矣，今乃得完。即此草草之事，亦復不易。

十月卅一號星期六（九月廿四）

到起潛叔處。出，在常德路進點。到大中國，懋恒來。丹楓來。與君匋、中台談。校訂本局挂圖説明書。與丹楓到美潔食堂飯。

與丹楓到廣益購書，交通路看舊書。到四聯，與伯煌、君遠談。返大中國，寫周堯、俞劍華、江静瀾、朱葆初、文懷沙、魏建猷信。

看高一涵《中國内閣制度的沿革》。

四聯定薪給表，新聞出版處嫌其高，命減。然一減之後，職工遂不能顧其生活。例如許君遠，家有六口，月需二百萬元，減後僅得一百四十萬元，遂相差六十萬。生活既不敷，工作如何安心。原政府所以必令改者，以出版業不久將全爲公私合營，不欲使政府多負擔也。然無論如何減，終不當超過最低生活之界綫，否則便成唯心論矣。此事不能適合實際，工作效率必不會提高，與國何益！

懋恒謂市西中學開會，謂教職員家屬如排隊買油，即是爲反動派張目。然不排隊買又如何得油，政府能逐家送油乎！一家不得油，即一家不能煮菜，又如何度日？此又一唯心論也。

今年夏間在雷電中，蘇州電廠鍋爐爆裂，損失嚴重，至今未能修復。近日滬寧路車又在真儀出軌，翻車傷人，聞蘇州各醫院均已住滿病人。凡此等事，足見反動派仍未死心，有提高警惕之必要。而報紙上一字不載（所謂"報喜不報災"），僅藉口傳，亦不知真相如何也。

一九五三年十一月

十一月一號星期日（九月廿五）

玉華來。翁達藻挈其女文伯、子文叔來。魏鐵錚來。看高一涵《中國内閣制度的沿革》訖。

到聚豐園，參加四聯出版社創立會，與劉季康、魏炳榮、嚴獨鶴、劉小蕙、魏書雲、李小峰、屠思聰等談。開會自三時半至六時半，通過社章，選出董監事。會散入席，九時歸。

失眠，服藥三次。

今日同會同席：魏炳榮　曹冰嚴　唐文光　金緯宇　丁君匋　李小峰　李志雲　趙景深夫人　蔡漱六　嚴獨鶴　劉小蕙及其方慕君　劉季康　黄仲明　李衍泮　劉書年　王碧如　朱銘青　屠思聰　馬如慶等　約八十人。

十一月二號星期一（九月廿六）

到天平路。石公、旭初、瑞釗來談。與柳先生談。點讀《帝王世紀》三皇五帝部分及雷學淇《竹書紀年義證》。

記筆記五則，約一千字。

盧雪岩來。爲潮、洪講《波斯傳説》。

十一月三號星期二（九月廿七）

到天平路送詩銘件。出，遇陳柱麟及錢東生。到大中國，魏建猷來。徐澄宇來。俞述翰來。寫李映婁、承名世信。與君匋談。與王福全談。到郵局寄信，遇殷啓鈞。

在四川中路飯。到四聯，看王福全《江陰人民的抗清故事》，未畢。開編輯會議，自二時半至四時一刻。到大中國，開編審會議，自四時半至五時半。

爲潮、洪講《波斯傳説》。朱向榮夫人及其兩女寧、新來。看徐傳保《先秦國際法之遺迹》。失眠，服藥三次。

今日下午同會：李小峰　曹冰巖　丁君匋　許君遠　馬伯煌楊蔭深　李宗法　周惠風

又同會：君匋　丹楓　振緄　汝成　幼丞　維新　榮德中台

十一月四號星期三（九月廿八）

蔣大沂來，爲寫丁君匋信。到天平路，點《紀年義證》，記筆記三則，八百餘言。尹石公來。詩銘來。

寫李行之信，由士耀送去。到天平路，續點《紀年義證》五卷畢。記筆記三則，約六百言。

爲潮、洪講《波斯故事》。

十一月五號星期四（九月廿九）

寫静秋信。到天平路，點《紀年義證》卷六畢，鈔出其所考地名。記筆記三則，約一千七百字。

汪旭初來。瑞釗來。

陶秋英來。翻《吳地記》。失眠，服藥兩次。

堪兒聽無綫電中樂歌聲，能作跳舞，應弦合拍，此前數兒所未有也。

得静秋書，一俟雁秋自張集返徐州，即可同來，至早爲七號。

自今日起，仍食鵪鶉蛋，每夕三枚，希望對于神經有健全之功效。

十一月六號星期五（九月三十）

到天平路，作遠古（夏以前）地名表。記筆記三則，約二千七百言。詩銘來。

到興國路理髮。

看《韓昌黎集》。

十一月七號星期六（十月初一）

寫狄畫三信。記筆記一則。到丹楓處交稿。到大中國，爲葛綏成修改其所作《清末民初我國的地圖出版及出版物》。與君匋、汝成、誠安談。

到雲南路西園飯。到博物館，與名世、大沂、榆生談。到四聯，與冰巖、君匋、小峰、宗法、馬伯煌、許君遠談。寫謝延孫信。回大中國，與丹楓同到凱福飯店，與大充及復旦諸人談。

宴客。談明年選題計畫。與名世同到八仙橋。十時歸。失眠，服藥三次。

今晚同席：孔大充　胡厚宣　馬長壽　譚季龍　張世禄　蔣大沂　承名世（以上客）　丹楓　汝成及予（主）　今夕討論各專家明年可爲大中國所編挂圖，頗有意外收穫。

静秋前日來函云今日到，竟未來。

十一月八號星期日（十月初二）

黃永年來。挈潮、洪兩兒到武康路口買玩具及圖畫書。看許鍾潞《史通贅議》。

到新雅赴群聯出版社宴，二時半散。歸家，點《紀年義證》一卷許。

爲潮、洪講蘇聯童話《天鵝》及《蟒魔王》。與又安談。

昨晚説話較多，又致失眠。此病益陷益深，奈何！今日精神極壞。

潮兒放學歸家，輒徘徊武康路口書攤，記其當購者。前數日即嬲予往買，今日乃遂其願。此兒好學，即此可知，無怪其班上屢得優評也。

今午同席：呂誠之　王國秀　周谷城　胡厚宣　陳旭麓　林舉岱（以上客）　　徐稚鶴　燕義權（以上主）

上海出版社以歷史爲專業方向者現有三家：一神州國光社，印近代史及經濟史資料；一自由，一群聯，皆印歷史教學補充讀物。

十一月九號星期一（十月初三）

到天平路，點《紀年義證》一卷許。旭初來。詩銘來。

寫靜秋信，到金陵路郵局匯錢。到四聯，擬選題計畫，與冰嚴、小峰、君匋等談。與君遠、伯煌談。冒大雨歸。

爲潮、洪講《金斧頭》、《熊爺爺與孫子》的故事。朱葆初自蘇州來。失眠，服藥三次。

雁秋回張集後，鄉幹部不許其出外就醫，以是靜秋不得返滬。其實，本是保外就醫，鄉間那有醫生，這可見鄉幹部的命令主義不可一世。

我的失眠，近日每間日一發，不知何故。昨夜眠頗佳，今晨七時尚不醒，而今夜別無刺戟也不能睡了。

君匋告予，到京車票，已買定十二月三號，距今二十餘日，不知夏、商、西周、戰國地名寫得完否也？

十一月十號星期二（十月初四）

到大中國，與君匋、維新、誠安、汝成談。盧蜀良偕李建邦送董北苑畫來。爲人寫扇面二幅。處理公務。晤謝博文。

到四川北路東運樓飯。到周清書店買書，遇汪聲天。回大中國，開編輯出版聯席會議，自三時至五時半。朱葆初來。

與葆初同到知味觀飯。八時許歸。陳璞如自徐州來，留宿。失眠，服藥三次。

今日同會：君匋　汝成　丹楓　幼丞　維新　緯宇　福全旦宅　逸楓　兆陞　兆熊　振緄　榮德　湘嵐　中台

今晚同席：朱葆初（客）　君匋　維新　予（以上主）

朱葆初君專研究古建築，抗戰八年中，在家埋頭畫圖，不任職以潔其身，費白銀一萬元。近來心臟有病，擬加整理，交本局出版。今日開會，出其作品相示，群服其精美。惟原爲鉛筆樣，不可製版，欲加墨綫，須費數年之力。今夕同飯，約定明年先編就第一集，約十張左右。此與周堯之《農作物害蟲圖》工力正同，均可銷行國際也。

十一月十一號星期三（十月初五）

陳璞如去。到天平路，點《紀年義證・夏紀》畢。尹石公來。詩銘來。記筆記一則。

小睡。到天平路，記筆記一則。三時半，義安送潮、洪兩兒來，在院中看菊花。到徐家匯吃點，買物。到教堂前游憩，五時半歸。

潮兒打堪兒，加以管教。翻看舊作筆記。

兩夜不得佳眠，頭腦昏沈殊苦。擬于潮、洪兩兒放學後，同到衡山看蘇聯《北冰洋》電影，乃義安往買票已不可得，只得往游徐家匯。所幸精神得一鬆懈，晚八時半翻弄筆記，即得瞌睡，九時半就床，一夜未醒。可知予下午實以不工作爲宜，而惜乎生活逼人，可望而不可即也。

十一月十二號星期四（十月初六）

寫靜秋信。到天平路，饒攄伯來。記筆記三則，作《法華讀書記》序八百言。旭初來。到廣益，寫静秋信。與小峰、冰嚴同飯。

與四聯同人到書業公會，乘汽車到文化廣場，進第五號門，晤李金聲，談。二時起，由陳毅市長報告"過渡時期總路綫"，至七時一刻始完。即與君遠趕至晉隆飯店宴客。

與同飯諸君談印舊小説事。十時散。十時半歸。服多量藥，十二時眠。

今日下午同會：文化、教育、醫療、新聞、出版工作人員，約一萬四千人。陳市長連報告五小時，而精神不懈，喉嚨不沙，予所未曾見也。共産黨刻苦精神，即此可見。

今晚同席：嚴獨鶴　嚴敦易　陳汝衡　趙景深　邵曾祺　譚正璧　陸尊庭　王進珊　許君遠　方詩銘(以上客)　李小峰及予(主)

十一月十三號星期五（十月初七）

到天平路。陳柱麟來。尹石公來。爲人寫字一幅。蓋印于藏書上。記筆記二則。

整理書櫃。看上月《新蘇州報》。到天平路，開文管會委員會，看新購書畫古物。五時半持螯賞菊，進麵包稀飯。

爲兒輩講《兔兄兔弟》。看楊静盦《唐寅年譜》。

昨夕遲眠，今日百不舒服。予真不能過緊張生活，甚思脱離滬市矣。

頤萱嫂爲我失眠之疾，以硃砂拌煮豬肝，每日服一枚，須連服七天。

今日同會、同席：徐平羽　徐森玉　沈尹默　尹石公　汪旭初　沈邁士（以上出席）　陳柱麟　蔣大沂　洪瑞釗　方詩銘　謝稚柳　車載　饒撝伯　馬澤普（以上列席）

十一月十四號星期六（十月初八）

到大中國，理信札，開會討論選題計劃。湘嵐偕畫家胡若思來。偕至美潔小食堂飯，遇誠安。

到四聯，寫龍榆生、魏建猷、謝延孫、傅惜華、周慶基信。開會討論選題計劃。四時，返大中國，續論選題計劃，仍未畢。寫黃奮生信。

看《花間集》、《江南水利志》等書。失眠，服藥兩次。

今日上午同會：君匋　緯宇　丹楓　汝成

今日下午同會：小峰　君匋　君遠　伯煌　蔭深　業恒　宗法　惠風　冰嚴

今日下午又同會：君匋　緯宇　丹楓　汝成　湘嵐　中台　維新

政府五年計劃，端賴各方面提出計劃，集中于政府政策之下，而爲一整個計劃，故新聞出版處囑書業界定選題計劃，可推遠至一九五六年。然現在大家忙，約稿甚成問題，稿子不來，則印刷、出版俱無可言。然季度表必須百分之百的準確，年度表必須百分之五十的準確，故擬定甚不易也。

十一月十五號星期日（十月初九）

起潛叔來。與潮、洪兩兒到武康路口買書物。歸，爲講故事三册。到狄醫生處醫，遇謝循初。玉華來，由其挈潮、洪往大衆戲院，看錫劇《梁山伯與祝英臺》。

寫靜秋信，由義安送至璞如處，托轉衣物。記筆記二篇。爲起潛叔改葉揆初書目跋。寫靜秋、雁秋信。

到沈鳳孫家飯，談至九時出。歸，看冼玉清《更生記》。與玉蘭、又安談。失眠，服藥三次。

得靜秋信，知銅山公安局必須上海公安局去信證明雁秋原住上海之戶籍，始克放行，囑與顧錫濤同志商洽。

予之血壓，今爲九十至百六十，較前爲高，蓋如此失眠，欲不高何可得也。

今晚同席：瞿鳳起　王育伊　楊友仁　顧起潛（以上客）沈文倬（主）

十一月十六號星期一（十月初十）

爲雁秋事，寫致湖南路派出所函。到天平路，與森玉先生等談。十時，馬一浮先生來，同觀新得書畫。寫王欣夫、辛樹幟、程啓鈞信。

點《帝王世紀·夏紀》訖，記筆記一則。鈔《法華讀書記》第九册目録，訖。翻趙懷玉《亦有生齋集》。爲人寫字一幅。

陶秋英來。德輝來，留飯，長談。翻《潛邱劄記》。

十一月十七號星期二（十月十一）

到大中國，燕義權來。魏建猷來。帥潤身來。與君匋、誠安談。到青年會剃頭，四川中路飯。劉小蕙偕其次女慕絮來。寫静秋信。

到四聯，與君遠、伯煌、進珊、君匋等談。寫張文清、黃永年、孔大充信。到人民銀行取款。回大中國，開會討論明年選題計劃。記賬。静秋偕湲兒自徐州回。

與静秋談話。翻畢幾庵《銷魂詞》選。

今日下午同會：君匋　緯宇　汝成　丹楓　湘嵐　維新誠安

十一月十八號星期三（十月十二）

到天平路，鈔戰國地名，竟周、秦、齊、楚、趙五國。石公來。詩銘來。王文忠來。

爲湲兒講故事。

爲湲兒講故事。

本當作夏代地名，以丹楓催交戰國地名，只得改易計劃。此前已將《國策地名考》録要，故頗易爲，惟《史記》、《紀年》、《越絶》、《蜀王本紀》中地名不可不搜補，恐仍作不快耳。

十一月十九號星期四（十月十三）

文學山房江學詩來。爲戰國地名補越、蜀二國。詩銘來。

寫龍榆生信。毛光義來，爲講清代學術。

看沈彤《震澤縣志》。

十一月二十號星期五（十月十四）

到天平路，將越地補訖。汪旭初來。沈邁士來。徐森玉來。程演生來。楊千里來。待領薪，雜談。十一時，到大中國。即出，飯于四川中路。

到四聯，開會商討選題計劃，自一時半至三時半。出，到博物館，晤伯鷹、寬正、徐唯實、大沂、榆生等。五時歸。

看馮承鈞譯《馬可波羅行記》。

今日同會：小峰　君匋　冰嚴　君遠　宗法　蔭深　萼廷

十一月廿一號星期六（十月十五）

蘇淵雷來。到文管會，鈔戰國魏地名。到大中國，與戈湘嵐商談減低版税事。到四川路底飯。

到丹楓處，并晤范祥雍，談。出，到四聯，寫延孫、伯煌、何滿子信。與君匋同車到大中國，出席業務會議，報告選題計劃，自三時半至五時半。王士耀去。

看馮夢龍《麟經指月》。

今日同會：大中國全體同人。發言者：予、汝成、緯宇、君匈、湘嵐。

王士耀來此半年，日益疲怠，與義安之忠實而不動腦筋者適成反比例。自靜秋赴徐，渠竟不勞動，逢予歸家，略一敷衍而已。頤萱嫂告之靜秋，決意遣去。好在渠有救濟米，不愁餓死也。一個青年，不肯向上，真使人不耐。

十一月廿二號星期日（十月十六）

到柳翼謀先生處問疾。到劉小蕙家，并晤其夫方柏容，及其女慕君、慕絮、慕文、慕詩，子慕一，長談。到凱福飯店宴客。到新華書店買書。

到沈羹梅處談。到懋恒處，視其疾。到平心處，送稿。歸，看周汝昌《紅樓夢新證》。

爲普選填表。

今午同席：楊寬正　蔣大沂（以上客）　　予與章丹楓（主）爲商《中國歷史文物參考圖譜》作法也。

十一月廿三號星期一（十月十七）

補記日記三天。到天平路，鈔戰國韓、燕、宋、衛、中山地名。記筆記一則。吳媽來試工。

到虹橋浴室洗浴。

黃永年來。看范文瀾《中國通史簡編》第一冊。失眠，服藥兩次。

晚上堪兒右腳踏至草棄粥鍋裏，大燙，大哭。急詢狄醫生，塗以凡士林。

以與丹楓約，到北京去之前必將戰國部分交稿。而戰國部分繁亂實甚，不易處理，奈何！

十一月廿四號星期二（十月十八）

重鈔選民登記表。到大中國。寫錢海岳、沈燮元、金子敦、陳墨逐信。丹楓來。與緯宇、汝成、君匋、誠安談。到四川中路飯。

到四聯，與冰嚴、小峰、進珊、君遠、伯煌等談。寫趙清閣、沙蕾、徐澄宇、吕叔達、伍蠡甫、程啓鈞信。回大中國，與湘嵐談，與繪圖部同人談。與幼丞談。

與誠安同到知味觀，參加董事會，并晚餐。九時許歸。

今晚同會同席：鄒新垓　振宇　緯宇　君匋　宣錚　誠安予以職工要求加薪，故列席。討論結果，其事實爲不可能，蓋今日錢難賺而易用本是普遍性的，本局亦不能獨自提高也。

得洪駕時信，悉計碩民先生已于本月十日逝世。憶九月中尚來大中國視予，謂滬居極乏味，擬請聖陶設法住北京，孰意其遽死乎！此予四十年以上之交也。渠今年七十八，亦算高壽。

十一月廿五號星期三（十月十九）

冒雨至天平路。鈔諸小國地名訖。從《先秦諸子考辨》中集材，未畢。

記筆記一則。

看沈彤修《乾隆震澤縣志》。

賓四《先秦諸子繫年考辨》一書實甚精密，爲不朽之作，雖有許多主觀之見，無害其爲大醇。惜其不識世界大勢，投向反動陣營，終爲國家民族之罪人，斯則受張其昀拉攏之害也。

服孟達哥清痰藥片近兩月矣，入冬後氣管支炎仍發，幸尚不劇。

十一月廿六號星期四（十月二十）

到天平路，續從《諸子繫年》中集材。記筆記一則。楊千里來。洪瑞釗來。

繼續從《繫年》中集材，仍未畢。沈燮元從蘇州來，長談。到興國路剃頭。

翻黃式三《周季編略》、莊炳章等《吳縣志》。

平心以予今年爲六十整壽，久欲邀友公祝，今以予將赴北京，遂請谷城聯繫復旦諸友，丹楓聯繫出版界諸友，起潛叔聯繫蘇州舊友，而渠自行聯繫華東師大諸友，恐將五六十人。使人費時費錢，使予徒增慚惶而已。

十一月廿七號星期五（十月廿一）

到天平路，鈔《繫年》中地理材料畢。續從《紀年》中輯材料，未畢。孫實君來。

記筆記一則。

看王鍾《法華鄉志》。與又安談。

堪兒日來傷風，前日進食較多，昨乃吐二次，瀉二次，一食即打咽。今日到錢醫處診治，謂是重感冒兼不消化，無大病。然昨日精神尚好，今日便差；昨日有熱一度許，今日只數分。不知其易愈否也。

十一月廿八號星期六（十月廿二）

到大中國，處理公務。與福全、湘嵐、君匋、緯宇、汝成等談。寫錢海岳信。沈燮元來，同到凱福飯。

與燮元同到多倫路取書，并晤方洞夫人及葉氏夫婦。回局，劉詢牧來。寫李行之、朱葆初、沈勤廬、魏瑞甫信。到四聯，寫龍榆生、劉小蕙信。

到冠生園赴諸友人公宴。九時，以汽車送歸。失眠，服藥兩次。

今晚同席：予夫婦及三女孩（客）　復旦同人　華東師大同

人　合衆圖書館同人　地圖出版社、大中國圖書局、四聯出版社、神州國光社、群聯出版社、自由出版社高級人員　上海圖書館同人　本家（以上主）

今日席中，諸人勸我，"養重于作"。此的是好意，但我如何而可實現此境界耶？此無他，經濟問題而已矣。

十一月廿九號星期日（十月廿三）

與靜秋同到狄醫處，檢查血壓，并聽心臟。歸，打電話數處。玉華來。寫謝延孫信。

到天平路取書。到海光圖書館，開史學會理事會及座談會，自下午一時半至五時半。出，亞農以汽車送歸。

看王進珊《萬花樓》劇本。玉華返校。

今日同會：亞農　谷城　厚宣　子敦　舉岱　起潛　吳杰　蠡甫　平心　寬正　進楷　尚思　丹楓　家祥

十一月三十號星期一（十月廿四）

爲湲、堪兩兒講書。到天平路，鈔雷氏《義證》"斠尋"一則，一千六百字。王文忠來。

到天平路，將雷氏《義證》戰國部分看訖，并將地名補綴。歸，徐隱芝來。

與靜秋、義安挈四孩到知味觀赴宴，九時歸。

今晚同席：予夫婦及四孩（客）　大中國圖書局同人　大中國圖書局派往地圖出版社工作同人　承辦裝訂、印刷諸家高級人員（以上主）

十一月廿八日同席：王造時　蔣天樞　林同濟　范祥雍　吳杰　周谷城　王佩諍　伍蠡甫　周予同　李聖悅　王進珊　施畸　章巽

胡厚宣　張世禄　林舉岱　史守謨　束世澂　姚舜欽　梅公毅　李季谷　徐德嶙　陳旭麓　徐稚鶴　燕義權　楊寬　吳澤　馬伯煌　許君遠　丁君匋　曹冰嚴　李小峰　馬長壽　方詩銘　陳宣錚　王煦華　俞巴林　金緯宇　屠思聰　郭紹虞　鄒新垓　金振宇　葛綏成　金擎宇　潘景鄭　黃時杰　戴家祥　金兆梓　顧廷龍　潘承圭　顧宗漢　顧誠安　顧仲健　顧廷蟾　王國秀　王育伊　瞿鳳起　沈文倬　譚其驤

　　十一月三十日同席：凌大韶　劉子喬　金緯宇　許志濤　楊煥新　陳宗舜　丁小富　黃振緄　尹文發　華汝成　陳妙林　張維新　華耀明　陳里平　張幼丞　戈湘嵐　丁洪昌　章志雲　陳宣錚　黃可保　秦敏之　方泂　梅志忠　劉旦宅　王玉成　陳鶴生　閭啓松　劉逸楓　袁兆熊　王福林　王福全　袁兆陞　陳麟書　袁輔臣　王榮德　陳福興　吳國林　高啓明　陳友樟　周吉慶　葉芝山　朱榮錦　莊良芹　高志山　章成　顧耀祖　曹慶森　韓孝安　李伯方　劉稼湘　陳宣人　章巽　顧誠安

一九五三年十二月

十二月一號星期二（十月廿五）

　　到大中國，電車中遇汝成，談。到局處理公務。寫李映婁信。燕義權來，長談。程中林來。與君匋、湘嵐談。到四聯，與冰嚴、書年、伯煌談。出，到廣益買書。到冠生園飯。

　　到人民銀行取款。到中央商場買旅行用具。回局，記日記及賬。開局務會議，自三時至五時。

　　　今日下午同會：君匋　汝成　丹楓　湘嵐　中台　振緄　幼丞

十二月二號星期三（十月廿六）

到天平路，與森老、陳柱麟、汪旭初道別。整理戰國地名略訖。到四聯，晤君遠等。與冰嚴、書年同到悅賓樓赴宴。

二時出，冒雨到大中國，與誠安談。到平心處談學，自四時至八時，在其家飯。

歸，德輝來。

今午同席：君匋　唐文光　小峰　冰嚴　嚴熒波（以上客）魏炳榮及其子書年（主）

十二月三號星期四（十月廿七）

三時起，鈔平津及西北前曾晤之人名單。理行裝。八時半離家，到大中國，德峻、又安、丹楓、冰嚴來。俟漱六來，即到車站。十一時廿分車開。

在車與蔡漱六（小峰夫人）及君匋夫婦談。

十二月四號星期五（十月廿八）

整日在車閒談。與漱六訪周喬峰。喬峰來談。

下午九時一刻到北京，金竹如、吳葆荃兩君在站迎，即乘車到琉璃廠翟家胡同北新書局堆棧，進粥，住宿。李劍青來。十一時睡，失眠，服藥兩次。

十二月五號星期六（十月廿九）

到大中國辦事處，晤竹如夫人及其子德宣。寫聖陶信。在北新早飯後，與君匋同到市場買鞋帽，參觀新華書店四個門市部及國際書店。飯于東單三條廣東飯店。

與君匋到伯祥處長談。出，訪平伯及惜華俱未遇。到商務編輯所，晤蘇繼廎及袁翰青。歸，買文具。

到大中國接惜華電話。飯後小談即眠。

十二月六號星期日（十一月初一）

寫靜秋、緯宇等、西北民族會印刷廠信。與君匋夫婦、漱六、周小姐同到聖陶處，長談。與君匋到傅惜華處談。回聖陶處飯。與葉蠖生談。

與君匋到盧鳴谷處，談。出，訪范仲澐，未晤。到修綆堂訪孫助廉，并晤尹石公。到隆福寺，游東四人民市場。出，獨至王姨丈家，談。

在姨丈家飯。九時歸。失眠，服藥三次。

今午同席：君匋夫婦　蔡漱六　周小姐　蠖生夫婦（以上客）　聖陶夫婦（主）　聖陶之母今年已八十九，而耳目聰明，惟行動不便耳。

今晚同席：楊冬麟　陳君（以上客）　王姨丈、姨母　大琪表弟　大玫、大瑛表妹　大琪夫人王儼（以上主）

十二月七號星期一（十一月初二）

寫袁翰青信。與君匋同到出版總署，訪愈之、聖陶，報告四聯及大中國事。出，到人民文學出版社訪王澤民（方白），未晤。到中圖公司。到龍門書局訪嚴叔平。到新華書店。

飯于廣東飯店。到國際書店。到國際書店總辦事處訪邵公文，未晤。到玉年處，晤其夫人。到范仲澐處，未晤。到考古研究所，晤旭生、夢家、郭寶鈞（子衡）、鍾雲父。歸。

在大中國待諸表弟妹，人齊後同到宣武門內街“烤肉宛”吃烤牛羊肉。歸，與君匋談。失眠，服藥二次。

今晚同席：予（客）　大琪及其子珏　大玫　大琬　大珍及其夫方伯義　大玕夫人（以上主）

十二月八號星期二（十一月初三）

下雪。與君匋到人民教育出版社，晤盧芷芬、計志中，談。志中伴訪吳研因，未遇。訪丁曉先，晤之。出，與君匋到烤肉宛處飯。

訪許子美，未晤。與君匋到中圖公司總辦事處，晤萬國鈞及邵公文，長談。出，到團城，訪王振鐸，晤之。到伯祥處，并晤其子湜華，談至天黑出。

歸飯。與吳葆荃、君匋等談。視漱六疾。到大中國接吳玉年電話。

今午同席：君匋夫婦（客）　　金竹如（主）

十二月九號星期三（十一月初四）

與君匋到派出所，報臨時戶口。到大中國打方白電話。歸室，補記日記及賬目。理物。寫靜秋、徐特立信。寫平心信。

飯于煤市街。到北新橋第六醫院訪雪如姪女。出，訪于思泊，未遇。到八面槽清華園洗浴。到王府井理髮。到東安市場閱書。

到奇珍閣應宴。歸，看木皮子鼓詞。

昨日行雪中甚寒，而到機關中則生火均甚旺，以此傷風，痰吐甚多。今晨二時半醒後，咳嗽吐痰，遂不克睡。只得息休半天。幸今日太陽出來，天又轉暖也。

今晚同席：思泊　君匋（以上客）　　助廉（主）

十二月十號星期四（十一月初五）

徐特立先生偕徐乾、谷榮財來。與君匋到演樂胡同訪袁翰青，未晤。晤蘇繼廎。出，訪葉譽虎先生，未晤。到國強飯店應宴。

到俞平伯處，長談。到馬大人胡同訪金靜安。到近代史研究所訪王崇武、朱士嘉。士嘉伴至牛排子胡同訪張石公先生。

到奇珍閣宴王澤民，長談。

今午同席：夢家　助廉　君匋（以上客）　　思泊（主）

十二月十一號星期五（十一月初六）

與君匋到人民文學出版社，訪樓適夷、聶紺弩，長談。出，飯
于東來順。到東四清真寺訪馬松亭阿訇，未晤。

到文匯報館訪謝蔚明。到人民美術出版社訪薩空了。回局，科
學院劉大年、尹達來訪問。與君匋到商務印書館訪史久芸。歸飯。

裴成武來送書。吳玉年來，長談。

十二月十二號星期六（十一月初七）

王姨丈來。史久芸來，長談。與君匋到磚塔胡同訪邵力子，未
遇。出，到北海北京市文物組訪容元胎，并晤周耿、方慶瑛。在北
海仿膳飯。

到農業部，晤熊尤今。到建國門外杜家樓通俗讀物出版社，晤
楊賡、倪海曙。到伯祥處，并晤其夫人及四、六、七小姐。出，飯
于東來順。

到興隆胡同訪許子美夫婦，并晤高大姨，長談。

十二月十三號星期日（十一月初八）

裴成武來。盧芷芬、丁曉先來。邵力子先生偕其夫人傅學文、
友徐家涵來。容元胎偕其兩子伊、侃來。到尚家飯。

回局，蘇繼廎來。同到南新華街通學齋閱書，晤其主人孫耀
卿，遇陳萬里。到姨丈家飯。

歸，記日記四天。

今午同席：蔣維崧（峻齋）　王文潤（以上客）　尚愛松夫婦（主）

今晚同席：姨丈、母　大珩夫人及其子競　大琪夫人及其子
珏、喆，女鑫　大玫　大琬　大珍及其夫方伯義　大瑛

十二月十四號星期一（十一月初九）

蕭新祺來。到大中國打電話。孫耀卿來。回寓，記賬。寫靜秋信。寫冰嚴、小峰信。起草致出版總署信。到市場和平餐廳，赴夢家宴。

在市場買物。與君匋夫婦會于五芳齋。與君匋同到科學技術普及協會，晤袁翰青、周志成、左塏、王奎克及汪心泉，談至四時出。到故宮訪唐立厂、陳萬里，俱晤之。到葉遐庵先生處，并晤葉志剛。

歸，朱士嘉、王崇武來，同到西單曲園酒樓飯，談至九時歸。

十二月十五號星期二（十一月初十）

蕭新祺來。到抗美援朝總會，與陳家康君長談。十二時出，與君匋夫婦飯于公園來今雨軒。

與君匋同到中山堂看徐悲鴻遺作展覽會。出，與君匋到故宮繪畫館，遇余讓之、向覺明、楊人楩夫婦。出，到歷史博物館訪傅振倫，不遇，晤史君。到人民日報社，與沈同衡談。

回寓飯。看新購書至十時半。失眠，服藥二次。

故宮繪畫館所藏，以隋展子虔《春游圖》爲最早，宋張擇端《清明上河圖》爲最有名。以明日停覽，今日往觀者極多。

咳嗽已一星期，尚不愈，殊苦。咳得面紅耳赤，鼻涕亦擤不完。雖服藥，不見效。

十二月十六號星期三（十一月十一）

君匋夫婦赴津。裴成武來。與漱六談。寫靜秋信。記日記，記賬。看潘光旦《近代蘇州的人才》。與漱六同飯。

到大柵欄買物。歸，寫周總理、陳家康、聖陶、楊秀峰、張奚若、范長江、翦伯贊、費孝通信。

傅惜華來，同到陝西巷恩成居飯。歸，與漱六談。

十二月十七號星期四 （十一月十二）

到通學齋選書。寫出版總署胡署長及人民教育出版社葉社長兩公函。

訪陳濟川，未晤。範成法師來。寫靜秋信。

君匋夫婦自天津回。計志中來。王文潤、殷綏民來。高瑞蘭來。服藥兩次。

十二月十八號星期五 （十一月十三）

蕭新祺來。孫耀卿來。與君匋到出版總署訪黃洛峰等，到文學出版社訪王澤民等，皆以開會不晤。到中華書局訪姚紹華，邀至青年會飯。

到榮寶齋購物。回寓，依紹華言，重草致胡愈之信，重寫致葉聖陶信。

裴成武來。與漱六等談。翻看新購書。

十二月十九號星期六 （十一月十四）

六時起，鈔致胡署長信。與君匋到人民教育出版社，晤盧芷芬、計志中、隋樹森等。由志中導訪曉先，值開會。又訪吳研因，遇之。出，到五芳齋飯。

與君匋到出版總署，晤出版局副局長傅彬然。出，予訪伯祥，未遇。到大公報館，與王芸生談，并晤吳秉貞。回寓飯。

岑堅來，姚紹華來，談分省拼合版事。侯芸圻來。

十二月二十號星期日 （十一月十五）

馮世五來。蕭新祺來。十時，到振鐸處，并晤伯祥，談予明年工作事。十二時入宴。

天木夫人來，談至二時許出。回局，王澤民來，雪如侄女來。

四時，到許子美家，入宴。六時，偕其夫婦到首都電影院看蘇聯影片《最高的獎賞》。

回局，與君匋談。裴成武來。

今午同席：曾昭燏　王天木　王伯祥　薩空了夫婦（以上客）　振鐸夫婦及其子（以上主）

十二月廿一號星期一（十一月十六）

蕭新祺來。與君匋夫婦及漱六雇汽車覽新北京，十時許到頤和園，游玉瀾堂、樂善堂，照相。到長廊頤和飯莊飯。

游排雲殿、石舫、諧趣園、大戲臺等處。三時半出，予到北大下車，訪翦伯贊，未晤，晤其母。到文史樓，亦以聽大報告，未見人。乘汽車到西直門，轉七路車到前門。

到煤市街豐澤園應宴。七時半，到中和戲院看荀慧生《誆妻嫁妹》，十一時歸。

今晚同席：趙豐齋　漱六　吳葆荃及其母　君匋夫婦　李劍青（以上客）　金立輝夫婦及其子德宣（主）

十二月廿二號星期二（十一月十七）

馬寶璽來。蕭新祺來。草致周總理信，凡一千字。到烤肉宛赴宴。

歸。寫靜秋信，出寄。鈔致周總理信，訖。鍾雲父來。與漱六等談。

到恩成居赴宴。裴成武來。

今午同席：吳葆荃　君匋夫婦（以上客）　蔡漱六（主）

今晚同席：君匋夫婦　漱六　竹如　劉訥（紅葉書店經理）（以上客）　吳葆荃（主）

十二月廿三號星期三 （十一月十八）

上午一時醒，大咳，至三時眠。六時起，又咳。送君匋夫婦上車。蕭新祺來。整理所購書。到竹如處飯。

與葆荃談。到楊梅竹斜街達仁堂挂號。到勸業場剃頭。歸，翻所購書。記賬。出，到大柵欄購臉盆，到達仁堂就孔伯華大夫診治。

與漱六談。士嘉來，出示其在美所收帝國主義侵華材料。裴成武來。

自今日起，到大中國飯。

十二月廿四號星期四 （十一月十九）

蕭新祺來。在寓休息，編所購書目，未訖。王姨丈、姨母來長談。

寫辛樹幟、魏應麒信。與漱六談。

澤民偕聶紺弩來談。

十二月廿五號星期五 （十一月二十）

到教育部，與張奚若部長談。到人民教育出版社，晤計志中、盧芷芬、丁曉先。回局，羅偉之來。向覺民來。留偉之飯。

與偉之到寓所看礦物圖。寫靜秋信。到高教部，訪瑞蘭，同到部長室，與楊秀峰、曾昭掄兩副部長談。歸飯。

翻汪之昌《青學齋集》。史爲民自天津來，同住一室，談。失眠，服藥兩次。

十二月廿六號星期六 （十一月廿一）

寫邵力子先生信。孫耀卿送書來。寫丁君匋信。到政務院文化教育委員會訪范長江副委員長，談。出，到北海公園飯。

到伯祥處，與其夫婦長談，留飯。晤王清華及其夫章士敘、潤華及其婦錢氏、湜華。

選通學齋所送書。

十二月廿七號星期日（十一月廿二）

爲史爲民寫梁思成信。通學齋孫耀卿送書來，翻閱半日。寫靜秋信。

到蘇繼廎處，看其所集古刻本、稿本、批校本。吳重暉來。謝興堯來，談。繼廎邀至東四便宜坊飯。

與繼廎、重暉、興堯同到修綆堂閱書，與李新乾談。到大柵欄買藥。

十二月廿八號星期一（十一月廿三）

羅偉之來。寫誠安、羅旺（班禪辦事處長）信。到北大，晤翦伯贊、邵循正。至伯贊家，齊致中來，同飯。林樹惠來。聶筱珊來。

與致中到楊人楩夫婦處。出，到筱珊處。與筱珊、致中到鄧文如處，長談。復還筱珊處小坐。到致中家飯。

容八爰來。與致中訪仁之，未晤。訪向覺明，談。宿致中家。失眠，服藥四次。

十二月廿九號星期二（十一月廿四）

馮世五來。侯仁之來。與致中同出，到中關園。訪張苑峰，談。訪張芝聯，晤其夫人。出，遇陳意。訪鄧恭三，未遇。出門，遇之于道。到筱珊家飯，與陳鴻舜談。

與筱珊同到校，訪孫子書于鏡春園。出，子書夫人伴至黃子通處。出，到八爰處，并晤七嫵。到楊人楩家飯。

到馮芝生處談，并晤尹達。歸，與致中談至十一時。

十二月三十號星期三（十一月廿五）

辭致中夫婦出門，乘公共汽車到民族學院，車中遇林樹惠。晤楊成志、吳玉年、馬鶴天、王靜如、馮伯平、林耀華、吳文藻、沈家駒、陳永齡、胡先晋等，談。成志夫婦邀至其家飯。玉年來。

到費孝通、潘光旦等處談。訪宗群，未晤。成志送至校門口。上車，返局，寫君匋、靜秋信。

回寓，翻書肆送來書。與漱六、爲民談。

十二月卅一號星期四（十一月廿六）

羅偉之來談。同出購瓷器送班禪辦事處人員及北新書局移新居。歸局，與竹如夫婦及李劍青等談。飯後回寓，補記日記。

羅偉之來，與同到班禪辦事處，晤李春先古學及其夫人江秋挪姆、羅旺處長、聯慧珠副處長。出，到南月牙胡同偉之處小坐。乘環行路車歸。與竹如夫婦及劍青談。

看張星鑑《仰蕭樓文集》。早眠。

一九五四年

一九五四年一月

一月一號星期五（十一月廿七）

到侯芸圻處，與其夫婦談。出，到王姨丈處，與姨丈母、大琪夫婦及陳炎文談。留飯。

回局，携圖出，到羅偉之處，與同出，到沙井胡同民族事務委員會宿舍，訪嚴信民，并晤其母、妻。出，到北海，訪法尊，未晤，晤如海。出，飯于雙虹榭。

再到菩提學會，晤法尊、正果兩法師。回局，由偉之打電話。回寓，以烟熏，立户外，與范月槎談。失眠，服藥二次。

一月二號星期六（十一月廿八）

孫耀卿來。傅惜華來。寫靜秋信。聶筱珊來。到吳文藻家赴宴，并晤其母及宗生、宗遠、青。

三時，與羅偉同到内務部，訪謝覺哉部長及其夫人王定國，并晤金泗淇將軍。出，予獨至北京圖書館，訪曾毅公，并晤吳重暉。

到萃華樓赴宴，談至八時半散。

今晚同席：王守真　秦林舒夫婦　李一非夫婦　王賡堯（以

上客）　　王澤民夫婦及其女王曉（主）

一月三號星期日（十一月廿九）

孫耀卿來。范月槎來道別。班禪辦事處羅旺處長及其侄拉扎與羅偉來，贈哈達。同到辦事處，晤李春先古雪夫婦及其幼女、聯慧珠及其孫、孫女等。贈物。與李春先古雪及羅偉同到達賴辦事處，晤然巴喀布處長夫婦。

到聖陶家赴宴，談至三時半出。回局，羅偉偕嚴信民來談。信民行後，與羅偉同到寓所，談至六時去。

與劍青父子談。回寓，看通學齋送來書。失眠，服藥三次。

今午同席：章元善　伯祥（以上客）　聖陶夫婦及其子至善、媳滿小姐（以上主）

一月四號星期一（十一月三十）

到局，與劍青等談。補記日記及賬目。寫靜秋信。整理所購書，編目，至十一時方竟。

史爲民赴津，來辭別。羅偉來。

一月五號星期二（十二月初一）

到羅偉之處，與同到東吉祥胡同章伯鈞部長家，晤其夫婦及秘書洪範，參觀其所藏書籍、書畫、古物，在其家飯，談。

到偉之家，與之同出，到卜蕙蓀家，晤其姊及其幼女玲玲。出，復至偉之家，看其所藏邊疆照片及其所撰之獄中記。乘環行路車歸。

曾毅公來。回寓，與漱六談。眠不安。

一月六號星期三（十二月初二）

孫耀卿來，看其送來書。寫靜秋信。

到琉璃廠郵局寄信，買筆。歸，與漱六談。寫鄭西諦、周堯、王澤民、袁翰青、司徒喬、俞平伯、李仲揆、吳研因信。羅偉來，當面寫一信與之。與訪黃文源，未晤。予獨至高大姨處辭別。

到全聚德，赴宴。出，購藥。歸，與漱六談。

今晚同席：聖陶夫婦　伯祥夫婦　朱文叔　丁曉先　章雪村　劉薰宇　顧均正夫婦　計志中　徐調孚　賈祖璋　傅彬然　章士敫夫婦（以上客）　盧芷芬夫婦（主）

一月七號星期四（十二月初三）

白壽彝來。王威來。丁曉先來，長談。爲曉先寫苑峰信。孫耀卿來。

剃頭。寫葉譽虎先生信。到羅偉之處，與同訪燃料工業部處長岳維俊。出，訪鄧團子，并待黃文源，均未晤，與宋靜談。

與偉之到十刹海"烤肉季"飯。歸，看通學齋送來書。失眠，服藥三次。

一月八號星期五（十二月初四）

王守真來。寫靜秋信。孫耀卿來，理其所送來書，分別留退。

寫吳玉年、王崇武、朱士嘉、林漢達、傅惜華、計志中、俞平伯信。訪于思泊，值其返東北，未晤。訪張石公先生，談。到市場購物。到東來順赴宴。

到酒醋局六號，晤王輔漢、高光明、金啓綜、傅耕埜、曾毅公，談編製歷史圖事。十時歸。服藥兩次。

今晚同席：予與羅偉（客）　羅旺及其侄拉扎　聯慧珠及其孫女羅錫麟（以上主）

一月九號星期六（十二月初五）

羅偉之來，長談。孫耀卿來。理近日所購書。

盧芷芬來。尹達來，長談。羅偉之來。孫耀卿來。編書目。

王崇武來。高瑞蘭奉其母來。

一月十號星期日（十二月初六）

到大牌坊三十三號，訪愈之，談一小時半。出，到新華書店古典門市部購書。到王文潤處。到殷綏民處，并晤其夫人徐瑞雲。文潤送餃子來。

與綏民同到江擦胡同一號訪朱育蓮，不遇。到王姨丈家，知今晚九妹成婚。到伯祥處，長談，并晤章士敫等。

到森隆飯店，赴喜筵，看跳舞。九時許歸。失眠，服藥兩次。

　　今晚同席：姨丈、母　大琪　大玟　大琬　大瑜　王儼　方伯義　沈肇瑞等約三十人（客）　新郎楊冬麟、新娘王大瑛（主）

一月十一號星期一（十二月初七）

寫靜秋信。漱六來談。孫耀卿來。王威來，長談。

到尹達處。到大玠夫人處。到羅偉之處，留條。到徐特立先生處。到邵力子先生處，留條。到鍾敬文處。到白壽彝處，晤其母。回局，即出，到羅偉之處，與同到章宅赴宴。

與章伯鈞談至八時出，以汽車送歸。與譚鎬談。

一月十二號星期二（十二月初八）

編録書目訖，即由竹如裝箱。漱六來。耀卿來。

羅偉之來，同到全聚德候客，予到東站買行車時刻表。

宴客訖，到鮮魚口照相。到大柵欄購贈人物。歸，到吳葆荃處。

　　今晚同席：羅旺處長　李春先古學　祖娜仁清　江秋拉姆黃文源廳長　黃玉貞小姐　札喜才讓主席（即黃河南親王）

（以上客）　予與羅偉（主）

一月十三號星期三（十二月初九）

發雁秋電。孫耀卿來。寫楊衛玉信。黃文源夫婦及玉貞、聯慧珠及其孫女羅錫麟、羅偉及其子寧偉來，同到南新華街照相，到全聚德飯。

到葉譽虎先生處取寫件。到商務書館訪袁翰青、蘇繼廎。到中華書局訪姚紹華。到東安市場購物。歸，理裝。到吳葆荃處談。

八時上站，竹如、葆荃、王威、羅偉等送行。九時一刻車開。

　　今午同席：羅旺　聯慧珠　李同輔　羅偉　羅寧偉（以上客）　黃文源　札喜才讓　黃玉貞（以上主）

一月十四號星期四（十二月初十）

在車看趙清閣所編越劇《桃花扇》畢。與漱六長談。看中共《對于歷史問題的若干決議》，未畢。

三時抵徐州，雁秋、仁傑、三姊來談十餘分鐘。

以水汀太熱，徹夜無眠。

一月十五號星期五（十二月十一）

五時三刻，車抵無錫，漱六下車，八時三十八分抵上海。雇車返家，與靜秋、頤萱談。理物。

眠一小時。易衣。洗頭，剃鬚。理物。與盧太太談。

休息。

一月十六號星期六（十二月十二）

到大中國，與君匋、緯宇、湘嵐、汝成等談。寫李映婁信。義安來。與誠安到凱福飯。到郵局發信。

返局，與陳鶴生等談。到四聯，與許君遠、李小峰、曹冰嚴、魏書年等談。到天平路，與洪瑞釗等談。

翻洪頤煊《讀書叢録》。義安來。

政府辦體育出版社，華東新聞出版局來通知，體育挂圖停止發行。然政府號召增産節約，而我社進行之體育挂圖獨歸浪擲，此非幹部之官僚主義而何！

一月十七號星期日（十二月十三）

與兒輩到武康路口買童話書。到合衆圖書館，視起潛孀疾，與起潛叔、景鄭、育伊、煦華、胡吉宣談。到知味觀，赴宴，談北京接洽情形。

二時許歸，管孩子（静秋參加選舉）。爲兒輩講蘇聯童話五册。又安來。

今午同席：振宇　緯宇　擎宇　君匋

一月十八號星期一（十二月十四）

到天平路，與徐森老、尹石公、洪瑞釗、方詩銘、戴容等談話。選劉晦之家送來樣書。歸，吃静秋四十七歲壽麵。

姜亮夫夫婦來。到丹楓家，談。到大中國，與王福全談。理抽屜，撿文學山房發票與税務局。

與張魯青談。蘇淵雷來。爲兒輩講《怪屋子》。

一月十九號星期二（十二月十五）

到紫羅蘭剃頭。補記日記三天。鈔出此次到京所訪之人及其機關。

到天平路，與文管會同人到南洋模範中學，參加徐匯區第七選區選舉代表大會，三時三刻出。與汪旭初、蕭覺天、王佩諍等談。

標出《讀書叢録》中古籍名。

盧雪岩來。黃永年來。

今日爲有生以來第一次參加選舉，可作紀念也。

[原件]

選民證

姓名　顧頡剛　　年齡　六十歲　　性別　男

上海市徐匯區選舉委員會發　一九五三年十二月十九日

[原件]

候選人名單

1. 呂　復—上海藝術學院副院長，代表文藝界
2. 劉雲庭—徐匯區公安局局長，代表中共
3. 徐忠吉—（女）徐匯區民主婦聯副主任，代表婦女界
4. 沈同——民主促進會會員，南洋模範中學校長，代表民主黨派
　　　　及學校
5. 遲序堂—居民委員會代理主任，代表居民基層組織
6. 樂慕貞—軍屬模範，十個孩子的母親，代表婦女界及軍屬
7. 趙遐秋—南洋模範中學青年團脫產書記（女），代表學生及新民
　　　　主主義青年團

一月二十號星期三 （十二月十六）

上午一時半即醒，未再眠。到天平路，與尹石公談。點徐文靖《竹書統箋》夏代部分，未畢。葉笑雪來，詢標點兩《唐書》方式。

到四聯，開編審會議。何滿子來。劉季高來。與魏炳榮先生談。到馬思南路郵局取書。

整理寄來書。

　　今日同會：曹冰嚴　李小峰　丁君匋　楊蔭深　許君遠　周惠風　陳業恒　李宗洛　陸萼庭　陳永熙

一月廿一號星期四（十二月十七）

　　車中遇龍榆生。到大中國，理信件、雜紙。王福全來談。帥潤身來。爲劉小粟寫承名世信。到四聯，飯。

　　與小峰、伯煌、進珊、劉季高談。出，到群聯出版社，晤徐稚鶴、燕義權。回大中國，開廿四次編審會議，未畢。胡厚宣來，同到復興園飯。

　　以堪兒遺溺哭，静秋屢起。予遂不能眠，服藥四次。上午一時後始眠。

　　今日同會：丁君匋　金緯宇　戈湘嵐　方洞　張維新　張幼丞　華汝成　黃振緄　章丹楓

　　近日屢犯劇烈之失眠，以致白天做事不能集中精神，頭也有些暈，明日決就醫診視。

一月廿二號星期五（十二月十八）

　　到大中國，續開廿四次編審會議。王林來。與丹楓同到復興園飯。出，同訪范祥雍，未晤。

　　到丹楓處小坐。同出，到溧陽路舊書店，晤周清。到上海博物館，晤楊寬。與丹楓分手，予到狄書三處，自三時半待至五時半始來，驗血壓。看馮承鈞《中國南洋交通史》。

　　爲兒輩講《哈哈鏡王國歷險記》。服藥，得安眠。

　　今日檢查血壓，上字高至一百七十六度，下字高至一百度。此爲自予與静秋結婚後所未有，蓋兩月來忙于奔走之結果也。狄醫開一方，囑予服八天，又囑多吃素菜。

一月廿三號星期六（十二月十九）

到天平路，點《竹書統箋》夏代訖。寫自珍信，到興國路寄發。

到天平路，補記日記四天，補記賬十一天。點《統箋》殷代未畢。寫羅偉之信。到徐澄宇處，并晤其夫人陳家慶。

翻董說《七國考》。

今冬北京已暖，上海更暖。但北京晴，上海雨，一雨將一月，潮濕如入霉。今日起風，頗寒，知天當晴矣。

一月廿四號星期日（十二月二十）

看十二月份《新蘇州報》。玉華來。整理顧觀光《七國地理考》及《國策編年》。

到楓林橋科學院，出席史學會理事會。四時半出，與平心同行，到"吃吃而酌酌"進點。出，遇德輝。歸家，與平心、德輝談。

與靜秋到杏花樓，參加華汝成子喜禮。失眠，服藥三次。

今日同會：李亞農　周谷城　蔡尚思　李聖悅　姚舜欽　陳旭麓　胡厚宣　王國秀　楊寬

今日同席：大中國全體　地圖出版社葛綏成等　學友圖書社屠思聰等　中華書局楊亦農等　凡九桌（客）　華汝成及其子有恒　張方月珠及其女淑華（主）

一月廿五號星期一（十二月廿一）

到天平路，點《竹書紀年統箋》殷代訖。寫金子敦信。

到天平路，接點《統箋》西周部分，未畢。聞在宥來，長談。寫雁秋信。

爲兒輩續講《哈哈鏡王國》。翻顧實《西征講疏》。

一月廿六號星期二（十二月廿二）

鴻鈞自南京來。到群聯，與燕義權談。到大中國，處理公務。魏建猷來。丹楓來，同到狀元樓赴宴。

到天平路，點《統箋》西周部分，仍未畢。理書入新運來之書櫃。

方詩銘來，長談。續翻《西征講疏》。

今午同席：予與丹楓（客）　振宇　緯宇　擎宇　葛綏成宣人　鄒新垓（以上主）　爲地圖出版社欲將予與丹楓所編歷史圖加繪挂圖。

今日到群聯，知抗戰前予所點《史記》，該社願接受付印。予擬過新年後日讀《史記》一篇，以黃善夫本作主，加以校正。今年紀念司馬遷，此書有銷行之望，則予至北京，當可藉版稅度過難關矣。

一月廿七號星期三（十二月廿三）

到天平路，點《統箋》西周部分訖。尹石公來談。

到四聯，開第三次編審會議，自二時半至五時半。寫矗紺弩信。劉季高來。

翁達藻來。徐澄宇、陳秀園來。黃永年來。

一月廿八號星期四（十二月廿四）

到狄醫處量血壓。到四聯，送稿。到大中國，寫羅偉之、李仲揆、李映婁信。與幼丞談。理《現代西藏》照片。

到凱福飯。到醫藥出版社，晤張士敏，送稿。到誠安處，與德峻侄談。到郵局寄信。返大中國，開報銷，理公務。張志毅來。四時許，還家。到修文堂還書賬，遇丹楓及范祥雍。

與丹楓同到大新酒樓，赴大中國同人年宴。八時半歸。

服狄醫之藥一星期，除廿四日因交際失眠外，餘日均可睡七小時左右。今日檢查血壓，已低至一百六十度，可慰也。

今晚同席：大中國全體同人　李小峰　魏書年　振宇　擎宇　新垓

一月廿九號星期五（十二月廿五）

到天平路，鈔出夏代地名今釋，未畢。尹石公來談，商劉晦之書價。王文忠送書來。

到星藝文具社買物。到華東新聞出版處開編輯人座談會，聽華東人民出版社副總編輯江彬報告編輯方法，方學武報告幾項通知。與陳邦楨等談。

看郭沫若《金文大系圖錄》。

一月三十號星期六（十二月廿六）

到北四川路五洲藥房配藥。到大中國，寫伯祥、之屏、自珍、永年信。中國銀行王宗徽來。與誠安等談。到復興園飯。

返家，與潮、洪、湲三兒到衡山電影院看《丹娘》片。四時半歸，與靜秋同到淮海路辦年貨。

看顧實《穆天子傳講疏》。

一月卅一號星期日（十二月廿七）

在家理書。十時，偕潮、洪、湲、堪四兒到衡山公園玩，又到迪化公園玩，又到"吃吃而酌酌"吃點。

爲兒輩講《石頭王子》。疲甚，臥床，看周予同注《漢學師承記》。靜秋爲洗澡。

徐君默來，作筆語。

得雁秋函，謂就徐州楊瞎子談我的命，謂我一生辛苦，孤單無幫助，生之者少，食之者多。從六十一歲往前數，平生未走好運，奔波勞碌。這五年來，是閉口無言。最近五十多天以來，尤爲不安，旁人亂説一套，自己一無主張。所幸到幾天以後的立春日止，這些駁雜運氣走完，從立春日起換了庚戌大運。自六十二至七十一，十年之間爲生平最好之運，一帆風順，步步春風。又謂予今後走西北運，自宜在北方作事。但貴人以南方爲多，幫助力强。又謂予三妻一子，第三妻若非命硬，又被剋了，屬羊的可以不剋了。誠如其言，我到科學院工作是可以順利的。我若能好好兒讀十年書，寫十年文，也可有一個交代。但希望我有怎樣的成功，則亦未必，因爲十年究竟是短短的一段時間，做不了大工程也。

[原件]

大中國圖片出版社各科教育挂圖目録

一九五四年一月　第一期

（下略）

一九五四年二月

二月一號星期一 （十二月廿八）

到天平路。理抽屜。看《咸淳臨安志》。補記日記三天。到興國路剃頭。

到天平路，看劉惠之所送之頭本《全氏七校水經注》等書。葉笑雪來。歸，李福庭來。

周昭亨來。續看《漢學師承記》。

二月二號星期二 （十二月廿九）

到天平路，檢書。到大中國，與君匋、緯宇、汝成談。寫竹如信。題放大之藏人二照片。出，到淮海路，飯于老松順飯店。

歸家後，又至天平路。理兩個月中積擱未復之信札。看《邵亭知見傳本書目》。

過年家宴。爲待靜秋辦家事，看《華制存考》、《骨董續記》及《聊齋志異》。上午二時，服藥眠。

以前除夕必祀先，今年停止，以此知社會風尚日在遷變中也。

二月三號星期三（正月初一　甲午元旦）

戈湘嵐來。朱向榮夫婦來。范希衡夫婦來。趙泉澄來。盧雪岩夫婦來。方泂來。張魯青夫婦來。鈔錄上海親友住址。

理書物二櫃。

二月四號星期四（正月初二　立春）

與靜秋上樓，向張魯青夫婦、朱向榮夫婦、盧雪岩夫婦拜年。王福全來。張匯文來。理書桌抽屜。童丕繩夫人、黃永年夫婦來。誠安及侄德峻、德武、德全、德平來，均留飯。

與靜秋、誠安、潮、洪、湲三兒、峻侄同出，到午姑母家拜年，并晤豫弟。出，到起潛叔處，視嬸疾，并晤誦芬弟。出，予獨至徐澄宇處，晤其夫人。訪聞在宥，未晤。歸，與靜秋口角。記筆記三則。

爲堪兒發高燒，靜秋、玉華送至廣慈醫院診治。至十一時半，服藥眠。

堪兒自昨夜發燒，今日上午服藥後減低，晚又高至一百〇四度，有抽風象。靜秋急甚，送廣慈醫院診，斷爲急性扁桃腺發炎，打盤尼西林二十萬單位，分兩次打。

二月五號星期五（正月初三）

蘇淵雷來。王煦華來。華汝成來。袁捷、劉逸楓來。盧煥强來，爲我家照相。高醒翠來。毛光義夫婦來，爲我家照相。王進珊來。

徐澄宇夫婦來。姜亮夫夫婦及其女來。方柏容夫婦及其子女來。趙彥高來。曹冰巖、李小峰、許君遠、馬伯煌來。與彥高玩算術游戲牌，留飯。

祝瑞開來，姜又安來，并留飯。

今日下午，廣慈醫院診堪兒疾，謂是葡萄球狀菌爲害，口腔全爛，打盤尼西林針無效，應改打連黴素針。晚間仍高至百〇三度許。静秋及舅母爲之終夜不得安眠。

二月六號星期六（正月初四）

玉華帶潮、洪兩兒到軍醫大學。倪醫生來打針。與静秋同到范希衡家，晤其子錚，女玲、琅、珊、玢。到高君珊家，長談。

應華東對外文化聯絡事務處之約，到上海博物館，參與"德意志民主共和國實用藝術展覽開幕典禮"，晤紹虞、予同、森玉、景深等。歸，午姑母與紅妹來。張家駒夫婦來。季龍、吳杰、馬長壽、陳守寔、胡厚宣來，長談。

看《聊齋志異》。

明日年初五，爲接財神之期，今夜爆竹聲不絶，知上海人之資産階級思想一時尚未能滌除也。

二月七號星期日（正月初五）

到蘇淵雷處。到馬伯煌處。到李小峰夫婦處，并晤黃仲明。與小峰、仲明同乘汽車到大世界。與小峰同到曹冰巖家赴宴。

與小峰、伯煌同到許君遠處，未晤。予獨至戈湘嵐處。出，到華汝成處，未晤。歸。魏書年來。與書年同到錦江飯店，赴團拜聚餐。

歸，狄醫生來診堪兒疾。

今日下午堪兒熱度又高至百○三，狄醫來，謂廣慈醫院藥用錯，蓋球狀菌應用盤尼西林，杆狀菌則用連黴素也。醫院中幾個女孩子作醫生，連如此常識也沒有，豈非害人！狄醫爲打盤尼西林油1CC，即四十萬單位。

今午同席：李小峰　馬伯煌　周惠風　羅昌壽　戚國全丁駿聲（以上客）　曹冰嚴（主）

今晚同席：屠思聰　黃仲明　李小峰　曹冰嚴　章丹楓金振宇　金緯宇　金擎宇　顧誠安　徐稚鶴　華汝成　李昌聲劉季康　魏書年　丁君匋　戈湘嵐　葛綏成

二月八號星期一（正月初六）

伴堪兒，在床上講故事。到張匯文處。到泉澄夫婦處，并晤胡子雲。出，買藥，歸。

三姨挈其孫克明自徐州來。到陶秋英處，見其母與妹，并遇蔡尚思。到毛光義處，晤其夫人。到王進珊處，晤其母與夫人。到王煦華處，晤其祖母。到狄醫生處，晤其夫人。

到榮華樓，赴自由出版社之宴。飯畢，開會商討《史學叢刊》事。十時與平心同車歸。

見予者均謂予眼紅，得無旅行生活中受小峰夫人之傳染耶？

今晚同席：周谷城　周予同　蔡尚思　楊寬　耿淡如　平心劉大杰　施蟄存　吳文祺　林同濟　吳澤　王國秀　林舉岱　陳旭麓　胡厚宣　伍蠡甫　張世祿　冒效魯　徐中玉　西門宗華等（共三桌）　王造時及其子鈞樞，女海若、海容　謝循夫（以上主）　自由出版社約稿也。

二月九號星期二（正月初七）

蔣大沂來。李亞農來，長談，自九時至十一時半，粗翻其《前封建制社會》初稿。

到魏炳榮處，晤其夫人與兒媳。到大中國，開十九次編輯出版聯席會議，五時半散。與丹楓、君匋談。

買照片簿。理照片，至十一時方訖。失眠，服藥三次。

今日同會：君匋　緯宇　汝成　丹楓　榮德　幼丞　湘嵐　中台　兆熊　兆祥　福全　小粟　逸楓　洪昌　維新

堪兒之疾，熱只高一度，知將愈矣。

二月十號星期三（正月初八）

到天平路。森玉先生來。尹石公來。點《逸周書》二篇。看李亞農文一篇。記筆記一則。方詩銘來。玉華送潮、洪兩兒歸，接三姨及克明到軍醫大學。

到天平路。點《逸周書》八篇，看亞農文一篇。記筆記一則。

唐倩影來。爲程枕霞作沈尹默信。看《聊齋》，記筆記三則。爲堪兒索母哭，致失眠，服藥二次。

堪兒扁桃腺炎已愈，惟口腔炎仍未愈，有一度熱，食物作痛，故厭食。

上海去冬未下雪，立春後又大濕熱。予與靜秋足趾間均作癢，必搔之流血始快，如在四川時，此亦天時之不正也。

二月十一號星期四（正月初九）

崔裕權來。到狄醫處診，遇謝循初。到大東藥房配藥。到天平路，點《逸周書》十六篇。看與《逸周書》有關之材料。尹石公送盧江劉直之所藏清代文集目錄來，閱之。歸，宴客。

王士耀來。

看在宥所贈《華西大學研究所集刊》。

天熱，體疲甚，時時倦欲眠。

今午同席：姜亮夫夫婦　　聞在宥夫婦　　起潛叔（以上客）
予夫婦（主）

今日驗血壓，爲自八十四至百五十六，復原矣。特夜眠仍不安，一失眠即須服多量藥，終非佳事也。

二月十二號星期五（正月初十）

曹子超來，爲蠟像展覽會事長談。與潮、洪、湲三兒乘電車至北四川路底，到大陸食堂飯。

與三兒到誠安家。予獨至方中台家，與其夫人談。出，到盧煥強家，留條。到魏建猷處，并晤其女思威、元吾。到張家駒夫婦處。五時，與三兒歸。

看鴻鈞貼照片。

李志雲以中風逝世，今日殮。是四十年前導予至北京糧食店中和園看小香水《迴荆州》劇，因而使予顛倒于劇場十餘年者也。

覽蘇州報紙，知上月新力滬劇團在大都會劇場演時裝大悲劇《筱香水》，諒即根據電影改編者。香水有此身後名，亦可喜也。十七日記。

建猷告予，有人自北京來，傳政府已決定聘予入科學院，月薪五百萬元。如此訊果確，則太照顧予矣。予年來所以遲迴不敢脫離私營企業，正因家用不足故耳。然時不我待，如何在忙亂生活中研究學問，思之如坐針氈。今政府解除予之顧慮，使予得專心學問，垂盡之年有所貢獻于祖國，此真莫大之幸福也。

二月十三號星期六（正月十一）

寫自珍信。到大中國，與君匋、緯宇等談。寫謝延孫、羅偉之、傅惜華、袁翰青、徐調孚、朱向榮信。王丹岑來。

理髮。金子敦來。盧煥强來。

到朱向榮處。鴻鈞赴南京。看《華西大學集刊》。

二月十四號星期日（正月十二）

沈勤盧來。錢海岳、沈燮元來。胡山源來。爲人寫扇一。記日記，賬目。與靜秋到李拔可夫人處。又安來。

寫程枕霞信。到上海博物館，參加史學會年會，自二時至六時。與劉季高、燕義權、譚季龍等談。

與丹楓到南華燕雲樓賀劉小粟婚禮。九時，與靜秋及三兒同歸。

今日同會：李亞農　周谷城　周予同　胡厚宣　林舉岱　金子敦　沈勤盧　錢海岳　沈燮元　蔡尚思　吳澤　譚其驤　王國秀　王造時　俞巴林　燕義權　楊寬　張繆子　章丹楓　胡曲園　張世禄　陳乃乾　洪廷彦　酈家駒　魏建猷　戴家祥　姚舜欽　陳旭麓　耿淡如　平心　伍蠡甫　高達觀　吳杰　劉季高　朱伯康　徐德嶙　李季谷　束世澂　周進楷　蔣秉南　程演生　王蘧常　金諾　蘇乾英　黃穎先等　共四十六人

今晚同席：大中國全體同人　大中國派至地圖出版社同人　孫雪泥　裘鐵人　葛綏成　方洞夫人及其女……（共十一桌）新郎劉旦宅、新娘張微粼（主）

二月十五號星期一（正月十三）

到天平路，看子敦《尚書》譯文。金子敦來，長談。沈勤盧來，與同歸，厚宣來，均同飯。

到天平路，點《逸周書》十二篇。看子敦《封、邦、邑、國、方考》。

看張郁文《元史地理通釋》，記筆記二則。

堪兒今日又發熱，下午至一百〇二度四。就錢恩澤醫師診治，謂自扁桃腺發炎後腸胃易不好所致。此兒經此打擊，益弱矣。

二月十六號星期二（正月十四）

爲王媽昨夜未歸，家中少人，予伴堪兒。十時，至大中國。看李亞農文。王丹岑、王育民來。與誠安飯于復興園。

理公務。與丹楓談。寫田鵬信。開廿五次編審會議，自三時至五時半。

看上月《新蘇州報》。與湲兒眠。

今日同會：君匋　緯宇　丹楓　汝成　湘嵐　中台　幼丞　振繩　維新

今日下午，堪兒熱度又高至百〇四度。

二月十七號星期三（正月十五）

爲靜秋、頤萱携堪兒到錢醫師處診治，在家未出。讀亞農《前封建制社會》前編訖。朱向榮夫人來談。

到四聯出版社，寫陳伯衡（嘉藹）、司徒喬、林漢達信。開編審會，自二時半至四時半。與君遠談《聊齋》版本。到合衆圖書館，視嬬疾，與起潛、鳴高二叔談。

徐澄宇來，爲寫四聯信。

錢醫斷堪兒之疾爲小型斑疹傷寒。其故，實誤于廣慈醫院之醫。渠扁桃腺發炎，本易治，而第一次診，以盤尼西林二十萬單位分兩次打，藥性太弱，不能除病，一也。第二次診，改打連黴素，不生效，二也。當少進食，而醫謂可進，遂多與之，以致引起腸胃疾，三也。醫院中多以練習生或者護士治疾，一知半解，乃至誤事，可嘆！幸錢醫謂堪兒病將好，又可慰耳。

今日同會：小峰　冰嚴　君匋　君遠　蔭深　業恒　中法　惠風　蕚庭

　　聞小峰言，志雲于九日晚在印刷所開會至十一時方歸，次晨
九時即出，十一時在所中風，送至家，下午二時即逝。又一開會
犧牲者。

二月十八號星期四（正月十六）

　　到復旦大學，車中遇伍蠡甫，即先至第二宿舍彼家談。同出訪
守寔、秉南，俱未晤。出，至第一宿舍，訪紹虞夫人，長談。留
飯。出，訪谷城，未晤，留條。

　　出，遇厚宣及燕義權，同到守寔處談。訪秉南，又不遇。義權
別去。予與厚宣到第五宿舍彼家談，又到季龍家、吳杰家、王欣夫
家談，在欣夫家遇秉南。出，到第七宿舍訪馬長壽，未遇，歸。

　　與靜秋玩“算術游戲牌”。爲兒輩續講《哈哈鏡王國》。

　　下腭牙齦痛大作。

　　得伯祥信，悉予科學院事，已送政務院作最後之決定。邵力
子、向覺明爲伯祥道之。

　　中共四中七次全會于日前開，劉少奇報告，今後將與堅決反
抗改造之資産階級作尖銳的鬥爭，以其必與國外之帝國主義勢力
相勾結也。予行將脫離資産階級代理人之名義，自喜幸免于難。

二月十九號星期五（正月十七）

　　到天平路，點《逸周書》六篇。汪旭初先生來談。到知味觀，
與擎宇、丹楓談製圖事。

　　到地圖出版社，看章志雲、屠烈煊所作歷史圖稿，與新垓談。
到天平路，點《逸周書》七篇。

　　爲兒輩講《哈哈鏡王國》訖。

　　堪兒熱尚有五分，身上斑疹尚未退，極想飲食。

　　予等所編圖，地圖出版社畫得極精。此圖出，必有廣大之銷

路。從此加功，可以化出若干種來，家用貼補必不難，而予辦禹貢學會之一段心血亦不浪擲矣。

二月二十號星期六（正月十八）

到大中國，寫向董事會辭職書。與君匋談。寫黃奮生信。丹楓來，王丹岑、王育民來，同到凱福飯，商製《通史演義》插地圖事。上街買牙痛藥。

到大中國，寫羅偉之信。看編審會記録。到天平路，認公債五十萬元。與森玉、石公、邁士談。點《逸周書》八篇，訖。

德輝來，留飯。與静秋談。

今日堪兒熱退净矣，興趣頓好。

下腭門牙痛至不可忍，必須拔去。

予向大中國董事會作決絶之辭職。君匋勸予，以静秋任北京辦事處主任，經濟上得幫助。予覺得如此則予暗中仍管大中國事務，必不能與資産階級脱離關係，故拒之。

《逸周書》五十九篇，在百忙中點訖矣。此予久欲讀之書而直至近日始得鳥瞰一過者也。此書自爲晚出，但其用字遣詞頗多可證《尚書》處，將來尚當細讀也。

二月廿一號星期日（正月十九）

以咳，未明即起。記日記。鈔改《現代西藏》序，寫丹楓信。起潛叔來。俞劍華偕其子來。唐倩影來。與静秋挈三兒到蠟像展覽會。

在蠟像會飯，與程枕霞談，并爲題其紀念册。出，到人民公園，伴三兒上運動器具。出，到第一百貨商店購物。到静安寺榮康進茶點。

歸後甚覺疲困，六時許未進晚飯即眠。

今日精神頗不舒服，爲大病之欲來。不知是否因牙痛引起寒熱，抑有宿病待發泄也？

今日同席：予夫婦及三孩　唐倩影　姜又安　王冷（以上客）　程枕霞（主）

二月廿二號星期一（正月二十）

遲起。唐倩影來。寫張文清信。整理春秋地圖，未畢。選劉直之藏清代文集目，寫出數十種。

草《春秋重要會盟及大戰表》，未畢。記筆記四則。伴堪兒。

看《劇學》雜志。

昨半夜及今晨下便皆溏薄而小，如荷葉之浮，知予腸胃有疾，蓋新年中進油膩太多所致。近日予口氣發臭，下部時泄氣，亦此故也。因于今日少進食，期其自痊。

二月廿三號星期二（正月廿一）

到天平路，寫尹石公信。到大中國，與誠安、君匋談。稺常來，爲寫四聯信。寫詩銘、永年、厚宣、胡吉宣信。到美麗飯。到郵局寄信。

到孔大充處，晤其夫人。回局，理信札，與丹楓談。開廿六次編審會議，自三時半至五時。與湘嵐談。盧煥强來。

看北平圖書館展覽書目。記筆記一則。

今日下便正常。

今日同會：緯宇　汝成　丹楓　幼丞　湘嵐　中台　榮德

二月廿四號星期三（正月廿二）

蘇淵雷來。寫《現代西藏》序言。既成，以爲不善，重謄一過付排。

到四聯，開第五次編審會，自二時半至四時。寫王丹岑、孫子書、紀伯庸、王威、丁洪昌、程啓鈞信。

鈔曾毅公《敦煌變文》目入筆記。

予本允偉之，將序文手書照相鑄鋅版。乃今日寫成，湲兒屢指我言"斑斑點點，出不了風頭"。予頗自悔，恐人議我之出風頭也，遂廢而不用。生于今日，不容不有此警惕。

今日同會：冰彥　小峰　君匋　君遠　伯煌　進珊　惠風　蔭深　尊庭　業恒　中法　永熙

二月廿五號星期四（正月廿三）

到天平路。與石公談。寫何滿子、平心、譚季龍、傅樂煥、羅偉之、唐立厂、于思泊、王伯祥、鍾雲父、王崇武信。

到天平路，寫聖陶、周堯、曾毅公、楊拱辰、辛樹幟、于鶴年、孫雨廷、蕭新祺信。記筆記二則。

詩銘來，留飯，長談。

堪兒今日起床。靜秋近日痔瘡又作，昨今兩日到梵皇渡路江岳巒醫師處診治，據云，內有四瘤，外有二瘤，外可用電療，內須用藥療。每日須前往一次，約五十天可好，醫費大約二百萬元左右。

二月廿六號星期五（正月廿四）

到天平路，作春秋時重要會盟、征伐兩表訖。記筆記三則。姜二姨及淑忍、魴魴自無錫來。

看《劇學月刊》，記筆記一則。

周佑之欲與又安離婚，牽連及于婆家人，説予思想封建，不當包庇許多人。予如此犧牲自我，尚不見諒，知做人真不易矣。然使又安有正式之職業與收入，亦何至如此乎！

　　記此後適得王錦雯一信，謂共黨贊成我用他的父親王士瑞，與周佑之所云適反，這使我模糊了，我的同情人，要人有飯吃，究竟算不算封建呢？原函粘貼下頁。

二月廿七號星期六 （正月廿五）

　　到大中國，寫王造時信。填本社內外寫作人員表。與君匋、緯宇等談。剃頭。到武昌路"橋香"飯。

　　與君匋同到武定路安樂殯儀館，吊鄒新垓夫人高勝弟之喪。車中遇張魯青。與宣人、擎宇談。出，與君匋同到平心處談。予歸，與潮、洪、溪及魴魴到衡山公園玩，到夜來香吃點。二姨進眼科醫院。

　　記筆記一則。

二月廿八號星期日 （正月廿六）

　　胡吉宣來。孔大充來。記筆記三則。整理書室。

　　又安來。整理筆記。又鈔前日所作春秋兩表于筆記。靜秋爲洗浴。

　　到淮海飯店，應大充夫婦宴，談至九時半歸。服藥兩次。

[王錦雯來信]（下略，見《顧頡剛書信集》）

一九五四年三月十日復錦雯表侄女書：（下略，見《顧頡剛書信集》）

一九五四年三月

三月一號星期一 （正月廿七）

　　到天平路，校春秋地圖畢。記筆記三則。

亞農來。三時半，參加文管會慶祝公債超額完成大會，四時半訖。尹石公來。沈曼士來。

鈔劉厚生先生評《納蘭詞》語入筆記一千餘言。

三月二號星期二（正月廿八）

到大中國。處理公務。與君匋、緯宇等談。爲劉小粟寫紀念冊。與鶴生到新租屋内取書。王丹岑來。葛綏成來。寫映婁、謝延孫信。與誠安同到曾滿記飯。

到自由出版社購書。到丹楓處，談地圖事，遇馬伯煌。返社，寫羅偉之、周慶基、榮蕊華信。譚季龍來，談年表事。張士敏來。與汝成談。

爲兒輩講《田螺姑娘》等故事。看周慶基《新編世界史》。

三月三號星期三（正月廿九）

到天平路，將亞農《周族前封建制序言》再閱一過。作周族各國傳統表，未畢。寫蕭新祺信。

伴堪兒眠。出，在電車中遇吳道存，談。到金陵東路郵局寄信。到四聯，開編審會，自二時半至四時。寫陳伯衡、傅惜華、嚴幼芝、黃永年、王丹岑信。

爲兒輩講《金斧頭》等故事。崔裕權來。

今日二姨在醫院動手術，割目障。

今日同會：小峰　冰嚴　君匋　君遠　伯煌　永熙　蔭深　萼庭　惠風　中法

三月四號星期四（正月三十）

到天平路，續作各國世系表。看亞農文中《氏族制的特徵》、《婚姻制度》兩章。記筆記一則。尹石公來，爲古籍詮譯館事長談。

洪瑞釗來，爲歷史地圖事長談。

　　寫陳永熙信。詩銘來。王媽辭走。

　　爲兒輩講《老三開井》故事。看羅振玉《松翁遺稿丙集》。

三月五號星期五（二月初一　斯大林逝世一周年紀念）

　　到天平路，草《史記》世系表訖。記筆記二則。寫《說文詁林》各冊頁數。與尹石公談。

　　王媽又回。到合衆圖書館，與靜秋及潮、洪會。視嬬疾。遇劉重熙及聞在宥。出，與靜秋等到眼耳鼻喉醫院視二姨疾。

　　爲兒輩講《紀昌學射》故事。周昭亨來。

　　今日爲冬至後最後之一九，而天寒甚，過于冬日。

　　予肩項間作痛，已歷旬日。今日脫衣，使靜秋視之，則毫無所損，想係筋肉間有疾也。

　　起潛叔忙于到文化局開會，又忙于合衆圖書館之斯大林紀念展覽，以致形容憔悴，聲音沙啞。以彼壯碩，尚吃不消，況他人乎！

三月六號星期六（二月初二）

　　到大中國，與君匋、汝成等談。魏建猷來。寫羅偉之信。寫王威信。到四川中路飯。

　　記筆記三則。寫周堯、吳克堅、岑堅、姚紹華、任乃强、金子敦、呂叔達信。王福全來。

　　看《新編世界史》。整理舊筆記。

　　今日有微雪，下午晴矣。

　　建猷見告，海運學院學生四百餘，教職員工亦四百餘，以致許多教員無書可教。去年初去，每一教員須到醫院檢驗，其中有三人，醫院令覆檢，一建猷，一劉姓者，一黨委，但校中只通知黨委。醫院到校催之，終不通知。及劉姓者聞，自往檢驗，則胸前癌已長大，醫令其赴滬治療，校中又不許。劉姓函告《人民日報》，以上級壓力，乃允之。到滬時癌更長大，只得臥醫院中待死矣。上級寶貴技術人才，而下級却以形式主義、官僚主義儘量摧殘之，猶以不信任組織罪他人，可嘆也！

三月七號星期日（二月初三）

湲兒昨晚發熱，今日臥床。黃永年來。記筆記兩則。寫葉譽虎先生、王汝弼、丁一信。翻《唐伯虎集》。

伴堪兒眠。與靜秋到武康路口買物，遇郭紹虞夫婦，同回家談。與靜秋到高醒翠處、王花照相館、盧灣區合作社、大地雨衣肆。與朱向榮談。

爲兒輩講新購之《西藏少女》等書。翻《銅琶金縷》。

紹虞血壓已減低至百卅度，醫囑其專游散，勿作事，故本學期不開課矣。從此知我輩年齡實不適于緊張之工作也。

三月八號星期一（二月初四）

到天平路，閱亞農文中《氏族組織》、《土地公有》、《復仇、戰爭及其他》、《前編結語》六章。翻《論語》一過。尹石公來談。記筆記三則。

寫楊拱辰、李亞農信。裁縫來量衣。顧廟珍送盧媽來。

爲兒輩講印度故事。看范寅《越諺》。整理舊筆記。

三月九號星期二（二月初五）

寫張文清信。到大中國，寫羅偉之、郝曉昌、自珍、龍榆生、黃濤川、趙孟韜信。孫俶丞先生來。誠安邀至美潔同飯。

傅宗人來。丹楓來，談地圖事。靜秋來，送地圖。開二十次編輯出版聯席會議，自三時至五時半。

爲兒輩講《丁丁游歷北京記》。整理舊筆記。

今日同會：君匋　湘嵐　汝成　中台　丹楓　幼丞　榮德
維新　兆熊　兆祥　旦宅　逸楓　洪昌　鶴生　家振

三月十號星期三（二月初六）

寫《法華讀書記》序。到天平路，寫辛樹幟、佘雪曼夫婦、王
扶漢、王士瑞、王錦雯、傅子東、沈勤廬、胡厚宣、譚季龍信。冒
雨歸。

到四聯，寫趙捷民信。開編審會議，自二時半至三時半，予先
出。到武定路周孝懷先生家，開古籍詮譯館籌備會，自四時至五
時半。

到平心處，長談，留飯。九時歸。

天氣陰晴不定，寒燠時更，我家四個孩子或傷風，或腹瀉，
皆病矣。堪兒昨夜熱高百度，一夜未安眠，今日至錢醫處診之，
知亦傷風也。

今日同會：小峰　君匋　惠風　君遠　業恒　永熙　福全
蔭深　萼廷　中法　進珊

今日又同會：周孝懷（主席）　黃閏生（行簡）　吳眉孫
程演生　尹石公　蘇淵雷　瞿兌之

三月十一號星期四（二月初七）

到天平路，看亞農《拓跋族前封建制》中《拓跋氏氏族生
活》、《南朝的封建制社會》兩章。鈔致王錦雯信底。寫曾毅公、
吳玉年、燕義權信。記筆記一則。

寫謝延孫信。記筆記四則。

鈔《孟姜女變文》入筆記。

三月十二號星期五（二月初八）

到天平路，續看《轉形期的婚姻制度》、《俘虜、奴婢、隸戶》兩章。至尹石公處談。記筆記四頁。

毛光義來，長談。同出。

三姨、玉華、克明來，談。看楊汝驥《文苑談往》。

三月十三號星期六（二月初九）

到丹楓處，與商地圖疑點。到大中國，與君匋談。胡厚宣來。劉季高來。與季高同到老正興飯。

到南京路郵局雜志門市部購書。到廣益書局購書。回局，爲小粟寫吳湖帆信。楊亦農來。寫鈔樣與德峻姪。寫羅偉之、楊鍾健信。

看李則綱《始祖的誕生與圖騰》。爲兒輩講《紅石山》故事。

三月十四號星期日（二月初十）

到蘇淵雷處，晤瞿兌之、尹石公、程演生，五人同商古籍詮譯館工作計畫及籌備要點，自九時至十二時。歸。

寫佘雪曼信。看《天方夜談》。與靜秋到趙介文夫婦處談。到徐家匯買物，吃點。記筆記一則。

方詩銘來，長談。

昨夜忘未進藥，居然亦能睡，但至十二時即醒，僅睡二小時耳。乃進藥，睡至四時半而又醒。噫，自思想改造以來兩年矣，未得一日斷藥，奈何奈何！

三月十五號星期一（二月十一）

到天平路，續看亞農文《均田制及農民的負擔》一章訖。寫蕭新祺信。石公來談。記筆記五則。

到興國路理髮。靜秋來，同到國泰，未購得票，到上海電影院看《共青城》。遇又安及范希衡之女。吃魚丸湯。

吳諫齋來，看《潞河漕運圖》。看《天方夜談》。

近來要看電影非常難，蓋一般人無家庭娛樂，群集電影院，一也；機關中多買團體票，一買即數十百張，二也；電影為社會教育，配合學習，為工作人員所必看，三也。今日星期一，静秋邀觀《印度》片，及至國泰則"今日客滿"之牌高懸矣。予事忙，抽不出空，静秋為伴小兒眠，又不便看夜場，真無可如何也。

《共青城》一片為蘇聯共產黨青年團在黑龍江北岸新建之城市。静秋謂看了不感興趣，蓋過重政治宣傳故也。

三月十六號星期二（二月十二）

到狄醫處診。到大中國，處理公務。寫史筱蘇信。德峻侄來。趙孟頫、莊元勛來。帥潤身來。

到東觀樓飯。到五洲大藥房買藥。到新華書店買書。回局，與丹楓談。開編審會議，自三時至四時半。

孟頫來，留飯。談至九時半別去。

今日驗血壓，為自八十至百六十，尚合標準。

今日同會：君匋　緯宇　丹楓　汝成　幼丞　振緄　湘嵐
中台　維新

三月十七號星期三（二月十三）

到天平路，作《蘇南文管會所藏方志目錄》序，一千餘言，即鈔清。葉子剛來，為寫嚴幼芝、錢海岳信。石公來談。

將鈔清之稿，再改，三寫。義安來。與静秋同到國泰，看《印度》電影片。

看《天方夜談》。

潮兒咳嗽多日，聲音嘶啞，而不肯缺課。今日試熱，得百〇一度，而仍將所讀書念十遍。可見其負責心重。

堪兒滿身風疹塊，量之熱亦高一度許，夜不成眠，静秋往伴之。

三月十八號星期四（二月十四）

爲潮兒寫請假信。到天平路，補作昨文末段。劉惠之先生派人送書來，即整理。石公來談。

到大中國，四鈔昨文。丹楓來。平心來，談《演義》事。季龍來，修改歷史年代表。與誠安、汝成談。

與丹楓宴季龍于德大，談至八時出。失眠，服藥。

三月十九號星期五（二月十五）

四時起，四鈔昨文訖。到天平路，看昨日劉家送來書，倏忽半日。石公來談。

到平心處。到陳懋恒處。到薛民見處。六時歸。

周昭亨偕李德靖來。看《天方夜談》。

民見久未晤，今日見予，訝予之瘦。我想，瘦些才好，否則中風矣。

三月二十號星期六（二月十六）

記筆記一則。到大中國，寫羅偉之信。與君匋、丹楓談。與丹楓同到車站，晤陳子展、胡厚宣、馬長壽、范祥雍，同上十一時車。在車飯。

一時許到蘇州，雇車到拙政園，晤沈勤廬夫人及沈燮元，丹楓等游園，予在茶室看守行李。五時出，由燮元導至臨頓路書店，到惠中旅社落宿。與丹楓同到子敦處，予到又曾處，晤紀伯庸。

與伯庸同到旅社談地圖事。到味雅飯。與厚宣、長壽到開明大戲院看小王桂卿等《西游二猴》劇。服藥兩次。

此次到蘇，由丹楓、長壽、祥雍、厚宣等要買書，曹家書目久送來，而苦不得售主，故往觀。

三月廿一號星期日（二月十七）

到朱鴻興進點。游怡園。沈勤廬來，同到閶門西街曹叔彥先生家觀所藏書，與曹夫人談。選書。十一時許出，飯于閶門外義昌福。到瀚海書店買書。

游留園，談購書事。遇張炳南。勤廬別去，予與丹楓等到景德路買舊書，又到人民路文學山房選書，與江氏父子談。

伯庸偕張芷來。同人飯于松鶴樓。翻新購書。江澄波等來談。

叔彥先生，予十餘歲時即敬之，以其爲經師也。而其人過于篤信，必欲通經致用，疑古如予，實所畏見，故平生從未一面。今日至其靈前焚香，猶致予敬。其所藏書多經學原刻，又以目疾，必讀之書皆令人寫大字，當有二百大册。此甚適予晚年讀書，故予選者獨多。

留園、怡園皆新修，留園每日售票五千張。春假中當每日售二萬票矣。蘇州成一游覽區，亦繁榮市面之一道也。

三月廿二號星期一（二月十八）

到觀振興吃點。游玄妙觀，由陸道士導觀吳道子老子像石刻。買舊書。遇徐澩秋。終日在曹家理書，勤廬、江澄波及文學山房伙友束榮昌、臧炳耀來助扎捆、打包。午，在曹家飯。

飯于西中市六宜樓。飯畢，予講蒙藏見聞。服藥三次。

今日予宣言于衆曰：曹家書，諸君要的我即不要，諸君不要的都歸予。蓋慮予如不要，又將賣與紙廠作紙漿也。如此，予得書可五千册。是爲予有生以來買書最多的一次，平均一册才數百元耳。

三月廿三號星期二（二月十九）

到吳苑吃茶取點。晤陳悟麟。到曹家，捆書訖，交船人運至予家。與曹太太談，選其書畫八種帶滬兜售。與陳子展談。飯于六宜樓。

到家，晤子敦夫婦及吳大姐、又曾夫人、毓藴等，看船人挑書至東厢。在子敦家進點。與子展返旅社。予出至觀前買孩子糖食玩具。回旅社，即到車站。上五點十二分北京車。

六時半到上海，雇車返家。與靜秋等談。

今日歸來，潮兒仍未愈，咳出痰甚多，不能上學。堪兒雖甚高興，但天天過午即有熱，頸間累累然有塊十餘，當是淋巴腺腫脹。靜秋爲逐日記出其熱度，將請錢醫師治療。

三月廿四號星期三（二月二十）

到文管會，看劉家送來書。補記日記四天，算賬。寫謝延孫信。石公來。鈔石公所作《十三經新疏序》，未畢。

到四川路寄信。到四聯，開編審會議。與福全、進珊等談。寫陳伯衡信。歸，看《嘯亭雜錄》。

劉大年自北京來，談。

今日同會：君匋　小峰　冰巖　君遠　伯煌　進珊　蔭深　中法　萼庭　業恒　永熙　惠風

劉大年同志來，謂歷史第一、二所已在東四頭條文化部間壁找到屋子，可百餘間，問我到北京有顧慮否，予答以無。惟移家須至七月，蓋兩兒在校，須取得證書乃可轉學也。予托其向統戰部接洽大中國公私合營事。此事解決，我十餘年辛苦得有着落矣。

三月廿五號星期四（二月廿一）

到天平路，翻新購書。柳翼謀先生來。薛明見來，爲寫平心信。洪瑞釗來。與尹石公同到劉晦之處。

到大中國，與緯宇等同看曹家所藏字帖。到地圖社，晤擎宇、新埈、丹楓、季龍、振宇、宣人、子喬、高啓明等。歸，記筆記一則。

翻看新購書。

潮兒今日上午就醫受涼，晚發燒至百〇三度。堪兒貪吃而不消化，一日瀉三次。孩子多病如此，奈何！

三月廿六號星期五（二月廿二）

到天平路，看亞農文訖。鈔石公《十三經義疏序》畢。寫毓蘊信。

復旦人事室楊師曾來。點《戰國策·東、西周》二卷。點廖平《知聖篇》。

爲兒輩講《十二公主》及《狐友》。

今日洪兒發燒至一〇三度。潮兒猶有數分熱。堪兒腸胃不好，食粥後亦想吐，熱至一〇一度。三兒皆病，靜秋苦矣。

天氣驟熱，今日至七十七度。上海氣候如此不正常，無怪兒輩之病也。

楊師曾同志來，問我遷家到京有無困難，予告以書籍古物須裝百餘箱，裝運費予無力擔任，可否由政府付出，至人口行李之移動，予可任一千萬元。又家中人多，到北京須有五六間屋才能住。渠允轉達組織，并謂可派人幫予打箱。

三月廿七號星期六（二月廿三）

到大中國，看蕭新祺寄來之李卓吾《藏書》。與君匋、汝成談。

燕義權來。天突寒，歸家加衣，飯。

再到大中國，開編審會議，自二時至四時。爲人寫結婚頌。到青年會理髮。到起潛叔處談。

到錦江飯店赴宴，九時半歸。失眠，服藥兩次。

堪兒晨間毫無氣力，下午精神復原。潮、洪兩兒熱亦退。

九時許天氣轉寒，春間氣候無定如此。

今日下午同會：君匋　丹楓　汝成　榮德　振緄　湘嵐　中台　維新　幼丞

今晚同席：劉大年　彭柏山　沙文漢　方□□　周谷城　周予同　蔡尚思　平心　胡厚宣　楊寬　陳旭麓（以上客）　陳虞孫　李亞農（未到）（以上主）

三月廿八號星期日（二月廿四）

看廖平《經話》，記筆記三則，二千字。德輝來。與靜秋及湲兒到杏花樓赴金竹林喜宴。

與丹楓同到科學院，開史學會理事會，道遇王造時。自二時半至五時半。

續看《經話》，記筆記二則。徐隱芝來。

今午同席：大中國全體　地圖出版社全體　金有成　徐聚良　丁小富　梅志忠　金竹如　徐稚鶴等（以上客）　振宇夫婦　金竹林及新娘曹黛芳（以上主）

今日下午同會：周谷城　周予同　蔡尚思　陳旭麓　伍蠡甫　姚舜欽　平心　林舉岱　章丹楓　王國秀　王造時　戴家祥　楊寬

昨日大雨，今日大風，氣候如隆冬矣。

三月廿九號星期一（二月廿五）

到天平路，續看《經話》，記筆記二則，二千字。詩銘來談。

到天平路，點顧觀光《七國地名考》，將其所定戰國郡名鈔入筆記。懋恒來。

看《宋稗類鈔》，鈔艮嶽材料入筆記。服藥兩次。

堪兒今日到錢醫處診，醫言其腸胃病行痊，惟淋巴腺如此腫大，說不定變成肺病，即中醫所謂"栗子筋"。應打連黴素十瓶，即二十五次，此又須數十萬元矣！

三月三十號星期二（二月廿六）

到大中國，與幼丞、汝成、君匋談。俞劍華來。寫羅偉之信。緯宇邀予與誠安飯于美潔食堂。

到四聯送稿。到群聯訪燕義權，未晤，留條。回大中國，寫羅旺、彭柏山、吳克堅信。

看在蘇州所買書。幫潮兒作算。

潮兒已無熱，但咳仍未止。已缺課十天，恐跟不上，今日赴校。洪兒仍在家休息。

昨日天頗晴和，今日又凉，變化如此劇烈，小兒那得不病！

三月卅一號星期三（二月廿七）

到天平路，點《七國地理考》一卷許。記筆記七則，約二千字。

看梁啟勳《曼殊室隨筆》。

沈仲章來。義安來。

晚飯後忽倦，倚椅而眠。此予久所未有者。可見只要生活上軌道，失眠症還是有辦法治療。

華東一級機關暨上海市討論中華人民共和國憲法草案（初稿）委員會第十一組名單：

召集人：彭康　孟憲承

秘書：朱懋庸

組員：彭文應　王子成　儲一石　陳仁炳　韓學章（女）　時宜新　趙文璧　覃漢川　孫斯鳴　壽進文　趙書文　沙彦楷　宗惟惠　華丁夷　傅于琛　廖世承　張畢來　曹孚　張文郁　竹淑貞（女）　劉佛年　李鋭夫　孟憲承　吳澤　平海瀾　程俊英（女）　薛德焴　王國秀（女）　徐中玉　陳石英　陳大爕　周志宏　朱麟五　程孝剛　彭康　周承祐　朱懋庸　顧頡剛　平心

此組以民主同盟、交通大學、華東師大人員組成。自四月十四日起，至五月廿二日止，每逢星期三、六下午二時至五時開會。

一九五四年四月

四月一號星期四（二月廿八）

到丹楓處，看季龍所校圖。到大中國，與君匋、汝成、幼丞等談。寫映婁、延孫、紹虞、欣夫、亮夫夫婦信。到復興園飯。遇陳宣錚。

到郵局寄信。到四聯，寫馮世五、自珍信。與伯煌、進珊、小峰、書年、福全等談。二時半，開編審會。三時一刻，先退，回大中國。子展、祥雍、厚宣、丹楓來，長談。五時，到美潔飯。

看梁啓勳《曼殊室隨筆續集》。

四月二號星期五（二月廿九）

到大中國，寫胡愈之、袁翰青信。開編審會議，自九時半至十一時。寫王扶漢信，未畢。與誠安飯于美潔小食堂，到黃浦公園散步。

返大中國，寫王扶漢信訖，交誠安鈔。到天平路。周昭亨來。

森玉先生自醫院來，談，并晤潘伯鷹、謝稚柳、馬澤普。毛光義來，爲談《左傳》參考書。

點《秦策》一卷。

四月三號星期六（三月初一）

到天平路，整理新購書。點《七國地理考》卷三畢。

亞農來。到柳先生處送書。到狄書三處診。

點《秦策》一卷。服藥兩次。

狄醫檢查予血壓爲八十至一百五十，極正常矣。

堪兒栗子筋係結核菌入淋巴腺所致，飲藥打針未即見效。然如不治愈，即易影響肺部，殊令我不安也。

四月四號星期日（三月初二）

起潛叔來。胡吉宣來。與靜秋、頤萱嫂挈四孩并魴魴到中山公園看動物，午歸。王冷來，留飯。

看新印就之《葉揆初先生藏書目》。到周孝懷先生處，聽何北衡報告，并討論古籍詮譯館事。五時出，與蘇淵雷、瞿兌之到靜安寺進點，再商，由淵雷草計劃。

義安來。

今日同會：周孝懷　何北衡　柳翼謀　汪旭初　顧巨六　尹石公　孔令穀　陳志良　蘇淵雷　瞿兌之　程演生

孝懷先生去年入京，訪張表方、郭沫若二公，談翻譯古籍事，因有古籍詮譯之設。郭派何北衡來滬覓屋，并與諸人談。現館址已覓定中國科學社餘屋，惟孝老體衰，而上海真能作詮譯工作者實不多，我又將離去，覺此事前途頗黯淡也。

四月五號星期一（三月初三）

到天平路,點《七國地理考》卷四畢。周昭亨來。與翼謀先生談。與石公談。劉晦之先生來。楊千里先生來。

遇佩静。偕洪、湲兩兒到武康路口買物。

吳諫齋來。續看《撲初先生藏書目》。

堪兒大便,最後必有一滴血,不知是痔瘡抑他疾也。

四月六號星期二 (三月初四)

到丹楓處。到大中國,與汝成、緯宇、誠安談。整理蘇州所買書。到藍谷飯店午餐。

到地圖出版社,晤振宇、擎宇、新垓,談新亞請與大中國合營事。回社,魏建猷來。與緯宇、鶴生、志濤談。歸車中遇尹文馴夫婦,談。

爲兒輩講連環圖畫兩册。看羅倬漢《詩樂論》。

新亞書店出教育挂圖已二十餘年,惟以出版態度不嚴肅,粗製濫造,有若干爲新華書店所不批,近且由華東新聞出版局通知報館,不與登廣告,故急欲與大中國聯營。本定今日與薛德焴、陳邦楨同晚餐,作初步聯繫。後與振宇兄弟談,不如于星期日開一董事會,先統一内部意見而後與外界接觸,故覆以緩聚。

四月七號星期三 (三月初五)

到天平路,點《七國地理考》卷五,十頁。尹石公來談兩次。寫沈勤廬、楊思曾、毓藴、自明、錢大成信。

到四聯,開編審會議,自二時半至四時。寫翁大草、葉琯生、曾毅公、伍蠡甫、林漢達、傅惜華信。與君匋、福全、進珊、小峰等談。

爲兒輩講《春天的故事》。看馮承鈞《史地叢考》。看又安所鈔致各機關書三通。

四月八號星期四（三月初六）

到天平路，重讀亞農文，摘録其要旨于筆記，三千餘言。石公來談。

到廣元路理髮。到虹橋浴室洗澡。

翁大草偕其子繼青來，留飯，長談。到虹橋浴室取所遺襪。

四月九號星期五（三月初七）

到天平路，繼續昨日工作，二千餘言。道遇陶玄。

點《七國地理考》卷五畢。記筆記一則。看羅倬漢《詩樂論》。

亞農來，商其所作應修改之點，長談。

四月十號星期六（三月初八）

到大中國，與君匋、幼丞、志濤、鶴生、中台、振緄等談。寫陳述、孟輒、樹幟、四聯董事會、許公武、潘仲元、蔣竹莊先生、帥潤身、蕭新祺信。看李贄《續藏書》。丹楓來談。同到復興園飯。

到孔大充處，留條。晤鄭鍾瑾。到萬象照半身相。到郵局寄信。

到知味觀飯。參加大中國董事會。九時歸。點《知聖篇》。

今晚同會同席：新垓　振宇　緯宇　擎宇　宣錚　君匋　誠安

四聯方面，有人謂我拿錢不做事，又謂大中國運去之書均係垃圾，故銷不出。按近日商店無家不清，四聯生意清淡，有此遷怒。予本無心參加，因他們累次來拉，故于開編審會議時前往主持。今既若此，故索性去函辭職矣。

四月十一號星期日（三月初九）

到張魯青處談。與静秋、頤萱挈諸兒到國泰大戲院看《民間歌舞》片。點《知聖篇》。

小眠，記筆記三則。趙介文、孫元徵來。德輝來，留飯。

到茂名路，參加"中華人民共和國憲法草案初稿華東及上海市討論會"，自七時半至十時半。與馬長壽、袁俶畬師、江翊雲、鄒雲鶴談。

今晚同會：陳毅 潘漢年 陳望道 劉季平 陳建功 盛丕華 江庸 周谷城 管易文 馬長壽 巴金 王造時 王國秀 袁希洛夫婦 鄒雲鶴 王曉籟等五百餘人 憲法由毛主席在西湖起稿，經憲法委員會修正後，復發至各地經一級機關重要職員、各民主黨派、人民團體討論後，送達中央，俟今秋人民代表齊集中央時再行通過發表。華東區召集五百六十餘人，分爲二十組，每星期三、六上午均開一次會，至五月廿二日而止。予以無黨派之人而被召參加，所不料也。

四月十二號星期一（三月初十）

到天平路，點《華陽國志》，搜集成都二江材料。鈔碙石異說。石公來，長談。葉笑雪來。

到華東行政委員會，訪管易文，同到統戰部，訪秘書長史永，談公私合營事。歸，研究碙石說。寫丹楓信。與靜秋挈諸兒到迪化公園。到"吃吃而酌酌"進點。遇洪廷彥。

看《曼殊室續筆》。記筆記二則。

堪兒今日至錢醫處診治，醫謂連徽素已打七瓶而不見效，不如停打，以怕損及抵抗力也。然渠精神極好，昨日第一次看電影，今日第一次打滑板，興致勃勃，不似有病者。潮兒則時時呼累，以到校後復不得午睡也。

四月十三號星期二（三月十一）

到大中國，寫于鶴年、李小峰信。與君匋、緯宇、汝成談。帥潤身來。嚴長衍來。沙蕾來。到四川中路飯。到郵局看雜志。

到群聯訪燕義權，未晤，留條。到地圖出版社購書。與宣人、高啓明、曹慶森談。返大中國，丹楓來談。開廿一次編輯出版聯席會議，自二時至四時半。寫王扶漢信。到溫知書店看書。

到聚豐園赴宴。八時，與黃仲明同車歸。失眠，服藥兩次。

今日同會：君匋　緯宇　丹楓　汝成　維新　幼丞　湘嵐中台　逸楓　旦宅　兆熊　兆陞　榮德　振緄　家振　洪昌

今晚同席：黃仲明　劉季康（以上客）　曹冰嚴　李小峰魏書年　丁君匋（以上主）　四聯工會對大中國提了許多無道理的意見，聞係君匋對工會主席太不客氣，工會同人見主席被吃癟，動公憤，乃故意作此挑剔。仲明主張，應由冰嚴、書年負責說服。予之辭函，則仲明、季康堅決退還。

四月十四號星期三（三月十二）

到東廟弄訪鄭振鐸，未晤。到天平路，點《七國地理考》卷六，記筆記三則。鄭家舜來。接振鐸電話，又至廟弄訪之，談一小時。出，到百樂商場飯。

在梵皇渡路閱書。到徐澄宇夫婦處談。到教育工會，參加憲法討論會第十一組之漫談。與沙彥楷、孟憲承、薛德焴、廖世承等談。出，訪尹石公，未遇。三姨偕克明到玉華處。

看張慧劍《辰子說林》。

富文壽醫師，前任兒童醫院院長者，静秋今日挈堪兒往診，據云無大礙，爲小心起見打了十瓶連黴素，可停半年再診。静秋聞之，心爲寧定。她實在太多顧慮了！

予自北京歸時，堪兒尚不會說話，今則能隨便說矣。

四月十五號星期四（三月十三）

到天平路，葉子剛來。點《七國地理考》卷六畢。記筆記一則。

冒雨，到華東新聞出版局，晤洪榮華、夏家麟，談公私合營事。到天平路，點《七國地理考》卷七畢。點《國策編年》未畢。

點《知聖篇》十餘頁。

四月十六號星期五（三月十四）

點《知聖篇》卷上訖。到大中國，與君匋、緯宇、汝成、鶴生、志濤等談。龐震文來。岳海庚來。寫李春先古學、王造時、杜定友、丹楓、沈勤廬信。到郵局寄信，匯款。

在四川中路飯。到天平路，點《國策編年》訖。記筆記四則。整理書籍。

教湲兒吟詩。

四月十七號星期六（三月十五）

到天平路，整理書籍。記筆記四則。

到教育者工會，開憲法討論會，討論序言。與平心、國秀談。路遇潘健卿。

記筆記三則。

國秀告予：本組中十之八九皆民盟盟員，陳仁炳、彭文應皆其重要人物。交大與華東師大之教授亦係參加民盟者。因此，本組的政治水平頗高。予惟自慚耳。

四月十八號星期日（三月十六）

三時醒，四時半起。記筆記二則。與靜秋挈四孩及魴魴到復興公園看動物及玩運動器具。歸飯。

小眠。翻謝家福《望炊樓叢書》。與靜秋到淮海路買物。到新城隍廟買物。進點。看花。

與靜秋到洪長興赴宴。九時歸。

今晚同席：予夫婦　魏炳西（以上客）　　孔大充夫婦（主）

四月十九號星期一（三月十七）

到天平路，看范文瀾《中國通史簡編》第二、三章，搜集夏、商、西周地名。

亞農來。笑雪來。義安來。

看《望炊樓叢書》。記筆記一則。

四月二十號星期二（三月十八）

編《法華讀書記》目。到平心處，并晤亦幻法師。到大中國，與君匋、汝成等談。寫陸步青、劉國鈞、德輝、錢南揚、新知識出版社、金子敦、李兆民信。到武昌路飯。

到丹楓處談。到范祥雍、陳子展處，俱未晤。到新華書店古籍門市部。到合成書店。回大中國，與汝成、緯宇、誠安談。寫孟輞、自珍、羅偉之信。到淮海中路理髮。又安、義安遷回。

看《望炊樓叢書》。爲孩子們講《寶蓮燈》。

四月廿一號星期三（三月十九）

記筆記一則。寫新華書店古籍部信。到天平路，從《竹書紀年義證》中鈔出夏代地名。石公來談兩次。詩銘來談。

到上海博物館，晤楊寬正。到二○一室，晤厚宣、鄧廷爵、李颿及復旦同學四十六人，導之參觀各室。晤蔣大沂、蔣天格。又到文管會參觀，晤沈令昕、沈宗威及詩銘等。

看徐大焯《燼餘錄》。點《知聖篇》。

哈同花園中將建築蘇聯展覽館，由蘇聯專家設計，聞有二十八層，爲上海最高的建築，登其顛可望整個上海。明年五月落成，先將蘇聯農工業生産展覽兩個月，七月中以一部分讓給上海博物館，有八千餘平方尺。較之現在跑馬廳所用一千餘平方尺，多出七千餘平方尺，館中藏物可以大量展出矣。

四月廿二號星期四（三月二十）

寫劉大年信。到天平路，鈔《紀年義證》中之夏代地名訖，記筆記五則，二千餘字。整理書籍。詩銘來。

看朱長文《吳郡圖經續記》。記筆記一則。

四月廿三號星期五（三月廿一）

到大中國，與汝成、君匋、鶴生談。寫小峰信。與君匋、丹楓談復印楊守敬地圖事。誠安邀至其家飯。談至一時半出，上車，遇緯宇。

到天平路，鈔"陸終六子"與"祝融八姓"之材料。寫沈勤廬信。尹石公來。晤育伊、鳳起。毛光義來，爲講夏代史事。

爲兒輩講《安徒生童話》。

前日眠極好，以伴復旦學生參觀，不用心也。今晨一時，月色灼眼而醒，遂不成眠，至三時半後始又眠，以昨日研究，精神太集中也。因念將來到京，可以從容工作，便當于上午研究，下午搜集材料，或出散步，庶此體可以延久。

四月廿四號星期六（三月廿二）

王佩諍來。到天平路，看王玉哲《楚族》一文，記筆記二則。

到教育工會，討論憲法"總綱"，與沙彥楷、薛德焴、孫斯鳴談。到平心處，送憲法參考資料。

看《龔定盦集》。

一九四六年予在北京所製中山裝，褲子久穿不上，以肚皮之大也。此數年中，裁縫爲予量身，輒訝腹巨。但今年不知何故，肚皮竟没有了，舊褲子穿上身甚覺其合適了。

四月廿五號星期日（三月廿三　予六十二歲生日）

懋恒來。葉叔衡先生來。與静秋挈四兒到南京西路中國照相館攝影。予獨到人民公園。到新雅赴宴。

與尹石公同到博物館，參加史學會討論會，討論史學工作者在總路綫中的任務，自二時至六時。乘亞農汽車歸。又安自常州回。

預家宴。點《紀年義證・殷紀》。

今午同席：江翊雲　黄藹農　尹石公　錢芥塵　祝世康　朱□□（以上客）　丁浩如（主）

今日下午同會：李亞農　周谷城　吳杰　金兆梓　尹石公　陳旭麓　吳澤　梅公毅　胡厚宣　方詩銘　王丹岑　史守謨　王國秀　譚其驤　馬長壽　燕義權　蔣天樞　王佩浄　章丹楓　張世禄　束世澂　姚舜欽　李季谷　徐德嶙　楊寬　戴家祥　黄穎先　酈家駒等三十餘人

四月廿六號星期一（三月廿四）

到天平路，將夏代地名鈔出。記筆記五則，約二千餘字。石公來談。

到合衆圖書館，晤王煦華夫婦及景鄭，爲平心借書也。新聞日報社牛協來。

續點《紀年義證・殷紀》。

四月廿七號星期二（三月廿五）

到大中國，寫懋恒、新知識出版社信。與君匋、汝成等談。看蕭新祺寄來《鄦齋叢書》等。與緯宇、誠安到外白渡橋“家庭”飯。

到范祥雍處，看其藏書。返大中國，開編審會議，自二時半到四時。葛綏成來。季龍來，同看前製地圖。

與丹楓同宴季龍于藍谷飯店。九時歸，看《劉孟瞻年譜》。失眠，服藥二次。

今日同會：緯宇　汝成　幼丞　丹楓　中台　維新　振繩

予夜中精神一緊張，便致失眠。今晚與丹楓、季龍談話稍多，即至十一時猶炯炯。將來到京，當力戒之。

四月廿八號星期三（三月廿六）

到天平路，與尹石公、陳柱麟談。看《世本》，記筆記一則。點劉郁《西使記》。

到民主同盟上海支部，討論憲法中"全國人民代表大會"一節。與徐中玉、吳澤談。到石門二路、北京西路舊書店看書。歸車遇王福全。

起潛叔來，長談。看新購書。

四月廿九號星期四（三月廿七）

寫沈勤廬信。到天平路，鈔致勤廬函。得君匋電話，與潘伯鷹談。看《世本》，續鈔陸終氏材料。到徐家匯寄勤廬信。

到天平路。詩銘來。看《史記志疑》，鈔其語入筆記，約二千字。寫德峻侄信。

看《知不足齋叢書》中《歸潛志》等書。

四月三十號星期五（三月廿八）

記筆記三則。到大中國，與君匋、丹楓、汝成談。爲陳鶴生寫單條。寫延孫、映婁、谷城、楊寬、建猷、匯文信，到郵局寄信。到劉厚生先生處赴宴。

　　與起潛叔同車出。到民盟支部，討論憲法中"主席"一節。與吳澤、沙彥楷談。出，到茂名南路百樂書店購書。

　　看新購書。失眠，服藥兩次。

　　今午同席：葉叔衡（景莘）　　馮幼偉（耿光）　　劉子楷（崇杰）　　羅雁峰　起潛叔　江翊雲（以上客）　　劉厚生（主）

　　一九五四，四，十七，孫子書來函云：

　　來書云：過夏後將來北京，以著書娛晚年。聞之欣悅。先生學博詞長，後進小生不能盡知之，而聲名聞于遠方。舊知識分子論人未必公道，且有時極不公道，以彼等有宗派主義、個人主義，往往顛倒是非也。遐方人則公道，以社會主義國家，人民受教育已久，且無愛憎私見存于胸中也。昔東坡出使遼，子由贈以詩云："莫把文章動××，恐妨憔悴臥江湖。"楷第則擬別撰二句贈先生，句云："不是文章驚海外，還應憔悴臥江湖。"先生于此二句亦賞之否？一笑一笑。

讀此書，似此次科學院見招，乃由于蘇聯學者之推薦。此或未盡然，然北京方面對我之排擠則情事真實，子書蓋熟聞之，故言之如此。自問一生不與人爭權利，而人猶攻之不止者，則以名也。我之名，非苟而得之，乃一生勞動之結果。堪笑彼輩不與我作勞動競賽，而惟嫉忌予名，可謂本末倒置。苟無共產黨，予此生其終老滬上矣。然莘田、介泉等同輩以此攻我，猶可諒，乃若壽彝、肖甫等，均予一手培植而得社會地位，曩時見予有些力量，趨奉惟恐不至，解放後見予與新政府無關係，即投井下石。噫，世態炎涼，予經多矣，入京以後，幸勿因他人之趨走予前而有所假借也。

　　一九五四，四，廿九，致沈勤廬書云：（下略，見《顧頡剛書信集》）

一九五四年五月

五月一號星期六（三月廿九）

到人民廣場，參加慶祝一九五四年"五一"國際勞動節典禮，上第八號觀禮臺，晤馬長壽、李炳焕等。自八時入席，至十時開始行禮，游行，直至下午二時始畢。

到又一村進食。以無車，到薛民見處談。三時出，雇得車歸，勞累之甚，臥床休憩，看顧燮光《河朔訪古新録》。

在床看《定盦全集》。

今日天氣陡熱，出入又無車，在太陽中曬了六小時，有些發暈了。口又奇渴，困頓不堪，幾難舉步，用知參加盛典須有本錢也。惟廿餘萬人之大場面，實開眼界耳。

五月二號星期日（三月三十）

到劉晦之先生處。出，到葉叔衡先生處，并晤劉崇杰先生及其孫二人。到平心處談。到知味觀宴客。

飯畢，討論歷史讀物事。三時出，乘車歸。記日記三天。鈔《歸潛志》中之《北使記》。

胡山源來。看兒輩歌舞。看朱芳圃《孫詒讓年譜》。

今午同席同會：周谷城　魏建猷　潘伯鷹　方詩銘　張匯文
章丹楓（以上客）　李小峰　丁君匋　馬伯煌（以上主）

五月三號星期一（四月初一）

寫胡厚宣信。到天平路，搜集商代地名，點《殷本紀》三家注及考證。整理書籍。

陳奇猷來。與静秋挈兒輩上街散步。

五月四號星期二（四月初二）

在四川北路理髮。到大中國，與幼丞、汝成、志濤、誠安等談。爲振繩題結婚簽名簿。寫龍榆生、蕭新祺信。處理社務。與君匋談。到郵局寄信。飯于四川中路。

到古籍門市部買書。回大中國，寫曹冰嚴、李小峰、新知識出版社信。開第卅次編審會，自二時半至四時半。寫辛樹幟、史永信。

看新購之《京本通俗小說》等。

今日同會：君匋　緯宇　維新　幼丞　汝成　丹楓　榮德湘嵐　中台

五月五號星期三（四月初三）

寫勤廬信。到天平路，整理書籍。石公來。將孫星衍輯本《括地志》加上符號，以便檢索，未畢。柳先生來。

冒大雨到民盟，討論憲法中"國務院"一節。五時，與平心、吳澤到王家沙點心館進點，長談。至六時半出。

看孫楷第《也是園古今雜劇考》。

五月六號星期四（四月初四）

到天平路，將近日搜集商代地理之心得記筆記七則，約三千字。石公來。邁士、旭初來。

寫尹達信。伯鷹來。

看楊世驥《藝苑談往》。

今晨二時半，夢見履安，若將遠行者，予執手汍瀾，瞿然而醒，遂不成眠。噫，距其逝日已十一周年矣。

終日雨，晝爲之晦。

五月七號星期五（四月初五）

到大中國，寫李小峰、葉子剛、蕭新祺、陳懋恒、復旦歷史系、陳仲瑜、佘雪曼、劉季康、羅旺、金立輝、傅惜華信。與君匋、緯宇談。龐震文來。楊廷福來。丹楓來。孫俶丞來，邀予與誠安同到騰鳳吃飯。

到天平路，續記筆記二則，千餘字。毛光義來，爲講作文方法及商代地理。寫陳旭麓信。

看《京本通俗小說》二篇。

孫俶丞先生年七十二矣，而步履輕鬆，若五十許人。沙彥楷先生年八十，江翊雲先生年七十七，蔣竹莊先生年八十二，亦皆然。予他日不知能望其項背，俾在學術上多些成就否？

五月八號星期六（四月初六）

到天平路，草商代地名稿，未畢。記筆記四則。

到華東作家協會，參加新文藝出版社召集之古典文學座談會，自二時至六時。晤郭新和。在會場進晚餐。冒大雨歸。

看《京本通俗小說》一篇。

今日同會同席：郭紹虞　劉大杰　朱東潤　王西彥　魏金枝　鮑正鵠　徐中玉　施蟄存　許杰　方詩銘　唐弢　章靳以　李俊民　王元化　錢伯城　吳文祺　趙景深

五月九號星期日（四月初七）

王佩諍來。看《京本通俗小說》一篇，記筆記一則。到狄醫處量血壓。出，到陳奇猷處，到胡吉宣處，到方柏容夫婦處。到慈雲藥房。歸飯。

靜秋及三孩、二姨、淑忍等赴三姨處，予在家理書，記筆記二則。看《京本通俗小說》畢。

到南華燕雲樓，赴振緄喜宴，與振宇等談。九時歸。

今日檢查血壓，爲八十至百五十五，視上月稍高。

今晚同席：大中國全體　地圖出版社一部分　大地文教用品廠一部分（以上客，共七桌）　黃振縄及其夫人陳桂菊（主）

五月十號星期一（四月初八）

到天平路，作《商代地名今釋》畢，即鈔清。與錢壽荃談。

二姨、淑忍、魴魴赴無錫。潘伯鷹偕顧佛影來。

看曹鵠雛《注釋漢魏六朝小説選》。爲兒輩講《勇敢的小花狗》。

五月十一號星期二（四月初九）

到丹楓處送稿。到大中國，處理公務。德峻來。龍榆生來。開編審會議，自十時至十二時。到青年會修臉。在四川中路飯。

到華懋大樓，先到華東統計局訪蘇淵雷。二時，上八層，出席憲法會。莅會者六百人，聽吳克堅解釋憲法疑義，五時散，即歸。

看《海內十洲記》。

今日上午同會：君匋　緯宇　汝成　丹楓　幼丞　湘嵐　中台　維新　榮德

今日下午同會中見面談話者：袁俶畬先生　陳望道　周予同　洪瑞釗　馬長壽　蔡尚思　趙景深　朱物華

五月十二號星期三（四月初十）

寫李小峰信。到天平路，整理書籍。記筆記三則。點《宋雲行紀》付鈔，未畢。

到民盟，參加憲法討論會，討論“民族自治機關”、“法院和檢察機關”兩節。與薛德焴、儲一石、吳澤談。歸，徐隱芝來。

吳諫齋來。看《神異經》。

兩日開三會，委實疲倦了！雖不發言，究竟緊張。

五月十三號星期四（四月十一）

到天平路，草對憲法草案第七十九條"民族、種族"之意見，凡二千餘言，即鈔清。柳先生來。石公來。瑞釧來。十一時歸，静秋爲洗浴。

瑞釧來。

與静秋到大舞臺，看梅蘭芳前部《西施》劇，十二時返。

梅蘭芳劇，予始觀于民國二年，迄今已四十二年矣，丰姿猶昔，可謂怪事！然渠班中人，除姜妙香外，一個都認不得矣。想梅君昔年顧客，今日存在者亦不多矣。

五月十四號星期五（四月十二）

到大中國，與汝成、誠安、君匋、緯宇等談。看蕭新祺寄來書。寫帥潤身、謝延孫、趙敬謀、程枕霞信。出，冒雨到四川路底飯。

到丹楓處，送瑞釧所作圖。出，到天平路，記筆記一則。整理書籍。寫陳墨逐、潘健卿、顧宗漢、陶秋英信。

在廣播中聽朝鮮人民訪華代表團歌曲。又聽梅蘭芳後部《西施》。至十一時半眠。

五月十五號星期六（四月十三）

到天平路，將前日所草對憲法之意見再寫一過，得一千九百字。

到民盟，參加憲法討論會，討論"公民的基本權利與義務"，予發言達二十分鐘。與彭文應、張畢來、趙文璧等談。

鈔吳昌綬《吳郡通典叙錄》入筆記。

五月十六號星期日（四月十四）

佩静來，與之同到修文堂閱書，與孫實君談。遇孫伯淵。十二時歸。

眠一小時。寫尹達、楊思曾、譚季龍信。到蔡子民師母處，并晤其女晬益、子懷新。出，到合衆圖書館，晤起潛叔、景鄭叔、楊鑑。出，到柳翼謀先生處，送書。出，到襄陽南路閱書。

看起潛叔所贈之《譚嗣同全集》。

久欲讀吳昌綬《吳郡通典》而不知其刊出與否。今日與佩諍言之，渠謂此書有鉛印本，修文堂即有一册。大喜，即與同往，以五千元購之。予欲作《蘇州史》，得此當有助也。

五月十七號星期一（四月十五）

到天平路，從兩《紀年》中鈔出西周地名。記筆記二則。看丁山《三代都邑》一文。詩銘來。

看修文堂送來書。華東人民出版社姚平來接洽編務。到徐森玉先生處問疾。陳奇猷來。

點吳昌綬《吳郡通典》一卷。

森玉先生不伏老，兩腿皆曾跌壞，而不肯持杖，亦不倩人扶。此次以血壓高及糖尿病入醫院兩月，稍瘥即歸，適門檻上爲小兒打一釘子，又絆而跌，行動甚艱。渠好動，我好靜，他日我當不如是也。

五月十八號星期二（四月十六）

在四川北路理髮。到大中國，寫李小峰、王威、聶紺弩、金啓華、潘仲元、史筱蘇、王林、江武子、孫家山、陳荔、姜亮夫夫婦信，發辛樹幟電。到四川中路飯。訪顧佛影于中央書店。

開廿二次編輯出版聯席會議，自二時至四時。

點《吳郡通典》一卷。爲購戲票事，與靜秋口角。

五月十九號星期三（四月十七）

點《吳郡通典》一卷。到天平路，從《春秋大事表》中鈔出西周國名，略加整理。

到民盟，續討論"公民的基本權利與義務"，并作全部檢討。與徐中玉談。市委張敬人夫人朱女士挈其子來。

點《吳郡通典》二卷。

五月二十號星期四（四月十八）

到天平路，重寫西周國名，略訖。記筆記二則。柳先生、森玉先生來談。吳時中來。

楊千里先生及朱葆慈先生來。石公來。李福庭來。

點《吳郡通典》二卷。

五月廿一號星期五（四月十九）

到大中國，與君匋長談。爲君匋作《月城中學新校舍落成記》。爲志濤寫扇。寫蕭新祺信。與誠安到復興園飯。

到天平路，記筆記三則。毛光義來，爲講"牧誓八國"。

爲靜秋等出觀劇，在家管堪兒。劉大杰來。等門，點《吳郡通典》一卷半。

大杰要予爲新文藝出版社擔任《尚書》、《詩經》、《史記》之三種選注。《尚書》選數篇，連注釋、序文約五六萬字，于今年九月中繳卷；《史記》選約二十篇，分兩册，第一册于今年十月中繳卷，餘在明年暑假前完成即可。

誠安告予，本月大中國營業，尚無一億五千萬之把握，而公債五千萬，薪水開銷八千萬，及捐稅等，已將收入全部支罄，所欠印刷費數億無法支付。在如此情形下，資方只得不取薪給矣。

五月廿二號星期六（四月二十）

到天平路，爲“牧誓八國”再記筆記三則，約二千言。

到民盟，對憲法作最後一次之綜合討論。與壽進文談。歸，與潮兒等同到武康路口買連環圖畫。遇金西野。

黄永年來。

> 永年在交大作政治講師，太忙，即星期日亦無暇，以致患貧血，手發麻。又患肋膜神經痛，眠食均不佳。壯年如此，前途如何！

> 憲法之小組會議今日結束矣。本組皆民盟人物，政治水平高，所發言論使予開拓思想領域不少，真可感也。在此會議中，沙彦楷、薛德焴、王國秀均病。

五月廿三號星期日（四月廿一）

懋恒來。顧石君來。静秋爲洗頭浴身。翁大草父子來。玉華來，留飯。

眠一小時。點《吴郡通典》畢。與潮、洪、湲三兒游襄陽公園。德輝來，長談，留飯。

以墨筆斷《吴郡通典》句，二卷。

> 吴昌綬《吴郡通典》，將蘇州大事，自周至明，作一系統之記載，對予將來寫《蘇州史》有先導之功，可喜也。

五月廿四號星期一（四月廿二）

到天平路，看余永梁《金文地名考》，看孫詒讓《周書斠補》等書，記筆記三則，約二千字。石公來。

詩銘來。

整理近數日之筆記。

> 今午湲兒忽發燒，晚間高至一〇三度六。即到狄醫處診治，知係急性扁桃腺發炎，爲打盤尼西林針。

五月廿五號星期二（四月廿三）

到大中國，寫吳時中、高玉華、沈勤廬、謝延孫、胡厚宣、佘雪曼、孫子書、紀伯庸、俞巴林、陳伯衡、于鶴年、傅惜華信。李兆民來。丹楓來。誠安邀至彰記吃飯。出，到郵局寄信，到德峻處。

與君匋長談。同到仁智里看舊報紙。

周昭亨來。傅宗人來。失眠，服藥三次。

今日得歷史研究所第一所來信，謂宿舍已預備，須隔間，看來是一所廟宇。又謂北京入學兒童多，人未到京不允許預先報名入學，然則潮、洪諸兒殆將失學乎？因擬由靜秋下月先去一次，就地作一計劃。

今日湲兒熱已退，惟腹瀉耳。

五月廿六號星期三（四月廿四）

洪駕時來。到天平路，與柳、徐兩先生長談。尹石公來。潘伯鷹來。爲曹叔彥先生所遺字冊編一目録，送文管會。整理書籍。

到四聯，出席第十七次編審會議。與小峰、伯煌、進珊、君遠等談。寫伍蠡甫信。到榮寶齋買物。歸，記筆記一則。

與靜秋、頤萱、潮、洪、湲三兒到人民大舞臺看梅蘭芳《霸王別姬》劇及《英雄義》、《搜孤救孤》。十一時半歸。

今日同會：曹冰嚴　丁君匋　李小峰　魏書年　許君遠　楊蔭深　馬伯煌　王進珊　陳永熙　陸萼庭　陳業恒　周惠風　李宗法

五月廿七號星期四（四月廿五）

爲堪兒講書。蘇淵雷來。靜秋爲沈廣生欠款事，到常熟區法院出庭。在家看書，記筆記二則。

到天平路，整理書籍，記筆記二則。

看《譚嗣同全集》。陶秋英來。

今日堪兒又發燒了。實在，近日天氣乍寒乍暖，太容易感冒了。熱高卅九度七。到錢醫處醫治，亦謂是扁桃腺發炎。

五月廿八號星期五（四月廿六）

到北四川路，剃頭。到大中國，與君匋、汝成談。開編審會議，自十時半至十二時。到西藏路三和樓飯。

到天平路，整理書籍，記筆記一則。整理筆記。毛光義來，爲講"四嶽與五嶽"。爲光義改"史官"文。遇對門朱同志。

看葉昌熾《緣督廬日記》。失眠，服藥三次。

今日堪兒愈矣。

前數日予常中夜醒，今日爲避免此現象，看書至十時半就睡，但竟失眠矣。此兩星期中，爲看戲兩回，等門一回，皆睡于十二時後，以是睡又不佳，一觸即發，血壓當又高矣。此後還是早眠，讓它半夜醒罷！

五月廿九號星期六（四月廿七）

到天平路。石公來，轉秦曼青先生所贈書。整理《法華讀書記》第十四冊訖。

眠一小時。到天平路，看余永梁《金文地名考》。搜集材料，記筆記四則。洪瑞釗來談古地理問題。

倦甚，八時即眠。

從今夕之得眠，可知予必須早眠。昨日即以看書至十時半，致不能眠也。

五月三十號星期日（四月廿八）

到合衆圖書館還書，晤起潛嬸。到劉大杰處談。到王佩諍處，并晤其夫人與二女。歸，寫尹達信。静秋爲洗浴。

寫曹未風信。訪李兆民，已返常州。到科學院，開史學會理事會，自二時至四時許。出，與谷城、厚宣到新雅進點，談至五時許别。

到聚豐園，赴四聯宴，商談説部事。九時許歸。失眠，服藥兩次。

今日同會：李亞農　周谷城　周予同　金兆梓　章丹楓　胡厚宣　林舉岱　陳旭麓　楊寬　王國秀

今晚同會同席：劉大杰　趙清閣　嚴獨鶴　陸澹盦　趙景深　李小峰　楊蔭深　許君遠

五月卅一號星期一（四月廿九）

到狄醫處診。到大東藥房配藥。到天平路，看《金文地名考》畢，記筆記六則。石公來談。

眠一小時半。

姜亮夫夫婦來談。看《譚嗣同全集》。

奇哉，予近日屢失眠，而血壓反低，自 87 至 142。何也？

一九五四年六月

六月一號星期二（五月初一）

到大中國，與汝成談。看《請求公私合營書》。丹楓來。王揆生來，同到美潔小食堂飯。到四馬路，與俞巴林遇，同到神州國光社談。出，到通聯書店，訪劉季康，未遇。出，遇諸塗，立談。到通聯門市部買書贈洪駕時。

回社，與誠安談。與緯宇談。寫張俊德、徐近之、江武子、王大玫、蕭新祺、李映婁信。到郵局寄信。又寫方柏容夫婦、袁翰青、伍蠡甫信。

看李贄《續藏書》。與羅媽談。服藥兩次。

李氏《續藏書》甚有《史記》筆法，其書當爲《明史》底本之一，惟清代史家不肯言之耳。

六月二號星期三（五月初二）

到天平路，將《大中國請求公私合營書》重寫，約四千字。柳先生來。

到聚豐園，參加四聯之説部座談會。到新亞書店訪陳邦楨。

返聚豐園飯，談久，至十時始歸。

今日同會同席：嚴獨鶴　姚蘇鳳　曹錫珍（文匯報）　陸詒　馮英子　馬元照（皆新聞日報）　李小峰　許君遠　楊蔭深

新亞書店急于與我社聯營，蓋生意不如我而負擔重于我，在勢不得不然也。

六月三號星期四（五月初三）

到天平路，續寫《請求公私合營書》訖，約共九千字。顧佛影來。

小眠。爲潮兒草致徐小燕書。

與潮、洪、湲、堪四兒及潘玲玲到武康路散步。早眠。

前日静秋言腹痛，時時思小溲，疑以爲膀胱炎。日來白天睡眠，腹痛漸瘥，而今日拉稀三次。蓋四兒輪流生病，渠愛子女過甚，夜間睡眠太少，積日疲憊所致。

得劉承璐信，悉羅性生君日前在蚌埠以安眠藥自殺，施救無效而死。不知彼受何刺戟至此？渠作人非常誠懇忠實，得此結局，大出意料。

六月四號星期五（五月初四）

三時醒，四時起，整理《大中國請求書》，編一目録，工訖，寫君匋信送去。到天平路，看丁山《三代都邑及其文化》一文，并看陳奐《詩毛氏疏》，記筆記二則。孫實君來。

詩銘來。毛光義來，爲講"瓜州之戎"。到興國路理髮。

看葉昌熾《緣督廬日記》。失眠，服藥三次。

今日雖早醒，但昨日早睡，已足六小時，故精神不覺疲倦。

今晚潮兒腸胃炎作，吐三次，静秋屢起，予亦聯帶失眠，而其所以發腸胃炎，則以静秋晚上强其洗浴之故。静秋好强人動作，有時反得不良結果。

六月五號星期六（五月初五　端午）

寫爲潮兒請假信。到天平路，看王玉哲《鬼方考》，記筆記一則。與柳翼謀、程演生、潘伯鷹談。點《國語正義》二頁。

以昨夜眠不佳，疲甚，又大雨，未出門，眠床看《緣督廬日記》兩册。起，寫碩輔姨丈母、尹達信。點《鬼方考》，未畢。

續看《緣督廬日記》。

潮兒下午愈矣。

六月六號星期日（五月初六）

顧石君來。三姨來。姚平、徐常來。丹楓來，與同訪姚啓鐸。到大中國，晤丁洪昌，取書歸。又寫王姨丈信。

小眠，未着。寫伯祥信。看李光地《榕村語録續編》。洗浴。到徐澄宇夫婦處，并晤張匯文。買贈静秋物。

孫元徵偕其女小英來。静秋赴北京。服藥二次。

爲北京寓舍之需要隔間，及兒輩上學之需要登記，静秋于今晚動身，先往接洽。然北京人口突增，潮、洪等又尚未北行，深恐登記不成，將失學也。

今日羅媽返家耕，約二十天後來，即隨我家北行，以北京雇女工不易也。

華東人民出版社聞亞農言，我有歷史筆記，今日由姚平來接洽出版事，此甚好，可不送油印矣。《尚書今譯》之約今日簽字，謂不限交稿期限，此亦甚好。

六月七號星期一（五月初七）

寫吳澤信。到天平路，點《鬼方考》畢，看皮錫瑞《今文尚書考證》等書，記筆記四則，約二千字。顧佛影來。

小眠，未着。點王玉哲《玁狁出没之地域》，未畢。

陳奇猷來。看其所作《墨子的力學》。上午一時，爲朱向榮打電話所驚醒，服藥兩次。

六月八號星期二（五月初八）

到大中國。處理公務，與汝成、緯宇談。寫陶秋英、靜秋、沈勤廬、朱造五、沈爕元、自珍、趙仙舟信。寫新知識出版社信。與誠安到復興園飯。

厚宣來。到郵局寄信。開編審會議，自三時至五時。與君匋、汝成談。

潮兒胡鬧，打之。

自明已兩年餘不來信，今春去信後又不見答，疑其已不在人世，否則何至如此恝然，因發一航空挂號信與其翁仙舟問之。

今日始用扇，天氣悶熱甚。

今日同會：君匋　汝成　維新　幼丞　湘嵐　丹楓　緯宇

本月一日至七日，大中國只做三千萬元生意。推之一月，僅得一億餘元耳，而開銷即須八千萬，公債五千萬，生産費將何出？

六月九號星期三（五月初九）

到天平路，整理雜志，看丁山《釋殷商》文。詩銘來。

到山東路修面。到四聯，開編輯會議，與小峰、冰嚴、書年、伯煌、進珊談。到地圖出版社，與丹楓、季龍同到古籍部買書，到杏花樓飯。

看新購書。

今晨二時許醒，雖服藥猶炯炯，至四時後始又眠。一覺中斷，真苦事也。

新文藝出版社來信，囑編兩書：1.《書經》選注（附語體譯文）；2.《史記》選注。

今日同會：冰嚴　小峰　書年　君匋　君遠　蔭深　伯煌　進珊　永熙　萼庭　業恒　宗法　惠風

六月十號星期四（五月初十）

寫静秋、陳伯衡、聶紺弩、顧佛影、吳澤、燕義權信。到天平路，記筆記三則，約二千五百字。石公來。詩銘來。沈宗威來。

爲君匋寫《月城中學校舍落成記》，備鏤銅。姚平來，付《尚書今譯》稿費。與張魯青談。

與又安挈四孩到路口買糖。看楊樹達《積微居小學述林》。

昨晚談話多，恐失眠，服藥較多，自十時眠至今晨七時始醒，酣甚。噫，安能不服藥而得此乎！

今晚洪兒發燒，高至百○二度。

《尚書今譯》，斷續爲之三十年矣，友朋中知之者多，促予成之，而無如得不着整段工夫，迄今未成。茲華東人民出版社以專業之一爲歷史，徵集稿件，予稿經復旦及華東師大諸友之推薦，決定收印，姚平女士屢次來，與予訂約，兩年内完成，約計四十萬字，預付四分之一之稿酬一千一百萬元，蓋千字有十一萬元。

予到京後，如能安心寫作，平均一日得一千字，每月即可收入三百卅萬元，不嫌薪金之不足用矣。

六月十一號星期五（五月十一）

到狄醫處，以人多退出。到盧灣區人民銀行接洽。到大中國，與汝成、誠安等談。寫黃奮生、鄭文（天叔）、王樹民、龍榆生、張俊德、傅惜華、李榮廷信。出，飯於四川中路。

到古籍門市部買《史語所集刊》。到天平路。出，到武康路口人民銀行存款。回會，看《春秋時代的縣》。毛光義來，即以此講授。與潘伯鷹談。

與潮、湲、堪三兒到門口散步。

昨晚蚊香息，蚊子肆虐，至十二時即爲咬醒，又至失眠，雖服藥後得睡，而今日精神不爽快矣。予之睡眠真是一件大事，苟此問題不解決，即身體不會好，工作不會強也。

六月十二號星期六（五月十二）

到天平路，整理舊雜志。記筆記三則，約三千字。

寫靜秋信。與潮、湲、堪到武康路口買書。遇徐千。

爲孩子講《三件寶貝》。

昨洪兒熱仍不退，晚服發汗藥，汗固出矣，而熱反高，今晨達百〇三度許，赴錢醫生處，謂係食積及受涼，須瀉。但服瀉藥後大便仍不下，熱亦不退。

接靜秋來信，知已晤尹達，謂爲予薪金事，使科學院同事大嘩。靜秋表示，薪水問題絕對按照院規，決不突出。宿舍在乾麵胡同卅一號，爲中間正房之一少半，可能是七間，有衛生設備。本胡同內即有公立醫院，科學院工作人員公費治療，離頭條胡同研究所不遠，步行約二十分鐘。

六月十三號星期日（五月十三）

到合衆圖書館，晤起潛叔夫婦。出，理髮。到顧石君處談。歸，沈燮元自蘇州來，留飯。

到新雅，與徐碧波、沈禹鍾及其女修容、誠安茶叙。自二時至四時半。出，到趙泉澄夫婦處。

洗浴。睡至十二時即醒，又服藥。

得静秋信，知科學院特別照顧我，以正房三分之二給我，大小十二間，此真寬敞矣。静秋定十一日離京赴徐，計留京三天而已。

族弟芙先得胃癌症，到滬割治，入醫院須繳一百萬元。渠之生活本靠淵若叔祖，而淵若現在毫無辦法，屢打電話與誠安，予允出廿萬元。然醫院斷爲不能治，則惟有坐以待斃而已。

六月十四號星期一（五月十四）

到天平路，作演講提綱，并作簡單年表。寫静秋信。尹石公來。

到吉普飯店進餐。到復旦，演講"我的治學經過"，自二時半至五時。與谷城、田汝康、長壽、季龍、厚宣、蔡尚思、蘇乾英、陳守寔談。與谷城同車進城。

吳諫齋來。看《積微居小學述林》。

今日洪兒又就錢醫診，知爲腸胃炎。熱高至百○四度，服氯黴素後漸降，夜爲百○二度。

六月十五號星期二（五月十五）

到天平路取物。到狄醫處診。寫静秋、楊思曾信。到大中國，與君匋、誠安、汝成、小粟等談。到劉家飯。

到天平路，寫壽彝信。記筆記二則。爲人民文學出版社批其所擬文學名著目録。

王煦華夫婦來，談選《漢書》事。

今日洪兒之熱低至百度，旋又高至一〇一度。又兩日未大便矣。

近日天氣頗涼，聞太平洋有寒流，山東下冰雹，日本人有凍死者。可謂"天變"已。

今午同席：江翊雲　徐森玉　尹石公（以上客）　劉晦之及其侄子樹（主）

六月十六號星期三（五月十六）

到天平路，審查沈寂所作《孟姜女》稿。亞農來。潘伯鷹來。

仲川如夫人來。到四聯，與小峰、冰巖、書年談。寫王威、龍榆生、聖陶、聶紺弩信。

休息，早眠。

今日雨大甚，天更涼。

仲川病更亟，口不能張，喂飯如哺小兒，恐將不久人世。其所辦綉谷、樂園兩公墓，地契已爲政府取去，停止營業已三個月，其家將無以自存。故其如夫人來，托其嗣子又敏于我。可憐！然而我又何能爲力也！

人民文學出版社要出大批古典文學名著，四聯擬分得若干，藉以自存，囑予函致聖陶、紺弩商之。

六月十七號星期四（五月十七）

到天平路，讀徐中舒《殷周之際史蹟之檢討》等書，記筆記五則，約四千五百字。

看孫詒讓《墨子間詁》。

今夜洪兒退熱，首尾八日，蓋一候傷寒矣。

六月十八號星期五（五月十八）

二時半醒，未能續眠。到四川北路修面。到大中國，與君匋等談。寫自珍、勤廬、永年、建猷、羅偉之、雁秋信。誠安邀至其家飯。

到天平路，看《春秋時代的縣》附錄三篇。光義來，爲續講，未畢。歸，楊思曾來，談移家事。

看五月份《新蘇州報》。失眠，服藥兩次。

今日毓蘊寄來《新蘇州報》，不肯不看，看後即覺精神緊張矣。又念今日靜秋當歸，聽鐵門有聲，疑其叩門，遂不能睡矣。予入眠之苦如此！

六月十九號星期六（五月十九）

靜秋自南京歸。到天平路，看項英杰《虎方考釋》，記筆記一則。

眠一小時。寫吳宜俊信。整理書籍，寫書根。與靜秋到科學院辦事處，與王科長耀光談遷家事。出，到喬家栅吃點。

續理書。看《洞庭東山旅滬同鄉會紀念刊》。

靜秋此次出門，在北京住四天，在徐州住五天，在南京一天，憊甚矣。

科學院給予之屋，爲乾麵胡同卅一號之正屋，計十一間，又有衛生間，準備放圖書之屋有三大間，家中放不下再放至研究所。

尹達轉述張副院長之言，謂年紀大的不必與年輕人看齊，可不參加開會。故予到京亦儘可在家工作，聞之心喜。惟家有小孩，不容專心耳。

六月二十號星期日（五月二十）

靜秋爲洗浴。記筆記一則。玉華偕克明、孔小强、李小飛、鄭雲泉來。與又安挈四孩到上海戲院看《小飛馬》、《海底奇觀》影片。劉季高來，贈《新過秦論》。

與靜秋到起潛叔處，并晤潘承彬、瞿鳳起。到趙泉澄夫婦處。到陳仲瑜處，未晤，見其夫人及子。到平心處，長談。

六月廿一號星期一（五月廿一）

陳仲瑜來。到天平路，整理《西周地名今釋》訖。記筆記四則。尹石公來。沈勤盧、仲章來。

吳受之來。

疲甚，早眠。

蔡雲笙先生有信來，謂夫妻俱病，饔飧不給，囑介紹文史館事。先生爲予草橋中學之第一任校長，今年八十餘矣。老來病貧交迫如此，甚欲助之，而無如力有未逮也！

西周地名寫好，予起稿工作完矣，此後惟校稿耳。此事弄了一年餘，到此略告段落，心爲一定。

六月廿二號星期二（五月廿二）

鈔《西周地名今釋》入筆記。到大中國，與湘嵐談。與君匋上樓看《四部叢刊》。建猷來。許公武先生來。陳永熙來。煦華來。與陳鶴生到棧房取書，晤王玉成太太。與誠安到復興園飯。出，理髮。

回社，寫辛樹幟、周天則信。與緯宇談。與丹楓談。開卅四次編審會議，自三時至四時半。携書一網籃歸。

看梁玉繩《左通補釋》。張魯青來。

今日始得自明來書，知渠等安好，蓋不通書札二年餘矣。若予不致其翁仙舟函，則至今無消息矣。昨晤潘承彬姻叔，渠在貴陽醫學院任教，知廣順繪圖甚好，爲全校所器重，亦慰。

拔可先生逝世後，其夫人急欲將書籍售去，予爲紹介上海圖書館，館中因《四部叢刊》及《百衲本廿四史》已備，不欲買。予爲介紹至大中國，連書箱架六百萬元。今社中以無力繳稅，經陳永熙介紹，有人願以千四百萬得之。丹楓知其事，舉債而以千一百萬元得其《四部叢刊》，蓋初、二、三編俱備，今日市間絶少也。此書予亦極需要，將來手頭寬裕，終當覓取。

六月廿三號星期三（五月廿三）

二時三刻爲耗子鬧醒，遂不成眠。四時半起。到天平路，將《夏、商、西周地名今釋》統看一遍，開應修正諸點。森老來。柳先生來。石公來。蕭覺先來。記筆記二則。

眠未着。到四聯，開編審會議，自三時至四時。與小峰、冰嚴、永熙、進珊談。寫傅惜華、林漢達信。到科學院訪王耀光未遇，晤鄒列勛，談購箱事。

鄭家舜來。看張靜廬《中國近代出版史料》。

昨日同會：君匋　緯宇　丹楓　湘嵐　中台　榮德　振緄幼丞　汝成

今日同會：小峰　冰嚴　書年　君遠　蔭深　永熙　惠風進珊　中法　萼廷　業恒

六月廿四號星期四（五月廿四）

寫蔣仲川、金子敦信。將《大中國請求公私合營書》再細看一遍。科學院外勤王翰華來，同到北新書局貨棧訪范君揚，看木箱。

静秋偕頤萱嫂及又安赴蘇州，整理什物。到四聯，與小峰、冰嚴、伯煌談。到大中國，與誠安、汝成談。與季龍、丹楓同到古籍門市購書。季龍返校，予與丹楓到一清真館飯，長談。寫仲揆先生信。

看袁珂《中國古代神話》。

六月廿五號星期五（五月廿五）

到天平路，看《春秋時代的縣》訖，并看《周禮》，記筆記三則。理雜志。石公來。

批人民出版社所擬"古典名著目録"。周昭亨來。

疲甚，就床未落瞧。而厚宣來電話，告有長春之行，遂致失眠，服藥三次，至十二時後方眠。

六月廿六號星期六（五月廿六）

王翰華來。到合眾圖書館，晤起潛叔。到大中國，寫平心信。理書桌内雜紙，與張家振、陳鶴生捆書。陳金榮來。與誠安到銀行公會，邀孫俶丞先生到水上飯店飯。

到華英藥房買藥。到四聯，與小峰、伯煌談。與鶴生、志濤談。

與義安、張媽捆書。與潘祥其、潘玲玲談。

因昨夜睡不好，今日昏昏如在霧中，只得以理書遣日。

六月廿七號星期日（五月廿七）

狄静觀來。到多倫路，與陳金榮、許效良同捆書。送《玉函山房輯佚書》到丹楓處。與金榮、效良到鴻復林飯。

到四川路修面。到博物館，參加史學會，聽馬長壽講"古代蒙古草原的原始公社制、奴隷制及游牧封建制"。五時散。

與義安、張媽捆書。待静秋、湲兒歸，十二時眠。

今日同會：尹石公　王佩諍　李旭　燕義權　章丹楓　楊寬　譚季龍　姚舜欽　馬伯煌　徐德嶙　田汝康　吳杰　蘇乾英　黃穎先　王國秀　束世澂　林舉岱　戴家祥　周進楷　洪廷彦　張世禄　顧起潛　蔣秉南　李季谷　金諾　陳乃乾　馬長壽　王丹

岑　陳守寔

六月廿八號星期一（五月廿八）

到合衆圖書館，指點科學院工友捆書，自八時至九時。與陳潔芳談。與煦華同到其家，看工友捆書，兼看煦華所編《國民黨反動政府禁書目》。在煦華家飯，與其父鴻儒談。

到天平路，指點工友捆書，自二時至五時。詩銘來談。與朱沛瀛談。在大雨積水中歸。華東人民出版社來。

與又安、義安同捆書。

六月廿九號星期二（五月廿九）

到丹楓處，指點科學院工人捆書，自八時半至十一時訖。到多倫路看書，晤葉君。到大中國看書。與工人別。與君匋談。與誠安同到復興園飯。

回社，寫新聞出版局、李四光部長信。捆書。到新聞出版局，與方學武、解約夫、張吟韻談公私合營事，自三時至四時一刻。歸家，理書，量衣。

與又安兄弟捆書。

今日與新聞出版局討論之下，大中國公私合營極有希望，爲之一慰。

六月三十號星期三（六月初一）

到大中國，與君匋、緯宇、誠安談。黃積慶來，携所捆書入科學院交通車。與同到山陰路、多倫路兩處取書。隨車至科學院，辦各手續。王翰華邀至食堂飯。

到天平路，取稿，晤總務趙君，與朱沛瀛談。歸，與靜秋、湲兒同到車站，乘三時五十分車返蘇，在蘇州車站飯。

歸家，到又曾處談。與子敦夫婦談。

擬作之論文：

郡制之醞釀與其完成

楚都丹陽考

師摯之始與關雎之亂

詩起興考

廖平與康有爲的關係

公亶父與太王

尚書學史簡述

陸終六子與祝融八姓

夏代的政治中心與夏族的遷徙路綫

六月雪故事的演變

禹貢著作時代考

商代都邑考

禹貢中的問題

四嶽與五嶽，瓜州與九州

"著書總爲稻粱謀"：

1. 幼年事憶

2. 蘇州史話

3. 元雜劇本事

4. 古代思想學術史

5. 孟姜女的故事（應入下闋）

6. 考證文選

7. 周秦文選

8. 尚書今譯

9. 古書鑰

10. 十三經標點本

11. 先秦諸子標點本

12. 左傳簡注

13. 史記簡注

14. 近代中國史學

15. 中國史事叢談

16. 中外交通史料選讀

17. 中國古代疆域史（包民族、交通等）

18. 古史料選讀

　　學術性的著作（有　。者係研究所工作，可計日程功者）：

。1. 古史勘

　2. 三代、春秋、戰國地圖

　3. 古今本竹書紀年輯注

。4. 尚書集解

　5. 拾貝編或古史叢考

　6. 帝繫考

　7. 王制考

　8. 道統考

　9. 經學考

。10. 古代地名考辨

　11. 山海經整理

　12. 寫定水經注

。13. 近代樸學家著述考

　14. 三皇五帝考

　15. 春秋三傳與國語

16. 古代中國的民族與疆域

一九五四年七月，準備北行，整理書籍裝箱，到各處辭行。静秋及四兒于是月十一日動身。

十一日，自珍及其次子育宜來，十四日偕回蘇州，十七日渠等返寧。

廿五日，予離蘇返滬。

八月廿日，予與又安同赴北京，廿二日下午到，即入乾麵胡同新寓。到處訪友，并整理書籍，至九月杪始理訖。

十月，理稿件。十一月，理置所中書。校《秦漢的方士與儒生》清樣。

十一月廿六日起，爲整理《通鑑》，到北海公園畫舫齋辦公，與王崇武俱。

十二月，作《秦漢的方士與儒生》序。審查他人所點《通鑑》。定標點凡例。

是月，全國政協選予爲委員。自十二月二十日起，政協第二屆第一次會，廿七日止。

是年批判俞平伯《紅樓夢研究》運動，接着批判胡適思想。

失眠之因：

一、晚飲濃茶	六、晚有刺激
二、晚上作事	七、遲眠
三、晚上多談話	八、白天太勞
四、睡得太早	九、天氣悶熱
五、與静秋口角	十、睡後爲人叫醒或鬧醒

晚上易睡之因：

一、爲兒輩講故事

二、聽廣播

三、傍晚散步

四、白天體力勞動

〔圖〕 乾麵胡同内配給我們住的房屋

靜秋述 雁秋畫

（下略）

中國科學院自然科學家哲學學習委員會研究題目大體上可分以下四類：

1. 馬克思列寧主義哲學的某些基本原理；

2. 以辯證唯物主義的基本原理研究本門科學的某些重要理論問題；

3. 以本門科學的研究成果來説明或豐富馬克思列寧主義哲學的某些基本原理；

4. 以辯證唯物主義理論爲武器來批判目前自然科學界中存在的一些錯誤的學術思想、觀點及論著。

學習必須貫徹理論聯繫實際的原則，密切結合本門科學業務和我國社會主義建設的實際。

一九五四年七月

七月一號星期四（六月初二）

吴孝芝來。金子敦招待進點。與靜秋、湲兒到木瀆，進茶館憩息。雇轎到綉谷、樂園兩公墓掃墓，晤陸、虞兩君。上山，游靈岩寺。下山，到石家飯店午餐。

與靜秋、湲兒冒雨游留園，自二時至四時。出，予到閶門，剃頭。到仲川家，與其如夫人及嗣子又銘談。

到又曾處飯。與子敦談。失眠，服藥兩次。

七月二號星期五（六月初三）

到九嬸母處。陸尹甫太表叔來。七時半離家。八時半上車，十二時許到滬。乘五路電車到常熟路，飯于夜來香。

到武康路人民銀行取款。歸，洗浴。與義安整理古物，一一包扎。德輝來，留飯。

羅媽自蘇來。

七月三號星期六（六月初四）

終日在家，視義安、王士耀裝書十四箱。王翰華來。文管會韓、魏兩君送書來。

疲甚，小眠。

詩銘來，留飯。狄靜觀來。與羅媽之夫顧明發談。洗浴。

狄靜觀家有藏書，欲售與予，然觀其明板書，皆萬曆以後者，當時書帕本盛行，粗製濫造，在版本上價值且不及清刻本，不該索重價也。

七月四號星期日（六月初五）

范祥雍來。起潛叔來。陳仲瑜來。黃永年來。顧石君來。玉華來。寫劉晦之先生信。

到修文堂，晤孫實君。與潮、洪兩兒到蔡子民師母處，并晤晬盎。又到午姑母處，并晤子豐。又到劉大杰處，并晤其夫人。歸，修文堂王文忠來，送書。

靜秋、頤萱嫂、湲兒自蘇歸。王文忠來送書。三姨、玉華、克明返江灣。洗浴。失眠，服藥兩次。

七月五號星期一（六月初六　吾父八十五歲冥誕）

寫書箱封條。開傢具目録。豫爲傢具書封條。

伴堪兒眠。起潛嬸來。到修文堂，與孫實君談。到合衆圖書館，與起潛叔談，并晤裴延九。

王文忠來，送書箱。洗浴。看《鄭堂讀書記》。木蘭自寧來。

堪兒昨夜發燒，高至百〇三度。今日送錢醫處診，知是扁桃腺發炎，打盤尼西林一針，傍晚熱即減。潮兒今日在校嘔吐，歸後即卧，云腹痛。渠胃甚弱，在此天氣劇烈變化之際就支持不住。

日來天極熱，一動即流汗，而予爲理書，不能不動，故頸間長了許多痱子。

七月六號星期二（六月初七）

蘇淵雷來。到大中國，與汝成、君匋談。寫李映婁信。到郵局寄信，修面，在武昌路飯。到孔大充家，晤其夫人。

回社，寫自珍、孟頫、趙肖甫、金竹如信。與丹楓談。開編輯出版聯席會議，自三時至四時半。寫李仲揆、金竹如信。歸，高二嫂來。爲寫張文清處取款條。

徐隱芝來。洗浴。又安自無錫來。

今日同會：君匋　丹楓　汝成　幼丞　中台　緯宇　洪昌
家振　維新　榮德　振緄　袁捷　兆熊　逸楓　小粟

堪、潮兩兒俱痊。

七月七號星期三（六月初八）

陳懋恒來。與静秋、湲兒同到南京路百貨公司購物。到新雅酒樓宴客。

到古籍門市部及傳薪書店。到四聯，晤吳葆荃，看稿。開第二十次編輯會議。寫龍榆生信。與君匋、王進珊、王福全談。再至傳薪書店及古籍門市部。冒雨歸。

德輝來，留飯。楊廷福（士則）來。看《逸樓叢談》。

今午同席：孔大充及其夫人楊質君　魏炳西（以上客）　予夫婦及湲兒（主）　十七萬元。

今日下午同會：小峰　書年　君遠　進珊　蔭深　中法　惠風　永熙　蕚廷　業恒

諺云：“小暑一聲雷，依舊倒黃梅。”今日半夜交小暑，而果聞雷，今年雨量之多可知矣。

七月八號星期四（六月初九）

寫封條。王翰華來。包所餘書。看《炳靈寺石窟》。

小眠。狄靜觀先生來送書。爲劉小粟作《木蘭故事畫》序初稿。

洗浴。起潛叔夫婦來，贈物。看湖帆《佞宋詞痕》。

爲理書理物已兩星期，今日稍鬆懈，便覺疲憊不支。

七月九號星期五（六月初十）

唐倩影來。山西北路永泰祥麻袋打包號來捆傢具，予寫收發布條。

張綺先來。誠安夫婦來，贈物。續寫布條。

洗浴。席地睡。

腳底痛甚，當休息矣。

七月十號星期六（六月十一）

寫布條，繫箱籠。到興國路理髮。爲煦華改正其所點《蕭望之傳》。

　　到華東新聞出版局，與君匋同訪方學武、陳蕩，談公私合營事。與君匋同到家，與靜秋談。寫丹楓信。毛光義來，贈物。

　　與靜秋及四兒等同到錦江飯店，赴宴。洗浴。張天甦夫婦來。

　　今晚同席：予夫婦　又安　潮　洪　湲　德堪（以上客）
振宇　緯宇　擎宇　君匋　誠安（以上主）

　　上海所裝書箱共百十八件，其中小箱六十，大箱五十八。每一小箱以三百冊計，約一萬八千冊。每一大箱以五百冊計，約二萬九千冊。然則予在上海之書已近五萬冊矣。傢具、行李總共一百〇四件，包一節火車，爲二百八十萬元。爲防止浪費計，如裝置不滿則爲六百萬元。又須押運員一人，否則須逐件估價。國家機關運物尚如此艱難，何況工商界哉！

七月十一號星期日（六月十二）

　　自珍偕次子育宜自寧來。王煦華夫婦來，贈物。科學院派人來，運去書箱廿一件。

　　午姑母、紅妹來。曹寅甫、曹繩緒來。趙泉澄夫婦來。張綺先來。王翰華來。與自珍、育宜、潮、洪、湲上街散步。

　　煦華夫婦來，送行李赴站。徐隱芝來。張琴來。張仁英來。十時，靜秋偕四兒、頤萱嫂、羅媽行。又安、義安、玉華、王士耀、木蘭均送行。

　　堪兒昨夜又發燒，今日高至百〇三度，靜秋急送錢、狄二醫師處診治。湲兒至傍晚亦發燒，至百〇四度，又送狄醫處打針。瀕行之際，陡生風波，靜秋之焦躁可見。然推原其故，皆由昨日赴宴前洗浴，雨中出門又受涼所致。小孩真不便參加宴會也。

七月十二號星期一（六月十三）

　　將袁氏書室還復原樣。到大樓取款。與又安捆書。到朱太太處交水電費。

三姨、木蘭、克明赴江灣。與自珍、育宜同出，到先施公司、中國食品公司、百貨公司、泰昌公司等處購物。遇瞿鳳起。到誠安夫婦處談，并晤冬、八、全諸侄。歸，德輝來，留飯。

陳奇猷來。崔裕權來。與張媽談。

七月十三號星期二（六月十四）

致靜秋電。與自珍、育宜同出，送至人民公園。予至多倫路，看所扎木器，晤韓老太太。到大中國。與君匋談。擎宇來，談。與汝成談。到水上飯店，寫靜秋信。誠安來，德輝來，自珍、育宜來，同飯。

到四聯，晤小峰，遇吳葆荃，寫馬長壽信。到傳薪書局。到郵局。到八仙橋購明日車票。歸，理賬目。到徐澄宇、陳素園夫婦處談。

到來喜飯店，應誠安邀飯。與自珍同到起潛叔處。九時半歸。

今日鐵路營業處將所包裝物件一起運走。由義安、王士耀二人押運。因在鐵棚車中，一個人買飯、取水及大小便均不便也。

七月十四號星期三（六月十五）

到淮海中路修面。到科學院，與王翰華、王光耀、曹榮等談，算賬。歸。到文管會，與柳先生、朱沛瀛談，寫靜秋、吳宜俊信。歸，科學院送蘇州運費來。與自珍、育宜到大中國，飯于復興園。

丹楓來談。與自珍、育宜到車站，上二時卅五分快車，四時許到蘇州。歸家，與子敦談。到九嬸母處。到又曾處晚飯。

到謝孝思處談。九時歸。

上海運書箱費三百四十七萬七千七百元。包車費四百七十六萬七千六百元。此外客票、包扎、搬運等費二百廿七萬六千五百元。三共一千萬〇五十二萬一千八百元。

七月十五號星期四（六月十六）

寫謝延孫信。在子敦處進點，長談。到文學山房，與江氏父子談，請其代理包書運物工作。到市政府，訪李芸華市長，由謝孝思代見。到狄靜觀處。到汪叔良處，與叔良同到蔣企鞏處。到彭枕霞處。到尹韻孫處。歸，得靜秋到京電。寫靜秋信。子敦邀飯。

與自珍到二嬸母處。與自珍、育宜、毓薀、開孫到拙政園游覽、照相。與自珍、育宜到碧澂家，晤其夫婦，及其婿女朱雲五夫婦。又到胡遠香家，晤其夫婦，并晤其子喜麟、女連璧。

與自珍、育宜到又曾家飯。江澄波兄弟來。謝延孫來。

此次歸家，早飯及下午點心由金家供給，午晚兩餐由張家供給。

七月十六號星期五（六月十七）

紀伯庸來談。延孫來助整理物件。江學詩來，帶數人同打箱捆木器。寫靜秋信。寫標籤。

彭枕霞來。狄靜觀先生來。孟韜來，觀其所作自訂年譜。

到又曾處飯，遇陳悟麟。洗浴。

蘇州車站必須有遷出證始可當行李運，包車價三百七十餘萬元。如無遷出證，則當作貨物運，貨便至七百餘萬元。雖有科學院公文，不生效力。不得已，囑毓薀報遷出，隨同到京游玩一次。

此次整理書籍傢具，由文學山房江學詩主持其事，臧炳輝、謝延孫及木匠潘君等二人爲之。

七月十七號星期六（六月十八）

陸尹甫丈來。自珍、育宜赴寧。毓薀送之。續寫標籤。寫狄靜觀信，取箱。章太炎師母來，長談，同在子敦處飯。

勤廬、海岳、燮元來。二嬸母來借錢。汪叔良來。寫靜秋信。

勤廬等邀至觀前大衆食堂飯，到怡園游覽，遇黃慰萱。

今晚同席：予與子敦（客）　　海岳　勤廬　燮元（以上主）

七月十八號星期日（六月十九）

寫書箱標籤訖。看顧禄《桐橋倚櫂録》。

狄靜觀先生來送書。到臨頓路理髮。到孟軺處，與人驥、人龍、吳致覺先生、雲裳等談，飯。

失眠，服藥三次。

今晚同席：予　琯生　雲裳　莊君（以上客）　孟軺夫婦　人龍　人驥（以上主）

七月十九號星期一（六月二十）

詩銘偕小芬來。看文學山房送來書。紀伯庸來，邀至其家午餐，并晤其子英楠。寫狄靜觀信，囑延孫往取書箱。

與伯庸、子敦同到顧蔭亭處。冒雨歸。寫傢具標籤。看乾隆刻王金範分類本《聊齋志異》。

與又曾談。

今午同席：予與子敦（客）　　伯庸夫婦及子英楠（主）

蘇州無日無雨，無雨不大，河水齊岸，低窪街道俱已上水，據七八十歲之人就其記憶中言，僅光緒十五年及宣統三年有大水，然在秋間，新穀已登，非夏季也。鄉下日日戽水，才一戽出，一雨又滿，其所居處盡在水中，小兒就眠須繫以繩，防其轉側致溺。且非獨蘇州也，廣東、廣西、湖南、湖北、江西、安徽無不患水。漢口、洞庭湖一帶尤甚，報紙載打破九十年之水文記録。非九十年中此爲巨害，乃水文記録僅九十年耳。則或二三百年無此矣。所以致此之故，當爲洋流之變化，而其所以變化或由于試驗原子彈，則仍戰爭之惡果也。

七月二十號星期二（六月廿一）

捆扎傢具工作完畢。二嬸母來借錢。續寫傢具標籤。汪叔良來。狄靜觀先生偕蔣又銘來。運輸工會人來估計。

與又曾談。洗浴。

今日蘇州攜京物件整理完畢，計書籍一百〇七箱，傢具一百十八件，與上海不相上下。予之書籍向無統計，兹合滬蘇兩方凡二百廿五箱，大箱可容六七百册，小箱容二百册，平均以四百册計，已九萬册矣，如抗戰時不損失，勝利後不捐贈，則十二萬册矣。以予清貧尚能如此，可見作事不間斷，必有厚積無疑也。

七月廿一號星期三（六月廿二）

德輝自滬歸。運輸工會來運物，至車站倉庫。蔡潞年來。葉琯生來。

江澄波、學詩來談運物事。爲子敦布置書室。純熙堂及方廳均理清。九嬸母來。

與又曾同到胡濟川處談。與子敦夫婦談。

今日運物至倉庫，明晚可裝車，後日可辦手續。

接靜秋來信，悉潮、洪兩兒到京後入校尚成問題，以北京人口增加太速，學校不能容也。四孩均病，但已均好。上海運物已到，寓中有鴻鈞、義安、士耀三人整理物件。

七月廿二號星期四（六月廿三）

與子敦談。王士瑞表弟來。又曾來談純熙堂出租事。木匠潘君來修理地板。謝延孫來。

周利人來。寫靜秋、又安、誠安、自珍、尹達信。汪叔良來。到觀前寄信。到九妹處，并晤汪家源。

與子敦談。爲蚊所嚙，醒，再服藥。

已歸蘇八日矣，今日始得一息，將日記、賬目、信札整理一下。

自上月廿六日起，至昨日止，將書籍什物理訖，幾及一月，而手續尚未了也。

七月廿三號星期五（六月廿四）

與子敦談。趙孟韜來，同訪蔡雲笙先生。出，予到映婁處，未晤，見其夫人。到臨頓路修面。到菉葭巷口書肆選書。歸，謝延孫來。

沈勤廬來。葉樂天來。李映婁來。吳子華來。與子敦到章太炎夫人處，長談，并晤湯恩培，六時半歸。

江學詩、鑫根來。洗浴。

書籍、傢具今日下午裝上四十噸車，適滿一車。予來蘇任務完畢矣。

七月廿四號星期六（六月廿五）

孟韜偕人驥來，同出，到國際照相館攝影。出，買明日車票。到欣伯處談。到景春伯母處，并晤有斐弟婦。到朱造五處。到仲川家午餐。

到葉琯生處，并晤其夫人。到吳時中處。到薛天漢處，未晤，見其夫人及長子祖同。到觀前國貨公司買物送金、張二家。歸，吳時中來。二嬸母來。九嬸母來。到郵局，寫靜秋信。

到怡園，晤勤廬及葉樂天、吳君，同品茗。十時歸。

今午同席：予與狄靜觀、謝延孫、周益卿（以上客）　　蔣仲川夫人及其子又銘（主）　仲川今日頗清醒，見予點頭，特恐是最後一面耳。聞其夫人言，頌皋已于去秋病中風死。

蘇州運書費用計七百廿三萬零六百元，德輝夫婦北行費用不在內。

七月廿五號星期日（六月廿六）

潘聖一來。吳廣夔先生來。胡濟川來。到二嬸母、又曾、九嬸母、吳孝芝家辭別。延孫送至車站，十一時十一分開，十二時四十六分到滬。在站遇馬長壽。

飯于十里香。到博物館，參加史學會，致臨別詞。與史守謨等談。五時半，與楊寬正同上電車。予到車站取物。進餐。

七時許歸家。與又安談。洗浴。疲甚，不藥而眠。

今日同會：林舉岱（主席）　胡厚宣　尹石公　楊寬　方詩銘　王佩靜　耿淡如　吳杰　姚舜欽　陳旭麓　黃穎先　戴家祥　李清明　徐德嶙　章丹楓　梅公毅　王國秀　燕義權　王丹岑　陳乃乾　魏建猷　高達觀　蘇乾英　曹漢奇　張遵驤

七月廿六號星期一（六月廿七）

到文管會，與徐森玉、柳翼謀、尹石公三先生談。饒攄伯來。寫靜秋、自珍信。理抽屜。葉笑雪來。到武康路口飯。

小眠。承名世來。翻看《孟姜山志》一過。到平心處，與平心、薛明劍同談文獻流通社事。出，飯于愚園路。

洗浴。

高教部與科學院合組之文史課程座談會，原為綜合大學教課而設，并未邀予。自靜秋到京，所中疑予將到，補發一束，日期尚係六月三十日，予既不任教，實無必去之理。況上海工作須作結束，亦斷不抽空前往。而靜秋持作理由，勒令予即往，既打電至滬，又打電至蘇，謂滬事可緩辦，來信亦言到京後可再回上海。予兩處理書，已極勞頓，又欲予在酷暑中在津浦路上往返三次，豈非逼予病倒。在彼只欲從速團聚耳，不知在事在人，斷乎不可。靜秋若是共產黨員，必然成爲犯急性病的"左傾"幼稚分子！

七月廿七號星期二（六月廿八）

張魯青來。得德輝長途電話。到郵局發靜秋電。到大中國，與緯宇等談。寫致靜秋長函。丹楓來。張世禄來，同到美潔飯，遇孫儆丞。

王惠龍來。回社，寫羅偉之信。理抽屜。與君匋談。待汝成不至，未能開會。出，到青年會理髮。到修文堂付書款，與實君談。到狄醫處診。遇陳錫襄。道遇湖帆。

到大來飯店赴宴。十時歸。李光信自揚州來，贈物，未遇。

今晚同席：予（客）　林舉岱　王國秀　李聖悅　譚季龍　章丹楓　張家駒　陳子展　梅公毅　胡厚宣　戴家祥　魏建猷（以上主）

今日量血壓，爲90—156，較上月高十餘度矣，忙之故也。

七月廿八號星期三（六月廿九）

煦華夫婦來，送書。到天平路，與翼謀、森玉兩先生談。商錫永、梁釗韜、區君、徐伯郊來。詩銘來。洪瑞釗來。寫靜秋信。顧佛影來。歸家飯。

眠一小時半。理物。寫江靜瀾信，到八仙橋郵局匯款。到上海博物館，晤承名世。到圖書館，與沈羹梅、瞿鳳起、胡吉宣、王育伊、沈文倬、岳良木道別。

與寬正等到國際飯店三樓，應宴。九時，與龍榆生同車歸。

今日起，飯由張媽做，張魯青所囑也。

今晚同席：予（客）　楊寬正　蔣大沂　龍榆生　蔣天格　承名世（以上主）

七月廿九號星期四（六月三十）

鈔湖南花鼓戲中之《孟姜女配夫》入筆記。到文管會，與森玉先生談。寫尹達信。到大中國，懋恒、丹楓、伯煌、小峰來，同談《上古史演義》事。到曾滿記飯。

回社，整理書桌。湘嵐自西北歸，談。二時半，開編審會議，至五時止。携物歸。以不能赴宴，到徐澄宇處。

朱菊人來。周昭亨來。徐千、柴忠寶來。失眠，服藥二次。

今日同會：君匋　緯宇、汝成　丹楓　幼丞　榮德　鶴生　湘嵐　中台

歸途有微雨，天氣凉甚，竟可穿夾，以中伏而有此，真奇事也。

七月三十號星期五（七月初一）

到文管會，與尹石公先生長談。寫德輝信。記筆記二則。整理抽屜中物。十一時歸，到徐澄宇家赴宴。

歸，稍息，即至天平路。整理蘇州運物賬。顧佛影、史守謨來。賈自然來。孫元徵來。到科學院，晤王翰華。到吳諫齋處，晤其夫人。

李旭來。洗浴。

今午同席：予（客）　徐澄宇　陳素元（主）

七月卅一號星期六（七月初二）

到大東旅社訪商錫永、梁釗韜，未晤，晤區家發，留條。到四聯，與小峰、冰嚴、書年、君遠談。到群聯，與徐稚鶴、燕義權談。

到文管會，與汪旭初、潘伯鷹、金祖同、洪瑞釗談。劉傳升來。

眠兩小時。出，修面。到劉厚生先生處，長談。歸，詩銘來。翁大草偕其子文叔來。張天甦來，同整書。

與詩銘到廣西路四川味飯。又同到溫知書店選書，與魏亨孚談。十時許歸。十二時眠。失眠，服藥兩次。

今晚同席：予（客）　　方詩銘　潘伯鷹（主）

聞鎮江、南京、蚌埠三處鐵道均爲水衝斷，旅客須乘小火輪渡過。則予稍遲行以待水退，于事亦善。

八月二日與筱蘇書云：（下略，見《顧頡剛書信集》）

同日與鶴年書云：（下略，見《顧頡剛書信集》）

一九五四年八月

八月一號星期日（七月初三）

范希衡來。伍蠡甫來。顧石君來。劉厚生先生來。龍榆生來。瞿兌之、劉與點來。辛品蓮來。毛光義來，爲照相。溫知書店魏亨孚來。陳奇猷來。吳諫齋來。疲甚，眠看《因樹屋書影》。

到錦江飯店赴宴，遇林同濟全家。歸，劉卓如來。徐隱芝來。訪光信，未晤，留條。

到國際飯店十四層樓赴宴。九時歸，看《湘綺全集》，至十一時。

今午同席：高吹萬先生　予（以上客）　　毛光義（主）

今晚同席：予（客）　　君匋　緯宇　宣錚　誠安　振緄　鶴生　家振　洪昌　維新　敏之　汝成　幼丞　耀明　可保　里平　榮德　中台及其子　逸楓　湘嵐　袁捷　兆熊　陳麟書及其子女　志濤　啓松　丹楓　海庚　小粟　金永欽　福全　大韶　芝山

袁輔臣　陳福興（以上主）

八月二號星期一（七月初四）

杜鎮球（亞詒）來。到天平路，與石公、洪瑞釗談。寫靜秋、馮世五、史筱蘇、呂誠之先生、沙應若、于鶴年信。歸，李光信來，留飯。

眠一小時。葛砥石來。寫自明、自珍、許毓峰、吳杰信。王進珊來。到興國路寄信。

到柴家應宴，談至九時歸。洗浴。

今晚同席：予　錢國榮及其夫人楊霞華　徐先夫婦（以上客）　柴忠寶夫婦　徐千（群法）夫婦及其父母（主）

今日始有正式之晴光。

八月三號星期二（七月初五）

到天平路，與趙沖談。鈔洪瑞釗評地圖語入筆記。到銀行取款，與瑞釗談。石公來談。歸飯，與劉卓如談。

到四聯，開編審會議，自二時半至五時。寫傅惜華、伍蠡甫信。與小峰等談。

到聚豐園應宴。與進珊、永熙到温知書店選書。歸，觀《夷堅志》。

今日同會：小峰　冰嚴　書年　君匋　君遠　伯煌　中法　萼廷　蔭深　業恒　惠風　永熙　進珊

今晚同席：小峰　冰嚴　君遠　伯煌　進珊　蔭深　惠風　中法　業恒　永熙

八月四號星期三（七月初六）

蔣大沂來。到大中國，與君匋、緯宇等談。寫蔣秉南、小峰、延孫、琯生、映婁信。與誠安同到美潔飯。

到郵局寄信。到溧陽路剃頭，到周清書店選書。到丹楓處，未晤，與其夫人談。返社，看新購書。到地圖出版社，晤章志雲、岳有五，談。到海關，訪吳秋白、喬笙亞，談至六時出。

到國際飯店應宴。九時，與黃仲明同車歸。

今晚同席：予　黃仲明　李小峰　劉季康　丁君匋　金振宇、緯宇、擎宇　曹冰嚴（以上客）　魏炳榮先生及其子書年、書雲（以上主）

八月五號星期四（七月初七）

丹楓來，同到文管會，與瑞釗談歷史地圖事。石公來。瑞釗來。伯鷹來。寫夏衍、史永信。劉卓如來編目，同飯。

眠一小時。史守謨來。記筆記二則。到杜亞詒處，取其《段注釋文補正》稿。吳秋白來，同飯。

湯定宇來。洗浴。看《夷堅志》。

接德輝八月一日信，知蘇州書籍器物已抵京。渠等到明光後，以大水瀰漫，路軌盡没，搶修後始得通行，已停留整日矣。車行若牛步，故抵京已在第三日深夜。貨車則行九日之久。

八月六號星期五（七月初八）

張魯青來。看又安所編袁氏書目，批之。到天平路，作劉小粟《木蘭從軍畫集》序文。旭初來。與石公同到派克赴宴。道遇文懷沙。

到大中國，與君匋、緯宇、丹楓等談。寫狄靜觀信。擎宇來。趙人龍來。社中開談話會歡送，予致詞，自四時至六時。到溫知書店取書。到復興飯店夜花園赴宴。

洗浴。看新購書至十一時。

今午同席：予（客）　劉晦之　江翊雲　柳翼謀　徐森玉尹石公　汪旭初　蘇淵雷（以上主）

今晚同席：予（客）　孔大充（主）

今日下午同會：大中國全體同人，君匋爲主席。發言者：君匋　丹楓　志濤　汝成　中台　湘嵐　小粟　鶴生　誠安　緯宇振緄

八月七號星期六（七月初九）

陳懋恒來。整理袁氏所藏集部書。得夢家電話，即赴文管會與談。與瑞釗談。看《遼海引年集》。郭傳鏞家遷來。

續理袁氏藏書。劉傳升來。文懷沙來，長談。王文忠來，取書。寫静秋、鴻鈞信。

到錦江飯店赴宴。至十時歸。

今晚同席：予（客）　笪移今　吳道存　俞劍華　王進珊高　汪　李　錢　孟　李光信　周昭亨　顧　施天侔　孫鴻霖張慕聃（以上主）

八月八號星期日（七月初十）

寫德輝信。孫媛貞來。王佩靜來。馬伯煌來。顧佛影來。整理袁氏書。到興國路修面。到趙家應宴，談至二時半出。

到徐家匯郵局寄信。歸，疲甚，眠一小時。續理書。到修文堂，與孫寶君談，并晤劉絜敖。

到知味觀應宴，十時歸。洗浴。孟輶自蘇州來，長談，同榻眠。

今午同席：予　黃體安及其夫人孫岱娟（以上客）　趙介文孫媛貞（以上主）

今晚同席：予　丹楓　譚季龍（以上客）　鄒新垓　屠思聰金振宇　陳宣人　葛綏成（以上主）

八月九號星期一（七月十一）

與孟輻進點後同出。予到合衆圖書館，爲館中工作人員講話一小時。與煦華、景鄭、起潛嬸等談。到江翊雲先生處。歸，疲甚，眠一小時。

續整理袁家書籍。到天平路，與饒撝伯、洪瑞釗、朱沛瀛談。寫靜秋信。到湖帆處，并晤陳子彝、孫邦瑞、文懷沙、韓侍桁、許窺豹、吳述歐。

與懷沙同到復興飯店餐。歸，續理書。洗浴。

八月十號星期二（七月十二）

寫又曾信。到修文堂，交代寄書。到大中國，與汝成、君匋談。爲人寫字約二十件。與誠安同到美潔飯。

與誠安同到孫俶丞先生處談。回社，又爲人書約三十件。到統戰部，晤吳克堅部長、史永秘書長，談公私合營事。

歸，門閉不可入，到君珊處，則已去京。到蕭覺天處，晤其夫婦及譚其覺女士，留飯。歸，又出，到洪瑞釗處談地圖事。歸，洗浴，看張惟驤《毗陵名人小傳稿》至十二時。

今日熱極矣，不動亦流汗被體，予乃不能不動，可奈何！

吳部長見告，數日內有一專車到京，可附乘也。

八月十一號星期三（七月十三）

爲人寫扇八面。草致吳克堅部長函一千餘言。打電話與君匋，派振繩來，即將函謄清，留振繩飯。

理物。眠一小時半。派出所顧同志來。寫董伯豪先生、孟輻、謝孝思、程國任、練爲璋、張禹琳、吳秋白、喬笙亞信。

洗浴。看《明清名人尺牘墨寶》。作龔定盦書題識。

八月十二號星期四（七月十四）

爲王林題定盦字軸。戀恒來。寫静秋信。到天平路，與石公、詩銘等談。寫筆記一則。到洪瑞釗處取圖，談至十二時。到水上飯店，與丹楓同飯。

到大中國，與君匋等談。看王鰲兩手卷。爲人寫字五件。歸，旋出，到馬伯煌處，并晤其夫人及婦翁方旭東。到王佩静處，與其夫婦談。

張天甦來，留飯。洗浴。續看《明人尺牘》。

八月十三號星期五（七月十五）

到紫羅蘭理髮。到天平路，與石公、森玉先生談。沈鏡如自杭來，同歸家談。留飯，并邀詩銘同飯。

眠一小時半。到袁倣畲師處談。到蔣竹莊先生處談，并晤其孫九成。到國强中學訪趙人麟，未晤。歸。

洗浴。看《清人尺牘》。

八月十四號星期六（七月十六）

寫雁秋信。又安回無錫。到尹石公處，與之同訪周孝懷先生。出，遇蘇淵雷。予到平心處談。到王佩静處，與其女談。遇王蘧常、張松孫，與蘧常同車歸。與劉卓如及其女重元同飯。

寫譚季龍、自珍、吳時中信。到人民銀行取款。到合衆圖書館，晤煦華夫婦。到法寶館，還借潘景鄭款。歸，記一月來賬目，記筆記二則。

蕭覺天夫婦來談。洗浴。看金梁《光宣小記》。

八月十五號星期日（七月十七）

趙泉澄夫婦來。周公碩夫婦來，爲寫詩銘信。到張魯青處。看金梁《近代名人志》。記筆記二則。寫靜秋、尹達、王林、顧佛影、劉詩孫信。

到樓上飯。平心來談注釋《詩經》事。到湖帆處，與彭恭甫、禹琳、爲璋、逸梅等談話。到俶畬師處，邀其夫婦同到錦江飯店。

飯畢，到蔣益生家照相，不成，到春在照之。歸，洗身。

今午同席：王效文　陳守成　張君一（以上客）　張魯青夫婦（主）

今晚同席：袁俶畬先生及其夫人徐清芬　董伯豪先生（以上客）　練爲璋　張禹琳　吳湖帆　鄭逸梅　程國任　潘仲麟　張佩紳　吳旭丹　章君疇　張絜儒　龐京周　蔣益生（以上主）

八月十六號星期一（七月十八）

王善業來。到丹楓處，并晤金竹林。到建猷處，未晤。到大中國，草方學武信稿。張同皋（淞孫）及其孫啓福來。建猷來。丹楓偕范祥雍來，同到曾滿記飯。

回社，將致方學武信鈔好，交君匋送去。與誠安回武康路，沈禹鍾及其女來。徐碧波來，長談，至六時半去。疲甚，小眠。

洗浴。楊士則來。

八月十七號星期二（七月十九）

整理袁氏藏書，改定又安等所編目。胡子雲來。爲同學會作記，書入卷。玉華來，留飯。

洪允寬來，送圖稿。與玉華同出。予到湖帆家，晤其夫人顧抱真。修面。

到水上飯店應宴。歸，洗浴。徐隱芝來，長談至十一時。

今晚同席：予（客）　周谷城　馬長壽　吳杰　胡厚宣　譚季龍　胡繩武（以上主）

今晨一時許，外灘水溢，大馬路一帶至没膝，閘北一帶至齊胸，西藏路以西則僅由溝內涌出耳。

八月十八號星期三（七月二十）

整理袁氏藏書。王鄆（穎婉）偕其次子魯衞來。劉厚生先生來。

到大中國，出席編輯出版聯席會議，自二時半至五時。與君匋、誠安、丹楓等談。取二百萬一之地圖稿歸。修改懋恒代作之《上古史演義》序。

馬伯煌偕王威來，同到李小峰夫婦處。洗浴。

今日下午同會：君匋　緯宇　丹楓　汝成　幼丞　家振　振緄　湘嵐　中台　逸楓　兆熊　兆陞　榮德　小粟　此爲予參加大中國之最末一次會矣！

八月十九號星期四（七月廿一）

算賬。泉澄夫婦來。擎宇來，爲寫洪瑞釗信。莊葳來。整理袁氏藏書終日。章君疇來。伯煌、王威來，設宴。

徐隱芝來。起潛叔自北京歸，長談。張天甦來，留飯。

周昭亨、陳夢熊、張宣華來，爲夢熊寫葉國慶信。洗浴。服藥兩次眠。

今午同席：王威　馬伯煌　劉卓如　姜又安（以上客）　予（主）

八月二十號星期五（七月廿二）

葛香雲來。張魯青來。龍榆生來。洪瑞釗來。尹石公來。整理袁氏書尚未畢，只得煞住。到天平路領薪，與朱沛瀛、石公、程演生、潘伯鷹、沈宗威等握別。到大中國，與社內諸人握別。到誠安家飯，與誠安婦及潔如、逸如諸侄談。

二時到站，與送行人握別。緯宇之子獻花。又安、懷沙及其子文九來，同上車。二時三十分車開。遇評劇團新鳳霞等。

　　早眠。

　　今午同席：予（客）　誠安夫婦　德峻　潔如及其子之豪、之杰　逸如　德武　德融　德勇　德全　德平（以上主）

　　今日送行者：譚季龍　魏建猷　胡厚宣　張家駒　王威　君匋　緯宇及其子　誠安　志濤　振緄　鶴生　汝成　丹楓　湘嵐　中台　王虹　逸楓　兆熊　兆陞　宣錚　里平　麟書　小粟　大韶　擎宇　志雲　劉卓如

八月廿一號星期六（七月廿三）

　　上午四時，浦口車開。下午二時半到蚌埠，六時到徐州，在站晤雁秋及仁杰之子。在車與懷沙、言慧珠、新鳳霞、又安等談。

　　不成眠。

八月廿二號星期日（七月廿四）

　　早醒，已到德州。與張燕徵女士談。與懷沙等談。十二時到天津。

　　三時到北京，雇車到乾麵胡同新寓。洗浴。到青年會理髮。高大姐來，留宿。

　　與一家人到王姨丈處飯。失眠，服藥兩次。

　　今晚同席：予夫婦　德輝夫婦　潮、洪、湲、德堪、開開（以上客）　碩輔姨丈母　大琪夫婦　大珩夫人　大玫　大琬　方伯義夫婦　大瑜　諸表侄、侄女　錦雯（以上主）

八月廿三號星期一（七月廿五）

　　到賀昌群處，見其夫人。到歷史研究所，與陰法魯、張德鈞談。到伯祥處，晤其長子、少子。歸，吳宜俊來。姚紹華來。

理書。陳繼珉來。眠二小時許。鴻鈞、王士耀南旋。褚猷林來。

與一家人到北海，茗于仿膳，遇王大玫及八弟。九時半歸。洗浴。十一時眠。

八月廿四號星期二（七月廿六）

算賬，記日記。付錢與靜秋。理書。陳國符來。昌群來。

索介然來。眠一小時。陰法魯、張德鈞來。德輝夫婦及開孫南旋。

到聖陶處談，并晤至善及按摩師劉界林。歸，洗浴。

八月廿五號星期三（七月廿七）

賀次君來，長談。與靜秋挈四兒同到科學院總院打預防針，予訪尚愛松及竺、陶、張諸副院長，均不遇。歸，愛松來，同飯。

到索介然處談。理書。到第三所訪劉大年，晤之。訪范文瀾，不晤。晤王崇武、張瑋瑛。到語言所，晤羅莘田、丁梧梓、陸志韋、呂叔湘、莘田夫人等。出，訪于思泊，不晤，見其少子世明。訪文懷沙，遇牛松雲。

爲兒輩講故事。洗浴。

八月廿六號星期四（七月廿八）

于思泊來。到琉璃廠，與竹如夫婦、李劍青談，寫擎宇信。出，過開通書社，郭紀森招入看書。歸飯。

出，修面。到第一所，與張德鈞、吳宜俊、陳友業、楊品泉談。算運輸賬目。到伯祥處談。到侯外廬處談。訪馬叔平先生，未遇。

到鄭振鐸處，晤其夫人。到商錫永處，未晤，見那君。洗浴。

八月廿七號星期五（七月廿九）

理書。與靜秋同到西郊公園，飯于豳風堂。到北京大學，遇周枚孫夫婦。

訪容媛姊妹。靜秋憩息。予至聶筱珊處談。訪鄧文如，晤其弟之剛。到翦伯贊處問疾，并晤陳大松。訪楊人楩夫婦，不遇。訪馮世五，遇之。訪齊致中，遇之。訪馮芝生，遇之。訪向覺明，晤其夫人。與靜秋同到西煤廠師大宿舍，晤周廷儒夫婦、趙肖甫、王真。又到張家，晤伯英夫人及其長女。

歸已八時，飯後浴。看錢謙益《草堂詩箋》。

八月廿八號星期六（八月初一）

整日理書。王姨丈來。

洗浴。

曾毅公來。王明來。索介然、李學勤來。

書箱廿隻，移置客堂。

八月廿九號星期日（八月初二）

四時起，看《酉陽雜俎》。補記日記三天。蕭新祺來。侯外廬來。王守真來。馮世五來。繼續整理書籍。向覺明來。索介然偕宋挺生來。陳夢家來。許子美、高瑞蘭偕其二女來。

容元胎偕其妹媛來。黃子通來。

鄧詩熙來。洗浴。看《太平廣記》。

八月三十號星期一（八月初三）

到研究所，與吳宜俊、向覺明談。寫大中國同人信。靜秋來，同到東四南大街人民銀行存款。到圖書室參觀，晤索、李、宋諸君。

到研究所，與陳友業、陰法魯、楊品泉談。寫孫實君、金子敦、謝延孫信。義安送書來，即整理上架。至六時半出。歸，王輯五來。

與静秋到四如春赴宴。飯畢，到夢家寓茗話。歸，洗浴。

八月卅一號星期二（八月初四）

理書。陳元柱來，長談。文懷沙來。

出，修面。到中山堂，參加解放臺灣報告會，聽郭沫若報告，自三時至六時半。出，尋洪、湲兩兒所在之幼兒園，未得。七時半冒大雨歸。

疲甚，早眠。

今日出席者約二千人，包括科學院、大學、專科學校、醫院、文藝界等四十餘機關。在會場晤面者：胡庶華　李長之　周廷儒　馮芝生　羅莘田　鄭石君　楊人楩　鄭振鐸　郭沫若

[**原件**]　　　　　江蘇省文物管理委員會委員名單

主任委員：俞銘璜　副主任委員：錢静人　張自强　曾昭燏
顧問：胡小石　劉敦楨

委員：方光燾　王肯堂　朱偰　呂鳳子　汪普慶　吳天石　吳湖帆　周村　周瘦鵑　法度　姚鵷雛　孫蔚民　陳中凡　陳毅岑　郭鐵松　黃七玉　張羽屏　管勁丞　蔡申甫　潘其彬　錢自嚴　錢嘯秋　儲南强　歸星海　羅爾綱　顧頡剛　顧覬予

主任秘書：潘其彬

一九五四年九月

九月一號星期三（八月初五）

到中華書局，晤姚紹華，談標點《史記三家注》事。到考古研究所，晤夢家、振鐸、作銘、旭生、文中、壽堂、王明、雲父。到圖書館，晤竇珍如、昌群。

理書，將寫字室書櫃移至寢室，另置一櫃，安放目録學書。與靜秋、潮、堪兩兒到青年會，看《普選》及《梁祝》電影。

洗浴，看《太平廣記》。

九月二號星期四（八月初六）

理書。將書櫃地位易置。

到總院，參加社會科學組，討論解放臺灣問題，自三時至六時半。乘外廬汽車到新開路，至康樂餐館定菜。

洗浴。早眠。

今日同會：范文瀾（主席）　尹達　劉大年　侯外廬　羅常培　鄭石君　丁聲樹　夏鼐　徐炳昶　陸志韋　巫寶三　狄超白　嚴中平

九月三號星期五（八月初七）

補記日記四天。到研究所，理書一架。與陰法魯談。歸，續理書。

到北海，訪元胎。遇趙斐雲、曹覲虞。到總院，繼續開會，自二時半至六時半。乘尹達車到康樂餐館。

遇夏衍。九時歸，洗浴。

今日同會：略如昨日，增：向覺明　吕叔湘

今晚同席：錫永　思泊　立厂　夢家夫婦（以上客）　予夫婦及潮兒（主）

九月四號星期六（八月初八）

終日整理書籍。

到“春風”理髮。到伯祥處談。錫永來。紹華來。單慶林來。

與靜秋挈四孩到東安市場買物。歸，陳繼珉來。洗浴。

理書理得頭昏，腕酸，脚痛，不得已乃以理髮、訪友小憩。

九月五號星期日（八月初九）

賀次君來。馮世五、張文儒來。單慶林來。伯祥、昌群來。補記日記三天。

整理書籍。褚其祥二太太來。誦芬弟來。

看《太平廣記》目録。

九月六號星期一（八月初十）

携史部書籍入研究所，上架。與王修談。

在家整理書籍。周谷城來。賀次君來。遇劉世點。

爲洪兒送棉被到科學院幼兒園。歸，洗浴。看《説郛》。

理書兩星期矣，兼有又安、義安兩人助我，而尚有一半未理。大部書好理，零星書難理，若非我之曲意保存，恐此縈縈者早已被人付一炬矣。噫，此類書何幸而遇我也！

昨日潮兒往史家胡同小學應插班試，今日揭曉，已録取。吾家爲此事，七月十一日即北來，以静秋及陳友業君之奔走，今日乃得定心。聞小學以學生擁擠，分爲兩班，每班上半天，教師之疲勞可知也。

九月七號星期二（八月十一）

潮兒入史家胡同小學。到研究所，理書。寫湖帆、王士瑞、陶秋英、吴諫齋、章丹楓、狄静觀、謝延孫、李映婁信。

眠一小時。在家整理零碎書籍。與静秋挈潮、堪兩兒到王府井大街各新華書店購書。

洗浴。羅偉之來，長談。失眠，服藥二次。

九月八號星期三（八月十二）

到研究所，寫誠安、鞠清遠、金啓華、王崇武、于鶴年、李延青、泉澄夫婦、自珍信。歸，賀次君來。

理書。到東四寄信。歸，理蘇州運來書，迄暮。

與靜秋到尚愛松夫婦處談。又同到沙志培處談。步歸。

九月九號星期四（八月十三）

到研究所，理書。寫蔣又敏、冼玉清、陳嘉藹、黃奮生、童丕繩、傅宗人、李炳墫、王翰華、紹虞、瞿兌之、孫雨廷、尹石公信。與吳宜俊，王修談。

眠一小時。續理蘇州書籍。

到巷口修面。洗浴。看《説郛》。

九月十號星期五（八月十四）

到研究所，理書。寫沈孿元、李小峰、馬伯煌、汪叔良、顧石君、王威、辛樹幟、張魯青、劉卓如、平心、聶紺弩、起潛叔信，到郵局寄信。

眠一小時。理書。與靜秋同到王姨丈家送書物。

看《説郛》。

九月十一號星期六（八月十五　中秋）

到研究所，理書。爲楊寬函看桓譚《新論》輯本。鈔張鳳致勤廬信入筆記。寫勤廬函。

理書。將蘇州書籍第一批理訖。賀次君來。靜秋接洪、湲兩兒歸。同到門口看月。潮兒以嬉戲傷予手指。

今日會計楊品泉來，予薪定爲八百卅六工資分，係一級研究員。位不爲不高，薪較他人亦不爲不多（研究所所長多爲七百餘工資分），而在予尚須虧空二百餘萬元，則負擔太重也。

九月十二號星期日（八月十六）

與靜秋、又安挈四兒到西郊公園，在門口遇王大琪夫婦及其子喆、王大玫。十二時，到大衆食堂茶飯。

飯後王氏諸人別去。予等玩至六時出，搭電車擠甚。七時半歸。洗浴。看《說郛》。失眠，服藥二次。

西郊公園，四年不至，今日重游，除豳風堂一部分外，原狀已徹底改造，動物園之名已實現，獸居東部，禽居西部，每一動物均綽有回翔之地。予因知即做動物亦須生在毛澤東時代，否則局促一隅，待死而已。

大玫妹謂予肚子大，是否不舒服。予謂無不舒服處，彼云大約是脂肪質積得多也。

今日本可安眠，不幸爲湲兒遺溺于床弄醒。

九月十三號星期一（八月十七）

到研究所，理書。與陰法魯、王修談。寫林石廬、容希白、毛光義、鄭文信。記筆記一則。

眠一小時。理書。三時，到所開會。六時半，偕王修步歸。劉世點來。

看《梅村集》。洗浴。

今日同會：尹達　向覺明　侯外廬　張政烺　白壽彝　陰法魯　張德鈞　王修　賀昌群　吳宜俊　商學習研究員訓練事。

科學院幼兒園太形式主義，今日靜秋送洪、湲入園，在門外待至一小時許，尚不見有人來接，湲兒大哭，靜秋亦哭。他家長之送孩子至者亦皆大罵。看來必須爲她們換一幼兒園方好。

九月十四號星期二（八月十八）

到研究所，草《中國歷史參考地圖》序未畢。張德鈞來談。寫趙孟頫、金子敦信。萬斯年來。許子美來，留飯。

理書。到"春風"理髮。研究所將所存書箱統送來。

馬松亭、白壽彝來。看《説郛》。

九月十五號星期三（八月十九）

到所，爲答楊寬信，翻看《北堂書鈔》及《太平御覽·刑法部》、《文選》等書，記筆記八則。與德鈞談。

理書。賀次君來。高大姨來，留宿。聽無綫電播送毛主席、劉少奇在會講話。

看《説郛》。悶熱未易眠，服藥兩次。

到京後天已涼，而半月不雨，又復悶熱如盛夏。今日爲全國人民代表會議正式開會之第一日，諸代表在懷仁堂坐半天，想内衣俱濕矣。

九月十六號星期四（八月二十）

到所，看《晋書·刑法志》等書，搜集材料。

理書，至七時許。何北衡來。

吃蟹。看陳夔《師友淵源記》。失眠，服藥兩次。

今日無刺戟而失眠，倘以理書太累，致精神緊張耶？

九月十七號星期五（八月廿一）

大姨回許家。到所，看《沈寄簃遺書》，搜集資料。吳宜俊來談。早歸，即到烤肉季赴宴。

與亞農父子同游北海，茶于仿膳。歸家理書，至八時方飯。

聽廣播人民代表發言。

瑞蘭夫婦失和，昨晚打電話來，招其母歸。今日復打電話來，招靜秋去。無非以錢不够用，前吃後空，夫婦計較于銖錙之間，而又兩不相讓耳。以夫婦都做事，尚不能維持一小家庭，致時時勃豀，此亦低薪制之害也。

九月十八號星期六（八月廿二）

到所，遇劉仕元。到圖書館借書，與索介然、李學勤談。翻看《祥刑典》。寫答楊寬詢問信。寫丹楓、勤廬信。

理書至七時。高大姨來。吳宜俊來。洪、湲兩兒歸。

聽廣播。爲四孩講故事。疲甚，不藥得眠。

高大姨屢次來，爲雁秋曾借彼錢，要靜秋代還也。天下只有父債子還，豈有兄債妹還者，況實妻兄借而責令妹婿還乎！靜秋爲此生氣甚。

九月十九號星期日（八月廿三）

與又安挈四孩到人民文化宮，看匈牙利民間藝術、波蘭剪紙兩展覽會。到運動場。到歷史博物館，參觀基本建設出土文物展覽會。十二時歸。

眠一小時。理書至夜。褚太太來。施今墨來。丁曉先來。蕭新祺來，與同至昌群處。

高大姨來。洗浴。失眠，服藥二次。

九月二十號星期一（八月廿四）

到所，與德鈞談。草研究工作十年計劃初稿。

到"春風"修面。理書至六時半。賀次君來。鄧詩熙來。高大姨赴徐。

與靜秋送湲兒入學。出，到馬松亭夫婦處談。

湲兒賴了一天學。渠在家極會説話，而在幼兒園極少説話，足證輔導之者不能給予温暖也。

九月廿一號星期二（八月廿五）

鄧詩熙自今日起來理書。到所，重寫計劃稿二千言，未畢。

眠一小時。理書至六時。

姚紹華來，長談。理曹叔彥先生所鈔經籍。

中華書局要我作幾項工作：1. 編《古史辨選集》，2. 編《辨僞叢刊》，3. 編《中國疆域沿革史參考資料》及《中國民族史參考資料》，4. 校點《史記三家注》。——爲之，錢自不愁，但不知有此工作時間否？

九月廿二號星期三（八月廿六）

到所，人民教育出版社余文來談。看章炳麟《自述治學次第》。重寫計劃稿訖。林漢達遣援來。寫帥潤身信。歸，理沙應若寄來書。

寫林漢達片。眠一小時。理書至六時。尚愛松來，留晚飯。

看孫楷《秦會要》。吳宜俊來。

靜秋月經净後又來，今日甚多，疑是血崩。欲渠休息，又不肯。真是愁人！

堪兒屢言屁股内癢，今日靜秋伴至協和醫院，知肛門内生一疣，須全部麻醉後割治，否則恐須成爲毒疣。然協和病床不空，兒童醫院開幕須半年後，奈何！

宜俊來，謂科學院決定給我生活補助費，連薪水五百萬元。此款如收下，又將成爲特殊階級，使人眼紅妒忌。予擬用借貸方式收之，俟明年取得稿費後繳還。因將此意托其轉達。

九月廿三號星期四（八月廿七）

到所，理書上新來架子。記筆記三則。寫范希衡、范錚、于鶴年、沙應若信。

理書。王姨丈、母來，長談。周應驄、陳小姐來。

到姚紹華處送書，并晤其母、妻、子、女。看《説郛》。

紹華又要我編《史記筆記類選》。

《古史辨選集》，擬用《群經考辨》、《諸子考辨》兩名爲之，以考辨古籍現在還只得用此方法，而研究古史已不能適應時代也。

九月廿四號星期五（八月廿八）

寫聶筱珊信。道遇齊樹平。到所，整理書籍。寫誠安、羅雨亭、胡厚宣、譚季龍、章丹楓、燕義權、陳懋恒、汪叔良信。

理書至六時半。徐調孚來。

劉世點來。

九月廿五號星期六（八月廿九）

到所，鈔工作計劃千餘字。義安送書來，即整理，寫書根。

理髮。理書至晚九時。

紹華來。看《香飲樓賓談》。爲待靜秋煮菜，至十一時始眠。失眠，服藥三次，至上午二時始眠。

九月廿六號星期日（八月三十）

整理書籍略訖。十時半出門，到西直門，上公共汽車，車壞，待半小時，易車到中關村，步至文如處飯。

與文如談。出，到筱珊處談，與筱珊同到容媛處談。筱珊送至中關村別。五時半回家。宴王姨丈一家。

今午同席：王鍾翰　朱寶昌　聶筱珊　王劍英及其夫人陳毓

秀　張雁稱（天護）及其夫人張綠子（烏居龍藏之女）　　凌大
鋌　潘鴻（皆文如之婿）（以上客）　　鄧文如及其子珂（主）

今晚同席：王姨丈、姨母　大珩表弟及其夫人顧又芬、子競
大琪表弟及其夫人王儼、子珏　大玫表妹　大珍表妹及其夫方伯
義、女方平（以上客）　予夫婦（主）

九月廿七號星期一（九月初一）

到所，理書。寫新文藝出版社、劉厚生先生、王翰華、葛綏
成、顧佛影、史筱蘇、許毓峰信。

眠一小時許。整理稿件，至六時。

看《香飲樓賓談》。大玫來，爲湲、堪兩兒就醫事。

九月廿八號星期二（九月初二）

到所，續鈔研究計劃約三千字。向覺明來談。尹達來談。

理稿件。與靜秋同到歷史博物館，看出土文物展覽會，遇愛松。
出，到幼兒園，接湲兒歸，明日就醫。歸，賀次君來。與王修談。

爲潮兒講《大人國》。以堪兒跌傷，又致失眠，服藥兩次。

今日下午出游，晚飯後又爲潮兒講書，本甚疲倦得眼睛張不
開，可就眠矣。不幸潮、堪兩兒嬉戲追逐，堪兒跌在汽爐上，傷
及後腦皮，血出甚多，靜秋又以頤萱不能防範，與之吵架，經此
刺激，又失眠矣。

九月廿九號星期三（九月初三）

到所，理書。與張德鈞、陳友業談。記筆記三則，約二千字。
爲潮兒書“九九表”。

到華北招待所訪谷城，未晤。晤虞宏正，久談。與同訪秉農
山，未遇。歸，理稿件。熊忠英來。瑞蘭來，留飯，長談。

九月三十號星期四（九月初四）

到所，理書，看《蜀石經》。記筆記二則，約一千字。寫周谷城信。與陰法魯談。王姨丈來，與同到圖書館借書，與索、李二君談。

理稿件及講義。與靜秋同到東安市場購物。歸，再理稿件及講義，至六時。

與靜秋、頤萱、義安挈四孩同到天安門散步。

一九五四年十月

十月一號星期五（九月初五）

與王修同到應用物理研究所，乘汽車到人民文化宮。步至天安門前右臺，十時起觀國慶節游行隊，至下午二時散會。

到南池子糖果店中進茶及水果。歸飯。理稿件。

全家到天安門看熱鬧，受擠分散，不歡而歸。十一時眠。

今日所遇者：孫祥偈（蓀荃）　趙九章　常任俠　孫伏園　張靜廬　高尚仁　邵循正　陸學善　嚴幼芝　吳鴻業　王大珩　劉大年　聶紺弩　吳仲超　王可風

今日八時半到天安門，二時退，實站立五小時半，膝頭覺僵矣。

憶廿年前，正在九一八事變後，日本軍閥蓄意挑釁，在東長安街演習，汽車上大書一“戰”字，日本婦女在林中送茶，予目擊之，心痛甚，想道：“只要中國强，我死也甘心！”今日所見，中國竟强矣，爲之大樂！此皆黨之功也。

十月二號星期六（九月初六）

終日理稿件。到紹華處談編稿事。范錚來，留飯。劉培華來。

訪伯祥，道遇其子湜華。蓋百嬴來。

宴客，九時散。

今晚同席：周谷城　王伯祥　姚紹華（客）　予夫婦（主）

伯祥云：“一個人有四‘得’便佳。四得者，吃得下，撒得出，走得動，睡得着也。”予曰：“予有三得，所欠者睡耳。”然予自北來，以天氣太燥，形成便秘，須多食水果，或飲蜜糖茶方可下。新柿將登場，當有裨補也。

十月三號星期日（九月初七）

理書。九時半，與靜秋、頤萱、又安携四孩到陶然亭公園，茗于窯臺茶社。一時出，飯于天橋永利居。

游天橋。三時半歸。繼續理稿件。黃秉維夫人偕其子女來。黃孝徵、張集璋來。賀次君來。

翻《太平廣記》。

陶然亭已廿餘年不到，今日前往，昔日蘆葦區已成大池，挖出之土堆成小阜，連岡疊嶂，頗有山林之意。

遇空軍隊男女十餘人奏樂，强邀我家四孩參加，而四孩皆縮朒甚，不肯歌舞，并不説話，結果只有洪兒跳了一下。此事使靜秋甚不快。

十月四號星期一（九月初八）

到所，理書。與吳宜俊、張德鈞談。補記日記三天。寫李鏡池、楊拱辰信。記筆記二則。

理稿件。到琉璃廠，遇孫助廉。到金竹安處，遇郭紀森、吳葆荃。到榮寶齋買物。訪何北衡，未遇。歸，仍理稿件。

王文潤自寶鷄來。朱士嘉來。

十月五號星期二（九月初九）

冒雨到所。草《史記》整理計劃。寫謝延孫、李映婁、狄静觀、張又曾信。與張德鈞、陳友業談。到東四郵局寄信。

理稿件至六時半。重鈔《史記》整理計劃。寫商務印書館信。

冒雨到紹華處談點《史記》事。與静秋口角。失眠，服藥二次。

十月六號星期三（九月初十）

到所，與法魯談。理書。理置入所中稿件。寫龍榆生信。

小眠。孫助廉來。理稿件至六時半。

爲兒輩講書。與静秋口角。

十月七號星期四（九月十一）

到所，理書。與張德鈞談。校讀次君所點《史記·律書》。到郵局寄書。路遇索介然，同歸。

理雜志至五時半。與潮兒同到東安市場買兒童書。

看《聊齋》。士嘉來，送書。

今日毫無刺戟，而整夜在半醒狀態中，豈以《聊齋》描寫好，欣賞之，遂致略有興奮耶！上午二時半起服藥，仍無效，是可怪也。

堪兒肛門内生一瘤，屢作癢，且便中總帶一絲血。在滬時醫生查不出來，到京後協和查出矣而無病床，不肯割。因至北京醫學院附屬醫院外科張金若大夫處割治，大玫表妹所介紹也。今日下午二時往，四時上麻藥，致熟眠，割後迄六時歸仍未醒，至上午一時而醒，不痛矣。

十月八號星期五（九月十二）

遇王根澤。到所，理書。陳友業來談。寫羅根澤、丹楓、燕義權、李小峰、李兆民信。校《中國通史演義》序。

到第三所，參加歡迎貝塚、倉石會，自二時半至六時。步歸，到中國書店，遇索介然，同歸。

索介然來。

今日同會：貝塚茂樹　倉石武四郎（以上客）　范文瀾　劉大年　呂叔湘　劉桂五　陸志韋　鄭石君　陳夢家　夏鼐　侯外廬　李榮　吳曉鈴　賀昌群　尹達　向達等（以上主）

今日剃鬍子，解刀片時用力過猛，傷及左手食指。

十月九號星期六（九月十三）

姚紹華來。到所，理書。尹達來談，予以積稿示之。吳宜俊送補助費來。吳恩裕來，談《紅樓夢》。

汪吟龍、趙羨漁、張次溪來。黃孝徵來，久坐不去，留晚飯。王崇武來，商歷史圖事。

與靜秋到瑞蘭家，調停其與子美之糾紛，并晤王載輿。十一時歸。

尹達告我，有寄匿名信訐予者，不知何人所爲，可發一噱。此見予在國民黨統治時代只有走進商界，方得免此閑是非耳。

十月十號星期日（九月十四）

與靜秋到合作社買鞋。到元胎處談。到青年會，與靜秋、洪、湲同觀捷克片《驕傲的公主》。歸，許子美來，唐守正（巴西）來，留飯。

爲兒輩講書。眠一小時許。戴克光來。羅莘田來。汪靜之來，即至其家小坐。瑞蘭偕張清來，留飯。

到芸圻夫婦處談，并晤園林處向任之。十一時眠，服藥兩次。

得擎宇書，地圖出版社已准公私合營。大約十一月中可以成立。從此黃鏡湖輩無所施其搗亂伎倆，而我輩所編《歷史地圖》亦不慮公營機關別出他圖，新華書店不予重點推銷矣。

十月十一號星期一（九月十五）

到所，理書。送《潞河督運圖》與第二所諸君。到陳友業處接洽診療事。寫楊向奎信。

與靜秋到新華書店古典門市部看書。到百貨公司買物。到東四人民商場買物。到鴻興花廠買花。歸，賀次君來。

全家到烤肉季（潞泉居）吃飯。陳夢家來。到十刹海散步看月。

屢夜不能安眠，昨晚睡一小時後忽覺胸前作痛，喘氣困難，豈狹心症耶？自到北京，一個半月來日為理書忙，勞累過甚，宜有此結果。此後當多休息。

十月十二號星期二（九月十六）

理髮。到本胡同內中央直屬機關第四醫院診治，辦諸手續，由李士弘醫師檢查，并赴 X 光室透視。遇楊俊民。

賀次君來。昌群偕以中來。到郵局買雜志。照相。到清華園浴。到考古研究所訪黃仲良，長談。

張德鈞來，長談。看《新蘇州報》。

今日量血壓，為 94 至 154，不為高。透視心肺臟，亦無病。知此數月中勞頓實甚，因現病象，只得多游散耳。

十月十三號星期三（九月十七）

到所，理書。與陰法魯談。林甘泉來。尹達來，談本所計劃。

看又安所草之頤萱抗議。與靜秋同出，到古典門市部買書。到紅星電影院看桂劇《拾玉鐲》。歸，看車若水《腳氣集》。

到姚紹華處談。黃秉維及其夫人王愛雲并徐進之、昌群來。

桂劇予從未見過。今日就舞臺藝術紀錄片觀之，與京劇極近，略帶廣東劇腔耳。演員飾孫玉姣者爲尹義，飾傅朋者周文生，飾劉媒婆者劉萬春。予于民初觀劇時，此劇以誨淫爲軍閥政府所禁演，不意今日乃見之也。

改《千家詩》一首抒懷：

雲淡風輕下午天，傍花隨柳過前川。

時人不識予心苦，將謂偷閑學少年！

十月十四號星期四（九月十八）

到所，理《資治通鑑》及《通鑑紀事本末》。與法魯、德鈞談。陳夢家來。看楊殿珣《石刻題跋索引》。

寫毓蘊信。理王金範《志異摘鈔》。理雜志。與堪兒到前巷散步，因至伯祥處，問秦夫人病，并晤倪君。

與靜秋到王姨丈家談。

停止理家中書已六日矣，今日又續爲之。

數日來服藥後固得眠，但至上午二時許即醒，至近五時又睡。長夜挨延，至以爲苦。

十月十五號星期五（九月十九）

到所；看劉錦藻《皇朝續文獻通考》、胡適《水經注版本展覽目》。審查方孝岳《尚書今語》第一集，未訖。

與靜秋到隆福寺，欲爲兒輩買木偶戲票，未得。到中山公園，走全園一過，看"東德玩具展覽會"及"陳景異刻牙展覽會"。到前門外月盛齋買醬牛羊肉。

爲堪兒講《王小青》及《木偶奇遇記》。以未服藥，中夜醒兩次，服藥兩次。

今日走了半天，本應得佳眠。惟因晚上覺倦，忘未服藥，九時半眠後至十一時半即醒。服 Lominal 及鎮靜液後，十二時得眠，然至二時半又醒，只得服德國製 Phanodorm，至三時又眠。若臨睡前即服 Lominal，則此夜得眠之佳可知也。靜秋每謂予服藥是神經過敏，其實不需，不知予之睡眠機能已失，自然之眠只有兩小時，非佐以藥物則中夜必炯炯也。思至此，不能不致憾于前年思想改造時之幹部董君，彼時若許予請假一二日寫交代書，何致有此！

十月十六號星期六（九月二十）

到所，校《歷史參考地圖序》文訖，寫丹楓信。楊品泉來。記筆記二則。寫譚季龍、華汝成信。遇王利器。

伴堪兒眠，亦小睡。思泊來。王芷章來。理雜志半天，迄睡。羅媽病，靜秋送之至第三醫院。到科學院托兒所，領洪、湲歸。到王府井買票。

以昨夜眠不佳，致足冷神疲。

羅媽忽然血崩，有如潮涌，靜秋送入醫院診之，則小產也。

十月十七號星期日（九月廿一）

爲顧石君送物至舒舍予處，談。到鄭振鐸處，未晤。到馮世五夫婦處，長談。到壽彝處，并晤馬國靖母子。到鍾敬文夫婦處。到東安市場國強西餐社，應思泊宴。遇王錦雯。

在市場購物。遇羅偉之。歸，石兆原（慰萱）來談。到馬鶴天處，到傅惜華處，并未遇。到王以中夫婦處，并晤牛松雲。褚二太太來，留飯。

容元胎夫婦來。看范鍇《花笑廎隨筆》。

今午同席：陳夢家夫婦　予夫婦及四孩（以上客）　于思泊（主）

敬文主師大中國文學系，開"民間傳說"課，此外有研究生七人專整理此項材料。取予前在《現代評論》發表之《孟姜女故事》一文爲講義，學生皆歡迎。予因擬將所集材料重寫，每成一章即付師大油印，向各方請求批評而改定之，俾二年後可正式出版。

十月十八號星期一（九月廿二）

到所，理書。翻《湖北叢書》一過。改《藝苑掇英》序，寫徐森玉先生信。

伴堪兒，眠一小時。戴克光來，問唐代史籍。張靜廬來，問近代出版史。楊玉琴來。理信札。

看見南山人《茶餘談薈》。九時眠。

十月十九號星期二（九月廿三）

五時起，記筆記兩則。到所，理書。開工作計劃，備付討論。整理稿件。與法魯、德鈞談。尹達來。鈔上月所作計劃訖。

到中國書店閱書。到所，張苑峰來談。三時，開所務會議，至六時散。

靜秋以疲勞，八時半即眠。予亦就睡，但因睡得太早，不能成眠，竟致失眠，服藥兩次。

今日同會：尹達　張政烺　張德鈞　吳宜俊　俞旦初

十月二十號星期三（九月廿四）

到所，看吳闓生《吉金文録》、羅振玉《熹平石經殘字集録》等書。到吳宜俊處，與德鈞談。

伴堪兒眠一小時許。理稿件、信札。羅媽自醫院歸。與靜秋到東安市場買物，遇振鐸。

爲潮、堪講新買之《巧媳婦》等故事書。看《太平廣記》。

今日始服天王補心丸，試以中藥代替西藥。

十月廿一號星期四（九月廿五）

到所，理書，送《小校經閣金文》至圖書館。與尹達談。審查陳曾壽、曾矩《歷代戰事圖紀》及汪雲豪《中外歷史地圖》兩稿，寫人民出版社信。寫毓蘊信。

理稿件、信札。丁曉先來。蓋百嬴來。方柏容來。

爲潮、堪講《信箱管理員》等。看《太平廣記》。

十月廿二號星期五（九月廿六）

到所，爲羅媽寫人民醫院信。吳宜俊來，同觀《潞河督運圖》。索介然、李學勤來。校《漢代學術史略》。寫吳諫齋、楊寬正、金擎宇信。

寫錢南揚信。與靜秋、頤萱、又安、潮、洪、湲、堪到蘇聯展覽館參觀，以人多未能細觀。六時歸，在燈市口一小館飯。

賀次君來。爲孩子們講書。

羅媽自第三醫院歸後，尚未復原，今晨又衝血不止。由靜秋伴之至天壇中央直屬機關第一醫院王大琬表妹處，知確是小產，小兒早死在腹內矣。

十月廿三號星期六（九月廿七）

到所，理書。記筆記二則。校《漢代學術史略》。

理稿件及雜紙，自二時至九時。王樹民自津來。

失眠，服藥二次。

因明天是星期日，急于要整理好一個書櫃，趕做到夜裏，結果又致失眠。這說明了我晚上是絕對不能工作的。

十月廿四號星期日 （九月廿八）

理稿件。與靜秋挈四兒到北海公園划船、上山。遇王永興、劉淑珍夫婦。二時歸飯。

伴湲兒眠。出，訪金靜庵，未遇，與其夫人談。到李延增夫婦處談。

看阮葵生《茶餘客話》。

十月廿五號星期一 （九月廿九）

到所。尹達來。壽彝來。王利器、侯岱麟來。陰法魯、索介然來。校《漢代學術史略》。吳宜俊、王修、陰法魯來，商定學習事。

理稿件，自二時至六時。姚紹華來。

到“春風”理髮。遇王芸生。樹幟及其女毓南、婿劉宗鶴來。

十月廿六號星期二 （九月三十）

到所，寫姚紹華信。與尹達長談。校《漢代學術史略》。

爲明日討論會，看《山海經》一過，摘出其中礦物記載，并看《禹貢》。

樹幟來，同到奇珍閣飯。飯後送之至東長安街上汽車。失眠，服藥三次。

今晚同席：樹幟（客）　　予夫婦及潮兒（主）

今日以與樹幟談話過多，又飲飯館濃茶，致久久不能入睡。

十月廿七號星期三 （十月初一）

到北京圖書館，代劉晦之先生送書。遇高貽籿。王樹偉來談。到以中處，萬斯年來。九時，出席該館討論會，討論《山海經》之著作時代及其礦物。

伴堪兒眠一小時許。與靜秋同到北海公園，看蘇聯展覽會，到華園吃茶，看劉少奇《憲法草案報告》，未畢，到新華書亭購書。

吳辰伯、昌群來談。看《茶餘客話》。

今日同會：馮仲雲（主席）　　徐旭生　　賀昌群　　侯德封　　王振鐸　萬斯年　張申甫　趙斐雲　王以中　張秀民　楊殿珣　王樹偉　劉汝霖

北京地質學院教師、蘇聯礦物學博士托卡列夫作《最早談到礦物與礦業的書》一文，擬登在列寧格勒出版之《礦物協會報》上，依蘇聯規定，應由所在地之圖書館出具證明。以其所論者為《山海經》，由北京圖書館參考部劉汝霖君為之講解，故由館召集一會，為之解答。然其對于中國材料十分不熟悉，竟至認某氏《山海經注》一書為夏初人手稿，必須痛改也。

十月廿八號星期四（十月初二）

到所，校《漢代學術史略》。理書。

伴堪兒眠。理書、稿。三時，在我家開學習會，討論憲法。至五時半散。與潮、湲兩兒散步。靜秋接羅媽歸。

到東安市場散步，閱書。歸，看《北京女伶百咏》。

今日同會：賀昌群　王修　陰法魯　張德鈞（主席）　　以後每兩星期學習一次，時事學習與理論學習相間。

羅媽一病，費去我一百萬元。化錢容易賺錢難，能無一嘆。

十月廿九號星期五（十月初三）

到所，趙琛來。尹寶田來。尹達來。到吳宜俊處寫商務書館證明信。校《漢代學術史略》訖。

伴堪眠一小時許。寫上海商務印書館、燕義權信，到郵局發，遇葉曉鐘。到古典門市部。到大中國，晤竹如、劍青。到榮寶齋。到王姨丈處。步歸。

與静秋到北緯路旅館訪樹幟，未遇。歸，看蔣維喬《佛教史》。失眠，服藥兩次。

今日下午及晚上均在活動，絶不用心，乃仍失眠，何耶？意者静秋先睡，予睡時無人講話，且爲椎拍耶？

十月三十號星期六 （十月初四）

到所，理書上兩架。壽彝來談。到人民文學出版社，晤王澤民夫婦、趙其文、麥朝樞、馮都良、周紹良、王利器等。

伴堪眠一小時。寫竹如信。記筆記五則。洪、湲歸。賀次君來。

與静秋到容元胎夫婦處談。朱士嘉來。

十月卅一號星期日 （十月初五）

到吴玉年處談。到馬叔平先生處談。到戴克光處，未晤，與其夫人談。到張石公先生處談，并晤其子傳琦。歸，子美、瑞蘭携二女來，留飯。又安取存大中國書、版歸。

伴堪眠半小時。看楊樹達《小學金石論叢》。馮伯平夫婦及其子小狗來。汪静之來，長談。

全家到宣武門内烤肉宛吃烤牛肉。九時歸。

今晚同席：王碩輔姨丈、姨母　大琪表弟　大玫、大琬表妹　許子美　高瑞蘭　褚頤萱　姜又安　姜義安　許燕燕（以上客）予夫婦及四孩（主）　十七人，吃十三萬元，可謂廉矣。

中華書局：史記三家注　群經考辨　辨僞叢刊　中國疆域沿革史參考資料　中國民族史參考資料

華東人民出版社：尚書今譯

新文藝出版社：尚書選讀

師範大學中國文學系：孟姜女故事研究

交通部：中國水利志

地理研究所：地理知識——禹貢的地理意義，長五六千字，高中程度能看懂爲準

標點資治通鑑及改繪楊守敬地圖工作委員會：標點資治通鑑及楊守敬地圖

地圖出版社：歷代地圖

程仰之夫人：中國神話史

一九五四年十一月

十一月一號星期一（十月初六）

到所。趙琛來。看方孝岳《尚書今語》。記筆記一則。到吳宜俊處。到壽彝處。寫徐澄宇夫婦信。

伴堪兒小眠。在家理琉璃廠送來書籍，自三時迄六時半。

到汪靜之處，與之同到隆福寺散步，到修綆堂，與孫助廉談。

靜之在人民文學出版社工作，爲聶紺弩所擠，憤而離社，以寫作自活，以是致失眠。同病相憐，遂與定每夜散步之計。

十一月二號星期二（十月初七）

到所，整理書籍。孫助廉來。早歸，與靜秋到全聚德應宴。

到中山公園，茗于來今雨軒，看斯大林《辯證唯物主義與歷史唯物主義》半册。步歸。

與靜之到隆福寺紅星木偶劇場，看《捉放曹》、《南陽關》兩劇。十時歸。服藥二次。

今午同席：賀昌群夫婦　王以中夫婦　向覺明　王天木　趙斐雲（以上客）　鄭振鐸夫婦　吳辰伯（以上主）

以毛主席的命令，成立"標點《資治通鑑》及改繪楊守敬

地圖工作委員會"，以范文瀾、吳晗、黃松齡、董純才、翦伯贊、侯外廬、向達、顧頡剛、尹達、黎澍、劉大年、金燦然、王崇武爲委員，以范文瀾、吳晗爲召集人。成立"標點《資治通鑑》組"，以王崇武爲召集人，顧頡剛任總校對。成立"改繪楊守敬地圖的小組"，調譚其驤主持，史念海、顧頡剛、王庸參預工作，由出版總署組織人力。

十一月三號星期三 （十月初八）

到所，整理書籍。與張德鈞談。

在家整理書籍。章伯鈞、朱伯商來，談修《河道志》。與潮、堪到伯祥處談。

與静之到平伯處談。

十一月四號星期四 （十月初九）

到所，理書。記筆記二則。與德鈞談。寫狄静觀、謝延孫、文懷沙信，到郵局寄。王姨丈來。

與静秋、潮兒同到蘇聯展覽館，補看文化館及劇場等。六時歸。

到静之處，同到東單，又到北新書局，晤胡錫光、吳國忠等。到市場買物。

日來頗有人説我瘦者，蓋多日失眠，精神困頓之所致也。

十一月五號星期五 （十月初十）

到所，理書。修緶堂張君來。鍾鳳年來。到北大醫院，訪王大玫，與同至神經科曹天祥處診治。十二時歸。

文懷沙來，留飯，長談三小時。寫趙泉澄《清代地理沿革表》序。張伯英之長、次女來。盧文迪、姚紹華來。與潮、堪上街散步。

索介然來。汪静之來，與同到馬大人胡同九號江文也處，訂推拿期。眠至十二時許醒，遂不成眠。

十一月六號星期六（十月十一）

到所。王修來。壽彝來。李學勤來。寫史筱蘇、錢海岳、起潛叔、吳諫齋信。

與潮兒到故宮，參觀西路六宮及中路各殿。到歷史博物館，晤傅維本。遇羅福頤。看出土文物展覽會。

與靜秋到紹華家赴宴。遇楊農心、束金福。九時半歸。王以中夫婦來。

以昨夜只睡二小時許，今日精神極不好。

今晚同席：吳景敖夫婦　盧文迪（以上客）　姚紹華夫婦（主）

十一月七號星期日（十月十二）

到趙萬里處，未晤。到吳恩裕處，并晤戴克光、曾炳鈞。到曾毅公處。到邵力子先生處。到石慰萱處，晤其夫人。與靜秋、頤萱、義安及四孩到張伯英夫人處，與其一家同到烤肉季飯。

到石慰萱處談。遇章高焌夫婦。與靜秋等返家，看通學齋送來書。褚太太來。

與靜秋送洪、湲到幼兒園，遇王愛雲。與靜秋到工人文化宮，看紀念十月革命節之跳舞。

今午同席：張伯英夫人段氏　張宇慈夫婦及其□□　蔣開生夫婦及其□□　劉曉蓉夫人　頤萱　義安（以上客）　予夫婦及四孩（主）

十一月八號星期一（十月十三）

三時半醒後即不成眠。到所，理書。昌群來。尹達來。重作工作計劃，包括所內與所外。送尹達處。張雲飛來。寫擎宇信。

孫耀卿來。到三所，與余元盦談。三時，開標點《資治通鑑》組組會，迄六時畢，即在三所飯。

與昌群、元胎同步歸。看張須《通鑑學》。

今日同會同飯：王崇武（組召集人）　賀昌群　聶崇岐　容肇祖　齊思和　張政烺　鄧廣銘　何茲全（以上均組員）　范文瀾（委員會召集人）　徐調孚（出版事業管理局派來參加）　蔡美彪（筆錄）

十一月九號星期二 （十月十四）

到所，理書。寫平心信。覺明來。九時許出，到故宮，參觀東六宮。十二時，到御花園內故宮服務社進麵包當飯。

參觀故宮之繪畫館（在寧壽宮），四時閉門，尚未全覽。訪故宮友人，均以聽報告，未得見。歸，理書。

與靜之同到王府井散步，到東長安街山子石上小憩，由東單歸。

明日繪畫館全部物品均收起，見報，故今日即往看，歷三小時許猶不能盡覽，可見其多也。然原有名作均已為蔣匪提走，此所陳列除長春偽宮接收外，他皆購自龐萊臣、張蔥玉、吳湖帆家者也。

十一月十號星期三 （十月十五）

到所。補記日記兩天。記筆記三則。讀譚戒甫《尚書高宗肜日越有雊雉考》。

填商務印來之空白登記表。理孟姜女故事稿交又安。與靜之到伯祥處，請其向商務出一保證信。尚愛松來，留飯。賀次君來。

與靜秋、潮兒到“紅星”看《蘇聯木偶戲》電影。

蘇聯木偶戲較紅星劇團所演中國大木頭人戲，其術略同，皆藝人在下面播弄而非牽絲者。惟其按機關使口眼能動，則中國所未有也。

十一月十一號星期四（十月十六）

到所，吳宜俊來。寫商務印書館、熊忠英、謝延孫、楊拱辰、洪瑞釗、章丹楓、程啓鈞、李映妻信。即到郵局寄出。

伴堪兒眠一小時。看通學齋送來書。寫自珍、德輝信。到清華園洗浴。到郵局買雜志。

宋挺生、姚廷華來。静之來，與到東四德盛書茶社聽大鼓書，九時歸。失眠，服藥兩次。

今晚所聽大鼓甚好。其唱牌子曲之某女郎，口齒清晰，表情沉着，有藝術家風度。所唱爲新婚姻法，而借故事闡其理，娓娓有致。惜予不得常聽之耳。

十一月十二號星期五（十月十七）

到所，理書。評方孝岳《尚書今語》，送歷史研究社。到圖書館，晤宋挺生。寫尹石公、辛樹幟、方孝岳、范祥雍信。

看王棠《知新録》。昌群、法魯、王修、德鈞到予家，爲小組學習。討論《紅樓夢研究》問題，自三時至六時。

江文也來按摩。仍不能睡，待至上午二時服藥後眠。

按摩之術，予所未經。此次因文懷沙之介，邀中央音樂學院教授江文也來施手術，自首至踵，捏得甚痛，欲使神經恢復正常也。別人經此手術即便睡去，而予不然，知此病之深矣。

自李希凡、藍翎評俞平伯《紅樓夢研究》後，發動軒然大波，群指俞氏爲胡適派資産階級的唯心論思想，抹煞《紅樓夢》之人民性及現實主義。此事與予有大關係，故今日學習時備言之。實在説來，胡適固爲資産階級思想，平伯則猶然封建主義思想也。

十一月十三號星期六（十月十八）

臥床。看前日所購雜志及《聊齋摘鈔》。

江文也來按摩。索介然偕徐行可來。

待至十二時尚不能睡，服藥後得眠。

予負擔太重，每月用錢六百萬（合戰前二百餘元），而薪入只二百萬，尚須他處尋覓三之二。如無好身體，便不克以工作賺錢，故此次治病，必求徹底。

江醫謂予肝旺，一面妨礙膽臟，一面又犯心臟，使心臟有擴大現象。

予四五個月來，以遷家理書積勞，覺得胸悶不易吐氣，臥後胸又作痛。

十一月十四號星期日（十月十九）

臥床。于思泊來。吳恩裕來。楊人楩來。錢南揚來。辛樹幟及毓南、仲平、劉宗鶴、小平來。

王崇武來，長談。看文藝協會召集之《紅樓夢》座談會記錄。洪、湲歸。

看《聊齋》。服藥後得眠。

昨雖十二時睡，今日七時許醒，睡得酣適矣，此推摩之功也。江醫謂推後人必疲倦，必出汗，必拉稀，予均不如其言。

之屏謂按摩不如金針之有效。渠亦患失眠，近來學打拳，又請許作霖打針，已全愈矣。

十一月十五號星期一（十月二十）

在床，看王之屏所點《通鑑》兩卷。

伴堪兒眠。江文也來按摩。錢南揚來。劉世點來。

與靜秋口角，遂致失眠劇作，服三次藥，至上午三時方眠。

今晚爲一二所開會討論《紅樓夢》問題，來函邀去參加，予不欲往，而靜秋逼令必往，遂致口角，使予精神興奮，胸前作痛，三次按摩功歸白費。噫，静秋如此待我，我這條老命危險矣。

之屏所點《通鑑》頗多誤處。推想他人，亦必如此，蓋大家任務太多太忙，必不能細細研究才下筆也。予任總校，要在十個月內整理出二百九十四卷之書，一一改正他人之誤點，其不遑喘息可知也。

十一月十六號星期二 （十月廿一）

起床，在家校《漢代學術史略》清樣半册。

到"春風"理髮。賀次君來。與静秋到錦什坊街許作霖醫師處扎金針，到白塔寺看廟會。到北長街訪吳辰伯，未找到。

看《聊齋》。九時眠，未藥得睡，至上午一時醒，三時服藥。

金針收效確較按摩為速，今晚居然不藥而睡四時，明日再針必又有進步矣。據醫言，須連續針十餘次可愈，這痛苦自值得受。

按摩與金針，其術相通，皆使有病之神經恢復其功效，所謂穴道亦即神經之所在也。

十一月十七號星期三 （十月廿二）

到所，理書。與張德鈞、吳宜俊談。錢南揚、王利器來。補記日記五天。寫王威信。

石慰萱來。樹幟來。孫耀卿來。與樹幟、静秋同到北海漪瀾堂茶。予獨至許作霖處扎針。回北海，與樹幟同照相。出，到鮮魚口教部招待所樹幟室中小坐。遇陶才百。

宴樹幟于肉市全聚德，吃燒鴨。遇文懷沙。歸，看耀卿所送書。服藥眠。

十一月十八號星期四 （十月廿三）

到所，理書。與侯外廬談。索介然、李學勤來談。到葉企孫處、介然處。校《漢代學術史略》。

伴堪兒眠。理書。寫丹楓、熊忠英信。與静秋到郵局、東安市場、新華書店、國際書店等處買書。步歸。

到紹華處，未晤。到修綆堂，與張金阜談。到元胎處，與其夫婦談。

十一月十九號星期五（十月廿四）

到所，理書。與陰法魯談。曾毅公、介然、學勤來。寫白壽彝、程啓鈞信。張金阜來。

伴堪兒眠。理書。德鈞、法魯來。熊忠英、黄潔蘿來。賀次君來。作《法華讀書記》第廿五册目次。

馮世五、張文鑄來。汪静之來。姚紹華來。

十一月二十號星期六（十月廿五）

到所，續校《漢代學術史略》。與張德鈞談。記筆記二則。

江文也來按摩。眠一小時。續校《漢代學術史略》。洪、湲歸。瑞蘭偕燕燕來。李延曾來，送花。褚太太去。

昨夜九時半睡，今晨三時半醒，自然的睡眠已約六小時，滿意矣。不知是按摩之功，抑金針之效也。

十一月廿一號星期日（十月廿六）

到王澤民處，與其夫婦談。到魏建功處，長談。歸，大便。

江文也來按摩。臥看《聊齋》。四時起，校《漢代學術史略》訖。

爲兒輩講《朝鮮童話》。誦芬弟來。

昨按摩後，上床未即睡，至十一時服少些藥，眠至今晨七時始醒。醫言將有稀便，今午果得之，倘得病隨屎去乎？

十一月廿二號星期一（十月廿七）

到所，寫周清、佘雪曼夫婦、史筱蘇、燕義權、商務印書館、李小峰、范祥雍、于鶴年信。到索介然處，并晤鹿輝世。到葉企孫處。到張雲飛處。王修來。

孫耀卿來。寫周谷城信。王姨丈、姨母來，長談。批古籍出版社出書計劃。

傅宗人來，同出。與靜秋到綏真處，同到牛松雲夫婦處談。又同到文懷沙處談，并晤其母及蔣兆和。又返綏真處，與以中談。十時歸。

昨日按摩後，晚九時半入眠，今晨四時半醒，足七小時，安慰極矣！

十一月廿三號星期二（十月廿八）

到所，到尹達處取稿。寫江蘇博物館、呂誠之、周昭亨、魏應麒、江蘇文管會、丹楓、丕繩、劉卓如、黃奮生信。記筆記二則。

伴堪兒眠。改正王之屏所點《通鑑》半卷。江文也來按摩。臥床看《聊齋》。

元胎來。

昨晚見客多，且至十時歸，以爲不得眠矣，然靜秋一拍，醒來已鐘鳴五下，近七小時矣。快甚。

江醫謂予肝火已由大便中排泄掉了。然予自揣肝火由性急來，此急性病仍未去也。

十一月廿四號星期三（十月廿九）

到所，理書。寫金擎宇、黃孝徵信。寫程啓鈞信。記筆記二則。作《漢代學術史略》序未畢。與索介然同步歸。

伴堪兒眠。記筆記二則。改正《通鑑》176卷標點訖，更爲作

"注"的數目字，未畢。寫鄭國讓信，爲張文清欠款不還事。

看《史記志疑》。靜秋以予致孝徵書而反脣，幾失眠。

今晨三時半即醒，視前數日稍差，何耶？

十一月廿五號星期四（十一月初一）

到所，將《通鑑》176 卷整理訖。與德鈞談。陳友業、趙琛來。

伴堪兒眠。寫竹如信。寫《通鑑》排樣。到許作霖處打針。到吳辰伯處，并晤其夫人。到慶豐司訪森玉先生，知已返滬。

到紹華處談，取其舊地圖若干種歸。

昨晚屢醒，亦屢眠，得眠約六小時。

今日不知何故，一日中大便四次。

辰伯允以北海畫舫齋餘屋相假，快甚。此後當可專心工作矣。

十一月廿六號星期五（十一月初二）

與索介然同出。到所，與德鈞談。寫季龍信。到北海畫舫齋，晤侯芸圻及方君。遇曾毅公。到第三所訪王崇武，交改定稿。步歸。

伴堪兒眠。看周總理工作報告。三時，開小組學習，討論各人生活及《紅樓夢》事。至五時半散。

吳宜俊來。容元胎來。劉世點（吾與）來。失眠，服藥二次，至上午三時半後方眠。

昨晚十時半眠，今晨六時始醒，睡七小時許。打針之效，于此可睹。許醫要予一星期去兩次。

今日同會：昌群　王修　德鈞　法魯　吳宜俊

十一月廿七號星期六（十一月初三）

葉子剛來。九時起。寫熊忠英信。到古籍出版社，晤丁曉先、徐調孚、傅彬然、章錫琛等，商書目計劃。到伯祥處談。遇劉及辰。

伴堪兒眠，至三時半起。謝剛主自津來。昌群來。張德鈞來。尚愛松來。作《通鑑》工作時間估計。

看《涵芬樓秘笈》第二集。

昨以學習開會，夜中吳宜俊來，吞吞吐吐，似欲予批評俞平伯，予却之，而靜秋不謂然，爭辯數句，因而精神又緊張，失眠疾復發矣。靜秋不能改其性情，此與予大不利。

德鈞來言，尹達不欲予在《通鑑》上費去太多時間，蓋猶是本位主義也。

得芸圻函，悉朱欣陶君已爲予預備好一座房子，在畫舫齋東北跨院，綠意廊之北，古柯庭之東，名得性軒。額係清載湉所題，渠當日與翁叔平盤桓于此，軒前叠石出自名手。院子幽靜，不聞人聲。

十一月廿八號星期日（十一月初四）

到紹華處還包袱。剃頭。到葉譽虎先生處，并晤麥朝樞等。到林宰平先生處，晤其夫人。歸，寫誠安信。

伴堪兒眠。黃孝徵（雪明）來。看《光明日報》本日討論《紅樓夢》文字。草《辨僞叢刊》目録。

大雪。宴客，自五時至八時半。看《涵芬樓秘笈》第三集。

昨晚安静，晚十時半入眠。今晨四時醒，勉强應身體需要。

譽虎先生每晚可眠八九小時，此所以年七十五而猶矍鑠也。

今晚同席：鄒新垓　屠思聰　金擎宇　葛綏成　歐陽纓　蕭大治　謝剛主　王以中夫婦（以上客）　予夫婦（主）　用廿五萬元。

十一月廿九號星期一（十一月初五）

到北海文物組，與元胎、芸圻談，并晤東方屏、葉淑珍等。參觀圖書室。草今日下午開會提案，草《辨僞叢刊》一、二集目畢。

與芸圻談。向任之來。到第三組，開《資治通鑑》標點第二次討論會，自三時至六時。進餐後歸。

姚紹華來。江文也來按摩，并爲堪兒摩。

今日同會同席：范文瀾　王崇武　聶崇岐　齊思和　周一良　張政烺　鄧廣銘　何兹全　容肇祖　葉聖陶　徐調孚　蔡美彪

按摩頗有些痛。因堪兒頸間類似栗子筋，試爲按之，居然不哭。此兒甚有忍耐性。

雪後天寒矣，潮兒未明即起，七時前到校，其負責心重可知也。

十一月三十號星期二（十一月初六）

到所，開山東省博物館陳列物品商談會，自九時至十二時半。乘車到北海，遇元胎。到松竹林進炒麵。

再進飯。續作《漢代學術史略》序一千餘言。芸圻來。葉淑珍來。厨司李燕、工友杜長安來。

看《毛澤東選集》及《涵芬樓秘笈》四集。爲堪兒講《恭賀新年》。失眠，服藥二次。

夜中要緊翻書，忽覺心臟疲弱，遂致失眠。冬夜苦長，何以遣之！大抵晚上生活只能如行雲流水，聽其自然，千萬性急不得，一急則按摩、金針之功全棄矣。

今日同會：侯外廬　向覺明　尹達　賀昌群　陰法魯　張德鈞　王振鐸　宋伯胤　宋協明　李既匋　杜明甫　江蘇博物館代表一人

夜中北風大起，溫度降至零度下。今年北方之寒，遲了一個月。

堪兒敏慧，喜發問，所發問往往使人不易答，如：

影子爲什麼没有顏色？

小猫爲什麼有鬍子？小狗爲什麼没有鬍子？

爲什麼魚在水裏不淹死，人在水裏要淹死？

黄牛爲什麼要淹死，水牛爲什麼不淹死？

牛的尾巴爲什麼長？兔的尾巴爲什麼短？

魚在水裏覺得冷嗎？它如不覺冷，爲什麼人要覺冷？

水爲什麼滴到地下成圓點？

一九五四年十二月

十二月一號星期三（十一月初七）

到北海，補記日記。看齊思和點《通鑑》第一卷，未畢。立《史記》、《通鑑》工作進度表兩册。

芸圻來。元胎來。任寶山來。記筆記一則。到許作霖處扎針。修改昨文。

褚太太來。看《聊齋志異》。

十二月二號星期四（十一月初八）

到所，與尹達、宜俊、德鈞等談。到介然、學勤處談。到北海，李康安搬書入室。

芸圻來。東方屏來。元胎來。方慶瑛來。重草《漢代的儒生和方士》序文二千餘言，未畢。歸，平心來。

賀次君來。士嘉偕余元盦來。

十二月三號星期五（十一月初九）

到北海，將昨作序文改作畢，即鈔清。文凡四千字。

芸圻來。看周召《雙橋隨筆》。記筆記一則。任寶山來。到寶泉堂浴。

　　孫耀卿來。

　　昨晚睡至十二時醒，恐因客多難眠，服水藥，乃睡至上午七時。

　　久不作文矣，今處靜境，乃得爲之，殊自喜也。

十二月四號星期六（十一月初十）

　　到所，與德鈞談。寫映婁、延孫、楊人梗信。索介然來，借《演繁露》。到郵局寄信。到北海，改致中所點《通鑑》。看《梅村家藏稿》。

　　芸圻來。續改致中所點《通鑑》第一卷。記筆記一則。歸，看洪、湲歌舞。

　　爲兒輩講《朝鮮童話》。

十二月五號星期日（十一月十一）

　　次君來。與又安挈四孩到故宮，游中路。十二時半歸，宴客。

　　芸圻等談至三時去。石慰萱來借書。與靜秋挈潮、洪、湲到東單做衣，又到東安市場買物。

　　爲兒輩講新購畫書三册。

　　　今午同席：侯芸圻及其夫人韓培厚、女瑩（客）　　予夫婦（主）

十二月六號星期一（十一月十二）

　　到北海，將序文重作一千字，統修改一下。龔雲水來。翻《四庫珍本》。

　　芸圻來。周耿來。將致中所點《通鑑》第一卷整理訖。記筆記二則。到第三所，與之屏、士嘉、元盦同到東來順飯。

　　看《文藝遺產》及《新蘇州報》。

今晚又失眠，服藥二次，至十二時後始得睡，其以工作太緊張耶？抑在飯館飲茶故耶？此後晚間當絕對禁茶矣。

十二月七號星期二（十一月十三）

到所，取薪。與德鈞、友業談。到北海，與周耿談。馬吉莊來打書印。寫熊忠英信。

芸圻來。方慶瑛來。將昨日序文重作八百字。寫于鶴年、吳諫齋、起潛叔、洪石鯨、章丹楓、燕義權信。

擎宇來，留飯。

接中國人民政治協商會議全國委員會秘書處來函，云由該會常務委員會第六十二次會議協商決定，請予爲政協第二屆全國委員會委員，第二屆第一次全體會議定於本年十二月二十日在北京召開。是夕，靜秋聞之，爲之喜而不寐。

十二月八號星期三（十一月十四）

到北海，將元胎所點《通鑑》看一卷半。

周耿來。

看《聊齋》及《涵芬樓秘笈》第五集。爲吳宜俊事，失眠，服藥三次。

研究所主任秘書吳宜俊本解放軍，以淮海戰役受傷，派至本所。他于學問及學者生活一些不懂，一味省錢。予書搬至所中已歷三月，尚無書架可上。予室與高士其家毗連，只隔一重玻璃窗；室中說話彼此聽見，極不適宜。靜秋向他說，要做隔板，彼不置可否，及又安弟兄爲之，要他出一點材料費，又不肯。予以其太欺侮我們，情緒一緊張，又致失眠矣。我不懂，人民政府何以有此不適當之安排。

十二月九號星期四（十一月十五）

到所，與尹達、葉企孫、德鈞、法魯、挺生談。張金阜來送書。到北海，整理信件。

芸圻、周耿來。到悦心殿，看中國山水畫展覽。到許作霖處扎針。返北海，校元胎所點《通鑑》十餘頁。

看郭沫若《三個建議》及《涵芬樓秘笈》第六集。静秋與頤萱口角。十一時眠。

　　許醫要我過三四天即去一次，然去一次即須費兩小時，實難得此閒工夫。又囑予勿太用力，此更不易做到矣。

十二月十號星期五（十一月十六）

到北海，將元胎所點《通鑑》218 卷校畢。寫謝剛主信，爲售《大學叢書》事。校又安所鈔《方士與儒生》序文，寄滬排。審查劉際銓《司馬遷生年爲建元六年辨》。

爲小組學習返家，乃昌群與王修俱出外，與法魯、德鈞雜談。姚企虞來商出版事。

翻《涵芬樓秘笈》七、八兩集。爲堪兒講書。

十二月十一號星期六（十一月十七）

到出版總署，晤聖陶、彬然、雪村，商《通鑑》標點事。愈之、企虞亦至。到郵局取款。到北海飯。

元胎來。翻《四庫珍本》。草標點及排印《資治通鑑》凡例，未畢。洪、湲歸。

孫耀卿來。看張叙《詩貫》。與湲兒同臥。

十二月十二號星期日（十一月十八）

次君來。到思泊處談。到盼遂處談。到永安旅館訪平心，已出，獨至糧食店飯。

到許道齡處談。訪張次溪，未晤。再到平心處，晤之，并遇其子前偉。與平心到榮寶齋、來薰閣、開通書社、通學齋等處閲書。晤孫耀卿、金鏊父子。遇饒孟侃。

宴平心于全聚德。八時歸，看《繆荃孫自訂年譜》。

十二月十三號星期一（十一月十九）

到北海，寫趙孟頫、王守真、孔大充、自珍、毓藴、汪叔良信。貼郭沫若《三點建議》。

芸圻來。到郵局寄信。增加標點《通鑑》凡例。静秋送鋪蓋來。四時許，同歸。看李希凡等《論紅樓夢的人民性》，未畢。

姚企虞來。翻《涵芬樓秘笈》第九、十集。

静秋到得性軒來，説：“這裏静得怕人！”我想：這才静得可愛咧！此即立場觀點之異也。

十二月十四號星期二（十一月二十）

到所，詢問檢查身體時間。將劉際銓一文摘鈔入筆記，將原作送回歷史研究編輯部。到北海，排司馬遷年表。周耿來。

芸圻來。看周耿《陰陽五行思潮與古代自然科學的關係》，未畢。歸家，即至第四醫院，以人多，又返。與静秋同往，至六時驗畢。遇法魯、德鈞等。

尚愛松來，長談，留飯。

今日檢驗身體之結果，知予心肺均正常。血壓爲80—140，尤爲向所未有。知只要睡得着，血壓自會日降也。北海生活，實亦使予健好之一因。

予齒患齦炎甚重，右面又不好嚼矣。眼睛亦覺模糊。

十二月十五號星期三（十一月廿一）

到所，整理《擬通鑑標點凡例》及《擬通鑑排版凡例》，約四千餘言。

元胎來。到許作霖處扎針。到北京飯店報到。歸，樹幟來。與樹幟、靜秋同出，到蘇州胡同製衣。到北京飯店晚餐。

九時歸，孫耀卿來。

今晚在北京飯店所見人：薛愚夫婦　裴文中　楊子廉　顏福慶　曾震五

十二月十六號星期四（十一月廿二）

袁翰青來。到北海，車上遇謝興堯。周希丁來挂字畫。重鈔昨作，并修改約一千字，未畢。

芸圻來。到北京飯店，參加政協預備會。歸，孫蓀荃來。到昌群處。

賀次君來。孫耀卿來。失眠，服藥。

今日下午晤見之人：翁詠霓　陳翰笙　梁漱溟　李平心　吳研因　胡愈之　錢端升

翰青來，囑予撰文在政協發言。

十二月十七號星期五（十一月廿三）

九時，到北京飯店，參加第二十七組小組會議，討論上屆政協之報告。與劉定五、章行嚴、何思源、呂健秋、馮芝生、張之江、張伯英（鈁）、傅作義、焦實齋、鄧哲熙等談。

三時，到北京飯店。參加小組會議，討論政協章程草案，未畢。與張仲魯、熊佛西等談。歸，孫耀卿來。

王崇武來。索介然來。

今日政協派一汽車來接送，車號三五八〇，司機徐姓，車爲雇自首都汽車公司者。

十二月十八號星期六（十一月廿四）

到北京飯店，參加小組會議，將章程草案討論訖。與周亞衛、吳家象、蘇炳文等談。

草政協大會上發言稿，成二千字。經與靜秋商量後修改，鈔清，未畢。

到平心處，與之同到天橋劇場，看莫斯科音樂學院演出《天鵝湖》。晤盧于道、吳景超、龔業雅、方伯義等。十二時半歸，服藥眠。

此次出席政協，本擬不看戲，以免失眠。今晚蘇聯藝員演《天鵝湖》，靜秋因此戲太好，不可放過，強予往觀，確有高度藝術。歸後服藥，尚能安眠。

十二月十九號星期日（十一月廿五）

鈔昨稿訖。到北京飯店，晤樹幟、劉錫瑛、簡仁南、陸侃如、李希凡、藍翎、陶陽、孔慶珊、徐潮、辛毓南、仲勤、劉宗鶴及其子小平。與樹幟商改昨文。歸，王愛雲偕其子女克平、以平、永平來。

重鈔改昨作，訖。樹幟偕其子、女、婿、外孫來，商量修改。陳翰笙、盧文迪來。王以中夫婦來。邵力子先生來。龔雲水來。王之屏來。

與潮兒同到工人文化宮，參觀美帝特務空投物品展覽。歸，袁翰青來，以發言稿與覽。

十二月二十號星期一（十一月廿六）

到所，與侯外廬、尹達同商發言稿。歸，即加修改。姚企虞來。

三時，到北京飯店，參加小組會議，討論上屆政協工作報告。在北京飯店理髮及晚餐。

到樹幟處，與孫承佩、涂長望、李毅談。與劉錫瑛談。

政協性質，表面上看是介于政府機構與人民團體之間，從實質言，則是統一作戰工作之最高級的機構，它是與全國人民發生聯繫的。

十二月廿一號星期二（十一月廿七）

九時，到北京飯店，參加小組會議，繼續討論政協章程。在北京飯店飯，與王歷明、徐楚波談。

到懷仁堂，政協開幕，毛主席領導開會，休息時得與握手。旋聽陳叔通、章伯鈞報告。周總理作政治報告，歷四小時，至八時五十分始畢。與徐特立、許楚僧、劉及辰等談。

歸飯。褚太太來，留宿，明日赴徐。

十二月廿二號星期三（十一月廿八）

到北京飯店，出席小組會，討論周總理政治報告。將發言改作後，歸家鈔好，即至永安飯店訪平心，請其修改後，到北京飯店送聯絡組。

與樹幟同乘車到懷仁堂聽各委員發言。與張奚若、關瑞梧、馬松亭、仇鰲、董爽秋、鄧昊明、李希凡等談。

孫耀卿來。上午二時，聯絡組送發言稿打字清樣來。

十二月廿三號星期四（十一月廿九）

到北京飯店，出席小組會，討論周總理政治報告。訪董爽秋、鄧昊明。再修改發言稿。與李雲亭、盧郁文、成覺、喜饒嘉措談。

到懷仁堂，坐最前排發言人席位。以時晏不及發言，移至明日。與陳毅、鄧初民、吳羹梅、周總理、吳晗、錢俊瑞、羅隆基、章伯鈞等談。

到北京飯店晚飯。到聯絡組接洽改稿。到樹幟處，與吳覺農談。九時歸。

今晨二時聯絡組送發言稿打字樣來，今晚十二時又送小組會開會通知來，使予兩天中又不得不服安眠藥。政協辦事的認真，使予妨礙了健康。

予發言稿經下列諸人提意見：辛樹幟　辛仲勤　劉宗鶴　李平心　姚紹華　袁翰青　吳晗　侯外廬　尹達　張靜秋　以十人之修改，歷七天而後定稿，大不易矣。

十二月廿四號星期五（十一月三十）

到北京飯店，開小組會，討論本屆宣言。在場中再修改發言稿。十一時，到馬彝初先生家赴宴，談高教育情形。

到懷仁堂，與平心再商改發言稿。三時五十分，予發言。到休息室，將打字稿修正。與郭沫若、周叔弢、張治中、蘇炳文談。六時五十分散會。歸飯。

與靜秋等雜談。

今日在大會中，得法國議會否決《巴黎協定》的消息，此大足爲人民吐氣并打擊美帝國主義，全場振奮，先在座位上鼓掌，後起立鼓掌，歷十餘分鐘始息。

今日同席：陳鶴琴　劉錫瑛　黎劭西　蘇步青　盧于道　金通尹　陸侃如　姜立夫　葛志成　余之介（以上客）　馬彝初先生（主）

十二月廿五號星期六（十二月初一）

補記日記五天。十時，到懷仁堂，繼續聽發言，至十二時半止。到北京飯店午飯。與雷沛鴻談。

二時，到懷仁堂，通過協商會議章程，推舉名譽主席，選舉主席、副主席、秘書長、常務委員，通過宣言及慰問電。與沙彥楷、呂叔湘、李印泉、章元善談。

八時，再到懷仁堂，聽選舉結果。會議閉幕。

下午，焦實齋來言，惕吾看予發言稿，囑其來詢予住址。

十二月廿六號星期日 （十二月初二）

錢南揚來辭行。與靜秋挈四兒到北京飯店樹幟處，并晤毓南夫婦及仲勤。到鄧昊明處。到永安飯店訪平心不遇。到天壇游覽。十二時許歸。

與靜秋、洪、湲乘汽車到葉聖陶夫婦處。到黄秉維處，未晤。到侯芸圻夫婦處。到瑞蘭處。五時，予到北京飯店，與彭真、毛主席、劉少奇等談。照相。歡宴。與陳公培談。

到小銅井胡同文工團劇場看《萬水千山》話劇，與王芸生等談。與楚圖南、梁漱溟談。十二時歸。

今晚同席：全體政協委員　毛主席　劉少奇

前日予發言後，即晤周總理，渠謂予發言甚好，很清楚。今日見毛主席、劉少奇委員長、彭真市長，亦均謂予發言好，與周炳琳二人爲最佳。這是我想不到的成功。

彭真謂久讀予之《古史辨》，予謂其中錯誤不少，他説："錯誤當然有，但其中好的地方却是用苦功得來的。"此可爲知言。

十二月廿七號星期一 （十二月初三）

九時，與靜秋、堪兒、羅媽乘汽車至蘇聯展覽館，與曾昭燏、陸秀、喻宜萱等談。到蘇州胡同量衣。十二時歸飯。

到中海紫光閣，出席政協常務會議擴大會，討論兵役法，聽周恩來、聶榮臻、傅作義、劉清揚、王立明等談話。到北京飯店飯。

到懷仁堂，看京劇，自八時至十二時。

今晚所觀劇：言慧珠：《穆柯寨》　　張君秋、孫毓堃：《長坂坡》（未畢）　梅蘭芳：《宇宙鋒》　　侯寶林：相聲　此係中共北京市委及北京市人民政府所邀。

十二月廿八號星期二（十二月初四）

到南河沿政協俱樂部，參加文字改革會之討論，自九時至十二時半。會畢，留宴。

到懷仁堂，列席中蘇友好協會第二次全國代表會議，聽宋慶齡、尤金、維茲日林、錢俊瑞等講話。晤譚健常、曹孟君、李蒸、宋雲彬等。散會後到北京飯店休息，聽錢俊瑞報告。

七時，到統戰部應宴，看小白玉霜演《秦香蓮》劇，十一時歸。

今晚同席：政協特邀人士七十餘人（以上客）　　邢西萍　平杰三　于毅夫（以上主，皆統戰部副部長）

今午同會同席：何公敢　周亞衛　黎錦熙　陳鶴琴　高覺敷康同璧　李平心　聶紺弩　徐楚波　孫淑芝　鄧初民　何魯　任鴻雋（以上客）　張奚若　吳玉章　林漢達　葉聖陶　胡愈之葉譽虎（以上主）

十二月廿九號星期三（十二月初五）

與靜秋乘汽車到第一所。出，到科學院總部，訪曹日昌，談洪兒留園事。出，到科學院幼兒園，再談洪兒事。出，到大中國，晤金竹如夫婦及竹林。到榮寶齋閱覽。到肉市全聚德宴客。

與樹幟、爾綱到科學院，參加批判胡適思想會，聽艾思奇演講，馬特、金岳霖、馮友蘭、何思敬發表意見，晤尚愛松、張稼夫、賀麟等。六時散，與樹幟同到北海得性軒，在松竹林飯。

與樹幟同到王次甫處談。到東安市場閱書。歸，孫耀卿來。

今午同席：辛樹幟　鄧昊明　李平心　劉錫瑛　羅爾綱　姜又安（以上客）　予夫婦及潮、堪（以上主）　卅七萬元。

十二月三十號星期四（十二月初六）

到北京飯店早餐，與樹幟、涂治同到教部，予訪盧芷芬、計志中、隋樹森。到北大，晤嚴仁賡，由其導訪馬寅初、周培源、張景鉞、馮芝生、朱光潛。到燕東園，訪周枚孫、翦伯贊，返枚孫處飯。

到民族學院，晤楊成志、馬鶴天、吳文藻、馮家昇、傅樂煥、陳文鑑、莊學本等。到文藻家，與謝冰心談，并晤蕭紅。回北京飯店，到樹幟處小坐。

與靜秋同到容元胎處，晤其夫人，留札與元胎。到北京飯店，晤曾昭燏，遇曾憲楷。歸，孫耀卿來，算賬。

今午同席：樹幟　涂治（以上客）　枚孫及其夫人魏碧（主）

十二月卅一號星期五（十二月初七）

到所，理書。樹幟偕董爽秋、涂治來，同到尹達處及圖書館。同出，訪徐特立先生，未晤。到樂天羽處。到北京飯店，與樹幟談。

魏明經自濟南來，留飯。請其看《秦漢方士與儒生》序文，并看其所作《馬列主義民族問題詮釋》。補記日記七天。與靜秋到東安市場買物，遇宋雲彬。

誦芬弟來，留飯。孫耀卿來。賀次君來。爲湲、堪講《小朋友》。

[剪報]　　一九五四年十二月二十五日

政協全國委員會會議繼續舉行

［新華社二十四日訊］中國人民政治協商會議第二屆全國委員會第一次全體會議，在二十四日下午繼續進行大會發言。

在今天大會上發言的共有：郭沫若、周叔弢、張治中、顧頡剛、于藍、祜巴猛、曹谷冰、張啓龍、鮑爾漢、孫淑芝、李純青、盧漢、陳祖沛、尤揚祖、羅廣文、曾震五、翁文灝、鄧文翬、梁漱溟、張大中。會議在下午三時開始，六時五十分結束。

今天上午，委員們曾進行了分組討論。會議將在二十五日繼續舉行。

[剪報]　　在政協第二屆全國委員會第一次會議上
　　　　顧頡剛委員的發言
（下略，見《全集·寶樹園文存》）

[剪報]　　　　　　三點建議
　　——一九五四年十二月八日在中國文學藝術界聯合會主席團、中國作家協會主席團擴大聯席會議上的發言
　　　　　　　　　　　　　　　　　郭沫若

（下略）

[顧誠安詩]

甲午七月送兄頡剛應召赴京

十年海上聚，息息見深情。赤幟開新宇，吾曹亦醉醒。
老來怕離別，兄竟別我行。居家秋風動，我思日以深。
憶昔毛髫日，同受大父文。兄如蒼頭起，卓爾殊不群。
鎔經兼煅史，赫然張一軍。壯游歷邊塞，吐氣成風雲。
嗟哉經寇患，萍踪各茫茫。音書無由達，照影月如霜。
亂後重相見，悲喜雜篇章。兄筆老愈健，我詩太蒼涼。
念予真倦矣，疲馬不復振。傷弓驚曲水，吹虀懲沸羹。

塵網未許扶，所餘唯怨憎。臨別欲何語，黯然難出聲。
緩緩公車發，書笥萬卷隨。燃藜放奇彩，不爲一家私。
遥指青蒼路，白頭猶可期。莫嫌辛苦嘆，異地兩心知。

誠安拜藁

［徐澄宇詩］

頡剛尊兄先生重返北京賦此爲別

我亦燕臺舊游客，卅年重此送君歸。橫胸浩氣頗相護，到手名
山願莫違。述作幾人同壽世，漚波隨處好忘機。休嫌京洛緇塵
化，長向西窗攬翠微。

甲午大暑前七日

弟澄宇貢藁

［陳家慶詩］

頡剛先生鑑秋 * 學長有都門之行賦此爲別

并呈　雅政

胸次平生萬卷蟠，北窗未覺著書難。琴尊漸感天涯遠，朋舊常
懷古誼歡。外物不移方是學（借放翁句），夢中哀樂總相關。
高標絶世群推許，珍重雙栖歲月間。

甲午仲夏　寧鄉陳家慶秀元初草

［沈禹鍾詩］

當代治文史，如君罕抗衡。新知貫舊學，博綜歸深沉。君文如
江海，吐納匯百靈。迴環涌妙緒，所在多發明。儒林見龍象，
壇坫振大聲。昔君避寇患，遠作滇池行。艱危學益奮，流播志

---

* 　鑑秋：應爲静秋。

愈凝。村居喜荒寂，探討窮古今。鈎深而抉奧，如鏡無遺形。
哀然成筆記，坐忘歲月更。浪口志所自，地亦傳其名。君家亭
林老，著書富平生。船脣與馬足，載筆不稍停。其于日知録，
用力尤專精。今君作此記，祖法遥相承。云何比陶甓（君自序
中語），要當抵百城。嗟余限勺蠡，于學無寸成。與君晚相見，
白髮各已盈。願常接緒論，啓我炳燭心。

　　讀頡剛先生《浪口村隨筆》賦此奉題　即博
粲正

　　　　　　　　　　　禹鍾

[翁大草詩]

送頡剛師赴北京研究院工作　　　　　　　　大草

一

憶昔偶觀史辨序，忘餐意向感人深。添來多少讀書癖，難遣纏
綿私淑心。雨恨巴山相見晚，話愁上海重逢春。誰知此別何滋
味，我有王倫千尺情。

二

遺珠畢竟出滄海，江左文章入上京。剔抉詩書漏夜力，未酬稽
古平生心。列車載去三箱玉，研院迎來一齒輪。集體力量無敵
手，仁看古史得論正。

一九五五年

一九五五年一月，編校《古籍考辨叢刊》第一集。

二月，修改《秦漢的方士與儒生》序訖，作《古籍考辨叢刊》第一集序。

三月五日，予在批判胡適史學方面發言有錯誤，至廿六日受王承祒等之批判。

三月廿六日章丹楓來京，寓予家，至四月十四日返滬，曾吐血。

李平心去冬來京後，至今年五月三日始返滬，時近半歲，予與往返頻仍，費時不少。

四、五月間校點王國維《竹書紀年》兩種。

五月起，整理《史記》及三家注，至一九五八年始訖。

六月一日至十日，列席學部成立大會。

六月至七月，蕭反運動，批判胡風，兼自檢討。

八月，申請入民主促進會。作《史記》序，未成。作《古籍考辨叢刊》第一集後記。

九、十月整理《竹書紀年》、《穆天子傳》。

十一月、十二月研究《周官》，編《古籍考辨叢刊》第二集。

一九五五年一月

一月一號星期六（十二月初八）

王修來。到平心處，請其對予所作《方士與儒生》序文提意見，遇李前偉。到惕吾處，長談，留飯。

二時，雇車歸。黃孝徵來。與靜秋到王姨丈處，并晤大琪夫婦及大玫。歸，修改《中國歷史地圖集》序文。

汽車來，到康同璧處，同往懷仁堂團拜。遇雷潔瓊、王季範等。飯後觀劇。十一時許歸。服藥眠。

今午同席：曾萍　王偉　黃鏡吾　譚家昆及其子女（以上客）　譚惕吾及其子利民、女靜（以上主）　惕吾之母已于去年在京逝世。其子女二人則所撫孤兒也。

今晚同席：毛主席　朱副主席　劉少奇　周恩來　宋慶齡陳叔通　各部、會首長　人代會在京代表　政協在京委員　各人民團體負責人　共八百人。

飯後所觀劇：1. 邵陽花鼓戲《打鳥》，尹廣心、崔潔等演。2. 豫劇《佳期》、《拷紅》，李淑君、于蓮芝、石成璽等演。3.《卧虎溝》，張雲溪、夏韻龍等演。

一月二號星期日（十二月初九）

劉世點來。到王修處。摯宇來。賀次君來。劉鈞仁來。劉宗鶴夫婦來，邀往北京飯店，與樹幟及王毓瑚談。在北京飯店午餐。

飯後請樹幟及毓瑚看予所作《方士與儒生》序文。談至三時出。歸，瑞蘭及小燕來。到陳翰笙處談。訪盧文迪，未遇。到伯祥處談。歸。

瑞蘭飯後去。看劉師培《國學發微》。

今午同席：俞勁夫人　王鴻熙夫婦　王毓瑚　涂治　劉宗鶴夫婦及其子小平　樹幟

聞大玫及王儼言，予在政協中之發言，昨晨曾以錄音廣播，當必爲臺灣居民所聞，發生招徠之力量。

一月三號星期一（十二月初十）

到北海，途遇祝叔屏。整理兩旬來之信札、文件。

芸圻、元胎、周耿來，與元胎、周耿同到濠濮澗散步。歸，湯警予來，長談。看艾思奇《實用主義還是馬克思列寧主義》一文，未畢。

到樹幟處話別，遇王次甫夫婦。九時許歸。

爲開政協，活動歷十八天之久，心爲浮動不寧。今日到北海，收束放心，頗感不易。

一月四號星期二（十二月十一）

到所，理書。到趙琛處送中華書局出版計劃。到北海，寫吳諫齋、李映婁、謝延孫、聞在宥、徐澄宇夫婦、徐春圃、姚企虞、蔡守堃、李唐晏、井成泉、章丹楓、王景球信。

元胎、芸圻來談。

到"春風"理髮。歸，姚企虞來。爲兒輩講書。

一月五號星期三（十二月十二）

到八面槽郵局寄信。到北海，補記上月日記所遺漏者。算賬。周耿來，談予作《方士與儒生》。

芸圻、周耿來。寫楊拱辰、自珍信。續看艾思奇《實用主義還是馬克思列寧主義》，仍未畢。看人民教育出版社《初中歷史綱要》。

寫徐調孚信。到章雪村處談，并晤士敫夫婦及伯祥第六女。十二時爲惡夢驚醒，服藥。

　　東、西四牌樓都于上月拆去，北海三座門今日亦拆矣。

一月六號星期四（十二月十三）

　　到所，理書。與德鈞、尹達、宜俊、友業談。到北海，看周耿《陰陽五行思潮與自然科學的關係》，未畢。

　　元胎、芸圻、陳育丞來。續看艾思奇文。得崇武電話，即續鈔《通鑑標點凡例》。爲兒輩講書。

　　孫耀卿來。祝叔屏來。

一月七號星期五（十二月十四）

　　寫調孚信。到八面槽寄信。到北海，看各報評胡適文。續鈔《通鑑標點凡例》，仍未畢。翻《文獻通考》。

　　到科學院總部，參加胡適思想批判第二次會，聽賀麟、胡繩、王子野等發言。與尚愛松、張雲飛等談。乘尹達車歸。

　　靜秋爲洗浴。爲兒輩講書。看胡繩評胡適思想一文，未畢。上午二時醒後，直至四時復眠。

（一）史　　記	1. 史記三家注（白文已點，注由次君鈔）	柒
	2. 史記筆記類選（選後交姜氏兄弟鈔）	。叄
	3. 史記論文選讀（同上）	。伍
（二）辨　　僞	1. 辨僞叢刊第一集（稿已齊）	壹
	2. 辨僞叢刊第二集（稿有，待點）	。肆
（三）古 史 辨	1. 群經考辨（待編）	。貳
	2. 諸子考辨（由雨亭編）	
（四）參考資料	1. 中國疆域沿革史參考資料（約季龍、筱蘇、鶴年同提）	。陸

　　　　　2. 中國民族史參考資料（同上）　　　　。捌
　　古籍出版社分配給我的任務，如此之多，我專力爲之，尚虞
不及，況尚有標點《通鑑》之正式業務在乎！

一月八號星期六（十二月十五）

　　到所，理書。與法魯、德鈞、友業談。到北海，將所擬《通鑑
標點凡例》鈔訖，共四千餘字。
　　元胎、芸圻來談。寫鄒新垓等、丹楓、毓蘊、方白、陳家慶
信。到王崇武處，送標點凡例。訪夢家，未遇。
　　爲兒輩講書。汪静之來。賀次君來。
　　風狂如虎，北海地曠，吹人欲倒。予以極大努力，方得出
園。此後大風時當持杖以行矣。
　　潮兒太認真，未明即起，六時半即到校，校門尚未開，待其
啓而入。以此故，受寒而病。今日發燒，熱高一〇三度。此兒性
急，負責心重，有父祖之風。

一月九號星期日（十二月十六）

　　姚紹華夫婦來。王次甫來。到賀昌群處談。
　　伴湲、堪小眠。看宋濂《諸子辨》，改正舊印本錯字及句讀之
誤者。選高似孫《子略》入《叢刊》。
　　爲兒輩講書。看朱東潤《史記考索》。

一月十號星期一（十二月十七）

　　到北海，勘張西堂所編《唐人辨僞集語》，未畢。記筆記七則。
　　周耿來。元胎、芸圻來。周耿邀宴于馬凱飯館。
　　到北京劇場，看《明朗的天》，遇張仲魯等。乘松亭汽車歸。
服藥二次，至上午二時方入眠。

潮兒昨已退熱，本擬於今晨赴學期考試，乃一量熱度仍爲一〇一度，不知是否昨日在床習算之故。

一月十一號星期二（十二月十八）

九時始起。到北海，勘《唐人辨僞集語》訖。王崇武來，招元胎及張謂儔，商點《通鑑》事。

記筆記一則。到科學院，開"考據在歷史學及古典文學研究工作中的地位和作用"會，自二時半至五時半。乘尹達汽車歸。

平心來。到元胎處，與同到沈從文處，爲吳諫齋出售圖卷事。與又安談整理"孟姜女"資料事。

今日同會：尹達　向達　尚鉞　白壽彝　周一良　鄧廣銘　張政烺　王重民　田餘慶　王崇武

胡適思想批判討論會，由中國科學院與作家協會合辦，共分九組：

1. 《紅樓夢》的人民性和藝術成就，張天翼主之。
2. 胡適的哲學思想批判，艾思奇、胡繩主之。
3. 《紅樓夢》的社會背景問題，侯外廬主之。
4. 對歷來《紅樓夢》研究工作的批判，聶紺弩主之。
5. 胡適的文學思想批判，呂熒主之。
6. 古典文學研究工作中當前存在的問題，何其芳主之。
7. 考據在歷史學和古典文學研究工作中的地位和作用，尹達主之。
8. 胡適的《中國哲學史》批判，馮友蘭主之。
9. 胡適的歷史觀點批判，范文瀾、吳晗主之。

一月十二號星期三（十二月十九）

到嘉興寺，吊政協委員宋珩之喪。到北海，勘《朱熹辨僞書語》，未畢。張謂儕來。到元胎、芸圻處。

　　記筆記十則。

　　鄧詩熙來。[*]

---

[*] 十一、十二兩天日記于 1968 年被顧夫人撕去，後補録時曾删去若干。現
將當時顧夫人爲此所寫檢討及所删者附此。

歷史所無産階級革命派

聯絡站的革命同志們：

　　我是顧頡剛的家屬，出身于舊社會的剥削階級，思想行動都打上了深
深的反動階級烙印，雖然平日讀毛主席的書，但未能用于自己的行動上，
好好地改造自己，口裏説的雖好聽，却總是私字當頭，顧慮重重，在顧頡
剛的問題上，更露骨地表現出來。兩周前（大約十天了）顧頡剛在他積壓
的書堆裏找出他的日記一册，是 1954—1955 年的，我便拿過翻閲，内中有
（1955，1 月份某日）記事一段（見另紙）關于我的歷史反革命哥哥張雁
秋的事（張雁秋在 40 年前做過反動派的縣、局長等職，解放前半年做過
江蘇省連雲市的秘書，1951 年鎮反運動時登記後被捕判處勞動改造 12 年，
1953 年因病釋回徐州養病，不久又令回原處新浦勞動，1956 年原單位謂其
表現尚好，年老多病，提前釋放），爲了怕暴露顧頡剛的反動思想，更不
願意因爲我的關係人而多拖累他，私心一閃，隨手把這頁日記撕毀，以爲
這樣可以減少他的犯罪行爲了。他很生氣，責怪我破壞他的日記，當時無
可如何，商得他的同意，另换一張，讓他重抄，只把這一段不滿意新社會
的話删去。這句話雖然在紙上消滅了，可是更增加我和他不信任黨、不信
任群衆，害怕文化大革命的錯誤思想，促使我和他犯了弄虚做假的罪惡行
爲，這包袱更沉重了，多日來我走坐不安，神情恍忽，竟使我不敢抬頭仰
望毛主席，心想毛主席不是要我們認識錯誤、改正錯誤、重新做人嗎？爲
什麼我要怕顧頡剛的錯誤被發現呢？我的這種行爲不是對顧頡剛的改造起
促退作用嗎？不是更加重他的罪過嗎？想到這裏，我按捺不住，懷着沉重
的心情向組織上匯報，請對我進行嚴屬的批判、教育，我决心接受，决心
改錯，我早晚都在我們心中最紅最紅的紅太陽毛主席面前請罪！

　　　　　　　　　　　　　　　　　　　　張静秋　1968，5，27。

　　顧頡剛的日記一則（1955，1 月份某日的記事欄内）：

　　接雁秋自徐州來信謂：接到前勞改單位信令回去勞動。既令到徐
養病，現在病尚未好，又令回去，豈非出爾反爾！

一月十三號星期四（十二月二十）

鄧詩熙來。丁曉先來。到所，理書。義安來。張雲飛來。到雲飛處取稿。與德鈞談。到北海，與崇武談。記筆記一則。

芸圻來。與元胎、崇武到天王殿看文物。周耿來。朱欣陶偕張潤普來。與元胎、崇武、張謂儕討論整理《通鑑》事。勘《朱熹辨僞書語》畢。

爲兒輩講故事。

崇武今日來得性軒工作，以第三所中事忙，不能標點也。

一月十四號星期五（十二月廿一）

到北海，勘鄧恭三所點《通鑑》第 266 卷，未畢。記筆記二則。張潤普來，同飯。

芸圻、元胎、周耿來。到科學院，參加批判胡適哲學思想會，與王子野、周輔成、丁梧梓、陳夢家等談。

劉世點來。姚企虞來。爲湲兒講李白《蜀道難》。失眠，服藥三次。

崇武逼予校勘《通鑑》，企虞逼予繳《辨僞叢刊》稿，尹達逼予作批判胡適文字，燕義權逼予寄《秦漢的方士與儒生》稿，我非三頭六臂，如何支付，爲此一緊張，又大失眠了。

一月十五號星期六（十二月廿二）

到所，理書。寫狄靜觀信。到八面槽郵局匯款。到北海，勘恭三所點一卷畢。

芸圻、元胎來。張潤普來。勘《四部正譌》畢。

孫耀卿來。姚企虞來。賀次君來。陳繼珉來。

一月十六號星期日（十二月廿三）

陳玉書、鄧詩熙來，將民族史材料集及地圖交與。丁宜中、王德謙來。井成泉來。馬曼青來。

蕭新祺來。與堪兒同到吕健秋家，不遇，即歸。填科學院送來表格。看《學海堂》一、二、三集。勘《書序辨》廿餘頁。

索介然來。

一月十七號星期一（十二月廿四）

人民出版社朱南銑來。到北海，勘《書序辨》畢。勘《詩疑》未畢。與之屏、元胎談。

記筆記四則。張潤普來。寫史筱蘇、燕義權信。

爲兒輩講書。檢予重要論文所登之雜志。

一月十八號星期二（十二月廿五）

到所，理書。鈔表訖，交陳友業。到北海，勘《詩疑》畢。勘《古今僞書考》未畢。記筆記五則。

張潤普來。周耿來長談。元胎來。

看《文史哲》及《新史學通訊》。十二時醒，服藥兩次。

一月十九號星期三（十二月廿六）

費孝通、陳玉書來。到北海，勘《古今僞書考》訖，勘《左氏春秋考證》未訖。與元胎、之屏談。

與元胎同到雙虹榭旁看蘇聯農民業餘歌舞照片。寫德輝夫婦、政協學習會、唐軼林先生信。

卜蕙蓀來。賀次君來。姚企虞來。

一月二十號星期四（十二月廿七）

寫自珍信。到東四郵局寄信。到所。到修綆堂付賬。到王府井銀行取款。到北海，續勘《左氏春秋考證》，仍未畢。

芸圻來。到科學院，參加批判胡適哲學史組。六時許散。與徐炳昶、趙紀彬、邵鶴亭、唐擘黃、邰爽秋、尚愛松、陳友松、黃子通、王明、汪奠基等談。

孫耀卿來。爲四孩講《天鵝湖》。

一月廿一號星期五（十二月廿八）

朱南銑來。到利華理髮。到北海，續勘《左氏春秋考證》訖。與之屛談。

元胎來。到科學院，參加批判胡適政治思想組，五時半散。與呂叔湘、王愛雲、侯外廬、趙紀彬、沈從文、錢偉長、金鵬等談。

看朱駿聲《經史答問》、于愼行《讀史漫録》。

一月廿二號星期六（十二月廿九）

到北海，審查蘇聯科學院歷史研究所所著《世界通史》中國部分上古至戰國一段，提出若干意見。

張潤普及其子樹芬來。元胎、芸圻來。姚企虞來。寫孔玉芳、容八爰信。

静秋爲洗浴。

一月廿三號星期日（十二月三十）

到王府井大街購物。到儆予處。到通學齋，晤孫耀卿夫婦。到平心處，并晤其子前偉。歸。整理近來所購書。

呂健秋來，長談。譚惕吾來，贈物。黃重憲之子黃浦來。

平心來。楊拱辰來。卜蕙蕢及其女守成來，留飯。陳繼珉來，留宿。

一月廿四號星期一（正月初一　農曆元旦）

馮世五、張文鑄來。計志中、隋樹森來。賀次君來。鄒新垓、葛綏成、金擎宇來。吳宜俊、任林圃來。與靜秋到昌群夫婦處。伯祥及其二子、章雪村來。瑞蘭夫婦來。井成泉來。唐守正、守默、守文來。

王明來。王以中夫婦來。與靜秋挈四孩至王姨丈家，并晤方伯義等。昌群夫婦來。與靜秋到王澤民處，晤其夫人。

爲孩子們講《仙罐》等故事。

一月廿五號星期二（正月初二）

馬鶴天來。余元盦來。鄧詩熙來。于思泊來。張覺非來。爲唐軼林先生寫天津文史館信。蕙甍偕其姊王太太、黃太太（蕙芳）來。與靜秋到森隆赴宴。與昌群夫婦同步歸。

平心來，與之同出，四孩隨，到歷史所訪拱辰，則已歸，晤尹達、楊品泉。到聖陶處，晤其夫人。到康同璧處，并晤其女羅儀鳳。到邵力子處。到永安飯店，偕李前偉同歸飯。

與平心、靜秋到懷仁堂觀劇，遇吳仲超、郭敬。十一時半散。十二時半服藥眠。

　　今午同席：賀昌群夫婦　　余元盦　　賈芳　　楊殿珣　　趙蔭厚（以上客）　　王以中夫婦及其女（主）

　　今晚所觀劇：遇皇后（施漳、孟俊泉等）　葛麻（繩世先、巴金陵、劉大昌、林戀榮等）　二進宮（李雅蘭、馬永安、張學津）　扈家莊（宋靜媛、宋之斌、黃文俊、茹紹瑞、劉永貴、沈寶珍等）

一月廿六號星期三（正月初三）

與靜秋到伯祥夫婦處，遇徐調孚。歸，又與靜秋到姚企虞處，晤其夫人，遇葉曉鐘。歸，吳玉年、華忱之來。金竹如來。王輯五來。王毓瑚來。李延增來。王姨丈、姨母、王儼、大玫、大琬、六妹、八弟及諸小孩來，留點。與靜秋到王修處。陳繼珉來，留飯。

翁獨健夫婦來。王澤民來。林超來。王文潤夫婦來，留飯。傅維本來。王修夫婦來。尚愛松來。平心來，留飯。

飯後同到懷仁堂觀劇，遇雷潔瓊。十時歸，十一時服藥眠。

今晚所觀劇：雁翎甲（張椿華等）　　草橋關（王泉奎等）打酒館（張雲溪等）　　寶蓮燈（李宗義、雲燕銘等）

一月廿七號星期四（正月初四）

八時半始起。勘《論語辨》數頁。平心來，同到伯祥處，談。又到侯外廬處，晤其夫人，留條。邀平心歸飯。

與平心同車出，到古籍出版社，晤章雪村、曾次亮、高爾松。到葉譽虎先生處。到張石公先生處，遇周超、邢勉之。到于思泊處。到章伯鈞處，晤其夫人李健生。到隆福寺市場。

與平心同到東四吃羊肉麵。到中國書店閱書。歸，看新購書。

聞余季豫（嘉錫）先生日前逝世，年七十三。渠一生讀書，著作甚多，已刊出者只《四庫提要辨證》一小部分耳。其子讓之亦多病。

一月廿八號星期五（正月初五）

與靜秋、義安挈四孩游中山公園。在公園中勘《論語辨》訖。歸，孔玉芳來，卜蕙蓀來，均留飯。

全家十人，皆至中山公園，看董文華、宋寶羅演《十八羅漢收大鵬》、《四進士》兩劇。看滑冰。在公園遇王姨丈、母。

看羅振玉《貞松老人遺稿》。吳玉年來繳禹貢賬。

一月廿九號星期六（正月初六）

在家鈔高似孫《子略》，選九篇，并校正，得三千言。蔣開生夫人來。

到政協俱樂部，參加解放臺灣之分組座談會，與張明養、張鈁等談。自三時至六時。

與静秋到統戰部，看《渡江偵察記》電影，遇郭沫若、浦熙修等。乘馬松亭車歸。

今日同會：龍雲　黃紹竑　許德珩　吳玉章　梁漱溟　章行嚴　葉恭綽　楚溪春　張明養　盧郁文　焦實齋　陳瑾昆　劉定五　鄧哲熙　趙世録　劉多荃　端木杰　楊公庶　陳公培

美帝以我國解放一江山島，艾森豪威爾咨文參衆兩院，請給予權力作戰争準備，并以原子彈恐嚇我國，劍拔弩張，有一觸即發之勢。今日之會，有悲觀者，亦有樂觀者，以美帝内外矛盾正多，不足畏也。

一月三十號星期日（正月初七）

班曉三來。王輯五來。索介然偕程金造來。黃秉維夫婦及其子女克平、以平、永平來，同照相。龔雲水來，留飯。

李唐晏來。與静秋、頤萱挈四孩到芸圻家、瑞蘭家、張宇慈家、蔣開生家、張覺非家。予又到石慰萱家。歸，平心來，留飯。

康同璧來。與平心同到傅惜華家，未遇。到修綆堂閲書。九時歸。

一月卅一號星期一（正月初八）

到北海，勘《子略》，作《子略》序二千言，未訖。與王之屏談。周耿來。

鈔柳宗元《時令論》。元胎來。芸圻來。遇朱欣陶。

静秋爲洗浴。看《邃雅齋叢書》。

［原件］　　政協全國委員會學習座談會學習中國近代史計劃

（一）學習内容：從鴉片戰争開始到辛亥革命止。組織六個專題講座：

（1）鴉片戰争

（2）太平天國

（3）甲午之戰

（4）戊戌變法

（5）義和團

（6）辛亥革命

除以上六個專題講座外并在專題開講前舉行一次關于學習近代史方法的報告，在專題終講後舉行一次學習總結報告，六個專題講座和學習方法、學習總結，由學習幹事會邀請近代史專家分别主講。

（二）學習方法：以上六個專題講座依次進行，在每次專題報告後舉行分組討論或聯組討論一次至二次，在討論時提倡自由辯論。

（三）學習時間：近代史學習時間預定爲六個月，從一九五五年二月開始。在近代史學習進行中遇必要時得適當插入時事政策的學習。

［龍榆生詩］

乙未春日寄懷

頡剛先生北京即呈

　　哂政　　　　　　龍沐勛

研幾忘得鬢如銀，涑水遺編萬古新。更析圖經徵利病，晚來低首顧寧人。

蟲吟曾自達天聽，怎奈跳丸不暫停。氣類感深吾亦老，春來長是忍伶俜。

蘇州成立"蘇州市人民政府文物古迹保管委員會",設獅子林,其人選如下:

主任委員:謝孝思

副主任委員:王言(園林處處長)　周瘦鵑

委員:黃璞安　顧公碩　蕭退安　王德全　范　成　沈維鈞

顧問:顧頡剛　汪旭初　汪星伯　金兆梓　吕鳳子　沈彪民

　　　潘由笙　王佩諍　劉敦禎　吳湖帆　蔣吟秋　范烟橋

一九五五年二月

二月一號星期二(正月初九)

在家,重作《子略》序千餘字,未畢。鍾雲父來。

平心來,同到歷史所,取劉晦之書。到考古所,訪陳夢家。到郭院長處。訪黎劭西,未晤。訪張鈁,看其所著自晋訖明墓志之整理。到民族學院,訪潘光旦,并晤費孝通。返城,訪陳援庵先生。

到市場五芳齋飯,遇高君箴。閱書。到唐立厰處,未晤。到吳辰伯處談。九時歸。

二月二號星期三(正月初十)

到所,作《高氏子略節本》序訖,共三千字。

元胎來。劉盼遂來。寫章丹楓信。理髮。

與靜秋到聖陶家赴宴,九時歸。失眠,服藥兩次。

　今晚同席:吕叔湘夫婦　賀昌群夫婦　予夫婦(以上客)
葉聖陶夫婦及其長子至善(主)

二月三號星期四(正月十一)

寫姚企虞信。看童書業《評胡適考據學》一文。到北海,與之屏談。整理信件。

到懷仁堂，坐第四休息室，聽周總理政治報告，自三時至七時半。與吳景超、嚴景耀、雷潔瓊、謝冰心、黎劭西、章行嚴、梁漱溟、翦伯贊等談。

與劉及辰同乘汽車歸。寫條，囑義安送《廣輿勝覽》至元胎處。

二月四號星期五（正月十二　立春）

到北海，與之屏、元胎談。寫朱士嘉、方詩銘、吳諫齋、起潛叔、葛芄吉、李映婁、謝延孫、徐旭生信。周耿來。

到八面槽郵局寄信。返家，待張德鈞等來開會，竟不至。與靜秋挈潮、洪、湲到蕙蓑家，并晤蕙芳、王文泳、黃興治。

看侯外廬《胡適的反動政治思想》。賀次君來。瑞蘭來。

二月五號星期六（正月十三）

與義安攜《四庫珍本初集》到研究所。與法魯、德鈞談。到北海，與之屏談。清理賬目。

到芸圻處。整理半年來信札。寫蔡雲笙先生、誠安信。元胎、芸圻來。

看《胡適文存》。朱士嘉、石慰萱來。十二時醒後失眠，服藥兩次，至四時始眠。

昨日立春，今日即下小雪。

二月六號星期日（正月十四）

九時始起。傅惜華來。民族學院車來，即乘之往邀諸友，到該院開會，商量禹貢學會結束辦法。院中備飯。晤仲良之子黃烈。

晤聞在宥、楊成志、潘光旦等，談。參觀陳列館及經堂。三時回城。李雪珍之子凱、女旋來。到古典門市部閱書。

到平心處，同飯。談至八時，平心以車送歸。看馬敘倫《讀書小記》。

今日同會、同席：于省吾　唐蘭　朱士嘉　黃文弼　王庸　馮家昇　侯仁之（代張國淦）（以上禹貢學會理監事）　費孝通　陳述（以上民族學院代表人）

討論結果：

一、房屋——捐獻政府

二、圖書——贈送民族學院

三、刊物——分送各大學及圖書館

四、現金——慰勞解放臺灣軍士

禹貢學會從此終了矣！

二月七號星期一（正月十五）

到所，義安送《圖書集成》來，同整理。校《秦漢的方士與儒生》清樣，未畢。與德鈞談。

到古典門市部買《偽書通考》。趙琛來。

平心來，邀予及四孩到奇珍閣飯，談至九時歸。看宋人筆記數種。

予右上腭牙久動搖作癢，近日左上下腭亦有動搖之象，恐全口牙均須拔去矣。老景催人，奈何！

近日半夜輒醒，如在上午三時後便安心待曉，在三時前便不得不服藥矣。又近日大便常每日二次，第二次率甚少，此亦腸中有病乎？

二月八號星期二（正月十六）

到所，遇尹達。寫謝延孫信。義安送《百衲本廿四史》來。校《秦漢的方士與儒生》訖，即寫燕義權信，付寄。

寫朱育蓮、鍾雲父信。

張次溪來，告羅文仲逝世訊。爲兒輩講《魔杖》、《玫瑰花》等故事。

近日予咳喘又劇，多痰。去冬本不冷，私以爲氣管支炎可不發矣，及一入春反而又發。觀近日老輩死者甚多，羅文仲年七十二，余季豫年七十三，張瀾年八十四，天若于是時收拾老年人者，正月之天氣殆一年中至壞者乎？

予兩眼久有赤絲，時覺昏眊，早起目眵尤多。以予神經過敏，不能就醫驗之，聽之而已。

以上數事皆予衰徵，爰連類記之。

二月九號星期三（正月十七）

到所，添書架三個，將原置入第二所之書取回，整理上架。義安送書來。爲平心草致馬彝初先生函稿。初草《考據學的政治性》一千字。

到平心處。遇邵炎。

張宇慈夫人來。静秋爲洗浴。看《雲仙雜記》。

二月十號星期四（正月十八）

提家中書。到所，義安送書來，同整理。續作昨文，得千餘字。

袁翰青來，與德鈞及予長談中國化學史。

劉厚祐來。看《十批判書》。

二月十一號星期五（正月十九）

提家中書，義安送至所中，一同清理上架。續作前文，約八百字。記筆記一則。

到東安市場買筆記簿。到北京飯店，參加政協學習會，聽胡繩報告"學習近代史的意義"。六時許散，與馬松亭、吳鴻業同車，到市場，買《志學》雜志。

與靜秋到黃秉維家，晤其夫人王愛雲及其弟婦等。十一時半，服藥眠。

予存所中書二十餘架矣，一架以千冊計，二萬餘冊矣。凡比較整齊之大部書及比較切用之考據書，皆萃是矣。家中所存，以金石、目錄、文集、藝術等類及雜志爲多。

今日在會場所遇且談話者：葉譽虎　張奚若　方覬予　李榮芳　于樹德　劉齡九　侯孚允　譚惕吾　黃鏡吾　許冠群　焦實齋　章元善　梁漱溟　許昂若

二月十二號星期六（正月二十）

到所，續作前文，得一千五百字。記筆記四則。與德鈞談。

道遇姚企虞。

平心來，留飯。送予夫婦及洪、堪至統戰部看《在前進的道路》電影。在場遇吳平、惕吾、李雲亭夫婦、潔瓊夫婦。九時，平心復來接。

季龍今晚到京，住新華地圖社。

二月十三號星期日（正月廿一）

到午門，作實地勘察。到中山公園，參加張瀾先生之公祭，遇許昂若、錢昌照、常任俠、袁翰青、白壽彝、章伯鈞、費孝通、惕吾等，談。十時半出，到孫蓀荃處，未晤。到北官房張家，道遇周枚孫。在張家飯。

飯後偕靜秋到佟麟閣路中華聖公會，弔羅昌先生之喪，遇龍雲、張次溪、李雲亭夫婦、徐祖正等。出，到瑞蘭處，未晤，晤褚太太。三時歸。朱士嘉偕其子祖成來。昌群來。

平心來，留飯，與同到懷仁堂，參加慶祝中蘇友好同盟訂約五周年，十一時乘馬阿衡車歸。失眠，至十二時許服藥。

今午同席：予夫婦及四孩　頤萱嫂　蔣開生夫人（以上客）張伯英夫人　張宇慈夫婦及其子繼和、女春和（以上主）

今晚所觀人民解放軍歌舞團及吉林省延邊朝鮮民族自治區歌舞團所演節目：1. 合唱　2. 行軍休息舞　3. 男聲獨唱　4. 女聲獨唱　5. 手鼓舞（新疆民間舞）　6. 男聲重唱　7. 苗胞婚禮舞　8. 女聲重唱　9. 農樂舞　10. 國樂（古箏二胡合奏）　11. 女子集體行車　12. 舞蹈（藏民騎兵隊）

今晚在會場所晤人并談話者：王季範　黃汲清　呂健秋　謝家榮　顧公渚　胡愈之　劉定五　周亞衛　周炳琳　孫蓀荃　譚惕吾　葉聖陶　何思源

今日兩弔喪，一慶祝，一赴宴，人如飄蕩在太空中了。三日之中，連晤惕吾四次，我的社會活動竟和她一樣多了。

二月十四號星期一（正月廿二）

到所，續作前文一千五百字。季龍來，留飯。同到伯祥處談。

張雲飛來，囑寫筆記。寫蕭新祺信。

鄧詩熙來。孫耀卿來，爲寫古典出版社信。

二月十五號星期二（正月廿三）

到所，寫筆記二則（《戰國策》之古本與今本、洞庭山王氏），共二千四百字。

平心來，邀至奇珍閣飯。在市場閱書。同歸。取書，送至所。

賀次君來。看楊沂孫評點《戰國策》。

予西裝褲內尚穿中式單褲，必繫腰帶，近日此帶斷，靜秋欲在東安市場及人民市場內買一棉紗爲帶，不可得也。因知社會變化，其捷如此。予在文具鋪覓毛邊紙格紙簿及舊式八行箋，亦不可得，即此一斑，可見社會已根本改過。

二月十六號星期三（正月廿四）

到所，記筆記九則，約二千五百字，將《法華讀書記》廿一、廿四兩册寫滿，編目未畢。送筆記稿至張雲飛處。蕭新祺來。

看袁翰青《原子能的故事》。

到昌群處。朱士嘉來。看張雲璈《選學膠言》。

日來氣管炎大作，咳甚，痰多，苦甚。每日臨睡食一貝母蒸梨，未知有效否。

二月十七號星期四（正月廿五）

到所，整理書籍。開可紀念之中國科學家名單。記筆記二則。寫沈從文、燕義權、孔大充、沈勤盧信。

伴堪兒眠。到文物組。晤張明遠。到總院，開標點《資治通鑑》及改編楊守敬地圖委員會及工作人員全體會議，自三時至六時。會畢飯。與尹達、劉大年談。同乘車到蘇聯展覽館。

開科學院"反對使用原子武器簽名大會"，自八時半至十時。歸，十一時眠。

今日同會：吳晗　劉大年　尹達　王崇武　鄧廣銘　張政烺
周一良　齊思和　聶崇岐　賀昌群　何兹全　譚其驤　金燦然
惲逸群　沈静芷　徐調孚　歐陽纓　容肇祖

今晚同會且談話者：尹達　侯外廬　劉大年　徐炳昶　黄仲良　陳夢家　丁聲樹　傅懋勣　朱士嘉　張遵驑　戴湘波　蘇炳琦　袁翰青　金鵬　到會者約一千人。

二月十八號星期五（正月廿六）

到所，重作《息壤》一篇，凡三千字，粗畢。丁名楠來。寫劉小蕙、王威信。

記筆記二則。

企虞來。鄧詩熙來。孫耀卿來。静秋爲洗浴。

近日夜眠，上半夜頗好，下半夜即耿耿，或稍朦朧而已。昨日遲歸，居然不藥得眠，此不易得。惟大抵每夜只睡五小時，倘多一小時則善矣。又予扎針已停兩月，猶能得眠，想是食孵胎蛋之故。

自張雲飛囑予鈔筆記與之，以備選載《歷史研究》，予即起甚大之衝動，急欲整理舊業。今日之《息壤》爲三年前舊稿，而三年來所得新材料不少，因重寫。此真予之自己事業，倘得成書，此生可無憾矣。但不知雲飛解此苦心否耳。

二月十九號星期六（正月廿七）

到郵局寄信。到所，與吳宜俊談。理書。補記日記。修改昨文，訖。宜俊來，寫院黨委會信，爲雷敢證明。

平心來，同至尹達處談。理書。

看許巽行《文選筆記》。

義安今日到師大圖書館作臨時工，每天一萬五千元。甚望其小心謹慎，能改作正式職工也。（此事後竟不成。）

今日大風，寒如隆冬。

二月二十號星期日（正月廿八）

馮世五、張文鑄來。程金造、索介然來。記筆記三則。到森隆赴宴。

與季龍等同到夢家夫婦處談，四時出。與季龍、遵驪同到人民市場買物，又到隆福寺文淵閣、粹雅堂、修綆堂等處閱書。遇之屏。與季龍、之屏同到中國書店閱書。出，遇黃仲良。

邀季龍至家同飯。看余嘉錫《目録學發微》。

今午同席：譚季龍（客）　朱士嘉　王以中　陳夢家　余元庵　王之屏　張遵驤　予（以上主）　每人三萬元。

二月廿一號星期一（正月廿九）

到所，馬雍來。索介然來。修緶堂送書來。受平心囑托，看錢伯成君所作《韓愈評傳》三章。到圖書館，晤羅伯聰。張伯英長女及幼女來，留飯。

記筆記三則。陳友業來。寫樹幟信。到平心處談，六時半歸。

賀次君來。看周密《齊東野語》。

二月廿二號星期二（二月初一）

到所，理書。郝文冲來。準備修改《方士與儒生》序文，收集材料。

與德鈞談。宋挺生來。

續看《齊東野語》。爲孩子講故事書。

日前馮伯平夫婦來吾家，静秋與之談起我失眠病，渠等謂打太極拳可痊，今日乃介紹民族學院拳術教師郝文冲君來，予遂不得不練拳矣。諺云：“六十歲學打拳”，嫌其遲也，予真不知老之將至矣。

二月廿三號星期三（二月初二）

郝文冲來教太極拳。到所，理書。重寫《秦漢的方士與儒生》序文四千字，未畢。與德鈞談失書事。

陳友業來送票。

伴静秋至北京戲院。予至青年會剃頭，至四維照相館定印照片。歸，伴湲、堪兩兒眠。看趙紹祖《讀書偶記》。

二月廿四號星期四（二月初三）

到所，重寫序文三千餘字，訖。一時半出，飯于北海門口之小肆。

到畫舫齋，商談《通鑑》標點事，開復校小組會。請之屏評予文。到平心處，請其修改。

金擎宇、譚季龍來。孫耀卿來。劉世點來。

今日下午同會：王之屏　聶筱珊　容元胎

二月廿五號星期五（二月初四）

郝文冲來教拳。到所，修改昨文，訖。寫燕義權、孫耀卿信。

到天橋大戲院，聽榮孟源作"鴉片戰爭"報告，自二時至五時半。與張鈁、于學忠游天橋。六時半歸。

賀次君來。八時半，與又安到紅星影院，看《丘克與蓋克》。十一時眠。

今日同會并談話者：郭煜中　彭道真　張鈁　楚溪春　王昆侖　許寶駒　譚惕吾　章元善　程希孟　呂健秋　羅隆基　曹孟君　盧郁文　勞君展

二月廿六號星期六（二月初五）

郝文冲來。姚企虞來。到所，作《辨偽叢刊》第一集序，約三千字。

静秋爲洗浴。寫民族學院、陳玉書信，爲捐贈禹貢學會圖書事。

與静秋挈四孩到燃料工業部看《阿遼沙鍛煉性格》影片，遇傅彬然、楊美貞。在大風中歸。

二月廿七號星期日（二月初六）

到鄧詩熙處，并晤趙燕生。陶才百來。續作昨文，略訖，即鈔二頁。

與靜秋、又安挈四孩到故宮，參觀東六宮及中路，五時歸。遇陳萬里。續鈔一頁半。

辛田來。與靜秋到合作社購物。

二月廿八號星期一（二月初七）

企虞來。到所，與宜俊談。續作昨文，至下午鈔訖，凡五千字，即送中華書局，交張夢麟。

到古典門市部購書，歸即翻閱。

與靜秋、又安、潮兒同到大華影院，看蘇聯作曲家格林卡電影。

今日電話局來裝電話，號爲五·二六五四，政協所介也。現在私人裝電話極難，而無電話又極不方便，幸而參加政協，方得有此。

一星期中寫兩文，得一萬二千字，在近年中直爲奇迹矣。然非燕義權、姚企虞兩君之督促，何得有此。之屏屢勸我勿作文，免得受檢討。此兩文之出，不知要受檢討否耳。

一九五五年三月

三月一號星期二（二月初八）

與靜秋同練拳。到所，理書。壽彝來，長談。到北海，改致中所點《通鑑》第二卷畢。記筆記三則。

張潤普來。方慶瑛來。元胎來。晤周耿。

看張雲璈《簡松草堂集》。

三月二號星期三（二月初九）

郝文冲來教拳。到所，整理次君所鈔《史記》稿。得胡適思想批判委員會電，即看沙英、周一良、嵇文甫、童書業論胡適考據學之四篇文字。

與張潤普、芸圻、元胎談。到北海西部散步。

譚季龍來，同到東安市場閱書。九時許歸。賀次君來。

三月三號星期四（二月初十）

到所，與德鈞、挺生談。到北海，準備後日發言稿。

上瓊島散步。到悅心殿看國畫。聶筱珊來，長談。與筱珊、之屏、元胎同談標點事。

爲兒輩講朝鮮童話。與靜秋口角，失眠，服藥兩次。

三月四號星期五（二月十一）

郝文冲來教拳。到北海，元胎來。理口袋。補記賬目。寫吳辰伯、狄靜觀、謝延孫、李映婁信。與潤普談。

到鼓樓寄信。看《古史辨》、《胡適論學近著》等書，搜集明日發言材料。與周耿談。

爲義安事，又與靜秋口角。

義安不動天君，作事隨便，固由其性質之鈍，而亦由其毫無警惕，予每忍不住説幾句，靜秋以其爲己姨甥，輒袒護之。兩日口角，都由于此。家庭問題由姻戚來者多矣。

三月五號星期六（二月十二）

郝文冲來教拳。到北海，搜集發言資料。

到科學院，參加胡適思想批判歷史組會，自二時至六時。予發言一小時。與季龍、王愛雲同車返。

今日發言後精神緊張，失眠，服藥。

今日同會：共三百人。尹達（主席）　劉大年　范文瀾　尚鉞　徐炳昶　陳夢家　陸志韋　向達　葉蠖生　尚愛松　張德鈞　白壽彝　楊人楩　侯外廬　張蓉初　陶松雲　翦伯贊　賀昌群　夏鼐　郭寶鈞　鄧廣銘　齊思和　馮家昇　傅樂煥　陳述　王崇武　沙英　周一良　譚其驤　張政烺　王愛雲　丁名楠　呂振羽　黃文弼　張遵驑　朱士嘉　鄭奠　胡愈之　張雲飛　吳宜俊　金毓黻　王鍾翰　劉桂五　黃烈　劉國鈞　浦熙修　陳樂素　馬元材　戴逸　袁良義　謝璉造　蔡美彪　陳正飛　羅志甫等

近來批判胡適歷史學、考據學的文字中，常常牽到我和《古史辨》，因此，我在今天會上說個明白。蓋予在未遇胡適之前已走到懷疑古史的道路上，及受到他的影響，只有演變一點，然此一點清代考據學者如崔述亦已看到。其後我跟着錢玄同，走向漢代今古文學的問題上，又整理古文籍，與胡適無干。《古史辨》第一册固有胡適氣息，至第三册以下則且成彼攻擊之目標矣。胡適在古史上的議論，如井田制不存在、屈原無其人、《盤庚》篇是假古董，我均未接受。他的觀象制器説，老子在孔子前説，均爲我所駁，他對古史實毫無貢獻。至于《釋儒》，直是造謠耳。予老老實實研究學問，雖不能把握馬列主義，究與胡適不同，而一般人乃比而同之，是予所不願受也。

三月六號星期日（二月十三）

下雪。將義安所鈔予所藏目錄書卡片排列次序，分爲十三類。教義安分類法。

振宇、擎宇來。與靜秋同到平心處，未晤，留條。到勸業場。到東安市場買物，飲酪。遇索介然。

朱育蓮夫婦來。

三月七號星期一（二月十四）

寫平心信。到北海，校致中所點《通鑑》第三卷，未畢。記筆記十八則。與元胎、之屏談。

與周耿談。

孫耀卿來。爲兒輩講《阿麗思鏡中游記》。静秋等參加科學院婦女會，十二時半始歸，予翻看《選學膠言》，待其歸後服藥眠。

三月八號星期二（二月十五）

練拳。到所，與德鈞、法魯談。到北海，元胎來。校《通鑑》第三卷訖。記筆記四則。補記日記三天。

與潤普、芸圻談。散步。回室，與之屏談。姚紹華來，長談。看黄元起《批判胡適派資産階級的反動歷史觀》。之屏夫人來。

看姚範《援鶉堂隨筆》。

三月九號星期三（二月十六）

郝文冲來教拳。到北海，校《通鑑》第四卷，未畢。記筆記十四則。

到瓊島散步。早歸，洗浴。寫丹楓信。

薛汕來，談歌謡事。企虞來，談《辨僞叢刊》改名事。服藥眠。

三月十號星期四（二月十七）

練拳。到所，校《秦漢的方士與儒生》序排樣。到北海，與之屏談。筱珊來，談，留飯。元胎來。周耿來。

散步，遇于樹功。校《通鑑》第四卷，畢。芸圻來。四時半歸，與静秋、潮兒到紅星，看《一場風波》電影。

周耿來。朱士嘉來。姚企虞來。服藥眠。

商務印書館出《僞書通考》後，有人提意見，謂所僞之書太多，使古代文化成爲空虛。毛主席曉之云：此是著作時代之移後，非拋棄也。然因此之故，中華書局遂不敢用《辨僞叢刊》一名，予遂改爲《古書考辨叢刊》。

三月十一號星期五（二月十八）

郝文冲來教拳。到北海，校《通鑑》第五卷，畢。記筆記八則。看《胡適文選》。寫狄靜觀、丹楓信。

看錢謙益《杜詩箋》。至十一時半醒，服藥眠。

予眠本已無問題，而本月中累與靜秋口角，又以在胡適批判會中發言太老實，爲人所不滿，連日賴藥而眠。今日看書疲倦，得睡矣，而兩小時後即醒，仍須服藥，甚矣其苦也。

三月十二號星期六（二月十九）

郝文冲來教拳。到所，未見人。到北海，元胎來。校《通鑑》第六卷，略畢。記筆記十四則。

冒大風歸。

看陳士珂《韓詩外傳疏證》。

湲兒患重傷風，咳嗆甚劇，晚間尤甚，蓋由近日天氣寒燠不常所致，亦足證在四兒中渠體最弱。今日請假臥床。

三月十三號星期日（二月二十）

練拳。賀次君來。華有恒來。宋挺生來。索介然、程金造來。草自我檢討書，未畢。

寫李炳塽、自珍、起潛叔、譚季龍、華汝成、沈從文、吳諫齋、范祥雍、誠安信。與靜秋到王姨丈家。孫耀卿來。

記筆記三則。

三月十四號星期一（二月廿一）

練拳。到北海，校《通鑑》第六卷畢。記筆記四則。

芸圻來。到鼓樓剃頭，順道游鼓樓人民市場。改作《古書考辨叢刊》序一千餘言。請之屏、元胎看過。

譚季龍來。看《韓詩外傳疏證》。十二時半醒，服藥。

三月十五號星期二（二月廿二）

練拳。到所，囑宋挺生代借書。集《辨僞叢刊》材料。到北海，與元胎談。作檢討書三千言，請之屏改定。寫吳宗衡信。

在園散步。整理《辨僞叢刊》資料。

自上次開會後，許多人不滿意于予所發言，予亦自認錯誤有二：其一，評胡適的演變方法無毒素；其二，謂予與胡適分路後即不受其影響。今既自覺其非，故作檢討書，自認錯誤。

三月十六號星期三（二月廿三）

練拳。在家鈔昨作，訖。整理《古書考辨叢刊》第一集訖。

到姚企虞處送稿。訪士嘉，未晤。到平心處，請其修改昨作。出，遇張鈁。歸，再依平心指示修改。

尚愛松來，留飯，長談。賀次君來。失眠，服藥。

三月十七號星期四（二月廿四）

練拳。到所，與尹達長談。修綆堂張君來。宋挺生來。與法魯談。

校又安所鈔昨文。點邵懿辰《禮經通論》，未畢。

修綆堂來取《邊疆叢書》。

尹達對予態度，一若征服者對被征服者，令人難受。"到此方知獄吏尊"，泃然。

三月十八號星期五（二月廿五）

郝文冲來教拳。到北海，點《通鑑》廿二卷，略訖。記筆記九則。元胎來。

周耿來。

譚季龍來，留飯。静秋爲洗浴。

　寓中改夾板壁，將飯室與客廳分開。

三月十九號星期六（二月廿六）

到所，將檢討書送尹達處。之屏來，同到地圖出版社，晤擎宇、沈静芷、季龍、歐陽縷、屠思聰、葛綏成等。出，步至朝陽門，乘汽車到北海。元胎來。

點《通鑑》廿二卷畢，廿三卷未畢。

朱士嘉來，留飯。

三月二十號星期日（二月廿七）

練拳。到章伯鈞部長家，談冀魯蘇浙水道事。以車送歸。徐春圃來。王芷章來。石慰萱來。

寫章丹楓、佘雪曼、新文藝出版社信。周應驄偕其夫人王孝思來。與静秋步至東單，雇車至翁獨健處，與其夫婦談。歸，到姚企虞處，未晤。

寫上海人民出版社信。平心、企虞來。次君來，長談。陳繼珉來。

三月廿一號星期一（二月廿八）

爲唐軼林師找原函，未得。練拳。元胎來。到北海，寫陸晋、洪瑞釗、唐軼林、龍榆生、孔大充、雪如侄、胡厚宣、辛樹幟、范祥雍、魯迅著作編輯室信。

芸圻來。出，寄信。點《通鑑》廿三卷畢，廿四卷未畢。與之屏、元胎談。

理書及雜紙。

湲兒病一旬矣，今日復入園，然咳嗽尚未全愈也。

三月廿二號星期二（二月廿九）

練拳。到所，與李儼談。記筆記二則。寫毓薀信。與德鈞到結核防治醫院，參加集體透視。與昌群、張書生同歸。

寫丹楓信。携杜鎮球《說文段注補正》稿到中華書局，未晤企虞。到伯祥處談一小時。歸，理書。記筆記二則。

童丕繩自青島來，長談。服藥眠。

入春來多雪，昨日放晴，以爲可見春色矣，而今日又下，何天象之慘澹也？

三月廿三號星期三（二月三十）

郝君來教拳。到北海，點《通鑑》廿四卷仍未畢。記筆記四則。

與周耿到見春亭坐談。寫丁名楠信。平心來，同游北海，到漪瀾堂茗點。到中國書店閱書。

與平心同歸飯。士嘉來。企虞來。

潮兒今日下午發燒，高至一〇四度。

三月廿四號星期四（三月初一）

練拳。到所，與尹達談。到北海，點《通鑑》廿四卷，仍未畢。

四時出，到企虞處。到東安市場，飲杏仁豆腐。

丕繩來，設宴，自六時談至夜十時。十一時就睡，服藥眠。

三月廿五號星期五（三月初二）

練拳。到東安市場人民銀行取款。到北海，點《通鑑》廿四卷畢，廿五卷未畢。記筆記四則。

算壽彝、肖甫、西堂應得數。與之屛游蟠桃宮，喝茶，看廟會。五時半歸。寫健常、羅偉、程建爲信。

初點《禮經通論》訖。

三月廿六號星期六（三月初三）

理髮。季龍、綏成、新垓、思聰到車站接丹楓至予家，談。李芷洲先生來。季龍留飯。丕繩來。

與季龍、丕繩同到統戰部大禮堂，開胡適思想批判會，自二時至五時半。晤柴德賡。與楚明善、王森、馬鶴天、谷杏春等談。與季龍、尚愛松同歸。

留愛松、季龍飯。姚企虞夫婦及子女三人來。

今日王承祒及梁君（任公之孫）批判予説皆極尖鋭。然戴逸亦謂康有爲《新學僞經考》是反封建的，則是非固在人心。又今日批判予説激烈者皆由北大來，則北大對予殆有組織。

三月廿七號星期日（三月初四）

到北魏胡同科學院招待所訪樹幟，未晤，晤石聲漢、劉宗鶴夫婦、王毓瑚、夏緯瑛。歸，丕繩來，程建爲、索介然來。與丕繩到森隆赴宴。

與丕繩、平心、丹楓、季龍、企虞、擎宇、綏成、思聰、新垓同到北海，游畫舫齋，與于樹功、侯芸圻談。到漪瀾堂，品茗，長談。至六時半出，到王府井敦厚里劉家菜進飯。

與丹楓、丕繩、企虞、季龍到東安市場閲書。十時歸，靜秋爲洗浴。十一時眠。

今午同席：辛樹幟　石聲漢　童書業　章丹楓　李平心　姚

企虞（以上客）　鄒新垓　屠思聰　金擎宇　葛綏成　譚其驤　予（以上主）

　　今晚同席：平心　丕繩　季龍　丹楓（以上客）　企虞（主）

三月廿八號星期一（三月初五）

　　到所，點《通鑑》二十五卷，畢。夏緯瑛來。

　　到天王殿前，看恩格斯《家庭起源》。平心來，與同到中山公園，品茗。同歸，丕繩來。與丕繩同到伯祥處談。又訪侯外廬，不晤。

　　士嘉來。季龍來。樹幟、聲漢來，同飯。賀次君來。孫耀卿來。鄧詩熙來。何天行來。袁翰青來。十一時眠。

三月廿九號星期二（三月初六）

　　到姚企虞處，為何天行就醫事。到所，與陳友業談劉熊祥事。晤金靜庵、士嘉。到北海，與元胎同出，到嘉興寺，弔馬叔平先生之喪，晤葉叔衡、陳叔通、歐陽邦華等。校《通鑑》廿二卷。記筆記八則。

　　周耿來。到通學齋，與孫耀卿談，并晤王晉卿。到大中國，無人。到開通書社還欠款。回北海，翻看新得書。歸，寫金竹如信。

　　擎宇、季龍來。姚紹華來。九時即眠。

三月三十號星期三（三月初七）

　　郝文冲來教拳。到北海，遇李續祖及吳晗夫婦。張潤普來。壽勉成來。校《通鑑》廿三至廿五卷，畢。記筆記十四則。

　　與張需卿先生談。看其所作《燕京爐餘錄》。四時，到中國書店，與李寶緯談。丹楓、季龍來，同到該店倉庫觀書。

　　歸，宴客。索介然來，贈《古文尚書》。戈湘嵐來。賀昌群來。

今晚同席：韓仁　金竹如　丹楓（以上客）　予夫婦（主）
潮兒今日熱退。

北京大中國書店已結束，竹如一家豫備南歸，故今日餞之。
韓仁女士，從西北大學來京治病，故宴之。

三月卅一號星期四（三月初八）

練拳。到北海，聶筱珊來，同飯。交通部唐鴻烈、壽勉成、胡
頤齡、劉良湛及農工民主黨何仲珉來，商談編輯《中國河道志》
事。校筱珊所點《通鑑》第七卷十頁。

在園散步，送筱珊出。記筆記二則。到科學院，參加黃河水文
討論會，自三時至六時半。與季龍、昌群同車歸。賀次君來。

與丹楓、季龍討論歷史圖計劃。企虞來。陳繼珉來。看新寄到
之《漢代方士與儒生》。

今日下午同會：馮仲雲　竺可楨　王以中　譚季龍　施雅風
徐近之　侯仁之　單士魁　王矩其　袁□□　賀昌群　羅開富
歐陽海　張寶堃　共約二十人。

《秦漢方士與儒生》，今出版矣。看輿論如何，如多抨擊，則
予寫作生涯其將從此擱筆矣乎？

一九五五年四月

四月一號星期五（三月初九）

郝文冲來教拳。爲鄒新垓寫簡歷致王姨丈。到所，看毛奇齡
《古文尚書冤詞》。中國書店送書來。索介然來。寫燕義權信。到北
海，途遇唐立厂。校改《通鑑》卷七十二頁。記筆記十則。

看譚戒甫《高宗肜日越有雊雉考》，并摘錄入筆記，未訖。到
中國書店交書價。

爲兒輩講畫報。與丹楓談。與靜秋同榻。

四月二號星期六 （三月初十）

郝君來教拳。到北海，校改《通鑑》卷七訖。記筆記九則。與之屛談。

到白壽彝處送稿費。到北京飯店，出席自然科學家胡適思想批判會，聽艾思奇講"實用主義與科學思想的分別"，自二時至六時。遇楊鍾健、張子高。與金靜庵同出，到美術服務部參觀。

靜秋爲洗浴。

四月三號星期日 （三月十一）

徐春圃來，爲改其所作自述。季龍來，平心來，同出，到陶然亭游覽。出，到先農壇，未得入。到厚德福吃烤鴨。

到金魚池。到天壇游覽，品茗，長談。到琉璃廠，游榮寶齋。又到來薰閣選書，與孫景潤談。

到奇珍閣飯。在東安市場選書。十時歸，以堪兒病，失眠，服藥兩次。

今日同游同飯：平心　丹楓　季龍（請午飯）　予（請夜飯）

堪兒今午游北海歸來，突發急性喉頭炎，喉中作痛，喘氣困難。急赴協和醫院急診，醫師亦以爲嚴重，即爲打針。至夜一時後出汗，熱較低。靜秋爲之一夜不眠，予亦久不能睡。此兒來京後身體已轉好，今乃踵潮兒而病，真不料也。

四月四號星期一 （三月十二）

練拳。到北海，寫映婁、延孫信。摘鈔譚戒甫《高宗肜日越有雊雉考》訖，凡四千餘字。

到鼓樓寄信。返，遇張璇。寫肖甫信。伯祥偕其子湜華來，同到元胎處。

季龍來，留飯。姚企虞來。孫耀卿來。

四月五號星期二（三月十三）

練拳。到所，寫譚文批語。季龍、向覺明來，取薪。到北海，校改《通鑑》卷八半卷。記筆記十四則。元胎來。

周耿來。在園散步，上山看桃花。芸圻來。算賬。

與丹楓到中山公園，步月。歸，看宋人筆記，十一時眠。失眠，服藥。

堪兒打了三天針，病愈矣。

北海中山桃盛開，或紅或白，頗覺爛熳。然此花易謝，不過供數日之欣賞耳。

四月六號星期三（三月十四）

郝文冲來教拳。到北海，校改《通鑑》八卷畢。記筆記十則。

上山看花。回室小眠。到琉璃廠，訪金竹如夫婦，并到來薰閣，携書歸。季龍來，留飯。

何天行來。孫耀卿來。與丹楓談。失眠，服藥。

四月七號星期四（三月十五）

練拳。與丹楓同到科學院圖書館，由昌群導觀書庫。又到三所，訪金靜庵，并遇蔡美彪。到北海，王永興來談中學歷史教科事。筱珊來，同飯，談《通鑑》標點事。

與元胎、筱珊、之屏同出，看桃花。歸，眠一小時。點改《通鑑》第九卷，未畢。記筆記六則。徐調孚來。

看張穆《月齋集》等。

丹楓今日病，當因來京後太累之故。

四月八號星期五（三月十六）

郝文冲來教拳。到北海，點改《通鑑》第九卷畢。記筆記十六則。

與元胎同上山看桃花，獨至蘇聯影片展覽室看運動照片。返室，周耿來談。寫沈劍知、鍾雲父信。理髮。

宋挺生來。戈湘嵐來。擎宇來。看彭信威《中國貨幣史》。

丹楓今日吐血，靜秋大發急，怕他的肺病傳染給我家孩子，對我留丹楓住大埋怨，將用具煮之。她真是一個經不起一點波浪的人。

四月九號星期六（三月十七）

郝君來教拳。到所，與季龍談。到挺生處。到北海，校元胎所點《通鑑》廿六卷。記筆記十四則。

在園散步。沈劍知來。到大石作，訪沈劍知，携李清《南北史合注》歸，談。紹華來，同到東安市場東來順飯。

歸，翻《南北史合注》等。季龍來。綏成來。耀卿來。

大石作三十二號，爲予在北大工作時所居，直至應燕大聘方退租，首尾歷九年。此後從未經行。今日以訪沈兼之君于三十三號，復得過之，門巷依然，而當時居于斯者，生離死別，無一能見者矣。欲不感傷，何可得耶！

四月十號星期日（三月十八）

與靜秋、又安挈四孩游北海，到得性軒小憩。到桃林及兒童體育場玩。下午二時，歸飯。

眠一小時。到李印泉先生處，并晤其子希泌。到平心處，同飯。

靜秋爲洗浴。早眠，至十時仍不得睡，服藥。

四月十一號星期一（三月十九）

企虞來取書。到新華地圖社，開會，討論《歷史地圖分類選題計劃草稿》，自九時至十二時。同飯。

與靜芷、丹楓、季龍、擎宇、新垓等談版稅等事。歸，批鍾雲父《從竹書紀年推論戰國初期之各國領土》一文。整理程仰之《中國神話史》，未畢。平心來。季龍來。

同到康樂飯。到明昌照相。到中山公園，與于歊仙之女談。失眠，服藥兩次。看齊國華《名山藏副本》。

今日同會及同席：沈靜芷（主席）　張思俊　曾世英　鄒新垓　屠思聰　金擎宇　譚其驤　章丹楓　王崇武　屠烈煊　歐陽纓　葛綏成

今晚同席：丹楓　季龍　企虞（以上客）　平心（主）

在康樂餐室中遇德麟之妹唐太太。

四月十二號星期二（三月二十）

到所，交鍾雲父文至歷史研究編輯部。到北海，點改《通鑑》廿七卷畢。記筆記一則。元胎來。

眠一小時。張霈青來。早歸，與丹楓、季龍談地圖契約事。留季龍飯。昌群來。

楊寬正、蔣大沂來。

四月十三號星期三（三月廿一）

郝文冲來教拳。到北海，點改《通鑑》廿八卷畢，廿九卷未畢。元胎來。楊寬等來，宴之于漪瀾堂。

遇王守真。

鄒新垓來。看趙儷生《史學新探》。

今午同席：楊寬正　蔣大沂　蔣天格　沈劍知（以上客）

予（主）　八元。

四月十四號星期四（三月廿二）

寫誠安、竹如、竹安信。與丹楓談。盧文迪來。到北海，校改《通鑑》廿九卷畢。筱珊來，同商《通鑑》中有疑問字句。張謂儕來。張霈青來。

芸圻來。與筱珊同出看花。到中山堂，聽新華社社長吳冷西報告國際形勢。與許昂若、惕吾等談。到車站，送屠思聰、丹楓行。七時許，乘沈靜芷汽車歸。

賀次君來。沈劍知來，長談。失眠，服藥二次。

近日園中，榆葉梅極穠艷。迎春、碧桃、玉蘭、丁香、杏花等亦繁盛。

今晚車站所遇者：平心　企虞　擎宇　新垓　屠寶書　沈靜芷及其子小林　張思俊　綏成　季龍　江□卿　呂叔湘　金鵬傅懋勣

四月十五號星期五（三月廿三）

郝文冲來教拳。到北海，校元胎所點《通鑑》第三十卷，未畢。芸圻來。元胎來。

遇胡庶華。到統戰部，參加近代史學習，聽邵循正講“甲午之戰”。與李祖蔭、惕吾、元善、林宰平先生、士嘉等談。五時，未畢聽，歸。

全家至康樂吃麵。到新華書店及東安市場購物。

今日爲予生日，而倉猝不及備麵，故全家到館子吃麵，費六元。

四月十六號星期六（三月廿四）

郝君來教拳。到一所，送稿酬與季龍，并簽高中歷史挂圖約。到北海，校改《通鑑》第卅卷畢，校三十一卷亦畢。周耿來談。

記筆記四則。

與静秋挈四孩到統戰部，看木偶及皮影戲，遇雷潔瓊夫婦、何思源、嚴仁英等。十時半散。十二時眠。

今日所觀劇：

（一）木偶　山西梆子：打金枝　廣東：雜技

　　　　　　福建：路見不平　四川：小放牛

（二）皮影　湖南：兩朋友　又：龜與鶴

四月十七號星期日（三月廿五）

七時始起。何天行來。與頤萱嫂挈四孩到美術協會，看木偶皮影展覽會，遇黃仲良。出，到東安市場吃甜食。

訪戈湘嵐，已返滬。訪丁宜中，長談。訪馬曼青夫婦，長談。到東安市場買物。

洗浴。黃秉維與其子女來。陳繼珉來。

四月十八號星期一（三月廿六）

到北海，校《通鑑》三十二卷畢。記筆記十四則。點錢大昕《通鑑注辨正》半卷。

羅偉之偕其子、宋寧富來，爲作字兩幅。

企虞來。看連環圖畫。

昨晚洗浴後覺倦，静秋勸予勿進藥。從之，乃今日上午一時即醒，更不能睡，僅得眠三小時耳。因此，今日人極昏悶。予之不能廢藥如此！

四月十九號星期二（三月廿七）

練拳。到北海，記筆記二十則，凡四千五百字。到沈兼之處送書款。與元胎、之屛談。到天順食堂，赴兼之邀，飯。

周耿來。姚企虞來。楊寬正、蔣天格來。民政局王立勛來，爲禹貢學會捐獻事。

看震鈞《天咫偶聞》。眠後一小時即醒，服藥兩次。

四月二十號星期三（三月廿八）

郝文沖來教拳。到北海，記筆記十則。平心偕匡亞明來。寫謝延孫信，到鼓樓郵局寄《隋書地理志考證》與鈔。

小眠。楊寬、蔣大沂來辭行，與之同在園中散步。到許作霖處扎針。得静秋電話，即歸，與李安宅夫婦同到青年會，又同到東來順飯。

到明昌取照片。

今晚同席：李安宅　于式玉　予夫婦（以上客）　高尚仁侯孚允（主）

予停止金針已四閲月，近日失眠轉劇，服藥不效，只得仍往，然一往返間總須一小時半，時間不易抽出，奈何！

四月廿一號星期四（三月廿九）

到一、二所，開會討論學習事。到北海，記筆記三則。元胎來。

小眠。聶筱珊來，共商標點疑問。徐調孚來，同討論《通鑑》排印事。朱士嘉來。健常來，與同散步。

到平心處飯。與平心、趙啓騄同到懷仁堂，參加列寧八十五歲紀念會，與陳真如、夏鼐談。十時半歸。

今晨同會：李儼　陰法魯　張德鈞　萬斯年　張若達　吳宜俊

下午同會：徐調孚　聶筱珊　王之屛　容元胎　今日議決：

《通鑑》至六月底，交廿册與古籍出版社，此後每月廿册，至十月底完畢。明年六月，古籍社全部印出。

四月廿二號星期五（閏三月初一）

郝文冲來教拳。到北海，校改《通鑑》卅三卷畢。鈔《辯證唯物主義》目錄。元胎來。曾毅公來。

眠一小時。趙肖甫來，長談《辨僞叢刊》事。

孫耀卿來。賀次君來。翻耀卿送來書。

昨一、二所開會，決定學習阿歷山大羅夫主編之《辯證唯物主義》，因自今日起，每日上午學習一小時。

四月廿三號星期六（閏三月初二）

文冲來教拳。到所，與萬斯年談。到季龍處。到挺生處。與做書套人王君談。到北海，寫趙巨川、王玉哲、鄭國讓、顧起潛、章丹楓、政協、北京市民政局（捐獻禹貢學會房地產）信。

到東安市場理髮。買物。歸，寫擎宇信。與靜秋同出，訪平心，晤之。又到北魏胡同科學院招待所訪樹幟，未晤，留條。到西觀音寺益康食堂進點。歸，王姨丈來。

張覺非來。

四月廿四號星期日（閏三月初三）

到紹華處。點王國維《今本竹書紀年疏證》數頁。樹幟偕仲勤、毓南、宗鶴及外孫來，同到前門外全聚德吃烤鴨，并邀靜秋及四孩同來。與樹幟同訪李安宅夫婦，遇金鵬。

與樹幟及其子女等到王次甫處，并晤李息。到科學院招待所，與朱則明談。開整理古農書豫備會。七時散。與虞叔毅談。

歸，洗浴。看周紹良所編《敦煌變文》。

今午同席：予夫婦及四孩　王司機　仲勤　毓南及其子　劉宗鶴（客）　樹幟（主）

今日下午同會：朱則民（農業部宣傳總局副局長）主席　樹幟　石聲漢　王毓瑚　萬國鼎　朱培仁　陳善銘

四月廿五號星期一（閏三月初四）

石聲漢、夏緯瑛來，同車到北魏胡同，與樹幟、叔毅同車到華北農業科學研究所，開會討論整理古農書事。十二時半散，即在農研所飯。

與竺可楨、夏緯瑛同車，到緯瑛家。到北海，校改《通鑑》卅四卷，未畢。平心偕思泊來。季龍來。同出，飯于和順居白肉館。

與季龍等同到余元盦處。與季龍同到士嘉處。九時許歸，遇張漢根。

今日上午同會：楊顯東（農業部副部長）　朱則民　竺可楨　齊念衡　虞宏正　施平（北京農大副校長）　王毓瑚　辛樹幟　黃青禾（中宣部）　林禮銓（高教部）　薛培元　石聲漢　萬國鼎　朱培仁　呂平　陳恒力　楊均　李俊　邢毅　于潛濤　張爲申　羅維勤

今晚同席：季龍　元胎　予（以上客）　之屏（主）

四月廿六號星期二（閏三月初五）

到北魏胡同，與樹幟同到農研所，開會討論實際進行各事。十二時許散會，樹幟邀至前門全聚德飯。

與同飯者同到北海，至得性軒小坐。三時半，又到農研所開會，六時許畢。楊副部長邀宴。

九時歸，次君來。與靜秋談。十一時眠，失眠，服藥兩次。

今日上下午同會及晚同席：金善寶（南京農學院院長）　韓

德章　婁成後（均北京農大教授）　　餘大略同昨。

今午同席：婁成後　聲漢　叔毅　王司機　予（以上客）
樹幟（主）

四月二十七號星期三（閏三月初六）

郝文冲來教拳。到所，與王毓銓談。到尹達處，說明新華地圖
社事。到季龍處。到雲飛處。到北海，補記日記三天半。張需青
來。芸圻來。

眠一小時。校改《通鑑》卅四卷畢，卅五卷未畢。與之屏談。
與靜秋同出，散步。姚企虞來。

坐了三天汽車，上了幾回館子，開了四次會，疲憊甚矣，舌
上亦麻木矣。此等生活，決非養生之道。

四月廿八號星期四（閏三月初七）

車中遇王利器，談。到北海，校改《通鑑》卅五卷畢。聶筱珊
來，同商標點事。與之屏談。周耿來，長談。

翻看畢沅《續通鑑》。眠未着。點《辯證唯物主義》四頁。到
許作霖處扎針。訪平心，未遇，留條。歸，理書。爲義安改自傳。
看丹楓所擬歷史圖計劃。

與靜秋、義安挈四孩到紅星，看動物電影。賀次君來。

四月廿九號星期五（閏三月初八）

郝文冲來教拳。到所，到圖書館借書、還書。將丹楓計劃送季
龍處。到北海，寫謝延孫信。校改《通鑑》卅六卷畢。點《辯證
唯物主義》四頁。

芸圻、周耿來。散步。小眠。元胎來。寫金子敦、張文鑄、傅
成鏞信。訪平心，未遇。

士嘉偕張遵騮來。季龍來。

四月三十號星期六（閏三月初九）

郝文冲來教拳。到北海，校改《通鑑》卅七卷畢。記筆記六則。點《辯證唯物主義》九頁。

散步，乘船。寫虞叔毅、夏緯瑛信。記筆記一則。到平心處，與同到思泊處，同到森隆進西餐，談。

洗浴。

今晚同席：平心　思泊（客）　予（主）　五元一角六分。

[尹達來信]

頡剛先生：

聞新華地圖社有歷史地圖選題計劃事，先生曾參加了會議。會議情況尚不了然；據說計劃較大，領導工作將由科學院負責。此事未經院部，未便如此做法。

有暇即去看您，當詳談。

敬禮！

尹達　4.25.

[原件]　顧先生存物

四方凳兩張，椅子四張，茶几兩張，座鐘壹具，以上各物暫存北京市西琉璃廠 105 號由金竹林同志借用。

并已去函竹林，如先生需要時，當由彼送上。

金立輝經手。

55，4，18。

一九五五年五月

五月一號星期日（閏三月初十）

侯外廬來，同乘車到天安門，上東二臺，觀國際勞動節游行典禮，自九時半至一時。與蘭大林校長、西大劉校長及外廬同車歸。

眠一小時。到王伯祥處，并晤其二子。

與全家同到北京飯店看放烟火，遇振鐸夫婦及陳真如。十時歸。

今日所晤人：呂健秋　仇鰲　葉譽虎　周枚孫　馮芝生　金岳霖　王季範　平心　陳望道　華崗　章元善　田綏祥　焦實齋　翁獨健　雷潔瓊　嚴景耀　馬松亭　孫蓀荃　李健生　施今墨　向覺明　袁翰青　饒毓泰

今日天熱至八十度，幸在金水河北之臺，可以下來休息，并飲橘子水，尚不累。若在南臺，則渴熱俱苦矣。

五月二號星期一（閏三月十一）

看劉厚生先生《張謇傳記》下卷。與静秋、頤萱、又安等挈四兒到蘇聯展覽館看捷克展覽會，到西郊公園進食。三時許，排隊上車，到東安市場進甜食。五時許歸。

到姚企虞處，晤其夫人，將統戰部給何天行錢交與。

今日爲補假之日，游人太多，待車既久，到園又無座位，入場亦看不見展覽品。此後要游，還是避開假日爲宜。

五月三號星期二（閏三月十二）

到北海，校改《通鑑》三十八卷，未畢。記筆記三則。平心、思泊偕匡亞明來，同到益康飯。

與亞明、平心、思泊同到予家。又與潮兒同出，到紫竹院，以改托兒所，未得入。亞明別去。予與平心、思泊、潮兒同到動物園，看象浴。茗于豳風堂。

到森隆飯。到暢觀樓看書。與平心同返，渠向静秋等告別。失眠，服藥三次。

　　今午同席：匡亞明　于思泊　予（客）　　平心（主）　今晚同席：平心　予與潮兒（客）　　思泊（主）　　平心此來，將近半載，明日行矣。

　　北海木本花俱盡，而牡丹、紫藤又怒發，惜不多耳。

五月四號星期三（閏三月十三）

郝文冲來教拳。到北海，校改《通鑑》三十八卷畢。記筆記四則。曾德章來取書。補記日記三天。

與霈青、元胎談。寫丹楓信。遇李延增。到門口待科學院車，歷五十分鐘，不至，退回，與之屏談。到許作霖處針。訪徐春圃，不遇。步至西順城街看舊貨攤。覺餓，飯于煤市街。到車站送平心行，遇思泊。

八時歸。姚企虞來。

　　北大自今日起至十五日止，開科學討論會，一所要予參加，而陳友業打電話來，謂二時派車來接。及予一時四十分到北海後門待車，直待至二時半，卒不至，蓋已于予出門前行矣。

五月五號星期四（閏三月十四）

到所，與陳友業、季龍談。書套工王君來，商作書套。到北海，與聶筱珊、之屏、元胎等談。校《通鑑》三十九卷十頁。與霈青、周耿、芸圻談。

到第三所，開會討論編繪楊守敬圖事，自二時至六時。在所飯。步歸。

看桂坫《晋專宋瓦室集》。次君來。失眠，服藥二次。

今日下午同會同席：范文瀾　吳晗　尹達　劉大年　譚季龍　王崇武　侯外廬　惲逸群　沈静芷　歐陽纓　張思俊　討論結果，山川照楊圖，城市用今名，以楊圖出于胡林翼《清輿圖》，不能與今日地圖適應，古地名之記注遂不易，不如即以楊圖爲間架也。

五月六號星期五（閏三月十五）

郝文冲來教拳。到北海，校點《通鑑》三十九卷畢。元胎來。記筆記三則。

到北京大學，參加科學討論會，聽翦伯贊“《紅樓夢》的時代背景”、蔡儀“批判胡風唯心論的文藝思想”。自二時至六時一刻。七時三刻到家。洗浴。

今日在北大所晤人：黃子通　鄭天挺　魏建功　侯仁之　尚愛松　王了一　林超　趙紀彬　柴德賡　馮世五　石峻　劉念先　金岳霖　唐擘黃

五月七號星期六（閏三月十六）

郝文冲來教拳。到北海，遇吳晗夫婦。校改《通鑑》四十卷半卷、《史記·秦始本紀》十頁。記筆記二則。寫李映婁、謝延孫、起潛叔信。

周耿來。到鼓樓寄信。到東四北理髮。

與静秋到市場買物。偕三女孩到統戰部大禮堂看《江山如畫齊歌舞》電影，十時歸。

五月八號星期日（閏三月十七）

與静秋、又安挈四孩到北海，茗于白塔旁茶肆，晤劉清揚、竺可楨夫人陳汲、吳有訓夫人、楊鍾健夫人等。十二時半歸。

小眠。點王國維《竹書紀年今本疏證》二十餘頁。與静秋到王澤民夫婦處。出，到市場買物，飯于奇珍閣。

何天行來勒索，請姚企虞來解圍。洗浴。

静秋加入婦女聯誼會，今日會中同人到北海游玩，因邀俱去。

今日大熱，至九十度。

在北海休樹下，楊花撲面，忽起感傷，因改前人詩數字以抒予懷：

風光漸老見春羞，到處凝情感舊游。多謝長條似相識，亂飛烟絮撲人頭。

輕紅橋上立逡巡，淥水微波漸作鱗。手拈柳絲無一語，卅年春恨細如塵。

噫，放翁行化稽山土時，尚感沈園之柳綿，況予耶！

五月九號星期一（閏三月十八）

到北海，校《通鑑》四十卷畢、四十一卷未畢。校《史記·秦始本紀》畢。記筆記七則。

到萬佛樓茶肆，審查周岐隱《大楚史稿》，未畢。

與周耿到馬凱食堂飯，談至九時歸。遇季龍。失眠，服藥二次。

五月十號星期二（閏三月十九）

到北海，校《通鑑》四十一卷畢。整理《法華讀書記》第廿二册。

芸圻來。元胎來。眠一小時。爲北京市道路工程局審查《北京市城郊闢修道路的名稱初步意見》。

看張次溪輯《燕京梨園史料續編》。

前數日堪兒扁桃腺發炎，近日湲兒又發風疹塊卧床。

前數日甚熱，昨夜一雨，今日陡涼，差至華氏二十八度，氣候劇變，宜兒輩之受不住矣。

五月十一號星期三（閏三月二十）

整理筆記本。郝文冲來教拳。與靜秋、又安、潮兒、堪兒到文化宮，參觀解放臺灣展覽會，十二時出，飯于天順食堂。

校《通鑑》五十一卷，未畢。記筆記五則。審查周岐隱《大楚史稿》，作評語。與之屏談。寫樹幟信。携毛毯歸。

看《考古通訊》及《梁祝故事説唱集》。失眠，服藥四次。

湲兒發高燒，至百〇三度。夜中靜秋開燈視之，又使予失眠。

今晨將平生紅格筆記簿作一整理，計：

甲（肄業北大時）十七册。

乙（北大畢業後，至任職中山大學止）三十四册。

丙（任職燕京大學）十九册，内遺失一册。

丁（自抗戰至解放）十一册。

戊（解放後，到京前）三十册。

共計一百十一册（缺一册）。

五月十二號星期四（閏三月廿一）

到所，到宋挺生、譚季龍、張雲飛處。做書套者寶順齋王紹先來。到北海，筱珊來。元胎來。蕭新祺來。校《通鑑》五十一卷畢。

渡海看人民藝術及蘇聯生産兩展覽會。遇法尊法師。到許作霖處扎針。到顧綴英處，并晤范文容。

華忱之來。孫耀卿來。看閻鎮珩《北岳山房文集》。

湲兒服藥後熱漸退，而堪兒又病，亦至百〇三度。堪兒四月初病後實未復原，常拖鼻涕，不思飲食。獨子真險子也！

五月十三號星期五（閏三月廿二）

郝文冲來教拳。到北海，校《通鑑》五十二卷畢。元胎來。

到中海，到人代會訪健常，未晤。到懷仁堂，聽周總理"亞非會議報告"及陳毅副總理補充，自三時至七時半。

八時半歸。飯畢已九時餘矣。

今日晤見之人：胡庶華　何思源　馬寅初　傅作義　鄧哲熙周炳琳　羅常培　俞平伯　李健生　李根源　劉定五　向達　雷潔瓊　謝冰心　袁翰青　裴文中　陳翰笙

此次亞非會議，求同存異。周總理外交十分成功，無論民主陣營與資本主義陣營均推重之，實際上是會議的領導人。中國地位之高，大過于前，聞之欣躍！

五月十四號星期六 （閏三月廿三）

郝文冲來教拳。到北海，校《通鑑》五十三卷畢。

到萬佛樓泡茶，看呂振羽《胡適派主觀唯心主義歷史觀批判》，費三小時。寫健常信。歸，看《胡適文輯》。

與靜秋到歐陽靜戈處扎針。賀次君來。

歐陽靜戈，空軍醫院醫師，以西醫而研究金針，以業務餘閑爲人醫療。即往乾麵胡同中石槽九號，針時在下午七八時間。與予甚適合。靜秋手指及腿有不仁現象，因同往診治。

五月十五號星期日 （閏三月廿四）

蕭新祺來。程建爲來。校《竹書紀年今本疏證》五頁。與靜秋到王姨丈處，留飯。

眠二小時。徐春圃來。賀次君來。傅惜華來。看舒蕪所發表胡風信件。

與靜秋同到中山公園，看芍藥及防癆展覽會。洗浴。

今日同席：王姨丈　姨母　大玫　大琪夫婦　大瑛（生女，

將滿月）　汪安之

　　徐春圃女士，遼寧法庫人，九一八後參加義勇軍，由何遂先生之介紹，與予相識。又因予介紹，與健常相識。廿餘年來，流徙各地，以其學力之低，迄無所成。至今陷于飢餓綫上。欲乞健常爲之介紹閻寶航、高崇民相見，健常不甚出力，高等亦拒見，今日來談，泪隨聲下。當此之際，予有何力助之，一嘆！

五月十六號星期一（閏三月廿五）

　　練拳。藻玉堂王佔來。到北海，校《五帝本紀》，未畢。記筆記三則。到唐立厂處。

　　作《古柯庭瑣記》序。記筆記四則。筱珊來。元胎來。補記日記三天。

　　季龍來。孫耀卿來。與靜秋、堪兒到歐陽靜戈家扎針，遇葉子剛。

五月十七號星期二（閏三月廿六）

　　姚企虞來。到北海，校《五帝本紀》，仍未畢。記筆記四則。芸圻來。

　　眠一小時。到科學院，開會，討論呂振羽《胡適派主觀唯心主義歷史觀批判》一文，自二時半至六時。與昌群同乘汽車歸。

　　索介然來。洗浴。失眠，服藥三次。

　　今日同會：翦伯贊（主席）　呂振羽　胡繩　劉大年　侯外廬　白壽彝　周一良　陳垣　張政烺　榮孟源　陳述　尚愛松　齊思和　楊人楩　王崇武　賀昌群　傅樂煥　鄧廣銘　趙紀彬　尚鉞　陰法魯　邵循正　謝興堯　金燦然　黃烈等　約五十人。

五月十八號星期三（閏三月廿七）

郝文冲來教拳。到北海，將《通鑑》卷七至九復看一過。與之屛、元胎談。

眠一小時半。看《春秋會要標點凡例》及金兆梓《標點後漢書集解凡例》。將金文鈔一通。曹華松來。

與靜秋、堪兒到歐陽大夫處針治。

五月十九號星期四（閏三月廿八）

到企虞處。到所，與陳友業、張德鈞談。到北海，與之屛、元胎、朱欣陶談。理物歸。莊孝和來。

點《竹書紀年今本疏證》二十頁。到思泊處、文懷沙處、王以中夫婦處。思泊邀至東安門大街“華宮”進西餐。

到東安市場買物。到元胎處談。

衛生部分配給科學院到北戴河休養五人，歷史所欲以予占其一，而爲期甚促，今明日即須動身。予與之屛、元胎商之，均勸予去。予已携工作物歸矣，而靜秋已爲予告所，請遲往一月。予牙久病，數年來欲治而輒無暇，然十六年前所裝假牙已寬鬆甚，打一呵欠即墜，實不能再敷衍應用，今既將《通鑑》工作與之屛等分任之，小得休息，即決意先治牙，再休假。未知一個月中能否裝新牙耳。

五月二十號星期五（閏三月廿九）

郝文冲教拳。與靜秋到北京醫學院附屬口腔醫院，拔一牙，晤其主任王潔泉等。

點《紀年疏證》二十頁。與靜秋、潮、堪兩兒到紅星看《西南高原的春天》影片。記筆記二則。

與靜秋挈堪兒到歐陽靜戈處診治。看何思源譯《越南》。歸，看薛壽《學詁齋集》。

医言予牙须拔四个，今日先拔一个，下星期二再拔一个，如此则四牙须历两星期，又须阅拔牙十日后始可做模装配，则一个月必不足也。

拔牙后假牙已不能装，进食大成问题，只能吃稀饭、烂面、豆腐、麻酱等，其余如饺子、肉丁等只得囫囵吞矣。

五月廿一号星期六（闰三月三十）

郝文冲来教拳。姚企虞来。萧新祺来。点《今本竹书纪年疏证》毕。以天一阁本校正文一卷。朱南铣来。

记笔记九则。

看雷学淇《纪年义证》。失眠，服药三次。

今日太专心于《纪年》，又未出外散步，遂致剧烈失眠，直至上午二时方睡，苦矣！我的身体实在不配做研究工作，而偏以研究为正业，此亦事之无可如何者也。

五月廿二号星期日（四月初一）

八时始起。思泊来。贺次君来。傅彬然、章雪村来。与潮儿到东单旷场看变戏法，到东交民巷散步，到东单邮局看杂志。高大姨及其外孙女燕燕来，留饭。王佩璋及其侄王立来，留饭。

眠二小时半。蒋孔阳来。邓诗熙来。王载舆来，留饭。高瑞兰来，留饭。尚爱松来，留饭。

陈继珉来，留饭。洗浴。

近日大便，常上午二次，下午一次，倘肠胃有疾乎？年六十三，衰象日至，奈何！

五月廿三号星期一（四月初二）

校天一阁本《竹书纪年》讫。钞《今本纪年》引用书次数，未畢。記筆記六則。寫尹達、譚季龍、姚企虞、張德俊信。

眠未着。陳友業來。

姚企虞來。孫耀卿來。

五月廿四號星期二 （四月初三）

與靜秋到口腔醫院，拔左上腭盤牙。看毛澤東《反對黨八股》。看《逸周書》。

眠一小時。補記日記三天。鈔《逸周書・度訓》篇。臥床看辟園《異辭録》。

季龍來。與靜秋、堪兒同到歐陽醫師處治。

今日拔盤牙，血出頗多，只得多休息。

五月廿五號星期三 （四月初四）

郝文冲來教拳。鈔《逸周書・命訓》篇。校《史記・夏本紀》及校注，未畢。記筆記二則。

眠一小時。看又安爲頤萱所草上毛主席書。

與靜秋及洪、湲兩兒到大華看《混血兒》電影。

五月廿六號星期四 （四月初五）

校《夏本紀》，訖。鈔《逸周書・常訓》。記筆記一則。

眠未着。與靜秋、又安同到隆福寺各花廠選花。又與靜秋到東四人民市場、美術服務部、東安市場等處。

與靜秋到歐陽醫師處扎針。賀次君來。

五月廿七號星期五 （四月初六）

鈔《逸周書・文酌》。郝文冲來教拳。校《史記・殷本紀》及校注，畢。記筆記五則。

眠一小時。記筆記一則。

失眠，服藥二次。

五月廿八號星期六（四月初七）

郝文冲來教拳。與静秋到口腔醫院，拔下腭門牙一枚。十二時歸。

眠一小時。起，疲甚。鈔《逸周書·糴匡》及劉師培《逸周書補釋序》等。爲兒輩講故事。

誦芬弟來。賀次君來。王毓銓來。葉子剛來。洗浴。

五月廿九號星期日（四月初八）

練拳。鈔《武稱》。馮世五來。葉子剛來，爲寫嚴幼芝信。吳宜俊來。與義安挈四孩到文化宮兒童運動場。

眠一小時許。記筆記三則。與静秋挈四孩到中山公園，遇前在陶然亭所遇女空軍四人。七時半歸。

洗浴。翻易宗夔《新世説》。

五月三十號星期一（四月初九）

練拳。到所，與季龍談。到院，爲學部成立報到。歸，師哲萍來。鈔《逸周書·允文、大武》。

校《周本紀》本文及校文畢。與義安挈四孩到東安市場散步。

師哲萍飯後去。與静秋到歐陽家扎針。歐陽醫師同歸，視湲兒皮膚疾。樹幟自陝來。失眠，服藥二次。

五月卅一號星期二（四月初十）

車中遇宋挺生。與静秋到口腔醫院，拔下腭左盤牙，出血多，歸臥，看《新世説》。

看王重民《敦煌詞集》。校《周本紀》注，未畢。理書櫃、抽屜。記筆記五則。

與靜秋到姚紹華夫婦處。又訪樹幟，未晤。自東交民巷步至東安市場買物。

今日下午，因趕做工作，心宕甚，頗疑怔忡症復作。

高二嫂以王傳熠油店關門，更無生計，投黃浦江死。靜秋聞之，爲之失眠終夜。

一九五五，六，七，與上海人民出版社書云：（下略，見《顧頡剛書信集》）

一九五五年六月

六月一號星期三（四月十一）

寫姚紹華信。辭郝文冲教拳。吳宜俊來，同到北京飯店，列席學部成立大會，聽郭沫若、陳毅、陸定一、秉志、侯德榜、陳垣、陳建功等致詞。十二時，照相。

歸家飯。爲兒輩講書。與靜秋挈四孩到紅星，看兒童動畫片。看大會文件。寫季龍、筱蘇、映婁、延孫、汪叔良、擎宇信。

與靜秋到中山公園，打電話歸，由頤萱、羅媽挈四孩同來觀兒童歌舞。十一時歸。十二時眠。

今日晤談之人：樹幟　虞叔毅　秉農山　錢雨農　陸志韋　黃文弼　嚴幼芝　金靜庵　聶筱珊　王崇武　朱士嘉　王以中　羅常培　蘇步青

六月二號星期四（四月十二）

四時醒後未得眠。點方苞《周官辨》。練拳。到北京飯店，續開會，聽郭沫若、張稼夫報告。飯後乘夏鼐車歸。

寫朱葆初信。師哲萍來，留飯。到北京飯店，參加哲學社會科學部會，聽潘梓年、劉大年報告。歸，續點《周官辨》。

與靜秋到歐陽醫生處扎針。失眠，服藥兩次。看《聊齋》。

今日晤談之人：朱士嘉　徐旭生　斯行健　王振鐸　傅懋勣
陳夢家　鄭石君　陳援庵　黎劭西　孫瑞芹　張天護　魏建功
葉企孫　王了一

今日歐陽醫生爲予扎四針（前均兩針），歸後疲倦欲睡，大喜上床。不意因師哲萍在外室談，靜秋伴之，予獨臥乃益醒。睡魔既去，唯有坐床看書。直至十一時半，師君方去，予只得服多量之安眠藥矣。住在北京，外埠到此開會者多，殊爲予苦事。予之病尚能治耶！

六月三號星期五（四月十三）

到北京飯店，聽蘇聯巴爾金院士“冶金問題”及波蘭院士維日比茨基“工程結構穩定問題的數值法”。十一時歸，續點《周官辨》。

與靜秋到東安市場王興中處看牙。出，遇姚企虞。到蟾宮電影院買票。到北京飯店，聽陳毅報告兩小時，未畢，五時歸，與靜秋挈洪、湲到蟾宮看《祖國的花朵》。

洗浴。早眠。

今日晤談之人：呂炯　裴文中　馮芝生　范文瀾　錢臨照
伍獻文　陳望道

上午所聽報告，以太外行，一點聽不進去，枯坐而已。此等事直是虐政！

六月四號星期六（四月十四）

思泊來，贈《寐叟尺牘》。到北京飯店，開小組會，聽馮友蘭、翦伯贊、侯外廬、杜國庠等發表意見。與陶孟和談。與夢家、靜庵等談。十二時出，與李儼談。

眠未着。張禮鎮來。看《望溪集》。到北京飯店，續開小組會，聽向達、朱士嘉、鮑爾漢、胡繩、夏鼐等發表意見。與王振鐸談。晤金尚謙。

郭紀森來。與静秋到歐陽醫師處扎針。周耿來。洗浴。

今日静秋見報上發表科學院學部委員名單無予名，頗責備予之不進步，以致被擯。然社會科學黨中有不少名家，不似自然科學之悉取材于黨外也。觀黨中歷史學界如尚鉞、嵇文甫、華崗等尚不在内，更何論于予耶！"爲善無近名"，予得解除名之桎梏，亦可喜也。

聞此次學部名單，自然科學、技術科學方面之委員係由各專家票選，而社會科學部之委員則由黨方圈定。予于馬列主義尚未入門，固不當預此選也。

生物學部中無胡先驌，大是怪事，渠一生未脱離研究崗位，亦未參加過反動統治，何乃排拒之耶！

六月五號星期日 （四月十五）

四時醒後未得眠。練拳。補記日記三天。俞劍華來，長談。同到科學院，參觀古脊椎動物、西藏科學工作及本院出版物等展覽會。同歸飯。

眠一小時許。齊樹平、莊學本來。修改又安所作頤萱上毛主席書。出，遇丁曉先夫婦。

到森隆，餞思泊。出，同攝影。洗浴。失眠，服藥三次。

今晚同席：于思泊（客）　　金静庵　唐立庵及其子益年　陳夢家及予（以上主）

六月六號星期一 （四月十六）

　　到北京飯店，參加小組會一小時。出，到國務院新禮堂，聽陳毅副總理"招待國際文化團體的準備工作"報告，自十時至下午二時。出，到天順食堂，裴文中邀同飯。

　　與文中同到北京飯店，參加大會，聽趙忠堯、劉承釗、程孝剛、丁□等發言。五時，先歸。寫批判胡風文字，供明日用。

　　師哲萍來，留飯。孫耀卿來。樹幟與吳印禪來。與靜秋、堪兒出門散步。

　　今日晤談之人：章元善　張其春　傅彬然　謝冰心　孫祥偈　周亞衛　王樹常　錢端升　李聲簧　聶崇岐　達浦生　李雲亭

六月七號星期二（四月十七）

　　將昨作鈔改。到北京飯店，將所作評胡風文請樹幟、尹達、翦伯贊提意見。晤盛彤笙。到政協，參加文化組批判胡風會，聽周揚、許廣平、陳其通、邵力子、達浦生等意見。與高尚仁同出。

　　歸飯，遇高貽玢。到北京飯店，聽陸定一批判胡適、胡風思想。三時半休息時，到王府井理髮。到伯祥處，并晤湜華。歸，寫陶孟和、劉勁武、李鏡池、上海人民出版社信。

　　與靜秋到歐陽家扎針。賀次君來。洗浴。

　　伯祥夫人病子宮癌兩年，今已至彌留狀態，甚苦，無以慰之。

　　予近日每夜左肩及項盜汗甚多，恐亦衰弱之一徵。

六月八號星期三（四月十八）

　　練拳。到北京飯店，參加歷史考古組宣讀論文及討論會。十二時，與王明同歸。

　　小眠，未着。記筆記二則。到北京飯店，聽對于石興邦"西安半坡村發掘"、翦伯贊"《紅樓夢》的社會背景"、范文瀾"中國近代史分期"的意見。

師哲萍來，留飯。譚季龍來，同訪王國秀，未遇，留條。與季龍同冷飲。歸，洗浴。

今日晤談之人：石鍾健　蘇秉琦　辛樹幟　朱士嘉　陳夢家　翦伯贊　王愛雲　王明　萬斯年　陰法魯　張德鈞　呂振羽　李有義　陳述　向達　孫瑞芹　單慶林　許道齡　林耀華

今日熱至九十餘度矣！

六月九號星期四（四月十九）

練拳。到北京飯店，聽李四光、胡繩、汪猷等大報告。與石興邦談。看《文史哲》論胡適等文字。

小眠，未睡着。到北京飯店，聽計劃局長張璽報告五年計劃。與錢臨照、陳遵嬀談。到伯祥處，唁其夫人之喪。到車站，送思泊。

與思泊、夢家同到中山公園來今雨軒飯。歸，姚企虞來。與靜秋同到歐陽大夫處扎針。洗浴。

參加科學院大會，是一苦事。因爲自然科學、技術科學家講得太專門了，一般人無法聽懂，所謂"隔行隔重山"也。今日汪猷講"橘黴素"，有幻燈，又寫黑板，但一句也聽不懂，呆坐而已。

伯祥夫人秦珏人于今晨逝世。予在商務印書館編教科書時住伊家一年，知其人品性至爲優良，爲朋輩伉儷中所鮮見，今日長逝，能無感嘆！伯祥與之結縭近四十五年，其悲可知矣。

六月十號星期五（四月二十）

練拳。看胡風集團第三批材料。到北京飯店，參加批判胡風分組座談會，與黃仲良及樹幟談話。

小眠，未眠着。與靜秋及昌群夫人夏志和到賢良寺視伯祥夫人大殮。到北京飯店，參加科學院學部成立大會閉幕禮。

看《聊齋》。洗浴。爲打湲兒，失眠，服藥。

在賢良寺殯儀館所晤人：章錫村、錫山、錫舟　劉薫宇　朱文叔　丁曉先夫婦　葉聖陶夫人　俞平伯夫人　盧芷芬　章士敭

湲兒伶牙俐齒，最爲靜秋所喜。渠以母之愛也，日益放縱，不肯吃飯，不肯洗浴，不肯睡覺，欲其爲一事必有要挾，使其母爲之哭泣求死。予不能坐視，只得打之，而靜秋心又不忍，此真母愛之矛盾也。

六月十一號星期六 （四月廿一）

練拳。到王潔泉醫師處視牙。看方孝岳《尚書今語》。李鏡池夫婦來，長談。師哲萍來，留午飯及晚飯。

眠一小時半。起，疲甚，看《聊齋》。王鍾翰來。王國秀來。寫翁獨健信，與靜秋到獨健處，商四孩入師大附小事。出，買筆。與靜秋到歐陽醫師處針治。失眠，至上午一時許服藥眠。

前數日午眠皆不能成睡，今日居然睡至一小時半，則以前數日下午有會，心中有事也。

馬彝初先生遣王鍾翰君來，邀予參加民主促進會，予允考慮。

洪兒性子太烈，一怒即哭，一哭即狂跳，臥地，聲嘶力竭而猶不止，今日王海晏玩予家棒，洪兒奪之，海晏與堪兒合力擊之，洪兒力不能勝海晏，則打堪兒，家人責之，洪遂狂哭。予以其久不住聲，打之。大約因此興奮，又不成眠矣。

六月十二號星期日 （四月廿二）

陳文鑑來。石兆原來。賀次君來。與靜秋、次君挈洪、湲、堪三兒游北海。下午二時歸。張覺非來，留飯。次君飯後去。

眠一小時許。起，倦甚，看《聊齋》。李唐晏來。

與靜秋挈洪、湲、堪到姚企虞夫婦處。洗浴。

以天氣太熱，昨夜眠又不佳，精神疲倦至極，而靜秋以予不得被選爲學部委員，又復怨予之不進步。以予年齡之長，精力之差，業務之忙，家累之重，何能多看新書；即看新書，亦何能必有進步。若實未進步而表面冒充進步，以期當局之賞識，此乃投機分子所爲，非予良心所安，且予之品性亦實不能爲也。然則在此緊張空氣中，殆非逼予死不止矣。

六月十三號星期一（四月廿三）

練拳。到所，晤尹達、吳宜俊，商《尚書今譯》及治牙事。與王毓銓及季龍談。歸，點杭世駿《史記疏證》半卷。

遇姚企虞。車中遇劉家駒。到懷仁堂，聽李富春副總理報告"增産節約"、陳毅副總理報告"國際形勢"，自三時至九時半。看周一良《西洋漢學與胡適》文。

車中遇關瑞梧、翁詠霓。十時半到家，吃飯。洗浴。十二時就眠。失眠，服藥兩次無效。

今日所晤人：楊亦周　李根源　喜饒嘉措　成德　劉定五馮芝生　傅彬然　裴文中　胡庶華　吳家象　吳鴻業　參加者共五千人。

《史記》工作必當續爲，以維生計，天又大熱，今日之會予本不願去，而靜秋求予進步之心太切，強迫予往，乃至晚十一時始得晚飯，十二時始得登床，失眠之疾遂大作矣。今日政府中人，經過千錘百煉，自係龍馬精神，而我則神經衰弱已甚，欲勉強追隨，徒然送我老命而已。

六月十四號星期二（四月廿四）

約上午四時始得睡，七時醒，頭痛，終日疲憊。與靜秋到第四醫院，由女醫師管義英診治。歸，服藥，眠一小時。看《聊齋》。

賀次君來。

到伯祥處，并晤芷芬、曉先等。與潮兒到青年會圖書室，予看《吉爾吉斯》一册。四時出，到紅星看《永遠年青》電影。

與静秋及堪兒到歐陽醫師處扎針。歸，早眠。

醫量我血壓并不高，爲八十餘至百四十餘，甚正常。獨一經失眠，精神頹喪，振作不起。而近來時時失眠，大有不能工作之勢，則一家生活至可慮矣。

静秋參加婦女聯誼會學習歸，謂梁漱溟夫人言，梁先生昨日聽大報告歸，徹夜無眠。晚至醫生處，遇《人民日報》之蘇光，亦謂昨聽大報告，胃疾又作。蓋應當睡眠時不得眠，應當吃飯時不得飯，一班老人、病人自屬無法支持，徒使醫師增加忙碌而已。

六月十五號星期三（四月廿五）

二時半醒。四時起。與静秋、堪兒到頤和園，游諧趣園、排雲殿等處，飯于長廊西頭。出，雇小舟，由静秋划之，自二時半至四時半。五時半出，七時歸。

看《聊齋》。服藥後早眠。

昨服藥後幸喜得眠，然今晨醒太早，只睡五小時，仍不足耳。

六月十六號星期四（四月廿六）

點方苞《史記注補正》本紀部分。點周尚木《史記識誤》本紀部分。點吳國泰《史記訂詁》數頁。

眠一小時。記筆記四則。與静秋、堪兒到伯祥處談。

童丕繩來，長談。劉世點來。服藥兩次眠。

六月十七號星期五（四月廿七）

與静秋同到北大醫院，未得診，挂號。遇吳宜俊。到本司胡同王子文醫師處，開方。歸，校宋濂《諸子辨》訖。寫起潛叔信。

眠一小時。到所，開會批判胡風，并聯繫自己，自二時半至六時。歸，校高似孫《子略》，未畢。

楊拱辰來。華忱之來。服中藥，至上午一時尚不能眠，遂又服西藥。

王醫診予脉，謂脉象弦數，爲肝旺心虛。并謂予血壓不高而有此脉象，甚奇。又勸予勿服西藥，其如中藥無速效何！

今日同會：李儼　王毓銓　張德鈞　陰法魯　張若達　吳宜俊　萬斯年　譚其驤

六月十八號星期六 （四月廿八）

上午一時半始眠。練拳。補記日記三天。寫伯祥、曹天祥信。校《古籍考辨叢刊》序。到王潔泉處做牙模。伯祥來，留飯。

與伯祥同到動物園，茗于豳風堂。五時出，遇陳友琴。到王修處，遇吳宜俊。

與靜秋到歐陽醫師處扎針。洗浴。上午二時醒，服藥。

六月十九號星期日 （四月廿九）

訪齊念衡，未晤。訪莊學本，晤之。到昌群處談。到馬彝初先生處談。

眠二小時。與靜秋到張石公先生處，遇王以中，同到其家，與綏貞談。師哲萍來，留飯。

與靜秋、哲萍、又安、四孩到中山公園散步，九時歸。洗浴。上午二時醒，服藥。

近日十分疲乏，簡直無力作事，豈服中藥後肝較平，遂致此耶？天天向外跑，絕不用心，而半夜必醒，醒必服西藥而得眠，何以致此，不可解也。

六月二十號星期一（五月初一）

理髮。到伯祥處，與同到中山公園，飯于來今雨軒。到陶然亭，茗談，至五時出。

王之屏、容元胎來。

賀昌群來。朱葆初來。洗浴。上午一時醒，服藥。

六月廿一號星期二（五月初二）

練拳。與靜秋到銀行取款，送王潔泉醫師處。到民主促進會，晤梁明、嚴景耀，取文件。歸，眠一小時。

看曾滌生日記。到王醫師處試裝牙。歸，朱士嘉來。張德鈞來。記日記四天。

羅偉來。爲人寫字一件。與靜秋到歐陽處扎針。洗浴。

六月廿二號星期三（五月初三）

到伯祥處，與之同到天壇，吃茶。十二時出，到前門都一處飯。

到所，看胡風集團材料。參加討論會，自四時至六時。

與靜秋到勞動劇場，看吳素秋《潘金蓮》等劇，未畢，十時歸。服藥二次。到上午二時方眠。

今日同會：張德鈞　李儼　萬斯年　王毓銓　吳宜俊　喻培厚　張若達　陰法魯　譚其驤

六月廿三號星期四（五月初四）

到王潔泉處配牙。歸，疲甚，終日看曾國藩日記。

與靜秋到歐陽醫師處扎針，與葉子剛談。服藥後至十一時眠。

連日失眠，精神疲乏，竟不能辦一事，直成廢人矣！佛家分生、老、病、死爲人生四階段，其實老即爲自病至死之總稱，若不病，焉有老之可言乎！

曾國藩之政治行爲自屬不合，但觀其日記，其人自我批評之習性甚强，所以自繩約者甚嚴，臨事又極謹慎，此亦可取者也。

六月廿四號星期五（五月初五）

爲馬叔平先生遺著《漢石經考》寫傅振倫信。蜚英閣人來。賀次君來。與静秋、次君、潮、堪到中山公園，茗于御河岸。十二時歸，留次君飯。

檢《史》、《漢》諸書與次君。眠半小時。與静秋同到王潔泉處裝牙，又到江文也處，請其按摩。歸，記日記三天。洗浴。王修來。

譚季龍來，長談。洗浴。服藥三次。

昨日服中藥，又服西藥，又扎針，而仍失眠，至上午二時即醒，睡三小時耳。至天曉又稍朦朧，因此今日心臟萎弱頗甚。

江文也醫師謂予之病爲心臟微擴大，脾臟亦有病，非若王子文醫師所言之肝病也。

《史記》工作，本當自做，然今日之病如此，不得不全部交與次君爲之矣。

六月廿五號星期六（五月初六）

看胡風資料，寫發言提綱。劉吾與來。

江文也來按摩。眠半小時。到所，開胡風思想討論會，予參加發言數次，自三時至六時。歸，與昌群談。

與静秋到歐陽家扎針。與葉子剛談。洗浴。

昨夜仍不易入睡，至十二時，就沙發坐，乃眠，至今晨六時醒。身體今日較硬。

今日同會：侯外廬　李聲簧　餘與廿二日之會同。胡風狂妄，欲作文藝界之領袖，用馬列主義以自文，以達其反馬列主義之目的，不但罵盡一切前進作家，即我所作之通俗讀物，亦被罵爲"投合各種新舊小市民底嗜好"，是"對于生活的賣笑的態度"，是"抗戰的滑稽悲劇"。此事我前所未知，讀本年六月一日《人民日報》所載以群《徹底地揭穿胡風的政治面目》乃始知之。

六月廿六號星期日（五月初七）

與靜秋挈四孩到王姨丈處，與姨丈、母、王儼、大玫等談。到聖陶處，與聖陶父子及伯祥同飯。

飯後與聖陶、伯祥直談至下午六時，同在竹林下攝一影。汪安之來。

歐陽靜戈偕其二女來。馮伯平夫婦偕其子來。與靜秋及湲、堪兩兒在街散步。洗浴。服藥兩次。

昨夜居然未服藥而眠，今晨五時醒，得眠七小時，此爲多年所未有，不能謂非按摩之效矣。假使繼續如此，我真逢大赦矣！

予與聖陶交五十五年矣，與伯祥亦四十八年矣。

六月廿七號星期一（五月初八）

到北海，與芸圻、元胎、東方屏談。到王府井大街取款。看陳達在科學院談話。

眠一小時。看曾國藩日記。寫于思泊信。洗浴。

與靜秋到崇文門、東交民巷、東單小公園散步。歸，服藥得眠。

昨夜至十一時半服藥，靠沙發得眠，至今晨五時半醒，睡亦足矣，而疲倦非常，頭暈背軟。此真衰態矣，奈何！

昨聖陶招宴，固爲話舊，但其一因則爲尹達囑彼勸我不要留住閑人，蓋渠疑又安弟兄爲逃亡地主，而我庇護之也。此實冤枉，使又安爲地主，則不考入警官學校矣。使義安爲地主，則不致中學不畢業矣。

六月廿八號星期二（五月初九）

寫陳夢家信。到所，與季龍、覺明談。到德鈞處，同到樓上，參加大會，聽侯外廬"關于胡風思想批判"的報告及向達發言。與王毓銓、李儼談。

到修綆堂還欠。到所，與向覺明、張德鈞等談。四時，開小組漫談會，討論對上午發言的觀感。與喻培厚談。次君來，留飯。

洗浴。孫耀卿來。待江文也不至，服石斛膏，至十二時以後又服西藥，至上午二時方得眠。

今日下午同會：李儼　張德鈞　季龍　喻培厚　張若達　陰法魯　萬斯年　王毓銓

六月廿九號星期三（五月初十）

與靜秋到北京醫學院附屬醫院神經科鄭麟醫師處診治，在院看胡風批判文件。十二時許歸。

眠一小時。臥床，看曾國藩日記等書。譚季龍來，互助學習，同飯，飯後與洪、湲、堪、靜秋同到中山公園，品茗談。

九時半歸，洗浴。服西藥睡。

鄭醫檢予血壓，知予上一字仍百五十餘度，而下一字則高至一百，此前所未有也。

從聖陶處，從覺明處，從季龍處，知尹達對予携又安弟兄來京大不滿意，以疑其爲地主而予私養之，不得從勞動中改變其成份也。此事當于批判胡風思想時當衆交代。

六月三十號星期四（五月十一）

上午二時半醒後即未得眠。到通學齋算書賬。到魏染胡同，訪陳宜誠先生，請其診治，并長談。十一時歸。賀次君來。

眠一小時。寫明日發言提綱。臥床，看批判胡風文件及胡適在臺灣所發表言論。姚企虞來。

洗浴。服藥二次得眠。

陳宜誠先生，今年八十二，研究醫學已七十年，湖南長沙人。予由李祖蔭談話中知之。今日往診，渠囑予連去七天，俾尋出病源，徹底根治。渠云類似予之病已治好千人矣。

昨日上午二時方眠，今日上午二時已醒，如此生活，如何過去！

潮兒昨日與院中群兒玩得過爲興奮，流鼻血頗多。此兒面無血色，又常言胸口發悶，亦甚可慮。

陳宜誠先生研究中醫歷七十年，予偶從李祖蔭君言談中知其名，此次失眠疾大作，因往就診。閱一星期，先生指出我不寐之主因是衛氣不入于陰，次因爲胃不和，其現象爲心虛有熱，肝鬱不舒。治衛氣不入陰之法，爲勿趕作。如一册書八十頁，至閱至七十五頁時覺疲，即行停止，否則此五頁之書即爲致病之根。治胃不和之法，爲已飢方食，未飽先止。胃不和則臥不安矣。

此診斷真對。廿餘年前，予爲《清華學報》作《五德終始說》一文，清華文學院長楊今甫派一書記來鈔，書記每天鈔三千字，予即每日作三千字畀之。同時編校中講義，每星期須七千字。此外尚有他種文字工作，總計每月須寫八九萬字。數閱月中，休息太少，遂得氣促、胸悶、心宕之病。翌年旅行數月，乃得痊可。此次到京，適奉標點《通鑑》之命，此書分量太多，限期太促，而予責任心又太重，以致舊病又發，幾成不可收拾之勢。此後必須自知是一病人，不當太好強也。

静秋太愛予，總希望我多吃。予覺已飽，彼必請增，若昔人所云“努力加餐飯”者。此後當量腹而進食，勿徇情而致病也。

一九五五，七，六，診後記。

一九五五年七月

七月一號星期五（五月十二）

七時半起。雇車，到陳宜誠先生處續診，并談。歸，記日記二天。

到所，與萬斯年談。開自我檢討會，聽王毓銓自述及諸同人批評。自二時半至六時半。

洗浴。理髮。至十二時不能成眠，服西藥。

昨夜九時許浴後本有睡意，而仍不得闔眼，十時半服西藥一次，十二時半服西藥一次，乃得眠。雷雨聲中亦未醒，今晨醒時已七時半矣。

陳醫謂予病爲胃氣不和，一個月中可見好，四個月中可根除。

予右足小趾縫中因濕氣腐爛，不便行走，今晚塗以硼酸粉，痛極。深夜不眠，此亦一因。

七月二號星期六（五月十三）

到陳先生處續診，并晤其子開運。歸，吳澤炎來。

到所，參加自我檢討會，聽萬斯年、譚其驤自述及諸同人批評，自二時半至六時半。

與又安携潮、洪、湲到政協，看《不能忘記這件事》電影。遇劉定五、周亞衛。十一時許歸。服藥兩次，上午一時半成眠。

今日陳醫謂我心脉已平十分之五，胃脉已平十分之三。予告以疲倦，渠云此正是好事，以前所以不疲倦者，即虛火現象也。

天熱久矣，昨夜得雨，今晨即覺凉快。今夜又大風，精神益振。但政協路遠，自西城返東城歷一小時半，湲兒又因此咳嗽矣。此兒最慧，而身體最差，可慮也。

七月三號星期日（五月十四）

到陳醫處續診。到警予處談。到通學齋。看科學院印發之《胡適言論集》。

眠兩小時。張覺非來，助理書，留飯，爲予診脉。洗浴。

與静秋帶四孩到中山公園，在草地上玩，十時歸。

今日下午無事，安心午眠，乃得睡二小時，前之所無也。

自今日起，張覺非君來助編書目，以予書決售于東北人民大學，以安生計，不得不然也。

我本每晨大便一次，近來又加上下午大便一次。陳先生説，這便是腸胃病徵。自服其藥，居然每日大便一次了。此甚可喜！

七月四號星期一（五月十五）

到商務印書館，晤史久芸、吳澤炎。到陳醫處診，并晤其女婿翟寒松。歸，補記日記二天。記筆記三則。

眠未着，看黄尊素《説略》。寫映婁、延孫信，到郵局寄。到伯祥處長談。寫筆記一則。

與静秋携四孩到東單廣場。九時歸，洗浴。心宕甚。至十二時服西藥，三時半醒，五時又睡，六時醒。

昨晚覺得疲倦，但上床後仍不能闔眼，至十一時半服藥，十二時成眠。三時半醒，初以爲又失眠矣，乃登床後又得睡，至六時半起。共得眠六小時，足矣。只要入眠不難，氣即壯矣。

七月五號星期二（五月十六）

到通學齋。到陳先生處診，并與其子開運談。看《胡適文輯》史學之部。

得眠四十分鐘。到前門郵局。到歷史博物館參觀。五時大雨。訪傅振倫，未遇，晤李錫經，談。天霽後歸。看《新建設》中吳景超評梁漱溟文。

　　洗浴。周耿來。十一時一刻服西藥眠。上午三時半醒。

　　以前夜之得眠，昨日氣壯，即動手寫筆記，孰意一寫之後，心臟即覺軟弱，如欲墜者，午後即未成眠，夜更難睡。至陳醫處，渠謂心脉浮動。予曰：將爲怔忡乎？渠云：猶不至是。噫，自一九三〇年作《五德終始説》文得此症後，久未發矣，今乃以業務、經濟等之壓迫而復發，發得又如此重，真萬念俱灰，若待決之囚矣！

七月六號星期三（五月十七）

　　到陳先生處續診。到東安市場購物。寫石聲漢信。看政協"中國近代史講座報告紀録"。

　　眠未着。到所，參加檢討會，予作檢討兩小時。同人批評兩小時。

　　賀次君來。洗浴。十時得眠，十一時醒。至一時，以服西藥得眠。三時又醒，旋眠。五時許醒。

　　今日同會：張德鈞　王毓銓　喻培厚　張若達　陰法魯　萬斯年　李聲簧　李儼　譚其驤　吳宜俊

　　明日仍有會，德鈞爲予病，囑勿參加。

　　予述自己思想，謂予有極大之個人英雄主義及極高之温情主義，大家批評，謂予辦通俗讀物社抗日，辦《禹貢》研究邊疆問題，乃愛國主義與正義感，不可謂之個人英雄主義。凡個人英雄主義者，必從自己利益出發，而非忘我者也。

七月七號星期四（五月十八）

　　與静秋到王潔泉醫師處治牙。看張佩綸《澗于日記》。

　　眠半小時許。寫陳奇猷信。與静秋同到王醫師處取牙。遇黃俊保。

洗浴。江文也來按摩。眠一小時後即醒，至十二時又服西藥。

江文也君任音樂學院教授，校在天津，今已放假，而爲學習胡風事件，須至本月十九日方得住京。今日渠返京，乃來一按。然一次未易生效也。

今年天氣亢旱，至今晚熱極矣，許多人都不能睡，不必説我這久抱此病的人了。

七月八號星期五（五月十九）

到前門郵局寄信。到陳先生處續診，晤其女芝瑞。臥床，看徐澄宇《樂府古詩》。

眠一小時許。與静秋同到王醫師處治牙。遇黃俊保。

周谷城來，同訪伯祥，不遇，晤潤華、滋華。又到所訪季龍，不遇。到尹達處談。洗浴。

陳先生箋予曰：“爲了寫一千字，害得多服五帖藥，此後應不要忘記：自己是一個有病的人。”

谷城爲開人代會到京，見予病，曰：“前年爲你做生日的時候，我致祝詞，希望你活一百四十歲，因爲看你非常健康。哪知你到北京，不到一年就病了！”又言他自己也不能緊張地趕任務。

七月九號星期六（五月二十）

寫鄭麟醫師信。姚企虞來。爲責洪兒，静秋生氣。竟日大雨，臥床看《潤于日記》。

眠一小時。

看洪、湲兩兒在幼兒園中之成績。

自六日起，晚十時得眠，十一時醒，竟成慣例。此自然之睡眠，亦可謂爲服中藥之效驗。十一時醒後，不復思睡，不得不服西藥，往往能睡五六小時矣。

七月十號星期日 （五月廿一）

補記日記三天。到陳先生處續診。到市場買孩書。爲兒輩講書。爲黃愼之寫介紹信與陳醫。祝叔屛來。訪黃俊保未晤。

眠約四十分鐘。續看《澗于日記》。與靜秋挈四孩到東安市場買火腿兩脚送陳、歐陽兩醫師。

季龍來。江文也來按摩。洗浴。眠一小時後仍醒，服西藥後上午三時半醒，又服藥。

七月十一號星期一 （五月廿二）

與靜秋到王醫處修牙。寫郭沫若、章丹楓信。

眠一小時。江文也來按摩。續看《澗于日記》。四時，與靜秋同到前門買茶葉，到紅星看電影。

洗浴。九時入眠，上午一時半醒，未服藥，天明時一朦朧。

近日舌苔漸退，邊已見紅。想數月來舌上無津，捲轉困難，一切食物均無滋味，真苦事也。此不可不謂中醫之力。脾胃之疾，其由此而瘳乎？

七月十二號星期二 （五月廿三）

與靜秋到蘇聯紅十字醫院神經科，由劉女士診病，復赴驗血科取血，透視科照內臟。遇鄧□民。張覺非偕黃愼之來。

眠半小時。到所，參加檢討思想會，聽張德鈞自我檢討，自二時半至六時一刻。

洗浴。服醫院藥後即眠。

蘇聯醫院檢查甚細，費半天功夫，尚未驗畢。所服之藥以平血壓者爲多，蓋予之血壓，今日所驗，上字爲一百六十，并不

高，而下一字爲一〇八，則其高，予從未有此現象也。由院取藥
五種，內減低血壓藥三種，安眠藥二種。

七月十三號星期三（五月廿四）

賀次君來。到陳醫處續診，送禮，并晤黃慎之。又安等三人到
所編書目，寫張德鈞信。寫楊拱辰信，爲賣書事。看趙貞信崔述辨
僞兩書序文。

寫朱南銑信。眠未着，看徐澄宇《樂府古詩》。到所，開會，
續檢討張德鈞思想，并商定今後分組辦法。賀次君來，同飯。

與靜秋到東四南大街散步。歸，王愛雲偕其子女克平、以平
來。洗浴。

昨日十時入眠，今日四時半醒，得眠足六小時，數月來無此
樂矣。此則蘇聯醫院之功也。

陳老先生告予："黃慎之以體弱而失眠（血壓爲 50—100），
君則以體强而失眠。"慎之年方五十，其體乃弱于予，是亦可以
自豪者矣。

七月十四號星期四（五月廿五）

五時半起，取大便。六時半出門。到永定門一覽，步至蘇聯紅
十字醫院。送大便，并在兩臂取血。出，到永利居早餐。歸，看胡
風文件。

寫俞平伯、舒新城、張士敏信。眠未着，看胡風材料。出，到
繼仁堂買藥。到東四理髮。到所，開會，檢討胡風反革命文件，自
四時至六時半。

企虞來。擎宇來。歐陽静戈、葉子剛來。

昨夜竟睡八小時矣。藥物有靈，吾生得解放矣。

自今日起，此一小組復分兩組學習：

甲組：張德鈞（組長）　　喻培厚　李儼　陰法魯　萬斯年

乙組：張若達（組長）　　譚其驤　王毓銓　顧頡剛

七月十五號星期五（五月廿六）

寫趙孟頫，汪叔良信。到陳老先生處續診，并與翟寒松、董女士等談。到市場購筆。看胡風文件。理書桌。

眠一小時。到蘇聯醫院，驗眼，自四時至五時一刻。趕至所中，參加小組學習。到王修處。

到新僑飯店訪谷城、新城、許崇清，均未遇。買紙。浴。

予眼無大疾，左眼三百度，右眼四百度，近視變老花。

七月十六號星期六（五月廿七）

到北海，寫映婁、延孫信。與之屏、元胎、芸圻談，并晤周耿。買藥。校《四部正譌》一卷半。

眠一小時許。與頤萱携四孩游景山公園。

賀次君來。洗浴。看《新世説》。

景山公園今日初開放，已卅年未到矣。荒凉甚，一切未布置也。且喜小孩得一登山之訓練。

讀《歷史研究》中范文瀾、蔡美彪、梁從誡三文，渠等批判胡適，均聯及余，爲之不快。

潮、洪、湲三兒皆頗能圖畫，尤喜畫人，蓋看連環圖畫多，自能依仿也。又青年會有兒童閱覽室，渠等亦取得借書證，可常往借覽矣。

七月十七號星期日（五月廿八）

陳繼珉來。陶才百來。與潮、湲到許子美家。予赴陳醫處診。到子美家接兩兒歸。校《四部正譌》。記筆記二則。

眠一小時。校《四部正譌》訖。舒新城、葛綏成、姚紹華來。重校《諸子辨》及《子略》。到祝叔屏處，晤其夫人及子繼驄。

與湲、堪、王海晏到米市大街散步。洗浴。看《新世説》。

昨夜將 Luminal 減少三分之二，今晨二時即醒。至四時又睡，六時醒，仍眠七小時。近日大便乾結，甚以爲苦，陳醫謂予腸有熱。又謂予因肝旺、胃不和而致失眠者。

新城囑予少吃，早晨吃鷄蛋一個即可。企虞囑予多吃維他命 B 丸。

洪兒考師大二附小未取，今日更考一附小及史家胡同小學。二附小考生太多，要二十餘人中取一個，雖有翁獨健説項，尚無效。

七月十八號星期一（五月廿九 初伏）

整理兩月來筆記。寄《澗于日記》與映婁。到北海，校《朱熹辨僞書語》三之一。記筆記五則。歸車中遇祝叔屏。

眠一小時半。到所，換書架，移書。四時半，開會，由張若達傳達院部批判胡風之報告。到企虞處送稿。買藥。

華忱之來。洗浴。與靜秋帶四孩到隆福寺。又訪孫實君，未晤，與孫助廉談。歸，與季龍、昌群談。

今晨三時醒後即未眠，以昨臨睡未進安眠藥耳，然已睡足五小時矣。

七月十九號星期二（六月初一）

看《蔣山傭殘稿》。記筆記一則。到陳醫處診。到市場購物。校《辨僞叢刊》序目。寫誠安、毓蘊、燕義權信。

眠一小時許。到東四郵局寄信。到所，與覺明談。三時半開會，商討第二批材料，至六時止。

到伯祥處談。到青年會訪陳碧笙，未晤。洗浴。夜十一時許，木蘭偕李嘉蔭來，住宿。

　　昨夜十一時方眠，今晨五時醒。

七月二十號星期三（六月初二）

　　與木蘭談。與靜秋到紅十字醫院，就劉芷青女醫師續診。賀次君來。

　　眠一小時。看胡風文件。到所，與季龍談。三時半開會，六時半散，將胡風文件討論畢。

　　陳碧笙來。洗浴。失眠，服藥兩次。至十二時得眠。

　　昨夜十時眠，今晨六時醒，殆正常矣。

　　今日往診，醫謂心臟正常，驗血及大小便無病，眼則有高血壓之遺痕，因斷予之病爲由高血壓所得之失眠。今日量血壓，上140，下88，甚合理想。

　　洪兒考史家胡同小學已録取。

　　木蘭畢業江蘇師範學院，將分發至邊地，因來視其母。

七月廿一號星期四（六月初三）

　　到陳醫生處續診，與董女士夫婦談。續校《朱熹辨僞書語》。

　　寫伯祥、警予信。眠一小時許。到所開會，予重行自我批判，發言一小時半，同組人提意見一小時半。到市場修面。

　　宴客于敦厚里廣東館，十時歸。洗浴。

　　昨夜失眠，謂是天氣熱耶，則前數夕亦熱，何不然？疑前次取蘇聯醫院藥，該院以無大瓶，將降低血壓水藥分裝兩瓶，靜秋遂給予兼量之藥，昨知其非，遂減其半所致耶？若然，則西藥總帶強迫性質，一星期來之安眠爲強制作用可知矣。

　　陳醫謂予肝脉漸平。

　　今晚同席：舒新城　周谷城　姚紹華（以上客）　伯祥　季

龍　予（主）

七月廿二號星期五（六月初四）

到政協，開文化組組會，自九時至十一時半，討論整理古書事。校《朱熹辨僞書語》。

眠半小時。到所，開會，自三時半至六時半，無中心發言。

洗浴。早眠，未服藥。

今日上午同會：傅彬然（主席）　邵力子　梁漱溟　連闊如　鄭芸　孫蓀荃　林仲易　王瑤　張鈁　許寶騤　徐伯昕　陳公培　周鯨文　仇鰲

今日熱極矣，室內百度，室外殆百廿度矣。

七月廿三號星期六（六月初五）

終日在家，校《朱熹辨僞書語》畢，《唐人辨僞集語》未畢。記筆記三則。

眠一小時。

到新僑飯店訪虞弘正、秦仁昌、何叙父，并晤何康、俞鑑。十時歸，洗浴。失眠，服藥二次。

昨夜九時即入眠，今晨五時方醒，足眠八小時，爲永所未有之事。然今晚一出交際，又至十二時半方入眠矣。予安得居郊外斷賓客耶！

何叙父前數年身體已甚不行，而在華東醫院養病三年，依然恢復少壯，高談雄辯猶昔，望之若四十許人（已六十八歲）。老年須養，即此可知，然予安得此福分耶！

七月廿四號星期日（六月初六）

蕭新祺來，爲寫鄧文如信。校《唐人辨僞集語》畢。與木蘭挈四兒到紅星看《鳳》及《中國文化團到印度》電影。

眠一小時。將《唐人辨僞集語》中疑難問題檢書校正，訖。記筆記六則。陳邦杰夫婦來。

倦甚，早眠。

今年之熱，云是北京七十餘年所未有，室外最高時至百四十度。中暑致死者不少，種植多乾枯，可謂災矣。

牛亦以暑熱不能食草，牛奶房來報將無牛奶供應。

七月廿五號星期一（六月初七）

記《膏火書》訖，記一目。記筆記一則。將所校稿送中華書局，晤林□□。校《詩疑》畢，校《古今僞書考》未畢。李嘉蔭來。

眠一小時。到春風理髮。

乘涼。洗浴。早眠。

昨夜八時即眠，今晨二時許醒，以爲睡足矣。而靜秋强予就寢，竟又得睡二小時。血壓減低，乃如此貪眠。惜仍服藥耳。

批判胡風聯繫自己之會尚未開畢，今日德鈞來電話停開，當因天氣太熱之故，或已有人參加集會而致病、致死者，得暫紓乎？

七月廿六號星期二（六月初八）

校《古今僞書考》訖。

眠一小時。校《書序辨》未畢。劉益之偕其友胡女士來。

與靜秋挈四孩到文化宮散步，以小雨即回。洗浴。看孫奕《示兒編》。失眠，服藥。

昨晚略有風，今日下午作雲，人爲一醒。

數日來校書工作一緊張，今日胸部又作痛矣，夜間又不思眠矣。此後當嚴格保持工作半日制，否則病必不愈也。

身上生痱子，尤以右手揮汗作書起痱尤甚。

闡前數日大熱，死于醫院中者百餘人，其中以孕婦爲多，以產後受暑，易痙攣也。

七月廿七號星期三 （六月初九）

到陳宜誠先生處續診。到北海，續校《書序辨》。見《通鑑》卷一樣本，不以爲善。

眠未着。續校《書序辨》訖。伴堪兒小眠。次君來。

洗浴。早眠，至九時，服藥眠。

陳醫謂予脉象俱好，病已去其十之五。

今日陰了一天，夜半始雨。

七月廿八號星期四 （六月初十　中伏）

改賀次君作《史記》校本序。與靜秋偕木蘭、潮兒到故宮，自天安門入，觀太和殿古物、保和殿美帝及蔣匪劫走之文物照片、模型，到隆宗門服務所午餐，遇王碧書。又觀慈寧宮之陶磁館及西六宮之陳列室，聽時鐘奏樂，到坤寧宮看光緒大婚圖，到國際友誼館第一部分，看蘇聯等國贈物。五時出。

次君來。

洗浴。看《知不足齋叢書》數種。早眠。

昨夜九時服藥眠，今晨三時醒，以爲足矣，乃以下雨涼爽，竟睡至七時方起，則睡十小時矣，不已泰乎？予近來只苦入睡之難，若既得睡，則即不畏其不能睡也。

七月廿九號星期五 （六月十一）

早二時醒，四時復眠。校《論語辨》，畢工。理稿件櫃一。

尹贊勛之女來。

與靜秋、湲兒同出，予與吳宜俊同到科學院聽郭沫若報告。與張德鈞、朱士嘉談。九時，到北海，與靜秋等自後門歸。洗浴。十一時眠，服藥二次。

今晚科學院開會，由郭院長總結胡風問題學習，予本可不去，而靜秋必強迫予去，至在北海待予爲其要挾，不得不往矣。及至院中，則僅聽報告半小時，自地安門上電車已十時，心中一急，又失眠矣。靜秋何以爲此之形式主義，何以必欲使在休養中之予仍病，不可解也。

七月三十號星期六（六月十二）

校《左氏春秋考證》，未畢。

陳邦杰夫人來。

與洪、湲、堪三兒到史家胡同散步。洗浴。八時半眠。

七月卅一號星期日（六月十三）

校《左氏春秋考證》訖。孫實君來，長談。尚愛松偕其子剛來，留飯。陳邦杰夫婦來，留飯。瑞蘭偕其女燕來。

眠一小時半。與愛松長談。高大姨來。檢查《書序辨》中未解決之問題。記筆記一則。

到企虞處送稿。到東、西花廳等處散步。洗浴。九時，大雨中眠。高大姨留宿。

昨晚八時半眠，今晨三時半醒，足眠七小時矣。此豈非理想之生活耶？

一九五五年八月

八月一號星期一（六月十四）

到所，開一、二所業務聯席會議，自八時半至十一時半。檢查書籍。

眠，稍一朦朧。取《學海堂經解》本重校《左氏春秋考證》訖。并檢查若干未解決之問題。記筆記三則。

到伯祥處談，九時歸。洗浴。失眠，服藥二次。

八月二號星期二（六月十五）

到企虞處送稿。到北海，晤元胎。寫思泊、丕繩、肖甫、映婁、延孫信。草民主促進會申請入會書稿，訖，約三千餘言。

周耿、芸圻來談。眠一小時。歸，洗浴。

與靜秋挈四孩游中山公園。歸，姚企虞夫婦來。

八月三號星期三（六月十六）

看《嶺外代答》，記筆記五則。添寫思泊信。到郵局寄信。理新書。賀次君來，留飯。

眠未着。劉家駒來。記筆記三則。與靜秋同出寄信，看"日本木刻展覽會"。到東安市場，吃蓮子粥。遇黃仲良。寫公私合營銀行上海辦事處信。

洗浴。翻《知不足齋叢書》。十二時半醒，服藥。

八月四號星期四（六月十七）

到政協，參加教育組座談會，自九時至十二時。與潘光旦、尹贊勳等談。與胡庶華、浦熙修同出。

看賀次君《史記》序，加以修改，未畢。眠一小時。記筆記一則。鈔民進入會申請書，未畢。與靜秋、木蘭、潮兒到大華看《哈森與加米拉》電影。

洗浴。翻《知不足齋叢書》。九時半眠，至上午二時醒，至五時又眠一小時半。

今日同會：許德珩　曾昭掄　尹贊勳　樓邦彥　李燕　吳研因　楊衛玉　趙啓騄　胡庶華　孫蓀荃　浦熙修　勞君展　向達　周亞衛　黎錦熙

蘇聯醫院之降低血壓藥，粉藥少配，近日但服水藥，因之眠又不佳，半夜輒醒。睡眠而恃藥，終不可久也。

八月五號星期五 （六月十八）

初次修改《史記》序畢。鈔民進入會申請書兩份訖。

眠未着。周耿來。與又安挈堪兒到紅星看《四季變化》、《敦煌壁畫》電影。

寫王毓瑚信，送王修處，談。企虞來。洗浴。

昨夜至今晨大雨，然氣候仍悶熱。

申請書兩份即六千字，字小行狹，暑中書之，頗感疲矣。

今晚服 Luminal 藥片睡，十時成眠，翌晨四時半醒，足矣。

八月六號星期六 （六月十九）

與靜秋到蘇聯紅十字醫院，就劉芷青大夫診。出，遇馬曼青。乘六路電車，到崇文門，爲木蘭購票。

眠半小時。看《碧血錄》。與木蘭談。改寫《史記》序千餘字。看《要籍解題及其讀法》中論《史記》文字。寫自珍信。賀次君來。

堪兒受傷，靜秋生氣。洗浴。失眠，服藥兩次。

今日量血壓，上字百四十，下字七十八，太理想了。劉醫仍令予服治大腦表皮之藥水，并服強心丸。渠囑予勿趕工作，此事談何容易。若得如金子敦之退休，便無問題矣。

堪兒慣于跳踉，今晚攀自行車，爲車所壓，右手食指指甲脱落，出了許多血，即赴醫師處包裹。靜秋爲此，憤欲自裁。予受此刺戟，又失眠矣。堪兒傷指，必大痛，而竟不哭，蓋禍由自取，不示弱也。以此見其性蠻。

八月七號星期日（六月二十　末伏）

爲木蘭南行，五時起。携申請表訪嚴景耀，未晤，留條。到孫實君處，并晤其子學威。到陳宜誠先生處，取膏子藥。歸，看《安吉施氏遺著》。

眠一小時。續作《史記》序一千字（司馬談作史）。看袁采《世範》。

與静秋、義安挈四孩到東單南新闢公園。洗浴。眠至上午二時醒，待至天明又睡。

八月八號星期一（六月廿一）

續作《史記》序二千字(《史記》的五種體裁的來源)。記筆記一則。

眠一小時。看周耿《陰陽五行思潮與古代自然科學的關係》、《終始五德的實際政治意義》二文。中國書店趙昌瑞來。

看樓鑰《北行日記》。洗浴。眠至一時半醒，服藥。

今日傍晚大雨，至夜半方息，希望明日稍凉，便利工作。

八月九號星期二（六月廿二）

王修來。寫姚企虞信。將周耿《陰陽五行思潮與古代自然科學的關係》摘鈔入筆記，計七千字。李鏡池夫人來。

看朱弁《曲洧舊聞》。汪安之偕其妹采齡、嵩齡、壽齡、侄女杏芬來。

季龍來。洗浴。九時半眠，十一時半醒，服藥兩次，約十二時半眠，五時醒。

周耿兩文，置予處半年矣，予心知其對于予所研究之密切，必須好好讀一過，摘要録入筆記，以無暇爲之，遂置匲中。日前渠來索取，因急看急鈔，今日鈔至七千字，太迫促，又使予不安眠矣。

八月十號星期三（六月廿三）

摘録周耿《終始五德的實際政治意義》入筆記，計千一百字。與静秋挈洪、湲、堪三兒到王姨丈家，與安之表弟、采齡、嵩齡、壽齡三表妹及其所撫兒杏芬同到北海，上漪瀾堂樓飯，到兒童體育場，茶于雙虹榭，到文物組訪周耿，不遇。四時半出，分道歸。

賀次君來。徐文彪來。到春風理髮。

洗浴。八時半眠，至九時半猶不能睡，起服藥，眠至三時半醒。又眠，至六時醒。

安之表弟犯神經病，到處和人吵架，以致蘇州不能住而移天津，又致天津不能住而移北京。適值回鄉運動，派出所不任其遷入，又到毛主席處及人民法院告狀。采齡妹自與東北張君結婚後住津。嵩齡妹任盤門外小學教師，每晨四時即出，每日來回走十里路，其工作精神甚好，惜有便血、頭暈等病。壽齡妹主家務，子宮生瘤，小便不暢。此次來京，主于醫治。此三表妹均肯工作，而二人不嫁，一人嫁而無子。安之年已五十，亦不結婚，只會胡鬧，可厭之至！

八月十一號星期四（六月廿四）

續作《史記》序約四千字（司馬遷）。

眠一小時。在門口遇葛綏成。

與潮、洪、湲三兒到王姨母家，晤王儼及其子女，同到鬧市口冷飲。到其家，與安之談。九時許步歸。洗浴。十時眠，上午二時三刻醒，遂不寐。

八月十二號星期五（六月廿五）

到政協，參加文化組學習會，聽錢俊瑞報告，以廣播機壞，先出。晤王澤民、嚴景耀、王季範、孫蓀荃等。記筆記一則。續作《史記》序，約三千字（《史記》之殘缺與增刪）。

眠約一小時。

與靜秋挈四孩出，遇唐守正，與同到中山公園，參觀糧食節約展會。九時半歸。洗浴。十時許睡，上午四時許醒。

八月十三號星期六（六月廿六）

將所寫《史記》序統看一過，加以修改，又續寫三千餘字（《史記》的增補）。潮兒與洪兒打架，責之。記筆記一則。

眠未着。唐守正來。

洗浴。待靜秋看常香玉戲歸，看王若虛《滹南集》。十一時，渠等回。予服藥眠，翌晨五時許醒。

予睡夢中常于左頸左肩出盜汗，近來左臂又大生痱子，癢甚，且蔓延甚大，頗以爲苦。

存歷史研究所書，由又安、義安、張覺非三人整理，今日理畢。據又安估計，約一萬八千冊。

八月十四號星期日（六月廿七）

蕭新祺來，爲寫魏建功、沈從文信。擎宇夫婦偕其子竹君、竹漪、女蓓蓓、蕾蕾來。程金造來。賀次君來。王以中來，爲寫吳豐培信。與堪兒到新華地圖社宿舍，晤蕭大治。記筆記二則。

眠約三刻鐘，爲洪兒哭所吵醒。記筆記二則。點《史記別鈔》十頁。看汪中《述學》。到紅星購票。

與靜秋挈四孩到紅星，看《蘇聯體育》、《水土保持》、《改造黃河的第一步》電影。予到王姨丈處，與汪家諸表妹談。九時歸。

洗浴。眠後以洪兒發厥醒，服藥眠。

擎宇夫人來，謂上海七百萬人口，近要迫其還鄉四百萬，凡農村來者，無職業者皆不許住，甚至職員之直系家屬亦復勸其歸去。且只許搬出，不許搬進，故屋子大空，傢具皆賤價賣出，一張紅木桌只十二元而已。

八月十五號星期一（六月廿八）

鈔盛如梓《庶齋老學叢談》入筆記，凡九則，一千八百字。點《史記別鈔・封禪書》訖。記筆記四則，約一千五百字。

眠未着。

與靜秋到北海散步。歸，洗浴。商錫永自廣州來，談。服藥眠，翌晨六時半醒。

八月十六號星期二（六月廿九）

點《史記別鈔・河渠書、平準書》訖。記筆記八則，凡二千餘字。看《方望溪集》。

眠一小時半。

洗浴。翻《知不足齋叢書》。九時半眠。翌晨四時醒。

昨日大雨，今日雨更大。我家屋好，且漏，他家如何！院中成池塘矣。

八月十七號星期三（六月三十）

整理筆記。讀《平準書》等。記筆記八則，約二千五百字。

眠未着。汪安之偕嵩齡、采齡兩妹來。

李唐晏來。洗浴。九時眠，至十時服藥，翌晨四時三刻醒。

昨夜徹夜大雨，今日又連雨一日，三日中不斷的下，將成澤國，妨礙秋收，奈何！

两日來晚餐後以雨不能出門散步，遂致眠後又復耿耿。

頤萱嫂上午與静秋鬥口，中午出，到高大姨處，晚歸。静秋性情愈來愈急躁，對人説話時時用申斥態度，無怪乎頤萱之受不了也。

八月十八號星期四（七月初一）

整理筆記。續作《史記》序三千字（司馬遷的叙事）。

眠一小時。

與洪、湲兩兒到王姨丈處，與姨丈母及表弟妹談。九時歸，洗浴。失眠，十時服藥，至十二時半醒，又服藥，翌晨五時三刻醒。

上午復大雨，中午停。室中漏愈甚。

今日太趕工作，心象又現異狀，晚間果失眠矣。予自署"緩齋"而迄不能緩，真大病也！

八月十九號星期五（七月初二）

將《史記》序統改一過，約增入二千字。

眠半小時。姚企虞來。記筆記三則。與静秋同到擎宇夫人處。

獨上景山，九時歸。洗浴。十時眠，十一時醒，服藥，十二時後眠，翌晨五時三刻醒。

連雨四日，聞郊外已積水齊腰，城內小孩有陷入溝洞，被水衝走者。今日幸又放晴。

《史記》序文，予已寫兩萬，次君約寫萬一千字，尚須補寫萬餘字，又將次君所作改寫，看來還須兩星期功夫方完初稿，此序直是一篇"《史記》通論"了。自抗戰後，予尚未做此長篇文字。

今日企虞來，囑我先寫《古籍考辨叢刊》第一集後記，《史記》序的工作只得暫壓。

八月二十號星期六 （七月初三）

與潮、洪、湲三兒到王姨丈家，偕安之、嵩齡、杏芬同出，到故宮博物院西路，遇陳萬里。聽洋鐘奏樂。到隆宗門故宮服務社飯。

游中路，參觀國際友誼館及亞非會議時所得贈物。到御花園。五時，偕杏芬歸。看《侯鯖錄》。賀次君來。

安之來，接杏芬歸。洗浴。看《濟南集》。九時眠，翌晨三時許醒。

八月廿一號星期日 （七月初四）

整理筆記。記筆記四則。到擎宇處，并晤新垓。陶才百來。宴客。眠一小時許。鈔《光明日報》論李長之《文學史稿》語。看毛澤東《在延安文藝座談會上的講話》。

與靜秋挈四孩到中山公園散步。九時歸，洗浴。十時睡，翌晨三時一刻醒，天明後又睡一小時。

昨在故宮走了一天，腳底有些痛了。夜未服藥，就枕即眠，醒來已睡六小時矣。以此知予病已瘥，特此趕任務之生活使予終不得瘥耳。要予病好，必待退休。

今午同席：擎宇夫婦　竹林　竹君　竹漪　蓓蓓　蕾蕾（以上客）　予夫婦（主）

八月廿二號星期一 （七月初五）

記筆記三則。作《古籍考辨叢刊》第一集後記，約一千六百字。龔雲水來。

與頤萱、義安挈四孩到蘇聯展覽館，看全國少年兒童科學技術和工藝作品展覽會。出，到茶社，渠等游動物園，予坐看王懋竑《朱子年譜》。六時三刻，渠等來，同歸。

八時抵家。洗浴。九時眠，上午一時一刻醒，約至四時許又眠，六時起。

　　陳列品千餘件，看出現在高小與初中學生的能力大得很，在
這些工作的實踐裏，提高了科學技術和工藝的學習一定不少。

八月廿三號星期二（七月初六）

　　記筆記二則。寫公私合營銀行上海辦事處、童丕繩、趙肖甫、
劉鴻賓、傅彬然、文懷沙、華忱之、蕭新祺、譚季龍、誠安弟、趙
泉澄夫婦、汪嶽雲、狄靜觀、自珍信。汪安之來辭行。

　　眠未着。孔玉芳來，長談。到郵局寄信。到青年會理髮。送
《蔣山傭殘稿》到章雪村處。

　　與靜秋偕洪、湲、堪三兒到紅星看《內蒙古在前進中》電影。
九時歸，洗浴。十時眠，上午一時半醒，服藥兩次，約三時許眠，
六時半醒。

　　一夜睡眠必打成兩橛，此所以苦。

　　玉芳謂現在我的氣色不如新年中了，予因告以病況。渠又懷
孕，今年十一月產，有六個小孩，自更比靜秋苦矣。

　　玉芳云：在齊魯大學時，許多同學均説錢賓四"拔一毛而利
天下，不爲也"，説予則曰"摩頂放踵利天下，爲之"，謂兩人性
格彼時已看出不同來，所以今日有異，他已站到敵人隊伍裏去了。

八月廿四號星期三（七月初七）

　　審查岑仲勉《黃河變遷史》目録，寫三聯書店信。續寫《考
辨叢刊》後記一千五百字。記筆記一則。黃克平、永平來。

　　眠三刻鐘。寫平心信。到羅偉家，并晤劉定五先生，同到章伯鈞
家，觀其藏書。五時半出，訪錫永，晤其夫人。到東安市場買小車。

　　與義安挈洪、湲、堪三兒到崇文門外看火車。道遇張孜。洗
浴。十時眠，上午三時醒，五時又睡，六時醒。

本月經濟已臨絕境，而因孫實君介紹，賣出楊守敬《歷代輿地圖》一部，價一百八十元。今日得誠安來書，寄到大中國股息一百六十元，非特甘霖，直續命湯矣。

八月廿五號星期四（七月初八）

理書。續寫《考辨叢刊》後記三千五百字。牛松雲偕其子來。到內務部街散步。

訪紹華，不遇，留條。看《聽雨樓隨筆》。十時眠，二時醒。至天明後又一朦朧。

青年會有俄文夜班，每周三次，學習兩年，靜秋報名參加，今天前往開卷。靜秋自參加婦女聯誼會後，每星期開會兩次，今添此事，亦足以慰其向外發展之心。

八月廿六號星期五（七月初九）

將《叢刊》後記統改一過，加寫七百字。羅偉之來，長談。

道遇歐陽邦華及陳樹仁。玉芳來，邀予偕靜秋挈四兒同到農業大學，至其家坐。四時，到農大及農場游覽。六時還其家，與馬藩之談。與藩之同到王毓瑚處談。還藩之處飯，飯畢，至萬壽路乘車歸，已九時矣。洗浴。

九時三刻眠，十二時半醒，服藥，六時醒。

玉芳與藩之結婚後已生三女二子，其名爲安瀾、安黎、安群、安疆、安熹。今又有孕，將于十一月產。玉芳教于天津河北師院，家事悉委其姊玉芬爲之，殊井井也。

鄰居潘氏子學彪，今天無故將予家後窗玻璃用煤塊砸破。小兒頑劣，父母在外工作，自己暑假在家，無人管束，到處破壞，此真今日社會之問題也。予家房屋固不差，而一門二十餘家，若一大雜院。

八月廿七號星期六（七月初十）

與靜秋冒雨到蘇聯醫院就診。出，到前門郵局取滙款。車中遇劉定五先生。

眠一小時。王玉璋來。續寫《叢刊》後記二千餘字，仍未畢。記筆記四則。

看《聽雨樓隨筆》。十時眠，失眠，十一時起服藥，一時又醒，再服藥。

一雨成秋，三個月之炎威收盡矣，而予左臂上之痱子尚未痊，氣管炎又作。

今日量血壓，上一字爲一百二十八，更低了，下一字爲九十，則高。

今晚失眠，想是下午工作太緊張之故，抑以雨後未出外散步故耶？

八月廿八號星期日（七月十一）

賀次君來。徐調孚來。王玉璋來。譚季龍來。孫實君來。將後記作訖。

眠一小時許。與靜秋挈潮、洪、堪三兒出安定門，到勞動部附近散步。到交通部宿舍訪周應聰夫婦。六時半歸。

以中夫婦來。與又安、義安、羅媽同到紅星，看《蘇聯捕鯨隊》電影。歸，洗浴。九時半眠，上午三時醒後仍眠，六時醒。

實君來，買予書五十元。季龍來，知新華地圖社許借支版稅三百元。如此，則九月中生活不成問題，《史記》稿費接得上矣。

今日上午多客人，下午出外散步，晚上看電影，一天未動腦筋，所以睡得甚好。然要叫予永不動腦筋，不但社會所不許，家庭所不能，亦予心所不願也，奈何！

八月廿九號星期一（七月十二）

擎宇來。紹華來。將《古籍考辨叢刊》第一集後記重寫，得六千餘言。

眠未着。

到崇內毛家灣十七號一白俄家公宴。九時許步歸。洗浴。服藥兩次，一時後醒，幸仍得眠。

今晚同席：徐森玉先生　周紹良　譚季龍　謝辰生　趙元方　孫實君　孫助廉　此一家之西餐須預定，菜極豐富，吃不了，今日所定凡六客，而八人食之，所剩猶多。每人派三元半。

森玉先生告我，洪瑞釗大罵我，我好心幫助他，使他得一千單位之校訂費，徒以地圖出版社不列其名于封面，乃怨集于予，從此知愛才必自累，交友必重本質，我之泛施同情心實自貽伊戚也。儆之儆之！

八月三十號星期二（七月十三）

將後記續寫，得五千餘言。王玉璋來。

眠一小時半。

到紹華處。散步，到南小街修面。歸，洗浴。服藥眠，翌晨五時半醒。

今日收到新華地圖社借支版稅三百元，九月份生活無慮矣。十月中能取到《史記》稿費，亦不愁矣。惟《史記》一序頗不易寫得好耳。

八月卅一號星期三（七月十四）

將後記改訖，即送去。羅偉之偕陳真如來。王姨丈、姨母來。王玉璋來，爲寫趙紀彬信。

四時半，與靜秋挈四兒，到紅星再看《蘇聯捕鯨隊》電影。

與静秋及湲兒到中山公園散步，看市二中學生歌舞。九時許洗浴。十時睡，翌晨五時半醒，未服藥。

此文先後作十日，實際作六天，得一萬二千字，可謂集中精神矣，不知社會上之反應何如也。此文尋出宋代文籍考訂學之根源爲劉知幾與啖助，第一部被考辨者爲《春秋》，《詩》、《書》、《孝經》、《論語》爲逐步化出，爲之一快。又謂考辨工作者其主觀願望爲尊重孔子，而客觀效果爲破壞經學，并打擊孔子之地位，亦即反封建運動，皆未經人道過者。

《蘇聯捕鯨隊》影片，有生物與地理知識，有冒險精神，最適宜于兒童觀覽，因與孩子們前往復看一過。

一九五五年九月

九月一號星期四（七月十五）

到北海。聶筱珊來，長談。與芸圻談。元胎來。周耿來，長談。將《今本竹書紀年疏證》標出號字，未畢。

與之屛談。訪徐森玉先生，未晤。

看《聽雨樓隨筆》。洗浴。

九月二號星期五（七月十六）

到北海，將《紀年疏證》標號字訖。作《史記中之錯誤》一章，一千餘字。記筆記一則。寫齊致中、李映婁信。

上山飲茶，看《先秦諸子繫年考辨》。回室，記筆記兩則。以將雨，早歸。到東安市場購書。與静秋挈四孩到東單公園。

看《骨董瑣記》。洗浴。失眠，服藥。

今日在北海，未與一人談話，可以集中精神于工作，然精神一經集中，即感緊張，因此心悸之疾又作，胸前悶緊，若喘不出氣者。噫，予之工作不能不集中精神，而予之身體乃絕不能集中精神，此一矛盾如何而可以統一也？

若使予得從容治學，不爲任務及物質所迫，我的身體還是好的，可惜逢到了這一個緊張而又艱苦的時代，我的年齡已不容許我過這生活矣。

九月三號星期六（七月十七）

冒雨到後門郵局。寫延孫信。到北海，周耿來。將《古籍考辨叢刊》後記重改一過，未畢。與之屏談。

寫丹楓信。與周耿到船塢及濠濮間坐談。并冷飲。回室，眠一小時。改後記，仍未畢。歸，次君來。

到伯祥處談。洗浴。上午二時醒，耿耿到曉。

九月四號星期日（七月十八）

記筆記二則。與靜秋到北京飯店訪陳真如，未晤。到王姨丈處，與姨丈、母、王儼、壽齡妹談。出，到合作社購物歸。路遇王世富及其子敦吉。

眠半小時。與義安挈四孩出，到東安市場，冷飲。到文華殿，看祖國自然資源展覽，伴孩子們運動。到勞動人民文化宮散步。看李光璧評胡適文字。

看《骨董瑣記》。洗浴。失眠，服藥兩次。

今日游散半天，本可安睡，不意睡前與靜秋談文債之不易清償，精神一緊張，將眠情驅散矣。噫，予之精神、物質、時間三方面俱受壓迫，牽及身體，行將不支，奈何！

九月五號星期一（七月十九）

補記日記四天。到北海，將《古籍考辨叢刊》後記改寫千餘字，訖。途遇章元善。

到小西天飲茶，將後記再勘一過。回組，將此文交周耿、元胎、芸圻看，請其提意見。元胎、芸圻來予室談。與之屏談。六時歸，遇尚愛松。

王玉璋來。與靜秋及孩子同出散步。予到企虞處。歸，洗浴。九時半眠，上午十二時半醒，服藥兩次，三時眠，七時醒。

今日四個孩子都上學矣。潮兒上史家胡同小學三年級，洪兒上同校一年級，湲兒上大方家胡同幼兒園大班，堪兒上東四十條培新幼兒園小班。堪云："我上學了，不再惹大人生氣了，家裏可舒服了！"

湲兒日在黑板上畫圖，忘寢廢餐爲之，畫人居然有動態。潮兒被選爲班長兼組長，可見她尚能做群衆工作。

九月六號星期二（七月二十）

到章元善處，長談。到北海，看《章氏四當齋書目》。鈔《史記》序。

到華園吃茶，看李希凡、藍翎《關于紅樓夢簡論及其它》，訖。回室，與元胎、之屏談。將昨作後記重作二千言，請芸圻、元胎提意見。

金竹君來。到企虞處。到利華理髮。歸，洗浴。服藥眠，得眠八小時許。

九月七號星期三（七月廿一）

送堪兒上幼兒園。到北海，將《史記》序《司馬談的作史計劃和他所寫的史》一章重作，計三千字。周耿來談。

到雙虹榭吃茶，看李希凡等《評紅樓夢研究》等文。木蘭來。

姚企虞來。服藥眠，上午一時醒，又服，六時醒。

今日下了一天雨，天氣轉涼了。

企虞來，説中華書局不願在《考辨叢刊》內廁入思想性的文字，因此前昨二天的工作白費了。他們生怕出岔子，膽小如此！

丕繩來函，把《浪口村隨筆》作詳細之批評，當依此修改。

九月八號星期四（七月廿二）

到北海，依照中華書局同人意見，將《考辨叢刊一集》序文及後記統改一過，作一千字。聶筱珊來，長談。

與周耿到仿膳飲茶，長談。

與湲兒到紅星，看蘇聯《摩爾達維亞》電影。十時眠，上午一時醒，服藥，五時醒，又睡，七時起。

九月九號星期五（七月廿三）

到北海，將《史記的五種體裁及其因襲與創作》一文重寫，凡三千字，未畢。

到華園吃茶，看王樹民史籍講義及朱東潤《史記考索》。參觀烏茲別克展覽會。

看《骨董瑣記》。洗浴。九時眠，上午二時醒，三時許又眠，六時半醒。

九月十號星期六（七月廿四）

郝文冲來。到北海，將《史記體裁》一章作畢。寫一千字，即修改訖。

冒雨到松竹林茶，覆看李希凡等文。芸圻來。歸，易衣。

爲諸孩講故事。十時，服藥眠。三時醒，又眠。五時半醒。

今日大雨終日，履襪盡濕，褲亦沾濡，赤足而行。天氣驟涼。

九月十一號星期日（七月廿五）

賀次君來。到劉盼遂處，請其校《史記》，長談。

看《陸雲士雜著》。寫俞誠之《中國政略學史》審查報告，即作三聯書店函。又檢出蔣竹莊等所輯《呂氏春秋集解》稿，作徐調孚函。

與靜秋及諸孩同到紅星，看《在北冰洋上》電影。未藥眠，十一時醒，服藥旋得眠。

九月十二號星期一（七月廿六）

姚企虞來。到北海，遇邵力子先生。將《史籍考辨叢刊》序文，依中華書局編輯部同人之意，重寫約二千字。

到小西天茶，看《史記考索》。元胎來，長談。

吳宜俊來。散步至崇文門。歸，洗浴。失眠，十一時、十二時兩次服藥始得眠，六時半醒。

吳宜俊來，謂科學院可借給予錢，因請其轉達，于本月下旬借五百元，如此可以維持到十一月中，《史記》工作不必太趕。大約就爲此事一興奮，又失眠了。

九月十三號星期二（七月廿七）

到研究所，取書。上車，遇伊見思。到北海，看清代《竹書紀年》各種，點讀其序文。記筆記三則。

到白塔茶，看《東壁遺書》及《史記考索》。校《古本竹書紀年輯校》，未畢。

與義安、羅媽到紅星，看《北冰洋》電影。得眠。

九月十四號星期三（七月廿八）

寫王姨丈信。到北海，校《古本竹書紀年輯校》訖，鈔序文。

記筆記三則。

到鼓樓理髮。與周耿同到王姨丈處，適值其赴頤和園，未晤。到益康飯。賀次君來。

與湲兒同到紅星，看《北冰洋》電影。歸，孫蓀荃來，談范希衡事，十時半去。服藥眠。

九月十五號星期四（七月廿九）

到汪靜之處。到北海，校《今本竹書紀年》卷上，未畢。芸圻來。王姨丈來。記筆記四則。

茗于雙虹榭，看《史記考索》。

到東四人民市場及東安市場散步。十時半，服藥眠。

到靜之處，知聶紺弩係胡風派，已被拘。

九月十六號星期五（八月初一）

冒雨到北海，校《今本疏證》卷上訖，卷下未畢。聶筱珊來，長談。

小眠。記筆記一則。

與靜秋、潮兒到紅星看《激流之歌》，九時歸。九時半眠，上午一時半醒，服藥，三時眠，六時許醒。

終日大雨，突寒。

九月十七號星期六（八月初二）

到研究所取書，與王毓銓談。出，遇壽彝、萬斯年。歸，與靜秋同到蘇聯紅十字醫院，由朱醫生診。車中遇朱佩弦夫人。到北海飯。周耿來談。

到仿膳茶，看李長之《司馬遷之人格與風格》。校《今本疏證》訖，即送姚企虞處。

到尹達處，并晤夏鼐。歸，看彭信威《中國貨幣史》。十時眠，至十二時半醒，服藥三次，至上午三時許又眠，六時半醒。

予許企虞本星期內將王國維《竹書紀年》兩種送去，今日下午趕得較緊，心臟即現異象。果然半夜失眠，連服藥至三次之多。予工作絕不能趕，即此可知。然在今日又如何不趕也？

今日醫檢予血壓，上字百六十，下字一百，又高了。蓋平血壓之藥已一月餘未服，又近日工作緊張所致。

九月十八號星期日（八月初三）

到聖陶處，晤其夫婦。到伯祥處，未晤。到徐調孚處，談古籍出版事。寫姚企虞信。

宴客。與王姨丈夫婦、壽齡妹、義安、潮、洪、湲、堪同游故宮西路，五時半出，到文化宮吃茶休息。七時半歸。

疲倦，早眠。直睡至翌晨七時醒，爲久未有之佳眠。

九月十九號星期一（八月初四）

出，遇昌群。到北海，續整理《竹書紀年》材料。與元胎、之屏談。

到故宮茶，到文化宮茶，共看李長之《司馬遷人格與風格》六十頁。參觀故宮東路，看商周以下文物。

譚季龍來，長談。九時半眠，上午二時半醒。四時又眠，六時醒。

九月二十號星期二（八月初五）

郝文冲來。到北海，續整理《竹書紀年》，錄董豐垣、黃恩掄兩本之不見于王國維書者，訖。周耿來。記筆記兩則。

到華園茶，看李長之書七十頁。到東安市場購筆。遇王修。

與潮、洪、湲、堪同到伯祥處，并晤滋華。得美睡，十時眠，翌晨六時醒。

九月廿一號星期三（八月初六）

到所，取書，并借書。與吳宜俊、張德鈞談。到北海，將武億本記王國維本上。看徐文靖《竹書統箋》。

與周耿談。天將雨，即歸。看李長之書七十頁。記筆記一則。出，修面。

冒大雨到歐美同學會赴宴，乘聖陶車歸。九時睡，二時醒，四時又睡。

今晚同席：潘錫侯（自杭來）　聖陶及予（以上客）　章元善（主）

九月廿二號星期四（八月初七）

訪周朂成，未遇。到北海，校《今本竹書紀年》徐文靖、雷學淇兩本異同兩册。

宴客于漪瀾堂。飯後照相。聖陶以事先行，予與錫侯、朂成、元善渡海到仿膳茶談，至五時散。

鈔唐仲冕《汲冢竹書論》。十時眠，上午二時醒。至四時服藥，六時醒。

今午同席：潘錫侯　周朂成　章元善　葉聖陶（以上客）予（主）　五十年前之同學，竟得一叙，亦不易事矣。"訪舊半爲鬼"，思之心悸。

予等于光緒三十二年同進長元吳高等小學堂，章伯寅先生教音樂，其第一歌爲"光緒丙午春，吾吳進文明。學校如林立，尚武重徵兵"。其校歌開首數句云："無窮望，我學校，入我校兮多俊英。德育、智育、體育……"即此數語，亦由諸人凑足，予則全不記憶矣。

九月廿三號星期五（八月初八）

到北海，鈔朱右曾《汲冢紀年存真》序訖。校《今本竹書紀年》徐、雷兩本異同一冊。聶筱珊來，元胎來，長談。

在園散步，看李長之書三十頁。到陶才百家，晤其夫人，留條。

與靜秋、又安、潮、洪、湲到大華看《秦香蓮》電影。九時歸，即眠。上午二時醒，服藥。五時半醒。

九月廿四號星期六（八月初九）

郝文沖來。到北海，鈔郝懿年《紀年通考》及錢大昕《竹書紀年》兩篇訖。校徐、雷兩本半冊。記筆記四則。陶才百來。

到雙虹榭茶，看李長之書六十頁。

賀次君來。羅偉之來，長談。服藥眠，十二時爲演習炮聲驚醒，又服藥眠。

九月廿五號星期日（八月初十）

與靜秋及四孩到西四，尋馮世五等不得，予到世五家，與其夫人同出，至丁字街找到。即上西頤路車，至頤和園，游玉琴泉等處，至服務社午飯。

飯後上佛香閣，至後山松堂，回至仁壽殿，遇八侄德融。到知春亭茶，游耶律楚材墓。與德融談。六時出，仍由德勝門歸。遇洪廷彥。

劉世點來。九時半眠，十二時半起溺後仍眠。至六時半起，睡九小時之久，久未有也。

今日同游同席：予夫婦及四兒　賀次君（以上客）　馮世五　張文燾（以上主）

九月廿六號星期一（八月十一）

到北海，鈔洪頤煊《校正竹書紀年序》。寫蔡雲笙、唐軼林兩師、張奚若部長、毓蘊、沈劍知信。周耿來。

到西安門理髮。到西四郵局寄信。到政協，則開會在南河沿，時間已遲，即至中山公園茶，看東潤《史記考索》五十頁。

寫杜亞詒、沙應若信，送企虞。鈔《竹書紀年》材料。十時眠，二時醒，服藥，四時許又眠，七時醒。

九月廿七號星期二（八月十二）

到所，取書、借書。晤尹達、宋挺生及德鈞等。到北海，看林春溥《紀年補證》，鈔孫詒讓《洪本紀年跋》。周耿來。

到羅偉之處。到科學院，旋出。到北海，校徐、雷兩本異同訖。點章宗源輯本《古史考》，鈔若干條。

與四孩同到青年會，又到紅星看《森林神秘》電影。九時半眠，上午四時醒，天明又眠。

　　昨日政協開會，我走錯了地方，致未參加。今日到科學院開
　　會，入門後一看請柬，乃下星期二也，又纏錯了時間。我的精神
　　近日太集中于《竹書紀年》，弄得一切"心不在焉"了。

九月廿八號星期三（八月十三）

寫誠安、吳諫齋信。到北海，點賓四《古本紀年輯校補正》，未畢。鈔洪頤煊《校正竹書紀年序》。芸圻偕劉盼遂來。

在園散步。到蘇聯紅十字醫院，就劉芷青大夫診。在院看《史記考索》一篇。歸，陳真如夫婦來，陳夫人爲予扎梅花針。寫王姨丈信。賀次君來。

看真如送來之《吳瞿安先生日記》。洗浴。失眠，服藥兩次，十二時後眠。

　　陳真如夫人朱玉淑從孫惠卿學得梅花針，以七針扎在一起，

納于筷子頭上，打背脊及頭頂頸項等處，可愈神經衰弱。以羅偉介紹，今日至余處爲余扎針，頗痛。

九月廿九號星期四（八月十四）

到北海，鈔武億《與李書源論紀年書》，點賓四《古本紀年輯校補正》訖，點崔述《竹書紀年辨僞》訖。擬《汲冢竹書彙編》目録。

到雙虹榭茶，看《史記考索》二篇。與元胎到帥府園看榮寶齋木刻展覽，遇劉盼遂。又同訪之屛，未晤，見其母及王愛雲。到市場購物。

到張德鈞家，與其夫婦談。八時，參加一、二所迎新大會。八時半步歸。服藥眠，上午二時醒。又服藥，七時醒。

今晚同會：尹達　向達　張雲飛　譚季龍　賀昌群　王修　李樂知　萬斯年　王毓銓　喻培厚　宋挺生　吳宜俊　陰法魯　張若達　及第一、二所全體同人

九月三十號星期五（八月十五　中秋）

看呂祖謙《大事記》。鈔唐仲冕《與許石華論紀年書》、洪亮吉《趙紹祖紀年補正序》，畢；又鈔姚振宗《汲冢竹書考》，未畢。共寫六千字。

眠一小時。與靜秋、湲兒到陳真如處，未遇。到羅偉之處，遇之。

與湲兒到米市大街散步、看月。十時，不能眠。起服藥，翌晨六時半醒。

[剪報]　1955，10，27《光明日報·史學》

斥胡適對偉大的史學家司馬遷的誣衊　　　　　　　　**麥若鵬**

（下略）

一九五五年十月

十月一號星期六（八月十六）

八時，侯外廬、裴文中來，同乘汽車到文化宮，步至天安門觀國慶紀念典禮，與康同璧、楊遇夫、傅彬然、張伯英、徐伯昕等談。自十時至下午二時。

鈔姚振宗《汲冢竹書考》訖。又鈔嚴可均所輯之《古文周書》，又鈔唐仲冕《與許石華孝廉論紀年書》。

晚飯後全家到北京飯店樓頂，并邀王姨丈、大琪表弟及其子同來，看放焰火，遇羅常培。十時歸。失眠，服藥。

今日同會握唔者：劉定五　翁獨健　馬松亭　翁文灝　梁漱溟　呂叔湘　李印泉　王了一　魏建功　江澤涵　馮芝生　金岳霖　周炳琳　康同璧　楊遇夫　章元善　張伯英　傅彬然　徐伯昕　葛志誠　何思源　秦德君　浦熙修　潘光旦　吳景超　唐肇黃

聞呂健秋先生于今年六月逝世，五一勞動節尚在觀臺相唔，作一次長談，孰知竟爲永訣乎！現在各事反文從質，一人之死，既不發訃，亦不登報，非友朋群集無以知之。

今日外國來賓約兩千人，全世界每一國當俱有代表人矣。所見服裝有從前絕未見過者。民主陣營日益擴大，美帝日益孤立，第三次大戰起不來，我國建設計畫可以順利進行，人民日益康樂，其快何如！

十月二號星期日（八月十七）

石兆原來。與靜秋偕四兒到勞動人民文化宮，聽相聲大會。又到兒童體育場，四兒作種種運動。二時歸飯。

賀次君來。小眠。鈔嚴可均輯《汲冢瑣語》訖。又鈔洪亮吉《趙紹祖校補紀年跋》。

看《叢書舉要》。獨至帥府園看榮寶齋木刻水印展覽會。失眠，服藥。

十月三號星期一（八月十八）

七時起。冒雨訪楊遇夫先生，并見其夫人，遇潘梓年、尹達、楊伯鈞。出，到趙肖甫處，談《考辨叢刊》事，并晤其夫人。歸，季龍來，同飯。

與季龍同看《吳瞿安日記》。章行嚴之侄媳來。與季龍同游陶然亭公園，遇徐伯昕、葛志誠、嚴景耀、雷潔瓊。季龍邀劉國平，同飯于都一處。到迎秋劇場看雜耍、大鼓、墜子、相聲。

九時半歸，失眠，服藥三次，至上午一時後眠。

遇夫先生談，渠在湖南師範學院，該院在岳麓山，山在湘江西岸，長沙在湘江東岸，去年毛主席到長沙，并游岳麓，其至岳麓也，不以舟，乃游泳橫渡者。主席年六十三，小予半歲，而能如此，使予自奮。

十月四號星期二（八月十九）

七時起。與靜秋同到東方診所閻善忱大夫處診治。到北海，鈔《繫年》"晋出公後世系考"，未畢。與元胎到天王殿參觀壽慶寺雙塔出土物展覽，并參觀文物組庫房。

記筆記三則。寫蕭新祺、李映婁、謝延孫信。到科學院，參加批判梁漱溟哲學思想會。四時半出，到西四郵局寄信。歸，補記日記。

看《叢書舉要》。九時許睡，得眠，三時一刻醒，四時許又眠，七時許醒。

今日量血壓，自八十至百四十，實不爲高，不知何以近日失眠乃如此劇烈？

十月五號星期三（八月二十）

到北海，鈔盧文弨《竹書統箋跋》。記筆記三則。之屏來，元胎來，談。

到團城，參觀工業美術展覽會。楊遇夫先生夫婦、黃和鈞、胡連生來，招芸圻談。靜秋來，同到陳真如夫婦處，扎梅花針。

看《全晉文》。九時許睡，上午二時醒，約五時又眠，七時醒。

聞之屏言，童書業竟有反革命問題。如此則山東大學課停開矣。聞有些學校以教員有問題者太多，致合併大班上課者。范希衡在南大亦在捕列。

十月六號星期四（八月廿一）

到北海，鈔《晉、唐書》中有關《汲冢竹書》之人物傳記，約六千餘字。元胎來。周耿來。

與芸圻談。記筆記二則。

看《全晉文》。九時半眠，上午三時醒，未再睡。

寒流襲擊，天氣大冷，予氣管炎又作矣。

十月七號星期五（八月廿二）

到北海，鈔盧無忌《齊太公望表》及諸家考證，又鈔杜預《左傳後序》，共四千字。筱珊來，與之屏、元胎同討論《通鑑》出版事。

到雙虹榭茶，看桑原騭藏《張騫西征考》。到道寧齋，看國畫展覽。靜秋來，同到陳真如夫人處打針。遇張覺非，與同訪黃慎之，未遇。出，遇曹華松。

看《全晉文》。九時半眠，上午二時醒。三時許又眠，四時許醒。

十月八號星期六（八月廿三）

到北海，鈔郭璞《山海經注序》、《列子·周穆王傳》、莊述祖《汲冢書篇目》等篇，約四千餘字。記筆記四則。

到白塔茶，續看《張騫西征考》。譚戒甫先生來訪。

與芸圻、介夫同乘戒甫車到同和居宴客，九時歸。洗浴。服藥眠。十時許睡，上午四時醒，五時許又睡一小時。

今晚同席：楊遇夫　譚戒甫　胡連生（以上客）　侯芸圻　劉盼遂　周介夫　予（以上主）

十月九號星期日（八月廿四）

賀次君、張文鑄來，與之同到歷史博物館參觀，又安亦同往。予至十一時先出，到聖陶處，與伯祥、夏龍文等談。十二時，袁傺畬先生來，同飯。

談至三時半，偕伯祥同出。還家，鈔《四庫》中《竹書紀年》三種《提要》，約二千五百字。

到姚企虞夫婦處談。九時眠，上午二時醒，四時許又眠，六時半醒。

今午同席：袁傺畬先生夫婦　伯祥　夏龍文　江紅蕉夫人（聖陶妹）（以上客）　聖陶夫婦及其媳滿小姐（主）

十月十號星期一（八月廿五）

到北海，鈔莊述祖《汲冢書篇目》訖。并作一跋。將馬國翰所輯《汲冢瑣語》與嚴輯對勘，重行編定，約鈔二千字。

到烟袋胡同理髮。到陳真如夫人處扎梅花針，與真如及謝老先生談。

與靜秋及洪、湲、堪三兒到紅星看《國慶節》、《夏令營》等電影。服藥眠。

十月十一號星期二（八月廿六）

到北海，作束晳《汲冢書抄》跋。鈔《穆天子傳》及郭璞注、顧實校約四千字。鈔《四庫提要·穆傳》條。

到雙虹榭茶，看顧實《穆傳講疏》。

孫耀卿來。看《全晉文》。失眠。十一時起服藥，約十二時眠。六時醒。

十月十二號星期三（八月廿七）

到北海，將束晳《汲冢書鈔》改寫，并修改跋文，凡二千餘字。

靠沙發小眠。鈔《穆天子傳》一千餘字。容希白自廣州來，偕元胎來談。到陳真如夫人處打針。李瓊儀來。

以藥盡而靜秋未爲續買，失眠，至上午一時後略眠，二時許又醒，三時後又眠，七時半醒。

　　自從事《汲冢竹書》以來，精神集中，失眠寖劇。此種輯集工作原不太用心，而猶至此，此生尚能作深刻之研究乎？是可悲矣！

十月十三號星期四（八月廿八）

八時起。整理又安等所鈔考古學書目卡片。李丙生自皖來，邀侯芸圻來，同飯，長談。

伯祥來，同到永安飯店訪袁俶畬先生夫婦及譚戒甫，均未遇。到琉璃廠開通書社、榮寶齋、通學齋。到陶然亭公園，茗于窑臺，散步至五時半出，飯于都一處。

譚季龍來。姚企虞來。服藥後九時眠，十時即醒，又服藥。上午二時醒，又眠，六時許醒。

十月十四號星期五（八月廿九）

到所，與德鈞談。到季龍處，未晤。取書到北海，筱珊來，長談。續鈔《穆天子傳》校注三千字，卷一訖。陶才百來。

到什剎海及小西天散步。之屏交審蘇聯百科全書稿兩條。芸圻來。靜秋來，同到真如夫人處扎針。出，遇張宇慈。

李瓊儀來。賀次君來。葉子剛偕其夫人沈晶來，爲寫徐伯昕信。服藥眠，上午二時、四時各醒一次，仍得眠。

十月十五號星期六（八月三十）

到北海，鈔《穆天子傳》校注三千字。

到西安門修面。到科學院，參加批判梁漱溟之會，自二時半至六時一刻。與韓光燾、尚愛松談。

與尚愛松同出，飯于西四西德盛，食羊肉火鍋。歸，孫耀卿來。洗浴。十時眠，翌晨六時醒。

今午同會：潘梓年　艾思奇　金岳霖　茹成圃　侯外廬　千家駒　賀麟　孫定國　馮友蘭　徐炳昶　梁漱溟　任繼愈　約八十餘人。

十月十六號星期日（九月初一）

與靜秋同出，七時半在北海公園取齊，與北京市文物組同人上汽車，八時許出發，到明陵。先游長陵，至稜恩殿，明樓，轉城一半。下至稜恩殿後飯。遇金燦然。到門外茶，與曾□□談。與芸圻、靜秋又至景陵，買柿，看昌平縣物資交流大會。三時上車，至石人石獸處下車觀之。五時到城，換車歸。

馮世五來。看《全晉文》。十時眠。上午一時醒，服藥，旋眠。五時醒，又眠。六時半醒。

在長陵明樓"大明成祖文皇帝之陵"碑側，見劉三題字，僅存其半，文曰："民國七年二月……江南劉三游此。同游者陳鵬……潘家洵……"此即予與瞿安先生同游之紀事也。三十七年來，吳、劉兩先生俱亡，與介泉絶交，與萬里偶一見面，歲月遷流，睹此增唏。

今日同游：于樹功　侯芸圻　張謂僑　周希丁　馬□□　李□□　曾□□　共三十餘人。

十月十七號星期一（九月初二）

到北海，鈔《穆傳》校注約五千字。

編排又安等所鈔之地理書目卡片。到陳真如夫人處針。

次君來。翻《全晉文》一册。九時眠，一時半醒，又眠至五時醒，未服藥。

狂風怒發，北海中尤巨，吹人欲倒。予氣管炎更劇。堪兒亦以感冒致疾，熱高百〇一度。

十月十八號星期二（九月初三）

郝文沖來。到北海，鈔《穆傳》校注約六千字。

到雙虹榭茶，看顧實《穆天子傳西征講疏》。

修綆堂人來取書。吳辛旨自粵來，見訪。失眠，至十一時服藥，終夜在半醒狀態中。

予晚上真不能見客。辛旨已二十餘年不見，此次參加文字改革會議來京，見面時多談了一些，又興奮了。

十月十九號星期三（九月初四）

到北海，鈔《穆傳》校注約五千字。李炳埈來，長談。偕至芸圻處。與之屏、元胎談。

飯後到王府井百貨商店及東安市場買物。歸，看賓四著《三百年學術史》。不易入眠，十一時服藥，至翌晨五時許醒。

十月二十號星期四（九月初五）

看陽湖《司馬遷的故事》。與静秋同到蘇聯紅十字醫院，就劉大夫診。到北海，將顧實《穆傳講疏》之校語鈔畢。本日約寫三千字。周耿來。

到西四修面。到政協，聽張治中報告訪蘇印象，自三時至六時。雇車歸。

看江俠庵譯《先秦經籍考》。不易入眠，十時服藥，直至翌晨六時醒。

今日量血壓，爲八十至一百二十，可謂不高。然仍不易入眠，何耶？而一眠之後，實睡八時，引以爲快。

會場所遇：章行嚴　李印泉　翁詠霓　達浦生　馬松亭　許昂若

《司馬遷故事》一小冊，疑黄永年君所書也。甚好。

十月廿一號星期五（九月初六）

到北海，鈔顧實《穆王西征年曆》訖，約五千字。

到山上桃林中散步，看《先秦經籍考》。草《中國的春節》初稿，爲婦聯《中國婦女》作。到真如夫人處扎針，遇羅偉之。

與静秋到紅星看《印度的藝術與建設》、《尼赫魯訪蘇記》兩電影。失眠，服藥兩次。

十月廿二號星期六（九月初七）

到北海，將《中國的春節》重寫一過，約三千字。

到故宮，參觀敦煌藝術展覽及繪畫館，遇馬宗堯。到政協，聽廖魯言部長報告農業合作社及周總理報告國際現狀及我們的責任。七時散，八時歸。

看《三百年學術史》。服藥眠，眠甚酣。

今日晤見之人：范文瀾　鄭振鐸　譚惕吾　薛愚　白壽彝　陳銘樞　馬松亭　達浦生

十月廿三號星期日（九月初八）

到世五、文鑄、次君處，與之同出，與家人在西四丁字街會齊，乘車到頤和園，轉碧雲寺。上午十一時到。遇王毓銓夫婦。在寺飯。在碧雲寺遇齊致中。

出，到壽安山周家花園，又到臥佛寺飲茶。五時半出，六時上車，到頤和園轉車，又到動物園轉車，八時到家，飯。

木蘭來，留宿。九時眠，上午二時半醒，不成眠，至天明時又睡一小時。

今日同游：張文鑄　馮世五　賀次君　姜又安　褚頤萱　予夫婦及孩子四人　車費及茶飯費二十二元。

周家花園即退谷，舊爲孫承澤別墅，後歸周肇祥，其地居兩山間，泉流滾滾，隨山淙淙，叢竹漪漪，實可娛心。天然風景勝于碧雲寺之大費人工也。

十月廿四號星期一（九月初九）

姚企虞來。到北海，校才百所鈔《汲冢紀年存真》十頁，又校義安所鈔《上海歷史文獻館司馬遷資料》十五頁。陶才百來。

到鼓樓理髮。到政協，參加第十八組，討論農業合作社章程，自三時至六時。雇車歸。

看《近三百年學術史》。希白來。九時半眠，二時半醒。三時許又眠。

今日同會：史良　黃琪翔　張漑之　張志讓　何遂　馮友蘭　周炳琳　鄭昕　金岳霖　潘震亞　吳克堅　陳瑾昆　錢昌照　李明揚　查夷平　葉恭綽　劉瑞龍

十月廿五號星期二（九月初十）

寫劉力行（紹閔）證明信。到所，晤吳宜俊、張德鈞。到北海，校《紀年存真》十四頁，《司馬遷資料》廿八頁。周耿來。

芸圻來。元胎來。寫常維鈞信。到政協，車中遇錢君匋。參加第十八組，繼續討論農村生產合作社章程，自三時至六時。與潘震亞、何叙父談。

賀次君來。看《近三百年學術史》。十時，服藥眠。翌晨五時醒。

十月廿六號星期三（九月十一）

到北海，校《司馬遷資料》訖，點《紀年存真》二十餘頁。與之屏、元胎談。

在園散步，看費孝通《青衣族》文。寫杜亞詒、李小峰、王玉璋信。

羅偉之來，長談。十時，服藥眠，翌晨三時醒。

十月廿七號星期四（九月十二）

到北海，點《紀年存真》二十餘頁。記筆記四則。

元胎來。

李炳墋來，留飯，長談。十時半，服藥眠，翌晨四時半醒。

十月廿八號星期五（九月十三）

到北海，校朱右曾《汲冢紀年存真》訖。聶筱珊來，長談。常維鈞來。記筆記四則。到羅偉之處。

與之屏談。靜秋小病。

爲兒輩講畫報。賀昌群來。服藥眠，翌晨四時許醒。

十月廿九號星期六（九月十四）

改《中國的春節》，李瓊儀來取。到北海，將丁謙說《穆天子傳》地名摘鈔訖，鈔顧實所說地名未畢。重定《汲冢竹書集録》目次。鈔崔述《孟子事實》中用《紀年》糾正《史記》者兩條。遇邵鶴亭。

到西四新華書店買書。修面。到王府井大街新華書店買書。

木蘭來，留宿。看《近三百年學術史》。洗浴。服藥眠，上午一時醒，又服藥水，六時醒。

十月三十號星期日（九月十五）

賀次君來。嚴景耀、雷潔瓊來。到陳宜誠先生處，長談。到儆予處，長談。到西單同春園飯。

到俄語學院訪程金造，不遇，留條及書。到北海攬翠軒，晤北大研究所諸同人。談至五時，下山，攝影。到漪瀾堂飯。

到常維鈞處，并晤其夫人。歸，看《近三百年學術史》。服藥眠。

今日同游同席：容希白（甲午）（客）　歐陽邦華（壬辰）　陳萬里（壬辰）　黃仲良（癸巳）　常維鈞（丙申）　唐立厂（庚子）（以上主）　此三十餘年前舊游也。七人合計，四百餘歲矣。

嚴景耀來，送民主促進會入會書，予自此爲民進會員矣。兩星期開會一次，予與馬彝初先生一組，則當不在夜中開。

十月卅一號星期一（九月十六）

陳碧笙來。到北海，輯錄譙周《古史考》，略訖。華忱之來。與之屏、元胎談。

到故宮，看全國陶瓷展覽。鈔《孟子事實錄》一條。

看《近三百年學術史》。李瓊儀來，詢問舊時新年風俗。失眠，服藥二次，至十一時半成眠，翌晨六時醒。

近日予痰喘頗劇，然天氣猶未大冷也。

景德鎮瓷器之精美冠于全國，仿古即真古，仿外國即真外國，創作者亦不少，色澤之妍，前無古人。其次則湖南、廣東。萬里云，江蘇陽山之瓷土不下于江西，惜瓷業不振興耳。

一九五五年十一月

十一月一號星期二（九月十七）

到所，查《汲冢書》板本。吳恩裕來，談古代法律等。李瓊儀來，談守歲風俗等。到陳真如家飯。看真如所作新體詩。陳夫人爲扎針。

到北海，鈔《晉書·律曆志》、黃長睿校定《師春》序、《列子·湯問篇》、《通鑑考異》等，約三千字。元胎來。

宴陳碧笙。與碧笙同到歐陽醫生處，未遇。爲寫陳宜誠信。爲洪兒無理吵鬧，直至十一時，服藥眠。翌晨五時醒。

十一月二號星期三（九月十八）

到伯祥處。遇擎宇、新垞等。到所，鈔《方望溪集》文二篇，約二千字。與張德鈞到尹達處長談。

蕭新祺來。孫耀卿來。次君來。與靜秋到大華，看印度電影《流浪者》上、下集。出，到美術協會看版畫展覽。到東華門買聯合車票。歸，北官房張家三姐、七姐、十姐來，留飯。

到姚企虞處長談。歸，與靜秋談又安兄弟等。十二時，服藥眠，翌晨五時許醒。

今晚同席：張三姐（楊太太）（伯英侄女）　　張七姐（蔣太太）、張十姐（劉太太）（均伯英女）（以上客）　　予夫婦（主）

十一月三號星期四（九月十九）

到所，鈔《望溪集》文四篇，約四千字。寫映婁、延孫信，到郵局寄信。

到北海，將方苞《周官辨》分段，并提其要。爲希白寫楊寬信。到芸圻、元胎處談。

修面。到陳碧笙處，并晤其弟昭巨。到元胎處，與希白談。服藥兩次，至十二時眠，翌晨六時醒。

十一月四號星期五（九月二十）

到所，鈔《新學僞經考》中之《漢書劉歆王莽傳辨僞》約三千五百字。

在家，整理邵懿辰《禮經通論》。

與靜秋伴四兒到紅星看《中國雜技團》電影。十時許服藥眠，得酣睡。

今日起大風，溫度驟降，幾零度矣。

十一月五號星期六（九月廿一）

到所，鈔劉師培《逸禮考》約三千五百字。與德鈞、毓銓、若達談。歸，次君來。

到北海，鈔《漢書劉歆王莽傳辨僞》約三千五百字。元胎來。到道寧齋，參觀百貨公司展覽會。

看桂文燦遺著《周禮今釋》等。静秋爲洗浴。未藥眠。二時半醒，五時許又睡，七時醒。

十一月六號星期日（九月廿二）

與又安、義安談還鄉事。到昌群處送桂文燦遺著。與義安挈四孩同到團城，參觀美術工藝品。又到北海兒童體育場。一時歸。

蕭新祺來。與静秋到王宅，與姨丈、母及王儼談，并晤陸太太。與王儼同出。遇黄孝徵。歸，看萬斯大《周禮辨非》。

與兒輩玩，聽無綫電。看何薳《春渚紀聞》。十時睡，一時醒，服藥。六時醒。

十一月七號星期一（九月廿三）

到所，鈔《漢書劉歆王莽傳辨僞》二千餘言，畢。與尹達長談。吳恩裕來取稿。

到北海，重定《汲冢竹書集録》目次。到政協，參加文化組組會，討論國畫問題。與張伯英、史永、黄紹竑等談。乘馬阿衡車歸。

理髮。看《近三百年學術史》。十時眠，二時醒，黎明又朦朧。

今日同會：鄭振鐸　葉淺予　陳半丁　黄季寬　張伯英　徐伯昕　傅彬然　馬松亭　唐立厂　林宰平　孫蓀荃　浦熙修　梁漱溟　王瑶　陳公培　許寶騄　史永　及諸畫家　老舍　于非闇

十一月八號星期二（九月廿四）

到所，點萬斯大《周官辨非》。李學勤來。將《穆天子傳》送王姨丈處。到馬匹廠馬宅赴宴。

到北海，續點《周官辨非》。元胎來。姚企虞來。

續點《周官辨非》訖。十時眠，十二時醒。服丸藥，六時醒。

今午同席：錢學森　陳叔通　徐伯昕　陳慧（以上客）　馬

彝初先生夫婦（主）

　　昨夜忽患小瀉，不暢，有類痢。今日又下五次，到北海時忽不能待，竟泄褲中。因服甘乃定藥片。

十一月九號星期三（九月廿五）

　　鈔萬斯大《周官辨非》約七千字。王姨丈、姨母來。

　　寫趙肖甫信，催稿。與又安兄弟挈四孩到紅星看《蜜蜂世界》。

　　看《近三百年學術史》。九時半眠，翌晨二時半醒，未服藥，待旦。

　　今日靜秋不令上班，因在家工作。下午大便兩次，均成條者，意就痊矣。

十一月十號星期四（九月廿六）

　　與靜秋到蘇聯醫院，由陳慧玲醫師診。轉內科，檢驗大便。在院看《詩辨妄》，略修改。遇馬曼青。十二時歸。

　　續鈔《周官辨非》約三千餘字。寫吳宜俊、張德鈞、李學勤、王伯祥信，交義安送去。賀次君來。

　　祝叔屏來。續鈔《逸禮考》二千字。木蘭來，留宿。十一時服藥眠，翌晨四時半醒。

　　今日檢驗大便之結果，知確是痢疾，但非阿米巴痢，則情勢不爲嚴重。醫囑在家休養數日，并由院將便液培養，下星期一再往診治。今日大便仍多瘯，凡下三次。

　　想及數月來，予大便乾結，近日水果價賤，靜秋勸多食，七日晚，予進蘋果二、柿一，其夜即下便而不暢，痢疾蓋由此來。予年長矣，處處須得留心，將向來不擇食之習慣改變。

十一月十一號星期五（九月廿七）

寫政協信。鈔《周官辨非》約六千字。曾毅公來。

伯祥偕其子滋華來。晤昌群。羅偉之來，留飯，長談。

張德鈞來。十時眠。翌晨三時醒，待旦。

今日大便凡三次，仍有瘝。近又傷風，咳嗽多痰，時打噴嚏。每過冬天，輒如避難，奈何！

偉之來，勸靜秋就中學教職。

十一月十二號星期六 （九月廿八）

鈔《周官辨非》約五千餘字。

賀次君來。看《瞿安日記》。

誦芬弟來。眠至十時，起服藥，翌晨六時半醒。

今日靜秋與婦女聯誼會同人游官廳水庫。予以病，伯祥以北大開會，同買票而不能去。因邀又安兄弟往。近日天明太遲，靜秋等六時出門猶未破曉也。歸言水庫建設，使人神往，知今日之建設魄力之偉大爲不可想象。

十一月十三號星期日 （九月廿九）

張文鑄來。鈔《周官辨非》四千餘字，畢。與靜秋挈四兒到中山公園，欲看菊花展覽，以人多未進。看芬蘭板畫。遇王儼及其子珏、喆，女鑫。下午一時半歸。

擎宇來。伴堪兒眠。馮伯平夫婦來。康同璧來。

看查嗣瑮《查浦輯聞》。睡至十時半，不成眠，起服水藥。至翌晨五時醒，又睡至七時醒。

予自八日下午起只吃稀飯與挂麵，不食菜。在家不覺得有病象，一出外則腿軟矣。昨日下便二次，今日亦二次，漸愈矣。

萬斯大《周官辨非》約二萬五千字，養疴五日，竟得鈔訖，亦可喜也。

十一月十四號星期一（十月初一）

八時起。將所鈔《周官辨非》加標號，未畢。

冒雨出，到蘇聯醫院內科莊維珍大夫處續診，轉腸科徐子志大夫處檢查，灌腸兩次，大泄，至四時半訖。遇楊遇夫先生。在院看廖平《古學考》，改標點。

與靜秋同到蟾宮看《忠實的朋友》。九時半眠，翌晨四時醒。黎明時又眠一小時。

檢查腸子，灌水入肛門，在予尚爲初次，頗爲痛苦。

十一月十五號星期二（十月初二）

將《周官辨非》加標號訖。將《古學考》標點改訖。與靜秋同到德安堂，就汪仲鶴醫師診。

鈔《逸禮考》約四千字。賀次君來。

爲兒輩講《米老鼠開報館》。看《檀弓》。十時眠，翌晨三時醒，昧爽又眠半小時。

汪仲鶴醫生，爲康同璧所介紹。按脉之下，謂我內有濕熱，當清理。藥有黃連，甚苦。

十一月十六號星期三（十月初三）

寫燕義權信。續鈔《逸禮考》二千字，訖，即加標。與靜秋同到汪仲鶴處診。

伴湲兒眠。將《王莽劉歆傳辨僞》加標訖。王姨丈來，談《穆傳》日曆事。

看《近三百年學術史》。季龍來。與靜秋口角。十一時服藥眠，翌晨六時半醒。

汪醫見予舌苔垢膩，謂予腸胃未清，應續化解。按予前病血壓高，得蘇聯醫院之治療，今已見低。而暑中予舌上竟乾至無津液，多喝水而不潤，今得汪醫醫治，使予腸胃清肅者，則又好一病矣。

　　静秋爲用錢不够而煩悶，又不欲予扶病工作，以此矛盾，又吵一場。

十一月十七號星期四（十月初四）

　　查《古學考》、《詩辨妄》中的問題。作《周官辨非》目録。寫趙肖甫信。與静秋同到汪仲鶴處診。

　　將又安等所編語言文字學書卡片整理。將《禮經通論》尹受所鈔本剪開粘册。擎宇夫人來。

　　看《近三百年學術史》。與潮兒玩撲克牌。十時半服藥，翌晨七時醒。

十一月十八號星期五（十月初五）

　　粘貼《禮經通論》訖。校《禮經通論》未畢，將數書裝訂成册。到所，與德鈞、季龍談。到圖書館借書。理書桌。

　　看《李葆恂雜著》。九時眠。上午一時醒，二時服藥，七時醒。

　　痢疾已好兩天，今日出門，絶無氣力，則尚須將養也。

十一月十九號星期六（十月初六）

　　審查大澤鄉起義圖，寫人民教育出版社信。改正《禮經通論》標點訖，記筆記一則。韓璐、顧潔莉來。孔繁山來。

　　到新華古典門市部。作《周官辨非》序千餘字。整理龍學泰《歷代輿地沿革表》。

　　與頤萱嫂挈四兒到紅星看《野獸生活》影片。九時半，服藥眠。早四時醒。

十一月二十號星期日（十月初七）

寫燕義權、吳恩裕信。看楊向奎《周禮内容的分析及製作時代》。蕭新祺來。陶才百來。斐英閣人來。

到和平賓館，聽嚴景耀時事報告，自二時至四時半。晤姚企虞、計志中、嚴幼芝。歸，許子美偕燕燕來，留飯。

看陸游《南唐書》。静秋爲洗浴。十時眠，三時半醒，破曉又眠，六時醒。

十一月廿一號星期一（十月初八）

到所，作《古籍年代簡説》一千餘言，即鈔清。與向達等談。寫王玉璋信。

到前門郵局寄信。到蘇聯醫院，晤徐朋志大夫，談。到北海，取書，與芸圻、元胎、周耿談。

將又安等所鈔地理書卡片重編次序。十時眠，上午三時醒。昧爽又朦朧片刻。

　　醫院中檢查予三次大便，已轉正常，無病矣。惟近日又苦乾結耳。

　　日來頗思食，足徵腸胃之恢復。静秋特爲予買一鷄及梭魚等。

十一月廿二號星期二（十月初九）

到所，查《禮經通論》與《周官辨》中的標點問題。與德鈞談。寫陳宜誠、蕭新祺、葉笑雪信。

到伯祥處，送教科畫。到王姨丈處，送《狩野還歷論叢》。到所，批《叢刊》排字號數，未畢。又安來，將陳宜誠借書送去。出，理髮。到伯祥處取畫。

將又安等所編地理書卡片排次序。十時許睡，翌晨四時半醒，旋又睡，六時許醒。

十一月廿三號星期三（十月初十）

到所，寫人民教育出版社、賀次君信。鈔改《古籍年代簡説》計畫，計一千六百字，送尹達處。

續排地理書卡片。到所，看《僞書通考》。批《崔述辨僞書語》排字號數。開學習會，討論農業合作社及中農成份，自四時至六時。

陶才百來。翻看《峭帆樓叢書》。失眠，服藥兩次，終夜在半醒狀態中。

今日同會：張德鈞　王修　陰法魯　王毓銓　譚其驤　張若達　李儼　萬斯年　吳宜俊

前三夜已能不服藥而睡，今日便不能，十一時半起服 Luminal 猶不能，至十二時半起服水藥兩匙，方得稍朦朧，何也？豈以開會討論，精神緊張故耶？

十一月廿四號星期四（十月十一）

到所，校楊遇夫先生《積微居尚書説》。點《皇王大紀》中論《周官》語。批《崔述辨僞書語》排字。

寫起潛叔、黃仲良、常惠、毓蘊信。到米市大街寄信。與靜秋同到中山公園看菊花展覽會。五時出，予到楊遇夫先生處，則適于今日中午返湘。到趙肖甫處取稿。

木蘭來，留宿。將地理書卡片排次，略訖。并寫出分類單。服藥眠，得酣睡。

《古籍考辨叢刊》第二集目：

甲、通論：

1. 歐陽修辨僞書語　　2. 葉適辨僞書語

3. 袁枚辨僞書語　　　4. 崔述辨僞書語

　　5. 俞樾辨僞書語（以上五種均趙貞信輯點）

　乙、經學：

　　6. 詩辨妄　7. 周官辨非　8. 周官辨

　　9. 禮經通論（以上四種均顧頡剛輯點）

　　10. 古學考（張西堂校點）

十一月廿五號星期五（十月十二）

　　到所，將肖甫所輯五書序文統看一過，并爲修改。又將其《袁枚辨僞書語》看一過。

　　賀次君來。

　　將地理書卡片理訖。孫耀卿來。十時眠，上午二時醒，旋又眠，六時醒。

十一月廿六號星期六（十月十三）

　　到所，修改王威代作之《二十四史通俗演義序》。標肖甫所輯諸書排字號數，未畢。歸，郭紀森來。寫李小峰信，即付寄。補排地理書卡片。

　　與靜秋挈溕、堪兩兒到中山公園，渠等看玩具展覽，予在茶座中將《歐陽修辨僞書語》一稿看畢，改正肖甫標點。

　　到古典門市部閱書。看《崔述辨僞書語》。

十一月廿七號星期日（十月十四）

　　在家看《崔述辨僞書語》訖，改正標點。次君來。雪如侄女來，與談，留飯，并看照片。三時半去。

　　靜秋爲予洗澡。

　　羅偉之來，靜秋儘向他說我壞話，遂于偉之去後大吵。服藥兩次乃眠。

予説話隨便，不合潮流，固自知錯誤，時在警惕之中。而静秋逢人來，輒大聲指摘予，予請其改變態度而彼不能也。今日羅偉之來，静秋數予口過有甚于前，而偉之好多言，流傳出去，將使人意予真不滿現狀，生出許多麻煩，故于偉之去後大與衝突。勸人改過自是好事，但態度必須溫婉方能使人接受，若直情徑行則徒增反感而已。

十一月廿八號星期一（十月十五）

到所，將俞樾、葉適兩册辨僞書語整理一過，未畢。季龍來。到樂宮飯店飯，遇葉企孫。

答復人民來信，詢三皇五帝事。到東單飯，再至東安市場吃麥片粥。閲書肆，遇吳豐培。到紅星看新疆歌舞片及蘇聯克林姆林宮樅樹節片。

服藥眠，上午四時醒。五時許又眠，七時半醒。

今日爲與静秋鬥氣，不在家吃飯。八時半歸來，渠和顔悅色，斟茶送予，然予氣猶未平，夜中胸前作痛，即所謂肝氣也。

十一月廿九號星期二（十月十六）

到所，將葉適辨《易傳》語斟酌改點。到季龍處，晤錢琢如、賀昌群、李樂知。十一時許，與琢如、樂知、季龍到中國書店閲書。十二時，到敦厚里閩菜館吃飯。

與琢如同到予家小憩。旋出，予返所工作。與德鈞、萬斯年談。

竹林、竹君來。新垓、大夏來。重改《崔述》一序。服藥兩次，得眠。

十一月三十號星期三（十月十七）

到所，德鈞來談。將《考辨叢刊》十種整理訖，自九時至下午二時。即送企虞處。在東四吃牛肉麵。

到東四人民市場買硯及墨，閱書。到民進開碰頭會，自三時至六時，由傅彬然傳達毛主席、周總理兩報告。討論"老幹部"與知識分子之關係。

再至企虞處送稿。看臧庸《拜經日記》。十時，服藥眠。上午五時醒。

今日同會：馬叙倫（主席）　嚴景耀　雷潔瓊　傅彬然　張紀元　李植禮　金芝軒　梁明等十餘人

一九五五年十二月

十二月一號星期四（十月十八）

到所，草《周官辨非》序三千餘言。爲羅偉之寫證明文件。與德鈞談。

與萬斯年談。看新華書店《古舊書目》。到中國書店，爲馬彝初先生購《中西交通史料彙編》。

賀次君來。訪擎宇，未晤。王修來。眠至十一時許，起服藥，翌晨六時醒。

十二月二號星期五（十月十九）

與靜秋到蘇聯醫院，就陳慧玲處診。歸家，看楊寬論戰國社會、楊向奎論《周官》兩文。

到所，將昨作重寫三千字。與德鈞談。何叔父來，到李樂知處談。

看王鏊《震澤紀聞》。十時，服藥眠，上午三時醒。

予血壓自 80 至 130，實不高。惟血管有硬化現象，因服軟化血管藥片。

十二月三號星期六 （十月二十）

到所，續昨作，成二千餘字。王修來查書，與談。與斯年談。

看中國書店送來書。寫楊遇夫、容希白、延孫、映婁信。到郵局發。歸車中遇紀清漪。

與兒輩到紅星看《把青春貢獻給祖國》片。靜秋爲洗浴。不藥眠八小時。

十二月四號星期日 （十月廿一）

看《荀子》。李樂知來，同到何叙父處，看其所藏晚唐張萱畫《武后出行圖》等。十一時出。德融姪來，雪如姪偕其未婚夫陳元弘來，留飯。

與靜秋到康同璧處，并晤連以農，長談。四時半歸。到王姨丈及馬彝初先生處送書。

看王士禛《香祖筆記》。失眠，自十時至十二時服藥三次，得眠四小時許。

昨夜又看電影又洗澡，不藥而得眠八小時。今日訪客及客來太多，説話一多，精神緊張，遂致三次服藥。我的生活應走哪一條路是很顯明的，但無如社會上不許我走應走的路何！

湲兒今日下午出游歸，即發燒，熱高百○三度。渠多日咳嗽，其病固預知之矣。

十二月五號星期一 （十月廿二）

到所，續作前文約四千字（孟子）。與賀昌群、張德鈞、萬斯年等談標點事。季龍來。看趙翼《甌北集》。

到季龍處，并晤士嘉。木蘭來，留宿。

到民進開會，與周建人、傅彬然等談。八時半離席。服藥兩次眠。

　　今晚同會：周建人　趙樸初　傅彬然　徐楚波　金芝軒　陳
慧　梁明　嚴景耀　雷潔瓊　馮賓符　趙承信　盧文迪

十二月六號星期二（十月廿三）

　　到所，續作前文約四千字（荀子、管子）。看李鍇《睫巢集》。
德鈞來談。點邵懿辰《禮經通論》。陰法魯來談。

　　木蘭來，留宿。公安局招又安談話。看吳闓生《北江文集》。
十一時，服藥眠。

十二月七號星期三（十月廿四）

　　到所，改作前文第一、二段（周公，齊威、宣）約三千五百字。
參加所中學習會，討論農業合作社成份問題兩小時。

　　鈔第一段文千餘字。失眠，服藥兩次。

　　接魯弟與丹楓信，悉大中國已批准公私合營，與中國科學公
司、新亞書局等合組爲“上海科學技術出版社”，完成三年中想
望。聞社址係在建國西路，誠安、丹楓俱住北四川路，必以跋涉
爲苦耳。

十二月八號星期四（十月廿五）

　　鈔寫第一、二段文字六千餘字。

　　理髮。到古典門市部閱書。

　　到紅星，看《在帕米爾高原上》電影。得眠，未服藥。

十二月九號星期五（十月廿六）

　　修改昨日所鈔文。斯年來談。傅彬然來電話。看《王制》。與
季龍同出，飯于東四匯豐飯店。

　　與季龍同進東華門，到傳心殿看“治理黃河展覽會”，出看治

河電影。到文華殿看"祖國自然資源展覽"。五時出，到東安市場五芳齋飯，到仁義茶館飲茶。

看《古籍考辨叢刊》第一集。失眠，服藥三次，至十二時後方得眠。

今日與季龍游覽半日，而仍失眠，一則到茶館飲茶太濃，二則夜間又以洪兒哭鬧，致與靜秋口角也。

十二月十號星期六（十月廿七）

到所，作《王制》一章訖，三千餘字。

到古籍出版社，與傅彬然、徐調孚談《史記》出版事，送前五表。張德鈞來談。

賀次君來。看《古籍考辨叢刊》第一集。靜秋爲洗浴。十時眠，上午四時醒。

薪水本每月五號發，上月改十號，本月改十五號，每月移後五天，至卅日而止。以此囊中將不名一錢。今日到古籍社，實欲乞米，而艱于出口，明日當與調孚言之。

十二月十一號星期日（十月廿八）

石兆原來。將一、二兩章再改一過。到徐調孚處送《夏》、《殷》兩本紀，談。龔雲水來。高大姨來，留飯。

與靜秋同到歐陽大夫處，晤其夫人，送物。到王以中處，未晤。到牛松雲夫婦處談。到葉子剛夫婦處談。

歐陽靜戈來。劉益之、胡以溫來。爲孩子講書。十時眠，十二時醒，服藥兩次，至上午五時後始朦朧。

今晚失眠，當以見客太多之故。予安能不見一客，每日下午到公園散步，晚間洗一澡，使天天得安眠乎！

一旬來作文太緊張，亦失眠主要原因也。

十二月十二號星期一（十月廿九）

八時起，到所，再修改第二章稿，付義安鈔。看《經義考》。

出，遇姚企虞。到北海，茗于雙虹榭，修改近日所作一過。到文史組，晤侯芸圻、東方屏、朱欣陶。到王府井新華書店，飯于廣東館。

到紅星，看《日本和平歌聲》電影。歸，看鄧之誠《桑園讀書記》。

以一夜未得安眠，今日工作無力，只得至北海一行。

《古籍考辨叢刊》第二集予欠三序，企虞説本月廿四日前定要送去。而《周官》一文做得太長，不易完工，急甚。

十二月十三號星期二（十月三十）

到所，續寫《周官》一章約四千字，未畢。王毓銓來。

到陳碧笙處。與德鈞談。鈔改定文四頁。

碧笙來，與同至歐陽大夫處，扎針。與歐陽長談。出，買水果。服藥眠，上午四時醒。

《周官辨非》序，今日方入題。

久不扎針，今日復爲之，以趕工作太甚，期其有效也。

十二月十四號星期三（十一月初一）

五時起，鈔文四頁。到所，將所鈔者又重改，續鈔四頁。

續鈔兩頁。到彝初先生家開會，自三時至六時。

教洪、湲兩兒寫字。看李超瓊《藤軒筆録》。服藥眠，十一時半醒，又服藥，四時醒，又眠，七時醒。

今日同會：馬叙倫　陳萬里　李植禮　梁鐸　馮賓符　爲響應周總理號召，吐露知識分子所感受之痛苦。

湲兒初愈，堪兒又病，予亦咳嗽，則以近日天氣時暖時寒故也。

潮兒居然能看陳戀恒所編之《中國上古史演義》。洪兒寫字
頗有筆力。湲兒畫日進，超越其兩姊。堪兒居然能畫啄木鳥，説
話也頗鋒利。四孩俱有進境，可喜也。

十二月十五號星期四 （十一月初二）

題《藤軒筆錄》。寫德鈞信。在家重作《管子》一章，約三千
餘字。

張覺非來，爲慈宇借書。賀次君來。

元胎、崇武來。看李伯元《南亭筆記》。服藥眠，上午二時醒，
又眠，七時醒。

十二月十六號星期五 （十一月初三）

將《管子》一章改畢，又將《王制》一章重鈔，約寫四千字。
孫耀卿來。

徐調孚來。

張德鈞來。看《南亭筆記》。十時眠，上午四時醒。

昨天剛取薪水，今天已完了。没法，只得向古籍出版社預支
三百元。

十二月十七號星期六 （十一月初四）

寫人民出版社稿件科信。將《王制》一章改訖，寫《周官》
一章千餘字。將《周官》中理財資料鈔出。

到所取物，晤萬斯年。到紅星買票。五時半，與兒輩到紅星看
電影《魔椅》。

校義安所鈔稿。葉子剛來。服藥三次，至十二時後始眠，翌晨
七時起。

今日看電影，六時半即畢，因取義安所鈔校之，遂以失眠。予晚上真不能作工。

十二月十八號星期日（十一月初五）

將義安所鈔文校對。葉聖陶夫婦偕其孫永和來。昌群夫婦來。王以中來。

寫丹楓、樹幟、自珍、樂調甫信。馮世五、張文鑄來。連以農來，長談。

到南小街散步，修面。静秋爲洗浴。未藥眠，四時醒，又眠，六時醒。

洗浴最能安眠，惜未能日日爲之耳。

十二月十九號星期一 （十一月初六）

與静秋到蘇聯醫院，就陳慧玲診，并驗血及尿。續作《周官》一章二千餘字。

到所，向圖書館還借書。寫陶才百信。與季龍、德鈞、斯年談。四時歸。

看方濬師《蕉軒隨録》。服藥二次，十一時眠，一時醒，又眠，七時醒。

今日查血壓，上 140，下 86，較前稍高，此趕作文之所致也。

十二月二十號星期二 （十一月初七）

續作《周官》一章四千餘字，未畢。次君來。

民政局王立勛來接洽禹貢學會房屋捐獻事。

到歐陽大夫處扎針，與談。看《韓非子》。服藥後過十二時眠，四時許醒，又朦朧至六時醒。

木蘭來函，謂校中加薪給屋，其母可遷住。適羅媽得家信，囑其歸去，靜秋慮兩人均去則小孩無法管，急甚，而頤萱嫂又願往，夜中遂吵架，至十一時許始就枕，而予又不能眠矣。

十二月廿一號星期三（十一月初八）

續作《周官》一章五千餘字，本章訖。

到伯祥處，贈《考辨叢刊》一集。

與靜秋到蟾宮看匈牙利《馬戲春秋》電影。十一時，服藥眠，翌晨六時醒。

《周官》一章寫了萬餘言，總算勉強結束，然是書可研究處甚多，他日作之可十萬言矣。

十二月廿二號星期四（十一月初九）

修改第七章付鈔。作第八章三千餘字，未畢。陶才百來。

與靜秋到西觀音寺，在益康食擔擔麵，到王姨丈處談。

到大華，看波蘭《廣場奇遇》電影。十時眠，六時醒。

今日四時後出外散步，晚又看電影，在電影院中有倦意，歸後就枕，不藥而眠，醒來已睡足八小時矣，豈不快哉！即此可知予之身體非無辦法，只是生活方式當注意耳。

十二月廿三號星期五（十一月初十）

作第八章一千餘字，畢，全文畢。

姚企虞來。校改義安所鈔序文，未畢。

到春風理髮。看屈伯剛《雉尾集》。聽廣播中梅蘭芳《鳳還巢》劇。十一時，服藥眠，上午三時半醒，至天明始一朦朧。

此文作畢，計四萬餘字，費兩旬餘功夫。與疾病奮鬥而成，在近年直是一大工作矣。

《周官》是法家書，硬放入儒家經典，攻之者不得其要，護之者亦不識其真。今以《管子》校之即羅羅清疏，誠大快事。且使我認識解放後一切事均有軌道，亦即《周官》之術也。

十二月廿四號星期六（十一月十一）

爲《古籍考辨叢刊》第二集作卷頭語百餘字。校改《周官辨非序》鈔文訖。

寫馮世五信。將《禮經通論》點一過。

到古典門市部購書。葉子剛偕其夫人沈晶來。靜秋爲洗浴。十一時半服藥眠，翌晨六時半醒。

此文校畢，自念予一生研究中心，爲戰國秦漢間之改制問題，以前發表之《五德終始説》、《堯舜禪讓故事》、《秦漢間方士與儒生》及此篇皆是也。若能上推至春秋，下推至東漢，説明此一千年中之改制運動及其背景，則予生爲不虛矣。

現在一般人不瞭解我，但此書而成，將來必有真知余者。蓋必須認識此一運動，則治古史與古代學術者方可得其端緒，不致陷入迷魂陣也。

十二月廿五號星期日（十一月十二）

馮世五來。草禹貢學會移交清册。寫王立劻信。作《禮經通論》序。木蘭來，留飯。譚季龍來，留飯。

與季龍同到王修處談。與靜秋携洪、湲兩兒到東安市場，進甜食，買書。

爲兒輩講故事書。

十二月廿六號星期一（十一月十三）

作《禮經通論》序訖，凡六千字。

九時半，服藥眠。

《禮記》、《周官》二書，一生未用功，今以編《古籍考辨叢刊》，致力兩月，稍能入門，今後還宜細讀。

予尚能以一日之力寫六千字之文，精力未衰，可喜，然此以興奮得之，未必健康之證也。

十二月廿七號星期二（十一月十四）

三時起，擁衾看方苞《周官辨》，五時止。將《禮經通論》序改訖，即交義安送企虞。曾毅公來。馬彝初先生來。陶才百來。草《周官辨》序。

到所，與德鈞、斯年、吳宜俊、翟福臣、陳友業談。搜集作序材料。三時許歸，寫《周官辨》序一千餘字。

與洪、潮兩兒到大華看蘇聯影片《馴虎女郎》。出，遇容元胎。十時，服藥二次眠。

義安送稿至中華書局，企虞告彼，尚有一篇須明晨九時送來，以當日須發至上海也。因此，更爲緊張，雖看電影，仍不易入眠。

十二月廿八號星期三（十一月十五）

二時半起，三時至書房，續作《周官辨》序，約五千餘言，至十時半訖，即交義安送姚企虞。記日記三天。寫史久芸信。

與靜秋到右安門散步，再到陶然亭公園，又到中山公園。出，到敦厚里閩菜館吃麵。到新華書店，到東安市場。

人民出版社送《史記會注考證》等書來，略翻。九時半眠，上午三時醒，五時又眠，七時醒。

這次在二十八天中趕出約五萬七千字，在近二十年中實在是突擊的工作，靜秋說："這不是光榮，乃是教訓。你年紀大了，以後千萬不可這樣。否則既損身體健康，又減低作品品質，兩受損傷。"她這番好話，我應永遠記得！

瀧川資言《史記會注考證》，抗戰前即思買，以拿不出現款三十元而止。戰中則欲買而不得。勝利後價在五十萬元以上，更不敢問津矣。今人民出版社以約予審稿而贈此書，甚可感也。

十二月廿九號星期四（十一月十六）

到企虞處。到北海，整理書籍什物。二時，又安弟兄來，打包，即携歸。馬吉莊、張謂儕來點書。侯芸圻、容元胎、周介夫來談。

理帶歸物。黃浦來。到伯祥處談。寫延孫、映婁信。

到內務部街理髮。看陳夢家《西周的年代》。不藥眠。

自去年十一月廿九日到北海得性軒辦公，至今年今日遷出，凡歷十三個月。然今年暑中因病未去者三個多月，自十一月一日後未去者又兩閱月，實際只有半年餘耳。此環境極可戀，惜不能久居也。

昨以與靜秋散步半天，夜不藥而眠者五小時餘，日來緊張精神爲之消解。惟靜秋又以跋涉之勞而憊憊欲病。她的身體眞不如我。

十二月三十號星期五（十一月十七）

到所，整理抽屜。與德鈞、若達等談。到東四郵局寄汪中《述學》與映婁。

整理家中抽屜。草《中國古書年代簡論》計畫入所內計畫表。賀次君來，留飯。

到青年宮參加民進十週年紀念會，雷、馬兩先生講話後看《幸福》話劇，十時半歸。十一時半服藥眠，上午一時醒，又服藥，七時醒。

堪兒昨夜又發燒，今晚高至一〇三度，即到協和醫院打針。夜中雖出汗、大便，而熱不解，且高至一〇四度，蓋扁桃腺發炎也。静秋伴之，一夜未眠。

今晚所遇人：王澤民夫婦　徐健竹　陳麟瑞　林漢達　徐伯昕　徐楚波　梁明　雷潔瓊　趙樸初

十二月卅一號星期六（十一月十八）

到所，與德鈞談。將方孝岳《尚書今語》寫審查意見，并摘鈔其《洪範》部分。毓銓來。到張雲飛處。

看次君所草之《史記凡例》。寫《史記校點説明》二千字。伴堪兒，爲講故事。

與頤萱嫂、義安、羅媽、洪、湲兩兒乘政協汽車到政協，看動畫片、《水鄉的春天》、蘇聯片《大街上的足球隊》三電影，自七時半至十一時一刻。歸，十二時半服藥眠，六時醒，又矇矓，八時半起。

何叙父電話 6.7703　帥府胡同戊 21 （西四）

我一切痛苦之來源有二：（1）同情心太强，（2）虛名太大。予得名太早，爲社會所注意，一舉一動都生毀譽，其事在人，我無法管，只有竭力縮小交際圈耳。至同情心，則隨時橫溢，結果爲好成歹，其責在我。如張文清，一九五一年以地主被捕，來信告急，適我得大中國股息，顧念齊魯舊誼，照數寄與，彼到上海後又爲介紹誠明補習學校教職，及我手頭乾涸，要向他索還借款，則千難萬難，僅將本金拔還，利息一文不給矣。又如洪瑞釗，因同在上海文管會，彼常來談沿革地理，我因正編《歷史地圖》，即交與彼校訂數幅，以地圖出版社所給校訂費不多，我貼予之。及彼爭在封面列名而地圖社不允，彼遂到處罵我，甚至寫信至科學院告我，真如猘犬咬人。假使彼獻殷勤時我不理他，哪有此事。我愛才過甚，處處希望發揮各人長處，結果恩將仇報，爲人話柄。記之于此，備反省焉。

　　　　　　　　　　　　　　　　一九五五年十一月十七日記。

　　共產黨重德輕才，是我的作人標準。又記。

　　呂思勉《燕石札記・毀譽褒貶》：

　　　　毀譽雖有懲勸之功，然亦有弊。何者？奇節懿行，惟有
　　人倫之鑑者爲能知之。若中庸之人，則其所知者中庸之行而
　　已，是可以貌爲也，是可以襲取也，于是非之無舉，刺之無
　　刺，同流合污之鄉原出焉。古者國小，人民寡，又皆重去其
　　鄉，所謂國人則今一邑之人耳，十目所視，十手所指，安所
　　逃之！毀譽所加，利害榮辱隨其後。此勸懲之所以有功。然
　　而嶔奇磊落之士爲流俗之所不容者亦不知凡幾矣。鮑焦之無
　　從容而死，安知其不以是與？

　　　　曾子所謂“國人皆願然曰幸哉有子如此”（《祭義》）
　　者，其人則騎款段馬之鄉里善人耳。夫以曾子之至大至剛，
　　易簀之際猶浩然欲行其心之所安，豈屑爲違道要譽之舉。然
　　而儒生之制行雖自有其真，而不能禁巧僞者之不托其迹。鄉
　　里之士能知中庸之德乎，抑將捨狂狷而取鄉原也？世惟中庸
　　之人不知有異己之美，亦惟中庸之人必欲毀異己者使與己
　　同。率一世而惟巧僞之崇，此嶔奇磊落之士所由激而爲矯枉
　　之舉也。魏、晉間士之毀棄禮法，殆亦有激而然與？以是時
　　鄉平之力方大也。然而其所獎飾者則可知矣。不然，魏武曷
　　爲求負俗之士哉！

此言絕痛。蘇軾詩云：“但願我兒愚且魯，無災無難到公卿。”正謂
此也。然而較量于百年之後，則翻其反矣！